LE ROBERT
Benjamin

RÉDACTION

première édition

Christine de BELLEFONDS
Laurence LAPORTE

coordination de la présente édition

Marie-Hélène DRIVAUD
Laurence LAPORTE

ILLUSTRATION

illustrateurs : Christine ADAM, Marc BELLAN, Andrée BIENFAIT, Élisabeth BOGAERT, André BOOS, Rémi CHAYÉ, Axelle COSTEROUSSE, Patrick DEUBELBEISS, Anne EYDOUX, Luc FAVREAU, Charles-Éric GOGNY, Patrick GROMY, HÉLIADORE, Sophie LEBOT, Catherine LOGET, Frankie MERLIER, Sylvie NAVARRO, Jean-Marc PARISELLE, Jean-Marc PAU, Caroline PICARD, Didier PIZZI, Gilles POING, Jean-Marie POISSENOT, François SAINT REMY, Étienne SOUPPART, Serge STROSBERG, Dominique-Cécile THIBAULT, Élise TOUBLANC, Delphine VAUFREY, Nicolas WINTZ

illustrations : Françoise MULLER, « la couvée », François PICHON, « le marcassin » (droits réservés) ; Q2A Media sous licence HarperCollins Publishers © 2012 (136 illustrations)

annexe bilingue p. 729-745 : Q2A Media sous licence HarperCollins Publishers © 2012 (texte : *First English Words* sous licence HarperCollins Publishers © 2011)

calligraphie : Nicole VILETTE

cartographie : AFDEC

LECTURE-CORRECTION

Élisabeth HUAULT
Anne-Marie LENTAIGNE, Muriel RICHARD

MAQUETTE et MISE EN PAGES

Maud DUBOURG
Nadine NOYELLE, QUADRI OFFSET

aide-mémoire, planches illustrées

conception : Isabelle AUBOURG - mise en pages : Christine POING

Le Robert Benjamin : cet ouvrage est une œuvre collective au sens de l'article L. 113-2 du Code de la Propriété intellectuelle. Publié par la société DICTIONNAIRES LE ROBERT, représentée par Estelle Dubernard, directrice générale.

ISBN 978-2-32100-460-8

LE ROBERT
Benjamin

le Robert

Avant-propos

Le Robert Benjamin est un dictionnaire de la langue française destiné en France aux élèves du cycle 2 (CP, CE1) ou du début du cycle 3 (CE2) et, d'une façon générale, dans tous les pays francophones, aux premières années de l'enseignement primaire.

L'usage d'un dictionnaire adapté aux jeunes lecteurs facilite la maîtrise de la lecture et de l'écriture, principal objectif du cycle des apprentissages fondamentaux. Il permet également une meilleure compréhension d'un lexique usuel, il enrichit le vocabulaire disponible et développe le plaisir de chercher et de découvrir.

Le Robert Benjamin propose :
- de **vraies définitions simples et claires**, adaptées aux capacités de compréhension des enfants ;
- des **exemples vivants** se référant à leur vie quotidienne et à leur univers ;
- des **illustrations** suscitant leur curiosité et les invitant à aller plus loin.

Son utilisation est expliquée en détail pages 6 et 7.

Les débutants consulteront leur dictionnaire d'abord par le biais des illustrations. Ils découvriront, avec l'aide du professeur à l'école ou des parents à la maison, à quels mots se rapportent les images.

Les élèves en début d'apprentissage de la lecture et de l'écriture apprendront à chercher les mots dans l'ordre alphabétique ou « se promèneront » dans leur dictionnaire afin de trouver, sans les chercher, des mots nouveaux.

Les plus expérimentés bénéficieront de la richesse des entrées et des renvois : noms et adjectifs donnés au masculin et au féminin, catégories grammaticales, synonymes, contraires, homonymes, pluriels difficiles...

Le Robert Benjamin propose plus de 8 000 mots et sens. Tous les mots utilisés dans les définitions et les exemples font l'objet d'un article dans le dictionnaire.

Des **planches illustrées** par thème permettent l'acquisition de mots supplémentaires. Elles peuvent constituer le support d'un travail d'expression orale ou écrite.

Un **aide-mémoire** au début de l'ouvrage couvre les notions essentielles en français et en mathématiques faisant de ce dictionnaire un véritable **guide des apprentissages fondamentaux**.

À la suite du dictionnaire de langue, un dossier illustré présente **les pays du monde** et invite à la découverte. Cartes et drapeaux (sur les pages de garde) complètent les notices illustrées consacrées à tous les pays du globe.

En fin d'ouvrage, **Mes 100 premiers mots d'anglais** proposent une initiation simple et ludique, par l'image et le jeu.

L'éditeur

Sommaire

Sers-toi du **mot-repère** en haut de chaque page pour trouver le mot que tu cherches.

Pour chercher un mot, tu peux aussi regarder les lettres de **l'alphabet** sur le côté de ton dictionnaire. Ici, tu es à la lettre D.

Observe bien **l'illustration** et lis sa **légende** en couleur. Elles t'aident à mieux comprendre le ou les sens du mot.

Ce **numéro** indique qu'il s'agit de mots différents qui s'écrivent de la même manière.

La **définition** avec des mots simples.

Des **exemples**, en italique (écriture penchée).

Les chiffres en rouge (1, 2, 3) t'indiquent que ce mot a 3 **sens**.

Le **mot** que tu cherches.

---

droit

A B C **D** E F G H I J K L M N O P Q R S T U V W X Y Z

Émilie est **droitière**, Samuel est gaucher.

① **droit** nom masculin
Avoir le droit de faire quelque chose, c'est pouvoir faire quelque chose parce que cela a été permis. *Mon frère a le droit de regarder la télévision quand il a fini ses devoirs. Romane n'a pas le droit de monter devant dans la voiture.*
■ Tu peux dire aussi **autorisation, permission.**

② **droit, droite** adjectif
1. *Après le village, la route est toute droite,* la route ne fait pas de virages, elle est comme un fil bien tendu.
2. *Tiens ton verre droit,* tiens ton verre vertical, ne le penche pas.
3. La main droite, c'est la main qui est du côté opposé à celui du cœur. *Samuel écrit de la main droite,* il est droitier.

droite nom féminin
Pour aller à la boulangerie, il faut tourner à droite en sortant de l'école, il faut tourner du côté droit, du côté de la main droite.
■ Le contraire de droite, c'est **gauche.**

208

droitier, droitière adjectif
Émilie est droitière, elle se sert de sa main droite pour écrire, pour dessiner, pour manger.
■ Samuel est **gaucher.**

drôle adjectif
Ce film est drôle, il fait rire.
■ Tu peux dire aussi **amusant, comique, rigolo.**
■ Le contraire de drôle, c'est **triste.**

drôlement adverbe
Il fait drôlement froid aujourd'hui, il fait très froid.
■ Ce mot est familier.

dromadaire nom masculin
Un dromadaire, c'est un grand animal qui vit dans le désert en Inde et en Afrique; il ressemble au chameau mais il n'a qu'une seule bosse.
■ Le dromadaire est un mammifère.

du article masculin
Du, c'est de + le. *Alexandra vient du Portugal. Victor est le fils du directeur de l'usine. Papi mange du fromage,* il mange un peu de fromage.
■ Ne confonds pas du et **dû.**

dû, due adjectif
Le retard de l'avion est dû au mauvais temps, l'avion est en retard à cause du mauvais temps. *Cette mauvaise odeur est due aux égouts,* on sent cette mauvaise odeur parce qu'il y a des égouts.
➪ Ce mot s'écrit avec un **û** au masculin singulier.
■ Va voir aussi le verbe **devoir.**
■ Ne confonds pas dû et **du.**

duel nom masculin
Autrefois les hommes se battaient en duel pour défendre leur honneur, deux hommes se battaient l'un contre l'autre avec la même arme, une épée ou un pistolet.

Le numéro de la page où tu te trouves.

Les noms et les adjectifs sont donnés au masculin et au féminin.

Les synonymes et les contraires.

La nature du mot. Pour t'aider, tu peux regarder l'aide-mémoire, pages 15 et 16.

On ne peut employer ce mot que dans certaines situations.

Des remarques encyclopédiques précédées d'un carré bleu.

Certains mots se prononcent de la même manière mais s'écrivent différemment.

Des remarques sur l'orthographe (pluriels difficiles, cédilles, accents, trémas, etc.), indiquées par le signe ➪.

Tu peux consulter d'autres mots de la même famille.

Comment utiliser ton dictionnaire ? (2)

Au début de ton dictionnaire, tu disposes d'un **aide-mémoire** en **français** et en **mathématiques**. Tu peux t'y reporter lorsque tu en as besoin. Tu y trouveras :

- des modèles pour écrire les **lettres** de l'alphabet ;
- les différentes façons d'écrire les **sons** que tu entends ;
- des **conseils pour trouver un mot** dans le dictionnaire ;
- les tableaux de **conjugaison** des verbes que tu utilises le plus souvent ;
- les noms des **nombres** ;
- des informations sur les **mesures**, les **figures géométriques** et les **solides**.

Dans l'aide-mémoire, les pages sont colorées pour que tu les retrouves plus facilement. En bleu : le français ; en violet : les mathématiques.

FRANÇAIS

L'alphabet

1 L'écriture manuscrite (écriture « attachée »)

Les minuscules

a b c d e f g h i j k l m
n o p q r s t u v w x y z

Les majuscules

A B C D E F G H I
J K L M N O P Q
R S T U V W X Y Z

2 L'écriture d'imprimerie

Les minuscules

a b c d e f g h i j k l m
n o p q r s t u v w x y z

Les majuscules

A B C D E F G H I J K L M
N O P Q R S T U V W X Y Z

Dans le dictionnaire, les mots sont classés dans l'ordre alphabétique. Tu dois donc bien connaître les 26 lettres de l'alphabet pour trouver un mot dans le dictionnaire.

10 Aide-mémoire

MATHÉMATIQUES

Les mesures

Pour connaître une longueur, un poids, un volume, une durée, une température ou une somme d'argent, on se sert des unités de mesure. Quand on les écrit, on utilise le plus souvent leur abréviation.

1 Les longueurs

un millimètre	= 1 mm	*Jérémie écrit en laissant 2 mm entre chaque mot.*
un centimètre	= 1 cm = 10 mm	*Solène a grandi de 3 cm.*
un décimètre	= 1 dm = 10 cm	*La règle de Matthias est un double décimètre, elle mesure 20 cm.*
un mètre	= 1 m = 100 cm = 1 000 mm	*Le toit de la maison est à 6 m de haut.*
un kilomètre	= 1 km = 1 000 m	*Le coureur a fait 40 km à vélo.*

2 Les poids

un milligramme	= 1 mg	*Un cheveu ne pèse que quelques milligrammes.*
un centigramme	= 1 cg = 10 mg	*Un œuf de mésange pèse 80 cg environ.*
un décigramme	= 1 dg = 10 cg	*Maman ajoute 3 dg de poivre dans la sauce.*
un gramme	= 1 g = 100 cg = 1 000 mg	*Pour faire ce gâteau, il te faut 300 g de farine.*
une livre	= 500 g	*Julie a acheté une livre de fraises au marché.*
un kilogramme (un kilo)	= 1 kg = 1 000 g	*Paul pèse 30 kg.*
un quintal	= 100 kg	*Le fermier a récolté 40 quintaux de blé.*
une tonne	= 1 t = 1 000 kg	*Le camion pèse 7 t.*

36 Aide-mémoire

Les exemples sont en italique (écriture penchée).

À la fin de ton dictionnaire, tu trouveras des planches illustrées autour d'un thème : la forêt, la mer, le désert, le calendrier, les animaux et leur cri… Prends le temps de te « promener » dans ces pages, de découvrir des mots nouveaux et de parler de ces images avec tes camarades, ton maître ou tes parents.

Le thème de l'illustration.

Le numéro de la planche.

Chaque image évoque un monde différent avec son vocabulaire propre.

Les légendes te font découvrir des mots nouveaux.

L'alphabet

1 L'écriture manuscrite (écriture « attachée »)

Les minuscules

a b c d e f g h i j k l m

n o p q r s t u v w x y z

Les majuscules

A B C D E F G H I

J K L M N O P Q

R S T U V W X Y Z

2 L'écriture d'imprimerie

Les minuscules

a b c d e f g h i j k l m

n o p q r s t u v w x y z

Les majuscules

A B C D E F G H I J K L M

N O P Q R S T U V W X Y Z

Dans le dictionnaire, les mots sont classés dans l'ordre alphabétique.
Tu dois donc bien connaître les 26 lettres de l'alphabet pour trouver un mot dans le dictionnaire.

Les sons du français

J'entends le son…		Je vois les lettres…
[a]	de « papa »	un ami, déjà, un pâté
[i]	de « midi »	ici, un stylo, une île, du maïs
[o]	de « moto »	un vélo, une auto, de l'eau, une côte
[ɔ]	de « fort »	sortir
[y]	de « lune »	une voiture, une bûche
[e]	de « bébé »	l'été, aimer, un nez, un effort, et, une année, les
[ɛ]	de « lait »	la crème, la tête, la laine, une baleine, un bec, un objet
[ø]	de « neveu »	une fenêtre, deux, des œufs
[u]	de « toujours »	un mouton, où, le goût

J'entends le son…		Je vois les lettres…
[ɑ̃]	de « enfant »	un pantalon, une lampe, de l'encre, le temps
[ɛ̃]	de « matin »	un jardin, impossible, la main, la peinture, un chien, brun
[ɔ̃]	de « bonbon »	un pantalon, une ombre

J'entends le son…		Je vois les lettres…
[j]	de « fille »	une paille, un yaourt, un réveil, le pied
[wa]	de « toit »	un oiseau
[wɛ̃]	de « moins »	un point

J'entends le son…		Je vois les lettres…
[p]	de « papi »	papa, une nappe
[b]	de « bobine »	bon, une abbaye
[t]	de « tarte »	une tour, une botte
[d]	de « dindon »	deux, une addition
[k]	de « coq »	un car, cueillir, cinq, un paquet, le ski, d'accord, un ticket, un orchestre
[g]	de « gomme »	une gare, une guitare
[l]	de « lilas »	un livre, aller
[ʀ]	de « rire »	une rue, un barrage
[m]	de « maman »	une maison, une gomme
[n]	de « narine »	un nombre, il donne
[f]	de « fanfare »	la farine, une affaire, une photo
[v]	de « ville »	un vélo, un wagon
[s]	de « sauce »	le soleil, assez, merci, une leçon, la récréation, une scie
[z]	de « zèbre »	une rose, zéro, deuxième
[ʃ]	de « chou »	une poche, un schéma, un short
[ʒ]	de « jouet »	un jardin, gentil

J'entends le son…		Je vois les lettres…
[ks]	de « taxi »	la boxe, un accent
[gz]	de « exemple »	un examen
[ɲ]	de « montagne »	une ligne

Pour trouver un mot dans le dictionnaire

Pour trouver un mot dans le dictionnaire, tu dois d'abord regarder la première lettre. Quand la première lettre est la même, il faut regarder la deuxième lettre. **Exemple :** *bateau* est avant *bébé.*

Quand les deux premières lettres sont les mêmes, il faut regarder la troisième lettre, etc. **Exemple :** *camion* est avant *canard.*

Si tu ne connais pas bien l'orthographe d'un mot, tu dois souvent chercher à plusieurs lettres.

Quand tu entends [a] au début du mot,

- cherche d'abord à la lettre a comme dans avion,
- si tu ne trouves pas, cherche aux lettres ha comme dans haricot.

Quand tu entends [i] au début du mot,

- cherche d'abord i comme dans ici,
- puis cherche hi comme dans hiver.

Quand tu entends [o] ou [ɔ] au début du mot,

- cherche d'abord o comme dans olive ou ogre,
- puis cherche au comme dans auto, ou hau comme dans hauteur, ou encore ho comme dans honnête ou horloge.

Quand tu entends [y] au début du mot,

- cherche d'abord u comme dans usine,
- puis cherche hu comme dans humide.

Quand tu entends [e] au début du mot,

- cherche d'abord é comme dans éléphant,
- puis cherche hé comme dans hélice.

Quand tu entends [ɛ] au début du mot,

- cherche d'abord ê comme dans être, ou e comme dans escargot,
- puis cherche ai comme dans air, ou he comme dans herbe.

Quand tu entends [ø] au début du mot,

- cherche d'abord eu comme dans euro,
- puis cherche heu comme dans heureusement, ou œ comme dans œil.

Quand tu entends [u] au début du mot,

- cherche d'abord ou comme dans outil,
- puis cherche hou comme dans houx.

Quand tu entends [ɑ̃] au début du mot,

- cherche d'abord an comme dans angine, ou bien am comme dans ampoule,
- puis cherche en comme dans encre, ou em comme dans emballage,
- puis cherche han comme dans hangar.

Quand tu entends [ɛ̃] au début du mot,

- cherche in comme dans incendie, ou bien im comme dans imperméable.

Quand tu entends [ɔ̃] au début du mot,

- cherche d'abord on comme dans oncle, ou bien om comme dans ombre,
- puis cherche hon comme dans honteux.

Quand tu entends [f] au début du mot,

- cherche d'abord f comme dans fenêtre,
- puis cherche ph comme dans photo.

Quand tu entends [v] au début du mot,

- cherche d'abord v comme dans valise,
- puis cherche w comme dans wagon.

Quand tu entends [k] au début du mot,

- cherche d'abord c comme dans cabane,
- puis cherche qu comme dans quand ou k comme dans kangourou.

Quand tu entends [g] au début du mot,

- cherche soit g comme dans gâteau,
- soit gu comme dans guitare.

Quand tu entends [ʃ] au début du mot,

- cherche d'abord ch comme dans chanter,
- puis cherche sch comme dans schéma, ou sh comme dans shérif.

Quand tu entends [ʒ] au début du mot,

- cherche d'abord g comme dans gilet,
- puis cherche j comme dans joli.

Quand tu entends [s] au début du mot,

- cherche soit à la lettre s comme dans salade,
- soit à la lettre c comme dans citron.

Pour reconnaître et classer les mots

LA NATURE DES MOTS

1 Les noms

Ils servent à désigner des personnes ou des animaux *(un élève, un chat)*, des choses *(une table)* ou des idées *(le bonheur)*.

Les noms communs

Ils s'écrivent sans majuscule et sont généralement précédés d'un déterminant.

Exemples : *le chien* (nom masculin singulier).
la chienne (nom féminin singulier).
les chiens (nom masculin pluriel).
les chiennes (nom féminin pluriel).

Les noms propres

- Ils servent à nommer des personnes, des lieux, des périodes historiques ou des événements importants.
- Ils commencent par une majuscule.

Exemples : Jacques Durand ; les Français ; les Alpes ; Paris ; la Révolution.

Les noms composés

Ils sont composés de plusieurs mots séparés ou non par un trait d'union.

Exemples : un porte-monnaie ; des pommes de terre ; un pont-levis.

2 Les déterminants

- Les déterminants accompagnent les noms et précisent leur genre (masculin ou féminin) et leur nombre (singulier ou pluriel).
- Ils sont toujours placés avant le nom.
- Ce sont :

– des **articles** : le, la, les, l', un, une, des ;
– des **adjectifs démonstratifs** : ce, cet, cette, ces ;
– des **adjectifs possessifs** : mon, ma, ses, leurs…

3 Les adjectifs

- Un adjectif est un mot que l'on ajoute au nom pour donner une précision.
- Il se place après ou avant le nom.
- Il s'accorde en genre avec le nom :

  Exemple : *un plat chaud – une boisson chaude.*
- Il s'accorde en nombre avec le nom :

  Exemple : *un petit nuage blanc – des petits nuages blancs.*

4 Les verbes

- Les verbes expriment une action *(il travaille)* ou un état *(elle est contente)*.
- Le verbe change de forme (il se conjugue) :

  – en fonction du groupe sujet (de qui ou de quoi on parle).

  Exemple : *L'arbitre siffle. Les spectateurs sifflent.*

  – en fonction du moment où l'histoire se déroule.

  Exemple : *Le joueur reste au sol. Il restera au repos quelques jours.*
- Pour raconter ce qui se passe au moment où l'on parle, on conjugue le verbe au présent.

  Exemple : *Aujourd'hui, nous allons à l'école.*

  présent
- Pour raconter ce qui s'est déjà passé, on conjugue le verbe à un temps du passé.

  Exemple : *Le mois dernier, nous sommes allés chez Mamie. J'étais content.*

  passé composé **imparfait**
- Pour raconter ce qui va se passer plus tard, on conjugue le verbe au futur.

  Exemple : *L'été prochain, nous retournerons chez Mamie.*

  futur

Regarde les tableaux de conjugaison des pages 18 à 33.

- Quand le verbe n'est pas conjugué, il est à l'infinitif.

  Exemples : *chanter, être, avoir, jouer, finir, boire, peindre, prendre, venir.*
- Pour trouver un verbe dans le dictionnaire, il faut connaître son infinitif.

LE SENS ET LA FORMATION DES MOTS

1 Les synonymes

- Ce sont des mots qui ont presque le même sens. On dit qu'ils sont de sens voisin.
- Ils servent souvent à éviter les répétitions.

Exemple : *Ce tigre est méchant.* *Ce tigre est féroce.*

méchant et *féroce* sont des synonymes.

2 Les contraires

Ce sont des mots qui ont des sens opposés.

Exemple : *Ce loup est méchant.* *Ce loup est gentil.*

méchant et *gentil* sont des contraires.

3 Les homonymes

Ce sont des mots qui s'écrivent ou se prononcent de la même façon, mais qui sont de sens différent.

Exemples : *mon fils – les fils à coudre*
(même écriture mais prononciation différente)
une croix – je crois
(même prononciation mais écriture différente)
elle tente de sauter – la tente de camping
(même prononciation et même écriture)

4 Les dérivés

Ce sont les mots formés à partir d'un même mot simple.

Exemple : *plonger, plongée, plongeon, plongeoir, plongeur.*

5 Les préfixes

Le préfixe est un élément qui se place devant un nom, un adjectif ou un verbe pour former un autre mot.

Exemples : *une impolitesse – malhonnête – décoiffer*

6 Les suffixes

Le suffixe est un élément qui se place après un nom, un adjectif ou un verbe pour former un autre mot.

Exemples : *un dentiste – rapidement – portable – boulette*

Conjugaison 1

auxiliaire être

INDICATIF

présent	
je	suis
tu	es
il, elle	est
nous	sommes
vous	êtes
ils, elles	sont

passé composé	
j'	ai été
tu	as été
il, elle	a été
nous	avons été
vous	avez été
ils, elles	ont été

imparfait	
j'	étais
tu	étais
il, elle	était
nous	étions
vous	étiez
ils, elles	étaient

futur	
je	serai
tu	seras
il, elle	sera
nous	serons
vous	serez
ils, elles	seront

CONDITIONNEL

présent	
je	serais
tu	serais
il, elle	serait
nous	serions
vous	seriez
ils, elles	seraient

SUBJONCTIF

présent	
que je	sois
que tu	sois
qu'il, qu'elle	soit
que nous	soyons
que vous	soyez
qu'ils, qu'elles	soient

IMPÉRATIF

présent
sois
soyons
soyez

PARTICIPE

présent	passé
étant	été

auxiliaire avoir

INDICATIF

présent	
j'	ai
tu	as
il, elle	a
nous	avons
vous	avez
ils, elles	ont

passé composé	
j'	ai eu
tu	as eu
il, elle	a eu
nous	avons eu
vous	avez eu
ils, elles	ont eu

imparfait	
j'	avais
tu	avais
il, elle	avait
nous	avions
vous	aviez
ils, elles	avaient

futur	
j'	aurai
tu	auras
il, elle	aura
nous	aurons
vous	aurez
ils, elles	auront

CONDITIONNEL

présent	
j'	aurais
tu	aurais
il, elle	aurait
nous	aurions
vous	auriez
ils, elles	auraient

SUBJONCTIF

présent	
que j'	aie
que tu	aies
qu'il, qu'elle	ait
que nous	ayons
que vous	ayez
qu'ils, qu'elles	aient

IMPÉRATIF

présent

aie
ayons
ayez

PARTICIPE

présent

ayant

passé

eu, eue
eus, eues

Conjugaison 3

chanter (1er groupe)

INDICATIF

présent		passé composé	
je	chante	j'	ai chanté
tu	chantes	tu	as chanté
il, elle	chante	il, elle	a chanté
nous	chantons	nous	avons chanté
vous	chantez	vous	avez chanté
ils, elles	chantent	ils, elles	ont chanté

imparfait		futur	
je	chantais	je	chanterai
tu	chantais	tu	chanteras
il, elle	chantait	il, elle	chantera
nous	chantions	nous	chanterons
vous	chantiez	vous	chanterez
ils, elles	chantaient	ils, elles	chanteront

CONDITIONNEL

présent	
je	chanterais
tu	chanterais
il, elle	chanterait
nous	chanterions
vous	chanteriez
ils, elles	chanteraient

SUBJONCTIF

présent	
que je	chante
que tu	chantes
qu'il, qu'elle	chante
que nous	chantions
que vous	chantiez
qu'ils, qu'elles	chantent

IMPÉRATIF

présent

chante
chantons
chantez

PARTICIPE

présent	passé
chantant	chanté, chantée chantés, chantées

placer (1er groupe)

INDICATIF

présent		passé composé	
je	place	j'	ai placé
tu	places	tu	as placé
il, elle	place	il, elle	a placé
nous	plaçons	nous	avons placé
vous	placez	vous	avez placé
ils, elles	placent	ils, elles	ont placé

imparfait		futur	
je	plaçais	je	placerai
tu	plaçais	tu	placeras
il, elle	plaçait	il, elle	placera
nous	placions	nous	placerons
vous	placiez	vous	placerez
ils, elles	plaçaient	ils, elles	placeront

CONDITIONNEL

présent	
je	placerais
tu	placerais
il, elle	placerait
nous	placerions
vous	placeriez
ils, elles	placeraient

SUBJONCTIF

présent	
que je	place
que tu	places
qu'il, qu'elle	place
que nous	placions
que vous	placiez
qu'ils, qu'elles	placent

IMPÉRATIF

présent

place
plaçons
placez

PARTICIPE

présent	passé
plaçant	placé, placée
	placés, placées

bouger (1er groupe)

INDICATIF

présent		passé composé	
je	bouge	j'	ai bougé
tu	bouges	tu	as bougé
il, elle	bouge	il, elle	a bougé
nous	bougeons	nous	avons bougé
vous	bougez	vous	avez bougé
ils, elles	bougent	ils, elles	ont bougé

imparfait		futur	
je	bougeais	je	bougerai
tu	bougeais	tu	bougeras
il, elle	bougeait	il, elle	bougera
nous	bougions	nous	bougerons
vous	bougiez	vous	bougerez
ils, elles	bougeaient	ils, elles	bougeront

CONDITIONNEL

présent	
je	bougerais
tu	bougerais
il, elle	bougerait
nous	bougerions
vous	bougeriez
ils, elles	bougeraient

SUBJONCTIF

présent	
que je	bouge
que tu	bouges
qu'il, qu'elle	bouge
que nous	bougions
que vous	bougiez
qu'ils, qu'elles	bougent

IMPÉRATIF

présent

bouge
bougeons
bougez

PARTICIPE

présent	passé
bougeant	bougé, bougée
	bougés, bougées

finir (2e groupe)

INDICATIF

présent		passé composé	
je	finis	j'	ai fini
tu	finis	tu	as fini
il, elle	finit	il, elle	a fini
nous	finissons	nous	avons fini
vous	finissez	vous	avez fini
ils, elles	finissent	ils, elles	ont fini

imparfait		futur	
je	finissais	je	finirai
tu	finissais	tu	finiras
il, elle	finissait	il, elle	finira
nous	finissions	nous	finirons
vous	finissiez	vous	finirez
ils, elles	finissaient	ils, elles	finiront

CONDITIONNEL

présent	
je	finirais
tu	finirais
il, elle	finirait
nous	finirions
vous	finiriez
ils, elles	finiraient

SUBJONCTIF

présent	
que je	finisse
que tu	finisses
qu'il, qu'elle	finisse
que nous	finissions
que vous	finissiez
qu'ils, qu'elles	finissent

IMPÉRATIF

présent

finis
finissons
finissez

PARTICIPE

présent	passé
finissant	fini, finie
	finis, finies

aller (3e groupe)

INDICATIF

présent	
je	vais
tu	vas
il, elle	va
nous	allons
vous	allez
ils, elles	vont

passé composé	
je	suis allé
tu	es allé
il	est allé
elle	est allée
nous	sommes allés
vous	êtes allés
ils	sont allés
elles	sont allées

imparfait	
j'	allais
tu	allais
il, elle	allait
nous	allions
vous	alliez
ils, elles	allaient

futur	
j'	irai
tu	iras
il, elle	ira
nous	irons
vous	irez
ils, elles	iront

CONDITIONNEL

présent	
j'	irais
tu	irais
il, elle	irait
nous	irions
vous	iriez
ils, elles	iraient

SUBJONCTIF

présent	
que j'	aille
que tu	ailles
qu'il, qu'elle	aille
que nous	allions
que vous	alliez
qu'ils, qu'elles	aillent

IMPÉRATIF

présent

va (sauf dans *vas-y*)
allons
allez

PARTICIPE

présent	passé
allant	allé, allée
	allés, allées

venir (3e groupe)

INDICATIF

présent	
je	viens
tu	viens
il, elle	vient
nous	venons
vous	venez
ils, elles	viennent

passé composé	
je	suis venu
tu	es venu
il	est venu
elle	est venue
nous	sommes venus
vous	êtes venus
ils	sont venus
elles	sont venues

imparfait	
je	venais
tu	venais
il, elle	venait
nous	venions
vous	veniez
ils, elles	venaient

futur	
je	viendrai
tu	viendras
il, elle	viendra
nous	viendrons
vous	viendrez
ils, elles	viendront

CONDITIONNEL

présent	
je	viendrais
tu	viendrais
il, elle	viendrait
nous	viendrions
vous	viendriez
ils, elles	viendraient

SUBJONCTIF

présent	
que je	vienne
que tu	viennes
qu'il, qu'elle	vienne
que nous	venions
que vous	veniez
qu'ils, qu'elles	viennent

IMPÉRATIF

présent

viens
venons
venez

PARTICIPE

présent

venant

passé

venu, venue
venus, venues

Conjugaison 9

faire (3e groupe)

INDICATIF

présent		passé composé	
je	fais	j'	ai fait
tu	fais	tu	as fait
il, elle	fait	il, elle	a fait
nous	faisons	nous	avons fait
vous	faites	vous	avez fait
ils, elles	font	ils, elles	ont fait

imparfait		futur	
je	faisais	je	ferai
tu	faisais	tu	feras
il, elle	faisait	il, elle	fera
nous	faisions	nous	ferons
vous	faisiez	vous	ferez
ils, elles	faisaient	ils, elles	feront

CONDITIONNEL

présent	
je	ferais
tu	ferais
il, elle	ferait
nous	ferions
vous	feriez
ils, elles	feraient

SUBJONCTIF

présent	
que je	fasse
que tu	fasses
qu'il, qu'elle	fasse
que nous	fassions
que vous	fassiez
qu'ils, qu'elles	fassent

IMPÉRATIF

présent

fais
faisons
faites

PARTICIPE

présent	passé
faisant	fait, faite faits, faites

partir (3e groupe)

INDICATIF

présent

je	pars
tu	pars
il, elle	part
nous	partons
vous	partez
ils, elles	partent

passé composé

je	suis parti
tu	es parti
il	est parti
elle	est partie
nous	sommes partis
vous	êtes partis
ils	sont partis
elles	sont parties

imparfait

je	partais
tu	partais
il, elle	partait
nous	partions
vous	partiez
ils, elles	partaient

futur

je	partirai
tu	partiras
il, elle	partira
nous	partirons
vous	partirez
ils, elles	partiront

CONDITIONNEL

présent

je	partirais
tu	partirais
il, elle	partirait
nous	partirions
vous	partiriez
ils, elles	partiraient

SUBJONCTIF

présent

que je	parte
que tu	partes
qu'il, qu'elle	parte
que nous	partions
que vous	partiez
qu'ils, qu'elles	partent

IMPÉRATIF

présent

pars
partons
partez

PARTICIPE

présent

partant

passé

parti, partie
partis, parties

dire (3e groupe)

INDICATIF

présent	
je	dis
tu	dis
il, elle	dit
nous	disons
vous	dites
ils, elles	disent

passé composé	
j'	ai dit
tu	as dit
il, elle	a dit
nous	avons dit
vous	avez dit
ils, elles	ont dit

imparfait	
je	disais
tu	disais
il, elle	disait
nous	disions
vous	disiez
ils, elles	disaient

futur	
je	dirai
tu	diras
il, elle	dira
nous	dirons
vous	direz
ils, elles	diront

CONDITIONNEL

présent	
je	dirais
tu	dirais
il, elle	dirait
nous	dirions
vous	diriez
ils, elles	diraient

SUBJONCTIF

présent	
que je	dise
que tu	dises
qu'il, qu'elle	dise
que nous	disions
que vous	disiez
qu'ils, qu'elles	disent

IMPÉRATIF

présent
dis
disons
dites

PARTICIPE

présent	passé
disant	dit, dite
	dits, dites

écrire (3e groupe)

INDICATIF

présent		passé composé	
j'	écris	j'	ai écrit
tu	écris	tu	as écrit
il, elle	écrit	il, elle	a écrit
nous	écrivons	nous	avons écrit
vous	écrivez	vous	avez écrit
ils, elles	écrivent	ils, elles	ont écrit

imparfait		futur	
j'	écrivais	j'	écrirai
tu	écrivais	tu	écriras
il, elle	écrivait	il, elle	écrira
nous	écrivions	nous	écrirons
vous	écriviez	vous	écrirez
ils, elles	écrivaient	ils, elles	écriront

CONDITIONNEL

présent	
j'	écrirais
tu	écrirais
il, elle	écrirait
nous	écririons
vous	écririez
ils, elles	écriraient

SUBJONCTIF

présent	
que j'	écrive
que tu	écrives
qu'il, qu'elle	écrive
que nous	écrivions
que vous	écriviez
qu'ils, qu'elles	écrivent

IMPÉRATIIF

présent

écris
écrivons
écrivez

PARTICIPE

présent	passé
écrivant	écrit, écrite
	écrits, écrites

Conjugaison 13

voir (3e groupe)

INDICATIF

présent		passé composé	
je	vois	j'	ai vu
tu	vois	tu	as vu
il, elle	voit	il, elle	a vu
nous	voyons	nous	avons vu
vous	voyez	vous	avez vu
ils, elles	voient	ils, elles	ont vu

imparfait		futur	
je	voyais	je	verrai
tu	voyais	tu	verras
il, elle	voyait	il, elle	verra
nous	voyions	nous	verrons
vous	voyiez	vous	verrez
ils, elles	voyaient	ils, elles	verront

CONDITIONNEL

présent	
je	verrais
tu	verrais
il, elle	verrait
nous	verrions
vous	verriez
ils, elles	verraient

SUBJONCTIF

présent	
que je	voie
que tu	voies
qu'il, qu'elle	voie
que nous	voyions
que vous	voyiez
qu'ils, qu'elles	voient

IMPÉRATIF

présent

vois
voyons
voyez

PARTICIPE

présent	passé
voyant	vu, vue
	vus, vues

savoir (3e groupe)

INDICATIF

présent		passé composé	
je	sais	j'	ai su
tu	sais	tu	as su
il, elle	sait	il, elle	a su
nous	savons	nous	avons su
vous	savez	vous	avez su
ils, elles	savent	ils, elles	ont su

imparfait		futur	
je	savais	je	saurai
tu	savais	tu	sauras
il, elle	savait	il, elle	saura
nous	savions	nous	saurons
vous	saviez	vous	saurez
ils, elles	savaient	ils, elles	sauront

CONDITIONNEL

présent	
je	saurais
tu	saurais
il, elle	saurait
nous	saurions
vous	sauriez
ils, elles	sauraient

SUBJONCTIF

présent	
que je	sache
que tu	saches
qu'il, qu'elle	sache
que nous	sachions
que vous	sachiez
qu'ils, qu'elles	sachent

IMPÉRATIF

présent

sache
sachons
sachez

PARTICIPE

présent	passé
sachant	su, sue sus, sues

pouvoir (3e groupe)

INDICATIF

présent		passé composé	
je	peux ou je puis	j'	ai pu
tu	peux	tu	as pu
il, elle	peut	il, elle	a pu
nous	pouvons	nous	avons pu
vous	pouvez	vous	avez pu
ils, elles	peuvent	ils, elles	ont pu

imparfait		futur	
je	pouvais	je	pourrai
tu	pouvais	tu	pourras
il, elle	pouvait	il, elle	pourra
nous	pouvions	nous	pourrons
vous	pouviez	vous	pourrez
ils, elles	pouvaient	ils, elles	pourront

CONDITIONNEL

présent	
je	pourrais
tu	pourrais
il, elle	pourrait
nous	pourrions
vous	pourriez
ils, elles	pourraient

SUBJONCTIF

présent	
que je	puisse
que tu	puisses
qu'il, qu'elle	puisse
que nous	puissions
que vous	puissiez
qu'ils, qu'elles	puissent

IMPÉRATIF

présent

(On ne l'utilise pas.)

PARTICIPE

présent	passé
pouvant	pu

prendre (3e groupe)

INDICATIF

présent		passé composé	
je	prends	j'	ai pris
tu	prends	tu	as pris
il, elle	prend	il, elle	a pris
nous	prenons	nous	avons pris
vous	prenez	vous	avez pris
ils, elles	prennent	ils, elles	ont pris

imparfait		futur	
je	prenais	je	prendrai
tu	prenais	tu	prendras
il, elle	prenait	il, elle	prendra
nous	prenions	nous	prendrons
vous	preniez	vous	prendrez
ils, elles	prenaient	ils, elles	prendront

CONDITIONNEL

présent	
je	prendrais
tu	prendrais
il, elle	prendrait
nous	prendrions
vous	prendriez
ils, elles	prendraient

SUBJONCTIF

présent	
que je	prenne
que tu	prennes
qu'il, qu'elle	prenne
que nous	prenions
que vous	preniez
qu'ils, qu'elles	prennent

IMPÉRATIF

présent

prends
prenons
prenez

PARTICIPE

présent	passé
prenant	pris, prise
	pris, prises

Les noms des nombres

1 Les nombres de 0 à 99

0 zéro	1 un	2 deux	3 trois	4 quatre
10 dix	11 onze	12 douze	13 treize	14 quatorze
20 vingt	21 vingt et un	22 vingt-deux	23 vingt-trois	24 vingt-quatre
30 trente	31 trente et un	32 trente-deux	33 trente-trois	34 trente-quatre
40 quarante	41 quarante et un	42 quarante-deux	43 quarante-trois	44 quarante-quatre
50 cinquante	51 cinquante et un	52 cinquante-deux	53 cinquante-trois	54 cinquante-quatre
60 soixante	61 soixante et un	62 soixante-deux	63 soixante-trois	64 soixante-quatre
70 soixante-dix	71 soixante et onze	72 soixante-douze	73 soixante-treize	74 soixante-quatorze
80 quatre-vingts	81 quatre-vingt-un	82 quatre-vingt-deux	83 quatre-vingt-trois	84 quatre-vingt-quatre
90 quatre-vingt-dix	91 quatre-vingt-onze	92 quatre-vingt-douze	93 quatre-vingt-treize	94 quatre-vingt-quatorze

2 À partir de 100

100 cent
101 cent un
102 cent deux
200 deux cents
201 deux cent un
202 deux cent deux
300 trois cents
301 trois cent un
302 trois cent deux

400 quatre cents
500 cinq cents
600 six cents
700 sept cents
800 huit cents
900 neuf cents
999 neuf cent quatre-vingt-dix-neuf

1 000 mille
1 001 mille un
1 002 mille deux
1 100 mille cent
1 200 mille deux cents
2 000 deux mille
9 999 neuf mille neuf cent quatre-vingt-dix-neuf
10 000 dix mille
99 999 quatre-vingt-dix-neuf mille neuf cent quatre-vingt-dix-neuf
100 000 cent mille
100 001 cent mille un
100 002 cent mille deux
101 000 cent un mille
1 000 000 un million
1 000 000 000 un milliard

5 cinq	6 six	7 sept	8 huit	9 neuf
15 quinze	16 seize	17 dix-sept	18 dix-huit	19 dix-neuf
25 vingt-cinq	26 vingt-six	27 vingt-sept	28 vingt-huit	29 vingt-neuf
35 trente-cinq	36 trente-six	37 trente-sept	38 trente-huit	39 trente-neuf
45 quarante-cinq	46 quarante-six	47 quarante-sept	48 quarante-huit	49 quarante-neuf
55 cinquante-cinq	56 cinquante-six	57 cinquante-sept	58 cinquante-huit	59 cinquante-neuf
65 soixante-cinq	66 soixante-six	67 soixante-sept	68 soixante-huit	69 soixante-neuf
75 soixante-quinze	76 soixante-seize	77 soixante-dix-sept	78 soixante-dix-huit	79 soixante-dix-neuf
85 quatre-vingt-cinq	86 quatre-vingt-six	87 quatre-vingt-sept	88 quatre-vingt-huit	89 quatre-vingt-neuf
95 quatre-vingt-quinze	96 quatre-vingt-seize	97 quatre-vingt-dix-sept	98 quatre-vingt-dix-huit	99 quatre-vingt-dix-neuf

3 Pour indiquer la place, le rang

1er	premier	11e	onzième	30e	trentième
2e	deuxième (*)	12e	douzième	40e	quarantième
3e	troisième	13e	treizième	50e	cinquantième
4e	quatrième	14e	quatorzième	60e	soixantième
5e	cinquième	15e	quinzième	70e	soixante-dixième
6e	sixième	16e	seizième	80e	quatre-vingtième
7e	septième	17e	dix-septième	90e	quatre-vingt-dixième
8e	huitième	18e	dix-huitième	100e	centième
9e	neuvième	19e	dix-neuvième	200e	deux centième
10e	dixième	20e	vingtième	1 000e	millième

(*) On dit aussi second, seconde.

Les mesures

Pour connaître une longueur, un poids, un volume, une durée, une température ou une somme d'argent, on se sert des unités de mesure.
Quand on les écrit, on utilise le plus souvent leur abréviation.

1 Les longueurs

un millimètre	= 1 mm	*Jérémie écrit en laissant 2 mm entre chaque mot.*
un centimètre	= 1 cm = 10 mm	*Solène a grandi de 3 cm.*
un décimètre	= 1 dm = 10 cm	*La règle de Matthias est un double décimètre, elle mesure 20 cm.*
un mètre	= 1 m = 100 cm = 1 000 mm	*Le toit de la maison est à 6 m de haut.*
un kilomètre	= 1 km = 1 000 m	*Le coureur a fait 40 km à vélo.*

2 Les poids

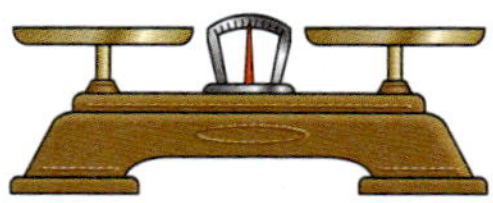

un milligramme	= 1 mg	*Un cheveu ne pèse que quelques milligrammes.*
un centigramme	= 1 cg = 10 mg	*Un œuf de mésange pèse 80 cg environ.*
un décigramme	= 1 dg = 10 cg	*Maman ajoute 3 dg de poivre dans la sauce.*
un gramme	= 1 g = 100 cg = 1 000 mg	*Pour faire ce gâteau, il te faut 300 g de farine.*
une livre	= 500 g	*Julie a acheté une livre de fraises au marché.*
un kilogramme (un kilo)	= 1 kg = 1 000 g	*Paul pèse 30 kg.*
un quintal	= 100 kg	*Le fermier a récolté 40 quintaux de blé.*
une tonne	= 1 t = 1 000 kg	*Le camion pèse 7 t.*

3 Les liquides

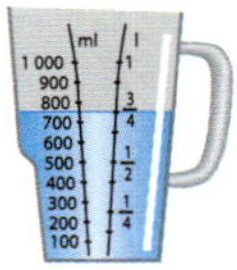

un millilitre	= 1 ml	*Tu dois prendre 5 ml de sirop contre la toux.*
un centilitre	= 1 cl = 10 ml	*Le cuisinier verse 3 cl d'huile dans la poêle.*
un décilitre	= 1 dl = 10 cl	*Elle fait fondre le chocolat dans 2 dl d'eau.*
un litre	= 1 l = 100 cl = 1 000 ml	*Le réservoir de la voiture contient 50 l d'essence.*

4 Le temps

une seconde	= 1 s	*La championne a couru 100 m en 12 s.*
une minute	= 1 min = 60 s	*Elle est arrivée avec 5 min d'avance.*
un quart d'heure	= 15 min	*La récréation dure un quart d'heure.*
une demi-heure	= 30 min	*Le bus passe toutes les demi-heures.*
trois quarts d'heure	= 45 min	*Le train a trois quarts d'heure de retard.*
une heure	= 1 h = 60 min = 3 600 s	*Elle a fait une sieste de 2 h.*

Il y a 24 heures dans un jour, 7 jours dans une semaine, 30 ou 31 jours dans un mois, sauf le mois de février qui a 28 jours (ou 29 jours tous les 4 ans).

Il y a 12 mois dans un an et 100 ans dans un siècle.

Regarde la planche illustrée « Le calendrier », page 426.

5 La température

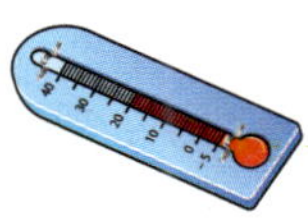

un degré	= 1°	*L'eau de la piscine est à 18°.*

6 La monnaie

un euro	= 1€	*Le paquet de bonbons coûte 2 €.*
un centime	= 1c	*Il faut 100 centimes pour faire 1 €.*

Les figures géométriques

■ **Une droite** est le « plus court chemin » d'un point à un autre.

Voici des droites perpendiculaires :

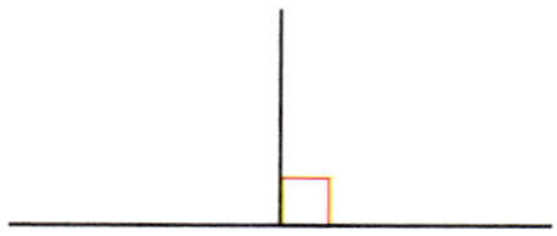

Voici des droites parallèles :

■ **Un polygone** est une figure à plusieurs côtés.

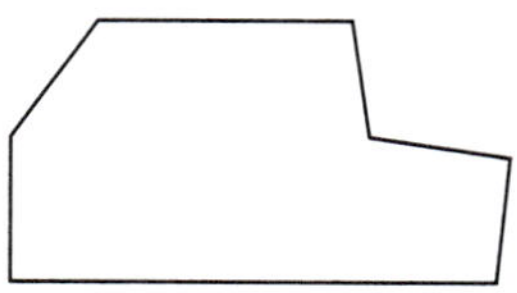

■ **Un triangle** est un polygone à 3 côtés.

■ **Le carré**

4 côtés tous égaux.
4 angles droits.

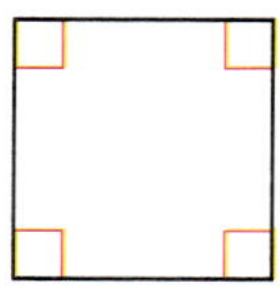

■ **Le rectangle**

4 côtés égaux deux à deux.
4 angles droits.

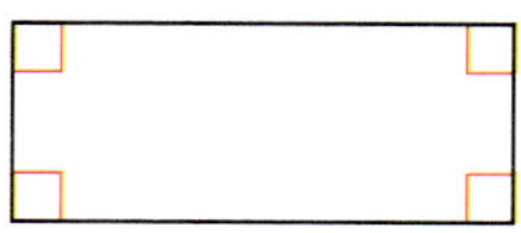

■ **Le losange**

4 côtés égaux et parallèles deux à deux.

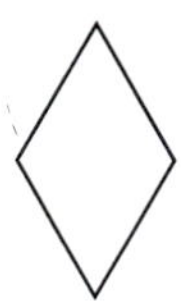

■ **Le cercle** (disque)

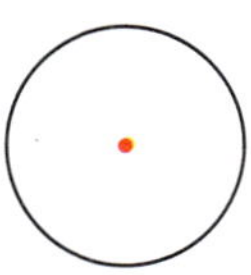

le centre

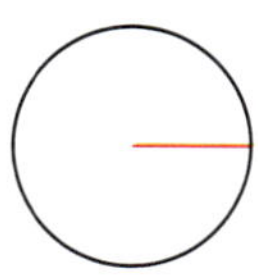

le rayon

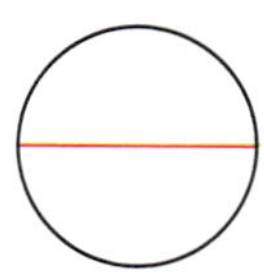

le diamètre

Les solides (les volumes)

Le cube

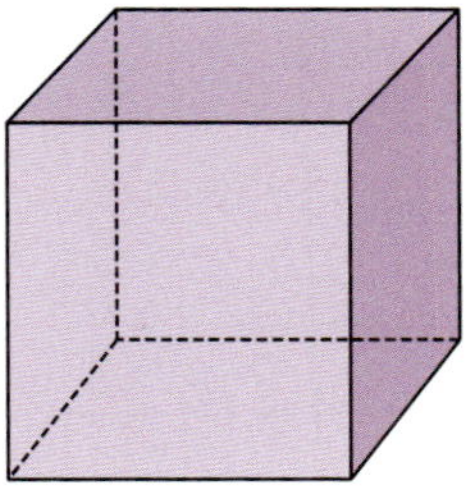

Le pavé

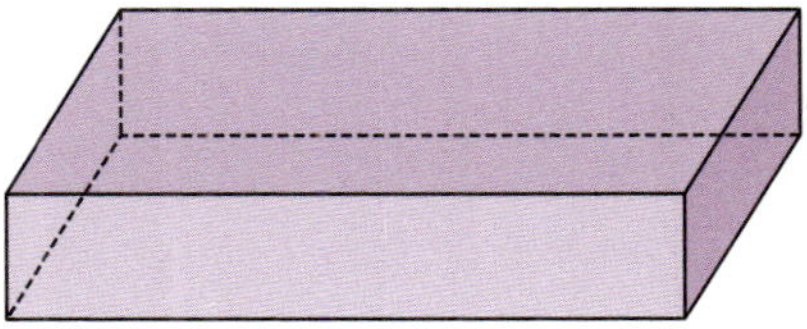

La pyramide

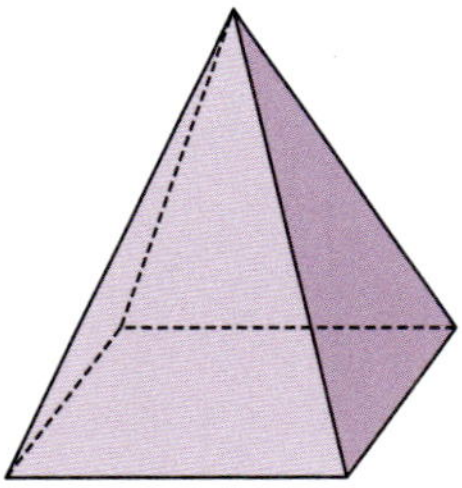

La sphère (boule)

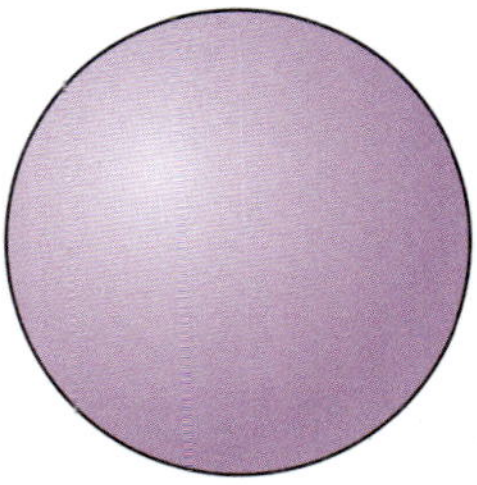

Le cône

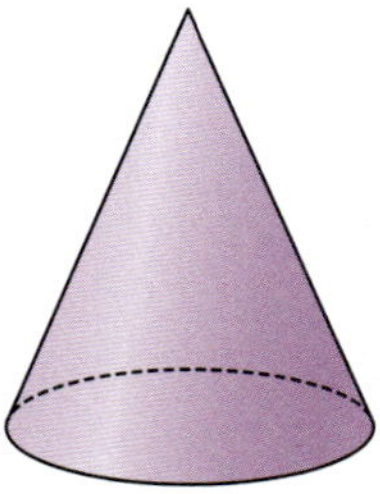

Le cylindre

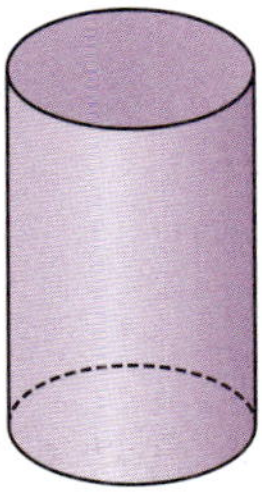

à préposition
1. *Loïc habite à Brest,* Brest est le lieu où Loïc habite.
2. *Ambre se lève à 8 heures,* 8 heures est le moment où Ambre se lève.

abandonner verbe
1. *Monsieur Laplace a abandonné son chien,* Monsieur Laplace est parti en laissant son chien pour toujours.
2. *Le coureur a abandonné la course,* le coureur a renoncé à continuer la course.

abat-jour nom masculin
Un abat-jour, c'est un objet en papier ou en tissu que l'on met autour de l'ampoule d'une lampe pour que la lumière ne soit pas trop forte.
➾ Au pluriel : des **abat-jours** ou des **abat-jour** (invariable).

abattre verbe
Abattre, c'est faire tomber par terre quelque chose qui est debout. *Le bûcheron a abattu un chêne.*

abeille nom féminin
Une abeille, c'est un insecte qui fabrique du miel. *Les abeilles trouvent leur nourriture dans les fleurs.*
■ Cherche aussi **butiner, ruche.**

abîmer verbe
1. Abîmer, c'est mettre en mauvais état. *Guillaume abîme vite ses jouets,* il les casse car il n'est pas soigneux.
2. S'abîmer, c'est devenir en mauvais état. *Les poires se sont abîmées,* elles ont pourri.
➾ Ce mot s'écrit avec un **î**.

abonnement nom masculin
Mamie m'a offert un abonnement à mon journal préféré, elle a payé à l'avance pour que je reçoive mon journal chez moi.

s'**abonner** verbe
Mes parents se sont abonnés à plusieurs journaux, ils ont payé pour recevoir les journaux chez eux.

Les **abeilles** butinent.

a b c d e f g h i j k l m n o p q r s t u v w x y z

A B C D E F G H I J K L M N O P Q R S T U V W X Y Z

d'abord adverbe
D'abord, c'est un mot qui veut dire en premier, pour commencer. *Mets ton pantalon d'abord, tu te chausseras après.*
■ Le contraire de d'abord, c'est **après, ensuite.**

aboyer verbe
Le chien aboie, il pousse son cri.

abreuvoir nom masculin
Un abreuvoir, c'est un petit bassin dans lequel boivent les vaches, les moutons, les chevaux. *Le berger mène son troupeau à l'abreuvoir.*

abréviation nom féminin
Une abréviation, c'est un mot dont on a enlevé une partie pour qu'il soit plus court. *« Foot » est l'abréviation de « football ». Quelle est l'abréviation de « télévision » ?*

abri nom masculin
Un abri, c'est un endroit où l'on est protégé du danger ou du mauvais temps. *Lise se met à l'abri de la pluie sous son parapluie,* elle se protège de la pluie sous son parapluie.
■ Cherche aussi s'**abriter.**

abricot nom masculin
Un abricot, c'est un petit fruit orange clair qui a un gros noyau et une peau très douce. *Maman a fait une tarte aux abricots.*

s'abriter verbe
S'abriter, c'est se mettre dans un endroit où l'on ne risque rien, pour se protéger. *Il pleut, viens t'abriter !*
■ Quand on s'abrite, on est à l'**abri.**

abrutir verbe
Abrutir, c'est fatiguer en donnant mal à la tête et en rendant incapable de faire quelque chose. *La chaleur nous a abrutis.*

absence nom féminin
Papa a écrit un mot à la maîtresse pour expliquer mon absence, il a écrit un mot qui expliquait pourquoi je n'étais pas là.
■ Le contraire de absence, c'est **présence.**

absent, absente adjectif
Une personne absente, c'est une personne qui n'est pas là. *Adèle a la grippe, elle sera absente de l'école plusieurs jours.*
■ Le contraire de absent, c'est **présent.**

absolument adverbe
Il est absolument interdit de mâcher du chewing-gum en classe, on n'a pas du tout le droit de mâcher du chewing-gum en classe. *Ce que tu dis est absolument faux.*
■ Tu peux dire aussi **complètement, entièrement, totalement, tout à fait.**

Les **abricots** poussent sur les **abricotiers.**

absorber verbe
1. *L'éponge absorbe l'eau,* elle laisse entrer l'eau en elle et la retient.
2. Absorber, c'est manger et boire. *Le malade n'a rien absorbé depuis hier.*

abus nom masculin
L'abus d'alcool est dangereux pour la santé, boire une trop grande quantité d'alcool est dangereux pour la santé.
■ Il ne faut pas **abuser** de l'alcool.
■ Tu peux dire aussi **excès.**

abuser verbe
Martin aime beaucoup les bonbons mais il n'en abuse pas, il aime beaucoup les bonbons mais il n'en mange pas trop.

accélérateur nom masculin
L'accélérateur, c'est le mécanisme qui permet à une voiture de rouler plus vite. *Le conducteur appuie sur la pédale de l'accélérateur.* ■ Le conducteur **accélère.**

accélérer verbe
Accélérer, c'est faire aller plus vite. *Le conducteur de la voiture accélère pour doubler le camion.*
■ Le contraire de accélérer, c'est **ralentir.**
■ Cherche aussi **accélérateur.**

accent nom masculin
1. L'accent d'une personne, c'est la manière dont elle prononce les mots. *Pascal habite Marseille, il a l'accent du Midi.*
2. Un accent, c'est un petit signe que l'on place sur certaines lettres. *Le e de « pavé » porte un accent aigu. Le e de « accès » porte un accent grave. Le i de « boîte » porte un accent circonflexe.*

accepter verbe
Accepter, c'est bien vouloir. *Mes parents accepteront sûrement de garder ton chat pendant le week-end.*
■ Le contraire de accepter, c'est **refuser.**

accès nom masculin
L'accès, c'est la possibilité d'aller dans un lieu. *L'accès du parc est interdit aux animaux,* les animaux n'ont pas le droit d'entrer dans le parc.
■ Tu peux dire aussi **entrée.**

L'**accès** du parc est interdit aux animaux.

accident nom masculin
Un accident, c'est quelque chose de grave qui arrive sans qu'on le fasse exprès. *Monsieur Duret a eu un accident de voiture.*

acclamation nom féminin
Des acclamations, ce sont des cris de joie poussés en même temps par de nombreuses personnes.

accompagner verbe
Accompagner, c'est aller avec quelqu'un là où il va. *Ma grande sœur m'accompagne à l'école tous les matins.*

accord nom masculin
Être d'accord, c'est bien vouloir. *Maman est d'accord pour venir avec nous à la plage,* elle veut bien venir avec nous à la plage.

accordéon nom masculin
Un accordéon, c'est un instrument de musique qui produit des sons quand on l'étire puis le replie tout en appuyant sur des touches. *Le musicien porte son accordéon devant lui, attaché par des bretelles.*

accorder verbe
1. Accorder, c'est accepter de donner. *Papa m'a accordé la permission de faire du vélo sur le chemin,* il veut bien que je fasse du vélo sur le chemin. ■ Le contraire de accorder, c'est **refuser.**
2. *Le verbe s'accorde avec le sujet,* le verbe est au singulier si le sujet est au singulier, il est au pluriel si le sujet est au pluriel.

accoucher verbe
Accoucher, c'est donner naissance à son enfant. *La mère d'Alice a accouché d'un garçon.*

accourir verbe
Accourir, c'est venir en courant. *Les gens accourent pour voir passer la voiture du président.*

accrocher verbe
Accrocher, c'est faire tenir en suspendant. *Youssef accroche son blouson au portemanteau.*
■ Le contraire de accrocher, c'est **décrocher.**

s'**accroupir** verbe
S'accroupir, c'est s'asseoir les genoux pliés en posant les fesses sur les talons. *Jeanne et Arthur s'accroupissent pour faire un château de sable.*

accueil nom masculin
L'accueil, c'est la façon dont on reçoit une personne ou quelque chose. *Les parents de Mathias nous ont fait bon accueil.* ■ Ils nous ont bien **accueillis.**

accueillir verbe
La directrice accueille les parents à l'entrée de son bureau, elle les reçoit quand ils arrivent et les fait entrer dans son bureau.
■ Cherche aussi **accueil.**

accuser verbe
Accuser, c'est dire de quelqu'un qu'il a fait quelque chose de mal. *Noémie accuse Louis de lui avoir caché sa règle,* elle dit que Louis lui a caché sa règle.

achat nom masculin
1. Faire des achats, c'est acheter des choses, faire des courses.
2. Un achat, c'est la chose que l'on a achetée. *Claire montre ses achats à Hugo : une trousse, un stylo, des crayons de couleur et une gomme.*

Les clients font leurs **achats.**

acheter verbe
Acheter, c'est donner de l'argent pour avoir quelque chose. *Maman achète de la viande chez le boucher.*
■ Le boucher **vend** de la viande.
■ Cherche aussi **payer.**

acide adjectif
Cette pomme est acide, elle pique la langue, elle n'est pas sucrée.

acier nom masculin
L'acier, c'est un métal blanc très dur fabriqué avec du fer. *La lame du couteau est en acier.*

acrobate nom masculin et féminin
Un acrobate, une acrobate, c'est une personne qui marche en équilibre sur un fil, se balance très haut au-dessus du sol et fait des sauts très dangereux. *Mélanie a beaucoup aimé le numéro des acrobates au cirque.* ■ Les acrobates font des **acrobaties.**
■ Cherche aussi **funambule** et **trapéziste.**

acrobatie nom féminin
Les acrobaties, ce sont les exercices faits par les acrobates.

Il faut être souple pour faire des **acrobaties.**

acte nom masculin
Un acte, c'est ce que l'on fait. *Manon a avoué pour que Lina ne soit pas punie : c'est un acte courageux.*
■ Tu peux dire aussi **action.**

acteur nom masculin,
actrice nom féminin
Un acteur, une actrice, c'est une personne dont le métier est de jouer dans des films ou dans des pièces de théâtre.
■ Tu peux dire aussi **comédien.**

actif, active adjectif
Une personne active, c'est une personne qui fait beaucoup de choses, qui ne reste jamais sans rien faire. *Madame Crépin est très active, elle travaille beaucoup et fait souvent du sport.*
■ Tu peux dire aussi **dynamique, énergique.**

action nom féminin
1. Une action, c'est ce que l'on fait. *Lorenzo va donner quelques-uns de ses jouets à des enfants qui sont à l'hôpital, il va faire une bonne action,* il va faire quelque chose de bien.
2. *Émeline aime les films d'action,* elle aime les films où il se passe beaucoup de choses.

activité nom féminin
Une activité, c'est ce que l'on fait pour s'occuper. *Le mercredi, Loane a de nombreuses activités : elle va au judo, elle joue du piano et elle fait de la peinture.*
■ Tu peux dire aussi **occupation.**

actualité nom féminin
L'actualité, c'est ce qui se passe en ce moment dans le monde. *Mes parents s'intéressent à l'actualité.*

actuel, actuelle adjectif
Il n'y a plus de dinosaures à l'époque actuelle, il n'y a plus de dinosaures à l'époque où nous vivons.
■ Cherche aussi **actuellement.**

A B C D E F G H I J K L M N O P Q R S T U V W X Y Z

actuellement adverbe
Actuellement, c'est en ce moment. *Actuellement, nous apprenons à faire des divisions.*
■ Actuellement, c'est à l'heure **actuelle.**

addition nom féminin
Une addition, c'est une opération par laquelle on ajoute des nombres les uns aux autres. *Camille sait faire des additions avec une retenue.*
■ Quand on fait une addition, on **additionne.**
■ Le contraire de addition, c'est **soustraction.**

Quel est le résultat de l'**addition** ?

additionner verbe
Additionner, c'est faire la somme de plusieurs nombres. *Coline additionne 4 et 3,* elle fait l'addition : 4 + 3.
■ Le contraire de additionner, c'est **soustraire.**

adieu interjection
On dit adieu à quelqu'un que l'on pense ne pas revoir bientôt ou que l'on risque de ne jamais revoir. *Quand Yasmine a déménagé, elle a dit adieu à ses voisins.*

adjectif nom masculin
Un adjectif, c'est un mot qui donne un renseignement sur le nom qu'il accompagne. *Dans la phrase « Le petit Lenny a une chemise verte », « petit » et « verte » sont des adjectifs.*

admettre verbe
1. Admettre, c'est bien vouloir, être d'accord. *Le maître n'admet pas que nous nous battions en classe.*
2. *Le grand frère de Samira est admis en sixième,* il passe en sixième.
■ Tu peux dire aussi **accepter.**
■ Le contraire de admettre, c'est **refuser.**

admiration nom féminin
Fanny est en admiration devant le bébé, elle regarde le bébé d'une façon qui montre qu'elle le trouve très beau. ■ Fanny **admire** le bébé.

admirer verbe
Admirer, c'est trouver très beau, très bien. *Simon admire le nouveau vélo de Lucas.* ■ Il est en **admiration** devant le vélo.

adolescent nom masculin,
adolescente nom féminin
Un adolescent, une adolescente, c'est un jeune homme, une jeune fille qui n'est plus un enfant mais qui n'est pas encore un adulte. *On est un adolescent lorsqu'on a entre 13 et 18 ans.*

adopter verbe
Monsieur et Madame Rieu ont adopté un petit garçon, ils ont accueilli chez eux un petit garçon qui n'était pas leur enfant, ils se sont occupés de lui et l'ont élevé en en faisant leur propre fils. ■ C'est leur fils **adoptif.**

adoptif, adoptive adjectif
Un enfant adoptif, c'est un enfant qui a été adopté. Des parents adoptifs, ce sont des parents qui ont adopté un enfant.

adorable adjectif
Judith est une petite fille adorable, c'est une petite fille gentille, jolie et bien élevée. ■ Tout le monde **adore** Judith.
■ Le contraire de adorable, c'est **odieux.**

adorer verbe
Adorer, c'est aimer beaucoup. *Lilian adore les chats.* ■ Lilian trouve que les chats sont **adorables.**
■ Le contraire de adorer, c'est **détester.**

adresse nom féminin
Donne-moi ton adresse, dis-moi où tu habites, donne-moi le nom et le numéro de la rue, le nom de la ville et son code postal, et le nom du pays.

adresser verbe
1. *Madame Rodin est fâchée avec sa voisine, elle ne lui adresse plus la parole,* elle ne lui parle plus.
2. S'adresser à quelqu'un, c'est parler à quelqu'un. *Si vous voulez un renseignement, adressez-vous au gardien,* allez demander au gardien.

adroit, adroite adjectif
Solène est très adroite, elle sait bien se servir de ses mains, elle tient les objets sans les casser, elle sait fabriquer et réparer beaucoup de choses.
■ Tu peux dire aussi **habile.**
■ Le contraire de adroit, c'est **maladroit.**

adulte nom masculin et féminin
Un adulte, une adulte, c'est une grande personne. *Ce film n'est pas pour les enfants, il est réservé aux adultes.*

adverbe nom masculin
Un adverbe, c'est un mot invariable qui sert à ajouter quelque chose au sens de l'adjectif, du verbe ou de l'adverbe à côté duquel il se trouve. *Dans la phrase « Chloé aime beaucoup le chocolat », « beaucoup » est un adverbe.*
■ Souvent les adverbes se terminent par **-ment** comme gentiment, méchamment, tristement...

adversaire nom masculin et féminin
Un adversaire, une adversaire, c'est la personne contre qui on se bat dans un match ou un combat. *Le boxeur a donné un grand coup sur le nez de son adversaire.*

aérer verbe
Aérer, c'est ouvrir la fenêtre ou la porte pour faire entrer de l'air frais. *Le matin, Maman aère la chambre.*

aérien, aérienne adjectif
Les transports aériens, ce sont les transports par avion. Une photo aérienne, c'est une photo prise d'avion ou d'hélicoptère.

Solène est très **adroite.**

aéroport nom masculin
Un aéroport, c'est un endroit où il y a des bâtiments où les voyageurs viennent prendre l'avion et des pistes sur lesquelles les avions décollent et atterrissent.

A B C D E F G H I J K L M N O P Q R S T U V W X Y Z

affaire nom féminin
1. *Range tes affaires !* range les objets qui t'appartiennent, tes jouets, tes livres, ton cartable, tes vêtements !
2. *Maman a fait une bonne affaire en achetant cette voiture d'occasion,* elle a acheté une voiture qui ne lui a pas coûté cher et qui marche bien, c'est un bon achat.

affamé, affamée adjectif
Ce chien est affamé, il s'est précipité sur sa pâtée, ce chien a très faim.
■ Cherche aussi **assoiffé.**

affection nom féminin
L'affection, c'est la tendresse et l'amour que l'on ressent pour une personne que l'on aime bien. *Omar a beaucoup d'affection pour sa petite sœur.* ■ Omar est **affectueux** avec sa petite sœur.

affectueux, affectueuse adjectif
Lola est une petite fille très affectueuse, elle aime bien donner des baisers et faire des câlins.
■ Lola montre son **affection.**

affiche nom féminin
Une affiche, c'est une grande feuille de papier sur laquelle il y a une image et quelque chose d'écrit. *Dans le métro, Laura aime bien regarder les affiches collées sur les murs.*
■ Cherche aussi **poster.**

afficher verbe
Les dates des vacances sont affichées dans l'entrée de l'école, elles sont inscrites sur un papier qui est au mur, dans l'entrée de l'école.

affirmer verbe
Affirmer, c'est dire avec force en étant sûr de ce que l'on dit. *Je vous affirme que j'ai vu une baleine dans le port d'Ajaccio,* je vous assure que c'est vrai.

affluence nom féminin
Les heures d'affluence, ce sont les heures où il y a beaucoup de monde à un endroit. *Le métro est plein aux heures d'affluence,* il est plein aux heures où beaucoup de gens prennent le métro parce qu'ils partent travailler ou qu'ils rentrent chez eux.

affluent nom masculin
Un affluent, c'est une rivière qui se jette dans une autre rivière ou dans un fleuve. *Le Tarn est un affluent de la Garonne.*

s'affoler verbe
S'affoler, c'est faire n'importe quoi parce que l'on a très peur. *Lucie s'est affolée en voyant une souris.*

Quelle **affiche** est-on en train de coller ?

affreux, affreuse adjectif
1. Affreux, c'est très laid. *Ces chaussures violettes sont affreuses.*

■ Tu peux dire aussi **horrible, vilain.**
■ Le contraire de affreux, c'est **joli.**
2. Affreux, c'est très désagréable. *Il fait un temps affreux,* il fait très mauvais. ■ Le contraire de affreux, c'est **beau, magnifique.**

affronter verbe
Affronter, c'est aller se battre avec courage. *Notre équipe affrontera l'équipe du lycée Carnot demain.*

afin de préposition
Éva prend son élan afin de sauter plus haut, elle prend son élan pour sauter plus haut.

agaçant, agaçante adjectif
Ce bruit est agaçant, il met de mauvaise humeur et donne envie de s'en aller.

agacer verbe
Arrête de poser toutes ces questions, tu m'agaces, tu me mets de mauvaise humeur, tu m'énerves.
■ Tu peux dire aussi **irriter.**

âge nom masculin
L'âge d'une personne, c'est le nombre d'années qui ont passé depuis le jour de sa naissance. *Quel âge as-tu ? Louis et Juliette ont le même âge.*
➾ Ce mot s'écrit avec un **â.**

âgé, âgée adjectif
1. *Arthur a une sœur plus âgée que lui,* il a une sœur qui a plus d'années que lui, qui est plus vieille que lui.
2. Une personne âgée, c'est une personne qui est vieille.
■ Le contraire de âgé, c'est **jeune.**
➾ Ce mot s'écrit avec un **â.**

s'**agenouiller** verbe
S'agenouiller, c'est se mettre à genoux, poser ses deux genoux par terre. *Alicia s'agenouille pour ramasser des feuilles mortes.*

agent nom masculin
Un agent de police, c'est une personne qui s'occupe de la circulation, dans une ville.

s'**aggraver** verbe
S'aggraver, c'est devenir plus grave, plus mauvais. *Mon rhume s'est aggravé depuis hier.*

agile adjectif
L'acrobate est agile, il est souple et rapide quand il bouge, même s'il a des mouvements difficiles à faire.

agir verbe
1. Agir, c'est faire quelque chose. *Réfléchis avant d'agir !*
2. Agir, c'est être efficace. *Ce médicament agit vite,* il fait vite du bien.

Il y a une grande différence d'**âge** entre Mamie et mon petit frère.

agitation nom féminin
Il y a beaucoup d'agitation pendant la récréation, tout le monde va et vient dans tous les sens.
■ Le contraire de agitation, c'est **calme.**
■ Cherche aussi **agiter.**

A B C D E F G H I J K L M N O P Q R S T U V W X Y Z

agiter verbe
Agiter, c'est remuer dans tous les sens. *Agitez la bouteille avant de l'ouvrir,* secouez la bouteille.

agneau nom masculin
Un agneau, c'est un jeune mouton. *Le petit agneau tète la brebis.*
Au pluriel : des **agneaux.**

Un **agneau.**

agrafe nom féminin
1. Une agrafe, c'est un petit crochet qui sert à fermer un vêtement.
2. Une agrafe, c'est un petit fil de métal qui sert à attacher ensemble plusieurs feuilles de papier.
■ Pour fixer des agrafes, on se sert d'une **agrafeuse.**

agrafer verbe
1. Agrafer, c'est fermer avec une agrafe. *Maman a agrafé sa jupe.*
2. *Le maître agrafe deux feuilles de papier,* il les fait tenir ensemble avec une agrafe.

agrafeuse nom féminin
Une agrafeuse, c'est un petit appareil, qui ressemble à une pince, qui sert à agrafer du papier ou du tissu avec des agrafes. *Le maître prend l'agrafeuse qui est sur son bureau.*

agrandir verbe
Agrandir, c'est rendre plus grand. *La boulangère a agrandi son magasin. Papa a fait agrandir une photo.*

agréable adjectif
L'odeur d'un gâteau qui cuit est une odeur très agréable, c'est une bonne odeur que l'on a du plaisir à sentir.
■ Le contraire de agréable, c'est **désagréable.**

agressif, agressive adjectif
Une personne agressive, c'est une personne qui attaque les autres par des gestes ou des paroles même si on ne lui a rien fait. *Calme-toi, ne sois pas si agressif !*
■ Le contraire de agressif, c'est **doux.**

agricole adjectif
Labourer la terre, semer et faire les moissons sont des travaux agricoles, ce sont des travaux des champs.
■ Ce sont les travaux faits par les **agriculteurs.**

agriculteur nom masculin,
agricultrice nom féminin
Un agriculteur, une agricultrice, c'est une personne dont le métier est de cultiver la terre pour faire pousser des céréales, des fruits et des légumes et d'élever des vaches, des moutons, des chèvres pour produire du lait et de la viande.
■ Cherche aussi **fermier, paysan.**

agriculture nom féminin
L'agriculture, c'est le travail de la terre et l'élevage des animaux, pour nourrir les hommes.
■ Va voir aussi **agricole** et **agriculteur.**

aide nom féminin
J'ai besoin de ton aide pour accrocher ce tableau, j'ai besoin que tu le fasses avec moi, que tu m'aides.

Papa plante un clou à l'aide d'un marteau, il plante un clou en se servant d'un marteau.

aider verbe
Aider une personne, c'est faire quelque chose avec une personne qui aurait du mal à y arriver si elle était seule. *Aide-moi à mettre le couvert,* viens le faire avec moi.

aigle nom masculin
Un aigle, c'est un grand oiseau de proie. *Les aigles ont un bec crochu et des griffes qui serrent très fort.*
■ Cherche aussi **serres.**

aigu, aiguë adjectif
1. Une voie aiguë, c'est une voix très haute qui a presque le même son que les cris. *Julie a une voix aiguë et Papa a une voix grave.*
2. L'accent aigu, c'est l'accent qu'il y a sur le *e* de *Léo.*
■ Cherche aussi **circonflexe, grave.**
➾ Ce mot s'écrit avec un **ë** au féminin.

aiguille nom féminin
1. Une aiguille, c'est une petite tige en métal qui a un bout pointu et l'autre bout percé d'un trou. *Mamie a enfilé une aiguille pour coudre un bouton.*
2. *Juliette tricote un pull avec des aiguilles à tricoter,* elle tricote avec de grandes tiges en métal ou en plastique qui sont pointues à un bout et ort une petite boule à l'autre bout.
3. Une aiguille, c'est une tige fine qui avance sur le cadran d'une montre. *La petite aiguille indique les heures, la grande aiguille indique les minutes.*
4. Les aiguilles de pin, les aiguilles de sapin, ce sont les petites feuilles très fines, très dures et très pointues du pin et du sapin.

aiguiser verbe
Papa aiguise le couteau qui sert à découper la viande, il frotte la lame du couteau contre un outil spécial pour qu'elle coupe très bien.

ail nom masculin
L'ail, c'est une plante qui a une odeur très forte et qui donne du goût à la viande, aux légumes ou aux sauces. *Mamie épluche une gousse d'ail.*
➾ Au pluriel : des **ails** ou des **aulx.**

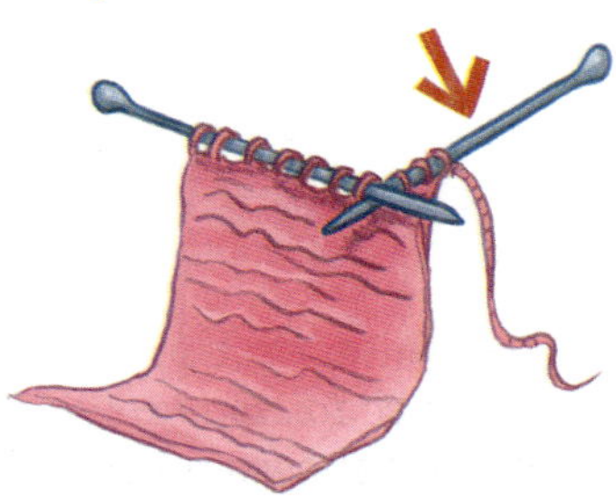

Quel est le mot qui réunit le fil, le tricot, l'horloge et le pin ?

aile nom féminin
1. Les ailes d'un oiseau, ce sont les deux membres recouverts de plumes qu'il a de chaque côté du corps et qui lui servent à voler. *L'oiseau ouvre ses ailes et s'envole.*
2. Les ailes d'un avion, ce sont les deux parties plates et allongées fixées de chaque côté qui lui servent à rester en équilibre dans l'air.

ailleurs adverbe
Ailleurs, c'est dans un autre endroit. *Vous faites trop de bruit, allez jouer ailleurs.*
■ Le contraire de ailleurs, c'est **ici.**

aimable adjectif
La boulangère est très aimable avec ses clients, elle leur sourit, elle leur dit bonjour et elle cherche toujours à leur faire plaisir.
■ Tu peux dire aussi **gentil.**
■ Le contraire de aimable, c'est **désagréable.**

aimant nom masculin
Un aimant, c'est un morceau d'acier qui attire le fer.

Un **aimant.**

aimer verbe
1. Aimer, c'est éprouver de l'amour pour quelqu'un. *Bernard aime sa femme,* il est amoureux de sa femme. ■ Le contraire de aimer, c'est **détester, haïr.** ■ Cherche aussi **amour.**
2. Aimer, c'est avoir du plaisir à manger quelque chose ou à faire quelque chose. *Guillaume aime beaucoup les frites. Clara aime dessiner.*

aîné, aînée adjectif
Ma sœur aînée vient d'entrer en sixième, ma sœur qui est plus âgée que moi, plus vieille que moi.
Ce mot s'écrit avec un **î.**
Tu peux aussi écrire **ainé, ainée,** sans accent circonflexe.
■ Le contraire de aîné, c'est **cadet.**
■ Cherche aussi **benjamin.**

ainsi adverbe
Ainsi, c'est un mot qui veut dire comme cela, de cette façon. *Ne me regarde pas ainsi, je ne suis pas une bête curieuse.*

air nom masculin
1. L'air, c'est le mélange d'oxygène et d'autres gaz qui nous entoure et que nous respirons. *À la montagne, l'air est pur.*
2. *Corentin regarde en l'air,* il regarde en haut, vers le ciel.
3. Avoir l'air, c'est paraître, sembler. *Ce chien a l'air gentil,* il a la tête et le comportement d'un chien gentil.
■ Cherche aussi **aspect.**
4. *Je me souviens des paroles de cette chanson mais j'ai oublié l'air,* j'ai oublié la musique de cette chanson.

aise nom féminin
1. Être à l'aise, c'est se sentir bien. *Clémence est à l'aise dans ses bottes,* elle n'a pas mal aux pieds, elle est bien dans ses bottes.

2. *Ethan est mal à l'aise avec les grandes personnes,* il est intimidé, il n'aime pas être avec les grandes personnes.

ajouter verbe
Ajouter, c'est mettre en plus. *Il faut ajouter un peu de sel dans la purée. Si j'ajoute 2 au nombre 8, cela fait 10.*
■ Le contraire de ajouter, c'est **enlever, ôter, retrancher.**

alarme nom féminin
Une alarme, c'est une sonnerie qui annonce qu'il y a un danger.

L'incendie a déclenché l'**alarme** de l'immeuble.

album nom masculin
1. Un album de photos, c'est un grand livre dans lequel on colle des photos. *Marie regarde l'album de photos du mariage de ses parents.*
2. Un album, c'est un grand livre avec beaucoup d'images. *Pierre range ses albums de bandes dessinées.*

alcool nom masculin
1. L'alcool, c'est un liquide très fort qui fait tourner la tête quand on en boit. *Le vin, la bière sont des boissons qui contiennent de l'alcool.*
2. L'alcool à 90 degrés, c'est un liquide transparent avec lequel on nettoie une blessure pour la désinfecter. *Sois courageux quand je vais te mettre de l'alcool, ça va un peu te piquer.*

alerte nom féminin
Donner l'alerte, c'est donner un signal qui avertit qu'il y a un danger. *Dès qu'il a vu des flammes, le gardien a donné l'alerte,* le gardien a prévenu tout le monde et il a appelé les pompiers.

algue nom féminin
Une algue, c'est une plante qui pousse dans l'eau. *À marée basse, on voit des rochers recouverts d'algues.*

aliment nom masculin
Un aliment, c'est une chose que l'on mange ou que l'on boit. *Les fruits, le pain, la viande, le lait sont des aliments.*
■ Cherche aussi **nourriture.**

Louise regarde l'**album** de photos avec son papa.

A B C D E F G H I J K L M N O P Q R S T U V W X Y Z

alimentation nom féminin
1. L'alimentation, c'est la manière de se nourrir. *Il faut avoir une alimentation variée.*
2. Un magasin d'alimentation, c'est un magasin où l'on achète des aliments. *L'épicerie et la boucherie sont des magasins d'alimentation.*

allée nom féminin
Une allée, c'est un chemin bordé d'arbres dans un jardin, un parc ou une forêt. *Justine fait du vélo dans l'allée qui mène au château.*

allemand nom masculin
L'allemand, c'est la langue qu'on parle en Allemagne, en Autriche et dans une partie de la Suisse.

① **aller** verbe
1. *Alexis et Célia vont à l'école ensemble,* ils se rendent à l'école ensemble.
2. S'en aller, c'est partir. *Ne t'en va pas tout de suite, reste encore un peu !*
3. Aller bien, c'est se sentir bien, être en bonne santé. *Bonjour, comment allez-vous ? — Je vais bien, merci.*
4. Aller bien à quelqu'un, c'est être bien pour lui. *Ce pantalon te va très bien.*
5. *Il va sûrement pleuvoir avant ce soir,* il pleuvra sûrement avant ce soir.

② **aller** nom masculin
L'aller, c'est le chemin que l'on fait pour aller à un endroit. *Dans le car, nous avons chanté à l'aller et au retour nous avons dormi.*

allergie nom féminin
Une allergie, c'est une maladie qui apparaît quand on ne supporte pas quelque chose que l'on a mangé, que l'on a respiré ou que l'on a touché. *Tom a une allergie aux fraises ; elles lui donnent des boutons.*

alliance nom féminin
Une alliance, c'est un anneau que l'on porte au doigt quand on est marié. *Mes parents ont chacun une alliance en or.*

allo interjection
Allo, c'est le premier mot que l'on dit quand on parle au téléphone. *Allo ! tu m'entends ?*
On écrit aussi **allô** avec un accent circonflexe sur le **o.**

s'**allonger** verbe
S'allonger, c'est se coucher de tout son long. *Tristan s'allonge dans l'herbe pour regarder les étoiles dans le ciel.*
Tu peux dire aussi s'**étendre.**

allumer verbe
1. *Zoé allume la lampe,* elle appuie sur le bouton de la lampe pour qu'elle éclaire.
2. *Papa a allumé les bougies du gâteau d'anniversaire,* il a mis une flamme sur la mèche des bougies pour qu'elles s'enflamment.
Le contraire de allumer, c'est **éteindre.**

Une **alouette**. Les **amandes** poussent sur les **amandiers**.

allumette nom féminin
Une allumette, c'est un petit bâton de bois dont un bout s'enflamme quand on le frotte. *Maman prend une allumette et allume les bougies du gâteau d'anniversaire.*

allure nom féminin
L'allure, c'est la vitesse à laquelle on va. *La moto roulait à toute allure,* elle roulait très vite.

alors adverbe
Tu es prêt ? Alors viens vite, dans ce cas-là viens vite. *Et alors, qu'a fait la princesse ?* et après, qu'a fait la princesse ?

alouette nom féminin
Une alouette, c'est un petit oiseau qui vit dans les champs.

alphabet nom masculin
L'alphabet, c'est l'ensemble des 26 lettres qui servent à écrire. *Le a est la première lettre de l'alphabet.*

alphabétique adjectif
L'ordre alphabétique, c'est l'ordre dans lequel sont rangées les lettres de l'alphabet. *Dans un dictionnaire les mots sont classés par ordre alphabétique.*

alpiniste nom masculin et féminin
Un alpiniste, une alpiniste, c'est une personne qui monte à pied tout en haut des montagnes, qui escalade les montagnes. *Des alpinistes ont escaladé le mont Blanc.*

altitude nom féminin
L'altitude, c'est la hauteur à laquelle se trouve un endroit. *Le sommet de cette montagne est à 3 000 mètres d'altitude,* il est à une hauteur de 3 000 mètres par rapport au niveau de la mer.

aluminium nom masculin
L'aluminium, c'est un métal gris clair très léger. *Maman enveloppe la viande dans du papier d'aluminium et la met dans le réfrigérateur.*

amande nom féminin
Une amande, c'est un petit fruit ovale. *On mange la graine de l'amande qui est enfermée dans une coquille vert clair.*
■ Ne confonds pas amande et **amende.**

amateur nom masculin,
amatrice nom féminin

1. Un amateur, une amatrice, c'est une personne qui aime beaucoup une chose, une activité. *Le père de Bastien est un amateur de romans policiers.*

2. Un amateur, une amatrice, c'est une personne qui fait du sport sans que ce soit son métier. *Il y a une course cycliste réservée aux amateurs.* ■ Les amateurs ne sont pas des coureurs **professionnels.**

ambulance nom féminin

Une ambulance, c'est une voiture spéciale dans laquelle on transporte les blessés, les malades.

Une **ambulance.**

âme nom féminin

L'âme, c'est ce qui permet de penser et d'éprouver de la peine ou de la joie. *Les personnes qui croient en Dieu pensent que l'âme ne meurt jamais.*

➜ Ce mot s'écrit avec un **â.**

s'**améliorer** verbe

S'améliorer, c'est changer en mieux. *Le temps va s'améliorer, on annonce du soleil pour demain.*

amende nom féminin

Une amende, c'est de l'argent que l'on doit donner parce que l'on a fait quelque chose d'interdit. *Une personne qui prend le métro sans ticket risque d'avoir une amende,* elle risque d'avoir à payer une certaine somme d'argent.

■ Cherche aussi **contravention.**

■ Ne confonds pas amende et **amande.**

amener verbe

Ne laisse pas ton frère tout seul, amène-le chez nous, viens avec lui chez nous.

amer, amère adjectif

Un aliment amer, c'est un aliment qui a un goût un peu désagréable, qui n'est pas doux. *Papa a acheté du chocolat amer,* il a acheté du chocolat noir qui contient très peu de sucre.

■ Le contraire de amer, c'est **sucré.**

ami nom masculin, **amie** nom féminin

Un ami, une amie, c'est une personne que l'on aime beaucoup et avec qui l'on s'entend bien. *Tom est le meilleur ami d'Étienne. Laura a invité tous ses amis à son anniversaire.*

■ Cherche aussi **camarade, copain.**

■ Le contraire de ami, c'est **ennemi.**

amitié nom féminin

L'amitié, c'est le sentiment que l'on a pour ses amis, pour les personnes que l'on aime beaucoup et que l'on est content de voir souvent. *Tom a beaucoup d'amitié pour Étienne.*

amont nom masculin

L'amont, c'est la partie d'une rivière qui est entre sa source et l'endroit où l'on est.

■ La rivière coule de l'amont vers l'**aval.**

amour nom masculin

L'amour, c'est le sentiment très fort que l'on éprouve pour une personne que l'on est très content de voir et qui vous manque quand elle n'est pas là. *Les fiancés se regardent avec amour.*

- Va voir aussi **aimer.**
- Le contraire de amour, c'est **haine.**

amoureux, amoureuse adjectif

Être amoureux de quelqu'un, c'est l'aimer. *Le Prince Charmant est amoureux de Cendrillon.*

ampoule nom féminin

1. Une ampoule, c'est une boule de verre que l'on met dans une lampe et qui sert à éclairer.
2. Une ampoule, c'est une petite poche remplie de liquide qui se forme sous la peau et qui fait mal.

- Tu peux dire aussi **cloque.**

Combien vois-tu d'**ampoules** ?

amusant, amusante adjectif

Une chose amusante, c'est une chose qui fait rire. *C'est très amusant de se déguiser.*

- Tu peux dire aussi **drôle, rigolo.**
- Le contraire de amusant, c'est **ennuyeux, triste.**

amuser verbe

1. Amuser une personne, c'est la distraire d'une manière agréable. *Les clowns ont bien amusé les spectateurs.*
2. S'amuser, c'est jouer, s'occuper en faisant des choses agréables. *Léna et Cassandra se sont amusées dans le jardin tout l'après-midi.* ■ Cherche aussi se **distraire.** ■ Le contraire de s'amuser, c'est s'**ennuyer.**

an nom masculin

Un an, c'est douze mois. *Louis a 7 ans.*

- Cherche aussi **année.**

analyse nom féminin

On va me faire une analyse de sang, on va me prendre du sang et regarder tout ce qu'il y a dedans pour voir si j'ai une maladie.

ananas nom masculin

Un ananas, c'est un gros fruit jaune très sucré, recouvert d'une épaisse peau marron avec des écailles. *Les ananas poussent dans les pays chauds.*

Des **ananas.**

A B C D E F G H I J K L M N O P Q R S T U V W X Y Z

ancêtre nom masculin et féminin
Les ancêtres d'une personne, ce sont les personnes de sa famille qui vivaient il y a très longtemps, avant ses grands-parents. *Pierre porte le même prénom qu'un de ses lointains ancêtres.*
Ce mot s'écrit avec un **ê.**

anchois nom masculin
Un anchois, c'est un petit poisson que l'on pêche dans la mer Méditerranée. *Anna aime bien les pizzas sur lesquelles il y a des anchois.*

ancien, ancienne adjectif
1. Une chose ancienne, c'est une chose qui existe depuis longtemps. *La bague de maman est ancienne, elle appartenait à sa grand-mère.*
2. *Mon petit frère dort dans mon ancien lit,* il dort dans le lit que j'avais avant.
- Cherche aussi **vieux.**
- Le contraire de ancien, c'est **neuf, nouveau.**

Des **ancres.**

ancre nom féminin
Une ancre, c'est un objet très lourd en métal, accroché au bout d'une chaîne, que l'on jette au fond de l'eau pour qu'il s'y fixe et empêche le bateau d'avancer. *Les marins ont jeté l'ancre dans le port.*
- Ne confonds pas ancre et **encre.**

âne nom masculin
Un âne, c'est un animal qui ressemble à un petit cheval. *L'âne a de grandes oreilles pointues.*
Ce mot s'écrit avec un **â.**

anesthésie nom féminin
On a fait une anesthésie à Jade avant de l'opérer, on lui a donné des médicaments qui la font dormir pour qu'elle n'ait pas mal pendant l'opération.
Il y a un **h** après le **t.**

ange nom masculin
1. Un ange, c'est un jeune homme ou un enfant que l'on imagine vivant dans le ciel avec des ailes dans le dos.
2. Un ange, c'est une personne très gentille.

angine nom féminin
Une angine, c'est une maladie de la gorge. *Amandine a mal à la gorge et elle a de la fièvre : elle a une angine.*

anglais nom masculin
L'anglais, c'est la langue qu'on parle en Grande-Bretagne, en Irlande, aux États-Unis et dans de nombreux autres pays.

angle nom masculin
Un angle, c'est un dessin fait par deux lignes droites qui se croisent. *Un triangle a trois angles.*

anguille nom féminin
Une anguille, c'est un poisson qui ressemble à un serpent. *Les anguilles vivent dans les rivières.*

Une **anguille**.

animal nom masculin
Un animal, c'est un être vivant qui n'est ni une personne ni une plante. *Les chiens, les aigles, les truites, les araignées sont des animaux.*
Au pluriel : des **animaux.**
Tu peux dire aussi **bête.**

animateur nom masculin,
animatrice nom féminin
Un animateur, une animatrice, c'est une personne qui s'occupe d'un groupe d'enfants. *Maria aime beaucoup l'animatrice du centre de loisirs.*

animé, animée adjectif
1. *Les deux adversaires ont eu une conversation animée,* ils ont eu une conversation pleine de vie, ils se sont dit beaucoup de choses sur lesquelles ils n'étaient pas d'accord.
2. Un dessin animé, c'est un film fait à partir de dessins. *Théo et Claire regardent des dessins animés à la télévision.*

anneau nom masculin
Un anneau, c'est un objet rond en bois, en métal ou en plastique. *Lou a un anneau d'or au doigt.*
Au pluriel : des **anneaux.**
Cherche aussi **alliance** et **bague.**

année nom féminin
Une année, c'est douze mois. *Nos voisins ont passé leurs vacances en Espagne il y a quelques années.*
Cherche aussi **an.**

anniversaire nom masculin
Ton anniversaire, c'est le jour où, chaque année, on fête ta naissance, où tu as un an de plus. *Pour son anniversaire, Julien a eu un jeu vidéo.*

Julien souffle les bougies de son gâteau d'**anniversaire**.

annonce nom féminin
Une annonce, c'est un texte qui paraît dans un journal pour proposer ou demander quelque chose. *Le père de Nicolas a mis une annonce dans le journal pour vendre sa voiture.*

annoncer verbe
Annoncer, c'est faire savoir. *Ma tante nous a annoncé qu'elle allait se marier.*

a b c d e f g h i j k l m n o p q r s t u v w x y z

A B C D E F G H I J K L M N O P Q R S T U V W X Y Z

annuaire nom masculin
Un annuaire, c'est un livre qui est publié tous les ans et qui donne certains renseignements. *Martin cherche le numéro de téléphone de la boucherie dans l'annuaire du téléphone.*

annuel, annuelle adjectif
Un événement annuel, c'est un événement qui a lieu tous les ans. *La directrice de l'école organise la fête annuelle.*

annulaire nom masculin
L'annulaire, c'est le quatrième doigt de la main à partir du pouce, à côté du petit doigt. *La maman de Florian a une alliance à l'annulaire de la main gauche.*
■ Le pouce, l'index, le majeur, l'annulaire et l'auriculaire.

annuler verbe
Le pique-nique est annulé à cause de la pluie, le pique-nique qui était prévu n'aura pas lieu à cause de la pluie.

anonyme adjectif
Le commissaire de police a reçu une lettre anonyme, il a reçu une lettre qui n'est pas signée, une lettre écrite par quelqu'un qui ne veut pas que l'on sache qui il est.

anorak nom masculin
Un anorak, c'est une grosse veste bien chaude, avec une capuche, qui protège du froid et de la pluie. *Simon met son anorak et ses moufles pour faire une bataille de boules de neige.*

anormal, anormale adjectif
La machine à laver fait un bruit anormal, elle ne fait pas le bruit que l'on entend d'habitude.
➺ Au masculin pluriel : **anormaux.**
➺ Au féminin pluriel : **anormales.**
■ Tu peux aussi dire **bizarre.**
■ Le contraire de anormal, c'est **normal.**

anse nom féminin
L'anse, c'est la partie arrondie par laquelle on tient une tasse ou un panier.

antenne nom féminin
1. Une antenne, c'est une sorte de corne très fine que les insectes et les crustacés ont sur la tête. *Les antennes servent à toucher et à sentir.*
2. Une antenne de télévision, c'est un objet en métal qui sert à recevoir les émissions de télévision. *Les antennes de télévision sont installées sur les toits.*

antibiotique nom masculin
Un antibiotique, c'est un médicament qui guérit les infections. *Amani a une otite, elle prend des antibiotiques.*

antilope nom féminin
Une antilope, c'est un animal d'Afrique qui a des cornes recourbées et de longues pattes fines. *Les antilopes courent très vite.*
■ Cherche aussi **gazelle.**

Des **antilopes.**

antipathique adjectif

Une personne antipathique, c'est une personne qui dit des choses désagréables à entendre et ne sourit jamais. *Nos nouveaux voisins sont très antipathiques, on n'a pas envie de leur parler.*

■ Le contraire de antipathique, c'est **sympathique.**

➾ Il y a un **h** après le second **t.**

août nom masculin

Le mois d'août, c'est le huitième mois de l'année. *Mes parents prennent leurs vacances en août.*

➾ Ce mot s'écrit avec un **û.**

■ Le mois d'août a 31 jours.

■ Ne confonds pas août et **ou.**

apercevoir verbe

1. Apercevoir, c'est voir un peu, commencer à voir, parce que l'on est loin ou parce que la chose ou la personne que l'on regarde est un peu cachée. *J'aperçois le sommet de la montagne à travers la brume.*

2. S'apercevoir de quelque chose, c'est s'en rendre compte. *En arrivant à la piscine, Julien s'est aperçu qu'il avait oublié son maillot.* ■ Tu peux dire aussi **constater, remarquer.**

apéritif nom masculin

Un apéritif, c'est une boisson qui contient souvent de l'alcool et que boivent les grandes personnes avant le déjeuner ou le dîner. *Les parents de Mathieu viennent prendre l'apéritif à la maison ce soir.*

aplatir verbe

Aplatir, c'est rendre plat. *Nina s'est assise sur le chapeau de son grand-père et l'a complètement aplati.*

apparaître verbe

Apparaître, c'est se montrer tout à coup. *Le prestidigitateur fait des gestes au-dessus de la boîte et soudain un lapin apparaît.*

■ Le contraire de apparaître, c'est **disparaître.**

appareil nom masculin

1. Un appareil, c'est un objet qui sert à faire un travail. *Zoé a eu un appareil photo pour Noël.*

2. Un appareil, c'est un objet fait de petits fils de métal qui sert à redresser les dents. *Lucas porte un appareil.*

apparence nom féminin

L'apparence, c'est ce que l'on voit d'abord quand on regarde une chose ou une personne. *Ce gâteau a belle apparence. En apparence, cet homme a l'air gentil,* quand on le voit, la première fois, il a l'air gentil.

■ Il ne faut pas se fier aux apparences !

appartement nom masculin

Un appartement, c'est une habitation qui a plusieurs pièces, dans un immeuble. *Amélie et ses frères habitent dans un grand appartement.*

■ Cherche aussi **logement.**

appartenir verbe

1. *Ce blouson m'appartient,* ce blouson est à moi.

2. *Le chat appartient à la famille des félins,* il fait partie de la famille des félins.

Le pêcheur accroche un **appât** à l'hameçon.

appât nom masculin

Un appât, c'est de la nourriture que l'on met dans un endroit pour attirer un animal et l'attraper.

appel nom masculin

1. *La maîtresse fait l'appel,* elle appelle chaque élève par son nom pour savoir s'il est là.
2. Un appel, c'est un coup de téléphone. *Il y a eu deux appels pour maman ce soir.*

appeler verbe

1. Appeler quelqu'un, c'est dire très fort son nom pour qu'il vienne. *Papa appelle Nicolas et Laura car le dîner est prêt.*
2. Appeler, c'est donner un nom. *Jules a appelé son chat Caramel.*
3. S'appeler, c'est avoir un nom. *Mon frère s'appelle Alexandre.*

appendicite nom féminin

Pauline a été opérée de l'appendicite, on l'a opérée pour lui enlever un tout petit bout de l'intestin qui lui faisait mal.

appétissant, appétissante adjectif

Cette tarte est appétissante, elle a l'air très bonne, elle donne envie de la manger. ■ Cette tarte donne de l'**appétit.**

appétit nom masculin

L'appétit, c'est l'envie de manger. *L'ogre a toujours bon appétit,* il est toujours content quand c'est le moment de manger car il a toujours faim. *Cette horrible histoire m'a coupé l'appétit,* elle m'a enlevé l'envie de manger.

Marie a bon **appétit.**

applaudir verbe

Applaudir, c'est frapper les paumes de ses deux mains l'une contre l'autre pour montrer que l'on est content. *À la fin du spectacle tout le monde a applaudi et a crié bravo.*

applaudissement nom masculin

C'est la fin du spectacle, on entend les applaudissements dans la salle, on entend le bruit que font les spectateurs en frappant dans leurs mains. ■ Les spectateurs **applaudissent.**

s'appliquer verbe
S'appliquer, c'est faire très attention quand on fait un travail et le faire le mieux possible. *Emma s'applique en recopiant sa récitation sur son cahier.*

apporter verbe
Marion a apporté un cadeau à Maxence, Marion a porté un cadeau là où se trouvait Maxence et elle le lui a donné.

appréciation nom féminin
La maîtresse écrit ses appréciations sur les cahiers, elle écrit ce qu'elle pense de l'élève et de son travail, elle dit s'il travaille bien ou mal.
■ Cherche aussi **observation.**

apprécier verbe
Apprécier, c'est aimer, trouver bien. *Julie apprécie la compagniede Victor.*

apprendre verbe
1. *Juliette apprend sa leçon,* elle travaille pour savoir sa leçon, elle étudie sa leçon.
2. *Le moniteur nous apprend à faire du ski,* il nous montre comme il faut faire, il nous enseigne le ski.

apprivoiser verbe
Benjamin et Marie ont apprivoisé un écureuil, ils lui ont appris à ne pas avoir peur d'eux et à venir manger dans leurs mains.

s'approcher verbe
S'approcher, c'est venir plus près. *Approche-toi de la cage : tu verras mieux les animaux.* ■ Il faut que tu sois **proche** de la cage.
■ Le contraire de s'approcher, c'est **s'éloigner.**

approuver verbe
Approuver, c'est être d'accord. *Tu as eu raison de lui dire non, je t'approuve.*

appuyer verbe
Appuyer, c'est presser, pousser. *Appuyez sur le bouton et la porte s'ouvrira.*
■ Le contraire de appuyer, c'est **tirer.**

après préposition et adverbe
1. *Axel passera nous chercher après le déjeuner,* il passera nous chercher quand le déjeuner sera fini.
2. *Finis d'abord ton goûter et après tu pourras aller jouer,* finis ton goûter et ensuite tu pourras aller jouer.
■ Le contraire de après, c'est **avant.**

après-demain adverbe
Après-demain, c'est le jour qui suivra demain. *Les vacances commencent après-demain.*
■ C'est le jour qui est **après demain.**

après-midi nom masculin ou féminin
L'après-midi, c'est le moment de la journée qui est entre le déjeuner et le dîner. *Demain matin nous ferons les courses et l'après-midi nous irons à la plage.*
➪ Au pluriel : des **après-midis** ou des **après-midi** (invariable).
■ Tu peux dire un après-midi ou une après-midi.

L'écureuil a été **apprivoisé.**

aquarium nom masculin
Un aquarium, c'est un grand récipient en verre que l'on a rempli d'eau pour y faire vivre des poissons.
Au pluriel : des **aquariums.**
Cherche aussi **bocal.**

Le poisson tourne dans l'**aquarium**.

arabe nom masculin
L'arabe, c'est la langue parlée par les Arabes.

araignée nom féminin
Une araignée, c'est un petit animal qui a huit grandes pattes fines et tisse des toiles pour y attraper les insectes dont elle se nourrit.

L'**araignée** tisse sa toile.

arbitre nom masculin et féminin
Un arbitre, une arbitre, c'est la personne qui fait respecter les règles du jeu, dans un match.
L'arbitre a sifflé la fin du match.

arbre nom masculin
Un arbre, c'est une très grande plante qui a de grosses racines, un tronc et des branches.
Beaucoup d'arbres perdent leurs feuilles en hiver.

Un **arbre**.

arbuste nom masculin
Un arbuste, c'est un petit arbre.

arc nom masculin
Un arc, c'est une arme qui est faite d'un morceau de bois souple auquel on donne une forme courbe au moyen d'une corde attachée aux deux bouts. *Les Indiens lançaient des flèches avec leurs arcs.*

arc-en-ciel nom masculin
Un arc-en-ciel, c'est une grande courbe de toutes les couleurs qui apparaît dans le ciel quand les rayons du soleil rencontrent des gouttes de pluie.
➜ Au pluriel : des **arcs-en-ciel.**

architecte nom masculin et féminin
Un architecte, une architecte, c'est une personne dont le métier est de dessiner les plans des maisons et de diriger les personnes qui les construisent.

ardoise nom féminin
1. Une ardoise, c'est une plaque de pierre gris foncé qui sert à recouvrir les toits des maisons. *En Bretagne, les maisons ont souvent des toits d'ardoises.*
2. Une ardoise, c'est une petite plaque sur laquelle on peut écrire puis effacer ce que l'on a écrit. *Théo dessine sur son ardoise.*

arène nom féminin
Une arène, c'est une grande piste ronde recouverte de sable et entourée de gradins où les gens peuvent s'asseoir.

arête nom féminin
Une arête, c'est un petit os mince et pointu du squelette des poissons. *Noémie n'aime pas manger du poisson parce qu'il y a des arêtes.*
➜ Ce mot s'écrit avec un **ê.**

argent nom masculin
1. L'argent, c'est un métal blanc et brillant qui coûte cher. *Élise a un bracelet en argent.*
2. L'argent, c'est l'ensemble des pièces de monnaie et des billets de banque qui servent à payer. *Madame Darieu gagne beaucoup d'argent.*

arme nom féminin
Une arme, c'est un objet qui sert à blesser ou à tuer. *Les pistolets, les fusils, les poignards, les bombes sont des armes.*

armée nom féminin
Une armée, c'est l'ensemble des soldats d'un pays. *L'armée ennemie se prépare à attaquer.*

armoire nom féminin
Une armoire, c'est un meuble qui est fermé par des portes et dans lequel on range du linge, des vêtements, des provisions ou des médicaments. *Martin range le tube de dentifrice dans l'armoire de toilette.*

Le taureau est dans l'**arène.**

A
B
C
D
E
F
G
H
I
J
K
L
M
N
O
P
Q
R
S
T
U
V
W
X
Y
Z

armure nom féminin
Une armure, c'est un vêtement en métal que portaient autrefois les guerriers pour se protéger pendant le combat.

arôme nom masculin
L'arôme, c'est l'odeur agréable qui se dégage de la nourriture ou d'une fleur. *Avant d'acheter du café, Maman sent son arôme.*
➜ Ce mot s'écrit avec un **ô.**
■ Cherche aussi **parfum.**

arracher verbe
Arracher, c'est enlever en tirant avec force. *Papa arrache les mauvaises herbes autour des rosiers. Le dentiste m'a arraché une dent.*

s'**arranger** verbe
Sacha s'est arrangé pour être assis à côté d'Antoine, il a fait ce qu'il fallait pour réussir à être assis à côté d'Antoine.
■ Tu peux dire aussi se **débrouiller.**

arrêt nom masculin
1. L'arrêt d'autobus, c'est l'endroit où l'autobus s'arrête pour laisser descendre et monter les passagers.
■ Tu peux dire aussi **station.**
2. *Nous avons passé quelques jours en Bretagne et il a plu sans arrêt,* il a plu tout le temps, la pluie ne s'est pas arrêtée de tomber.
➜ Ce mot s'écrit avec un **ê.**

arrêter verbe
1. *La police a arrêté l'assassin,* elle l'a mis en prison.
2. *Le bébé n'arrête pas de pleurer depuis une heure,* il pleure tout le temps, il pleure sans arrêt, depuis une heure.
3. S'arrêter, c'est ne plus avancer ou ne pas continuer à faire quelque chose. *Le car s'est arrêté devant l'école,* il a cessé d'avancer pour que l'on puisse en descendre ou monter dedans.
➜ Ce mot s'écrit avec un **ê.**

arrière nom masculin
L'arrière, c'est la partie qui est derrière. *Dans la voiture, Papa et Maman sont assis à l'avant, mon frère et moi nous sommes assis à l'arrière.*
■ Le contraire de arrière, c'est **avant.**

en **arrière** adverbe
Marche plus vite, ne reste pas tout seul en arrière, ne reste pas loin derrière les autres.

arrivée nom féminin
Maman est sur le quai, elle attend l'arrivée du train, elle attend que le train arrive, que le train soit là.
■ Le contraire de arrivée, c'est **départ.**

Le coureur franchit la ligne d'**arrivée.**

arriver verbe

1. Arriver, c'est être dans un endroit après avoir quitté l'endroit où l'on était avant. *Mon cousin arrive chez nous demain.*

■ Le contraire de arriver, c'est **partir.**

2. *Lucas n'est pas arrivé à ouvrir la boîte,* il n'a pas réussi à ouvrir la boîte.

3. *Qu'est-ce qui t'arrive ?* qu'est-ce que tu as, qu'est-ce qui se passe ?

arrondissement nom masculin

Un arrondissement, c'est une partie d'une grande ville qui porte un numéro. *Paris est divisé en 20 arrondissements.*

arrosage nom masculin

Un tuyau d'arrosage, c'est un tuyau qui sert à arroser.

arroser verbe

Louis arrose les fleurs sur le balcon, il verse de l'eau sur les fleurs.

■ Va voir aussi **arrosage** et **arrosoir.**

Il **arrose** son jardin chaque soir.

arrosoir nom masculin

Un arrosoir, c'est un récipient que l'on tient à la main par une anse et dans lequel on met de l'eau pour arroser les plantes.

■ Le bout de l'arrosoir par où l'eau sort en petites gouttes s'appelle la **pomme d'arrosoir.**

art nom masculin

L'art, c'est ce que font les hommes quand ils créent de belles choses. *La peinture, la sculpture, la musique, la danse, le théâtre, le cinéma sont des arts.*

■ Une **œuvre d'art** est réalisée par un **artiste.**

artichaut nom masculin

Un artichaut, c'est un légume vert formé de feuilles serrées les unes contre les autres. *Nathan mange des fonds d'artichaut à la vinaigrette.*

■ On mange aussi la base des feuilles de l'artichaut.

article nom masculin

1. Un article, c'est un texte écrit dans un journal. *Maman a découpé dans le journal un article sur la vie des ours.*

2. Un article, c'est un mot que l'on met devant un nom. *« Le », « la », « les », « un », « une » et « des » sont des articles.* ■ Cherche aussi **déterminant.**

articuler verbe

Articuler, c'est parler en prononçant bien toutes les syllabes. *Parle moins vite et articule, je ne comprends rien !*

artificiel, artificielle adjectif

Les fleurs qui sont dans ce vase ne sont pas de vraies fleurs, ce sont des fleurs artificielles, ce sont des fleurs en papier, en tissu ou en plastique fabriquées par les hommes.

■ Le contraire de artificiel, c'est **naturel.**

artiste nom masculin et féminin

1. Un artiste, une artiste, c'est une personne qui crée de belles choses, qui peint des tableaux, sculpte des statues ou compose de la musique. ■ Les artistes créent des œuvres d'**art.**

1. Un artiste, une artiste, c'est une personne dont le métier est de jouer dans des films ou des pièces de théâtre, de jouer de la musique ou de chanter.
■ Cherche aussi **acteur, chanteur, comédien, musicien, peintre** et **sculpteur.**

as nom masculin

Un as, c'est une carte à jouer sur laquelle il y a un seul dessin. *Dans de nombreux jeux, les quatre as sont les quatre cartes les plus fortes.*
■ Dans un jeu de cartes, il y a l'as de trèfle, l'as de carreau, l'as de cœur et l'as de pique.

ascenseur nom masculin

Un ascenseur, c'est un appareil qui fait monter et descendre les gens dans un immeuble. *Baptiste a pris l'ascenseur et Marie est montée par l'escalier.*

aspect nom masculin

L'aspect d'une personne ou d'une chose, c'est ce que l'on voit tout de suite quand on la regarde. *Le gâteau est trop cuit, il n'a pas un aspect appétissant.*
■ Tu peux dire aussi **air.**

asperge nom féminin

Une asperge, c'est un légume long et mince que l'on mange cuit. *Paul aime beaucoup les asperges à la vinaigrette.*

asperger verbe

Asperger, c'est mouiller en envoyant de l'eau. *La voiture nous a aspergés en roulant dans une flaque d'eau.*
■ Tu peux dire aussi **arroser** et **éclabousser.**

La voiture nous a **aspergés.**

aspirateur nom masculin

Un aspirateur, c'est un appareil qui nettoie par terre en attirant la poussière et les saletés.

aspirer verbe

Aspirer, c'est faire entrer du liquide dans sa bouche en buvant. *Léna aspire son jus d'orange avec une paille.*

assaisonner verbe

Assaisonner, c'est ajouter du sel, du poivre ou autre chose pour donner plus de goût à ce que l'on mange. *N'oublie pas de mettre du vinaigre quand tu assaisonnes la salade.*

assassin nom masculin

Un assassin, c'est une personne qui tue une autre personne en le faisant exprès. *Les policiers ont arrêté l'assassin de la vieille dame.*
■ Tu peux dire aussi **criminel, meurtrier.**

assassiner verbe

Assassiner, c'est tuer exprès. *Ravaillac a assassiné Henri IV.*

assembler verbe

Assembler des choses, c'est les mettre ensemble et les faire tenir. *C'est souvent difficile d'assembler les pièces d'un puzzle.*

■ Cherche aussi **rassembler.**

■ Le contraire de assembler, c'est **disperser, éparpiller.**

Mathilde **assemble** les pièces de son puzzle.

s'**asseoir** verbe

Mélissa s'assied sur sa chaise, elle pose ses fesses sur sa chaise.

■ On peut dire : **elle s'assied** ou **elle s'assoit.**

■ Va voir aussi **assis.**

■ Le contraire de s'asseoir, c'est se **lever.**

assez adverbe

1. *Romane est fatiguée, elle n'a pas assez dormi,* elle n'a pas dormi le temps suffisant pour se reposer.

■ Tu peux dire aussi **suffisamment.**

2. *Esteban en a assez d'attendre,* il ne supporte plus d'attendre.

assiette nom féminin

Une assiette, c'est un récipient dans lequel on met de la nourriture pour une seule personne. *Valentine mange son gâteau dans une assiette à dessert.*

assis, assise adjectif

1. *Anna est assise sur une chaise,* elle a les fesses posées sur une chaise.

2. *Le train est complet, il n'y a plus de places assises,* il n'y a plus de places où l'on peut s'asseoir.

■ Le contraire de assis, c'est **debout.**

assister verbe

Mohamed a assisté à la bagarre entre Jean et Mathys, il a vu la bagarre, il était là quand la bagarre a eu lieu.

association nom féminin

Une association, c'est un groupe de personnes qui font quelque chose ensemble, qui s'occupent de la même chose. *L'association des parents d'élèves se réunira demain.*

■ Va voir aussi s'**associer.**

s'**associer** verbe

S'associer, c'est se mettre ensemble pour faire quelque chose, pour travailler. *Ma mère et ma tante se sont associées pour s'occuper d'un magasin de chaussures.*

■ Va voir aussi **association.**

assoiffé, assoiffée adjectif

Regarde comme les lionnes sont assoiffées, comme elles ont soif.

■ Les personnes assoiffées ont soif, les personnes **affamées** ont faim.

assommer verbe
Le voleur a assommé le gardien, il lui a tapé très fort sur la tête pour qu'il tombe comme s'il s'endormait tout d'un coup.

assorti, assortie adjectif
Charlotte a un pull et des chaussettes assortis, elle a un pull et des chaussettes de la même couleur, qui vont bien ensemble.

assurance nom féminin
Quand on a une voiture, on doit avoir une assurance, on doit donner de l'argent à des personnes qui s'occupent de rembourser si l'on a un accident ou si la voiture est volée.
■ Quand on a une assurance, on est **assuré.**

assurer verbe
1. Assurer, c'est affirmer en étant sûr de ce que l'on dit. *Je t'assure que c'est vrai.*
2. *Il faut assurer sa maison contre l'incendie,* il faut avoir donné de l'argent à des personnes qui s'occupent de vous rembourser s'il y a un incendie chez vous.
■ Cherche aussi **assurance.**

asthme nom masculin
L'asthme, c'est une maladie qui empêche de bien respirer. *Karim a souvent des crises d'asthme.*

asticot nom masculin
Un asticot, c'est un petit ver blanc. *Le pêcheur met un asticot au bout de l'hameçon pour attirer les poissons.*
■ L'asticot est la **larve** de la mouche.

astre nom masculin
Les astres, ce sont les étoiles, les planètes, le Soleil et la Lune.

astronaute nom masculin et féminin
Un astronaute, une astronaute, c'est une personne qui voyage dans l'espace à bord d'une fusée.
■ Tu peux dire aussi **cosmonaute.**

astronome nom masculin et féminin
Un astronome, une astronome, c'est une personne dont le métier est d'observer le ciel, d'étudier les étoiles, les astres.

L'**astronome** observe les astres avec son télescope.

astuce nom féminin
Une astuce, c'est un moyen que l'on a imaginé pour réussir à faire quelque chose de difficile. *Éloïse a trouvé une astuce pour réparer son sac à dos.*
■ Tu peux dire aussi **truc.**

astucieux, astucieuse adjectif
Une personne astucieuse, c'est une personne qui arrive à se débrouiller, qui a des idées. *Éloïse est astucieuse.*
■ Tu peux dire aussi **futé, malin.**

atelier nom masculin

Un atelier, c'est une pièce où il y a des outils et où l'on travaille. *L'atelier du menuisier sent bon le bois.*

Le mécanicien répare la voiture dans son **atelier.**

athlète nom masculin et féminin

Un athlète, une athlète, c'est un sportif qui fait de la course à pied, de la gymnastique, du lancer de poids, du saut en hauteur ou du saut en longueur.

athlétisme nom masculin

L'athlétisme, c'est l'ensemble des sports que font les athlètes.

atlas nom masculin

Un atlas, c'est un livre dans lequel il n'y a que des cartes de géographie. *Cherche dans ton atlas où se trouve la Suisse.*

atmosphère nom féminin

L'atmosphère, c'est l'air qui entoure la Terre et certains astres.

atome nom masculin

L'atome, c'est la plus petite partie de la matière.

■ Va voir aussi **atomique.**

atomique adjectif

Une bombe atomique, c'est une bombe très puissante qui peut tout détruire sur la terre en quelques secondes.

■ Une bombe atomique utilise l'énergie fournie par les **atomes.**

■ Cherche aussi **nucléaire.**

atroce adjectif

Les terroristes ont commis un attentat atroce, ils ont commis un attentat qui a fait très peur et où il y a eu beaucoup de morts.

■ Tu peux dire aussi **épouvantable, horrible.**

attacher verbe

1. *Le chien est attaché,* le chien est retenu par une chaîne ou par une corde qui l'empêche de s'en aller.

2. *En voiture, il faut attacher sa ceinture,* il faut mettre les deux bouts de la ceinture l'un dans l'autre pour la fermer. ■ Le contraire de attacher, c'est **détacher.**

3. *Robin est très attaché à sa grand-mère,* il aime beaucoup sa grand-mère.

attaque nom féminin

Les soldats se préparent à l'attaque, ils se préparent à attaquer, à commencer le combat.

attaquer verbe

Des grands ont attaqué Titouan pour lui prendre son baladeur, ils se sont jetés sur lui et l'ont frappé.

atteindre verbe

Atteindre, c'est arriver à toucher. *Le pot de confiture est dans le haut du placard, Lenny ne peut pas l'atteindre.*

A B C D E F G H I J K L M N O P Q R S T U V W X Y Z

attelage nom masculin
Un attelage, c'est un groupe d'animaux qui tirent un carrosse, une charrette ou un traîneau. *Le carrosse de la princesse était tiré par un attelage de chevaux blancs.*

Le carrosse a un bel **attelage**.

attendre verbe
1. Attendre, c'est rester à l'endroit où l'on est jusqu'à ce que quelqu'un ou quelque chose arrive. *Pierre attend sa petite sœur à la sortie de l'école.* ■ Va voir aussi **attente.**
2. *La maman de Loïc attend un enfant,* elle a un bébé dans son ventre, elle est enceinte.

attentat nom masculin
Le président est mort dans un attentat, il a été attaqué et tué par des personnes qui n'étaient pas d'accord avec sa manière de gouverner et ses idées politiques.

attente nom féminin
L'attente, c'est le temps pendant lequel on attend. *Le restaurant est complet, il y a une demi-heure d'attente,* il faut attendre une demi-heure avant de pouvoir s'installer à une table.

attentif, attentive adjectif
En classe, Julia est attentive, elle écoute avec attention.
■ Le contraire de attentif, c'est **distrait.**

attention nom féminin
Julia écoute la maîtresse avec attention, elle l'écoute bien, sans penser à autre chose. *Il faut faire attention quand on traverse la rue,* il faut bien regarder autour de soi, attendre que le feu soit rouge et être sûr que les voitures sont arrêtées
■ Quand on fait attention, on est **attentif.**

attentivement adverbe
Julia regarde attentivement ce que la maîtresse a écrit au tableau, elle regarde avec attention, sans être distraite par autre chose.

atterrir verbe
L'avion a atterri, il s'est posé à terre.
■ Le contraire de atterrir, c'est **décoller** et **s'envoler.**
Il y a deux **t** et aussi deux **r** comme dans **terre.**

atterrissage nom masculin
L'atterrissage, c'est le moment où les roues de l'avion touchent le sol, où l'avion atterrit.
■ Le moment où l'avion quitte le sol, c'est le **décollage.**

attirer verbe
Attirer, c'est faire venir vers soi. *La confiture attire les guêpes.*

attitude nom féminin
Une attitude, c'est la manière dont une personne réagit, dont elle se comporte. *Les sauveteurs ont eu une attitude très courageuse.*

attraction nom féminin
Une attraction, c'est un jeu auquel on participe dans une fête foraine ou dans un parc de loisirs. *La grande roue est l'attraction préférée de Sébastien.*

attraper verbe
1. Attraper, c'est arriver à prendre. *Le pêcheur a attrapé trois truites.*
2. *Alban a attrapé la varicelle,* il a la varicelle parce qu'il a été près de quelqu'un qui l'avait.

aube nom féminin
L'aube, c'est le moment où il commence à faire clair, très tôt le matin, juste avant que le soleil se lève. *Quand il va à la pêche, Papa se lève à l'aube.*
■ Cherche aussi **aurore.**

auberge nom féminin
Une auberge, c'est un hôtel dans lequel il y a un restaurant, à la campagne.

aubergine nom féminin
Une aubergine, c'est un fruit long, à la peau violette, que l'on mange cuit. *Maman prépare un gratin d'aubergines pour le dîner.*

aucun, aucune adjectif
Aucun élève de la classe n'est absent, pas un seul élève n'est absent.
■ **Tous** les élèves sont présents.

audace nom féminin
Avoir de l'audace, c'est oser faire des choses dangereuses ou difficiles. *Il faut de l'audace pour escalader des montagnes.* ■ Il faut être **audacieux** pour escalader des montagnes.

audacieux, audacieuse adjectif
Julie est audacieuse, elle n'a pas peur de faire des choses dangereuses et difficiles. ■ Julie a de l'**audace.**

auditeur nom masculin,
auditrice nom féminin
Un auditeur, une auditrice, c'est une personne qui écoute la radio. *« Chers auditeurs, bonjour ! » dit le présentateur de l'émission.*

auge nom féminin
Une auge, c'est un bassin dans lequel les cochons viennent boire et manger.

Les cochons mangent dans leur **auge.**

augmentation nom féminin
Madame Martin a eu une augmentation de salaire, on lui donne un peu plus d'argent qu'avant pour son travail. ■ Son salaire a été **augmenté.**
■ Tu peux dire aussi **hausse.**
■ Le contraire de augmentation, c'est **réduction.**

augmenter verbe

1. Augmenter, c'est devenir plus grand. *Le nombre de voitures qui roulent dans les villes augmente chaque année.*
2. Augmenter, c'est devenir plus cher. *Le prix de l'essence a augmenté.* ■ Il y a eu une **augmentation** du prix de l'essence.

■ Le contraire de augmenter, c'est **baisser, diminuer.**

aujourd'hui adverbe

Aujourd'hui, c'est le jour où nous sommes. *Aujourd'hui c'est mercredi, on ne va pas en classe.*

■ Cherche aussi **demain, hier.**

auriculaire nom masculin

L'auriculaire, c'est le plus petit des doigts.

■ Le pouce, l'index, le majeur, l'annulaire et l'auriculaire.

■ On dit aussi **petit doigt.**

aurore nom féminin

L'aurore, c'est le moment où le soleil se lève et où il commence à faire jour. *À l'aurore le ciel est rose.*

■ Cherche aussi **aube.**

■ Le moment où il commence à faire nuit s'appelle le **crépuscule.**

ausculter verbe

Le médecin ausculte Charles, il écoute le bruit de son cœur et de sa respiration.

■ L'appareil avec lequel le médecin ausculte les malades s'appelle un **stéthoscope.**

aussi adverbe

Aussi, c'est de la même façon. *Ma petite sœur a peur le soir lorsque Maman éteint la lumière ; moi aussi j'ai peur dans le noir. Marie est aussi grande que Louis,* Marie et Louis ont la même taille.

aussitôt adverbe

Aussitôt, c'est tout de suite. *La fée toucha la citrouille avec sa baguette magique et aussitôt la citrouille se transforma en carrosse.*

➺ Ce mot s'écrit avec un **ô.**

autant adverbe

Autant, c'est le même nombre, la même quantité. *J'ai autant de billes que toi.*

auteur nom masculin

1. L'auteur, c'est l'homme ou la femme qui a écrit un livre ou une chanson, qui a fait un film ou a peint un tableau. *Zep est l'auteur de Titeuf.* ■ Cherche aussi **écrivain, peintre.**
2. L'auteur de quelque chose, c'est la personne qui a fait quelque chose. *L'auteur du vol a été arrêté,* la personne qui a commis le vol a été arrêtée.

auto nom féminin

Une auto, c'est une voiture. *Rachel joue avec ses petites autos.*

■ Auto, c'est le mot **automobile** en plus court.

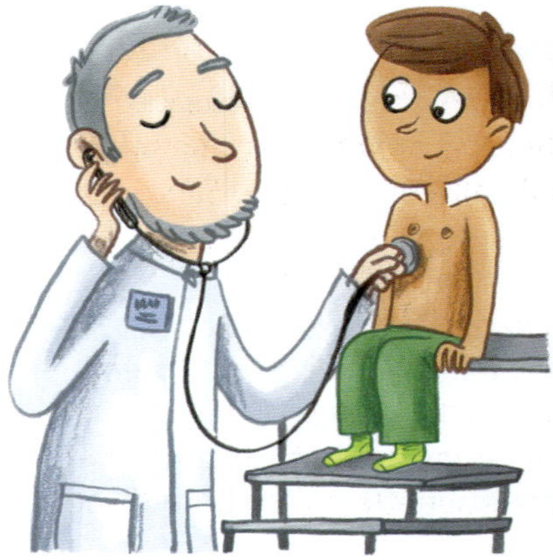

Le médecin **ausculte** Charles.

autobus nom masculin

Un autobus, c'est un grand véhicule qui transporte beaucoup de

personnes dans les villes en faisant toujours le même trajet. *Papa prend l'autobus pour aller au bureau.*
■ Cherche aussi **métro** et **tramway.**
■ Tu peux dire aussi **bus.**

autocar nom masculin
Un autocar, c'est un grand véhicule qui transporte beaucoup de personnes sur les routes, pour les emmener d'une ville à l'autre ou d'un village à un autre. *Les enfants sont allés aux sports d'hiver en autocar.*
■ Tu peux dire aussi **car.**

Les parents disent au revoir aux enfants qui sont dans l'**autocar.**

① **autocollant** nom masculin
Un autocollant, c'est une image qui colle toute seule. *Eliott a mis des autocollants sur la porte du réfrigérateur.*

② **autocollant, autocollante** adjectif
Une étiquette autocollante, c'est une étiquette qui colle toute seule.

automatique adjectif
Pour avoir un café, Papa met de l'argent dans le distributeur automatique de boissons, il met de l'argent dans le distributeur de boissons qui marche tout seul grâce à un mécanisme.
■ Va voir aussi **automatiquement.**

automatiquement adverbe
Attention ! les portes se ferment automatiquement, elles se ferment toutes seules grâce à un mécanisme. ■ La fermeture des portes est **automatique.**

automne nom masculin
L'automne, c'est la saison de l'année qui vient après l'été et qui est avant l'hiver. *En automne, les feuilles deviennent jaunes et tombent des arbres.*
■ L'automne commence le 22 ou le 23 septembre et finit le 21 décembre.

automobile nom féminin
Une automobile, c'est une voiture.
■ Tu peux dire aussi **auto.**

automobiliste nom masculin et féminin
Un automobiliste, une automobiliste, c'est une personne qui conduit une automobile. *Les automobilistes doivent s'arrêter au feu rouge pour laisser traverser les piétons.*

autorisation nom féminin
Une autorisation, c'est une permission. *Ma grande sœur a l'autorisation de rentrer tard ce soir.*
■ Elle est **autorisée** à rentrer tard.
■ Le contraire de autorisation, c'est **interdiction.**

autoriser verbe
Autoriser, c'est donner la permission. *Maman nous autorise à regarder un DVD quand nous avons fini nos devoirs,* elle veut bien que nous le fassions.
■ Tu peux dire aussi **permettre.**
■ Le contraire de autoriser, c'est **défendre, interdire.**

autoritaire adjectif

Mon grand-père est très autoritaire, il force les gens à lui obéir, il veut que l'on soit toujours du même avis que lui. ■ Il a de l'**autorité.**

autorité nom féminin

La directrice a de l'autorité, elle sait comment faire pour que les élèves et les maîtres lui obéissent tout de suite. ■ Elle est **autoritaire.**

autoroute nom féminin

Une autoroute, c'est une route très large où l'on peut rouler vite et qui est faite de deux parties séparées au milieu, une pour les voitures qui vont dans un sens et une autre pour celles qui vont dans l'autre sens. *On n'a pas le droit de faire demi-tour sur l'autoroute.*

autour de préposition

Arnaud et Juliette ont creusé un fossé autour du château de sable, ils ont creusé un fossé qui entoure le château de sable.

autre adjectif

1. *C'est trop compliqué de passer par ce chemin, j'ai une autre idée,* j'ai une idée différente.

2. *Je voudrais une autre part de gâteau,* je voudrais une part de gâteau de plus.

autrefois adverbe

Autrefois, c'est dans le temps passé. *Autrefois il n'y avait pas d'électricité, on s'éclairait avec des bougies.*
■ Tu peux dire aussi **jadis.**

autrement adverbe

Autrement, c'est d'une autre manière. *Je n'arrive pas à ouvrir cette boîte comme cela, je vais faire autrement.*

autruche nom féminin

Une autruche, c'est un très grand oiseau qui a de longues pattes et qui court très vite mais ne vole pas. *Les œufs d'autruche sont très gros.*
■ Les autruches vivent en Afrique.

Une **autruche.**

aval nom masculin

L'aval, c'est le côté vers lequel descend un cours d'eau. *Rouen est en aval de Paris sur la Seine,* Rouen est plus loin de la source de la Seine que Paris. ■ Paris est en **amont** de Rouen.

avalanche nom féminin

Une avalanche, c'est une masse de neige qui se détache de la montagne et devient de plus en plus grosse en roulant le long de la pente. *Trois skieurs ont disparu dans une avalanche.*

avaler verbe

Avaler quelque chose, c'est le faire descendre dans sa gorge. *Tu mâches d'abord la nourriture que tu mets dans ta bouche et ensuite tu l'avales.*

avance nom féminin

1. En avance, c'est avant l'heure prévue. *Nous sommes arrivés en avance au rendez-vous.* ■ Le contraire de en avance, c'est en **retard.**

2. À l'avance, c'est avant le moment prévu. *Si tu veux réserver une place dans le train pour le jour des départs en vacances, il faut t'y prendre longtemps à l'avance.*

Paul est arrivé à l'école en **avance.**

avancer verbe

1. Avancer, c'est marcher, rouler, aller en avant. *Les escargots avancent lentement.* ■ Le contraire de avancer, c'est **reculer.**

2. *Ma montre avance de cinq minutes,* elle indique cinq minutes de plus que l'heure exacte. ■ Si ta montre indique cinq minutes de moins que l'heure exacte, elle **retarde.**

① **avant** préposition

Lucie est rentrée à la maison avant son frère, elle est rentrée plus tôt que lui.

■ Le contraire de avant, c'est **après.**

② **avant** nom masculin

L'avant, c'est la partie qui est devant. *L'avant du bateau est peint en bleu.*

■ Le contraire de avant, c'est **arrière.**

avantage nom masculin

L'avantage d'une chose, c'est ce que cette chose a en plus des autres et qui la rend plus utile. *L'avantage de l'avion c'est qu'il va plus vite que le train.*

■ Le contraire de avantage, c'est **inconvénient.**

avant-hier adverbe

Avant-hier, c'est le jour qui a précédé hier. *Hier c'était jeudi et avant-hier c'était mercredi.*

■ Quel jour sommes-nous aujourd'hui ?

avare adjectif

La tante de Loïc est avare, elle ne veut pas dépenser son argent, elle le garde pour elle.

■ Le contraire de avare, c'est **généreux.**

avec préposition

Arthur est venu à mon anniversaire avec sa sœur, Arthur et sa sœur sont venus tous les deux ensemble. *Mes grands-parents habitent une maison avec un jardin,* ils habitent une maison qui a un jardin.

■ Le contraire de avec, c'est **sans.**

avenir nom masculin

L'avenir, c'est la partie du temps qui vient après le moment où l'on est. *Il faut penser à l'avenir de la planète.*

■ Tu peux dire aussi **futur.**

■ Cherche aussi **passé, présent.**

aventure nom féminin

Une aventure, c'est un événement extraordinaire et souvent dangereux qui arrive tout à coup. *Après bien des aventures, les pirates ont trouvé le trésor.*

s'aventurer verbe
S'aventurer, c'est prendre le risque d'aller dans un endroit dangereux. *Il ne faut pas s'aventurer tout seul dans le désert.*

avenue nom féminin
Une avenue, c'est une rue très large avec des arbres sur les trottoirs. *Marion habite avenue des Platanes.*
■ Cherche aussi **boulevard.**

averse nom féminin
Une averse, c'est une pluie qui arrive tout à coup et qui ne dure pas longtemps. *Nous irons nous promener quand l'averse sera passée.*

avertir verbe
Avertir, c'est dire qu'il va se passer quelque chose avant que cela n'arrive. *Hugo fait le guet pour avertir ses camarades du danger,* il fait le guet pour leur dire à l'avance s'il y a un danger, afin qu'ils fassent attention.
■ Tu peux dire aussi **prévenir.**

avertissement nom masculin
Un avertissement, c'est une parole, un petit mot écrit ou un signe qui dit de faire attention, de se méfier, d'être prudent. *Il y a un avertissement sur les paquets de cigarettes : « Fumer tue ».*
■ Avec un avertissement on est **averti.**

aveu nom masculin
Faire un aveu, c'est dire des choses que l'on avait cachées parce qu'elles étaient vilaines. *L'assassin a fait des aveux complets aux policiers,* il a reconnu qu'il était coupable.
■ L'assassin a tout **avoué.**
➾ Au pluriel : des **aveux.**

aveuglant, aveuglante adjectif
Les phares de la voiture qui va nous croiser ont une lumière aveuglante, ils ont une lumière trop forte qui éblouit et empêche de voir pendant un instant. ■ Cette lumière rend **aveugle** pendant un moment.

aveugle nom masculin et féminin
Un aveugle, une aveugle, c'est une personne qui ne voit pas. *Paul a aidé un aveugle à traverser la rue.*

Papa aide un **aveugle** à traverser la rue.

aviateur nom masculin,
aviatrice nom féminin
Un aviateur, une aviatrice, c'est une personne qui pilote un avion. *Autrefois, les aviateurs portaient de grosses lunettes et des bonnets qui leur couvraient les oreilles à cause du froid et du vent.*
■ Maintenant on dit plutôt un **pilote** ou une **pilote.**

aviation nom féminin
L'aviation, c'est tout ce qui a un rapport avec les avions. *Les avions décollent et atterrissent sur un terrain d'aviation,* ils décollent et ils atterrissent dans un endroit où il y a une piste aménagée pour les avions.

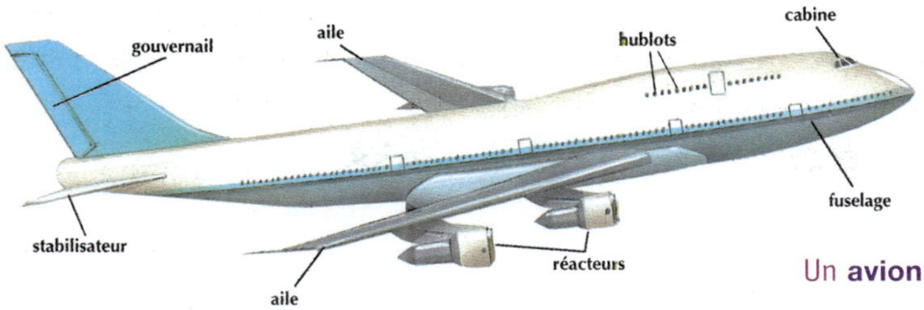

Un **avion**.

avion nom masculin
Un avion, c'est un appareil qui a un moteur et des ailes et qui vole. *Lola a pris l'avion toute seule pour aller chez sa grand-mère en Corse.*

aviron nom masculin
1. Un aviron, c'est une rame. *Papa se sert des deux avirons pour faire avancer la barque.*
2. *Tous les dimanches mon oncle va faire de l'aviron sur la Marne,* il va pratiquer un sport où plusieurs personnes rament ensemble dans un long canoë.

avis nom masculin
L'avis d'une personne, c'est ce qu'elle pense sur quelque chose. *Donne-moi ton avis sur le film que nous avons vu.*

① **avocat** nom masculin,
avocate nom féminin
Un avocat, une avocate, c'est une personne dont le métier est d'aider les gens à comprendre la loi, de parler pour eux et de les défendre, devant les juges. *Maître Henry est avocat.*

② **avocat** nom masculin
Un avocat, c'est un fruit ovale comme une poire qui a une peau verte ou marron et un gros noyau. *Clarisse mange un avocat à la vinaigrette.*
■ Les avocats poussent dans les pays chauds.

avoine nom féminin
L'avoine, c'est une plante qui ressemble un peu au blé. *Les chevaux mangent de l'avoine.*
■ L'avoine est une **céréale.**

avoir verbe
1. Avoir, c'est posséder. *Tu as un pull rouge. Les Duval ont une grosse voiture. Alice a deux frères.*
2. Avoir, c'est sentir au fond de soi. *J'ai mal au ventre.*
3. Avoir quelque chose à faire, c'est être obligé de le faire. *J'ai mes devoirs à terminer,* je dois terminer mes devoirs.

avouer verbe
Avouer, c'est dire que l'on a fait quelque chose qui n'est pas bien, ne plus mentir. *Damien a avoué que c'était lui qui avait cassé le vase.* ■ Il a fait ses **aveux.**
■ Le contraire de avouer, c'est **nier.**

Combien vois-tu d'**avocats** ?

avril nom masculin
Le mois d'avril, c'est le quatrième mois de l'année. *Le 1er avril, on se fait souvent des farces.*
■ Le mois d'avril a 30 jours.

axe nom masculin
Un axe, c'est une tige qui passe au milieu de quelque chose. *Le globe qui représente la Terre tourne autour d'un axe.*

azalée nom féminin
Une azalée, c'est une plante qui a de très belles fleurs.

Une **azalée**.

babines nom féminin pluriel
Les babines, ce sont les lèvres du chien. *Rex fait peur quand il retrousse les babines.*

bâbord nom masculin
Bâbord, c'est le côté gauche du bateau quand on regarde vers l'avant. *Attention, il y a des rochers à bâbord !*
■ Le côté droit du bateau, c'est **tribord.**
➾ Ce mot s'écrit avec un **â.** Tu peux aussi écrire **babord**, sans accent circonflexe.

babouche nom féminin
Une babouche, c'est une chaussure plate en cuir, qui n'est pas fermée derrière. *La maman de Wadi a mis une djellaba et des babouches.*

bac nom masculin
Un bac, c'est un bateau qui transporte des personnes et des voitures d'une rive à l'autre. *Nous avons pris le bac pour aller à Belle-Île.*

bâcler verbe
Pierre a bâclé ses devoirs, il a fait ses devoirs trop vite, sans s'appliquer.
■ Le contraire de bâcler, c'est **soigner.**
➾ Ce mot s'écrit avec un **â.**

bagage nom masculin
Les bagages, ce sont les valises et les sacs dans lesquels on met les affaires que l'on emporte avec soi en voyage. *Maman a mis tous les bagages dans le coffre de la voiture.*

bagarre nom féminin
Une bagarre, c'est une lutte entre des personnes qui se donnent des coups. *Rémi cherche toujours la bagarre,* il veut toujours se battre.

se **bagarrer** verbe
Se bagarrer, c'est se battre. *Rémi et Bryan se sont encore bagarrés pendant la récréation.*

Rémi et Bryan se **bagarrent** souvent.

A B C D E F G H I J K L M N O P Q R S T U V W X Y Z

bagarreur, bagarreuse adjectif
Une personne bagarreuse, c'est une personne qui aime se battre, qui cherche toujours la bagarre. *Rémi et Bryan sont bagarreurs.*

bague nom féminin
Une bague, c'est un bijou que l'on porte au doigt. *La princesse avait une bague ornée de diamants.*

Sais-tu manger avec des **baguettes** ?

baguette nom féminin
1. Une baguette, c'est un petit bâton mince. *Claire tape sur son tambour avec des baguettes.*
2. Une baguette, c'est un pain long et mince. *Yann est allé acheter une baguette à la boulangerie.*

baignade nom féminin
Quand il y a une tempête, la baignade est interdite sur cette plage, on n'a pas le droit de se baigner.

Pas de **baignade** aujourd'hui !

se baigner verbe
Se baigner, c'est se mettre dans l'eau pour se laver ou pour nager. *Pendant les vacances, Myriam s'est baignée tous les jours dans la piscine.*

baignoire nom féminin
Une baignoire, c'est un grand récipient que l'on remplit d'eau pour prendre un bain et se laver, dans une salle de bains.

bâiller verbe
Bâiller, c'est ouvrir très grand la bouche sans le faire exprès et sans pouvoir s'en empêcher, quand on a faim ou sommeil, ou quand on s'ennuie. *Mets ta main devant la bouche quand tu bâilles !*
Ce mot s'écrit avec un **â**.

Marie a sommeil, elle **bâille**.

bain nom masculin
Sandra prend son bain le soir avant de se coucher, elle se met dans la baignoire remplie d'eau pour se laver.

baiser nom masculin
Donne-moi un baiser sur la joue, pose tes lèvres sur ma joue, embrasse-moi.
■ Cherche aussi **bise** et **bisou.**

baisse nom féminin
La température est en baisse, elle est en train de baisser, il va faire moins chaud.
■ Le contraire de baisse, c'est **hausse.**

baisser verbe

1. Baisser, c'est mettre plus bas, faire descendre. *Le conducteur de la voiture baisse sa vitre pour demander son chemin. Chloé, baisse le son de la radio !* mets le son moins fort.

2. Baisser, c'est devenir moins haut, diminuer. *Il n'a pas plu depuis longtemps, la rivière a baissé.* ■ Le contraire de baisser, c'est **monter, remonter.**

3. Se baisser, c'est pencher son corps. *Baisse-toi pour ramasser ton crayon.*

bal nom masculin

Un bal, c'est une fête où l'on danse. *Ce soir, il y a un bal sur la place du village.*

➜ Au pluriel : des **bals.**

■ Ne confonds pas bal et **balle.**

balade nom féminin

Une balade, c'est une promenade. *Nous avons fait une balade en forêt.*

■ Ce mot est familier.

Paul est dans son **bain.**

se **balader** verbe

Se balader, c'est se promener. *Nous nous sommes baladés tout l'après-midi.*

■ Ce mot est familier.

baladeur nom masculin

Un baladeur, c'est un petit appareil avec des écouteurs, qui sert à entendre de la musique et que l'on peut porter sur soi.

Paul aime écouter de la musique sur son **baladeur.**

balai nom masculin

Un balai, c'est une brosse accrochée à un long manche que l'on passe par terre pour enlever la poussière, les miettes, les saletés. *Il faut donner un coup de balai dans la salle à manger après le dîner.*

■ Ne confonds pas balai et **ballet.**

balance nom féminin

Une balance, c'est un appareil qui sert à peser une chose, une personne ou un animal. *Le poissonnier pose la sole sur la balance pour connaître son poids.*

se **balancer** verbe

Se balancer, c'est faire aller son corps d'avant en arrière plusieurs fois de suite. *Luna se balançait sur sa chaise et elle est tombée.*

A B C D E F G H I J K L M N O P Q R S T U V W X Y Z

balançoire nom féminin
Une balançoire, c'est une petite planche suspendue à deux cordes, sur laquelle on peut s'asseoir ou se mettre debout pour se balancer.
➾ Ce mot s'écrit avec un **ç.**

Il y a des **balançoires** dans le parc.

balayer verbe
Balayer, c'est enlever, avec un balai, la poussière, les miettes, les saletés qui sont par terre. *Le garçon de café balaie la salle.*

balcon nom masculin
Un balcon, c'est ce qui dépasse du mur d'une maison et prolonge une pièce à l'extérieur, derrière une porte-fenêtre. *Mathis a pris son goûter au soleil, sur le balcon.*

baleine nom féminin
Une baleine, c'est un très grand animal qui vit dans la mer. *Les baleines peuvent mesurer plus de 25 mètres et peser 150 tonnes.*
■ La baleine est un mammifère.

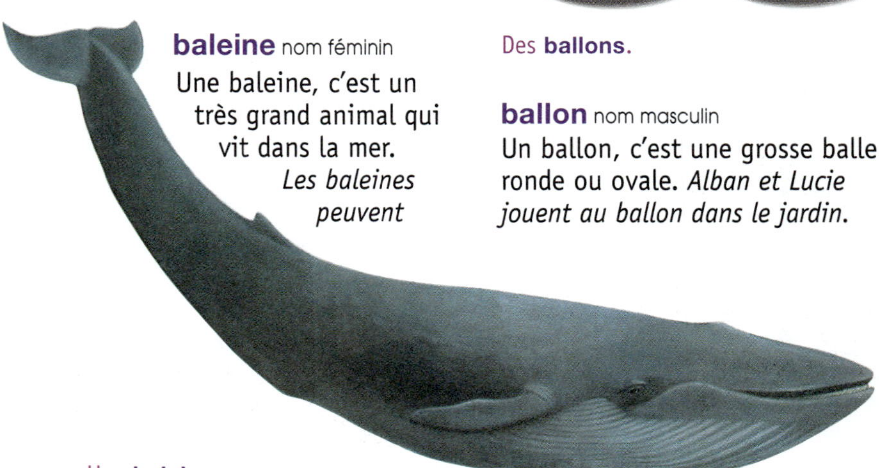

Une **baleine.**

balle nom féminin
1. Une balle, c'est un petit objet rond avec lequel on joue. *Lou-Anne lance la balle à Hossam qui la rattrape.*
2. Une balle, c'est un petit morceau de métal envoyé par un fusil ou un pistolet et qui peut blesser ou tuer. *La balle a atteint le sanglier.*
■ Ne confonds pas balle et **bal.**

ballet nom masculin
Un ballet, c'est un spectacle où l'on voit danser des danseurs et des danseuses.
■ Ne confonds pas ballet et **balai.**

Des **ballons.**

ballon nom masculin
Un ballon, c'est une grosse balle ronde ou ovale. *Alban et Lucie jouent au ballon dans le jardin.*

bambou nom masculin
Le bambou, c'est une plante qui a une très longue tige dure et creuse dont on se sert pour fabriquer des meubles, des cannes à pêche, des clôtures. *Les bambous poussent dans les pays chauds.*
Au pluriel : des **bambous.**

banal, banale adjectif
Une chose banale, c'est une chose qui est courante et ordinaire, qui n'étonne personne. *Prendre l'avion est devenu banal.*
Au masculin pluriel : **banals.**
Au féminin pluriel : **banales.**
Le contraire de banal, c'est **original.**

banane nom féminin
Une banane, c'est un fruit long recouvert d'une grosse peau jaune. *Les bananes poussent dans les pays chauds.*

banc nom masculin
Un banc, c'est un siège dur sur lequel plusieurs personnes peuvent s'asseoir les unes à côté des autres. *Tanguy fait un tour de manège ; ses parents l'attendent assis sur un banc à l'ombre.*

Papa lit sur un **banc.**

bancal, bancale adjectif
Une table bancale, c'est une table dont tous les pieds n'ont pas la même longueur. *Ne t'appuie pas sur la table, elle est bancale.*
Au masculin pluriel : **bancals.**
Au féminin pluriel : **bancales.**
Le contraire de bancal, c'est **stable.**

bande nom féminin
1. Une bande, c'est un morceau de tissu ou de papier long et étroit. *Émilie s'est tordu le pied, le médecin lui a mis une bande autour de la cheville.*
2. *Une bande de voyous a couvert le mur d'inscriptions,* plusieurs voyous ensemble ont couvert le mur d'inscriptions.
3. Une bande dessinée, c'est une histoire racontée dans des dessins qui sont les uns à côté des autres.
Tu peux aussi dire **B. D.**

Marie porte un **bandeau** dans les cheveux.

bandeau nom masculin
Un bandeau, c'est un morceau de tissu long et étroit. *Steven a un bandeau sur les yeux pour jouer à colin-maillard.*
Au pluriel : des **bandeaux.**

bander verbe

Le médecin bande la cheville d'Émilie qui s'est tordu le pied, il lui fait un pansement en lui mettant une bande.

bandit nom masculin

Un bandit, c'est une personne malhonnête qui vole et qui tue. *Les policiers ont arrêté les bandits qui avaient cambriolé la bijouterie.*

banlieue nom féminin

La banlieue, c'est l'ensemble des petites villes qui sont autour d'une grande ville. *Les grands-parents d'Imane habitent dans la banlieue de Lyon.*

banque nom féminin

Une banque, c'est une maison où l'on fait garder son argent et où l'on peut s'en faire prêter.

■ La banque donne à ses clients des carnets de chèques et des cartes de crédit pour qu'ils paient leurs achats.

banquet nom masculin

Un banquet, c'est un repas de fête auquel assistent de nombreuses personnes.

banquette nom féminin

Une banquette, c'est un siège sur lequel plusieurs personnes peuvent s'asseoir les unes à côté des autres dans une voiture, un train, un autobus, un café.

banquise nom féminin

La banquise, c'est l'épaisse couche de glace qui flotte dans les mers polaires. *Les ours blancs vivent sur la banquise.*

baobab nom masculin

Un baobab, c'est un très grand et très gros arbre qui pousse en Afrique.

Le **baobab** est le plus gros de tous les arbres de la savane.

baptême nom masculin

1. Le baptême, c'est la cérémonie au cours de laquelle une personne devient chrétienne.

2. *Hier, c'était le baptême de l'air de Laurine,* elle a pris l'avion pour la première fois hier.

➜ Ce mot s'écrit avec un **ê**.

baptiser verbe

1. Baptiser, c'est faire devenir chrétien en donnant le baptême. *Clément était dans les bras de sa marraine pendant que le prêtre le baptisait.*

2. *Amandine a baptisé son hamster Titou,* elle l'a appelé Titou.

bar nom masculin
Un bar, c'est un endroit où des clients viennent boire. *Papa est allé prendre un café dans un bar près de son bureau.* ■ Tu peux dire aussi **café.**
1. Un bar, c'est une table haute sur laquelle on sert les boissons dans un bar. *Papa s'est installé au bar.*
■ Tu peux dire aussi **comptoir.**
■ Ne confonds pas bar et **barre.**

barbe nom féminin
La barbe, ce sont les poils qui poussent sur le visage des hommes. *L'explorateur avait une grande barbe blanche.*

barbecue nom masculin
Un barbecue, c'est un appareil que l'on installe dehors et sur lequel on fait griller des aliments. *Maman fait griller des saucisses sur le barbecue.*
■ Ce mot vient de l'anglais.

barbelé adjectif masculin
Du fil de fer barbelé, c'est du fil de fer avec des pointes. *Le pré où broutent les vaches est entouré de fil de fer barbelé.*

barbichette nom féminin
Une barbichette, c'est une petite barbe qui pousse sur le menton.

barbouiller verbe
Barbouiller, c'est salir en étalant de la couleur. *Titouan a barbouillé son cahier avec des feutres.*

barbu, barbue adjectif
Le père d'Aurélien est barbu, il a une barbe.

baromètre nom masculin
Un baromètre, c'est un appareil qui indique si le temps va changer.

barque nom féminin
Une barque, c'est un petit bateau que l'on fait avancer avec des rames.

barrage nom masculin
1. Un barrage, c'est un grand mur construit en travers d'une rivière pour retenir l'eau qui servira à arroser la région ou à fabriquer de l'électricité.
2. *Les policiers ont fait un barrage sur la route,* ils ont barré la route afin d'empêcher les gens de passer.

barre nom féminin
1. Une barre de fer, c'est un morceau de fer allongé et droit.
2. Une barre, c'est un trait allongé. *N'oublie pas la barre du t quand tu écris.*

barreau nom masculin
Un barreau, c'est une petite barre. *Dans les prisons il y a des barreaux aux fenêtres.*
➾ Au pluriel : des **barreaux.**

Ces deux hommes sont **barbus.**

A B C D E F G H I J K L M N O P Q R S T U V W X Y Z

barrer verbe
1. Barrer une route, c'est mettre un obstacle pour empêcher de passer. *Les policiers ont barré la rue.*
2. Barrer un mot, c'est faire un trait dessus pour le supprimer. *Marius barre « lundi » et écrit « mardi ».*

barrette nom féminin
Une barrette, c'est une pince qui sert à attacher les cheveux.

barrière nom féminin
Une barrière, c'est une sorte de porte faite de barreaux en bois ou en métal, qui ferme un jardin, un champ, un chemin. *Ferme la barrière afin que le chien ne puisse pas sortir.*

① **bas** nom masculin
Le bas d'une chose, c'est la partie qui est la plus proche du sol. *Les chaussures sont rangées dans le bas du placard.*
■ La partie qui est le plus près du plafond, c'est le **haut.**

② **bas, basse** adjectif
1. *Chez le médecin, dans la salle d'attente, il y a des journaux sur une table basse,* il y a des journaux sur une table qui n'est pas haute, qui est près du sol.
2. *Julie et Antoine parlent à voix basse au fond de la classe,* ils parlent doucement.
■ Le contraire de bas, c'est **haut.**

bascule nom féminin
Marie a un cheval à bascule, elle a un petit cheval de bois sur lequel elle peut se balancer d'avant en arrière.

base nom féminin
La base d'une chose, c'est la partie qui est en bas, la plus proche du sol. *Cueille la fleur en la coupant bien à la base.*

basket nom féminin
Une basket, c'est une chaussure qui a une semelle épaisse en caoutchouc et que l'on met pour faire du sport. *Romain a mis ses baskets pour jouer au football.*

basketball nom masculin
Le basketball, c'est un jeu entre deux équipes de cinq joueurs qui doivent lancer le ballon dans le panier de l'autre équipe. *Clément et Océane ont assisté à un match de basketball.*
■ On dit le plus souvent le **basket.**
➾ On écrit aussi : **basket-ball.**

Au **basketball**, il faut lancer le ballon dans le panier.

basse-cour nom féminin
La basse-cour, c'est l'endroit de la ferme où vivent les poules, les canards, les oies, les pintades, les dindons.
➜ Au pluriel : des **basses-cours.**
➜ Tu peux aussi écrire **bassecour**, des **bassecours.**

La fermière donne du grain aux animaux de la **basse-cour**.

bassin nom masculin
Un bassin, c'est une sorte de petit lac qui a été construit dans un jardin. *Les enfants font flotter leurs bateaux dans le bassin du square.*

bassine nom féminin
Une bassine, c'est un grand récipient large dans lequel on met de l'eau. *Maman a mis du linge à tremper dans une bassine.*
■ Cherche aussi **cuvette.**

bataille nom féminin
Une bataille, c'est un combat entre deux armées. *Vercingétorix a gagné la bataille de Gergovie contre Jules César.*

bateau nom masculin
Un bateau, c'est un grand objet, construit pour flotter et se déplacer sur l'eau. *Dominique a pris le bateau pour aller en Corse.*
➜ Au pluriel : des **bateaux.**
■ Les barques, les paquebots, les péniches, les voiliers sont des bateaux. Cherche aussi **navire.**

bâtiment nom masculin
Un bâtiment, c'est un ensemble de murs avec un toit, des fenêtres, des portes, dans lequel on habite ou on travaille. *Une maison, un immeuble, une usine sont des bâtiments.*
➜ Ce mot s'écrit avec un **â.**

bâtir verbe
Cette église a été bâtie au Moyen Âge, elle a été construite au Moyen Âge.
➜ Ce mot s'écrit avec un **â.**

bâton nom masculin
Un bâton, c'est un long morceau de bois que l'on peut tenir à la main.
➜ Ce mot s'écrit avec un **â.**

Guignol donne des coups de **bâton** au gendarme.

batterie nom féminin
1. La batterie d'un orchestre, c'est l'ensemble des instruments de musique sur lesquels on tape.
2. La batterie de la voiture, c'est ce qui donne l'électricité dont la voiture a besoin pour marcher.

battre verbe
1. Battre, c'est taper, donner des coups. *Mélanie bat son chat parce qu'il l'a griffée.*
2. Battre un adversaire, c'est remporter une victoire sur un adversaire. *Notre équipe de football a battu l'autre équipe 3 à 2.* ■ Tu peux dire aussi **vaincre.**
3. Se battre, c'est se donner des coups. *Yann et Mathéo se sont battus pendant la récréation.* ■ Tu peux dire aussi se **bagarrer.**

bavard, bavarde adjectif
Julie est très bavarde, elle parle beaucoup et tout le temps.

bavardage nom masculin
Quentin et Juliette ont été punis pour bavardage, ils ont été punis parce qu'ils bavardaient.

bavarder verbe
Bavarder, c'est parler beaucoup et sans arrêt de choses qui n'ont pas d'importance. *Julie et Tom bavardent au lieu d'écouter la maîtresse.*
■ Le contraire de bavarder, c'est se **taire.**

bave nom féminin
La bave, c'est le liquide qui coule de la bouche. *Le bébé a de la bave sur le menton.*
■ Cherche aussi **salive.**

baver verbe
Baver, c'est avoir de la salive qui coule de la bouche. *Le chien bave en regardant son maître lui préparer sa pâtée.*

bavoir nom masculin
Un bavoir, c'est une petite serviette que l'on met autour du cou d'un bébé pour qu'il ne salisse pas ses vêtements.

B. D. nom féminin invariable
Une B. D., c'est une bande dessinée. *Manon lit souvent des B. D.*
■ Va voir **bande.**

beau, belle adjectif
Une personne ou une chose belle, c'est une personne ou une chose agréable à regarder, à entendre. *Baptiste est beau habillé en rouge,* il est agréable à regarder. *Mazine a une belle voix quand elle chante,* elle a une voix agréable à entendre.
➾ Au masculin pluriel : **beaux.**
➾ Au féminin pluriel : **belles.**
■ Tu peux dire aussi **joli.**
■ Le contraire de beau, c'est **laid, vilain.**

beaucoup adverbe
1. Beaucoup, c'est une grande quantité. *Antoine a beaucoup de pommes dans son panier.* ■ Cherche aussi **plein.**
2. *Perrine aime beaucoup nager,* elle aime énormément nager.
■ Le contraire de beaucoup, c'est **peu.**

Antoine a **beaucoup** de pommes, Luce en a peu.

beauté nom féminin
La beauté, c'est la qualité de ce qui est beau. *La princesse était d'une grande beauté,* elle était très belle.
■ Le contraire de beauté, c'est **laideur.**

bébé nom masculin
Un bébé, c'est un tout petit enfant qui n'a pas encore 2 ans. *Le petit frère de Flora ne sait pas marcher, c'est encore un bébé. La maman de Thelma attend un bébé,* elle est enceinte.

bec nom masculin
Le bec, c'est ce qui sert de bouche aux oiseaux et aux tortues. *La poule a attrapé un ver de terre avec son bec.*

bêche nom féminin
Une bêche, c'est une pelle dont on se sert pour remuer la terre d'un jardin.
Ce mot s'écrit avec un **ê**.

becquée nom féminin
La becquée, c'est la nourriture qu'un oiseau prend dans son bec pour la donner à manger à ses petits qui ne savent pas encore voler. *L'oiseau donne la becquée à ses petits.*

bégayer verbe
Bégayer, c'est parler en répétant des morceaux de mots plusieurs fois de suite, sans le faire exprès.

bégonia nom masculin
Un bégonia, c'est une plante aux fleurs rouges, jaunes ou blanches, dont les feuilles sont brillantes.

beige adjectif
Oscar a des chaussures beiges, il a des chaussures de couleur brun clair.

beignet nom masculin
Pour le goûter, Mamie va nous faire des beignets aux pommes, elle va tremper des morceaux de pommes dans de la pâte et les faire frire dans de l'huile bouillante.

bêler verbe
Les moutons et les chèvres bêlent, ils poussent leur cri.
Ce mot s'écrit avec un **ê**.

bélier nom masculin
Un bélier, c'est un mouton mâle. *Tous les moutons du troupeau suivent le bélier.*
■ La **brebis** est un mouton femelle. Cherche aussi **agneau.**

bénéfice nom masculin
Un bénéfice, c'est l'argent que l'on gagne quand on vend quelque chose plus cher qu'on ne l'a acheté. *J'ai acheté une petite voiture 3 euros, je te la vends 4 euros : je fais un bénéfice de un euro.*

benjamin nom masculin, **benjamine** nom féminin
Le benjamin, la benjamine, c'est l'enfant le plus jeune, dans une famille ou dans un groupe. ■ Le plus âgé, c'est l'**aîné.**
■ Cherche aussi **cadet.**

Paul est le **benjamin** de la famille, Théo est l'aîné.

A B C D E F G H I J K L M N O P Q R S T U V W X Y Z

béquille nom féminin
Une béquille, c'est un bâton spécial sur lequel on s'appuie quand on ne peut pas marcher normalement. *Yafa s'est cassé la jambe, elle marche avec des béquilles.*
■ Cherche aussi **canne.**

berceau nom masculin
Un berceau, c'est un petit lit de bébé, que l'on peut balancer.
➾ Au pluriel : des **berceaux.**

bercer verbe
Bercer, c'est faire aller doucement d'un côté puis de l'autre, dans un berceau ou dans ses bras. *Papa berce ma petite sœur pour qu'elle s'endorme.*

berceuse nom féminin
Une berceuse, c'est une chanson douce que l'on chante à un bébé pour qu'il s'endorme.

béret nom masculin
Un béret, c'est un chapeau rond et plat en tissu.

Nora porte un **béret** rose.

berge nom féminin
La berge, c'est le bord d'une rivière, d'un fleuve, d'un canal. *Le pêcheur s'est installé sur la berge.*

berger nom masculin,
bergère nom féminin
Un berger, une bergère, c'est une personne qui garde les moutons et les chèvres.

bergerie nom féminin
La bergerie, c'est la maison dans laquelle dorment les moutons.
■ Les vaches dorment dans une **étable** et les chevaux dans une **écurie.**

besoin nom masculin
Un besoin, c'est quelque chose dont on ne peut absolument pas se passer. *Un petit chat a besoin de lait pour vivre,* le lait est nécessaire au petit chat pour qu'il vive, il lui faut absolument du lait.

bestiole nom féminin
Une bestiole, c'est une petite bête. *Maxime s'est fait piquer par une bestiole.*

bétail nom masculin
Le bétail, c'est l'ensemble de tous les gros animaux de la ferme, comme les vaches, les moutons, les cochons.

Les moutons et les vaches font partie du **bétail.**

① **bête** nom féminin
Une bête, c'est un animal. *Enzo aime beaucoup les bêtes.*
Les vaches sont des bêtes à cornes.
Ce mot s'écrit avec un **ê**.

② **bête** adjectif
Une personne bête, c'est une personne qui ne comprend rien, qui n'est pas capable de réfléchir.
Ce mot s'écrit avec un **ê**.
- Tu peux dire aussi **idiot, sot, stupide.**
- Le contraire de bête, c'est **intelligent.**

bêtise nom féminin
1. La bêtise, c'est le défaut d'une personne bête, qui ne comprend rien.
2. *Thibaud a fait une bêtise,* il a fait une chose qu'il ne fallait pas faire.
- Tu peux dire aussi **sottise.**

Ce mot s'écrit avec un **ê**.

béton nom masculin
Le béton, c'est un mélange de sable, de ciment, de pierres et d'eau qui devient très dur en séchant et qui sert à fabriquer des murs, des maisons.

betterave nom féminin
Une betterave, c'est une plante qui a une grosse racine. *Les betteraves à sucre donnent du sucre. On mange les betteraves rouges en salade.*

beugler verbe
Les vaches beuglent, elles poussent leur cri.
- Tu peux dire aussi **meugler.**

beurre nom masculin
Le beurre, c'est la matière grasse jaune que l'on obtient en battant la crème du lait de vache. *Maman fait cuire les escalopes dans du beurre.*

beurrer verbe
Beurrer, c'est recouvrir de beurre. *Victor beurre sa tartine.*

biberon nom masculin
Un biberon, c'est une petite bouteille avec une tétine qui permet à un bébé de boire facilement en tétant. *Antoine donne le biberon à sa petite sœur.*

bibliothèque nom féminin
1. Une bibliothèque, c'est un endroit où l'on peut emprunter des livres. *Il y a beaucoup de B. D. dans la bibliothèque de l'école.*
2. Une bibliothèque, c'est un meuble avec des étagères sur lesquelles on range les livres.

Il y a un **h** après le **t.**

Léa prend un livre dans la **bibliothèque**.

biche nom féminin
Une biche, c'est un grand animal qui vit dans la forêt.
- Le mâle de la biche, c'est le **cerf**; le petit de la biche et du cerf, c'est le **faon.**

A B C D E F G H I J K L M N O P Q R S T U V W X Y Z

bicyclette nom féminin
Une bicyclette, c'est un engin à deux roues sur lequel on s'assied et que l'on fait avancer en appuyant sur les pédales, les mains posées sur le guidon. *Margot est allée au village à bicyclette.*
■ Tu peux dire aussi **vélo.**

Une **bicyclette.**

bidon nom masculin
Un bidon, c'est un récipient fermé par un bouchon ou un couvercle, qui sert à transporter des liquides. *Papa a un bidon d'huile dans le coffre de sa voiture.*

① **bien** adverbe
Bien, c'est comme il faut, d'une manière qui plaît à tout le monde. *Thomas travaille bien à l'école.*
■ Le contraire de bien, c'est **mal.**

② **bien** nom masculin
Le bien, c'est ce qui est agréable et utile. *Clara est guérie, les médicaments lui ont fait du bien,* les médicaments l'ont fait aller mieux.
■ Le contraire de bien, c'est **mal.**

bien que conjonction
Bien que, c'est un mot qui indique que l'on va dire quelque chose qui s'oppose à ce que l'on vient de dire. *Il pleut bien qu'il y ait du soleil.*
■ Tu peux dire aussi **quoique.**

bien sûr adverbe
Est-ce que ta maman va venir te chercher à l'école ? — Oui, bien sûr ! évidemment, c'est certain.

bientôt adverbe
Bientôt, c'est dans peu de temps. *Au revoir et à bientôt !*

bière nom féminin
La bière, c'est une boisson jaune ou brune qui contient un peu d'alcool et qui pétille. *La bière est faite avec deux plantes : l'orge et le houblon.*

bifteck nom masculin
Un bifteck, c'est une tranche de viande de bœuf. *Nous avons mangé des biftecks avec de la purée.*
■ Tu peux aussi dire **steak.**
■ Ce mot vient de l'anglais.

Zoé se tient **bien** à table, Nicolas se tient mal.

bijou nom masculin

Un bijou, c'est un objet que l'on porte sur soi pour faire joli. *Les bagues, les bracelets, les colliers, les boucles d'oreilles sont des bijoux.*

Au pluriel : des **bijoux.**

bijouterie nom féminin

Une bijouterie, c'est un magasin où l'on vend des bijoux.

bijoutier nom masculin, **bijoutière** nom féminin

Un bijoutier, une bijoutière, c'est une personne qui fabrique ou qui vend des bijoux dans une bijouterie.

bille nom féminin

Une bille, c'est une petite boule en verre, en métal, en pierre ou en plastique avec laquelle on joue. *Salomé et Vincent jouent aux billes pendant la récréation.*

billet nom masculin

1. Un billet, c'est un rectangle de papier qui vaut une certaine somme d'argent. *Maman a payé avec un billet de 10 euros.*

2. *Pour prendre le train, il faut acheter un billet,* il faut acheter un rectangle de papier qui prouve que l'on a payé le prix du voyage.

biscotte nom féminin

Une biscotte, c'est une tranche de pain de mie qui a été séchée. *Mamie a acheté un paquet de biscottes.*

biscuit nom masculin

Un biscuit, c'est un petit gâteau sec. *Juliette a acheté deux paquets de biscuits en rentrant de l'école.*

① **bise** nom féminin

La bise, c'est un vent froid qui souffle du nord, en hiver et au printemps.

② **bise** nom féminin

Une bise, c'est un baiser. *Cléa fait la bise à sa grand-mère,* elle l'embrasse.

- Ce mot est familier.
- Tu peux dire aussi **bisou.**

bison nom masculin

Un bison, c'est un bœuf sauvage qui a un large front, des cornes courtes, une bosse sur le cou et une épaisse crinière sur la tête.

Un **bison.**

bisou nom masculin

Un bisou, c'est un baiser. *Fais-moi un bisou,* embrasse-moi.

Au pluriel : des **bisous.**

- Ce mot est familier.
- Tu peux dire aussi **bise.**

A
B
C
D
E
F
G
H
I
J
K
L
M
N
O
P
Q
R
S
T
U
V
W
X
Y
Z

bizarre adjectif
Quelque chose de bizarre, c'est quelque chose qui étonne, que l'on n'a pas l'habitude de voir.
- Tu peux dire aussi **étrange.**
- Le contraire de bizarre, c'est **normal.**

Un chien qui lit ! C'est vraiment **bizarre,** se dit Chloé.

blague nom féminin
Une blague, c'est quelque chose que l'on dit ou que l'on fait à quelqu'un pour s'amuser. *Noah raconte souvent des blagues,* il raconte souvent des histoires drôles.
- Ce mot est familier.
- Cherche aussi **farce.**

① **blanc, blanche** adjectif
La couleur blanche, c'est la couleur la plus claire, la couleur du lait et de la neige. *Mon grand-père a les cheveux blancs.*

② **blanc** nom masculin
Le blanc d'œuf, c'est le liquide transparent qui est autour du jaune et qui devient blanc et dur en cuisant.

blancheur nom féminin
Sous le soleil la blancheur de la neige est éclatante, la couleur blanche de la neige est éclatante.

blanchir verbe
Blanchir, c'est devenir blanc. *Les cheveux de mon grand-père ont blanchi depuis l'année dernière.*

blé nom masculin
Le blé, c'est une céréale dont on écrase les grains pour faire de la farine. *Les grains de blé forment un épi en haut de la tige.*

blessé nom masculin,
blessée nom féminin
Un blessé, une blessée, c'est une personne qui a une blessure. *Les blessés ont été transportés à l'hôpital.*

blesser verbe
Blesser, c'est donner un coup qui abîme une partie du corps. *Le chasseur n'a pas tué le sanglier, il l'a seulement blessé.*

blessure nom féminin
Une blessure, c'est un endroit du corps qui a été abîmé parce que l'on a reçu un coup ou que l'on s'est coupé. *Maman a mis un pansement sur ma blessure.*

Le mouton est **blanc.**

① **bleu, bleue** adjectif
La couleur bleue, c'est la couleur du ciel quand il n'y a pas de nuages. *Corentin a les yeux bleus.*
➜ Au masculin pluriel : **bleus.**
➜ Au féminin pluriel : **bleues.**

② **bleu** nom masculin
Un bleu, c'est une tache bleue qui apparaît sur la peau à l'endroit où l'on a reçu un coup. *Jeanne s'est fait un bleu à la cuisse en se cognant.*
➜ Au pluriel : des **bleus.**

bleuet nom masculin
Un bleuet, c'est une fleur des champs de couleur bleue.

bloc nom masculin
1. Un bloc, c'est un gros morceau. *Un bloc de pierre est tombé de la montagne.*
2. Un bloc de papier, c'est un ensemble de feuilles collées sur un côté que l'on peut détacher facilement.

blond, blonde adjectif
Une personne blonde, c'est une personne qui a les cheveux clairs presque jaunes. *Élise est blonde et sa sœur est brune.*

bloquer verbe
Bloquer, c'est empêcher de bouger, de passer. *Le gardien de but a bloqué le ballon. La voiture est bloquée dans un embouteillage.*

se **blottir** verbe
Effrayée par l'orage, Marine a couru se blottir contre son père, elle s'est serrée contre lui pour se mettre à l'abri.

blouse nom féminin
Une blouse, c'est un vêtement long que l'on met par-dessus ses habits pour ne pas les salir. *L'infirmière a une blouse blanche.*

blouson nom masculin
Un blouson, c'est une veste courte serrée dans le bas. *Mon grand frère a un blouson en cuir.*

boa nom masculin
Un boa, c'est un grand et gros serpent qui étouffe l'animal qu'il veut manger en le serrant très fort. *Le boa est un serpent d'Amérique du Sud.*

Le **boa** étouffe sa proie.

bobine nom féminin
Une bobine de fil, c'est un petit cylindre autour duquel est enroulé du fil. *Maman a acheté une bobine de fil vert.*

bocal nom masculin
1. Un bocal, c'est un récipient en verre, fermé par un couvercle. *Le bocal de cornichons est dans le placard.*
2. *Les poissons rouges tournent dans leur bocal,* dans leur aquarium rond.
➜ Au pluriel : des **bocaux.**

bœuf nom masculin
Un bœuf, c'est un taureau que l'on a rendu incapable de faire des petits. *Les bœufs et les vaches sont rentrés à l'étable.*
■ On prononce le **f** au singulier mais pas au pluriel.

boire verbe
Boire, c'est avaler quelque chose de liquide. *Charline a bu un verre d'eau avant de se coucher.*

bois nom masculin
1. Un bois, c'est un endroit où poussent beaucoup d'arbres, c'est une petite forêt.
2. Le bois, c'est la matière des arbres. *Baptiste ramasse du bois pour faire du feu.*
3. Les bois du cerf, ce sont ses cornes.

boisson nom féminin
Une boisson, c'est un liquide que l'on boit. *L'eau, le vin, les jus de fruits, le lait sont des boissons.*

C'est agréable une **boisson** fraîche quand on a soif !

boîte nom féminin
Une boîte, c'est un objet qui a un couvercle et dans lequel on range des choses. *Le marteau et le tournevis sont dans la boîte à outils.*
→ Ce mot s'écrit avec un **î**.

boiter verbe
Boiter, c'est marcher en penchant le corps plus d'un côté que de l'autre. *Adrien s'est tordu le pied, il boite.*

bol nom masculin
Un bol, c'est un petit récipient rond dans lequel on boit.

bombarder verbe
Bombarder, c'est lancer des bombes pour détruire. *La ville a été bombardée par des avions ennemis.*

bombe nom féminin
Une bombe, c'est un objet fabriqué pour tout détruire autour de lui en explosant. *L'avion ennemi a lâché une bombe sur la gare.*

bon, bonne adjectif
1. Quelque chose de bon, c'est quelque chose qui est agréable à manger, à boire, à regarder, à entendre. *Ces crêpes sont très bonnes,* elles sont délicieuses. *Nous avons vu un bon film à la télévision.*
■ Le contraire de bon, c'est **mauvais.**
2. *Ton addition est bonne,* tu as bien fait l'addition, elle est juste, exacte.
3. Une personne bonne, c'est une personne gentille, généreuse, qui fait du bien aux autres. *Le médecin de notre village est un homme très bon.* ■ Le contraire de bon, c'est **méchant.**
4. *Morgane est bonne en gymnastique,* elle fait très bien les exercices de gymnastique. ■ Le contraire de bon, c'est **nul.**
■ Ne confonds pas bon et **bond.**

bonbon nom masculin
Un bonbon, c'est une petite chose sucrée que l'on croque ou que l'on

suce. *Dylan aime les bonbons à la menthe.*
■ Cherche aussi **sucette.**

bond nom masculin
Un bond, c'est ce que l'on fait quand on saute et que les pieds quittent ensemble le sol d'un mouvement brusque. *Le kangourou avance en faisant des bonds.*
■ Cherche aussi **saut.**
■ Ne confonds pas bond et **bon.**

bondir verbe
Bondir, c'est sauter en l'air brusquement. *Le lion a bondi sur la gazelle.*

bonheur nom masculin
Le bonheur, c'est l'état dans lequel on est quand on est très content. *Tous les invités ont souhaité beaucoup de bonheur aux jeunes mariés.*
■ Le contraire de bonheur, c'est **malheur.**

bonhomme nom masculin
Un bonhomme de neige, c'est une sorte de statue que l'on fait avec de la neige, pour s'amuser.
➾ Au pluriel : des **bonshommes.**

Les enfants font un **bonhomme** de neige.

bonjour nom masculin
Bonjour, c'est le mot que l'on dit à quelqu'un que l'on rencontre pour la première fois de la journée. *As-tu dit bonjour à Lola ? Bonjour, Lola, comment vas-tu ?*
■ Le contraire de bonjour, c'est **au revoir.**

bonnet nom masculin
Un bonnet, c'est un chapeau. *Il fait froid, Léo a mis un bonnet de laine.*

Il fait froid, Lucie et Antoine ont mis leur **bonnet.**

bonsoir nom masculin
Bonsoir, c'est le mot que l'on dit le soir à quelqu'un que l'on rencontre ou que l'on quitte. *Matthias dit bonsoir à tout le monde et va se coucher.*

bonté nom féminin
La bonté, c'est la qualité d'une personne bonne, gentille, généreuse, qui aide les autres. *Le vieux médecin du village est d'une grande bonté.*
■ Le contraire de bonté, c'est **méchanceté.**

a b c d e f g h i j k l m n o p q r s t u v w x y z

A B C D E F G H I J K L M N O P Q R S T U V W X Y Z

bord nom masculin
Le bord d'une chose, c'est l'endroit où cette chose se termine. *Maeva a rempli son verre jusqu'au bord,* elle l'a rempli jusqu'en haut. *Tanguy passe ses vacances au bord de la mer,* il passe ses vacances dans une région qui est le long de la mer.

border verbe
1. Border, c'est être sur le bord. *Des arbres bordent l'allée,* des arbres sont tout le long de l'allée.
2. *Maman borde Karim dans son lit,* elle replie le bord des draps et des couvertures sous le matelas.

bordure nom féminin
Une bordure, c'est ce qui est le long du bord. *La pelouse est entourée d'une bordure de fleurs.*

borne nom féminin
Une borne, c'est un petit bloc de ciment qui indique les distances, au bord des routes. *Sur la route nationale, il y a une borne kilométrique rouge et blanche tous les kilomètres.*

bosse nom féminin
1. Une bosse, c'est une boule qui se forme sous la peau lorsque l'on s'est cogné.
2. Une bosse, c'est une grosseur anormale dans le dos d'une personne. ■ Va voir aussi **bossu.**
3. Une bosse, c'est une grosseur que certains animaux ont sur le dos.

bossu, bossue adjectif
La méchante sorcière était bossue, elle avait une bosse dans le dos.

botte nom féminin
Une botte, c'est une chaussure qui monte jusque sous le genou. *Le pêcheur a des bottes en caoutchouc vertes.*

bouc nom masculin
Le bouc, c'est le mâle de la chèvre.

bouche nom féminin
La bouche, c'est l'ouverture qui est dans le bas du visage. *Martin a mis un biscuit tout entier dans sa bouche.*
■ Pour les animaux, on ne dit pas la bouche mais on dit la **gueule.**

bouchée nom féminin
Une bouchée, c'est une quantité de nourriture que l'on met dans sa bouche en une seule fois. *Encore une bouchée et tu auras fini ta viande.*

① **boucher** nom masculin, **bouchère** nom féminin
Un boucher, une bouchère, c'est une personne qui vend de la viande. *Maman est allée chez le boucher acheter un rôti de veau.*

② **boucher** verbe
Boucher, c'est fermer. *Le maçon a bouché le trou dans le mur avec du ciment. Flora se bouche le nez parce que ça sent mauvais.*

boucherie nom féminin
Une boucherie, c'est un magasin où l'on vend de la viande. *Mamie est allée à la boucherie acheter des biftecks.*

bouchon nom masculin
1. Un bouchon, c'est un objet qui sert à fermer une bouteille, un tube. *Avant de se brosser les dents, Lilou dévisse le bouchon du tube de dentifrice.* ■ Comment s'appelle

l'instrument qui sert à enlever le bouchon d'une bouteille ? Un **tire-bouchon.**

2. Un bouchon, c'est une grande quantité de voitures qui empêche de rouler normalement. *Il y a un bouchon sur l'autoroute.*

boucle nom féminin

1. Une boucle, c'est une mèche de cheveux qui s'enroule sur elle-même. *Charlotte a des boucles blondes.*

2. Une boucle d'oreille, c'est un bijou que l'on porte à l'oreille. *Maman a des boucles d'oreilles bleues.*

bouclé, bouclée adjectif

Arthur a les cheveux bouclés, il a les cheveux qui font de petites boucles.

- Cherche aussi **frisé.**
- Le contraire de bouclé, c'est **raide.**

bouclier nom masculin

Un bouclier, c'est une plaque que le guerrier tient devant lui pour se protéger.

Sertorius se protège avec son **bouclier.**

bouddhiste adjectif

Ananda et Tenzin sont bouddhistes, ils ont une religion qui leur apprend à réfléchir et à vivre en restant calme, comme le faisait Bouddha, un sage qui vivait en Asie il y a très longtemps.

- Cherche aussi **catholique, chrétien, israélite, juif, musulman, protestant.**

bouder verbe

Bouder, c'est montrer que l'on n'est pas content en prenant un air fâché et en ne parlant plus à personne. *Arnaud est vexé d'avoir perdu, il est allé bouder dans son coin.*

boudin nom masculin

Le boudin, c'est une sorte de saucisse faite avec du sang et de la graisse de porc.

boue nom féminin

La boue, c'est de la terre mouillée par la pluie. *En rentrant de promenade, nous avons enlevé nos chaussures parce qu'elles étaient pleines de boue.*

- Ne confonds pas boue et **bout.**

bouée nom féminin

Une bouée, c'est un gros anneau gonflé d'air que l'on met autour de la taille pour flotter lorsque l'on va dans l'eau. *Emma nage avec une bouée.*

bouger verbe

Bouger, c'est faire sans cesse des mouvements. *Arrête de bouger, la photo va être ratée !*

- Tu peux dire aussi **remuer.**

bougie nom féminin

Une bougie, c'est un morceau de cire contenant une mèche dont on allume le bout. *Ethan a soufflé toutes les bougies de son gâteau d'anniversaire.*

bouillant, bouillante adjectif
1. De l'eau bouillante, c'est de l'eau qui est en train de bouillir. *Papa met les pâtes dans l'eau bouillante.*
2. *Je ne peux pas manger cette soupe, elle est bouillante,* elle est très chaude, elle est brûlante.

bouillie nom féminin
La bouillie, c'est de la farine et du lait cuits ensemble. *Le bébé mange de la bouillie au chocolat.*

bouillir verbe
L'eau bout dans la casserole, l'eau s'agite en formant de grosses bulles parce qu'elle est extrêmement chaude.
■ Quand l'eau bout elle est à la température de 100 degrés.

bouilloire nom féminin
Une bouilloire, c'est un récipient avec un couvercle dans lequel on fait bouillir l'eau. *Papa a mis de l'eau dans la bouilloire électrique pour faire le thé.*

boulanger nom masculin,
boulangère nom féminin
Un boulanger, une boulangère, c'est une personne qui fait du pain et des gâteaux et qui les vend. *Dorian et Elsa ont acheté des croissants chez le boulanger.*

Le **boulanger** sort le pain du four.

boulangerie nom féminin
Une boulangerie, c'est un magasin où l'on vend du pain. *Melissa va à la boulangerie acheter un pain au chocolat.*

boule nom féminin
Une boule, c'est un objet tout rond. *La Terre a la forme d'une boule. Les enfants ont fait une bataille de boules de neige. Papa et Maman jouent aux boules,* ils jouent à un jeu où l'on fait rouler des boules sur le sol.

boulet nom masculin
Un boulet de canon, c'est une grosse boule de métal que l'on mettait autrefois dans les canons pour tirer sur l'ennemi.

boulette nom féminin
Une boulette, c'est une petite boule. *Matteo fait des boulettes avec de la mie de pain.*

boulevard nom masculin
Un boulevard, c'est une rue très large. *Ilona habite boulevard de l'Océan.*
■ Cherche aussi **avenue.**

bouleverser verbe
1. Bouleverser, c'est changer complètement et brusquement. *Cet événement imprévu a bouleversé nos plans.*
2. Bouleverser, c'est rendre très triste. *Papa a été bouleversé par la mort de son meilleur ami.*

bouquet nom masculin
Un bouquet de fleurs, ce sont plusieurs fleurs que l'on a cueillies et mises ensemble. *Nina met le bouquet de roses dans un vase.*

A B C D E F G H I J K L M N O P Q R S T U V W X Y Z

bourdon nom masculin

Un bourdon, c'est un insecte qui ressemble à une grosse abeille couverte de poils qui vole en faisant du bruit.

bourdonner verbe

Les abeilles bourdonnent autour de la ruche, elles font un bruit, en volant, qui ressemble à un petit ronflement.

bourgeon nom masculin

Un bourgeon, c'est une petite pousse d'où vont sortir des feuilles ou des fleurs. *Au printemps, les arbres sont couverts de bourgeons.*

Il y a un **e** entre le **g** et le **o.**

bourreau nom masculin

Le bourreau, c'est la personne qui fait marcher la machine qui tue les condamnés à mort. *Le visage du bourreau était caché sous une cagoule.*

Au pluriel : des **bourreaux.**

bourrer verbe

Bourrer, c'est remplir jusqu'au bord en appuyant pour faire rentrer le plus de choses possibles. *Gabriel a tellement bourré son sac à dos qu'il n'arrive pas à le fermer.*

bousculer verbe

Bousculer, c'est pousser d'une manière brutale. *Élise a bousculé ses camarades pour entrer la première dans la salle de cinéma.*

boussole nom féminin

Une boussole, c'est un instrument qui sert à s'orienter. *L'aiguille de la boussole indique où est le nord.*

bout nom masculin

1. *Julie a donné un bout de son croissant à son frère,* elle lui a donné un morceau de son croissant.

2. *La ferme est au bout du chemin,* elle se trouve à la fin du chemin.

Ne confonds pas bout et **boue.**

bouteille nom féminin

Une bouteille, c'est un récipient avec un goulot étroit, dans lequel il y a du liquide. *La bouteille d'eau est vide.*

boutique nom féminin

Une boutique, c'est une pièce dans laquelle un commerçant vend sa marchandise. *La boutique du charcutier, c'est la charcuterie.*

Tu peux dire aussi **magasin.**

Gabriel a trop **bourré** son sac à dos.

a b c d e f g h i j k l m n o p q r s t u v w x y z

Quel est le mot qui réunit la chemise, la fleur, la télécommande et Charles ?

bouton nom masculin

1. Un bouton, c'est un petit objet, souvent rond, qui sert à fermer un vêtement. *Florian attache les boutons de sa veste avant de sortir.*

2. Un bouton, c'est un petit objet que l'on pousse ou que l'on tourne pour allumer, éteindre, ouvrir, fermer quelque chose. *Laura appuie sur le bouton de la télécommande.*

3. Un bouton, c'est une petite boule rouge que l'on a sur la peau. *Charles a des boutons parce qu'il a la varicelle.*

4. *Un bouton de rose,* c'est une rose encore fermée.

boutonner verbe

Boutonner, c'est fermer en attachant les boutons. *Florian boutonne sa veste et met son écharpe.*

■ Le contraire de boutonner, c'est **déboutonner.**

boutonnière nom féminin

Une boutonnière, c'est une petite ouverture dans un vêtement par laquelle on passe un bouton.

boxe nom féminin

La boxe, c'est un sport où deux personnes se frappent avec leurs poings protégés par de gros gants. *Maman regarde un combat de boxe à la télévision.*

boxeur nom masculin,
boxeuse nom féminin

Un boxeur, une boxeuse, c'est une personne qui fait de la boxe.

bracelet nom masculin

Un bracelet, c'est un bijou que l'on porte autour du bras. *Clémence a un bracelet en or.*

braguette nom féminin

Une braguette, c'est l'ouverture sur le devant d'un pantalon.

brailler verbe

Brailler, c'est parler ou crier très fort. *Arrête de brailler, on ne s'entend plus !*

■ Ce mot est familier.

■ Tu peux dire aussi **hurler.**

branche nom féminin

Une branche, c'est ce qui part du tronc d'un arbre et porte les feuilles et les fruits. *L'oiseau s'est perché sur une branche.*

brancher verbe

Maman a branché la lampe avant de l'allumer, elle a relié la lampe à la

prise électrique pour que le courant passe.
■ Le contraire de brancher, c'est **débrancher.**

bras nom masculin
Le bras, c'est la partie du corps qui commence à l'épaule et va jusqu'à la main. *Nous avons deux bras et deux jambes, ce sont les quatre membres du corps humain.*

brave adjectif
Monsieur Lorrain est un brave homme, c'est un homme gentil et honnête qui aime rendre service à tout le monde.

bravo interjection
Bravo, c'est un mot que l'on dit à quelqu'un pour le féliciter parce qu'il a fait quelque chose de bien. *Bravo ! tu as gagné.*

brebis nom féminin
Une brebis, c'est un mouton femelle.
■ Le mâle, c'est le **bélier** et le petit c'est l'**agneau.**

L'agneau tète la **brebis.**

bref, brève adjectif
La panne d'électricité a été brève, elle n'a pas duré longtemps.
■ Tu peux dire aussi **court.**
■ Le contraire de bref, c'est **long.**

bretelle nom féminin
Des bretelles, ce sont des bandes de tissu qui passent sur les épaules et qui servent à tenir un pantalon ou une jupe un peu trop large à la taille. *Papi n'aime pas mettre une ceinture, il préfère mettre des bretelles.*

bricolage nom masculin
Faire du bricolage, c'est faire de petites réparations, de petits travaux dans la maison, c'est bricoler. *Maman a fait du bricolage pendant tout le week-end.*

bricoler verbe
Bricoler, c'est faire de petites réparations, de petits travaux dans la maison. *Cet été, à la campagne, Papa a bricolé : il a repeint les volets, il a réparé un fauteuil et il a posé le nouveau carrelage dans la salle de bains.*

bricoleur, bricoleuse adjectif
Louise est très bricoleuse, elle aime bien bricoler.

brigand nom masculin
Un brigand, c'est un homme qui, autrefois, attaquait les voyageurs pour leur voler leur argent. *La diligence a été attaquée par des brigands.*

brillant, brillante adjectif
1. *Le parquet vient d'être ciré, il est très brillant,* il renvoie la lumière dans les yeux, il brille. ■ Le contraire de brillant, c'est **terne.**
2. *Carla est une élève brillante,* Carla est une élève qui travaille très bien.

A B C D E F G H I J K L M N O P Q R S T U V W X Y Z

briller verbe
Les étoiles brillent dans le ciel, elles renvoient de la lumière comme si elles étaient allumées.
■ Tu peux dire aussi **étinceler, scintiller.**

brin nom masculin
Un brin d'herbe, c'est une herbe toute seule. *Anthony s'est allongé sur la pelouse,il a des brins d'herbe accrochés à son pull.*
■ Ne confonds pas brin et **brun.**

brindille nom féminin
Une brindille, c'est une petite branche sèche.
Nous avons ramassé des brindilles pour allumer le feu.

brioche nom féminin
Une brioche, c'est une sorte de gâteau très léger souvent en forme de boule avec une autre boule plus petite par-dessus.
Nous avons mangé des brioches et des croissants au petit-déjeuner.

brique nom féminin
Une brique, c'est un petit bloc de terre qui a été cuit.
Charles habite dans une maison en briques rouges.

briquet nom masculin
Un briquet, c'est un petit appareil d'où l'on fait sortir une flamme.
Mon oncle allume sa cigarette avec un briquet.

brise nom féminin
La brise, c'est un petit vent frais qui n'est pas très fort.
Ce soir il souffle une petite brise qui vient de la mer.

se briser verbe
Se briser, c'est se casser en petits morceaux très nombreux.

Le vase s'est **brisé** en tombant par terre.

broche nom féminin
Une broche, c'est un bijou que l'on accroche sur un vêtement.

brochet nom masculin
Un brochet, c'est un poisson qui vit dans les rivières ou dans les lacs. *Les brochets ont 700 dents très pointues.*

Un **brochet**.

brochette nom féminin
Alicia mange une brochette d'agneau, elle mange des petits morceaux de viande d'agneau qui ont été cuits, enfilés les uns derrière les autres, sur une petite tige de métal.

broderie nom féminin
Une broderie, c'est un dessin fait sur un tissu avec du fil et une aiguille. *La nappe est ornée de broderies.*

bronzer verbe
Bronzer, c'est avoir la peau qui devient brune parce que l'on s'est mis au soleil. *Marion a bronzé pendant les vacances.*

brosse nom féminin
Une brosse, c'est une petite plaque sur laquelle sont fixés des poils et qui sert à nettoyer ou à frotter. *Jason met du dentifrice sur sa brosse à dents.*

brosser verbe
Brosser, c'est nettoyer ou frotter avec une brosse. *Kevin se brosse les dents avant de se coucher.*

Léa se **brosse** les dents tous les jours.

brouette nom féminin
Une brouette, c'est un petit chariot avec une seule roue, à l'avant, que l'on pousse devant soi.
Le jardinier transporte des feuilles mortes dans une brouette.

brouillard nom masculin
Le brouillard, c'est une sorte de nuage près du sol qui enveloppe les maisons, les arbres, le paysage.
Quand il y a du brouillard, on ne voit pas loin devant soi.

se **brouiller** verbe
Lisa et Jeanne se sont brouillées hier, elles se sont fâchées, elles ne sont plus amies.
■ Le contraire de se brouiller, c'est se **réconcilier.**

brouillon nom masculin
Un brouillon, c'est un travail écrit sur lequel on peut faire des ratures parce qu'on le recopiera proprement plus tard.
Justine fait sa division d'abord au brouillon.

broussailles nom féminin pluriel
Les broussailles, ce sont des herbes hautes et des ronces qui poussent toutes seules sur les terrains que l'on ne cultive pas.

brousse nom féminin
La brousse, c'est une sorte de forêt, où il ne pousse que de petits arbres minces et pas très hauts, dans les pays chauds.

A B C D E F G H I J K L M N O P Q R S T U V W X Y Z

La vache **broute** l'herbe.

brouter verbe

Les vaches et les moutons broutent l'herbe, ils arrachent l'herbe avec leurs dents puis ils la mangent.

■ Cherche aussi **paître.**

broyer verbe

Broyer une chose, c'est l'écraser très fort jusqu'à ce qu'elle devienne comme de la poudre ou comme de la bouillie. *Nos dents broient les aliments que nous mettons dans notre bouche.*

bruine nom féminin

La bruine, c'est une petite pluie très fine.

bruit nom masculin

Le bruit, c'est l'ensemble des sons que l'on entend, quand ils sont trop forts ou quand ils sont trop nombreux en même temps.
Arrêtez de crier, vous faites trop de bruit, j'aimerais bien un peu de silence !

brûlant, brûlante adjectif

Ne touche pas le plat, il est brûlant !
le plat est très chaud, il peut te brûler.

➜ Ce mot s'écrit avec un **û.**

Attention, le plat est **brûlant** !

brûler verbe

1. *Appelez vite les pompiers, la maison brûle,* il y a le feu, des flammes détruisent la maison.

2. Se brûler, c'est se faire mal en touchant quelque chose de très chaud. *Ne touche pas cette casserole, tu vas te brûler.*

➜ Ce mot s'écrit avec un **û.**

brûlure nom féminin

Une brûlure, c'est une plaie causée par une flamme ou quelque chose de très chaud.
Si tu restes trop longtemps au soleil, tu risques d'avoir des brûlures.

➜ Il y a un accent circonflexe sur le premier **u.**

brume nom féminin

La brume, c'est un brouillard qui n'est pas épais.

La montagne est dans la **brume**.

brun, brune adjectif

Hervé a les cheveux bruns, il a les cheveux de couleur sombre, entre le roux et le noir.

■ Ne confonds pas brun et **brin**.

brusque adjectif

Cassandra a fait un mouvement brusque et elle a renversé son verre, elle a fait tout d'un coup un mouvement très rapide.

brusquement adverbe

Il faisait beau et brusquement il s'est mis à pleuvoir, tout à coup il s'est mis à pleuvoir alors que l'on ne s'y attendait pas.

■ Tu peux dire aussi **soudain**.

brutal, brutale adjectif

Une personne brutale, c'est une personne violente qui fait des mouvements brusques et qui donne des coups. *Sacha est brutal avec sa petite sœur.*

➜ Au masculin pluriel : **brutaux**.

➜ Au féminin pluriel : **brutales**.

■ Le contraire de brutal, c'est **doux**.

brutalement adverbe

Brutalement, c'est d'une manière brutale, violente. *Jordan a poussé Sébastien brutalement.*

■ Le contraire de brutalement, c'est **doucement**.

brute nom féminin

Une brute, c'est une personne brutale, violente. *Quand Aymeric a frappé Diego, ses copains l'ont traité de brute.*

bruyant, bruyante adjectif

Cette rue est très bruyante, il y a beaucoup de bruit dans cette rue.

■ Le contraire de bruyant, c'est **silencieux, tranquille**.

bruyère nom féminin

La bruyère, c'est une plante sauvage à petites fleurs roses ou mauves. *La lande est couverte de bruyère.*

La **bruyère** fleurit à la fin de l'été.

bûche nom féminin

Une bûche, c'est un gros morceau de bois coupé pour être brûlé. *Maman a mis des bûches dans la cheminée.*

➜ Ce mot s'écrit avec un **û**.

a b c d e f g h i j k l m n o p q r s t u v w x y z

bûcher nom masculin

Un bûcher, c'est un tas de bois sur lequel on faisait brûler, autrefois, certains condamnés à mort. *Jeanne d'Arc est morte sur le bûcher.*

Ce mot s'écrit avec un **û**.

bûcheron nom masculin,
bûcheronne nom féminin

Un bûcheron, une bûcheronne, c'est une personne dont le métier est de couper les arbres dans les forêts.

Ces mots s'écrivent avec un **û**.

buée nom féminin

La buée, c'est de la vapeur d'eau qui recouvre une vitre quand il fait très froid dehors et très chaud dedans. *Quand Kevin est entré dans la maison ses lunettes se sont couvertes de buée.*

buffet nom masculin

1. Un buffet, c'est un meuble dans lequel on range la vaisselle. *Les verres sont dans le haut du buffet.*
2. Un buffet, c'est une table sur laquelle on a mis des petits sandwichs, des pâtisseries et des boissons pour les invités.

buffle nom masculin

Un buffle, c'est un gros bœuf sauvage qui a de grandes cornes. *Le buffle vit en troupeaux dans les forêts d'Asie et d'Afrique.*

buisson nom masculin

Un buisson, c'est un groupe de petits arbres très serrés les uns contre les autres. *Juliette s'est cachée derrière un buisson.*

bulldozer nom masculin

Un bulldozer, c'est une grosse machine avec laquelle on peut creuser le sol et déplacer de grandes quantités de terre.

Ce mot vient de l'anglais.

bulle nom féminin

Une bulle, c'est une petite boule remplie d'air. *Est-ce que tu aimes faire des bulles de savon ?*

David fait des **bulles** de savon.

bulletin nom masculin

Le bulletin, c'est le papier sur lequel sont inscrites les notes d'un élève et les remarques de ses professeurs. *Flavie fait signer son bulletin par ses parents.*

bureau nom masculin

1. Un bureau, c'est une table sur laquelle on écrit, on travaille. *Les enveloppes et le papier à lettres sont rangés dans le tiroir du bureau.*

2. Un bureau, c'est une pièce dans laquelle on travaille. *Le directeur va vous recevoir dans son bureau.*
Au pluriel : des **bureaux.**

Son père travaille dans un **bureau**.

bus nom masculin
Un bus, c'est un autobus. *Evan et Nicolas prennent le bus pour aller à la piscine.*
■ Bus, c'est le mot **autobus** en plus court. On prononce le **s.**

but nom masculin
1. *Depuis son enfance le docteur Camus voulait devenir médecin, il a atteint son but,* il a réussi à faire ce qu'il voulait faire.
2. *Le ballon est entré dans les buts,* il est passé entre les deux poteaux au fond du terrain de football.
3. Un but, c'est un point que l'on marque quand on joue au football. *Notre équipe a gagné par deux buts à un.*

buté, butée adjectif
Adrien est buté, il ne veut jamais changer d'avis.
■ Tu peux dire aussi **entêté, têtu.**

buter verbe
1. *Kylian a buté contre une pierre et il est tombé,* il a heurté une pierre avec le pied sans le faire exprès.
■ Cherche aussi **trébucher.**
2. *En lisant à haute voix, Mathilde bute sur certains mots,* elle n'arrive pas à lire et à dire certains mots, elle lit en hésitant.

butin nom masculin
Les voleurs partagent leur butin, ils partagent tout ce qu'ils ont volé.

butiner verbe
Les abeilles butinent, elles vont sur les fleurs pour prendre leur nourriture.

cabane nom féminin
Une cabane, c'est une petite maison en bois. *Maxime et Marion ont construit une cabane au fond du jardin.*

cabine nom féminin
Une cabine, c'est une petite pièce. *À la piscine, on se déshabille dans une cabine de bain. Il y a une cabine de téléphone devant l'école.*

Maman est dans la **cabine**, elle téléphone à son amie Juliette.

cabinet nom masculin
1. Le cabinet du médecin, c'est la pièce où le médecin reçoit les malades. *Le médecin examine Raphaël dans son cabinet.*
2. Les cabinets, ce sont les toilettes, les waters. *Lou est allée aux cabinets.* ■ Tu peux dire aussi les **W.-C.**

câble nom masculin
1. Un câble, c'est un gros fil qui transporte l'électricité.
2. *À la maison, nous avons le câble*, la télévision est branchée sur un gros fil par lequel passent les images et nous pouvons voir des émissions qui viennent du monde entier.
Ce mot s'écrit avec un **â.**

cabossé, cabossée adjectif
La voiture est toute cabossée, elle est pleine de bosses.

se **cabrer** verbe
Le cheval a eu peur et il s'est cabré, il s'est mis debout sur ses pattes de derrière.

cacahouète nom féminin
Une cacahouète, c'est la graine d'une plante qui pousse dans les pays chauds et que l'on mange grillée. *Célia lance des cacahouètes aux singes du zoo.*
■ Tu peux aussi écrire **cacahuète.**

C'est avec le **cacao** que l'on fait le chocolat.

cacao nom masculin
Le cacao, c'est la graine d'un arbre des pays chauds qui sert à fabriquer le chocolat.

cachalot nom masculin
Un cachalot, c'est un gros animal qui vit dans la mer et qui a des dents. *Le cachalot est un mammifère de la famille des baleines.*

cache-cache nom masculin invariable
Cache-cache, c'est un jeu où l'un des joueurs doit trouver les autres qui se sont cachés. *Amélie, Alexis, Emma et Yanis jouent à cache-cache dans le jardin.*

cacher verbe
1. Cacher un objet, c'est le mettre quelque part où on ne peut pas le voir, où il est difficile de le trouver. *Justine a caché le petit camion de Valentin sous son lit.*
2. *Aziz s'est caché derrière la porte,* il s'est mis derrière la porte pour qu'on ne le voie pas.

cachet nom masculin
Un cachet, c'est un médicament dur et souvent rond et plat que l'on avale avec de l'eau. *Romane prend un cachet d'aspirine parce qu'elle a mal à la tête.*
■ Tu peux dire aussi **comprimé.**

cachette nom féminin
Une cachette, c'est un endroit où l'on cache quelque chose ou dans lequel on peut se cacher. *Jules a trouvé une bonne cachette pour ses 10 euros.*

cactus nom masculin
Un cactus, c'est une plante verte sur laquelle il y a des épines et qui pousse dans les pays chauds.
■ Les épines du cactus s'appellent des **piquants.**
■ On prononce le **s.**

Paul s'est **caché** derrière le fauteuil.

cadavre nom masculin
Un cadavre, c'est le corps d'un animal mort ou d'une personne

morte. *Le berger a trouvé le cadavre d'un mouton dans la montagne.*

cadeau nom masculin

Un cadeau, c'est un objet que l'on donne à quelqu'un pour lui faire plaisir. *Te souviens-tu des cadeaux que l'on t'a offerts pour ton anniversaire ?*

Au pluriel : des **cadeaux.**

Paul a reçu de nombreux **cadeaux** pour son anniversaire.

cadenas nom masculin

Un cadenas, c'est un anneau qui sert à fermer une boîte, un coffre ou une porte et que l'on ouvre avec une clé. *La porte de la cave est fermée avec un cadenas.*

On ne prononce pas le **s** qui est à la fin.

cadet, cadette adjectif

Ma sœur cadette ne sait pas encore lire, ma petite sœur, ma sœur qui est plus jeune que moi ne sait pas encore lire.

- Le contraire de cadet, c'est **aîné.**
- Cherche aussi **benjamin.**

cadran nom masculin

Le cadran de la montre, c'est la partie plate de la montre où sont inscrites les heures et sur laquelle tournent les aiguilles.

cadre nom masculin

Un cadre, c'est un bord que l'on met autour d'un tableau ou d'une photo.

cafard nom masculin

Un cafard, c'est une petite bête marron qui vit dans les maisons dans les endroits sombres. *Quelle horreur, il y a des cafards sous l'évier !*

- Les cafards sont des **insectes.**

café nom masculin

1. Le café, c'est une boisson qui est faite avec des graines que l'on a grillées et moulues. *Le matin Ambre boit un bol de café au lait.*

- Les graines de café poussent sur un petit arbre, dans les pays chauds.

2. Un café, c'est un endroit où des clients viennent boire. *Il fait beau, il y a du monde à la terrasse du café.*

- Cherche aussi **bar.**

cafetière nom féminin

Une cafetière, c'est un récipient dans lequel on fait du café. *Madame Fournier a une cafetière électrique.*

cage nom féminin

Une cage, c'est une sorte de petite maison faite avec des grilles ou du grillage, dans laquelle on enferme des animaux.

Églantine sort son hamster de sa **cage** pour jouer avec lui.

A B C D E F G H I J K L M N O P Q R S T U V W X Y Z

cagoule nom féminin
Une cagoule, c'est un bonnet de laine qui entoure la tête et le cou et laisse le visage découvert. *Mélanie met son anorak, sa cagoule et ses moufles pour jouer dans la neige.*

cahier nom masculin
Un cahier, c'est un ensemble de feuilles de papier attachées sur le côté et protégées par une couverture. *Prenez votre cahier de poésie et recopiez ce qui est écrit au tableau.*
■ Cherche aussi **carnet.**

caillou nom masculin
Un caillou, c'est une petite pierre. *Maxence ramasse des cailloux blancs sur le chemin.*
Au pluriel : des **cailloux.**

caisse nom féminin
1. Une caisse, c'est une grande boîte en bois ou en carton. *Les déménageurs mettent les caisses dans le camion.*
2. La caisse, c'est l'endroit où l'on paie dans un magasin. *Les clients font la queue à la caisse.*

caissier nom masculin,
caissière nom féminin
Un caissier, une caissière, c'est une personne qui est à la caisse d'un magasin et à qui on paie ce que l'on a acheté. *Le caissier ne doit pas se tromper en rendant la monnaie.*

calcul nom masculin
Un calcul, c'est une opération qui sert à compter. *Pour savoir à quoi est égal 3+7, il faut faire un calcul.*
■ Il faut **calculer.**

calculer verbe
Calculer, c'est chercher un nombre en faisant une opération, c'est faire un calcul. *Pose l'addition et calcule combien font trois plus sept.*

calculette nom féminin
Une calculette, c'est une petite machine qui fait des calculs très rapidement.
■ On dit aussi une **machine à calculer** ou une **calculatrice.**

calèche nom féminin
Une calèche, c'est une grande voiture tirée par des chevaux. *Le prince et la princesse traversèrent la ville en calèche.*
■ Cherche aussi **carrosse.**

calendrier nom masculin
Un calendrier, c'est un carton ou un bloc de feuilles où sont inscrits tous les jours et tous les mois de l'année, du 1er janvier au 31 décembre. *Sarah regarde la date sur le calendrier : c'est le 6 décembre, le jour de la Saint-Nicolas.*

Enzo est **à califourchon** sur le tronc d'arbre.

à **califourchon** adverbe
Quentin est assis à califourchon sur le poney, il est assis une jambe de chaque côté du poney.

câlin nom masculin
Maman fait un câlin à mon petit frère, elle le serre dans ses bras, elle lui fait des caresses et elle lui donne des baisers.
➜ Ce mot s'écrit avec un **â.**

① **calme** nom masculin
Papa ne peut lire que dans le calme, il ne peut lire que quand il n'y a pas de bruit, que tout est tranquille.
■ Le contraire de calme, c'est **agitation.**
■ Cherche aussi **tranquillité.**

② **calme** adjectif
Aujourd'hui la mer est calme, elle n'est pas agitée, il n'y a pas de vagues. *Eva est une enfant calme,* elle ne fait pas de bruit, elle ne s'énerve pas pour un rien.
■ Tu peux dire aussi **tranquille.**
■ Le contraire de calme, c'est **nerveux.**

calmement adverbe
Calmement, c'est avec calme. *Raconte-moi calmement ce que tu as fait,* raconte-moi ce que tu as fait sans crier, sans t'énerver.

calmer verbe
1. Calmer, c'est rendre calme. *Maman calme mon petit frère qui pleure.*
2. *Ce médicament calme la douleur,* il rend la douleur moins forte.

camarade nom masculin et féminin
Un camarade, une camarade, c'est une personne avec qui on s'entend bien, avec qui on aime bien être et s'amuser, mais que l'on aime moins qu'un ami. *Florian retrouve ses camarades à la récréation.*
■ Cherche aussi **copain.**

cambouis nom masculin
Le cambouis, c'est la graisse noire très sale qu'il y a sur les chaînes de vélo et dans les moteurs.
➜ On ne prononce pas le **s** qui est à la fin.

cambriolage nom masculin
Un cambriolage, c'est un vol fait dans une maison ou dans un magasin quand il n'y a personne. *Il y a eu deux cambriolages dans l'immeuble où j'habite.*

cambrioler verbe
Cambrioler, c'est entrer dans une maison ou dans un magasin quand il n'y a personne et voler ce qu'il y a dedans. *Les voleurs ont cassé la vitrine et ont cambriolé la bijouterie.*

cambrioleur nom masculin, **cambrioleuse** nom féminin
Un cambrioleur, une cambrioleuse, c'est une personne qui entre chez quelqu'un ou dans un magasin en cassant la porte ou la fenêtre et qui vole tout ce qu'elle peut emporter. *La police a arrêté un cambrioleur.*
■ Tu peux dire aussi **voleur.**

caméléon nom masculin
Un caméléon, c'est un petit animal qui a de gros yeux et une langue très longue. *Le caméléon change de couleur pour se cacher.*

Dans l'herbe, le **caméléon** devient vert.

A B C D E F G H I J K L M N O P Q R S T U V W X Y Z

camembert nom masculin
Un camembert, c'est un fromage rond fait avec du lait de vache.

caméra nom féminin
Une caméra, c'est un appareil avec lequel on fait des films.

caméscope nom masculin
Un caméscope, c'est une petite caméra avec laquelle on fait des films vidéo que l'on se passe à la télévision ou sur un ordinateur. *Maman nous filme avec son caméscope pendant que nous jouons dans le jardin.*

camion nom masculin
Un camion, c'est un gros véhicule qui peut transporter des marchandises, des choses lourdes. *Les déménageurs ont mis les meubles dans leur camion.*

camionnette nom féminin
Une camionnette, c'est un véhicule plus petit qu'un camion et plus gros qu'une voiture. *Le plombier a garé sa camionnette devant la maison.*
Ce mot s'écrit avec 2 **n** et 2 **t.**

camp nom masculin
1. Un camp, c'est un endroit où l'on habite dans des tentes. *Les soldats ont installé leur camp près de l'aéroport.*
2. Un camp, c'est une équipe qui joue contre une autre équipe. *Matthias veut que Julien soit dans son camp pour jouer à la balle au prisonnier.*
Ne confonds pas camp et **quand.**

campagne nom féminin
La campagne, c'est l'endroit où il y a des champs et des forêts, loin des grandes villes. *Claire et ses parents passent leurs vacances à la campagne.*

camper verbe
Camper, c'est dormir sous une tente ou dans une caravane. *Cet été, mon grand frère a campé avec des amis au bord de la mer.*
Tu peux dire aussi **faire du camping.**

campeur nom masculin,
campeuse nom féminin
Un campeur, une campeuse, c'est une personne qui dort sous une tente ou dans une caravane.

camping nom masculin
Faire du camping, c'est camper. *Mon grand frère et ses amis font du camping,* ils dorment sous une tente.

canal nom masculin
Un canal, c'est un grand fossé qui a été creusé par l'homme et rempli d'eau. *Les péniches naviguent sur les canaux et les rivières.*
Au pluriel : des **canaux.**
Un canal est un cours d'eau artificiel.

canapé nom masculin
Un canapé, c'est un siège avec un dossier, sur lequel plusieurs personnes peuvent s'asseoir. *Il y a un canapé et deux fauteuils dans le salon.*

Le chien est sur le **canapé.**

canard nom masculin
Un canard, c'est un oiseau qui a un large bec et qui nage très bien. *Les canards se suivent les uns derrière les autres dans la mare.*
■ La femelle du canard, c'est la **cane.**

Le **canard** et la **cane** jouent avec leurs petits.

canari nom masculin
Un canari, c'est un petit oiseau jaune.
■ Le canari est un **serin** des îles Canaries.

cancer nom masculin
Un cancer, c'est une maladie très grave. *Le grand-père de Pierre a un cancer du poumon.*

candidat nom masculin,
candidate nom féminin
Un candidat, une candidate, c'est une personne qui passe un examen, qui participe à un jeu ou qui se présente à une élection. *Tous les candidats ont bien répondu à la première question du concours.*
■ Cherche aussi **concurrent.**

cane nom féminin
La cane, c'est la femelle du canard. *La cane vient de pondre un œuf.*
■ Ne confonds pas cane et **canne.**

canette nom féminin
Une canette, c'est une petite boîte de métal qui contient une boisson. *Maman met des canettes de bière dans le réfrigérateur.*

caniche nom masculin
Un caniche, c'est un petit chien dont les poils sont très frisés. *Madame Chapier a un caniche gris.*

canicule nom féminin
La canicule, c'est un moment de l'été où il fait très chaud. *Quelle canicule ! On ne peut pas sortir tellement il fait chaud dehors !*
■ Le contraire de canicule, c'est **froid.**

canif nom masculin
Un canif, c'est un petit couteau dont la lame se replie dans le manche et que l'on peut mettre dans sa poche. *Lise taille un morceau de bois avec son canif.*

canine nom féminin
Une canine, c'est une dent pointue. *Nous avons quatre canines : deux en haut et deux en bas.*
■ Cherche aussi **incisive** et **molaire.**

caniveau nom masculin
Le caniveau, c'est l'endroit qui est au bord de la rue le long du trottoir. *Quand il pleut l'eau coule dans le caniveau et s'en va dans les égouts.*
➾ Au pluriel : des **caniveaux.**

canne nom féminin
1. Une canne, c'est un bâton sur lequel on s'appuie quand on marche. *Depuis son accident, Mamie marche avec une canne car elle a peur de tomber à nouveau.*
2. Une canne à pêche, c'est un long bâton au bout duquel on attache un fil et un hameçon pour pêcher les poissons.
■ Ne confonds pas canne et **cane.**

A B C D E F G H I J K L M N O P Q R S T U V W X Y Z

cannibale nom masculin et féminin

Un cannibale, une cannibale, c'est une personne qui mange les hommes. *Pendant que Babar dormait, les cannibales ont attaché Céleste pour la manger.*

canoë nom masculin

Un canoë, c'est un petit bateau qui ressemble à une barque mais qui est léger et que l'on peut porter.

➾ Ce mot s'écrit avec un **ë.**

■ On fait avancer le canoë avec des **pagaies.**

■ Cherche aussi **kayak.**

Nous avons descendu la rivière en **canoë.**

canon nom masculin

1. Un canon, c'est une arme en forme de gros tube avec laquelle on tire sur l'ennemi.
2. Le canon d'un revolver, c'est la partie en forme de tube d'où sortent les balles.

canot nom masculin

Un canot, c'est un petit bateau qui ressemble à une barque. *Sur les très gros bateaux il y a des canots de sauvetage.*

Marie et Fatou déjeunent à la **cantine.**

cantine nom féminin

La cantine, c'est une sorte de restaurant où l'on déjeune quand on est à l'école ou quand on travaille dans un bureau. *Sofiane et Eliott déjeunent à la cantine.*

■ Cherche aussi **réfectoire.**

caoutchouc nom masculin

Le caoutchouc, c'est une matière très souple, élastique et imperméable. *Léa met des bottes en caoutchouc quand il pleut.*

■ Le caoutchouc vient de la sève d'un arbre des pays chauds qui s'appelle un **hévéa.**

capable adjectif

N'aide pas ton frère, il est capable de faire cette addition tout seul, il peut arriver à la faire tout seul.

■ Le contraire de capable, c'est **incapable.**

cape nom féminin

Une cape, c'est un long manteau sans manches qui recouvre les bras. *Les mousquetaires avaient de grandes capes et des chapeaux à plumes.*

capitaine nom masculin

1. Le capitaine, c'est la personne qui commande un bateau. *Le capitaine a donné l'ordre aux marins de lever l'ancre.*

2. Le capitaine d'une équipe de football, c'est le chef de l'équipe.

capitale nom féminin

La capitale d'un pays, c'est la ville où il y a le gouvernement. *La capitale de la Suisse, c'est Berne.*

■ Quelle est la capitale de l'Espagne ? Madrid.

capot nom masculin

Le capot d'une voiture, c'est la partie que l'on soulève et sous laquelle il y a le moteur.

De la fumée sort du moteur, Papa a ouvert le **capot**.

caprice nom masculin

Tatiana fait des caprices pour avoir une glace, elle se met en colère et pleure en disant qu'elle veut une glace tout de suite. ■ Tatiana est **capricieuse.**

capricieux, capricieuse adjectif

Tatiana est très capricieuse, elle se met en colère et pleure quand elle veut avoir quelque chose. ■ Tatiana fait des **caprices.**

capturer verbe

Capturer un animal, c'est attraper un animal vivant qui est en liberté. *Les chasseurs ont capturé un lion pour l'emmener au zoo.*

capuche nom féminin

La capuche, c'est la partie d'un vêtement qui est attachée au col dans le dos et que l'on rabat sur sa tête pour se protéger. *Malik met sa capuche car il commence à pleuvoir.*

capuchon nom masculin

Un capuchon, c'est un bouchon qui protège la plume d'un stylo ou la pointe d'un feutre. *Remets le capuchon du feutre quand tu as fini d'écrire.*

① **car** conjonction

Léo enlève son pull car il a trop chaud, il enlève son pull parce qu'il a trop chaud.

■ Ne confonds pas car et **quart.**

② **car** nom masculin

Un car, c'est un autocar. *Le car s'est arrêté devant la mairie.*

■ Car c'est le mot **autocar** en plus court.

■ Ne confonds pas car et **quart.**

Les enfants partent en **car**.

carabine nom féminin

Une carabine, c'est un fusil qui n'est pas lourd. *À la fête foraine, Lucie tire sur des ballons avec une carabine.*

a b **c** d e f g h i j k l m n o p q r s t u v w x y z

A B C D E F G H I J K L M N O P Q R S T U V W X Y Z

caractère nom masculin

Marie a bon caractère, elle est gentille et elle aime rire, elle est toujours de bonne humeur. *Evan a mauvais caractère,* il n'est jamais content, il se fâche et il est souvent de mauvaise humeur.

carafe nom féminin

Une carafe, c'est une bouteille de verre qui est large en bas et étroite en haut. *Le serveur du restaurant a posé une carafe d'eau sur la table.*

La **carafe** est pleine d'eau.

caramel nom masculin

Un caramel, c'est un bonbon marron fait avec du sucre très cuit.

carapace nom féminin

La carapace, c'est la partie très dure du corps de certains animaux. *La tortue a rentré sa tête et ses pattes sous sa carapace pour se protéger.*

■ Quels sont les autres animaux qui ont une carapace ?

■ Cherche aussi **coquille.**

Le tatou, le crabe, la tortue ont une **carapace.**

caravane nom féminin

1. Une caravane, c'est un groupe d'hommes qui traversent le désert en transportant leurs affaires sur des chameaux ou des dromadaires.
2. Une caravane, c'est une sorte de maison qui roule et que l'on traîne derrière une voiture.

■ Cherche aussi **roulotte.**

carcasse nom féminin

La carcasse d'un animal, c'est le squelette d'un animal mort. *Les hyènes se battent autour de la carcasse de l'antilope.*

caresse nom féminin

Nabila fait une caresse au chat, elle passe doucement sa main sur le corps du chat pour lui montrer qu'elle l'aime bien.

caresser verbe

Caresser, c'est passer doucement sa main. *Émilien caresse son chat.*

Maman **caresse** la tête de Léa.

cargaison nom féminin

La cargaison d'un bateau, d'un avion ou d'un camion, c'est l'ensemble des caisses et des paquets remplis de marchandises qu'un bateau, qu'un avion ou qu'un camion transportent.

■ Tu peux dire aussi **chargement.**

carie nom féminin

Une carie, c'est un trou dans une dent. *Claire va chez le dentiste car elle a une carie.*

carnaval nom masculin
Un carnaval, c'est une fête dans la rue où tout le monde est déguisé.
Au pluriel : des **carnavals.**
À Nice, à Rio, à Venise, il y a un carnaval chaque année.

carnet nom masculin
1. Un carnet, c'est un petit cahier. *Maman cherche le numéro de téléphone de son amie dans son carnet d'adresses.*
2. Un carnet de timbres, c'est un ensemble de plusieurs timbres que l'on achète en même temps.

carnivore adjectif
Un animal carnivore, c'est un animal qui mange de la viande. *Les chiens, les chats, les lions sont carnivores.*
Les animaux qui mangent de l'herbe sont **herbivores.**

carotte nom féminin
Une carotte, c'est un légume long et orange. *Alexis mange des carottes râpées.*

carpe nom féminin
Une carpe, c'est un gros poisson qui vit dans les étangs, les rivières et les lacs. *Certaines carpes peuvent mesurer un mètre et peser vingt kilos.*

① **carré** nom masculin
Un carré, c'est une figure qui a ses quatre côtés égaux et ses quatre angles droits. *La grille des mots croisés est divisée en petits carrés. Dessinez un carré qui a 3 centimètres de côté.*

② **carré, carrée** adjectif
La table de la cuisine est carrée, elle a la forme d'un carré.

carreau nom masculin
1. Un carreau, c'est la vitre d'une fenêtre.
2. Du papier à carreaux, c'est du papier qui a des lignes qui forment des carrés.
Au pluriel : des **carreaux.**

Des **carreaux.**

carrefour nom masculin
Un carrefour, c'est un endroit où arrivent plusieurs rues ou plusieurs routes. *La voiture a tourné à droite au carrefour.*
Cherche aussi **croisement.**

carrelage nom masculin
Un carrelage, c'est un ensemble de petites plaques brillantes qui recouvrent le sol. *Le carrelage de la cuisine est blanc.*

carrière nom féminin
Une carrière, c'est un très grand trou dans le sol d'où l'on sort du sable ou des pierres pour construire des maisons. *Il y a des carrières de marbre en Italie.*
Les carrières sont en plein air alors que les mines sont sous la terre.

carrosse nom masculin
Un carrosse, c'est une très belle voiture à cheval. *Le carrosse du roi était tiré par quatre chevaux blancs.*
Il y a 2 **r** et 2 **s.**
Cherche aussi **calèche.**

cartable nom masculin
Un cartable, c'est un sac dans lequel on met ses cahiers, ses livres et sa trousse pour aller à l'école. *Valentine porte son cartable sur le dos.*

carte nom féminin
1. Une carte, c'est un dessin sur lequel on voit la place des villes, des rivières, des montagnes d'un pays. *Cherche où se trouve Lyon sur la carte de France.*
2. Une carte, c'est un petit carton en forme de rectangle sur lequel il y a un dessin. *Laura joue aux cartes avec son frère.*

Dans un jeu de **cartes**, il y a quatre couleurs : cœur, trèfle, carreau, pique.

carton nom masculin
1. Le carton, c'est du papier dur et épais. *La couverture de mon livre est en carton.*
2. Un carton, c'est une grande boîte en papier dur et épais. *Les déménageurs ont rangé les jouets d'Adrien dans des cartons.*

cartouche nom féminin
Une cartouche, c'est un petit tube rempli de poudre ou de plombs que l'on met dans un fusil ou une carabine. *Le chasseur a mis une cartouche dans son fusil.*

cas nom masculin
1. *En cas d'absence sonnez chez le gardien,* s'il n'y a personne sonnez chez le gardien.
2. *Je ne sais pas si tu restes chez Lilou, en tout cas moi je pars,* de toute façon, moi je pars.

cascade nom féminin
Une cascade, c'est l'eau d'un torrent qui tombe de très haut, dans la montagne.

case nom féminin
1. Une case, c'est chaque carré d'une grille de mots croisés, d'un jeu d'échecs, d'un jeu de dames ou d'un jeu de l'oie. *Lou-Anne lance les dés et avance son pion de deux cases.*
2. Une case, c'est une petite maison, dans les villages d'Afrique. *La case d'Abou est ronde avec un toit couvert de paille.*

caserne nom féminin
Une caserne, c'est une grande maison où habitent les soldats. *Les soldats se mettent en rangs dans la cour de la caserne.*

casier nom masculin
Un casier, c'est un meuble où il y a de petites séparations pour ranger les choses. *À la cave Papa met le vin dans des casiers à bouteilles.*

Fabien met toujours un **casque** pour faire de la moto.

casque nom masculin
Un casque, c'est une sorte de chapeau dur et solide qui protège la tête contre les chocs. *Les pompiers portent un casque.*

casquette nom féminin
Une casquette, c'est un chapeau plat avec une visière devant. *Monsieur Rolin met une casquette quand il va à la chasse.*

casser verbe
1. *Alan a cassé un verre,* il l'a mis en mille morceaux en le laissant tomber.
2. *Ma montre est cassée,* elle ne marche plus.

Qui a **cassé** le carreau ?

casserole nom féminin
Une casserole, c'est un récipient avec un long manche dans lequel on fait cuire les aliments. *Maman fait réchauffer les légumes dans une casserole.*

cassette nom féminin
Une cassette, c'est une boîte en matière plastique qui contient une bande où sont enregistrés des sons, des images. *Marion met une cassette vidéo dans le magnétoscope.*

castor nom masculin
Un castor, c'est un petit animal avec une très belle fourrure, une queue plate et des pattes palmées. *Les castors construisent des barrages sur les rivières avec des petites branches.*

Un **castor**.

catalogue nom masculin
Un catalogue, c'est un petit livre où l'on trouve une liste de choses à acheter. *La maman de Clémentine choisit des draps dans un catalogue de vente par correspondance.*

a b c d e f g h i j k l m n o p q r s t u v w x y z

A B C D E F G H I J K L M N O P Q R S T U V W X Y Z

catastrophe nom féminin

Une catastrophe, c'est un accident très grave où il y a beaucoup de choses abîmées et de nombreuses victimes. *Un tremblement de terre est une grande catastrophe.*

■ Tu peux dire aussi **désastre.**

catéchisme nom masculin

Le catéchisme, c'est un cours où l'on apprend les règles de la religion chrétienne. *Claire va au catéchisme le mercredi matin.*

cathédrale nom féminin

Une cathédrale, c'est une grande église. *La cathédrale de Chartres a de très beaux vitraux.*

➻ Il y a un **h** après le **t.**

catholique adjectif

Marie et Pierre sont catholiques, ce sont des chrétiens, ils croient en Dieu et en Jésus-Christ, ils ont été baptisés, ils vont à la messe et ils feront leur communion. *Le pape est le chef des catholiques.*

■ Cherche aussi **bouddhiste, israélite, juif, musulman, protestant.**

➻ Il y a un **h** après le **t.**

cauchemar nom masculin

Un cauchemar, c'est un rêve qui fait peur. *Cette nuit, Carlos a fait un cauchemar : il a rêvé qu'il était attaqué par un requin.*

cause nom féminin

1. *Les pompiers cherchent la cause de l'incendie,* ils cherchent à savoir pourquoi il y a eu un incendie. ■ Tu peux dire aussi **motif, raison.**

2. *Maman est arrivée en retard à cause des embouteillages,* elle est arrivée en retard parce qu'il y avait des embouteillages.

causer verbe

Causer quelque chose, c'est être la cause de quelque chose. *Les inondations ont causé de nombreux dégâts dans la région.*

■ Tu peux dire aussi **provoquer.**

cavalier nom masculin,
cavalière nom féminin

Un cavalier, une cavalière, c'est une personne qui est sur un cheval. *Les cavaliers sont passés au galop dans la forêt.*

Théo est un bon **cavalier.**

cave nom féminin

Une cave, c'est une pièce sombre qui est sous une maison. *Papa met les bouteilles de vin dans la cave parce qu'il y fait frais.*

caverne nom féminin

Une caverne, c'est un grand creux dans un rocher qui peut servir de maison. *Les hommes préhistoriques habitaient dans des cavernes.*

■ Cherche aussi **grotte.**

C. D. nom masculin invariable

Un C. D., c'est un petit disque sur lequel sont enregistrés des sons,

de la musique. *Papa écoute des C. D. dans sa voiture.*
➾ Au pluriel : des **C. D.**

ce, cet, cette adjectif
Ce, cet, cette, ce sont des mots qui servent à montrer. *Ce chat est gris. Cet animal est un hérisson. Cette écharpe est à moi. Ces fleurs sentent bon.*
➾ Au masculin et au féminin pluriel : **ces.**

céder verbe
Céder, c'est arrêter de dire non à quelqu'un et faire ce qu'il veut ou lui donner ce qu'il réclame. *Héloïse voulait une glace, sa mère lui a dit non ; Héloïse s'est mise à pleurer, sa mère a cédé et elle a eu une glace.*

cédille nom féminin
Une cédille, c'est un petit signe que l'on met sous le *c* devant *a*, *o* et *u* et qui indique que le *c* se prononce comme un *s*. *Il y a une cédille dans le mot « façade ».* ■ On peut dire aussi que « façade » s'écrit avec un **c cédille.**

ceinture nom féminin
1. Une ceinture, c'est une bande de tissu ou de cuir que l'on attache autour de sa taille. *Alexandre met une ceinture pour tenir son pantalon.*
2. *Papa attache sa ceinture de sécurité avant de démarrer,* il attache la bande de tissu qui le tient serré contre le siège, dans la voiture.

célèbre adjectif
Une personne célèbre, c'est une personne qui est très connue. *Cette chanteuse est très célèbre,* beaucoup de personnes connaissent ses chansons et les aiment.

céleri nom masculin
Le céleri, c'est un légume dont on mange les tiges ou la racine qui ressemble à une grosse boule blanche. *Mamie a fait de la purée de céleri pour le dîner.*

célibataire adjectif
Une personne célibataire, c'est une personne qui n'est pas mariée. *L'oncle de Rémi est célibataire.*

cellule nom féminin
1. Une cellule, c'est une petite pièce dans laquelle on est enfermé. *Les prisonniers vivent dans des cellules.*
2. Une cellule, c'est un élément très petit qui entre dans la composition des êtres vivants. *On ne peut voir les cellules qu'au microscope.*

cendre nom féminin
La cendre, c'est la poudre grise ou noire qui reste quand quelque chose a brûlé. *La bûche a fini de brûler, il y a beaucoup de cendres dans la cheminée.*
■ Quand on fume, on met la cendre de sa cigarette dans un **cendrier.**

Papa attache sa **ceinture** de sécurité.

cendrier nom masculin
Un cendrier, c'est un récipient dans lequel on met la cendre de sa cigarette ou de son cigare quand on fume.

centaine nom féminin
1. Une centaine, c'est un groupe de cent unités. *Dans 148, 1 est le chiffre des centaines.* ■ Cherche aussi **dizaine** et **unité.**
2. Une centaine, c'est un groupe d'environ cent personnes ou cent choses. *Le facteur distribue des centaines de lettres tous les jours.*

centime nom masculin
La pièce de un centime, c'est la pièce de monnaie la plus petite et qui vaut le moins cher. *Ce bonbon coûte cinq centimes.*
■ Il faut cent centimes pour faire un **euro.**

centimètre nom masculin
Les centimètres servent à mesurer la longueur, la largeur ou la hauteur de quelque chose. *Ma table a soixante centimètres de haut* ou *ma table a 60 cm de haut.*
■ Il faut cent centimètres pour faire un **mètre** ou 100 cm = 1 m.

centre nom masculin
1. Le centre, c'est le milieu. *Papa a posé le plat de viande au centre de la table.*
2. Un centre commercial, c'est un endroit où il y a de nombreux magasins les uns à côté des autres.

cep nom masculin
Le cep, c'est la partie de la vigne qui est près du sol et qui ressemble à un petit tronc d'arbre tout tordu. *On taille les ceps de vigne au printemps.*
■ Tu peux dire aussi un **pied de vigne.**
■ Ne confonds pas cep et **cèpe.**

Un **cep.**

Des **cèpes.**

cèpe nom masculin
Un cèpe, c'est un gros champignon marron. *Nous mangeons une omelette aux cèpes.*
■ Ne confonds pas cèpe et **cep.**

cependant adverbe
Cependant, c'est un mot qui i ndique qu'il se passe quelque chose de différent de ce qui devrait arriver. *Marius mange beaucoup et cependant il ne grossit pas.*
■ Tu peux dire aussi **pourtant.**

cercle nom masculin
Un cercle, c'est une figure formée par une courbe fermée sur elle-même. *Pierre a tracé un cercle avec son compas.*
■ Tu peux dire aussi **rond.**

cercueil nom masculin
Un cercueil, c'est une grande boîte en bois dans laquelle on met un mort avant de l'enterrer. *On a descendu le cercueil dans la tombe.*

Le maïs, le blé, l'orge, le seigle et l'avoine sont des **céréales.**

céréale nom féminin
Les céréales, ce sont les plantes dont les graines servent à nourrir les hommes et les animaux. *Le blé, l'avoine, le seigle, le riz et le maïs sont des céréales. Raphaël mange des céréales au petit-déjeuner,* il mange des flocons d'avoine, de riz ou de maïs.

cérémonie nom féminin
Une cérémonie, c'est une fête qui a lieu lors d'un événement important. *Le Président a organisé plusieurs cérémonies pour la fête nationale.*

cerf nom masculin
Un cerf, c'est un gros animal mâle qui a de très grandes cornes sur la tête et vit dans la forêt.
■ La femelle du cerf, c'est la **biche,** son petit, c'est le **faon.** Les cornes du cerf s'appellent des **bois.**
➾ On ne prononce pas le **f** qui est à la fin.
■ Ne confonds pas cerf, **serre** et **serres.**

cerf-volant nom masculin
Un cerf-volant, c'est un jouet fait de papier ou de tissu que l'on tire avec une ficelle pour le faire voler dans le vent.
➾ Au pluriel : des **cerfs-volants.**

cerise nom féminin
Une cerise, c'est un petit fruit rond et rouge qui a un noyau et une longue queue.
■ Les cerises poussent sur les **cerisiers.**

certain, certaine adjectif
1. *Myriam est certaine d'avoir vu une biche dans la forêt,* elle est sûre d'avoir vu une biche, elle dit qu'elle ne se trompe pas.
2. *Dans certains pays, il ne pleut presque jamais,* il y a quelques pays où il ne pleut presque jamais.

certainement adverbe
Le ciel est sombre, il va certainement pleuvoir, il va pleuvoir, c'est sûr, c'est certain.
■ Tu peux dire aussi **sûrement.**
■ Le contraire de certainement, c'est **peut-être.**

A B C D E F G H I J K L M N O P Q R S T U V W X Y Z

cerveau nom masculin
Le cerveau, c'est l'organe qui sert à penser, à entendre, à sentir, à parler, à voir et à bouger. *Notre cerveau est à l'intérieur de notre tête.*
Au pluriel : des **cerveaux.**

cervelle nom féminin
La cervelle, c'est le cerveau d'un animal. *Nous avons mangé de la cervelle d'agneau.*

cesser verbe
Cesser, c'est arrêter. *Cesse de faire ce bruit !*
■ Le contraire de cesser, c'est **continuer.**

chacal nom masculin
Un chacal, c'est un animal sauvage qui ressemble à un renard. *Les chacals mangent des animaux morts.*
Au pluriel : des **chacals.**
■ Les chacals vivent en Asie et en Afrique.

Un **chacal.**

chacun, chacune pronom
Chacun, chacune, c'est chaque personne, chaque chose. *Ces sucettes coûtent 30 centimes chacune,* chaque sucette coûte 30 centimes. *« Retournez chacun à votre place », dit la maîtresse,* que chaque élève retourne à sa place.

chagrin nom masculin
Le chagrin, c'est ce que l'on ressent quand on est très triste. *C'est la fin des vacances, Lise a du chagrin car elle ne verra plus son amie Assia.*
■ Tu peux dire aussi **peine, tristesse.**

chaîne nom féminin
1. Une chaîne, c'est une suite d'anneaux de métal passés les uns dans les autres. *Le chien est attaché à sa niche par une grosse chaîne.*
2. Une chaîne de montagnes, c'est un ensemble de montagnes. *Le mont Blanc est dans la chaîne des Alpes.*
3. Une chaîne de télévision, c'est un système qui envoie des images et des sons. *Antoine regarde un dessin animé sur la deuxième chaîne.*
Ce mot s'écrit avec un **î.**
■ Ne confonds pas chaîne et **chêne.**

chair nom féminin
La chair, c'est la partie molle du corps de l'homme et des animaux qui est sous la peau. *L'ogre aime bien manger de la chair fraîche.*
■ La chair des animaux, c'est la **viande.**
■ Ne confonds pas chair et **cher.**

chaise nom féminin
Une chaise, c'est un siège qui a un dossier et pas de bras et où peut s'asseoir une seule personne. *Ilan s'est assis sur une chaise et Charlotte s'est assise dans un fauteuil.*

chalet nom masculin
Un chalet, c'est une maison en bois, dans la montagne. *Quand nous allons aux sports d'hiver, nous habitons dans un chalet.*

chaleur nom féminin
Quelle chaleur, aujourd'hui ! il fait très chaud aujourd'hui !
■ Le contraire de chaleur, c'est **froid.**

chambre nom féminin
Une chambre, c'est une pièce où l'on dort. *Il y a des lits superposés dans la chambre de Marie et de Nicolas.*

chameau nom masculin
Un chameau, c'est un grand animal d'Asie qui a deux bosses sur le dos. *Le chameau ne boit pas beaucoup et mange très peu.*
➾ Au pluriel : des **chameaux.**
■ Cherche aussi **dromadaire.**

Le **chameau** peut marcher très longtemps sans être fatigué.

chamois nom masculin
Un chamois, c'est un animal qui a deux petites cornes lisses et recourbées et qui vit dans la montagne. *Le chamois est très agile, il grimpe facilement dans les endroits difficiles.*

champ nom masculin
Un champ, c'est un grand terrain sur lequel on a planté des céréales, des légumes, des fruits ou des fleurs. *De chaque côté de la route il y a des champs de blé. L'agriculteur laboure son champ.*
■ Ne confonds pas champ et **chant.**

champagne nom masculin
Le champagne, c'est un vin blanc ou rosé qui pétille, fabriqué en France, dans la région de Champagne. *Les voisins sont venus boire une coupe de champagne à la maison le soir de mon anniversaire.*

champignon nom masculin
Un champignon, c'est une petite plante sans feuilles qui est formée d'un pied et d'un chapeau. *Nous avons ramassé des champignons dans la forêt.*
■ Attention ! Il y a des champignons que l'on peut manger, les champignons **comestibles,** et d'autres qui sont très dangereux, les champignons **vénéneux.**

champion nom masculin, **championne** nom féminin
Un champion, une championne, c'est une personne qui a gagné une compétition sportive. *Elle est championne du monde d'athlétisme,* c'est la meilleure sportive du monde en athlétisme.

championnat nom masculin
Un championnat, c'est une compétition sportive à la fin de laquelle celui qui gagne est déclaré champion. *Cette équipe a remporté le championnat de France de football.*

chance nom féminin
1. *Louise a de la chance,* il lui arrive souvent des choses agréables, par hasard, alors qu'elle n'a pas fait d'effort pour cela. *Tu as gagné un bel ours en peluche à la loterie, tu as de la chance !* ■ Tu peux dire aussi **veine.**
2. *Il y a des chances qu'il pleuve demain,* il pleuvra sûrement demain.

chandail nom masculin
Un chandail, c'est un pull. *Hossam a mis un chandail à col roulé car il fait froid.*
➾ Au pluriel : des **chandails.**
■ Tu peux dire aussi **tricot.**

a b c d e f g h i j k l m n o p q r s t u v w x y z

A B C D E F G H I J K L M N O P Q R S T U V W X Y Z

chandelle nom féminin
Une chandelle, c'est une sorte de bougie que l'on utilisait autrefois. *Dans les châteaux forts, on s'éclairait avec des chandelles.*
■ On mettait les chandelles dans des **chandeliers.**

changement nom masculin
On attend un changement de temps pour demain, demain le temps ne sera plus le même, il va changer.

changer verbe
1. *Tom a changé de chemise car il avait fait des taches dessus,* il a mis une autre chemise.
2. Changer, c'est devenir différent. *Romane a grandi, elle a beaucoup changé,* son visage et son corps ne sont plus comme ils étaient avant.
3. Changer, c'est rendre différent. *Cette nouvelle coiffure te change !*
4. Changer un bébé, c'est lui mettre une couche propre.
5. Changer une chose de place, c'est la déplacer, la mettre ailleurs.

chanson nom féminin
Une chanson, c'est de la musique avec des paroles. *Nous avons chanté des chansons à la fête de l'école.*

chant nom masculin
1. *Louis écoute le chant des oiseaux,* il écoute le bruit agréable que font les oiseaux et qui ressemble à une musique.
2. *Salomé prend des cours de chant,* elle apprend à chanter.
■ Ne confonds pas chant et **champ.**

chanter verbe
1. *Au printemps les oiseaux chantent,* ils font un bruit agréable qui ressemble à une musique.
2. *Romain a chanté une belle chanson,* il a fait de la musique avec sa voix.

chanteur nom masculin, **chanteuse** nom féminin
Un chanteur, une chanteuse, c'est une personne dont le métier est de chanter. *Le chanteur chante en jouant de la guitare.*

chantier nom masculin
Un chantier, c'est un endroit où travaillent des ouvriers pour construire un bâtiment, un pont ou une route. *L'entrée du chantier est interdite au public.*

Les ouvriers sont sur le **chantier.**

chapeau nom masculin
1. Un chapeau, c'est une sorte de vêtement que l'on se met sur la tête et qui protège du froid, de la pluie ou du soleil. *Le jardinier a mis son chapeau de paille.* ■ Cherche aussi **bonnet.**
2. Le chapeau d'un champignon, c'est la partie qui forme le dessus.
➺ Au pluriel : des **chapeaux.**

chapelle nom féminin
Une chapelle, c'est une petite église. *Nous avons visité la chapelle du château.*

On monte un **chapiteau** sur la place, ce soir le cirque donnera son spectacle.

chapiteau nom masculin
Le chapiteau, c'est la grande tente sous laquelle a lieu le spectacle du cirque.
➜ Au pluriel : des **chapiteaux.**

chapitre nom masculin
Un chapitre, c'est chacune des parties d'un livre qui a un numéro et quelquefois un titre. *Miguel a déjà lu deux chapitres de son livre.*

chaque adjectif
Chaque, c'est un mot qui s'emploie pour parler d'une personne ou d'une chose qui fait partie d'un groupe. *Chaque élève a écrit son nom sur son cahier.* ■ Tu peux dire aussi : **chacun** des élèves a écrit son nom sur son cahier.

charbon nom masculin
Le charbon, c'est une matière noire que l'on trouve dans le sol. *On brûle le charbon pour se chauffer.*

charcuterie nom féminin
1. La charcuterie, c'est le magasin du charcutier. *Mamie est allée acheter du jambon à la charcuterie.*
2. Une charcuterie, c'est un aliment fabriqué avec de la viande de porc, comme le saucisson, le pâté, la saucisse et le jambon. *Nous avons mangé de la charcuterie comme hors-d'œuvre.*

charcutier nom masculin,
charcutière nom féminin
Un charcutier, une charcutière, c'est une personne qui vend de la viande de porc, du jambon, des saucisses, du saucisson, du pâté et souvent des plats tout prêts. *Papa a acheté du saucisson chez le charcutier.*

chargement nom masculin
Le chargement d'un camion, c'est tout ce qu'il transporte. *Ce camion a un gros chargement,* il transporte beaucoup de marchandises.
■ Tu peux dire aussi **cargaison.**

chargé, chargée adjectif
La voiture est trop chargée, il y a trop de bagages dans la voiture et cela pèse trop lourd.

charger verbe
1. *Les déménageurs ont chargé l'armoire dans le camion,* ils ont mis l'armoire dans le camion pour la transporter. ■ Le contraire de charger, c'est **décharger.**
2. *On m'a chargé de vous donner cette lettre,* c'est à moi qu'on a demandé de vous donner cette lettre.

chariot nom masculin
Un chariot, c'est un véhicule qui a quatre roues et que l'on pousse devant soi. *À la gare, Maman a mis les valises et les sacs sur un chariot à bagages.*
Tu peux aussi écrire **charriot**, avec deux **r**.

charmant, charmante adjectif
Une personne charmante, c'est une personne très agréable. *Nos nouveaux voisins sont charmants,* ils sont très gentils et disent bonjour en souriant.
■ Le contraire de charmant, c'est **désagréable, odieux.**
■ Connais-tu l'histoire du Prince Charmant ?

charpente nom féminin
La charpente d'une maison, c'est l'ensemble des poutres ou des tiges de métal qui soutiennent le toit.

charrette nom féminin
Une charrette, c'est une voiture à deux roues tirée par un cheval. *Autrefois, à la campagne, on transportait le foin sur une charrette.*

charrue nom féminin
Une charrue, c'est une machine qui sert à labourer les champs. *L'agriculteur creuse un sillon dans la terre avec la charrue.*
■ La charrue est tirée par un tracteur.

chasse nom féminin
1. Aller à la chasse, c'est aller poursuivre des animaux pour les attraper ou les tuer. *En automne, mon grand-père va à la chasse au sanglier.*
2. La chasse d'eau, c'est le mécanisme qui envoie un jet d'eau très fort dans les toilettes.

chasse-neige nom masculin
Un chasse-neige, c'est un engin qui enlève la neige sur les routes.
Au pluriel : des **chasse-neiges** ou des **chasse-neige.**

chasser verbe
1. Chasser, c'est poursuivre des animaux pour les attraper ou les tuer. *Mon grand-père part tôt le matin pour chasser.*
2. Chasser, c'est faire partir en poussant. *Le vent a chassé les nuages.*

chasseur nom masculin,
chasseuse nom féminin
Un chasseur, c'est une personne qui chasse. *On entend les coups de fusil des chasseurs.*

La **charpente** d'une maison.

chat nom masculin, **chatte** nom féminin

Un chat, une chatte, c'est un petit animal au poil très doux qui peut vivre avec les hommes. *Le chat ronronne quand Charlotte le caresse et il miaule quand il a faim.*

■ Le chat est un animal domestique. Ses petits sont des **chatons.**

Son **chat** s'appelle Zorro.

châtaigne nom féminin

Une châtaigne, c'est un petit fruit recouvert d'une écorce lisse de couleur marron, que l'on peut manger. *Papa fait griller des châtaignes dans la cheminée.*

■ Cherche aussi **marron.**

➾ Ce mot s'écrit avec un **â.**

châtaignier nom masculin

Un châtaignier, c'est un grand arbre sur lequel poussent les châtaignes. *Les châtaigniers ont un tronc un peu rouge.*

■ Cherche aussi **marronnier.**

➾ Ce mot s'écrit avec un **â.**

châtain adjectif masculin

Élise a les cheveux châtains, elle a les cheveux brun clair. *Romain est blond et Élise est châtain.*

➾ Ce mot s'écrit avec un **â.**

château nom masculin

1. Un château, c'est une très grande et très belle maison avec des tours, dans un grand parc. *Le roi Louis XIV a fait construire le château de Versailles.*

2. Un château fort, c'est un château entouré de fossés et de murailles qui le protègent. *Au Moyen Âge, les seigneurs habitaient dans des châteaux forts.*

➾ Au pluriel : des **châteaux.**

➾ Ce mot s'écrit avec un **â.**

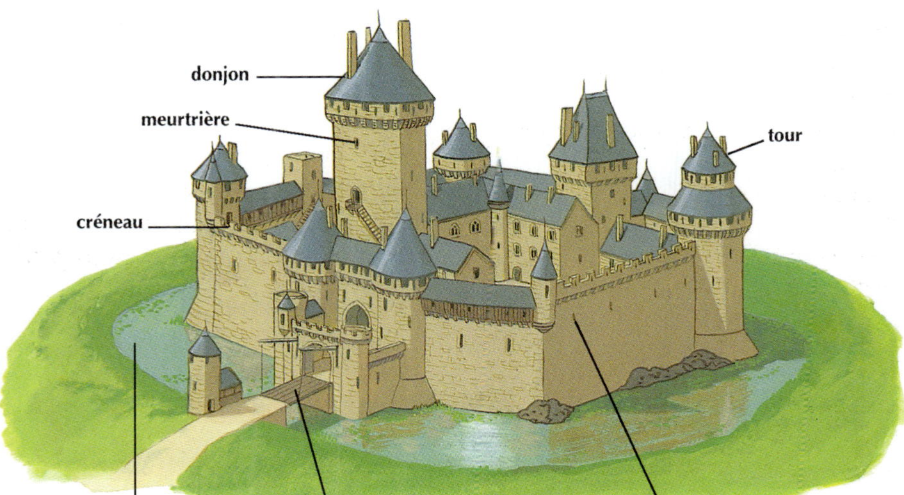

Le **château fort.**

chaton nom masculin

Un chaton, c'est un bébé chat. *La chatte de Maxence a eu trois chatons.*

a b c d e f g h i j k l m n o p q r s t u v w x y z

chatouiller verbe

Chatouiller, c'est toucher très doucement la peau, sous les pieds, sous les bras ou dans le cou, pour énerver et faire rire. *Marie chatouille son frère avec une plume d'oiseau.*

chaud, chaude adjectif

1. *Axel n'arrive pas à boire son chocolat car il est très chaud,* son chocolat est à une température très élevée, il est brûlant.

2. *Il neige, Jeanne a mis des vêtements chauds,* elle a mis des vêtements qui la réchauffent et la protègent contre le froid.

■ Le contraire de chaud, c'est **froid.**

Jeanne a **chaud**, Arthur a froid.

chaudement adverbe

Jeanne s'est habillée chaudement pour aller jouer dans la neige, elle a mis des vêtements chauds.

chauffage nom masculin

Le chauffage, c'est l'ensemble des radiateurs qui chauffent une maison. *Papi a allumé le chauffage car il commence à faire froid.*

chauffer verbe

Chauffer, c'est donner de la chaleur. *Ce gros radiateur chauffe bien.*

chauffeur nom masculin

Un chauffeur, c'est une personne dont le métier est de conduire une voiture, un autobus ou un autocar. *Maman demande au chauffeur de taxi de l'emmener à la gare. La mère d'Arthur est chauffeur d'autobus.*

■ Tu peux dire aussi **conducteur.**

chaumière nom féminin

Une chaumière, c'est une petite maison dont le toit est recouvert de paille.

chaussée nom féminin

La chaussée, c'est la partie de la rue ou de la route où roulent les voitures. *Maxime traverse la chaussée en faisant très attention.*

■ De chaque côté de la chaussée il y a le **trottoir.**

chausser verbe

1. *Thomas chausse du 30,* il porte des chaussures de taille 30.

2. Se chausser, c'est mettre ses chaussures. *Ma petite sœur se chausse toute seule.*

chaussette nom féminin

Une chaussette, c'est un vêtement en coton ou en laine qui couvre le pied et le bas de la jambe. *Candice a mis des chaussettes rouges.*

chausson nom masculin

Un chausson, c'est une chaussure souple que l'on met pour rester chez soi. *Guillaume sort de son bain et met ses chaussons.*

■ Tu peux dire aussi **pantoufle.**

chaussure nom féminin

Une chaussure, c'est ce que l'on met à son pied pour marcher. *Les chaussures de Karim ont des semelles en caoutchouc.*

■ Les **baskets,** les **bottes,** les **sandales** sont des chaussures.

■ Tu peux dire aussi **soulier.**

chauve adjectif

Le grand-père de Laura est chauve, il n'a plus de cheveux.

chauve-souris nom féminin

Une chauve-souris, c'est un petit animal qui ressemble à une souris avec de très petits yeux, de grandes oreilles et des ailes. *Les chauves-souris mangent des insectes qu'elles chassent la nuit.*

➾ Au pluriel : des **chauves-souris.**

■ Le jour, les chauves-souris dorment suspendues la tête en bas, serrées les unes contre les autres.

chavirer verbe

Le bateau a chaviré, il s'est retourné complètement.

chef nom masculin et féminin

Le chef, la chef, c'est la personne qui commande, qui dirige. *La police a arrêté le chef de la bande.*

chef-d'œuvre nom masculin

Un chef-d'œuvre, c'est une statue, un tableau, un livre, un morceau de musique ou un film très beau, très bien fait et que beaucoup de gens aiment. *La Joconde, de Léonard de Vinci, est un chef-d'œuvre.*

➾ Au pluriel : des **chefs-d'œuvre.**

chemin nom masculin

1. Un chemin, c'est une petite route en terre. *Émilie et Pierre cueillent des mûres sur les bords du chemin qui va à la ferme.*

2. *Johnny a demandé son chemin à un agent,* il lui a demandé par où il fallait passer.

3. Le chemin de fer, c'est le train.

cheminée nom féminin

1. La cheminée, c'est l'endroit où l'on fait du feu, dans une maison. *Maman met des bûches dans la cheminée.*

2. La cheminée, c'est le tuyau par lequel sort la fumée, sur le toit de la maison. *En hiver la cheminée fume.*

Des **cheminées.**

chemise nom féminin

Une chemise, c'est un vêtement qui couvre le haut du corps et les bras. *Aziz a une belle chemise bleue.*

chêne nom masculin

Un chêne, c'est un grand arbre dont le bois est très dur. *Un chêne peut mesurer quarante mètres de haut et vivre plus de cinq cents ans.*

■ Le fruit du chêne est le **gland.**

■ Ne confonds pas chêne et **chaîne.**

➾ Ce mot s'écrit avec un **ê.**

chenille nom féminin
Une chenille, c'est une sorte de gros ver recouvert de poils. *Les chenilles mangent des feuilles et grandissent très vite.*
■ La chenille est la **larve** du papillon.

chèque nom masculin
Un chèque, c'est un morceau de papier fabriqué par une banque ou par La Poste, sur lequel on écrit une somme d'argent et qui sert à payer. *Papa a fait un chèque de cent euros pour payer les chaussures qu'il a achetées.*

cher, chère adjectif
1. *Myriam écrit à sa grand-mère : « Ma chère Mamie »,* Mamie que j'aime beaucoup.
2. *Cette voiture est chère,* elle coûte beaucoup d'argent. ■ Tu peux dire aussi **coûteux.**
■ Ne confonds pas cher et **chair.**

chercher verbe
1. Chercher, c'est essayer de trouver, de découvrir. *Alexandre cherche son crayon qu'il a perdu. Marine réfléchit, elle cherche la réponse à la question qu'a posée la maîtresse.*
2. *Papa vient me chercher à l'école,* il me rejoint à l'école et m'emmène avec lui.

chéri, chérie adjectif
« Mes petits-enfants chéris », nous dit souvent Papi, mes petits-enfants que j'aime beaucoup.

cheval nom masculin
1. Un cheval, c'est un grand animal très fort avec une crinière, qui court très vite et peut porter des choses lourdes sur son dos. *Le cheval est rentré à l'écurie. Les chevaux hennissent.*
2. *Malik est à cheval sur le banc,* il est assis une jambe de chaque côté du banc, il est assis à califourchon.
➜ Au pluriel : des **chevaux.**
■ La femelle du cheval, c'est la **jument,** leur petit, c'est le **poulain.**

chevalier nom masculin
Un chevalier, c'est un seigneur du Moyen Âge qui se battait à cheval.

cheveu nom masculin
Les cheveux, ce sont les poils qui poussent sur la tête. *Manon a les cheveux roux.*
➜ Au pluriel : des **cheveux.**

cheville nom féminin
La cheville, c'est l'ensemble des petits os qui se trouvent entre la jambe et le pied et qui servent à bouger le pied. *Damien s'est foulé la cheville en tombant.*
■ Sais-tu comment s'appelle l'ensemble des petits os qui se trouvent entre le bras et la main ? Le **poignet.**

chèvre nom féminin
Une chèvre, c'est un animal avec des cornes recourbées et un poil épais. *On fait du fromage avec le lait de chèvre.*
■ Le mâle de la chèvre, c'est le **bouc.**

Le bouc, la **chèvre** et leurs petits.

chevreuil nom masculin
Un chevreuil, c'est un animal qui ressemble à un petit cerf.

chewing-gum nom masculin
Un chewing-gum, c'est un bonbon élastique que l'on mâche.
Au pluriel : des **chewing-gums.**
Ce mot vient de l'anglais.

chez préposition
Après l'école, Elsa va chez sa grand-mère, elle va dans la maison où habite sa grand-mère. *Papa va acheter des croissants chez le boulanger,* il va dans la boutique du boulanger.

chien nom masculin,
chienne nom féminin
Un chien, une chienne, c'est un animal domestique qui mange de la viande. *Le chien aboie.*
Le petit du chien, c'est le **chiot.**

chiffon nom masculin
Un chiffon, c'est un morceau de tissu qui sert à nettoyer ou à essuyer. *Papa fait briller ses chaussures avec un chiffon.*

chiffonné, chiffonnée adjectif
La jupe de Sarah est chiffonnée, elle a des petits plis partout, elle n'est pas lisse.
Tu peux dire aussi **fripé, froissé.**

chiffre nom masculin
Un chiffre, c'est un signe qui sert à écrire un nombre. *1, 2, 3, 4, 5, 6, 7, 8, 9 et 0 sont des chiffres.*

Connais-tu tous ces **chiens** ?

Des **chimpanzés.**

chimpanzé nom masculin
Un chimpanzé, c'est un grand singe qui vit dans les arbres, en Afrique. *Les chimpanzés sont très intelligents, ils s'apprivoisent facilement.*

chiot nom masculin
Un chiot, c'est un bébé chien. *La chienne d'Aurélie a eu deux chiots.*

chipie nom féminin
Une chipie, c'est une fille ou une femme méchante. *Quelle chipie !*

chips nom féminin pluriel
Des chips, ce sont des tranches très fines de pommes de terre frites. *Nous avons mangé du poulet avec des chips.*
■ Ce mot vient de l'anglais.

chirurgien nom masculin, **chirurgienne** nom féminin
Un chirurgien, une chirurgienne, c'est un médecin qui opère les malades et les blessés. *La mère d'Émeline est chirurgienne.*

chlorophylle nom féminin
La chlorophylle, c'est la matière qui fait que les plantes sont vertes. *Maman a acheté du dentifrice à la chlorophylle.*

choc nom masculin
Un choc, c'est un coup très fort que reçoivent deux choses qui se cognent l'une contre l'autre.

chocolat nom masculin
Le chocolat, c'est un mélange de cacao et de sucre. *Julia mange de la mousse au chocolat.*

Veux-tu du **chocolat** ?

chœur nom masculin
1. Un chœur, c'est un groupe de chanteurs qui chantent ensemble.
2. *Les enfants ont repris le refrain tous en chœur,* ils ont repris le refrain tous ensemble.
■ Ne confonds pas chœur et **cœur.**

choisir verbe
Choisir, c'est prendre la chose que l'on préfère parmi plusieurs choses. *Choisis le gâteau que tu veux.*
■ Quand on choisit, on fait un **choix.**

choix nom masculin
Il y a un grand choix de bonnets dans ce magasin, il y a beaucoup de bonnets parmi lesquels on peut choisir celui que l'on veut acheter.
➾ Au pluriel : des **choix.**

chômage nom masculin
Monsieur Bodin est au chômage, il n'a plus de travail.
➾ Ce mot s'écrit avec un **ô.**

A B C D E F G H I J K L M N O P Q R S T U V W X Y Z

chorale nom féminin

Une chorale, c'est un groupe de personnes qui chantent ensemble. *Tala fait partie de la chorale de l'école.*

■ Cherche aussi **chœur.**

chose nom féminin

1. Une chose, c'est un objet. *Un livre, une lampe, un manteau sont des choses.*

2. Une chose, c'est ce qui arrive, ce qui se passe. *Diego a beaucoup de choses à raconter à Marie.*

chou nom masculin

Un chou, c'est un légume en forme de grosse boule dure composé de feuilles qui se recouvrent les unes les autres. *Il y a des choux blancs, des choux verts, des choux rouges et aussi de petits choux qui s'appellent des choux de Bruxelles.*

➾ Au pluriel : des **choux.**

■ Cherche aussi **chou-fleur.**

chouette nom féminin

Une chouette, c'est un oiseau qui a une grosse tête et des yeux ronds. *La chouette se nourrit de petits animaux qu'elle chasse la nuit.*

■ La chouette est un **rapace.**

■ Cherche aussi **hibou.**

chou-fleur nom masculin

Un chou-fleur, c'est un chou dont on mange les fleurs qui sont blanches et forment une grosse boule. *Maman a préparé du gratin de chou-fleur.*

➾ Au pluriel : des **choux-fleurs.**

Léa chante dans la **chorale** de l'école.

chrétien nom masculin,
chrétienne nom féminin

Un chrétien, une chrétienne, c'est une personne qui croit en Jésus-Christ. *Claire est catholique et Jules est protestant : ce sont tous les deux des chrétiens.*

chronomètre nom masculin

Un chronomètre, c'est une montre qui sert à mesurer d'une façon très précise le temps que l'on met pour faire quelque chose. *L'arbitre regarde son chronomètre avant de siffler la fin du match.*

chuchoter verbe

Chuchoter, c'est parler tout bas, murmurer. *Julia et Alexis chuchotent pendant que la maîtresse écrit au tableau.*

chut ! interjection

Chut !, c'est ce que l'on dit pour demander le silence. *Chut ! Taisez-vous !*

■ Ne confonds pas chut et **chute.**

chute nom féminin

1. *Raphaël a fait une chute,* il est tombé.

2. *Les skieurs espèrent qu'il va y avoir des chutes de neige,* ils espèrent qu'il va neiger.

■ Ne confonds pas chute et **chut.**

a b c d e f g h i j k l m n o p q r s t u v w x y z

A B C D E F G H I J K L M N O P Q R S T U V W X Y Z

Étienne vise le centre de la **cible.**

cible nom féminin
Une cible, c'est un objet que l'on essaie d'atteindre en tirant des plombs avec une carabine ou en lançant des fléchettes.

cicatrice nom féminin
Une cicatrice, c'est une marque qui reste sur la peau après une blessure, une brûlure ou une opération. *Le bandit avait une cicatrice sur la joue.*

cidre nom masculin
Le cidre, c'est une boisson faite avec du jus de pomme. *Il y a des bulles dans le cidre.*
■ Le cidre contient un peu d'alcool.

ciel nom masculin
Le ciel, c'est l'espace que nous voyons dehors au-dessus de nos têtes. *Il fait beau aujourd'hui, le ciel est bleu.*
➜ Au pluriel : des **ciels** ou des **cieux.**

cigale nom féminin
Une cigale, c'est un insecte qui vit dans les arbres et qui fait un bruit aigu. *L'été, en Provence, on entend les cigales toute la journée.*
■ Cherche aussi **grillon.**

cigare nom masculin
Un cigare, c'est un rouleau de feuilles de tabac. *De temps en temps, Papa fume un cigare après le dîner.*
■ Les cigares contiennent des produits qui sont mauvais pour la santé.

cigarette nom féminin
Une cigarette, c'est un petit rouleau de papier rempli de tabac. *Autrefois, Maman fumait trois cigarettes par jour.*
■ Les cigarettes contiennent des [redacted] qui sont mauvais pour la santé.

cigogne nom féminin
Une cigogne, c'est un grand oiseau blanc dont le bout des ailes est noir, qui a de longues pattes rouges et un long bec rouge. *En hiver, les cigognes partent vers les pays chauds.*
■ La cigogne est un oiseau **migrateur.**

cil nom masculin
Les cils, ce sont les poils qui entourent les yeux, au bord des paupières. *Luis a de longs cils.*

cime nom féminin
Une cime, c'est un sommet pointu.

ciment nom masculin
Le ciment, c'est une poudre qui devient dure quand on la mélange avec de l'eau. *Le maçon construit le mur en mettant du ciment entre les briques.*

cimetière nom masculin
Un cimetière, c'est un lieu où l'on enterre les morts. *Corentin est allé au cimetière mettre des fleurs sur la tombe de sa grand-mère.*

cinéma nom masculin
Un cinéma, c'est une salle où l'on voit des films sur un grand écran. *Papi m'a emmené au cinéma voir un dessin animé.*

cintre nom masculin
Un cintre, c'est une barre avec un crochet sur laquelle on met un vêtement pour le suspendre. *Myriam met son manteau sur un cintre et le range dans la penderie.*

cirage nom masculin
Du cirage, c'est un produit qui sert à nettoyer et à faire briller les chaussures. *Dylan met du cirage noir sur ses chaussures en cuir.*

circoncision nom féminin
La circoncision, c'est l'opération au cours de laquelle on enlève un peu de peau au bout du sexe d'un petit garçon juif ou musulman.

Les **cimes** des montagnes sont couvertes de neige.

circonflexe adjectif
Un accent circonflexe, c'est un accent en forme de petit chapeau pointu qu'on met sur les voyelles de certains mots. *« Hôpital, croûte, pâté, crêpe, île » s'écrivent avec un accent circonflexe. « Ô » se dit o accent circonflexe.*

circuit nom masculin
Un circuit, c'est un chemin qui ramène à l'endroit d'où l'on est parti. *Pendant la course, les voitures font le tour du circuit plusieurs fois.*

circulation nom féminin
Les jours de départ en vacances, il y a beaucoup de circulation, les jours de départ en vacances, il y a beaucoup de voitures qui se déplacent dans les rues et sur les routes.

circuler verbe
Circuler, c'est se déplacer. *Le sang circule dans le corps,* il part du cœur, va dans tout le corps et revient au cœur.

cire nom féminin
1. La cire, c'est la matière jaune que fabriquent les abeilles pour construire les rayons de la ruche. *Les bougies sont faites avec de la cire.*
2. La cire, c'est un produit qui sert à nettoyer et à faire briller le bois. *La femme de ménage met de la cire sur le buffet.*

cirer verbe
Cirer, c'est mettre du cirage ou de la cire. *Dylan a ciré ses chaussures. La femme de ménage cire le buffet.*

Paul est allé au **cirque**.

cirque nom masculin

Un cirque, c'est une sorte de théâtre rond où le spectacle est fait par des acrobates, des clowns, des magiciens et des dompteurs avec leurs animaux.

■ Cherche aussi **chapiteau.**

ciseaux nom masculin pluriel

Une paire de ciseaux, c'est un instrument composé de deux lames qui sert à couper. *Baptiste découpe un dessin avec des ciseaux.*

■ Tu peux dire **des ciseaux** ou **une paire de ciseaux.**

cité nom féminin

Une cité, c'est un groupe d'immeubles. *Tous les enfants de la cité vont à l'école Jules-Ferry.*

citer verbe

Citer, c'est dire le nom. *Cite trois animaux dont le nom commence par un c.*

citoyen nom masculin,
citoyenne nom féminin

Monsieur Carpentier est un citoyen français, il est français, il a la nationalité française.

citron nom masculin

Un citron, c'est un fruit jaune, ovale, au goût acide. *Papi met une rondelle de citron dans son thé.*

Les **citrons** poussent sur des **citronniers.**

citrouille nom féminin

Une citrouille, c'est un très gros fruit rond, orange. *La citrouille s'est*

transformée en carrosse d'un coup de baguette magique.
■ Cherche aussi **potiron.**

Une **citrouille.**

civière nom féminin
Une civière, c'est une sorte de lit qui sert à transporter des malades, des blessés. *Les infirmiers ont emmené le blessé sur une civière jusqu'à l'ambulance.*

① **civil, civile** adjectif
1. Une guerre civile, c'est une guerre qui a lieu entre les habitants d'un même pays.
2. Le mariage civil, c'est le mariage qui a lieu à la mairie.

② **civil** nom masculin
1. Les civils, ce sont toutes les personnes qui ne sont pas des militaires. *Le bombardement a tué de nombreux civils.*
2. *Le policier est en civil,* il est habillé comme tout le monde, il n'est pas en uniforme.

civique adjectif
La maîtresse a fait un cours d'éducation civique, elle a fait un cours pour nous apprendre ce que les citoyens ont le droit de faire et ce qu'ils sont obligés de faire.

① **clair, claire** adjectif
1. Un endroit clair, c'est un endroit qui reçoit beaucoup de lumière du jour. *Notre classe est au dernier étage de l'école, elle est très claire.*
■ Le contraire de clair, c'est **obscur, sombre.**
2. *Matthieu a un pantalon bleu clair,* il a un pantalon d'un bleu qui est plus proche du blanc que du noir.
■ Le contraire de clair, c'est **foncé.**
3. *Le maître donne toujours des explications claires,* il donne des explications que l'on comprend facilement, des explications qui ne sont pas compliquées.

② **clair** nom masculin
Le clair de lune, c'est la lumière que la Lune envoie sur la Terre.
■ Au clair de la lune, mon ami Pierrot !

Quel beau **clair** de lune ce soir !

clairière nom féminin
Une clairière, c'est un endroit, dans une forêt, où il n'y a pas d'arbres et où il fait plus clair. *Enzo et ses parents se sont arrêtés dans une clairière pour pique-niquer.*

a b c d e f g h i j k l m n o p q r s t u v w x y z

clandestin, clandestine adjectif
Un marin a découvert un passager clandestin à bord du bateau, il a trouvé une personne qui se cachait dans le bateau pour voyager sans payer.

claque nom féminin
Une claque, c'est une tape donnée avec le plat de la main. *Arrête ou je te donne une claque !*
■ Tu peux dire aussi **gifle.**

claquer verbe
Il y a un courant d'air, les portes claquent, les portes se ferment toutes seules brusquement en faisant du bruit.

clarinette nom féminin
Une clarinette, c'est un instrument de musique en bois, long et droit, dans lequel on souffle.

classe nom féminin
1. Une classe, c'est un groupe d'élèves qui suivent ensemble les cours donnés par un professeur. *Mattéo et Samira sont dans la même classe. En quelle classe es-tu ?*
2. La classe, c'est la salle dans laquelle les élèves suivent les cours. *La récréation est terminée, nous retournons dans notre classe.*

Notre **classe** est agréable.

classement nom masculin
Maman fait du classement dans ses papiers, elle range ses papiers dans un certain ordre, elle les classe.

classer verbe
Classer, c'est mettre ensemble dans un certain ordre. *Héloïse classe ses perles par couleur.*
■ Cherche aussi **ranger.**

classeur nom masculin
Un classeur, c'est une sorte de couverture de livre en carton ou en plastique, avec des anneaux à l'intérieur, qui sert à ranger des feuilles de papier.

Le **clavier** du piano.

clavier nom masculin
Un clavier, c'est un ensemble de touches sur lesquelles on appuie. *Le clavier du piano a des touches blanches et des touches noires.*

clé nom féminin
Une clé, c'est un objet en métal que l'on met dans une serrure pour ouvrir ou fermer. *La porte est fermée à clé.*

➾ Tu peux écrire aussi **clef.**
■ L'anneau auquel on attache ses clés est un **porte-clés.**

clémentine nom féminin
Une clémentine, c'est un petit fruit orange souvent sans pépins, moins gros qu'une mandarine. *Lisa donne un quartier de clémentine à son frère.*

client nom masculin,
cliente nom féminin
Un client, une cliente, c'est une personne qui achète dans un magasin. *Les clients font la queue à la caisse.*

clientèle nom féminin
La clientèle, c'est l'ensemble des clients. *Ce magasin a une nombreuse clientèle,* beaucoup de personnes viennent acheter dans ce magasin.

clignotant nom masculin
Les clignotants, ce sont les lumières qui s'allument et qui s'éteignent sur une voiture pour indiquer qu'on tourne à gauche ou à droite ou qu'on va doubler. *Le conducteur met son clignotant à gauche et double le camion.*

clignoter verbe
Clignoter, c'est s'allumer et s'éteindre plusieurs fois de suite. *Quand le feu orange clignote, les voitures doivent ralentir.*

climat nom masculin
Le climat, c'est le temps qu'il fait dans une région. *Il n'y a pas d'arbres dans le désert car le climat est très sec.*

clin d'œil nom masculin
Un clin d'œil, c'est un mouvement rapide qu'on fait avec la paupière pour fermer et ouvrir l'œil. *Cléa fait un clin d'œil à sa sœur pour lui dire qu'elle plaisante.*
➾ Au pluriel : des **clins d'œil.**

clinique nom féminin
Une clinique, c'est une maison où l'on soigne et où l'on opère les malades et les blessés et où naissent les bébés. *La petite sœur de Lola est née à la clinique des Roses.*
■ Cherche aussi **hôpital.**

clochard nom masculin,
clocharde nom féminin
Un clochard, une clocharde, c'est une personne très pauvre, qui n'a pas de travail et pas de maison et qui vit dans la rue. *Papa a donné un euro à un clochard qui mendiait dans le métro.*

cloche nom féminin
Une cloche, c'est un objet en métal à l'intérieur duquel est suspendu un bâton qui produit un son quand il tape sur chaque côté. *C'est la fin de la messe, les cloches de l'église sonnent.*

à **cloche-pied** adverbe
Étienne marche à cloche-pied, il avance en sautant sur un seul pied, l'autre jambe étant repliée pour que le pied soit en l'air.

a b c d e f g h i j k l m n o p q r s t u v w x y z

A B C D E F G H I J K L M N O P Q R S T U V W X Y Z

Il y a une girouette sur le **clocher** de l'église.

clocher nom masculin

Le clocher, c'est la partie pointue qui est au-dessus du toit d'une église et dans laquelle il y a les cloches.

clochette nom féminin

1. Une clochette, c'est une petite cloche. *On entend les clochettes des vaches dans la montagne.*

2. Une clochette, c'est une fleur en forme de petite cloche. *Les clochettes du muguet sont blanches.*

cloison nom féminin

Une cloison, c'est un mur pas très épais qui sépare deux pièces, dans une maison.

cloque nom féminin

Une cloque, c'est une petite poche remplie de liquide qui se forme sous la peau. *Anaïs a une cloque à l'endroit où elle s'est brûlée.*

■ Tu peux dire aussi **ampoule.**

clôture nom féminin

Une clôture, c'est une barrière qui entoure un jardin, un champ ou un pré.

➜ Ce mot s'écrit avec un **ô.**

clou nom masculin

Un clou, c'est une petite tige pointue, en métal, qui sert à fixer ou à suspendre quelque chose. *Maman a planté un clou dans le mur pour accrocher le tableau.*

➜ Au pluriel : des **clous.**

■ On plante les clous avec un marteau.

clown nom masculin

Un clown, c'est un artiste qui fait rire, au cirque. *Les clowns ont un drôle de costume et un nez tout rouge.*

■ Ce mot vient de l'anglais.

Le **clown** fait rire les enfants.

club nom masculin

Un club, c'est un groupe de personnes qui se réunissent pour faire un sport ou jouer à un jeu. *Raphaël fait partie du club de football de l'école.*

■ Ce mot vient de l'anglais.

coasser verbe

La grenouille et le crapaud coassent, ils poussent leur cri.

■ Ne confonds pas coasser et **croasser.** C'est le corbeau qui **croasse.**

cobaye nom masculin
Un cobaye, c'est un petit animal qui ressemble à un rat, avec des pattes courtes et sans queue. *Rachel a un cobaye.*
■ Le cobaye est un rongeur. On l'appelle aussi **cochon d'Inde.**

cobra nom masculin
Un cobra, c'est un grand serpent qui a sur le cou un dessin en forme de lunettes. *Les cobras vivent en Afrique et en Inde.*
■ Le cobra est un serpent venimeux.

coccinelle nom féminin
Une coccinelle, c'est une petite bête rouge avec des points noirs. *Les coccinelles sont toutes petites et toutes rondes et elles volent.*
■ La coccinelle est un **insecte.** On l'appelle aussi **bête à bon Dieu.**

La **coccinelle** mange des pucerons.

cochon nom masculin
Un cochon, c'est un animal qui a la peau rose et la queue en tire-bouchon. *Les cochons sont dans la porcherie.*
■ Tu peux dire aussi **porc.**

cocker nom masculin
Un cocker, c'est un petit chien à poils longs et doux avec de grandes oreilles qui pendent. *Les cockers sont des chiens de chasse.*

① **cocotte** nom féminin
Alexis fait une cocotte en papier, il plie un morceau de papier et lui donne la forme d'un oiseau.
■ Les petits enfants appellent les poules des cocottes.

② **cocotte** nom féminin
Une cocotte, c'est une marmite. *Le lapin cuit doucement dans la cocotte.*

code nom masculin
Un code, c'est un ensemble de chiffres et de lettres que l'on ne dit à personne et qui est comme un message secret. *Pour ouvrir la porte de notre immeuble, il faut connaître le code. Au moment de payer, Maman donne sa carte de crédit et tape son code sur la machine.*

cœur nom masculin
1. Le cœur, c'est un organe très important qui envoie le sang dans le corps. *Quand on court, on a le cœur qui bat très vite.*
2. *Angelina a mal au cœur,* elle a envie de vomir.
■ Ne confonds pas cœur et **chœur.**

coffre nom masculin
Un coffre, c'est une très grande boîte. *Alice range sa poupée dans son coffre à jouets. Papa met les bagages dans le coffre de la voiture.*

Le trésor était dans des **coffres.**

A B C D E F G H I J K L M N O P Q R S T U V W X Y Z

coffre-fort nom masculin
Un coffre-fort, c'est une grande boîte en métal, fermée par une serrure spéciale, où l'on met des choses précieuses. *Les voleurs ont ouvert le coffre-fort et ont pris l'argent et les bijoux.*
Au pluriel : des **coffres-forts.**

se **cogner** verbe
Se cogner, c'est se heurter contre quelque chose et se faire mal. *Rayan s'est cogné à la table.*

coiffer verbe
1. Coiffer, c'est arranger les cheveux avec un peigne ou une brosse. *Simon coiffe sa petite sœur.*
2. Se coiffer, c'est arranger ses cheveux. *Maman se coiffe devant la glace.*
■ Tu peux dire aussi **peigner.**

coiffeur nom masculin,
coiffeuse nom féminin
Un coiffeur, une coiffeuse, c'est une personne dont le métier est de coiffer, de couper les cheveux. *Gabin est allé chez le coiffeur, il a les cheveux très courts.*

Le **coiffeur** coupe les cheveux de Paul.

coiffure nom féminin
La coiffure, c'est la façon dont les cheveux sont arrangés. *La maîtresse a une nouvelle coiffure aujourd'hui.*
■ Le coiffeur travaille dans un **salon de coiffure.**

coin nom masculin
1. *Le coin d'une pièce,* c'est l'angle fait par deux murs. *Ma chambre a quatre coins.*
2. *J'ai rencontré Marine au coin de la rue,* je l'ai rencontrée à l'endroit où la rue en croise une autre.
3. *Nous cherchons un coin tranquille pour pique-niquer,* nous cherchons un endroit tranquille pour pique-niquer.

coincer verbe
Être coincé, c'est ne pas pouvoir bouger. *Le tiroir est coincé, je ne peux plus l'ouvrir,* le tiroir est bloqué, on ne peut plus l'ouvrir ni le fermer. *Nous sommes restés coincés dans les encombrements pendant une heure.*

col nom masculin
1. Le col, c'est la partie du vêtement qui est autour du cou.
2. Dans la montagne, un col, c'est un passage entre deux sommets.

colère nom féminin
Nicolas est en colère, il est très fâché et il crie.

coléreux, coléreuse adjectif
Une personne coléreuse, c'est une personne qui se met facilement en colère. *Nicolas est coléreux.*

colin nom masculin
Un colin, c'est un gros poisson qui vit dans la mer. *Justine et Adrien ont mangé des tranches de colin à la cantine.*

colis nom masculin
Un colis, c'est un paquet bien emballé que l'on envoie à quelqu'un. *Laura a reçu un colis qui venait des États-Unis.*

① **collant, collante** adjectif
1. Un papier collant, c'est un papier qui est fait pour coller. *Alex fixe une affiche au mur avec du papier collant.*
2. *Yanis a les mains collantes*, il a les mains qui collent. ■ Tu peux dire aussi qu'il a les mains **poisseuses.**

② **collant** nom masculin
Un collant, c'est un sous-vêtement qui couvre des pieds à la taille. *Il fait froid, Flavie a mis un collant de laine.*

colle nom féminin
La colle, c'est un produit épais qui sert à faire tenir ensemble deux objets. *Diane met de la colle au dos d'une image pour la coller dans son cahier.*

collectif, collective adjectif
Un travail collectif, c'est un travail que plusieurs personnes font ensemble.

Nicolas est un petit garçon **coléreux.**

collection nom féminin
Une collection, c'est un ensemble d'objets de la même sorte que l'on garde parce qu'on les trouve intéressants. *Myriam a une belle collection de timbres. Antoine fait collection de petites voitures.*

Antoine est fier de sa **collection** de petites voitures.

collectionner verbe
Lou collectionne les porte-clés, elle essaie d'en avoir le plus possible et elle les garde.

collège nom masculin
Le collège, c'est le nom de l'école à partir de la classe de sixième jusqu'à la classe de troisième. *Romain a 11 ans, il va au collège.*

collègue nom masculin et féminin
Un collègue, une collègue, c'est une personne avec qui on travaille. *Papa déjeune avec des collègues*, il déjeune avec des personnes qui travaillent avec lui.

coller verbe
Coller, c'est faire tenir deux choses ensemble avec de la colle. *Noémie colle une image dans son cahier.*
■ Le contraire de coller, c'est **décoller.**

Combien vois-tu de **colliers** ?

collier nom masculin

1. Un collier, c'est un bijou que l'on porte autour du cou. *Maman a un collier de perles.*

2. Un collier, c'est une petite bande de cuir ou un cercle de métal que l'on attache autour du cou d'un chien ou d'un chat. *Maman attache la laisse au collier de Rex.*

colline nom féminin

Une colline, c'est une petite montagne avec un sommet arrondi.

colombe nom féminin

Une colombe, c'est un pigeon blanc.

■ On raconte dans la Bible qu'il y a très longtemps, une colombe rapporta une petite branche d'olivier dans son bec et la donna à Noé pour lui montrer que le Déluge était fini. C'est pour cela que la colombe représente la paix.

colonie nom féminin

Inès et Thomas vont partir cet été en colonie de vacances, ils vont aller en vacances, sans leurs parents, avec d'autres enfants et des moniteurs.

colonne nom féminin

1. Une colonne, c'est un grand pilier rond. *Les temples grecs étaient soutenus par des colonnes.*

2. *Raphaële a écrit ses chiffres en colonne,* elle les a écrits les uns au-dessous des autres.

3. La colonne vertébrale, c'est la longue ligne de petits os que nous avons dans le dos et qui soutient notre corps. *Les petits os de la colonne vertébrale s'appellent les vertèbres.*

coloriage nom masculin

Un album de coloriages, c'est un album dans lequel il y a des dessins à colorier.

colorier verbe

Colorier, c'est mettre de la couleur sur un dessin. *Nathan colorie les arbres en vert.*

Nathan **colorie** son dessin.

combat nom masculin

Un combat, c'est une lutte où les personnes qui se battent doivent suivre des règles.

Un **combat** de boxe.

A B C D E F G H I J K L M N O P Q R S T U V W X Y Z

combattre verbe

Combattre, c'est se battre contre un ennemi ou contre quelque chose de dangereux. *Les Gaulois ont combattu les Romains. Les pompiers combattent l'incendie avec courage.*

combien adverbe

Combien, c'est un mot qui sert à poser les questions : quel nombre ? quel prix ? *Combien as-tu de doigts ?* quel nombre de doigts as-tu ? *Combien coûte ce gâteau ?* quel est le prix de ce gâteau ?

combinaison nom féminin

Une combinaison de ski, c'est un vêtement de ski qui est fait d'un pantalon et d'une veste en une seule pièce.

comédie nom féminin

1. Une comédie, c'est une pièce de théâtre ou un film drôle.

2. *Julien dit qu'il a mal à la gorge pour ne pas aller en classe, mais c'est de la comédie,* il fait semblant d'avoir mal.

comédien nom masculin,
comédienne nom féminin

Un comédien, une comédienne, c'est une personne qui joue dans des pièces de théâtre ou dans des films.

■ Tu peux dire aussi **acteur.**

comestible adjectif

Ces champignons sont comestibles, on peut les manger sans être malade.

■ Le contraire de comestible, c'est **vénéneux.**

Rémi et Tanguy regardent un film **comique.**

comique adjectif

Un film comique, c'est un film drôle, qui fait rire.

■ Tu peux dire aussi **amusant, rigolo.**

commandant nom masculin,
commandante nom féminin

Un commandant, une commandante, c'est un militaire, une militaire qui commande une troupe de soldats ou qui commande un équipage sur un navire. *À vos ordres, mon commandant.*

■ Le **commandant de bord,** c'est le pilote d'un gros avion.

commande nom féminin

1. *Maman a passé une commande chez le boucher,* elle a demandé au boucher de lui préparer plusieurs choses qu'elle ira chercher plus tard ou que le boucher lui livrera.

2. Les commandes de l'avion, ce sont les appareils qui servent à piloter.

commander verbe

1. Commander, c'est être le chef et donner des ordres. *Le général commande son armée.*

2. *Maman a commandé un gâteau d'anniversaire chez le pâtissier,* elle a demandé, à l'avance, au pâtissier de lui faire un gâteau d'anniversaire.

comme conjonction et adverbe

Adrien a chaud, il est rouge comme une tomate, il est aussi rouge qu'une tomate, il est de la même couleur qu'une tomate. *Comme tu as grandi depuis l'année dernière !* tu as beaucoup grandi !

commencement nom masculin

Le commencement, c'est le moment où quelque chose commence. *Marie a raté le commencement du film.*

- Tu peux dire aussi **début.**
- Le contraire de commencement, c'est **fin.**

commencer verbe

La séance de cinéma commence à deux heures, le début de la séance de cinéma est à deux heures.

- Tu peux dire aussi **débuter.**
- Le contraire de commencer, c'est **finir,** se **terminer.**

comment adverbe

Comment, c'est un mot qui sert à poser la question : de quelle manière ? *Comment vas-tu à l'école, à pied ou en voiture ?*

commerçant nom masculin, **commerçante** nom féminin

Un commerçant, une commerçante, c'est une personne dont le métier est de vendre des marchandises. *Les commerçants du quartier ont décoré leurs magasins pour Noël.*

- Cherche aussi **marchand, vendeur.**
- Ce mot s'écrit avec un **ç.**

commerce nom masculin

Faire du commerce, c'est acheter et vendre des marchandises.

commercial, commerciale adjectif

Un centre commercial, c'est un endroit couvert où il y a toutes sortes de magasins.

- Au masculin pluriel : **commerciaux.**
- Au féminin pluriel : **commerciales.**

Tous les samedis, Maman fait les courses au centre **commercial.**

commettre verbe

Cet homme a commis de nombreux vols, il a volé plusieurs fois.

- Ce verbe s'utilise toujours pour dire que l'on a fait quelque chose de mal : il a commis un meurtre, un crime, une faute, une erreur.

commissaire nom masculin et féminin

Le commissaire, la commissaire, c'est la personne qui dirige les inspecteurs et les agents de police d'un quartier ou d'une ville. *Un crime a été commis, le commissaire mène l'enquête.*

commissariat nom masculin

Un commissariat, c'est un bâtiment où travaillent le commissaire et les policiers. *Papa est allé au commissariat pour dire qu'on lui a volé sa voiture.*

commissions nom féminin pluriel
Maman fait les commissions, elle fait les courses, elle achète de la nourriture et des produits pour la maison.
■ Tu peux dire aussi **provisions.**

① **commode** nom féminin
Une commode, c'est un meuble pas très haut avec des tiroirs. *Maman range les chaussettes dans la commode.*

② **commode** adjectif
1. Un objet commode, c'est un objet facile à utiliser. *Ce sac est très commode pour voyager,* il contient beaucoup de choses et il ne prend pas trop de place, il est facile à utiliser pour voyager. ■ Tu peux dire aussi **pratique.**
2. Une personne qui n'est pas commode, c'est une personne sévère. *La directrice n'est pas commode.*

Le sac de Fanny est très **commode.**

commun, commune adjectif
1. *À l'hôtel, nos deux chambres ont une salle de bains commune,* il y a une seule salle de bains pour les deux chambres.
2. *Romain et Nicolas ont mis leurs billes en commun,* ils ont mis toutes leurs billes ensemble pour que toutes les billes soient à tous les deux.

commune nom féminin
Une commune, c'est une petite partie d'un pays dirigée par un maire. *Le village où j'habite n'a pas beaucoup d'habitants, c'est une petite commune.*
■ Cherche aussi **village** et **ville.**

communication nom féminin
Cette communication a coûté très cher, cette conversation au téléphone a coûté très cher.

communiquer verbe
Communiquer, c'est échanger des idées ou des informations avec d'autres personnes. *On peut communiquer avec le monde entier grâce à Internet.*

compagne nom féminin
Julie va retrouver ses compagnes de jeu dans la cour de récréation, elle va retrouver les filles avec lesquelles elle joue d'habitude.
■ Florian retrouve ses **compagnons** de jeu.
■ Tu peux dire aussi **camarade.**

compagnie nom féminin
Anthony aime la compagnie de Justine, il aime être avec elle. *Charlotte tient compagnie à sa mère qui s'est cassé la jambe,* elle reste à côté de sa mère pour ne pas la laisser toute seule.

compagnon nom masculin
Charles dit au revoir à son compagnon de voyage, il dit au revoir au garçon qui a voyagé avec lui. ■ Marie dit au revoir à sa **compagne** de voyage.

comparaison nom féminin
Il n'y a pas de comparaison possible entre un chat et un chien, on ne peut pas comparer un chat et un chien.

comparer verbe
Comparer deux choses, deux animaux, deux personnes, c'est les regarder attentivement pour voir leurs ressemblances et leurs différences. *Compare ces deux photos de Gabriel et dis-moi laquelle est la plus réussie.*

compartiment nom masculin
Un compartiment, c'est une sorte de pièce à l'intérieur d'une voiture de train. *Papa ferme la porte du compartiment et s'assied.*

compas nom masculin
Un compas, c'est un instrument qui sert à dessiner des cercles.

compétition nom féminin
Une compétition, c'est une course ou un match que l'on essaie de gagner. *Samuel participe à la compétition de judo de l'école.*

complet, complète adjectif
Le parking est complet, le parking est plein, il n'y a plus une seule place libre.
■ Le contraire de complet, c'est **vide.**

complètement adverbe
Maël peut revenir à l'école, il est complètement guéri, il est tout à fait guéri.
■ Tu peux dire aussi **totalement.**

compléter verbe
Compléter, c'est ajouter ce qui manque.

complice nom masculin et féminin
Un complice, une complice, c'est une personne qui aide quelqu'un à faire quelque chose de mal. *Le voleur avait un complice qui l'attendait dans la voiture.*

compliment nom masculin
Un compliment, c'est ce que l'on dit à quelqu'un pour le féliciter d'avoir fait quelque chose de bien. *Le professeur fait des compliments à Morgane : elle n'a fait aucune faute dans sa dictée.*
■ Tu peux dire aussi des **félicitations.**
■ Le contraire de compliment, c'est **reproche.**

compliqué, compliquée adjectif
Cette histoire est très compliquée, elle est très difficile à comprendre.
■ Le contraire de compliqué, c'est **simple.**

Le wagon est **complet** : il n'y a plus de place assise pour Yanis.

comportement nom masculin
Le comportement, c'est la manière dont une personne se tient et agit. *Le directeur a parlé aux parents du comportement des élèves en classe.*
■ Cherche aussi **attitude** et **conduite.**

composer verbe
1. *Mozart a composé des opéras,* il a écrit de la musique d'opéra.
2. *Eva compose le numéro de téléphone de sa grand-mère,* elle tape le numéro sur le téléphone.
3. *La maison d'Antoine se compose de cinq pièces,* elle a cinq pièces. *Un balai se compose d'un manche et d'une brosse,* il est formé d'un manche et d'une brosse.

compote nom féminin
Corentin mange de la compote de pommes, il mange des pommes cuites dans un peu d'eau avec du sucre.

compréhensif, compréhensive adjectif
Une personne compréhensive, c'est une personne qui écoute les autres, comprend leurs problèmes et accepte ce qu'ils font même si ce n'est pas très bien. *La maîtresse est compréhensive, elle n'a pas puni Clémence.*
■ Cherche aussi **indulgent.**

comprendre verbe
Le bébé comprend ce que lui dit sa mère, il sait ce que signifie ce que lui dit sa mère.

compresse nom féminin
Une compresse, c'est un morceau de tissu spécial que l'on met sur une blessure.

comprimé nom masculin
Un comprimé, c'est un médicament dur, souvent rond et plat, que l'on avale avec de l'eau.
■ Cherche aussi **cachet.**

compte nom masculin
1. Un compte, c'est un calcul. *La maîtresse fait le compte des élèves absents aujourd'hui,* elle regarde combien d'élèves sont absents.
2. *Martin s'est rendu compte qu'il avait oublié sa trousse à l'école,* il s'est aperçu qu'il avait oublié sa trousse.
■ Ne confonds pas compte et **conte.**

compter verbe
1. Savoir compter, c'est connaître les chiffres et pouvoir les dire dans l'ordre. *Noah sait compter jusqu'à cinq.*
2. *La maîtresse compte les cahiers,* elle trouve combien il y a de cahiers en se servant des chiffres.
3. Compter sur quelqu'un, c'est avoir confiance en lui et savoir qu'il sera là si on a besoin de lui. *« Je compte sur toi pour me rappeler d'acheter du pain » m'a dit Maman.*

compteur nom masculin
Un compteur, c'est un instrument qui sert à compter, à mesurer quelque chose. *Dans une voiture, le compteur indique la vitesse à laquelle on roule.*
■ Ne confonds pas compteur et **conteur.**

comptine nom féminin
Une comptine, c'est une petite poésie ou une petite chanson très facile à apprendre. *Connais-tu la comptine qui commence par : « Une souris verte qui courait dans l'herbe » ?*

Papa prend son café au **comptoir**.

comptoir nom masculin
Un comptoir, c'est une table haute sur laquelle on sert les boissons dans un bar. *Papa aime prendre son café au comptoir.*
■ Cherche aussi **bar.**

concert nom masculin
Un concert, c'est un spectacle où l'on écoute de la musique.

concierge nom masculin et féminin
Un concierge, une concierge, c'est une personne qui garde un immeuble et distribue le courrier aux gens qui y habitent. *Le concierge est en train de passer l'aspirateur dans l'escalier.*
■ Tu peux dire aussi **gardien, gardienne.**

conclure verbe
Conclure, c'est terminer ce que l'on dit ou ce que l'on écrit. *La directrice a conclu son discours en souhaitant de bonnes vacances à tous.*

conclusion nom féminin
Une conclusion, c'est ce que l'on pense de quelque chose après y avoir réfléchi. *Comme il était en retard à son rendez-vous à cause des encombrements, Papa est arrivé à la conclusion qu'il aurait dû prendre le métro.*

concombre nom masculin
Un concombre, c'est un fruit allongé et vert, qui ressemble à un gros cornichon. *Bilal mange des concombres à la vinaigrette.*

Des **concombres**.

concours nom masculin
Mon oncle espère remporter le concours de pêche, il espère être le meilleur pêcheur et gagner le premier prix.
■ On ne prononce pas le **s** qui est à la fin.

concurrent nom masculin,
concurrente nom féminin
Un concurrent, une concurrente, c'est une personne qui participe à un concours, une compétition, un jeu. *Les concurrents sont prêts à prendre le départ de la course.*
■ Cherche aussi **candidat.**

condamner verbe
Condamner, c'est donner une punition à quelqu'un que l'on juge coupable. *Le tribunal a condamné le voleur à un an de prison.*

condition nom féminin
Une condition, c'est ce qui est absolument nécessaire pour pouvoir faire quelque chose. *Tu regarderas la télévision à condition que tu aies appris tes leçons,* tu regarderas la télévision seulement si tu as appris tes leçons.

conducteur nom masculin,
conductrice nom féminin
Un conducteur, une conductrice, c'est une personne qui conduit une voiture, un autobus, un train, un métro, un tracteur. *Le conducteur du train monte dans la locomotive.*
■ Cherche aussi **chauffeur.**

conduire verbe
La grande sœur de Julien apprend à conduire, elle apprend à faire avancer une voiture en étant au volant.

conduite nom féminin
La conduite, c'est la manière dont une personne se tient. *Jean bavarde pendant la classe et il est insolent : il a une mauvaise conduite.*
■ Cherche aussi **comportement.**

cône nom masculin
Un cône, c'est un objet dont le bas est rond et le sommet pointu. *Un cornet de glace a la forme d'un cône.*
Ce mot s'écrit avec un **ô.**

confetti nom masculin
Un confetti, c'est une petite rondelle de papier. *Pendant le carnaval, on se lance des confettis de toutes les couleurs.*

confiance nom féminin
La confiance, c'est le sentiment qu'a une personne qu'on ne lui mentira pas et qu'on ne lui fera rien de désagréable. *Sarah fait confiance à Antoine, elle est sûre qu'il ne répétera son secret à personne.*

confidence nom féminin
Une confidence, c'est un secret que l'on dit à quelqu'un en qui l'on a confiance. *Guillaume fait ses confidences à Nina,* il lui dit des choses que les autres ne savent pas.

confier verbe
1. *Mes parents confient mon petit frère à Mamie pour la soirée,* ils lui donnent mon petit frère à garder en sachant qu'elle s'en occupera bien.
2. *Guillaume a confié un secret à Nina,* il lui a dit un secret à elle toute seule.

confiserie nom féminin
1. Une confiserie, c'est un magasin où l'on vend des bonbons. *Agathe a acheté des caramels à la confiserie.*
2. Une confiserie, c'est un bonbon, une sucrerie, une friandise. *Les sucettes au citron sont les confiseries préférées de Gaëtan.*

confisquer verbe
Le maître m'a confisqué mon baladeur, il m'a pris mon baladeur pour me punir et il me le rendra plus tard.

confiture nom féminin
De la confiture, c'est un ensemble de fruits cuits dans du sucre. *Émilie met de la confiture de fraises sur sa tartine.*

Aimes-tu la **confiture** de fraise ?

confondre verbe
Confondre, c'est ne pas voir la différence qu'il y a entre plusieurs personnes ou plusieurs choses. *Lou-Ann a confondu son bonnet avec celui de Tristan,* elle a pris le bonnet de Tristan pour le sien.

confort nom masculin
Le confort, c'est ce qui rend la vie plus agréable et plus facile. *Alexandre aime bien son confort : il a mis tous les coussins sur le canapé et s'est installé avec son jeu vidéo.*

confortable adjectif
Papi est assis dans un fauteuil confortable, il est assis dans un fauteuil dans lequel on est bien installé. ■ Papi aime bien son **confort.**

Ces fauteuils sont très **confortables.**

congé nom masculin
Un congé, c'est une période pendant laquelle on ne travaille pas. *Mon père est en congé de maladie,* il ne travaille pas en ce moment parce qu'il est malade.
■ Cherche aussi **vacances.**

congélateur nom masculin
Un congélateur, c'est un appareil dans lequel on met des aliments que l'on doit garder à une température bien plus basse que zéro degré. *Emma range la glace à la vanille dans le congélateur.*
■ Dans le **réfrigérateur,** la température est supérieure à zéro degré.
■ Cherche aussi **surgelé.**

Le pin et le sapin sont des **conifères.**

conifère nom masculin
Un conifère, c'est un arbre dont les feuilles sont des aiguilles et dont les fruits sont en forme de cône. *Le sapin, le pin sont des conifères.*

conjonction nom féminin
Une conjonction, c'est un mot invariable qui sert à unir des mots ou des phrases. *Dans la phrase : Estelle et Evan sont en classe, « et » est une conjonction.*

conjugaison nom féminin
Une conjugaison, c'est l'ensemble des formes que prend un verbe à toutes les personnes du singulier et du pluriel et à tous les temps. *Connais-tu la conjugaison du verbe aller ?*
■ Cherche aussi **temps.**

conjuguer verbe
Conjuguer, c'est dire ou écrire les formes d'un verbe. *Kevin conjugue*

le verbe aller au présent : je vais, tu vas, il va, nous allons, vous allez, ils vont.

connaissance nom féminin

Le jour de la rentrée, les parents ont fait la connaissance de la maîtresse, ils ont vu la maîtresse pour la première fois et ils ont parlé avec elle.

connaître verbe

1. Connaître, c'est savoir. *Jules ne connaît pas le nom de la directrice,* il ne sait pas comment elle s'appelle.
2. *Maeva connaît la mère de Charles,* elle a déjà vu la mère de Charles, elle sait comment elle est.

connu, connue adjectif

Cet acteur est très connu, beaucoup de personnes le reconnaissent quand elles le voient et savent qui il est.

- Tu peux dire aussi **célèbre.**
- Le contraire de connu, c'est **inconnu.**

conquérir verbe

Les Romains ont conquis la Gaule, ils ont fait la guerre à la Gaule et ils ont obligé ses habitants à leur obéir.

consciencieux, consciencieuse adjectif

Nolan est un élève consciencieux, il s'applique et travaille avec soin.

conseil nom masculin

Un conseil, c'est ce que l'on dit à quelqu'un pour l'aider à savoir ce qu'il doit faire, à prendre une décision. *Je ne sais pas de quelle couleur colorier la maison : donne-moi un conseil.*

conseiller verbe

Le médecin a conseillé à Maman de se reposer, il lui a dit qu'elle devrait se reposer, que ce serait mieux pour elle de se reposer.

conséquence nom féminin

Une conséquence, c'est ce qui arrive à cause d'autre chose. *La pollution et le tabac ont de graves conséquences sur la santé.*

conserve nom féminin

Une boîte de conserve, c'est une boîte en métal dans laquelle les aliments restent bons longtemps. *Maman achète des petits-pois en conserve,* elle achète des petits-pois qui sont dans une boîte de conserve.

conserver verbe

Conserver, c'est garder en bon état. *On peut conserver de la viande plusieurs jours dans le réfrigérateur.*

consigne nom féminin

La consigne, c'est l'endroit où l'on peut faire garder ses bagages dans une gare, un aéroport.

Thomas met sa valise à la **consigne.**

console nom féminin

Une console, c'est un appareil électronique avec lequel on joue à des jeux vidéo.

A B C D E F G H I J K L M N O P Q R S T U V W X Y Z

consoler verbe
Marie console Damien qui pleure, elle lui dit des choses gentilles pour qu'il ne soit plus triste.

consommer verbe
1. Consommer, c'est boire ou manger. *Les Français consomment beaucoup de fromage,* ils mangent beaucoup de fromage.
2. *Cette voiture consomme très peu d'essence,* elle utilise peu d'essence pour rouler.

consonne nom féminin
Une consonne, c'est une lettre qui représente un bruit fait par l'air qui passe dans la gorge et dans la bouche quand on parle. *Dans le mot « mur » il y a 2 consonnes :* m *et* r.
■ Quelle est la **voyelle** qui est dans le mot « mur » ?

constater verbe
Constater quelque chose, c'est se rendre compte de quelque chose. *En mettant son manteau, Louis constate qu'il manque un bouton,* il remarque qu'il manque un bouton.

construction nom féminin
La construction de la nouvelle école est presque finie, les ouvriers ont presque fini de construire la nouvelle école.
■ Est-ce que tu as déjà joué avec un **jeu de construction ?**
■ Le contraire de construction, c'est **démolition, destruction.**

construire verbe
Construire une maison, c'est faire un sol, des murs, un toit et les mettre ensemble pour que cela devienne une maison.
■ Tu peux dire aussi **bâtir.**
■ Le contraire de construire, c'est **démolir, détruire.**

consulter verbe
1. *Papa consulte l'horaire des trains,* il le regarde pour se renseigner sur l'heure des trains.
2. *Ma tante est allée consulter un médecin car elle était malade,* elle est allée chez un médecin pour se faire examiner.

contact nom masculin
1. *Antoine s'est brûlé la main au contact du radiateur,* il s'est brûlé la main en touchant le radiateur.
2. *Maman monte dans la voiture et met le contact,* elle tourne la clé pour que le courant électrique sorte de la batterie et que la voiture puisse démarrer.

contagieux, contagieuse adjectif
Sofia a la varicelle, elle est contagieuse, si on va voir Sofia on peut attraper sa maladie.

conte nom masculin
Un conte, c'est une histoire inventée qui raconte les aventures merveilleuses de princesses, de fées, de magiciens et d'ogres. *Est-ce que tu connais un conte dans lequel il y a sept nains ?*
■ Ne confonds pas conte et **compte.**

On est en train de **construire** une maison.

contenir verbe

Cette boîte contient des biscuits, il y a des biscuits dans cette boîte. *Les fruits contiennent des vitamines,* ils ont des vitamines en eux.

content, contente adjectif

Myriam est contente de partir en vacances, cela lui fait plaisir et la rend toute joyeuse.

■ Le contraire de content, c'est **mécontent.**

contenu nom masculin

Quel est le contenu de ce gros paquet ? qu'est-ce qu'il y a dans ce gros paquet ? qu'est-ce qu'il contient ?

conteur nom masculin,
conteuse nom féminin

Un conteur, une conteuse, c'est une personne qui dit des contes, qui raconte des histoires. *Papi est un excellent conteur,* il raconte bien les histoires.

■ Ne confonds pas conteur et **compteur.**

continent nom masculin

Un continent, c'est une très grande étendue de terre qui regroupe plusieurs pays et que l'on peut parcourir sans traverser la mer. *Le monde est formé de six continents : l'Europe, l'Asie, l'Afrique, l'Amérique, l'Océanie et l'Antarctique.*

continuer verbe

Continuer, c'est ne pas s'arrêter de faire quelque chose. *Axel continue à jouer du piano alors que sa mère lui a dit de venir dîner.*

■ Le contraire de continuer, c'est **arrêter, cesser.**

contour nom masculin

Le contour, c'est la ligne qui fait le tour. *Marie fait une carte de France : elle dessine d'abord les contours, puis elle place les villes, les fleuves et les montagnes.*

contraire nom masculin

1. Le contraire, c'est ce qui est opposé. *Pour fermer le verrou, tu le tournes vers la droite, pour l'ouvrir, tu fais le contraire,* tu le tournes vers la gauche.

2. Le contraire d'un mot, c'est un mot qui a un sens complètement opposé. *« Chaud » est le contraire de « froid ».*

■ Le contraire de contraire, c'est **synonyme.**

contrarier verbe

Papa est parti sans me dire au revoir, cela m'a contrariée, cela m'a rendue mécontente et inquiète.

contravention nom féminin

Une contravention, c'est une somme d'argent que l'on doit payer parce que l'on a fait quelque chose d'interdit, quand on est en voiture.

■ Cherche aussi **amende.**

Maman a une **contravention** parce que sa voiture est mal garée.

a b c d e f g h i j k l m n o p q r s t u v w x y z

A B C D E F G H I J K L M N O P Q R S T U V W X Y Z

contre préposition

1. *Jeanne a poussé la table contre le mur,* elle a poussé la table tout près du mur. *Elsa se serre contre son père,* elle se serre tout près de son père.

2. *Je t'échange cette petite voiture contre des billes,* je te donne cette petite voiture et tu me donnes des billes à la place.

3. *Le chevalier s'est battu contre le dragon,* il s'est battu avec lui.

à **contrecœur** adverbe

Louise a prêté sa poupée à contrecœur, elle a prêté sa poupée en se forçant, alors qu'elle n'en avait pas envie.

contredire verbe

Contredire, c'est dire le contraire. *Alexandre contredit tout le temps sa sœur,* il dit tout le temps le contraire de ce qu'elle vient de dire.

contrôle nom masculin

À la frontière, des policiers s'occupent du contrôle des passeports, ils regardent les passeports et vérifient qu'ils nous appartiennent et qu'ils ne sont pas trop vieux.

■ Tu peux dire aussi **vérification.**

➜ Ce mot s'écrit avec un **ô.**

contrôler verbe

Contrôler, c'est regarder si tout est bien comme il faut. *Le contrôleur a contrôlé nos billets dans le train.*

■ Tu peux dire aussi **vérifier.**

➜ Ce mot s'écrit avec un **ô.**

contrôleur nom masculin, **contrôleuse** nom féminin

Un contrôleur, une contrôleuse, c'est une personne dont le métier est de contrôler les billets dans le train, le métro ou l'autobus. *Le contrôleur demande aux voyageurs de lui montrer leurs billets.*

➜ Ce mot s'écrit avec un **ô.**

convaincre verbe

Mon oncle nous a convaincus de rester encore quelques jours chez lui, il a tout fait pour que nous soyons d'accord pour rester chez lui, alors que nous voulions partir.

■ Cherche aussi **persuader.**

convalescence nom féminin

La convalescence, c'est la période, après une maladie, où l'on est encore fatigué et où il faut se reposer pour reprendre des forces.

Léa est en **convalescence.**

convenable adjectif

Ce n'est pas convenable de dire des gros mots, cela n'est pas bien, cela n'est pas poli.

conversation nom féminin

Maman a eu une longue conversation avec la directrice, elles ont parlé longtemps ensemble.

convocation nom féminin

Une convocation, c'est une lettre qui dit de venir à une réunion ou de venir passer un examen. *Mon cousin a reçu sa convocation à son concours.*

■ Cherche aussi **convoquer.**

convoi nom masculin

Un convoi, c'est un groupe de voitures ou de camions qui voyagent ensemble et roulent en se suivant. *Nous avons doublé un convoi qui transportait de grosses machines.*

convoquer verbe

Convoquer, c'est demander de venir en envoyant une lettre, une convocation. *La directrice a convoqué les parents de Matthias et de Lucile.*

copain nom masculin,
copine nom féminin

Un copain, une copine, c'est un ami, une amie. *Émilie a invité tous ses copains pour son anniversaire.*

■ Ce mot est familier.

■ On peut dire aussi **ami, camarade.**

copie nom féminin

Une copie, c'est une feuille de papier sur laquelle les élèves font leurs devoirs. *Léo écrit son nom en haut de sa copie.*

copier verbe

Copier, c'est écrire une chose que l'on voit écrite ailleurs. *Nicolas copie une poésie sur son cahier. Il ne faut pas copier sur son voisin,* il ne faut pas regarder ce qu'écrit son voisin et écrire la même chose que lui.

copine → va voir **copain.**

coq nom masculin

Le coq, c'est le mâle de la poule.

■ Est-ce que tu sais comment s'appelle le morceau de peau rouge que le coq a sur la tête ? La **crête.**

■ Ne confonds pas coq et **coque.**

Le **coq** chante quand le soleil se lève.

coque nom féminin

1. *Antoine mange un œuf à la coque,* il mange un œuf cuit qui est encore dans sa coquille.

■ On mange un œuf à la coque dans un **coquetier.**

2. La coque d'un bateau, c'est la partie du bateau formée du fond et des côtés. *Sur la coque sont construits le pont et le mât.*

■ Ne confonds pas coque et **coq.**

coquelicot nom masculin

Un coquelicot, c'est une fleur d'un rouge éclatant qui pousse dans les champs en été. *Les coquelicots sont très fragiles, ils se fanent dès qu'on les cueille.*

■ Gentil coquelicot, mesdames, gentil coquelicot, nouveau.

coqueluche nom féminin

La coqueluche, c'est une maladie contagieuse qui fait tousser. *Le bébé a été vacciné contre la coqueluche.*

Justine est très **coquette.**

coquet, coquette adjectif
Une personne coquette, c'est une personne qui aime mettre de jolis vêtements et être bien coiffée pour plaire à ceux qui la regardent.

coquetier nom masculin
Un coquetier, c'est un petit récipient dans lequel on met un œuf à la coque debout pour le manger.

coquillage nom masculin
Un coquillage, c'est un petit animal qui vit dans la mer et dont le corps est protégé par une coquille. *Les huîtres, les moules sont des coquillages.*
■ Le coquillage, c'est aussi le nom de la coquille.

coquille nom féminin
1. La coquille, c'est l'enveloppe dure d'un escargot, d'un coquillage, d'un œuf.
2. La coquille, c'est l'enveloppe dure de certains fruits. *Les noix, les noisettes ont une coquille.*

coquin, coquine adjectif
Baptiste et Louis sont très coquins, ils aiment rire et faire des farces.

cor nom masculin
Un cor, c'est un instrument de musique fait d'un long tube enroulé sur lui-même dans lequel on souffle.
■ Ne confonds pas cor et **corps.**

corbeau nom masculin
Un corbeau, c'est un gros oiseau noir ou gris avec un grand bec. *On met des épouvantails dans les champs pour faire peur aux corbeaux.*
Au pluriel : des **corbeaux.**
■ Les corbeaux **croassent.**

corbeille nom féminin
Une corbeille, c'est un petit panier qui n'a pas d'anse. *Maman coupe le pain et met les morceaux dans une corbeille à pain. Hugo a jeté l'emballage de son cadeau dans la corbeille à papier.*

corde nom féminin
1. Une corde, c'est une grosse ficelle. *L'âne est attaché à l'arbre avec une corde. Marine saute à la corde dans le square.*
2. Une corde, c'est un fil tendu sur un instrument de musique, pour faire un son. *Une guitare a six cordes.*

cordon nom masculin
Un cordon, c'est une petite corde. *Pour ouvrir les rideaux, Maman tire sur le cordon.*

cordonnier nom masculin
Un cordonnier, c'est une personne dont le métier est de réparer les chaussures. *Papa va porter ses chaussures abîmées chez le cordonnier.*

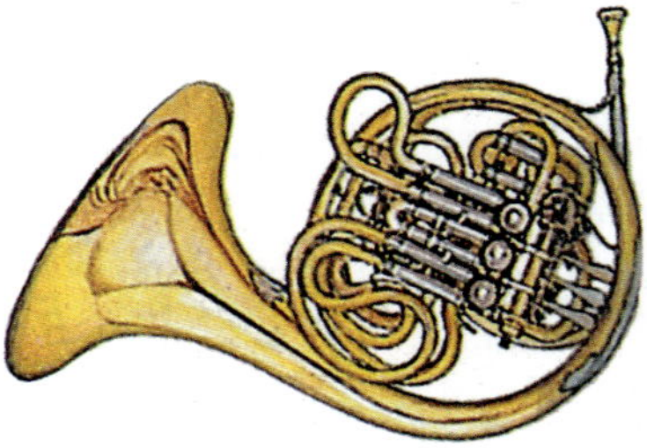
Un **cor.**

corne nom féminin

Les cornes, ce sont les deux pointes dures que certains animaux ont sur la tête. *Les taureaux, les chèvres, les gazelles, les girafes ont des cornes.*

■ Est-ce que tu connais un animal qui a une ou deux cornes sur le nez? Le **rhinocéros.**

corneille nom féminin

Une corneille, c'est un oiseau noir plus petit qu'un corbeau.

■ Les corneilles **croassent.**

cornet nom masculin

Un cornet, c'est un biscuit très fin qui a un peu la forme d'une corne et dans lequel on met des boules de glace. *Pierre a acheté un cornet de glace à la boulangerie.*

cornichon nom masculin

Un cornichon, c'est un tout petit concombre que l'on conserve dans du vinaigre. *Maman ouvre un bocal de cornichons.*

corps nom masculin

Le corps, c'est l'ensemble que forment la tête, le tronc, les bras et les jambes.

■ Ne confonds pas corps et **cor.**

correct, correcte adjectif

Cette opération est correcte, cette opération est juste, il n'y a pas de faute dans cette opération.

■ Le contraire de correct, c'est **incorrect.**

correctement adverbe

Assieds-toi correctement, assieds-toi bien, assieds-toi comme il faut s'asseoir.

correction nom féminin

La maîtresse fait la correction de la dictée, elle corrige la dictée, elle dit où sont les fautes.

correspondance nom féminin

La correspondance, c'est l'ensemble des lettres que l'on écrit et que l'on reçoit.

■ Cherche aussi **courrier.**

correspondant nom masculin,
correspondante nom féminin

Un correspondant, une correspondante, c'est une personne du même âge qui habite dans un autre pays ou dans une autre ville et à qui l'on écrit régulièrement. *Raphaël est allé passer une semaine chez son correspondant allemand.*

correspondre verbe

1. *Ce morceau de puzzle correspond à ce trou dans le dessin,* il a la même forme que le trou, ils vont ensemble.

2. *Depuis un an, Charlotte correspond avec une amie anglaise,* elle écrit à une amie anglaise qui lui répond régulièrement.

corriger verbe

La maîtresse corrige la dictée, elle dit quelles fautes nous avons faites et ce qu'il faut écrire à la place.

■ Cherche aussi **correction.**

corsaire nom masculin

Un corsaire, c'était, autrefois, un capitaine de navire qui attaquait et pillait les bateaux de ceux qui étaient les ennemis de son pays. *Le roi ou l'empereur donnait aux corsaires l'autorisation de se battre ainsi.*

■ Les **pirates** attaquaient même les bateaux de ceux qui n'étaient pas les ennemis de leur pays.

a b c d e f g h i j k l m n o p q r s t u v w x y z

cortège nom masculin

Un cortège, c'est un ensemble de personnes qui marchent les unes derrière les autres en suivant quelqu'un ou quelque chose. *Les mariés sont sortis de la mairie, suivis du cortège des invités.*

corvée nom féminin

Une corvée, c'est une chose ennuyeuse ou pénible que l'on est obligé de faire, même si l'on n'en a pas envie. *Il faut que je range ma chambre : quelle corvée !*

Les **cosmonautes** sont sortis du vaisseau spatial.

cosmonaute nom masculin et féminin

Un cosmonaute, une cosmonaute, c'est une personne qui voyage dans l'espace, dans une fusée.
■ Tu peux dire aussi **astronaute.**

costume nom masculin

1. Un costume, c'est un pantalon et une veste d'homme faits dans le même tissu.

2. Un costume, c'est un vêtement que l'on met pour se déguiser. ■ Tu peux dire aussi **déguisement.**

côte nom féminin

1. Les côtes, ce sont les os qui forment comme une cage autour du cœur et des poumons. *Nous avons douze paires de côtes.*

2. Une côte, c'est une route qui monte. *Leïla a du mal à monter la côte à vélo.* ■ Tu peux dire aussi **montée.**

3. La côte, c'est le bord de la mer. *La Côte d'Azur est au bord de la mer Méditerranée.*

4. *Quentin et Anissa sont assis côte à côte,* ils sont assis l'un à côté de l'autre.
➪ Ce mot s'écrit avec un **ô.**

côté nom masculin

1. *Regarde bien de tous les côtés avant de traverser la rue,* regarde dans toutes les directions.

2. *Un triangle a trois côtés,* il est formé de trois lignes.

3. *Quentin s'assied à côté d'Anissa,* il s'assied près d'elle.
➪ Ce mot s'écrit avec un **ô.**

Papa a mis son **costume** gris et Jade son **costume** de fée.

côtelette nom féminin
Une côtelette, c'est une tranche de viande qui a un petit morceau d'os sur le côté. *Angélina mange des côtelettes d'agneau.*
Ce mot s'écrit avec un **ô**.

coton nom masculin
Le coton, c'est une matière blanche et douce dont on se sert pour faire des pansements et avec laquelle on fabrique du tissu. *Paul a une chemise en coton.*
Le coton vient d'une plante qui pousse dans les pays chauds.

cou nom masculin
Le cou, c'est la partie du corps qui tient la tête. *Imane a mis son écharpe autour du cou.*
Au pluriel : des **cous.**
Ne confonds pas cou et **coup.**

couchage nom masculin
Un sac de couchage, c'est un grand sac rempli de duvet dans lequel on se met pour dormir. *Les campeurs ont installé leurs sacs de couchage sous la tente.*

couche nom féminin
Une couche, c'est une sorte de culotte que l'on met aux bébés et que l'on jette quand elle est sale. *Mon petit frère a fait pipi dans sa couche, Papa va lui en mettre une propre.*

① **coucher** verbe
1. Coucher, c'est mettre au lit. *Maman couche ma petite sœur dans son couffin.*
2. Coucher, c'est dormir. *Ce soir, Capucine vient coucher chez moi.*
3. Se coucher, c'est se mettre au lit. *Va vite te coucher !* Le contraire de se coucher, c'est se **lever.**
4. *En hiver, le soleil se couche tôt,* il disparaît de bonne heure sous l'horizon.

② **coucher** nom masculin
Le coucher du soleil, c'est le moment où le soleil disparaît, où il se couche.
Le contraire de coucher, c'est **lever.**

couchette nom féminin
Une couchette, c'est un lit étroit dans un train, un bateau, une caravane.

coucou nom masculin
1. Un coucou, c'est un oiseau gris et noir, gros comme un pigeon. *Quand le coucou chante, on a l'impression qu'il dit « coucou ».*
2. Un coucou, c'est une petite fleur jaune qui fleurit dans les champs au printemps.
Au pluriel : des **coucous.**

Des **coucous.**

coude nom masculin
Le coude, c'est l'endroit du bras où l'on peut le plier. *Mamie nous dit de ne pas mettre les coudes sur la table.*
Comment s'appelle l'endroit où l'on plie la jambe ? Le **genou.**

A B C D E F G H I J K L M N O P Q R S T U V W X Y Z

coudre verbe
Maman coud les boutons de ma chemise, elle fait tenir les boutons sur la chemise avec du fil qu'elle passe dans les trous du bouton et dans le tissu à l'aide d'une aiguille.
■ Pour ne pas se piquer le doigt en poussant l'aiguille, on met un **dé à coudre.**

couette nom féminin
1. Une couette, c'est une grande enveloppe de tissu remplie d'une matière qui tient chaud ; elle sert de drap de dessus et de couverture. *Eliott dort sous sa couette.*
2. *Thelma s'est fait des couettes,* elle a attaché ses cheveux des deux côtés de la tête avec des élastiques, des rubans ou des barrettes.

couffin nom masculin
Un couffin, c'est un panier allongé dans lequel il y a un matelas et qui sert à coucher et à transporter un bébé.

couler verbe
1. *Laisse couler l'eau pour qu'elle soit fraîche,* laisse l'eau sortir du robinet.
2. *Un bateau a coulé pendant la tempête,* un bateau s'est enfoncé dans la mer.

couleur nom féminin
Cette robe existe dans plusieurs couleurs, cette robe existe en bleu, en rouge, en jaune, etc.
■ Les couleurs de l'arc-en-ciel sont le violet, l'indigo, le bleu, le vert, le jaune, l'orange et le rouge.

De quelle **couleur** est cette voiture ?

couleuvre nom féminin
Une couleuvre, c'est un serpent qui peut mesurer près de deux mètres de long. *La couleuvre n'est pas dangereuse pour l'homme.*

Une **couleuvre.**

couloir nom masculin
Un couloir, c'est un long passage que l'on prend pour aller d'une pièce à une autre. *La classe de Rémi est la dernière à gauche, au bout du couloir.*

coup nom masculin
1. *Papa enfonce un clou à coups de marteau,* il enfonce un clou en tapant dessus avec un marteau. *Le boxeur a donné un coup de poing à son adversaire,* il l'a frappé avec son poing.
2. *Maman attend un coup de téléphone,* elle attend qu'on lui téléphone.
3. *Héloïse se donne un coup de brosse,* elle se coiffe rapidement avec sa brosse.
4. *Arnaud a attrapé un coup de soleil,* il a une brûlure sur la peau, causée par le soleil.
5. *J'ai entendu un coup de feu,* j'ai entendu le bruit que fait un fusil ou un pistolet quand on tire une balle.
■ Ne confonds pas coup et **cou.**

coupable adjectif
Une personne coupable, c'est une personne qui a commis une faute grave. *Le voleur a avoué qu'il était coupable.*
■ Le contraire de coupable, c'est **innocent.**

coupe nom féminin
1. Une coupe, c'est un verre à pied, très large, dans lequel on boit du champagne.
2. Une coupe, c'est un vase en métal, avec un pied, que l'on donne au vainqueur d'une compétition. *Diégo a gagné la coupe de la compétition de judo.*
3. *Julie a une nouvelle coupe de cheveux,* on lui a coupé les cheveux d'une autre façon.

Léa est fière, elle a gagné la **coupe**.

couper verbe
1. Couper, c'est enlever un morceau avec un couteau ou des ciseaux. *Maman coupe le saucisson en tranches fines. Julie s'est fait couper les cheveux.*
2. *Papa s'est coupé en se rasant,* il s'est fait une entaille et il saigne.

couple nom masculin
Un couple, c'est l'ensemble formé par deux animaux de sexe différent ou par un homme et une femme. *Jonathan a un couple de hamsters dans une cage.*

couplet nom masculin
Les couplets, ce sont les parties d'une chanson dont les paroles ne sont pas les mêmes ; entre chaque couplet, on chante le refrain. *Estelle connaît le refrain et le premier couplet de « Cadet Rousselle ».*
■ Cherche aussi **strophe.**

cour nom féminin
1. Une cour, c'est un espace entouré de maisons, de murs ou de grilles, dehors. *Vivement la récréation que l'on puisse jouer dans la cour !*
2. La cour d'un roi, c'est l'endroit où le roi habite et l'ensemble des personnes qui vivent auprès de lui. *La cour de Louis XIV était à Versailles.*
■ Ne confonds pas cour, **cours** et **court.**

courage nom masculin
Le courage, c'est la force que l'on a de faire des choses difficiles, dangereuses ou qui font mal, même si l'on a peur, que l'on est fatigué ou que l'on n'en a pas envie. *Les pompiers ont beaucoup de courage.*

Ce fromage est dur, Paul ne peut pas le **couper**.

courageux, courageuse adjectif
Une personne courageuse, c'est une personne qui fait des choses dangereuses ou difficiles, sans montrer qu'elle a peur. *Titouan a été courageux : il n'a pas pleuré quand le médecin lui a fait son vaccin.*
■ Le contraire de courageux, c'est **peureux.**

① **courant, courante** adjectif
Le verbe « faire » est un mot très courant, c'est un mot que l'on emploie beaucoup, que l'on dit et que l'on entend souvent.
■ Tu peux dire aussi **fréquent.**
■ Le contraire de courant, c'est **rare.**

② **courant** nom masculin
1. Le courant, c'est le mouvement de l'eau d'une rivière ou de la mer. *La barque a été emportée par le courant.*
2. Le courant, c'est l'électricité qui passe dans les fils. *Monsieur Lemercier est resté bloqué dans l'ascenseur pendant la panne de courant.*
3. *Ferme la fenêtre, je sens un courant d'air,* je sens de l'air froid qui arrive de la fenêtre.
4. Être au courant de quelque chose, c'est le savoir, en être informé. *Je n'étais pas au courant de son départ,* je ne savais pas qu'il partait.

courbe nom féminin
Une courbe, c'est une ligne qui dessine un morceau de cercle. *À la sortie du village, la route fait une courbe,* il y a un tournant, la route tourne.

coureur nom masculin,
coureuse nom féminin
Un coureur, une coureuse, c'est une personne qui participe à une course. *Tony aimerait être coureur cycliste et gagner le Tour de France.*

courgette nom féminin
Une courgette, c'est un long fruit vert, qui ressemble à un gros concombre, et que l'on mange cuit. *Thibaut a mangé du gratin de courgettes.*

Une **courgette.**

courir verbe
Courir, c'est avancer très vite à pied, plus rapidement qu'en marchant. *Alan court derrière Léa : va-t-il la rattraper ?*

couronne nom féminin
Une couronne, c'est un cercle en métal orné de pierres précieuses que portent sur la tête les rois et les reines.
■ Cherche aussi **diadème.**

La **couronne** est la marque de l'autorité et de la noblesse du roi et de la reine.

A B C D E F G H I J K L M N O P Q R S T U V W X Y Z

Mamie va recevoir du **courrier** aujourd'hui, son petit-fils lui a écrit.

couronner verbe
Louis XIV est devenu roi de France le jour où on l'a couronné, le jour où on lui a mis la couronne des rois de France sur la tête.
■ Cherche aussi **sacrer.**

courrier nom masculin
Le courrier, c'est l'ensemble des lettres que l'on envoie et que l'on reçoit par la poste.
■ Cherche aussi **correspondance.**

cours nom masculin
1. Un cours d'eau, c'est une rivière, un fleuve ou un torrent. *Alix a pique-niqué avec ses parents près d'un cours d'eau.*
2. *Perrine va au cours de danse,* elle apprend à danser, elle prend des leçons de danse avec un professeur.
3. *Étienne est en cours préparatoire,* il est dans la première classe de l'école primaire.
■ Ne confonds pas cours, **cour** et **court.**

course nom féminin
1. *Oscar et Assia font la course,* ils courent le plus vite possible pour arriver le premier. *Qui va gagner la course ?*
2. *Maman fait les courses au supermarché,* elle achète des choses, elle fait les commissions, des achats.

Alex et Noé font la **course.**

a b c d e f g h i j k l m n o p q r s t u v w x y z

A B C D E F G H I J K L M N O P Q R S T U V W X Y Z

court, courte adjectif

1. *Méline a les cheveux courts,* ses cheveux n'ont pas beaucoup de longueur.

2. *Le discours du directeur était très court,* il n'a pas duré longtemps.

■ Le contraire de court, c'est **long.**

■ Ne confonds pas court, **cour** et **cours.**

couscous nom masculin

Le couscous, c'est un plat fait de semoule, de légumes et de viande et que l'on sert avec de la sauce piquante. *La maman d'Aziz nous a fait du couscous.*

cousin nom masculin,
cousine nom féminin

Tes cousins, tes cousines, ce sont les enfants des frères et des sœurs de tes parents. *Charline ressemble beaucoup à son cousin Steven.*

coussin nom masculin

Un coussin, c'est un sac en tissu ou en cuir, rempli d'une matière molle comme de la mousse, sur lequel on s'assied ou on s'appuie. *Le chat s'est endormi sur le coussin du fauteuil.*

couteau nom masculin

Un couteau, c'est un instrument formé d'un manche et d'une lame, qui sert à couper. *Le boucher coupe la viande avec un grand couteau.*

➜ Au pluriel : des **couteaux.**

■ Le couteau, la cuillère et la fourchette sont des **couverts.**

coûter verbe

Ce paquet de bonbons coûte trois euros, son prix est de trois euros.

■ Tu peux dire aussi **valoir.**

➜ Ce mot s'écrit avec un **û.**

coûteux, coûteuse adjectif

Une chose coûteuse, c'est une chose qui coûte beaucoup d'argent. *Cette voiture est coûteuse.*

■ Tu peux dire aussi **cher.**

➜ Ce mot s'écrit avec un **û.**

coutume nom féminin

Les coutumes, ce sont les habitudes et la manière de vivre des personnes d'une région, d'un pays ou d'une famille. *Le jour de Noël, on s'offre des cadeaux, c'est la coutume.*

couture nom féminin

Olivia fait de la couture, elle coud.

couturier nom masculin,
couturière nom féminin

Un couturier, une couturière, c'est une personne dont le métier est de coudre des vêtements. *La cousine de Louis a fait faire sa robe de mariée par une couturière.*

■ Cherche aussi **tailleur.**

couver verbe

La poule couve ses œufs, elle reste sur ses œufs pour qu'ils soient au chaud et que les poussins puissent naître.

■ Le poussin sort de l'œuf au bout de vingt et un jours.

La poule **couve.**

couvercle nom masculin

Un couvercle, c'est ce que l'on met sur une boîte ou sur un récipient pour le fermer. *Léo a cassé le couvercle de la théière en le faisant tomber.*

① **couvert** nom masculin

1. Les couverts, ce sont les couteaux, les cuillères et les fourchettes.

2. *Mathieu met le couvert,* il installe sur la table tout ce qu'il faut pour pouvoir manger : les assiettes, les verres, les couteaux, les cuillères, les fourchettes, les serviettes, le sel, le poivre...

② **couvert, couverte** adjectif

1. *Il fait froid, Marine n'est pas assez couverte,* elle n'a pas mis suffisamment de vêtements chauds.

2. *Romain va à la piscine couverte,* il va dans une piscine qui est dans un bâtiment et qui est protégée par un toit.

couverture nom féminin

1. Une couverture, c'est un grand tissu épais que l'on met sur un lit pour tenir chaud. *David dort avec deux couvertures.*

2. La couverture d'un livre, c'est l'extérieur du livre sur lequel est écrit le titre.

couvrir verbe

1. Couvrir, c'est mettre par-dessus. *Papa couvre mes livres de classe avec du plastique transparent,* il les recouvre de plastique pour les protéger.

2. Se couvrir, c'est mettre des vêtements chauds. *Il y a du vent, couvre-toi bien !*

cow-boy nom masculin

Un cow-boy, c'est un homme qui garde de grands troupeaux dans l'ouest des États-Unis, en Amérique. *Le cow-boy, sur son cheval, a attrapé un bison avec son lasso.*

Au pluriel : des **cow-boys.**

Ce mot vient de l'anglais.

Les **cow-boys** et les Indiens sont les héros des westerns.

crabe nom masculin

Un crabe, c'est un petit animal qui vit au bord de la mer, il a huit pattes et deux pinces. *Augustin mange du crabe avec de la mayonnaise.*

Le crabe est un **crustacé.**

cracher verbe

Cracher, c'est envoyer avec force de la salive hors de sa bouche. *Il ne faut pas cracher par terre.*

A B C D E F G H I J K L M N O P Q R S T U V W X Y Z

craie nom féminin
La craie, c'est une roche blanche qui s'écrase facilement. *La maîtresse écrit au tableau avec une craie,* elle écrit avec un petit bâton fait à partir de cette roche.

craindre verbe
Craindre, c'est avoir peur. *Ne craignez rien, ce chien n'est pas méchant.*

craintif, craintive adjectif
La chatte de Nicolas est très craintive, elle a peur de tout.
■ Tu peux dire aussi **farouche, peureux.**

crampe nom féminin
Une crampe, c'est une douleur que l'on a dans la main, dans la jambe ou à l'estomac parce que les muscles se durcissent tout d'un coup. *Pendant qu'elle courait, Jeanne a eu une crampe au mollet.*

se **cramponner** verbe
Se cramponner, c'est s'accrocher très fort avec ses mains. *Kenza se cramponne à sa mère pour traverser le ruisseau.*

crâne nom masculin
Le crâne, c'est l'ensemble des os qui forment la tête. *Quand on roule à moto, on met un casque pour ne pas se faire une fracture du crâne, si l'on a un accident.*
➺ Ce mot s'écrit avec un **â.**

crapaud nom masculin
Un crapaud, c'est un petit animal à la peau rugueuse qui vit dans l'eau des mares et sur la terre. *Les crapauds sont très utiles car ils mangent les larves des insectes.*
■ Le crapaud appartient à la même famille que la **grenouille.** Il **coasse.**

craquer verbe
1. Craquer, c'est faire un bruit sec. *Quand on marche dans la maison la nuit, quelquefois le plancher craque.*
2. Craquer, c'est se déchirer tout à coup. *Le pantalon du gros monsieur a craqué quand il s'est assis.*

cratère nom masculin
Le cratère, c'est le grand trou qui est au sommet d'un volcan. *La lave brûlante sort du cratère.*

De la fumée sort d'un des **cratères.**

cravate nom féminin
Une cravate, c'est une bande de tissu que les hommes passent autour du cou sous le col de leur chemise et qu'ils nouent par-devant. *Papa a mis un costume et une cravate.*

crayon nom masculin
Un crayon, c'est une petite baguette de bois qui contient une longue mine. *Camille a fait un beau dessin avec ses crayons de couleur.*

crèche nom féminin
1. *Ma petite sœur va à la crèche,* elle va dans un endroit où l'on s'occupe des bébés et des tout petits

enfants pendant que leurs parents travaillent.
2. La crèche de Noël, c'est un ensemble de petits personnages et d'animaux qui représentent la naissance de Jésus dans une étable.

crédit nom masculin
Mon oncle a acheté sa voiture à crédit, quand il a acheté sa voiture il a donné au marchand seulement une partie de l'argent qu'il lui devait, il lui donnera le reste plus tard, un peu chaque mois.
■ Quand on achète à crédit, l'objet que l'on achète coûte plus cher que si on le paye tout de suite.

créer verbe
Créer, c'est fabriquer quelque chose de nouveau. *Cet inventeur vient de créer un nouveau jeu électronique.*
■ Tu peux dire aussi **inventer.**

crème nom féminin
1. La crème, c'est la partie grasse du lait. *On fabrique le beurre en battant la crème.*
2. *Pour le dessert il y a de la crème au chocolat,* il y a un plat sucré fait avec du lait, des œufs et du chocolat.
3. *Avant d'aller au soleil, Léa met de la crème sur son corps,* elle met un produit doux au toucher qui protège la peau.

crêpe nom féminin
Une crêpe, c'est un grand morceau rond de pâte cuite, très fine, que l'on roule ou que l'on plie pour le manger. *Maman fait sauter les crêpes dans la poêle pour les retourner.*
■ Qu'est-ce que tu aimes mettre dans les crêpes : du sucre, de la confiture, du chocolat ?
➾ Ce mot s'écrit avec un **ê.**

crêperie nom féminin
Une crêperie, c'est un restaurant où l'on mange des crêpes.
➾ Ce mot s'écrit avec un **ê.**

crépiter verbe
Le feu crépite dans la cheminée, il fait de petits bruits secs, plusieurs fois de suite.

crépuscule nom masculin
Le crépuscule, c'est le moment où la lumière du jour devient très faible, quand le soleil se couche.
■ Juste avant la nuit, c'est le crépuscule ; juste avant le jour, c'est l'**aurore.**

C'est le **crépuscule**, on va bientôt voir des étoiles dans le ciel.

cresson nom masculin
Le cresson, c'est une plante qui pousse dans l'eau et qui a de petites feuilles rondes vert foncé. *Nous avons mangé du potage au cresson.*

crête nom féminin

1. La crête du coq, c'est le morceau de peau rouge que le coq a sur la tête.

2. La crête d'une vague, c'est la partie qui est tout en haut de la vague. *La crête des vagues est couverte d'écume.*

Ce mot s'écrit avec un **ê.**

creuser verbe

Creuser, c'est faire un trou. *Enora creuse le sable avec sa pelle pour faire un tunnel.*

① **creux, creuse** adjectif

Cette balle est creuse, elle est vide à l'intérieur.

② **creux** nom masculin

Un creux, c'est un trou. *Sophie a trouvé un crabe dans un creux de rocher.*

Au pluriel : des **creux.**

crevasse nom féminin

Une crevasse, c'est une fente très profonde dans un glacier.

crever verbe

Crever, c'est s'ouvrir brusquement en éclatant. *Les bulles de savon crèvent quand on les touche. Le pneu de la voiture est crevé,* il est dégonflé parce qu'il a un trou.

crevette nom féminin

Une crevette, c'est un petit animal avec de longues pattes, de grandes antennes et une fine carapace, qui vit dans la mer. *Aurélien décortique ses crevettes avant de les manger.*

■ Les crevettes sautent dès qu'elles sont hors de l'eau.

cri nom masculin

1. Un cri, c'est un son très fort qui sort tout d'un coup de la bouche. *Yassine a poussé un cri quand il a vu l'énorme araignée.*

2. Le cri, c'est le son que font les animaux. *Quand le chat pousse son cri, on dit qu'il miaule.*

crier verbe

Crier, c'est faire sortir tout d'un coup de sa bouche un son ou un mot, très fort, parce que l'on a peur ou que l'on est en colère ou parce que l'on parle à quelqu'un qui est loin ou qui n'entend pas bien. *Lilas a crié : « Maman ! ».*

■ Tu peux dire aussi **hurler.**

crime nom masculin

Cet homme est en prison car il a commis un crime, car il a tué quelqu'un.

■ Tu peux dire aussi **meurtre.**

criminel nom masculin,
criminelle nom féminin

Un criminel, une criminelle, c'est une personne qui a tué quelqu'un, qui a commis un crime.

■ Tu peux dire aussi **assassin, meurtrier.**

crinière nom féminin

La crinière, c'est l'ensemble des poils que le cheval et le lion ont sur le cou. *Le cheval secoue sa crinière.*

■ Les lions ont une crinière mais les lionnes n'en ont pas.

crique nom féminin
Une crique, c'est une petite plage entourée de rochers, de montagne ou de forêt où l'on est à l'abri du vent.

criquet nom masculin
Un criquet, c'est un insecte gris ou brun qui saute et qui vole.
■ Les criquets sont plus petits que les **sauterelles.**

Les **criquets** peuvent dévorer tout un champ de blé en quelques minutes.

crise nom féminin
Une crise, c'est quelque chose de désagréable qui arrive tout d'un coup. *Louis a eu une crise d'appendicite,* il a eu soudain très mal au ventre et il a fallu très vite l'opérer.

cristal nom masculin
Le cristal, c'est une sorte de verre très transparent et qui est lourd. *Les verres en cristal font un joli bruit quand on les frappe très légèrement.*

critique nom féminin
Papa fait souvent des critiques à ma sœur, il lui dit que ce qu'elle fait n'est pas bien, il lui fait des reproches.

critiquer verbe
Notre voisine critique tout le monde, elle trouve toujours que les autres font des choses qui ne sont pas bien, elle ne parle que de leurs défauts.

croasser verbe
Le corbeau et la corneille croassent, ils poussent leur cri.
■ Ne confonds pas croasser et **coasser.** C'est la grenouille qui **coasse.**

croc nom masculin
Les crocs d'un chien, ce sont ses grandes dents pointues.
Le chien a envie de mordre, il montre ses crocs.
■ Les crocs sont les **canines** des chiens.

croche-pied nom masculin
Valentin m'a fait un croche-pied, il a attrapé ma jambe avec son pied pour me faire tomber.
➪ Au pluriel : des **croche-pieds.**

crochet nom masculin
Un crochet, c'est un clou dont le bout est recourbé.
Maman plante un crochet dans le mur pour y suspendre un tableau.

Un **crocodile**.

crocodile nom masculin

Un crocodile, c'est un gros animal qui a des grandes mâchoires, des pattes courtes et le corps recouvert d'écailles. *Les crocodiles emportent leurs proies sous l'eau avant de les manger.*

■ Les crocodiles vivent dans les fleuves et dans les lacs des pays chauds.

croire verbe

1. Croire quelqu'un, c'est penser que ce qu'il dit est vrai. *J'ai dit à Esteban que j'avais vu un lion dans la rue et il m'a cru.*

2. *Il fait froid, je crois qu'il va neiger,* je pense qu'il va peut-être neiger mais je n'en suis pas sûr.

3. *Mes parents croient en Dieu,* ils sont sûrs que Dieu existe.

croisement nom masculin

Un croisement, c'est un endroit où une route traverse une autre route. *Il y a des feux rouges au croisement.*

■ Cherche aussi **carrefour.**

croiser verbe

1. *Croisez les bras,* pliez vos bras et posez-les l'un sur l'autre.

2. *Ce chemin croise la route,* ce chemin traverse la route.

3. *Jean a croisé Romain dans la rue,* Jean a rencontré Romain alors que chacun marchait dans un sens différent.

croisière nom féminin

Une croisière, c'est un long voyage en bateau pendant lequel on visite plusieurs endroits. *Nous avons fait une croisière Waux Caraïbes.*

croissance nom féminin

Antonin a dix ans, il est en pleine croissance, il est en train de grandir beaucoup.

croissant nom masculin

1. Un croissant de lune, c'est une partie de la lune qui est éclairée et qui a une forme d'arc.

2. Un croissant, c'est une sorte de gâteau qui a la forme d'un croissant de lune.

Combien vois-tu de **croissants** sur cette image ?

croix nom féminin

Une croix, c'est une marque formée de deux traits qui se coupent. *Zahed a fait une croix sur la liste devant ses livres préférés.*

➾ Au pluriel : des **croix.**

croque-monsieur nom masculin invariable

Un croque-monsieur, c'est un sandwich chaud fait avec deux tranches de pain de mie, du jambon et du fromage. *Papa a mangé un croque-monsieur avec de la salade.*

➾ Au pluriel : des **croque-monsieur.**

croquer verbe

Croquer, c'est écraser avec ses dents quelque chose de dur en faisant du bruit. *Anna croque des bonbons.*

croquis nom masculin

Un croquis, c'est un dessin que l'on fait rapidement pour expliquer quelque chose. *L'automobiliste a fait un croquis de l'endroit où a eu lieu l'accident.*

➾ On ne prononce pas le **s** qui est à la fin.

crotte nom féminin

Une crotte, c'est un morceau de matière solide qui sort par le derrière quand on a digéré ce que l'on a mangé. *Le chien a fait une crotte dans le caniveau.*

croustillant, croustillante adjectif

La croûte du pain frais est croustillante, elle craque sous la dent en faisant un petit bruit.

croûte nom féminin

1. La croûte, c'est la partie dure à l'extérieur du pain ou du fromage. *Zoé enlève la mie et mange la croûte. Édouard enlève la croûte du camembert.*

2. Une croûte, c'est une plaque dure et brune faite de sang séché qui se forme sur une plaie. *Si tu arraches la croûte, tu vas saigner.*

➾ Ce mot s'écrit avec un **û.**

croûton nom masculin

Le croûton, c'est le bout du pain. *Il y a très peu de mie dans le croûton.*

➾ Ce mot s'écrit avec un **û.**

cru, crue adjectif

Un aliment cru, c'est un aliment qui n'est pas cuit. *Mathilde aime manger du poisson cru.*

■ Le contraire de cru, c'est **cuit.**

cruauté nom féminin

La cruauté, c'est la méchanceté de quelqu'un qui est content de faire du mal. *Les soldats ont commis des actes de cruauté pendant la guerre.* ■ Les soldats ont été **cruels.**

crudités nom féminin pluriel

Des crudités, ce sont des légumes que l'on mange crus. *Pour commencer le repas, nous avons mangé des crudités.*

crue nom féminin

La rivière est en crue, l'eau de la rivière est montée et peut entraîner des inondations.

cruel, cruelle adjectif

Les soldats ont été cruels pendant la guerre, ils ont été méchants, ils ont fait du mal aux gens. ■ Ils ont fait preuve de **cruauté.**

a b c d e f g h i j k l m n o p q r s t u v w x y z

A B C D E F G H I J K L M N O P Q R S T U V W X Y Z

Les crevettes, les langoustes, les homards et les crabes sont des **crustacés**.

crustacé nom masculin

Un crustacé, c'est un animal qui a une carapace et parfois de longues antennes et qui vit dans la mer.

cube nom masculin

Un cube, c'est un objet dont les six côtés sont formés par six carrés qui sont de la même taille. *Les dés avec lesquels on joue sont de petits cubes.*

cueillir verbe

Aurore cueille des fleurs dans le jardin, elle ramasse des fleurs en coupant la tige pour les détacher de la plante sur laquelle elles poussent.

cuillère nom féminin

Une cuillère, c'est un objet avec lequel on mange et qui est formé d'un manche et d'une partie creuse. *Maman tourne son café avec une petite cuillère pour faire fondre le sucre.*

■ La cuillère, le couteau et la fourchette sont des **couverts.**

cuir nom masculin

Le cuir, c'est la peau de certains animaux avec laquelle on fait des chaussures, des sacs, des ceintures et des vêtements. *Quentin a un blouson de cuir.*

■ On peut utiliser la peau des vaches, des bœufs, des veaux, des porcs, des chèvres, des moutons, des serpents, des lézards, des crocodiles, des autruches.

■ Ne confonds pas cuir et **cuire.**

cuirasse nom féminin

Une cuirasse, c'est une armure qui protège la poitrine, le ventre et le dos.

cuire verbe

Le gâteau cuit dans le four, il est chauffé très fort par la chaleur du four jusqu'à ce qu'il soit bon à manger. *Maman fait cuire les pommes de terre dans la poêle.*

■ Ne confonds pas cuire et **cuir.**

cuisine nom féminin

1. Faire la cuisine, c'est préparer ce que l'on va manger. *Papa fait très bien la cuisine.*

2. La cuisine, c'est la pièce où l'on prépare les repas.

cuisinier nom masculin,
cuisinière nom féminin

Un cuisinier, une cuisinière, c'est une personne dont le métier est de faire la cuisine. *Maxime voudrait être cuisinier dans un restaurant à la campagne.*

Le **cuisinier** prépare un bon repas.

cuisinière nom féminin

Une cuisinière, c'est un appareil qui fonctionne au gaz ou à l'électricité et qui sert à faire cuire les aliments. *Une cuisinière a des plaques électriques ou des feux sur le dessus et un four dessous.*

cuisse nom féminin

La cuisse, c'est la partie de la jambe entre le genou et la hanche. *Marion a de grosses cuisses.*

cuisson nom féminin

La cuisson, c'est le temps pendant lequel on fait cuire ce que l'on va manger. *Il faut une heure de cuisson pour ce poulet.*

cuit, cuite adjectif

Ce bifteck n'est pas assez cuit, on n'a pas fait cuire ce bifteck assez longtemps.

■ Le contraire de cuit, c'est **cru.**

cuivre nom masculin

Le cuivre, c'est un métal rouge un peu mou. *Les fils électriques sont en cuivre.*

culotte nom féminin

Une culotte, c'est un vêtement que l'on met sous son pantalon ou sous sa jupe et qui couvre le bas du ventre et les fesses.

■ Tu peux dire aussi **slip.**

culte nom masculin

1. *Autrefois les Égyptiens rendaient un culte au Soleil,* ils admiraient le Soleil comme si c'était un dieu et lui offraient de la nourriture et des animaux.

2. *Le dimanche matin, Paul va au culte,* il va à la cérémonie religieuse des protestants.

cultiver verbe

Cultiver des plantes, c'est les faire pousser. *Ces agriculteurs cultivent des fraises.*

culture nom féminin

La culture des ananas se fait dans les régions où il y a beaucoup de soleil, on fait pousser les ananas dans les régions où il y a beaucoup de soleil.

curieux, curieuse adjectif

Elsa est très curieuse, elle veut toujours tout savoir même si cela ne la regarde pas.

■ Le contraire de curieux, c'est **discret.**

curiosité nom féminin

La curiosité, c'est l'envie de tout savoir, même ce qui est un secret. *La curiosité est un vilain défaut.*

cuvette nom féminin
Une cuvette, c'est un récipient assez large et pas très profond dans lequel on met de l'eau. *Maman fait tremper des chaussettes dans une cuvette.*
■ Cherche aussi **bassine.**

cycliste nom masculin et féminin
Un cycliste, une cycliste, c'est une personne qui roule à bicyclette. *Les cyclistes doivent faire attention aux voitures.*

cyclone nom masculin
Un cyclone, c'est une tempête très forte avec un vent violent. *Il y a des cyclones dans les pays chauds et humides qui sont près de l'équateur.*
■ Cherche aussi **ouragan, tornade.**

cygne nom masculin
Un cygne, c'est un grand oiseau blanc ou noir qui a un très long cou et qui nage comme le canard.
■ Ne confonds pas cygne et **signe.**

cylindre nom masculin
Un cylindre, c'est un rouleau dont les deux bouts sont des cercles de la même taille.

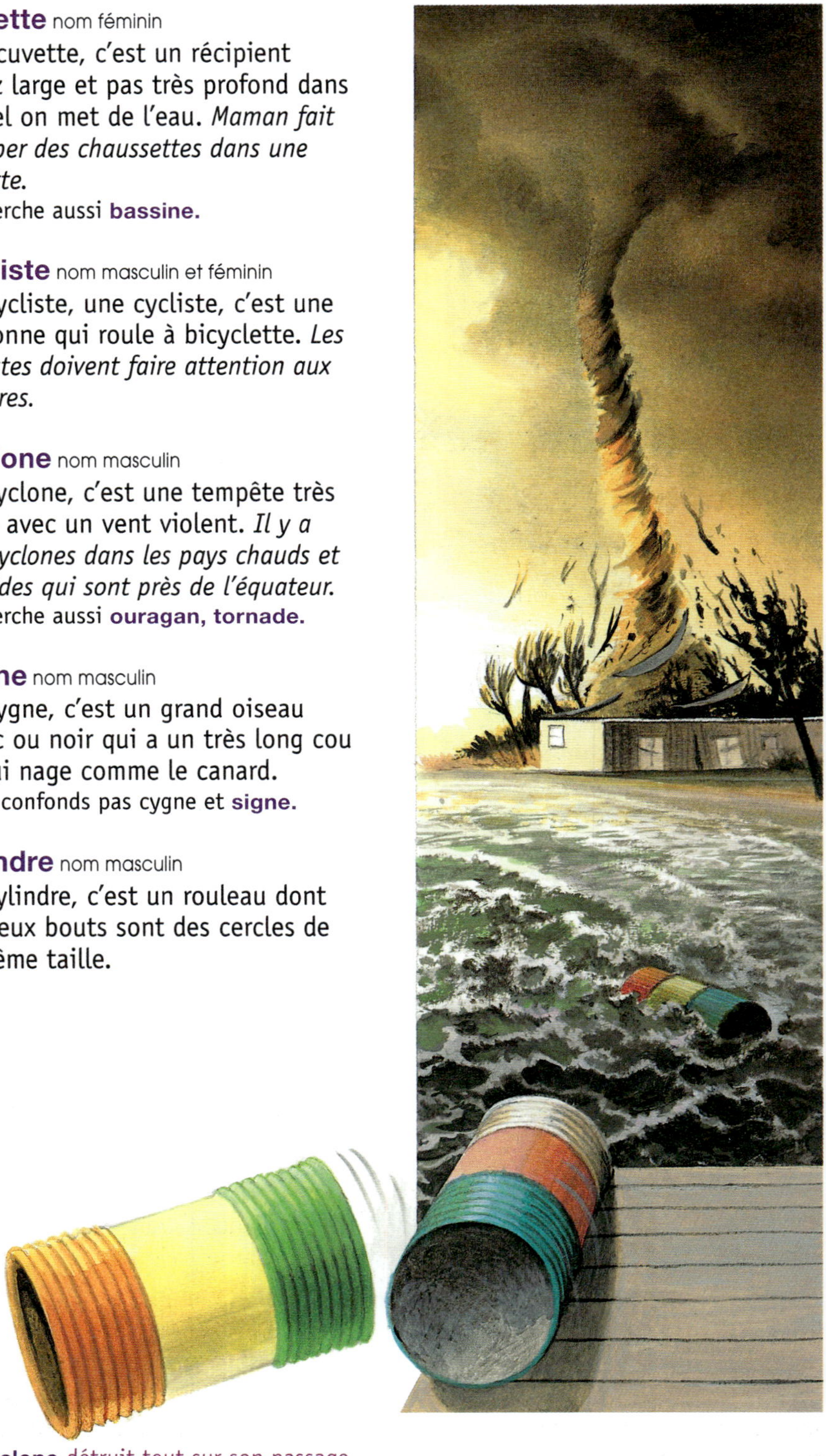

Le **cyclone** détruit tout sur son passage.

dahlia nom masculin
Un dahlia, c'est une grosse fleur ronde qui existe dans de nombreuses couleurs. *Maman a acheté un bouquet de dahlias blancs chez le fleuriste.*
Il y a un **h** avant le **l.**

daim nom masculin
Un daim, c'est un gros animal brun avec des taches blanches qui vit dans la forêt. Il a des bois sur la tête comme le cerf.
- Le petit du daim est le **faon.**
- Le daim est de la même famille que le cerf.

dame nom féminin
1. Une dame, c'est une grande personne de sexe féminin, c'est une femme. *Un monsieur et une dame attendent l'autobus.*
2. Le jeu de dames, c'est un jeu qui se joue à deux, avec des pions noirs et des pions blancs que l'on déplace sur des cases noires et blanches. *Léo a appris à jouer aux dames avec son oncle.*

danger nom masculin
Un danger, c'est quelque chose qui peut faire avoir un accident. *Lucas peut aller à l'école tout seul sans danger : un agent de police fait traverser la rue aux enfants.*

dangereux, dangereuse adjectif
Les trapézistes font un métier dangereux, ils font un métier où ils risquent d'avoir des accidents.

La femelle du **daim** et son faon.

dans préposition
Les verres sont rangés dans le buffet, ils sont rangés à l'intérieur du buffet.
- Ne confonds pas dans et **dent.**
- Le contraire de dans, c'est **hors** de.

danse nom féminin
Une danse, c'est une suite de mouvements et de pas que l'on fait en suivant le rythme de la musique. *La maîtresse nous a appris une danse pour la fête de l'école.*

Léa apprend à **danser.**

danser verbe

Danser, c'est faire des pas et des mouvements en suivant le rythme de la musique. *Constant et Rosalie dansent très bien le rock.*

danseur nom masculin,
danseuse nom féminin

Un danseur, une danseuse, c'est une personne dont le métier est de danser ou qui aime bien danser. *J'ai vu une émission à la télévision sur les danseurs de l'Opéra de Paris. Les danseurs aiment aller au bal.*

dard nom masculin

Le dard, c'est la petite pointe avec laquelle les abeilles et les guêpes piquent la peau.

date nom féminin

La date, c'est le jour, le mois et l'année. *Quelle est ta date de naissance ? La maîtresse écrit la date au tableau.*

■ Ne confonds pas date et **datte.**

dater verbe

1. Dater, c'est écrire la date. *Il ne faut pas oublier de dater et de signer un chèque.*

2. *L'invention du chewing-gum date de 1872,* on a inventé le chewing-gum en 1872, le chewing-gum existe depuis 1872.

datte nom féminin

Une datte, c'est un petit fruit marron très sucré. *Lucie mange des dattes fourrées à la pâte d'amandes.*

■ Les dattes poussent dans les pays chauds sur de grands palmiers qui s'appellent des **dattiers.**

■ Ne confonds pas datte et **date.**

Les **dattes** poussent sur les **dattiers.**

dauphin nom masculin

Un dauphin, c'est un animal au museau allongé en forme de bec, qui vit dans la mer. Il est très intelligent et il aime jouer. *Un dauphin peut mesurer cinq mètres de long.*

■ Le dauphin est un mammifère, il appartient à la même famille que la baleine.

Le **dauphin** saute hors de l'eau.

davantage adverbe

Alice veut davantage de sucre sur ses fraises, elle veut plus de sucre.

■ Le contraire de davantage, c'est **moins.**

de préposition

1. *Le cartable de Mathis est très lourd,* le cartable qui appartient à Mathis est très lourd.
2. *Marie a une veste de cuir,* elle a une veste en cuir.
3. *Quentin vient de l'école,* il était à l'école et il en revient.
4. *Antoine m'a fait un signe de la main,* il m'a fait un signe avec la main.
5. *Lola tremble de froid,* elle tremble parce qu'elle a froid, à cause du froid.

■ On ne dit pas « de le », on dit **du :** le bureau du directeur. On ne dit pas « de les », on dit **des :** la signature des parents.

■ Cherche aussi **du** et **des.**

dé nom masculin

1. Un dé, c'est un petit cube qui a sur chaque face un certain nombre de points, de un à six.
2. Un dé à coudre, c'est ce que l'on met au bout du doigt qui pousse l'aiguille pour ne pas se piquer en cousant.

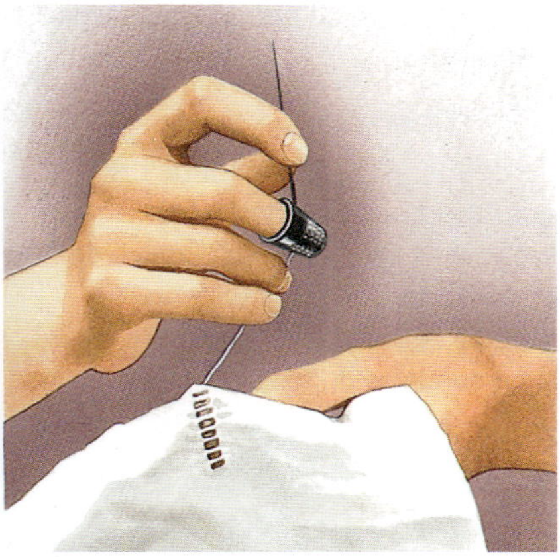

Mamie pousse l'aiguille avec son **dé** à coudre.

déballer verbe

Déballer, c'est enlever le papier d'emballage qui enveloppe un paquet.

■ Le contraire de déballer, c'est **emballer.**

se **débarbouiller** verbe

Se débarbouiller, c'est se laver le visage. *Emma se débarbouille avant de se coucher.*

débarquer verbe

Débarquer, c'est descendre d'un bateau ou d'un avion. *L'avion de Rabat vient d'atterrir, les passagers vont bientôt débarquer.*

■ Le contraire de débarquer, c'est **embarquer.**

débarras nom masculin

Un débarras, c'est une pièce dans laquelle on met les affaires qui encombrent et dont on ne se sert pas souvent. *Maman a rangé les skis dans le débarras, on les sortira l'hiver prochain.*

Antoine a lancé les **dés**, il obtient 6.

A B C D E F G H I J K L M N O P Q R S T U V W X Y Z

débarrasser verbe
Débarrasser, c'est enlever ce qui gêne et dont on n'a plus besoin. *Margot et Baptiste débarrassent la table après le repas,* ils enlèvent tout ce qui est sur la table, les assiettes, les couverts, les verres, etc.

débat nom masculin
Un débat, c'est une discussion où tout le monde donne son avis. *Le président a participé au débat sur l'énergie nucléaire.*

déborder verbe
Ferme vite le robinet, la baignoire va déborder, l'eau va couler par-dessus le bord de la baignoire.

La baignoire a **débordé** !

déboucher verbe
Déboucher, c'est enlever un bouchon.

debout adverbe
Être debout, c'est tenir sur ses pieds, n'être ni assis ni couché. *Quand la directrice entre dans la classe, les élèves se mettent debout. Le réveil a sonné ! debout !* lève-toi.

déboutonner verbe
Arthur déboutonne sa veste, il ouvre sa veste en défaisant les boutons.
■ Le contraire de déboutonner, c'est **boutonner.**

débrancher verbe
Maman débranche le fer à repasser, elle enlève de la prise électrique le fil du fer à repasser par où passe le courant.
■ Le contraire de débrancher, c'est **brancher.**

débrouillard, débrouillarde adjectif
Julie est une petite fille débrouillarde, elle arrive à faire beaucoup de choses toute seule sans se faire aider. ■ Elle sait **se débrouiller** toute seule.
■ Ce mot est familier. Tu peux dire aussi **dégourdi.**

se débrouiller verbe
Se débrouiller, c'est arriver à faire des choses difficiles tout seul. *Mathilde s'est débrouillée pour téléphoner pendant la récréation.* ■ Elle est **débrouillarde.**

début nom masculin
Le début, c'est le moment où quelque chose commence. *Thomas est venu trois fois chez Manon depuis le début de la semaine.*
■ Tu peux dire aussi **commencement.**
■ Le contraire de début, c'est **fin.**

débutant nom masculin, **débutante** nom féminin
Un débutant, une débutante, c'est une personne qui commence

à apprendre quelque chose. *Jade ne lit pas encore très bien, c'est une débutante.*

débuter verbe
Débuter, c'est commencer. *Les vacances de Noël débuteront le 20 décembre.*
■ Le contraire de débuter, c'est **finir.**

décalquer verbe
Décalquer, c'est copier un dessin sur un papier transparent que l'on a posé dessus. *Enzo décalque la carte de France sur son livre de géographie.*

décapotable adjectif
Une voiture décapotable, c'est une voiture dont le toit en tissu peut se replier.

C'est agréable de rouler dans une voiture **décapotable** quand il fait beau.

décédé, décédée adjectif
Le grand-père de Paul est décédé, il est mort.
■ Va voir aussi **décès.**

décembre nom masculin
Le mois de décembre, c'est le dernier mois de l'année. *Noël est le 25 décembre.*
■ Le mois de décembre a 31 jours.

déception nom féminin
La déception, c'est le sentiment de tristesse que l'on éprouve quand on n'a pas la chose que l'on pensait avoir, ou quand il ne se passe pas ce que l'on espérait. *Chafik ne pourra pas venir à mon anniversaire, quelle déception !* ■ Je suis **déçu !** Va voir aussi **décevoir.**

décès nom masculin
Nous venons d'apprendre le décès de notre voisin, nous venons d'apprendre la mort de notre voisin. ■ Notre voisin est **décédé.**

décevant, décevante adjectif
Ce film est décevant, il n'est pas bien alors qu'on pensait qu'il serait bien. ■ Ce film nous déçoit. Cherche aussi **décevoir.**

décevoir verbe
Décevoir, c'est rendre triste parce qu'il ne se passepas ce que l'on espérait ou que l'on n'a pas ce que l'on pensait avoir. *« Le travail de Léa me déçoit », dit la maîtresse,* la maîtresse pensait que Léa travaillerait mieux. ■ Elle est **déçue.**
■ Va voir aussi **déception.**

déchaîné, déchaînée adjectif
Les enfants sont déchaînés aujourd'hui, ils sont très énervés et très contents, ils sont très excités.
■ Le contraire de déchaîné, c'est **calme.**

décharger verbe
Décharger, c'est enlever ce qui est dans un véhicule ou sur le dos d'un animal. *Les déménageurs déchargent le camion.*
■ Le contraire de décharger, c'est **charger.**

Les ouvriers **déchargent** le camion.

déchet nom masculin
Un déchet, c'est ce qui reste de quelque chose et qu'on ne peut pas utiliser soi-même. *La fermière donne tous les déchets de nourriture aux cochons.*

déchiffrer verbe
Déchiffrer, c'est arriver à lire quelque chose de mal écrit ou de difficile à comprendre. *Kevin déchiffrait déjà des notes de musique à cinq ans.*

déchirer verbe
Déchirer, c'est arracher un morceau en tirant dessus. *Gabriel a déchiré son pantalon.*

déchirure nom féminin
Une déchirure, c'est une fente faite dans du tissu. *Charlotte a fait une déchirure à sa robe.*

décider verbe
Décider, c'est choisir de faire quelque chose. *Les parents d'Éva ont décidé de déménager.*

décision nom féminin
Mon oncle a pris la décision de s'acheter une nouvelle voiture, il s'est dit qu'il allait le faire et il ne va pas changer d'avis.

déclaration nom féminin
Une déclaration, c'est ce que l'on dit quand on a quelque chose d'important à faire savoir. *Le Premier ministre doit faire une déclaration à la télévision ce soir.*

déclarer verbe
Déclarer, c'est faire savoir quelque chose d'important. *Le commissaire de police a déclaré aux journalistes que l'assassin a été arrêté.*

déclencher verbe
Déclencher, c'est mettre en marche un mécanisme. *Il faut appuyer sur le bouton pour déclencher l'ouverture de la porte d'entrée de l'immeuble.*

décodeur nom masculin
Un décodeur, c'est un appareil qui permet de voir des émissions sur certaines chaînes de télévision.

décoiffer verbe
Décoiffer, c'est mettre les cheveux n'importe comment. *Le vent décoiffe Clara.*

décollage nom masculin
Le décollage, c'est le moment où l'avion quitte le sol. *Les passagers doivent attacher leur ceinture pour le décollage.*
■ Le moment où l'avion se pose, c'est l'**atterrissage.**

décoller verbe
1. Décoller, c'est enlever quelque chose qui est collé. *Pauline décolle l'étiquette de la bouteille*
2. *L'avion décollera dans une heure,* il quittera le sol et s'envolera dans une heure. ■ Quand l'avion se pose, on dit qu'il **atterrit.**

décontracté, décontractée adjectif
Alexis est très décontracté, il ne se fait pas de souci, il est toujours à l'aise.

décor nom masculin
Un décor, c'est l'ensemble des paysages et des objets qui sont sur une scène de théâtre pour représenter l'endroit où se passe l'action.

Le **décor** de la pièce n'est pas encore complètement installé.

décoration nom féminin
1. La décoration, c'est la façon dont une pièce est décorée. *Sophie veut changer la décoration de sa chambre.*
2. Une décoration, c'est un objet que l'on met quelque part pour faire joli. *Maman a sorti la boîte où sont rangées les décorations de Noël : les boules, les guirlandes, la crèche.*

décorer verbe
Décorer, c'est mettre de jolies choses dans un endroit pour qu'il soit plus beau. *La maîtresse décore la classe pour la fête avec nos dessins, des fleurs en papier et des guirlandes.*
■ Tu peux dire aussi **orner.**

décortiquer verbe
Titouan décortique les crevettes avant de les manger, il enlève la partie dure des crevettes, la carapace.

découpage nom masculin
Corentin fait des découpages dans de vieux magazines, il découpe des images.

découper verbe
Découper, c'est couper du papier en suivant les contours. *Corentin découpe les photos de voitures dans le magazine de son père.*

décourageant, décourageante adjectif
Je n'arrive pas à finir ce puzzle, c'est décourageant, cela ne me donne pas envie de continuer à chercher, je n'ai plus de courage.
➪ N'oublie pas le **e** entre le **g** et le second **a.**

décousu, décousue adjectif
L'ourlet de ma jupe est décousu, il est défait, le fil qui tenait l'ourlet est parti.

découverte nom féminin
Faire une découverte, c'est trouver quelque chose qui était caché ou que personne ne connaissait.
■ Va voir aussi **découvrir.**

Romain a fait une **découverte** dans le grenier : un coffre rempli de vieux vêtements avec lesquels il peut se déguiser.

découvrir verbe
Découvrir, c'est trouver quelque chose qui était caché ou que personne ne connaissait. *Justine a découvert un oiseau blessé dans un buisson.*
■ Christophe Colomb a découvert l'Amérique en 1492.
■ Va voir aussi **découverte.**

décrire verbe
Décrire, c'est raconter comment est une personne ou une chose en donnant tous les détails. *La maîtresse nous a demandé de décrire notre animal préféré.*

décrocher verbe
1. Décrocher, c'est enlever une chose qui était accrochée. *Après Noël on a décroché les boules et les guirlandes qui décoraient le sapin.*
■ Le contraire de décrocher, c'est **accrocher.**
2. Décrocher, c'est soulever la partie du téléphone dans laquelle on entend et on parle ou appuyer sur le bouton qui permet d'avoir une communication. *Thomas décroche et dit : « Allo ! »*
■ Le contraire de décrocher, c'est **raccrocher.**

déçu, déçue adjectif
Laure a été déçue de ne pas avoir un vélo pour Noël, elle a été triste et un peu mécontente de ne pas avoir ce qu'elle voulait.
➾ Ce mot s'écrit avec un **ç.**
■ Cherche aussi **décevoir.**

dedans adverbe
Dedans, c'est à l'intérieur. *Ouvre ton cartable, ta trousse est sûrement dedans.*

déesse nom féminin
Une déesse, c'est une femme qui est un être supérieur qui a de grands pouvoirs. *Isis était une déesse égyptienne.*
■ Cherche aussi **dieu.**

défaire verbe
1. Défaire, c'est supprimer ce qui a été fait et remettre comme c'était avant. *Papa défait son nœud de cravate.*
2. *En rentrant de vacances, Lucas défait son sac,* il enlève les affaires qui sont dans son sac et les range.
3. Se défaire, c'est ne plus être fait. *Attention, ton lacet s'est défait,* ton lacet n'est plus noué.

défaite nom féminin
Une défaite, c'est une bataille ou une guerre que l'on a perdue.

Napoléon a subi une importante défaite à Waterloo.
■ Le contraire de défaite, c'est **victoire.**

défaut nom masculin
Un défaut, c'est quelque chose qui n'est pas bien dans le caractère d'une personne. *Antoine a un gros défaut : il est très bavard.*
■ Le contraire de défaut, c'est **qualité.**

défendre verbe
1. Défendre, c'est protéger quelqu'un qui est attaqué. *Hugo défend toujours les plus petits dans la cour de récréation.*
2. Défendre, c'est interdire. *Je te défends de jouer au ballon dans ta chambre. Il est défendu de fumer dans le métro,* on n'a pas le droit, il est interdit de fumer dans le métro. ■ Le contraire de défendre, c'est **autoriser, permettre.**
■ Va voir aussi **défense.**

défense nom féminin
1. *Adrien prend toujours la défense de sa petite sœur,* il la protège, il la défend.
2. Une défense, c'est une dent très longue que certains animaux ont pour se défendre. *Les éléphants ont des défenses en ivoire.*
3. *Défense d'entrer,* il est interdit d'entrer. ■ Tu peux dire aussi **interdiction.** ■ Le contraire de défense, c'est **autorisation, permission.**
■ Va voir aussi **défendre.**

défilé nom masculin
Un défilé, c'est une file de personnes, de chars, de motos, de chevaux qui avancent lentement les uns derrière les autres pour qu'on les regarde. *Nous avons vu le défilé du 14 Juillet à la télévision.*

défiler verbe
Défiler, c'est marcher lentement en rangs les uns derrière les autres pour être regardés. *Le 14 Juillet, les soldats défilent sur les Champs-Élysées, à Paris.*

définir verbe
Ton dictionnaire définit les mots, il explique ce que les mots veulent dire, il donne des définitions.

définitif, définitive adjectif
Nous allons vous donner les résultats définitifs du concours, nous allons vous donner les derniers résultats qui ne changeront plus.

définition nom féminin
Une définition, c'est une petite phrase qui explique ce que veut dire un mot. *Si tu poses la question : « qu'est-ce que c'est un cylindre ? », ton dictionnaire te répond par une définition.*

défoncé, défoncée adjectif
Un chemin défoncé, c'est un chemin où il y a des trous et des bosses.

Il y a beaucoup de monde qui assiste au **défilé.**

défoncer verbe
Défoncer, c'est casser en enfonçant. *Les policiers ont dû défoncer la porte pour entrer dans la maison.*

déformer verbe
Déformer, c'est changer la forme. *Ne tire pas comme cela sur ton pull, tu vas le déformer,* tu vas l'agrandir.

On se voit **déformé** dans cette glace.

dégager verbe
1. *« Dégagez le passage », dit l'agent,* cessez d'encombrer la rue, circulez pour que l'on puisse passer.
2. *Le ciel se dégage,* il devient plus clair car les nuages s'en vont.

dégât nom masculin
L'inondation a fait des dégâts, elle a abîmé et cassé beaucoup de choses.
Ce mot s'écrit avec un **â**.

dégel nom masculin
Le dégel, c'est le moment où la neige et la glace fondent parce qu'il se met à faire plus chaud. *Le dégel commence dès que le printemps arrive.*
■ Le contraire de dégel, c'est **gel**.

dégonfler verbe
1. *Papa a dégonflé le matelas pneumatique,* il a fait sortir l'air qui était à l'intérieur. ■ Le contraire de dégonfler, c'est **gonfler**.
2. Se dégonfler, c'est perdre l'air qui est à l'intérieur. *Un pneu de mon vélo s'est dégonflé,* l'air qui était à l'intérieur est parti et le pneu est tout aplati.

dégourdi, dégourdie adjectif
Julia est très dégourdie, elle arrive à faire beaucoup de choses toute seule et elle sait toujours comment s'y prendre même si c'est compliqué. ■ Elle sait se **débrouiller** toute seule.
■ Tu peux dire aussi **débrouillard**.

dégoût nom masculin
Louis n'aime pas les escargots, il éprouve du dégoût quand il les voit dans son assiette, il n'a pas envie d'en manger car cela lui donne mal au cœur de les regarder.
Ce mot s'écrit avec un **û**.

dégoûtant, dégoûtante adjectif
Tes mains sont dégoûtantes, va les laver, tes mains sont très sales.
Ce mot s'écrit avec un **û**.

dégoûter verbe
Les escargots dégoûtent Louis, les escargots lui donnent mal au cœur, il n'a pas envie d'en manger quand il en voit.
Ce mot s'écrit avec un **û**.

degré nom masculin
Le degré, c'est une unité qui sert à mesurer la température. *L'eau de la piscine est à 18 degrés.* ■ Tu peux aussi écrire 18°.

déguisement nom masculin
Jean a mis un déguisement de cow-boy, il a mis des habits et un chapeau de cow-boy pour se déguiser.
■ Va voir aussi **costume.**

se **déguiser** verbe
Se déguiser, c'est s'amuser à mettre des vêtements pour ressembler à un personnage ou à un animal. *Pour le mardi gras, Camille s'est déguisée en chat et Jules en cow-boy.*

Paul aime se **déguiser.**

déguster verbe
Déguster, c'est manger ou boire lentement quelque chose que l'on trouve très bon. *Mathilde déguste son gâteau au chocolat.*

dehors adverbe
Dehors, c'est à l'extérieur de la maison.

déjà adverbe
1. *Lucie sait déjà lire et pourtant elle n'a que cinq ans,* elle sait lire dès maintenant alors qu'elle n'a pas encore l'âge de savoir lire.
2. *Lola a déjà pris l'avion toute seule,* avant cette fois-ci, Lola a pris l'avion toute seule. ■ Le contraire de déjà, c'est **jamais.**

① **déjeuner** verbe
Déjeuner, c'est manger le repas du matin ou de midi. *Carlos et Valentin déjeunent à la cantine de l'école.*

② **déjeuner** nom masculin
Le déjeuner, c'est le repas de midi. *Pour le déjeuner, nous avons eu du poulet.*
■ Comment s'appelle le repas du soir ? Le **dîner.** Et celui du matin ? Le **petit-déjeuner.**

délabré, délabrée adjectif
Ce vieux château est tout délabré, il est en mauvais état, il est abîmé.

délai nom masculin
Un délai, c'est le temps que l'on te donne pour faire quelque chose. *Quand tu empruntes un livre à la bibliothèque, tu as un délai de 15 jours pour le rendre.*

délayer verbe
Nicolas délaie du cacao dans du lait, il tourne le lait avec une cuillère pour que le cacao se mélange bien.

Il fait froid **dehors.**

délicat, délicate adjectif
Lisa a une santé délicate, Lisa est souvent malade. ■ Lisa est une petite fille **fragile.**

délice nom masculin
Un délice, c'est quelque chose qui est très bon à manger ou à boire. *Cette tarte aux fraises est un délice.*
■ Tu peux dire aussi **régal.**

délicieux, délicieuse adjectif
Cette glace au chocolat est délicieuse, elle est très bonne.
■ Tu peux dire aussi **excellent.**
■ Le contraire de délicieux, c'est **infect.**

délirer verbe
Délirer, c'est dire des choses qui ne veulent rien dire sans s'en rendre compte, quand on est malade. *Raphaël a beaucoup de fièvre et il délire.*

délivrer verbe
Les soldats sont entrés dans la forteresse et ont délivré tous les prisonniers, les soldats ont rendu la liberté aux prisonniers, ils les ont libérés.

delta nom masculin
Le delta d'un fleuve, c'est un endroit où ce fleuve, juste avant de se jeter dans la mer, est divisé en plusieurs petits fleuves. *La Camargue est dans le delta du Rhône.*
➾ Au pluriel : des **deltas**

Un **delta** forme une sorte de triangle.

déluge nom masculin
1. Le Déluge, c'est l'inondation, racontée dans la Bible, qui a recouvert toute la Terre autrefois et qui a noyé presque tout le monde. *Seule l'arche de Noé a échappé au Déluge.*
2. Un déluge, c'est une pluie très forte. *Quel déluge ! mettons-nous à l'abri.*

demain adverbe
Demain, c'est le jour qui vient après aujourd'hui. *Aujourd'hui nous sommes dimanche, demain c'est lundi. À demain !*
■ **Hier, aujourd'hui** et demain.
■ Va voir aussi **lendemain.**

demander verbe
1. Demander, c'est dire ce que l'on voudrait avoir. *Florian a demandé de l'argent à sa mère pour s'acheter des bonbons.*
2. Demander, c'est essayer de savoir en posant une question. *Émilie a demandé à son frère jusqu'à quel âge vivaient les chats.*

démangeaison nom féminin
Une démangeaison, c'est une sensation sur la peau qui donne envie de se gratter. *Les piqûres de moustiques provoquent des démangeaisons.*
➾ N'oublie pas le **e** entre le **g** et le **a.**

démanger verbe
Cette piqûre de moustique me démange, elle me donne envie de me gratter.

démarche nom féminin
La démarche, c'est la façon de marcher. *La directrice a une démarche rapide,* elle marche vite.

démarrage nom masculin
Mamie n'aime pas faire les démarrages en côte, elle n'aime pas faire démarrer sa voiture dans les côtes.

démarrer verbe
Attention ! la voiture démarre, le moteur se met à marcher et la voiture commence à avancer.

Les voitures **démarrent**.

démarreur nom masculin
Le démarreur, c'est le mécanisme qui sert à mettre un moteur en marche.

démasquer verbe
Démasquer quelqu'un, c'est découvrir qui il est vraiment. *Le commissaire de police a démasqué l'auteur des lettres anonymes.*

démêler verbe
Démêler, c'est séparer des choses qui sont emmêlées. *Alice démêle ses cheveux avec un peigne.*

déménagement nom masculin
Loïc a aidé sa mère à préparer le déménagement en mettant ses jouets dans des caisses, il a aidé sa mère à préparer les affaires qui vont être transportées de leur ancienne maison dans leur nouvelle maison.

déménager verbe
Déménager, c'est transporter tous ses meubles, tous ses vêtements et toutes ses affaires dans la nouvelle maison où l'on va habiter. *Loïc et sa sœur ont changé d'école car leurs parents ont déménagé.*

déménageur nom masculin
Un déménageur, c'est un homme dont le métier est de transporter les meubles et les caisses lorsqu'on déménage. *Les déménageurs portent le canapé et le mettent dans le camion.*

demeure nom féminin
Une demeure, c'est une grande et belle maison. *Le prince habitait dans une immense demeure au milieu d'un parc.*
■ C'est un mot que l'on trouve dans les contes de fées et que l'on ne dit pas dans la vie de tous les jours.

demi, demie adjectif
Pauline a acheté une demi-baguette, elle a acheté la moitié d'une baguette. *Martin a bu un demi-litre de lait,* il a bu la moitié d'un litre de lait. *Il est quatre heures et demie, c'est l'heure du goûter,* il est quatre heures et la moitié d'une heure.

Un **demi**-litre de lait. Une **demi**-baguette. Quatre heures et **demie**.

demi-frère nom masculin
Un demi-frère, c'est un frère qui n'a pas le même père ou la même mère. *Marie a deux demi-frères et une demi-sœur.*
➾ Au pluriel : des **demi-frères.**

demi-heure nom féminin
Une demi-heure, c'est la moitié d'une heure, c'est trente minutes. *Papa a dit qu'il serait là dans une demi-heure.*
➾ Au pluriel : des **demi-heures.**

demi-sœur nom féminin
Une demi-sœur, c'est une sœur qui n'a pas le même père ou la même mère. *Paul a trois demi-sœurs et un demi-frère.*
➾ Au pluriel : des **demi-sœurs.**

demi-tour nom masculin
Faire demi-tour, c'est se retourner et se retrouver dans l'autre sens. *La voiture a fait demi-tour et elle est partie dans l'autre sens.*
➾ Au pluriel : des **demi-tours.**

démodé, démodée adjectif
Des chaussures démodées, ce sont des chaussures qui ne sont plus à la mode.

demoiselle nom féminin
Une demoiselle, c'est une jeune fille. *Une dame, une demoiselle et un monsieur sont entrés dans le magasin.*

démolir verbe
Démolir une maison, c'est casser les murs, le toit et les faire tomber par terre jusqu'à ce que la maison devienne un tas de pierres.
■ Tu peux dire aussi **détruire.**
■ Le contraire de démolir, c'est **construire.**

démolition nom féminin
La démolition des vieilles maisons derrière le port a duré un mois, les ouvriers ont travaillé pendant un mois avec des grues et des bulldozers pour démolir les vieilles maisons.
■ Tu peux dire aussi **destruction.**
■ Le contraire de démolition, c'est **construction.**

démonstratif, démonstrative adjectif
Ce, cet, cette, ces sont des adjectifs démonstratifs, ce sont des adjectifs qui servent à montrer. *Dans la phrase : ce chien est noir, « ce » est un adjectif démonstratif.*

démonter verbe
Le garagiste a démonté le moteur de la voiture pour le réparer, il a enlevé une à une toutes les pièces qui composent le moteur.

démouler verbe
Démouler, c'est enlever du moule. *Maman démoule la tarte aux pommes.*

dénoncer verbe
Dénoncer, c'est dire qui a fait quelque chose de mal. *Je sais que c'est Raphaël qui a caché les craies, mais je ne veux pas le dénoncer à la maîtresse,* je ne veux pas dire à la maîtresse que c'est lui.

dent nom féminin
Une dent, c'est ce qui est planté dans la mâchoire et qui sert à mordre et à mâcher. *Inès se brosse les dents avant de se coucher.*
■ Un adulte a 32 dents.
■ Ne confonds pas dent et **dans.**

dentelle nom féminin
De la dentelle, c'est un tissu dans lequel des trous font des dessins. *La mariée avait une très jolie robe de dentelle blanche.*

dentifrice nom masculin
Le dentifrice, c'est le produit que l'on met sur une brosse à dents pour se laver les dents. *Bérengère se brosse les dents avec du dentifrice à la framboise.*

dentiste nom masculin et féminin
Un dentiste, une dentiste, c'est une personne dont le métier est de soigner les dents. *Aïcha a une carie, elle doit aller chez le dentiste.*

dépannage nom masculin
Le garagiste est venu pour le dépannage de la voiture, il est venu réparer la voiture qui ne marchait plus. ■ Il est venu **dépanner** la voiture.

dépanner verbe
Dépanner, c'est venir réparer une voiture ou une machine qui ne marche plus, qui est en panne.
■ Dépanner, c'est faire un **dépannage.**

dépanneuse nom féminin
Une dépanneuse, c'est un camion qui peut tirer derrière lui une voiture en panne. *La dépanneuse a remorqué la voiture de Papa jusqu'au garage.*

départ nom masculin
Le départ, c'est le moment où l'on s'en va. *À quelle heure est le départ du train ?* à quelle heure le train part-il ?
■ Le contraire de départ, c'est **arrivée.**

département nom masculin
Un département, c'est une partie de la France. *Besançon est dans le département du Doubs.*
■ Il y a 96 départements en France, plus la Guadeloupe, la Guyane, la Martinique, la Réunion et Mayotte.

dépasser verbe
1. Dépasser, c'est passer devant en allant plus vite. *La voiture a dépassé le camion,* elle l'a doublé.
2. *Karim dépasse son frère,* il est plus grand que son frère.

se **dépêcher** verbe
Se dépêcher, c'est faire quelque chose le plus vite possible. *Je t'attends, dépêche-toi !*
■ Tu peux dire aussi se **presser.**
➾ Il y a un accent circonflexe sur le deuxième **e.**

dépendre verbe
Denis ne sait pas s'il ira à la piscine demain, cela dépendra du temps, sa décision est liée au temps qu'il fera : s'il fait beau, il ira, s'il ne fait pas beau, il n'ira pas.

Les coureurs vont prendre le **départ.**

A B C D E F G H I J K L M N O P Q R S T U V W X Y Z

dépense nom féminin
Une dépense, c'est de l'argent que l'on donne pour payer quelque chose. *L'achat d'une voiture est une grosse dépense.*

dépenser verbe
1. Dépenser, c'est donner de l'argent pour acheter quelque chose. *Martin a dépensé tout son argent pour acheter un cadeau d'anniversaire à sa mère.*
2. Se dépenser, c'est faire de grands efforts physiques. *Tristan et Basile se sont dépensés sur la plage,* ils ont fait beaucoup de sport, ils ont fait travailler leur corps.

déplacer verbe
1. Déplacer, c'est changer quelque chose de place. *Chloé a déplacé son bureau, elle l'a mis devant la fenêtre.*
2. Se déplacer, c'est aller d'un endroit à un autre. *Mes grands-parents se déplacent difficilement.*

déplaire verbe
Déplaire, c'est ne pas plaire. *Ce chanteur me déplaît,* je n'aime pas ce chanteur.

déplier verbe
Déplier, c'est défaire ce qui est plié. *Maman déplie la nappe et la met sur la table.*

déposer verbe
Déposer, c'est poser ce que l'on porte. *Le facteur dépose le courrier chez le gardien.*

déprimé, déprimée adjectif
Monsieur Larcher est déprimé, il est très fatigué et triste, il n'a envie de rien.

depuis préposition
Mathilde est malade depuis deux jours, cela fait deux jours qu'elle est malade.

député nom masculin,
députée nom féminin
Un député, une députée, c'est une personne qui a été élue pour représenter un groupe de citoyens dans une assemblée. *Madame Cartier est députée à l'Assemblée nationale.*
■ Les députés votent les lois.

Noémie se demande lequel de ces candidats va être élu **député**.

dérailler verbe
Le train a déraillé, il est sorti des rails.

déranger verbe
Déranger une personne, c'est la gêner pendant qu'elle est en train de faire quelque chose. *Il ne faut pas déranger Martin pendant qu'il fait ses devoirs.*

déraper verbe
Déraper, c'est glisser sans le faire exprès. *La moto a dérapé sur le verglas.*

dernier, dernière adjectif
1. *Lucie est arrivée dernière,* elle est arrivée après tous les autres. ■ Le contraire de dernier, c'est **premier**.

2. *Yanis et Antoine se connaissent depuis l'année dernière,* ils ont fait connaissance l'année juste avant celle où nous sommes, il y a un an. ■ Le contraire de dernier, c'est **prochain.**

déroulement nom masculin
Le déroulement de l'histoire, c'est l'ordre dans lequel les choses se passent.

dérouler verbe
1. Dérouler, c'est défaire ce qui est enroulé.

Le jardinier a **déroulé** le tuyau d'arrosage.

2. *Voilà comment la fête va se dérouler,* voilà comment elle va se passer, dans quel ordre les choses vont avoir lieu.

① **derrière** préposition et adverbe
Louis s'est caché derrière la porte, il s'est mis du côté de la porte que l'on ne voit pas.
Noé marche derrière Océane, il marche à la suite d'Océane.
En voiture, les enfants doivent s'asseoir derrière, ils doivent s'asseoir à l'arrière de la voiture.
■ Le contraire de derrière, c'est **devant.**

Léa se cache **derrière** sa maman.

② **derrière** nom masculin
Le petit Victor commence à marcher, il tombe souvent sur le derrière, il tombe souvent sur les fesses.

des article masculin et féminin pluriel
1. Des, c'est le pluriel de un, une. *Tom a un stylo, une gomme et des crayons de couleur.*
2. Des, c'est de + les. *Thérèse revient des Antilles.*

dès préposition
L'école est ouverte dès 8 heures, elle est ouverte à partir de 8 heures.
Maxime se lève dès que son réveil sonne, il se lève tout de suite quand son réveil sonne.

A B C D E F G H I J K L M N O P Q R S T U V W X Y Z

Un **désert**.

désagréable adjectif

1. *La voisine a une voix désagréable,* elle a une voix qui n'est pas agréable, que l'on n'aime pas entendre, qui déplaît.
2. *La vendeuse était désagréable avec les clients,* elle n'était pas aimable.

désastre nom masculin

Un désastre, c'est quelque chose de grave qui arrive et qui est la cause de grands malheurs. *Il n'a pas plu depuis des semaines, c'est un désastre pour les agriculteurs.*

■ Tu peux dire aussi **catastrophe.**

descendre verbe

Descendre, c'est aller du haut vers le bas. *Rachid a descendu l'escalier à toute vitesse. Maman est descendue à la cave.*

■ Le contraire de descendre, c'est **monter.**

descente nom féminin

Une descente, c'est une route ou un chemin qui descend.

■ Le contraire de descente, c'est **montée.**

description nom féminin

Vincent a fait la description de la ferme de son oncle, il nous a dit comment était la ferme en nous donnant tous les détails.

■ Cherche aussi **décrire.**

① **désert, déserte** adjectif

Un endroit désert, c'est un endroit où il n'y a personne. *Le soir, les rues du village sont désertes.*

② **désert** nom masculin

Un désert, c'est une région très sèche où très peu de plantes arrivent à pousser. *Le Sahara est un immense désert de sable.*

désespérer verbe

Désespérer, c'est penser que l'on n'arrivera pas à faire ce que l'on voulait faire. *Tu sauras bientôt faire du vélo comme ton frère, il ne faut pas désespérer.*

désespoir nom masculin

Le désespoir, c'est ce que ressent une personne très malheureuse qui pense que les choses ne s'arrangeront jamais.

se **déshabiller** verbe

Se déshabiller, c'est enlever ses vêtements. *Clément se déshabille et va prendre son bain.*

■ Le contraire de se déshabiller, c'est s'**habiller.**

désherber verbe

Désherber, c'est enlever les mauvaises herbes. *Le jardinier a désherbé les allées du parc.*

désigner verbe

1. Désigner, c'est montrer en faisant un signe. *Matéo désigne les garçons qu'il veut prendre dans son équipe.*

2. *Le mot « buffet » désigne un meuble,* « buffet » est le nom d'un meuble.

désinfecter verbe

Désinfecter, c'est nettoyer avec un produit spécial qui tue les microbes. *L'infirmière désinfecte la blessure de Ryan avec de l'alcool.*

se **désintéresser** verbe

Se désintéresser, c'est ne plus faire attention à quelque chose. *Adèle se désintéresse de son travail.*

■ Le contraire de se désintéresser, c'est s'**intéresser.**

désir nom masculin

Un désir, c'est l'envie très forte d'avoir ou de faire quelque chose. *Maman est très fatiguée, elle n'a qu'un désir, se coucher.*

■ Tu peux dire aussi **souhait.**

désirer verbe

Désirer, c'est vouloir quelque chose. *La maîtresse désire rencontrer les parents de ses élèves samedi prochain.*

■ Tu peux dire aussi **souhaiter.**

désobéir verbe

Désobéir, c'est ne pas faire ce que quelqu'un a ordonné ou faire ce qu'il a interdit. *Yasmina a désobéi à ses parents, elle a lu dans son lit au lieu de dormir.*

■ Le contraire de désobéir, c'est **obéir.**

désobéissant, désobéissante adjectif

Yasmina a été désobéissante, elle a désobéi, elle n'a pas fait ce qu'on lui avait dit de faire.

■ Le contraire de désobéissant, c'est **obéissant.**

désolé, désolée adjectif

Maman est désolée d'être arrivée en retard à la réunion, elle le regrette beaucoup.

■ Le contraire de désolé, c'est **content.**

désordonné, désordonnée adjectif

Camille est désordonnée, elle ne range pas ses affaires et elle a du mal à les retrouver quand elle les cherche.

■ Le contraire de désordonné, c'est **ordonné.**

désordre nom masculin

La chambre de Maxence est en désordre, sa chambre n'est pas rangée, il y a beaucoup d'affaires qui traînent.

■ Le contraire de désordre, c'est **ordre.**

Quel **désordre** dans ton armoire !

désormais adverbe

Désormais, c'est à partir de maintenant. *Désormais, Julien et Zoé ne sont plus assis l'un à côté de l'autre en classe.*

■ Tu peux dire aussi **dorénavant.**

Que voulez-vous comme **dessert** ?

dessert nom masculin

Le dessert, c'est ce que l'on mange à la fin du repas, après le fromage.

dessin nom masculin

1. Un dessin, c'est un ensemble de traits que l'on trace sur un papier pour représenter quelque chose. *Élodie a fait un dessin.*

2. Un dessin animé, c'est un film fait avec des dessins qui se suivent. *Dorian regarde des dessins animés à la télévision.*

dessiner verbe

Dessiner, c'est tracer des traits qui représentent quelque chose sur un papier, c'est faire un dessin. *Charles dessine sa maison.*

dessous adverbe

Dessous, c'est sous quelque chose. *Le chat a couru vers le canapé et s'est caché dessous,* il s'est caché sous le canapé.

■ Le contraire de dessous, c'est **dessus.**

dessus adverbe

Dessus, c'est sur quelque chose. *La chaise n'est pas solide, ne t'assieds pas dessus !*

■ Le contraire de dessus, c'est **dessous.**

destinataire nom masculin et féminin

Le destinataire, la destinataire, c'est la personne à qui est envoyé un paquet ou une lettre. *Kenza écrit le nom du destinataire sur l'enveloppe.*

■ La personne qui envoie une lettre, c'est l'**expéditeur.**

destination nom féminin

La destination, c'est l'endroit où l'on va. *Le train à destination de Genève va partir.*

Léa est fière de son **dessin.**

destruction nom féminin

Le tremblement de terre a causé la destruction de plusieurs immeubles, le tremblement de terre a détruit plusieurs immeubles, les murs et les toits sont tombés par terre.

■ Cherche aussi **démolition.**

détacher verbe

Détacher, c'est défaire ce qui est attaché. *Papa a détaché le chien pour se promener avec lui dans la forêt.*

■ Le contraire de détacher, c'est **attacher.**

A B C D E F G H I J K L M N O P Q R S T U V W X Y Z

détail nom masculin
Youssef raconte ce qui lui est arrivé en donnant tous les détails, il raconte tout, même les petites choses qui ne sont pas importantes.
Au pluriel : des **détails.**

Le chat a **détalé** dès qu'il a entendu du bruit.

détaler verbe
Détaler, c'est s'en aller à toute vitesse.

détective nom masculin et féminin
Un détective, une détective, c'est une personne dont le métier est de mener des enquêtes pour des clients, mais qui ne fait pas partie de la police. *La détective se cache pour suivre le mari de Madame Roland.*
■ Sherlock Holmes, le célèbre détective, réussissait toujours à résoudre les énigmes.

déteindre verbe
Déteindre, c'est perdre un peu de sa couleur et la donner à un autre vêtement. *Tes chaussettes bleues ont déteint sur ma chemise blanche quand je les ai lavées.*

se **détendre** verbe
Se détendre, c'est se reposer pour être plus calme lorsqu'on est très fatigué ou énervé. *Maman a pris un bain chaud pour se détendre.*

détente nom féminin
1. La détente, c'est le repos après un effort. *Zoé a beaucoup travaillé, elle a besoin d'un moment de détente.*
2. *Le policier a sorti son revolver et il a appuyé sur la détente,* il a appuyé sur la pièce du revolver qui sert à faire partir le coup.

déterminant nom masculin
Un déterminant, c'est un mot qui accompagne un nom et qui est placé avant lui. *« Un, une, des, le, la, les, ma, mon, mes, ce, cet, cette, ces » sont des déterminants.*
■ Cherche aussi **article.**

déterrer verbe
Déterrer, c'est sortir de la terre quelque chose qui était caché dedans. *Le chien a déterré son os.*
■ Le contraire de déterrer, c'est **enterrer.**
Déterrer s'écrit avec 2 **r,** comme **terre.**

Le **détective** suit les traces du voleur.

a b c d e f g h i j k l m n o p q r s t u v w x y z

A B C D E F G H I J K L M N O P Q R S T U V W X Y Z

détester verbe
Détester, c'est ne pas aimer du tout. *Maéva déteste son professeur de gymnastique. Adrien déteste les huîtres.*

détour nom masculin
Faire un détour, c'est prendre un chemin plus long que le chemin direct. *En sortant de l'école, Amina n'est pas rentrée directement à la maison, elle a fait un détour pour aller chercher son petit frère.*

détruire verbe
Détruire, c'est casser complètement. *Le tremblement de terre a détruit plusieurs immeubles.*
- Tu peux dire aussi **démolir.**
- Cherche aussi **destruction.**

dette nom féminin
Une dette, c'est une somme d'argent qu'une personne doit à une autre personne. *Je dois 4 euros à Arthur, je paierai mes dettes demain,* je rembourserai ce que je dois à Arthur demain.

deuil nom masculin
Un deuil, c'est la mort d'une personne de la famille ou d'un ami. *Il y a eu un deuil dans la famille d'Alice : son grand-père est mort.*

dévaler verbe
Dévaler, c'est descendre à toute vitesse.

dévaliser verbe
Dévaliser, c'est voler tout ce qu'il y a dans un endroit. *Les cambrioleurs ont dévalisé le magasin de jouets,* ils ont emporté tous les jouets.

devant préposition et adverbe
1. Devant, c'est en avant. *Le chien court devant son maître. Au cinéma, Marina aime bien se mettre devant,* elle aime bien se mettre dans les premiers rangs.
2. *Les parents attendent leurs enfants devant l'école,* ils attendent près de la porte d'entrée de l'école.
- Le contraire de devant, c'est **derrière.**

développer verbe
1. *Papa a fait développer les photos de vacances,* il les a données au photographe pour qu'il fasse apparaître les images qui sont sur la pellicule.
2. Développer, c'est faire grandir. *La gymnastique développe les muscles,* elle les rend plus gros et plus forts.

devenir verbe
Devenir, c'est commencer à être autrement. *Rachel est devenue toute pâle quand elle a vu le serpent dans l'herbe,* elle a commencé à être pâle. *La chenille deviendra un papillon,* elle se transformera en papillon.

deviner verbe
Deviner, c'est trouver ce qui est caché ou ce que l'on ne dit pas. *Devine ce que j'ai dans la main.*

Antoine **dévale** l'escalier pour aller ouvrir la porte.

Connais-tu la réponse à cette **devinette** : qu'est-ce qui est petit, jaune et dangereux ? Un canari avec une mitraillette !

devinette nom féminin
Une devinette, c'est une question amusante dont il faut deviner la réponse. *Aymeric nous a posé une devinette.*

devise nom féminin
Une devise, c'est une phrase courte qui dit ce que l'on pense être bien. *La devise de la République française est « Liberté, égalité, fraternité ».*

dévisser verbe
Dévisser, c'est tourner dans l'autre sens ce qui était vissé pour le défaire. *Clément ouvre le pot de confiture en dévissant le couvercle.*
■ Le contraire de dévisser, c'est **visser**.

① **devoir** verbe
1. Devoir, c'est être obligé de faire quelque chose. *Papa doit se lever très tôt demain pour prendre le train. Sébastien a dû partir avant la fin du film,* il a fallu qu'il parte avant la fin du film.
2. *Je dois 4 euros à Arthur,* il faut que je rende 4 euros à Arthur.
3. *Il est plus de 20 heures, la boulangerie doit être fermée,* la boulangerie est sûrement fermée.
■ Va voir aussi **dû**.

② **devoir** nom masculin
Un devoir, c'est un travail écrit que l'on doit montrer au professeur. *Ma grande sœur a un devoir à faire à la maison et des leçons à apprendre.*

Paul fait ses **devoirs**.

dévorer verbe
Dévorer, c'est manger en déchirant avec ses dents. *Le lion a dévoré le zèbre.*

diable nom masculin
Le diable, c'est le mal, pour les chrétiens. *On imagine le diable avec des cornes, une longue queue et une grande fourche à la main pour piquer les méchants.*
■ Le diable habite en **enfer**.

diadème nom masculin
Un diadème, c'est une sorte de couronne que l'on pose sur la tête, au-dessus du front. *La reine portait un diadème.*

La princesse a mis son **diadème**.

diagnostic nom masculin
Le médecin a examiné Audrey, puis il a fait son diagnostic, il a trouvé le nom de la maladie qu'elle avait.

dialogue nom masculin
Un dialogue, c'est une conversation entre deux personnes.

diamant nom masculin
Un diamant, c'est une pierre précieuse transparente et très brillante. *La bague de la mariée est ornée d'un diamant.*

dictée nom féminin
Une dictée, c'est un exercice que l'on fait en classe : le professeur lit un texte et les élèves l'écrivent dans leur cahier. *Marius a fait deux fautes d'orthographe à sa dictée.*
■ La maîtresse **dicte** la dictée.

dicter verbe
Dicter, c'est dire à haute voix des mots à quelqu'un qui les écrit en même temps. *La maîtresse nous a dicté un poème.*

dictionnaire nom masculin
Un dictionnaire, c'est un livre dans lequel on trouve ce que veulent dire les mots et comment ils s'écrivent. *Dans un dictionnaire, les mots sont rangés dans l'ordre alphabétique.*

dieu nom masculin
1. Un dieu, c'est un être supérieur qui a de grands pouvoirs. *Jupiter était un dieu des Romains, Vénus une déesse.*
2. Pour les chrétiens, pour les musulmans et pour les juifs, Dieu, c'est un être tout-puissant et éternel qui a créé le monde.

différence nom féminin
1. Une différence, c'est ce qui montre que deux personnes ou deux objets ne sont pas pareils.
■ Le contraire de différence, c'est **ressemblance.**
2. *Jonathan et Arthur ont deux ans de différence,* Jonathan a deux ans de plus qu'Arthur, ils ont deux ans d'écart.

Quelles sont les **différences** entre ces deux dessins ?

différent, différente adjectif

Les chiens et les chats sont des animaux très différents, ils ne se ressemblent pas, ils ne mangent pas la même chose et ils n'ont pas le même comportement. ■ Il y a des **différences** entre les chiens et les chats.

■ Le contraire de différent, c'est **pareil, semblable.**

difficile adjectif

Élodie n'arrive pas à ouvrir le pot de confiture, c'est trop difficile, il faut qu'elle fasse un trop gros effort, c'est trop dur.

■ Cherche aussi **compliqué.**

■ Le contraire de difficile, c'est **facile.**

difficulté nom féminin

1. Une difficulté, c'est une chose difficile. *Il y a plusieurs difficultés dans cette page de lecture,* il y a plusieurs choses difficiles à lire et à comprendre.

2. *Enzo a des difficultés en classe,* il a des problèmes, il a du mal à suivre.

digérer verbe

Digérer, c'est transformer dans son corps les aliments que l'on a mangés.

■ Va voir aussi **digestion.**

digestion nom féminin

La digestion, c'est la transformation, dans le corps, des aliments que l'on a mangés. *Après la digestion, une partie de ce que l'on a mangé va dans le sang et fait grandir, le reste s'en va.*

■ Va voir aussi **digérer.**

digue nom féminin

Une digue, c'est une sorte de long mur qui est dans la mer et protège des vagues. *Nous nous sommes promenés sur la digue.*

■ Cherche aussi **jetée.**

diligence nom féminin

Une diligence, c'est une voiture tirée par des chevaux qui transportait des voyageurs autrefois. *Les diligences étaient quelquefois attaquées par des bandits.*

dimanche nom masculin

Le dimanche, c'est le dernier jour de la semaine, où l'on ne travaille pas. *Le dimanche, je me lève tard.*

dimension nom féminin

Les dimensions d'un objet, ce sont ses mesures : sa longueur, sa largeur et sa hauteur. *Quelles sont les dimensions de la table sur laquelle tu travailles à l'école ?*

diminuer verbe

Diminuer, c'est devenir moins grand. *En automne les jours diminuent,* les jours raccourcissent.

■ Le contraire de diminuer, c'est **augmenter, rallonger.**

diminutif nom masculin

Un diminutif, c'est un petit nom gentil qui est fait à partir du prénom d'une personne. *Ma sœur s'appelle Charlotte mais on l'appelle Lolotte, c'est son diminutif.*

■ Est-ce que tu as un diminutif ?

■ Cherche aussi **surnom.**

A B C D E F G H I J K L M N O P Q R S T U V W X Y Z

La **dinde** et le **dindon.**

dinde nom féminin
Une dinde, c'est un gros oiseau qui vit dans une basse-cour. *À Noël on mange de la dinde aux marrons.*
- La dinde est une **volaille.**
- La dinde est la femelle du **dindon.**

dindon nom masculin
Le dindon, c'est le mâle de la dinde.
- Les dindons et les dindes n'ont pas de plumes sur la tête et sur le cou mais, à la place, ils ont une drôle de peau toute rouge.

① **dîner** verbe
Dîner, c'est manger le repas du soir. *Demain, David et Marie vont dîner chez leur grand-mère.*
Ce mot s'écrit avec un **î.**

② **dîner** nom masculin
Le dîner, c'est le repas du soir. *Arrête de jouer, c'est l'heure du dîner.*
Ce mot s'écrit avec un **î.**

dînette nom féminin
1. *Victoria joue à la dînette avec sa sœur,* elles font semblant de prendre un repas.
2. *Coralie a eu une dînette pour Noël,* elle a eu des petites assiettes, des petits verres et des petits couverts avec lesquels elle peut jouer.
Ce mot s'écrit avec un **î.**

dinosaure nom masculin
Un dinosaure, c'est un énorme animal préhistorique. *Certains dinosaures avaient un très long cou et une très grande queue.*
- Les dinosaures ont maintenant disparu.
- Cherche aussi **diplodocus** et **tyrannosaure.**

diplodocus nom masculin
Un diplodocus, c'est un animal préhistorique de la famille des dinosaures.

Un **diplodocus.**

dire verbe
1. Dire, c'est faire connaître une chose par la parole. *Dis-moi comment tu t'appelles. Papa nous a dit d'aller nous coucher.*
2. Vouloir dire, c'est avoir un certain sens. *Sais-tu ce que veut dire le mot « dahlia » ?,* sais-tu ce qu'il signifie ?
3. *Qu'est-ce que c'est que cet animal, on dirait un gros chien,* il ressemble à un gros chien.

direct, directe adjectif

1. *Maman a pris le chemin le plus direct pour aller au village,* elle a pris un chemin qui va tout droit au village sans faire de détours.

2. *Il y a un train direct entre Paris et Londres,* il y a un train qui va de Paris à Londres sans qu'on ait besoin de changer de train.

directement adverbe

En sortant du cours de danse, Justine est rentrée directement à la maison, elle est rentrée tout droit à la maison sans s'arrêter ailleurs avant.

directeur nom masculin,
directrice nom féminin

Le directeur, la directrice, c'est la personne qui dirige dans une école, dans un magasin, dans une usine, dans un bureau. *Les élèves se lèvent quand la directrice entre dans la classe.*

direction nom féminin

1. *À son bureau, mon père a cinq personnes sous sa direction,* il donne des ordres à cinq personnes dont il est le chef.

2. *Le car a pris la direction de l'autoroute,* il est allé vers l'autoroute.

diriger verbe

1. Diriger, c'est être le chef, commander. *L'oncle de Margot dirige une usine,* il est le directeur d'une usine.

2. Se diriger vers un endroit, c'est aller vers cet endroit, prendre la direction de cet endroit. *Le bateau se dirigeait vers le port,* il allait vers le port.

discipline nom féminin

Les élèves doivent respecter la discipline, ils doivent faire ce que dit le règlement de l'école.

discours nom masculin

Faire un discours, c'est parler pour dire quelque chose d'important devant de nombreuses personnes réunies. *Le père de la mariée a fait un discours à la fin du repas.*

discret, discrète adjectif

Une personne discrète, c'est une personne qui ne se mêle pas des affaires des autres. *Quentin est très discret, il n'a pas demandé à Maelle pourquoi elle avait pleuré.*

■ Le contraire de discret, c'est **curieux, indiscret.**

discussion nom féminin

Une discussion, c'est une conversation où tout le monde donne son avis. *Papa et Maman ont eu une discussion au sujet des vacances.*

discuter verbe

Discuter, c'est parler avec quelqu'un.

disparaître verbe

1. Disparaître, c'est ne plus être visible, ne plus être là. *Le soleil a disparu derrière les nuages.*

2. Disparaître, c'est ne plus exister. *Les mammouths ont disparu depuis très longtemps.*

■ Le contraire de disparaître, c'est **apparaître.**

■ Cherche aussi **disparition.**

disparition nom féminin

Antoine est triste depuis la disparition de son chat, il est triste depuis que son chat a disparu, depuis qu'il ne sait pas où est passé son chat.

A B C D E F G H I J K L M N O P Q R S T U V W X Y Z

dispenser verbe
Ilona est dispensée de gymnastique parce qu'elle a mal au dos, elle a le droit de ne pas faire de gymnastique alors que c'est obligatoire.

disperser verbe
Disperser, c'est faire aller de tous les côtés, en désordre. *Les policiers ont dispersé les étudiants à la fin de la manifestation.*
■ Le contraire de disperser, c'est **assembler, rassembler.**

disponible adjectif
L'avion n'est pas complet, il reste quelques places disponibles, il reste quelques places libres que l'on peut utiliser.
■ Le contraire de disponible, c'est **occupé.**

disposer verbe
Disposer, c'est mettre d'une certaine façon. *Maman a disposé les verres sur la table.*
■ Tu peux dire aussi **placer.**

dispute nom féminin
Il y a souvent des disputes entre Claire et Gabriel, Claire et Gabriel ont souvent des discussions violentes où ils se disent des choses méchantes. ■ Ils se **disputent** souvent.

se **disputer** verbe
Se disputer, c'est se dire des choses méchantes, en criant, parce qu'on n'est pas d'accord. *Arrêtez de vous disputer !*
■ Cherche aussi **dispute.**

disqualifier verbe
Disqualifier un concurrent, c'est empêcher un concurrent de participer à une compétition parce qu'il a commis une faute ou parce qu'il a triché. *Le coureur cycliste a été disqualifié parce que quelqu'un l'a poussé dans la côte.*
■ Tu peux dire aussi **éliminer.**

disque nom masculin
Un disque, c'est une plaque ronde sur laquelle sont enregistrés des sons. *Lucie écoute un disque de son chanteur préféré.*
■ Cherche aussi **CD** et **DVD.**

dissipé, dissipée adjectif
Matéo est dissipé en classe, il fait du bruit, il n'écoute pas, il ne reste pas tranquille.
■ Tu peux dire aussi **turbulent.**
■ Le contraire de dissipé, c'est **sage.**

distance nom féminin
La distance, c'est la longueur qu'il y a entre deux choses, entre deux endroits.
Quelle distance y a-t-il entre ta maison et ton école ?

Claire et Gabriel se **disputent.**

distinguer verbe

1. *Je distingue Elsa au loin,* je la vois au loin.

2. *Vincent et Gabin sont jumeaux, on a du mal à les distinguer l'un de l'autre,* on a du mal à faire la différence entre eux, à les reconnaître, à savoir qui est Vincent et qui est Gabin.

distraction nom féminin

Une distraction, c'est une chose que l'on aime faire pour passer le temps, pour se détendre. *La distraction préférée de Mathis, c'est de jouer avec ses jeux vidéo.*

■ Tu peux dire aussi **divertissement.**

distraire verbe

1. Distraire, c'est faire passer un moment agréable, divertir. *Marion s'ennuie ; Maman lui lit une histoire pour la distraire.*

2. Se distraire, c'est passer un moment agréable pendant lequel on ne travaille pas. *En sortant du bureau, François est allé au cinéma pour se distraire.*

distrait, distraite adjectif

En classe, Anaïs est distraite, elle ne fait pas attention, elle pense à autre chose.

■ Tu peux dire aussi **étourdi.**

■ Le contraire de distrait, c'est **attentif.**

distrayant, distrayante adjectif

Ce film est distrayant, il est amusant, il fait passer le temps d'une manière agréable.

■ Le contraire de distrayant, c'est **ennuyeux.**

distribuer verbe

Distribuer, c'est donner quelque chose à chaque personne qui est là. *Alex distribue les cartes.*

■ Cherche aussi **distribution.**

La maîtresse **distribue** les devoirs corrigés.

distributeur nom masculin

Un distributeur de boissons, c'est un appareil qui donne des boissons quand on met de l'argent dedans.

distribution nom féminin

Le jour de Noël, Kevin attend avec impatience la distribution des cadeaux, il attend que l'on donne à chacun ses cadeaux.

■ Cherche aussi **distribuer.**

divertir verbe

Divertir, c'est faire passer un moment agréable, amuser. *Charlotte raconte des histoires drôles à son grand-père pour le divertir.*

■ Tu peux dire aussi **distraire.**

a b c d e f g h i j k l m n o p q r s t u v w x y z

divertissement nom masculin
Un divertissement, c'est une occupation qui fait passer un moment agréable, qui divertit. *Le sport est un bon divertissement.*
■ Tu peux dire aussi **distraction.**

diviser verbe
Diviser, c'est calculer combien de fois un nombre est contenu dans un autre. *Je divise 8 par 2 et j'obtiens 4. 8 divisé par 2 égale 4.* ■ 8 : 2 = 4. Diviser, c'est faire une **division.**
■ Le contraire de diviser, c'est **multiplier.**

division nom féminin
Une division, c'est une opération que l'on fait pour savoir combien de fois un nombre est contenu dans un autre. *Jennifer est en CE1, elle va apprendre à faire des divisions.*
■ Quand on fait une division, on **divise** un nombre.
■ Le contraire de division, c'est **multiplication.**

divorce nom masculin
Le divorce, c'est la séparation d'un homme et d'une femme qui étaient mariés ensemble. *Agathe vit chez son père depuis le divorce de ses parents.*

divorcer verbe
Les parents d'Agathe ont divorcé, ils ne sont plus mariés ensemble et ils habitent chacun de leur côté.

dizaine nom féminin
1. Une dizaine, c'est un groupe de dix unités. *Dans 148, 4 est le chiffre des dizaines.* ■ Cherche aussi **centaine** et **unité.**
2. Une dizaine, c'est un groupe d'environ dix personnes ou dix choses. *Paul a invité une dizaine d'amis pour son anniversaire.*

docteur nom masculin
Un docteur, c'est une personne dont le métier est de soigner les malades. *Candice a mal au ventre, sa mère va l'emmener chez le docteur.*
■ Tu peux dire aussi **médecin.**

document nom masculin
Un document, c'est une photo, un dessin, un texte qui renseigne sur quelque chose. *Cléa doit trouver des documents sur les volcans,* elle doit trouver des photos, des dessins ou des textes qui représentent ou qui décrivent des volcans.

documentaire nom masculin
Un documentaire, c'est un film qui montre des animaux et explique comment ils vivent ou qui décrit un pays, une ville, une région et les gens qui y habitent. *Théo a regardé à la télévision un documentaire sur les hyènes.*

doigt nom masculin
Les doigts, ce sont les cinq parties qui terminent la main. *Morgane a mis une bague à chaque doigt.*
■ Les pieds ont des **orteils.**

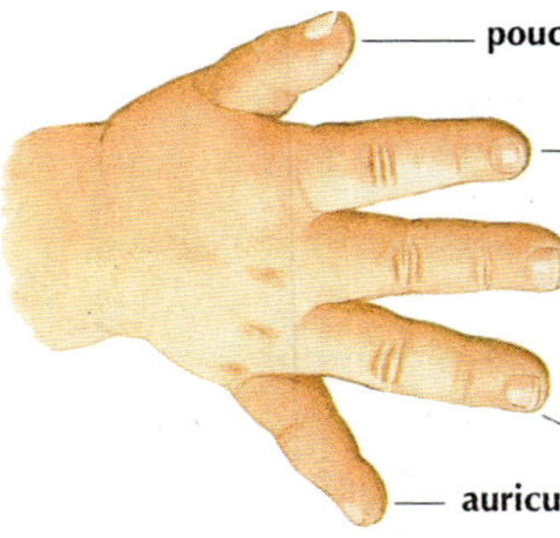

Connais-tu le nom des cinq **doigts** ?

domaine nom masculin
Un domaine, c'est une grande étendue de terre, à la campagne, avec une maison, une ferme,

des champs et des forêts qui appartiennent à une seule personne.

① **domestique** adjectif

Un animal domestique, c'est un animal qui vit près des hommes et qui a besoin d'eux pour se nourrir. *Les chats, les chiens, les vaches, les cochons, les moutons, les chevaux sont des animaux domestiques.*

■ Le contraire de domestique, c'est **sauvage.**

② **domestique** nom masculin et féminin

Un domestique, une domestique, c'est une personne dont le métier est de travailler dans une maison qui n'est pas la sienne en s'occupant du ménage et de la cuisine.

■ Aujourd'hui, on dit plutôt **employé de maison.**

domicile nom masculin

Le domicile, c'est la maison dans laquelle on habite.

■ Les personnes qui n'ont pas de maison où habiter sont des **sans domicile fixe ;** on dit aussi des **S. D. F.**

dominer verbe

Dominer, c'est être plus haut que ce qui est tout autour. *Le château fort domine le village.*

domino nom masculin

Un domino, c'est une petite plaque blanche en forme de rectangle, partagée en deux parties sur lesquelles il y a un certain nombre de points noirs. *Julien joue aux dominos avec Maxence.*

dommage nom masculin

Jeanne n'a pas pu venir à mon anniversaire, c'est dommage, c'est triste et je le regrette.

Les animaux **domestiques**.

dompteur nom masculin, **dompteuse** nom féminin

Un dompteur, une dompteuse, c'est une personne qui apprend aux animaux à lui obéir et à faire des choses difficiles. *Regarde ! le dompteur fait sauter le lion dans un cercle de feu.*

■ Le dompteur **dresse** les animaux.

On ne prononce pas le **p.**

don nom masculin

1. Un don, c'est quelque chose que l'on donne. *Maman a fait un don pour les sans-abri.*

2. *Juliette a un don pour le dessin,* elle dessine très bien sans faire beaucoup d'efforts. ■ Elle est **douée** en dessin.

■ Ne confonds pas don et **dont.**

A
B
C
D
E
F
G
H
I
J
K
L
M
N
O
P
Q
R
S
T
U
V
W
X
Y
Z

donc conjonction

1. Donc, c'est un mot qui sert à expliquer pourquoi une chose est comme elle est, pourquoi quelque chose arrive. *Tu as laissé tomber le vase, donc il s'est cassé.*

2. Donc, c'est un mot qui sert à donner plus d'importance à ce que l'on dit. *Viens donc à la maison ce week-end !*

donjon nom masculin

Le donjon, c'est la tour la plus haute d'un château fort. *La princesse était retenue prisonnière dans le donjon.*

Le chat **dort** dans sa corbeille.

donner verbe

1. Donner, c'est offrir quelque chose, faire un cadeau. *Salomé m'a donné une sucette.*

2. *Damien donne son numéro de téléphone à Marie,* il lui fait savoir son numéro de téléphone.

3. *Capucine s'est donné un coup de peigne,* elle s'est coiffée.

4. *Ce cerisier donne beaucoup de cerises,* il produit beaucoup de cerises.

dont pronom

Voici l'ami dont je t'ai parlé, voici l'ami de qui je t'ai parlé.

■ Ne confonds pas dont et **don.**

doré, dorée adjectif

Clémence a une jolie bague dorée, elle a une bague jaune comme de l'or, mais qui n'est pas en or, ou qui est recouverte d'or.

dorénavant adverbe

Dorénavant, c'est à partir de maintenant. *Dorénavant, Cédric emmène sa petite sœur à l'école.*

■ Tu peux dire aussi **désormais.**

dorloter verbe

Dorloter, c'est s'occuper de quelqu'un avec tendresse, en lui faisant des câlins et des caresses. *Anna dorlote sa poupée.*

dormir verbe

Dormir, c'est se reposer, les yeux fermés, en ne voyant plus rien, en n'entendant plus rien de ce qui se passe autour de soi et en faisant des rêves. *Noé a sommeil, c'est l'heure de dormir.*

dortoir nom masculin

Un dortoir, c'est une grande pièce dans laquelle il y a plusieurs lits.

En pension, les élèves dorment dans un **dortoir**.

dos nom masculin

Le dos, c'est la partie du corps qui est derrière et qui va du cou jusqu'aux fesses.

dose nom féminin

Une dose, c'est la quantité exacte du produit qu'il faut utiliser. *Maman met deux doses de lessive dans la machine à laver.*
■ Ce médicament est très fort, il ne faut pas dépasser la dose indiquée par le médecin !

dossard nom masculin

Un dossard, c'est un carré de tissu avec un numéro, attaché sur le dos d'un coureur. *Le coureur cycliste portant le dossard numéro 12 est arrivé premier.*

dossier nom masculin

1. Le dossier, c'est la partie d'un siège sur laquelle on appuie son dos.
2. Un dossier, c'est un ensemble de papiers que l'on met les uns avec les autres pour les garder au même endroit.

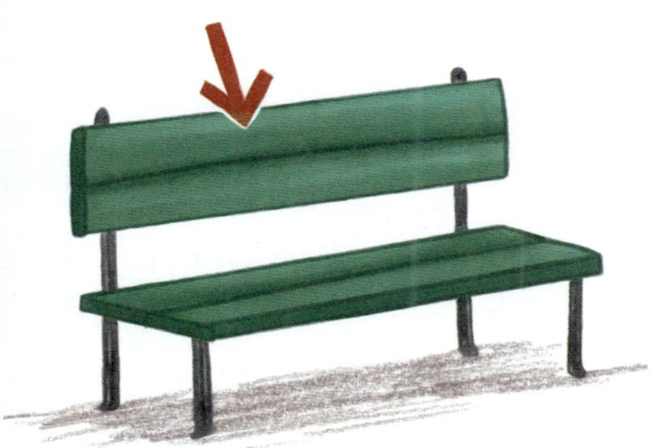

Combien vois-tu de **dossiers** ?

douane nom féminin

La douane, c'est l'endroit où l'on s'arrête, à la frontière entre deux pays, pour montrer son passeport et ses bagages. *Nous avons passé la douane en rentrant de Suisse.*

douanier nom masculin, **douanière** nom féminin

Un douanier, une douanière, c'est une personne dont le métier est de contrôler les marchandises à la douane. *Le douanier a fouillé les bagages à l'aéroport.*

① **double** adjectif

1. *Martin a fait un double nœud à ses lacets,* il a fait deux nœuds l'un sur l'autre.

L'avenue Victoria est à double sens, les voitures peuvent y rouler dans les deux sens. ■ Le contraire de double, c'est **unique.**

② **double** nom masculin

Le double d'un nombre, c'est ce nombre multiplié par 2. *Dix est le double de cinq,* dix c'est deux fois cinq. ■ Cinq est la **moitié** de dix.

a b c d e f g h i j k l m n o p q r s t u v w x y z

doubler verbe

1. Doubler, c'est être multiplié par 2. *Le prix de cette montre a doublé depuis l'année dernière.*

2. Doubler un véhicule, c'est le dépasser. *La voiture a doublé le camion,* la voiture est passée devant le camion.

3. *Le blouson de Louna est doublé de fourrure,* il a de la fourrure à l'intérieur.

doucement adverbe

1. Doucement, c'est lentement. *La voiture roule doucement sur le chemin qui va à la ferme,* la voiture ne roule pas vite.

2. Doucement, c'est pas trop fort, avec douceur. *Parle plus doucement, ta petite sœur dort,* parle sans crier.

douceur nom féminin

1. *Killian aime la douceur du pelage du chat,* il aime toucher le pelage du chat parce qu'il est doux.

2. *Mamie parle à ses petits-enfants avec douceur,* elle leur parle d'une manière très gentille.

douche nom féminin

Tous les matins, Maman prend une douche, elle fait couler de l'eau en pluie sur tout son corps pour se laver.

■ Cherche aussi **bain.**

se **doucher** verbe

Se doucher, c'est prendre une douche. *Maman s'est douchée.*

doué, douée adjectif

Juliette est très douée en dessin, elle dessine très bien depuis qu'elle est toute petite, sans avoir appris.

■ Elle a un **don** pour le dessin.

douillet, douillette adjectif

Anaïs pleure dès qu'elle se fait mal, elle est très douillette, elle dit toujours qu'elle a très mal, même si ce n'est pas grave.

douleur nom féminin

La douleur, c'est la sensation très désagréable que l'on ressent dans son corps quand on a mal.

Le joueur pousse un cri de **douleur.**

douloureux, douloureuse adjectif

Ce vaccin est douloureux, il fait mal.

■ Le contraire de douloureux, c'est **indolore.**

doute nom masculin

1. *Est-ce que j'ai bien fermé la porte à clé, j'ai un doute,* je ne suis pas sûr d'avoir fermé la porte à clé.

2. *Papa rentrera sans doute à 20 heures comme d'habitude,* Papa rentrera sûrement à 20 heures, comme d'habitude.

douter verbe

1. Douter, c'est ne pas être sûr. *Il fera peut-être moins froid demain mais j'en doute,* je ne suis pas sûr qu'il fera moins froid demain.

2. Se douter de quelque chose, c'est le soupçonner. *Clément se doutait que sa mère ne serait pas contente*

Est-ce que ce **dragon** te fait peur ?

en voyant ses mauvaises notes, il pensait que sa mère ne serait sûrement pas contente.

doux, douce adjectif

1. *La fourrure de mon chat est très douce,* elle est très agréable à toucher. ■ Le contraire de doux, c'est **rugueux.**

2. L'eau douce, c'est l'eau qui n'est pas salée, c'est l'eau des rivières et des lacs.

3. *Mamie a une voix douce,* elle a une voix gentille, elle ne crie pas. ■ Le contraire de doux, c'est **agressif.**

douzaine nom féminin

1. Une douzaine, c'est un groupe de douze unités. *Maman a acheté une douzaine d'œufs.*

2. Une douzaine, c'est un groupe d'environ douze personnes ou douze choses. *La maison est à une douzaine de kilomètres de la plage.*

dragée nom féminin

Une dragée, c'est un bonbon fait d'une amande recouverte de sucre bleu, blanc ou rose. *On offre des dragées pour le baptême d'un bébé.*

dragon nom masculin

Un dragon, c'est un animal qui n'existe pas ; il a des ailes, des griffes et une queue de serpent. *Souvent, les dragons crachent du feu.*

drame nom masculin

Un drame, c'est quelque chose de très grave qui arrive et qui rend tout le monde très triste. *Les inondations ont été un drame pour la région. Arrête de pleurer, ce n'est pas un drame d'avoir cassé ton vélo !* ce n'est pas très grave.

■ Tu peux dire aussi **catastrophe.**

drap nom masculin

Les draps, ce sont les grands morceaux de tissu que l'on met dans le lit entre le matelas et la couverture et dans lesquels on dort.

drapeau nom masculin

Un drapeau, c'est un morceau de tissu dont les couleurs sont celles d'un pays. *Le drapeau français est bleu, blanc, rouge.*

➜ Au pluriel : des **drapeaux.**

dresser verbe

1. Dresser, c'est mettre tout droit. *Le chat a entendu un bruit, il dresse les oreilles.* ■ Le contraire de dresser, c'est **baisser.**

2. Dresser un animal, c'est l'habituer à obéir. *Ce chien est bien dressé, il fait ce que son maître lui dit de faire.*
■ Les animaux sauvages sont dressés par des **dompteurs.**

Émilie est **droitière**, Samuel est gaucher.

drogue nom féminin

La drogue, c'est un produit qui agit sur le cerveau et rend bizarre la personne qui en a pris. *La drogue est très mauvaise pour la santé.*

① **droit** nom masculin

Avoir le droit de faire quelque chose, c'est pouvoir faire quelque chose parce que cela a été permis. *Mon frère a le droit de regarder la télévision quand il a fini ses devoirs. Romane n'a pas le droit de monter devant dans la voiture.*
■ Tu peux dire aussi **autorisation, permission.**

② **droit, droite** adjectif

1. *Après le village, la route est toute droite,* la route ne fait pas de virages, elle est comme un fil bien tendu.
2. *Tiens ton verre droit,* tiens ton verre vertical, ne le penche pas.
3. La main droite, c'est la main qui est du côté opposé à celui du cœur. *Samuel écrit de la main droite,* il est droitier.

droite nom féminin

Pour aller à la boulangerie, il faut tourner à droite en sortant de l'école, il faut tourner du côté droit, du côté de la main droite.
■ Le contraire de droite, c'est **gauche.**

droitier, droitière adjectif

Émilie est droitière, elle se sert de sa main droite pour écrire, pour dessiner, pour manger.
■ Samuel est **gaucher.**

drôle adjectif

Ce film est drôle, il fait rire.
■ Tu peux dire aussi **amusant, comique, rigolo.**
■ Le contraire de drôle, c'est **triste.**

Ils regardent un film très **drôle**.

drôlement adverbe

Il fait drôlement froid aujourd'hui, il fait très froid.
■ Ce mot est familier.

dromadaire nom masculin

Un dromadaire, c'est un grand animal qui vit dans le désert en Inde et en Afrique ; il ressemble au chameau mais il n'a qu'une seule bosse.

■ Le dromadaire est un mammifère.

du article masculin

Du, c'est de + le. *Alexandra vient du Portugal. Victor est le fils du directeur de l'usine. Papi mange du fromage,* il mange un peu de fromage.

■ Ne confonds pas du et **dû.**

dû, due adjectif

Le retard de l'avion est dû au mauvais temps, l'avion est en retard à cause du mauvais temps. *Cette mauvaise odeur est due aux égouts,* on sent cette mauvaise odeur parce qu'il y a des égouts.

Ce mot s'écrit avec un **û** au masculin singulier.

■ Va voir aussi le verbe **devoir.**

■ Ne confonds pas dû et **du.**

duel nom masculin

Autrefois les hommes se battaient en duel pour défendre leur honneur, deux hommes se battaient l'un contre l'autre avec la même arme, une épée ou un pistolet.

dune nom féminin

Une dune, c'est une colline en sable, au bord de la mer ou dans le désert. *Marion et Jennifer escaladent la dune.*

dur, dure adjectif

1. *Ce beurre est trop dur, je n'arrive pas à l'étaler sur mon pain,* ce beurre ne s'enfonce pas quand on appuie dessus. ■ Le contraire de dur, c'est **mou, tendre.** ■ Va voir aussi **durcir.**

2. *Ce jeu est très dur,* ce jeu est très difficile. ■ Le contraire de dur, c'est **facile, simple.**

Une **dune.**

a b c d e f g h i j k l m n o p q r s t u v w x y z

A B C D E F G H I J K L M N O P Q R S T U V W X Y Z

durant préposition
Durant, c'est pendant le temps qui se passe entre le début et la fin de quelque chose. *Baptiste a rencontré Thomas durant les vacances.*
■ Tu peux dire aussi **pendant.**

durcir verbe
Durcir, c'est devenir dur. *Maman a fait de la glace au chocolat et l'a mise dans le congélateur pour qu'elle durcisse.*
■ Le contraire de durcir, c'est se **ramollir.**

durée nom féminin
La durée, c'est le temps qui se passe entre le début et la fin de quelque chose. *La durée du spectacle de marionnettes est d'une demi-heure.*

durer verbe
Ce film dure une heure, il se passe une heure entre le début et la fin du film.

duvet nom masculin
Le duvet, c'est l'ensemble des petites plumes très fines et très douces qui recouvrent le corps des jeunes oiseaux.

DVD nom masculin invariable
Un DVD, c'est un disque qui contient des sons et des images vidéo. *Mamie a loué des DVD de dessins animés pour Marie.*

dynamique adjectif
Monsieur Cotte est dynamique, il fait beaucoup de choses en étant toujours de bonne humeur.
■ Tu peux dire aussi **actif, énergique.**
■ Le contraire de dynamique, c'est **mou.**

dynamite nom féminin
La dynamite, c'est une matière qui explose.
■ La dynamite est un **explosif.**

Les soldats font sauter le pont à la **dynamite.**

dynastie nom féminin
Une dynastie, c'est une suite de rois de la même famille qui règnent les uns après les autres.

eau nom féminin
L'eau, c'est un liquide transparent, sans couleur, sans odeur et sans goût. *Lisa boit de l'eau. L'eau des rivières est douce, l'eau de mer est salée.*
➪ Au pluriel : les **eaux.**

éblouir verbe
1. *La lumière de la lampe m'éblouit,* la lumière me fait mal aux yeux parce qu'elle est trop brillante et elle m'empêche de voir bien.
2. Éblouir, c'est remplir d'admiration. *Les enfants sont éblouis par les tours du prestidigitateur,* ils regardent les tours du prestidigitateur avec une grande admiration, sans rien dire. ■ Tu peux dire aussi **émerveiller.**

éblouissant, éblouissante adjectif
1. *La blancheur de la neige est éblouissante,* elle est trop brillante et elle fait mal aux yeux.
2. *La princesse était éblouissante de beauté dans sa robe de bal,* elle était si belle que l'on osait à peine la regarder.

éboueur nom masculin, **éboueuse** nom féminin
Un éboueur, une éboueuse, c'est une personne dont le travail est de ramasser les ordures. *Les éboueurs vident les poubelles dans le camion.*

ébouriffé, ébouriffée adjectif
Le matin, quand il se réveille, Mohamed a les cheveux ébouriffés, il a les cheveux en désordre.

ébullition nom féminin
L'ébullition, c'est le moment où un liquide bout, où il y a des bulles à la surface. *Il faut attendre l'ébullition pour mettre les pâtes dans l'eau.*

Mohamed a les cheveux **ébouriffés.**

A B C D E F G H I J K L M N O P Q R S T U V W X Y Z

écaille nom féminin
1. Les écailles, ce sont les petites plaques dures qui recouvrent le corps des poissons, des serpents, des lézards, des tortues.
2. L'écaille, c'est la matière qui recouvre la carapace des tortues de mer et avec laquelle on fabrique des objets.

Le python et la truite sont recouverts d'**écailles**. Le peigne et les lunettes sont en **écaille**.

écarquiller verbe
Écarquiller les yeux, c'est les ouvrir très grand. *Marie écarquille les yeux pour mieux voir les clowns.*

écart nom masculin
1. Un écart, c'est une différence entre deux nombres qui indiquent la température qu'il fait ou le prix que coûte une chose. *À la montagne, l'été, il y a de gros écarts de température entre le jour et la nuit.*
2. À l'écart, c'est à une certaine distance, un peu loin. *À la récréation Nicolas ne joue pas avec ses camarades, il se tient toujours à l'écart.*

écarter verbe
Écarter, c'est mettre plusieurs choses loin les unes des autres. *Essaie d'écarter les doigts le plus possible. La maîtresse écarte sa chaise du mur.*
■ Le contraire de écarter, c'est **rapprocher.**

échafaud nom masculin
L'échafaud, c'est l'estrade sur laquelle montaient la personne qui était condamnée à mort et le bourreau qui lui coupait la tête. *Le 21 janvier 1793, le roi Louis XVI est monté sur l'échafaud.*
■ Cherche aussi **guillotine.**

échafaudage nom masculin
Un échafaudage, c'est un ensemble de barres et de planches que l'on installe devant un immeuble ou un monument pour le réparer ou le nettoyer. *Les ouvriers sont sur l'échafaudage, ils font le ravalement de l'immeuble.*

échalote nom féminin
L'échalote, c'est une plante que l'on met dans des sauces et dans des plats pour leur donner du goût. *Papi prépare une sauce à l'échalote.*
■ L'échalote ressemble à l'oignon et a un peu le même goût, en moins fort.

échange nom masculin
Faire un échange, c'est donner quelque chose et recevoir autre chose à la place. *On fait un échange : tu me prêtes ton vélo et je te prête mes rollers.*

échanger verbe
David a échangé dix billes contre une petite voiture, il a donné dix billes et il a eu une petite voiture à la place.

échantillon nom masculin
Un échantillon, c'est une toute petite bouteille, un tout petit tube ou une toute petite boîte qui

contient un petit peu d'un produit pour que le client puisse l'essayer. *Romane joue avec les échantillons de parfum de sa mère.*

Pascal et Olivia jouent aux **échecs.**

s'échapper verbe
L'oiseau s'est échappé de sa cage, il est parti tout d'un coup, il s'est sauvé.
■ Tu peux dire aussi **s'enfuir.**

écharde nom féminin
Une écharde, c'est une épine ou un tout petit morceau de bois qui s'est enfoncé sous la peau. *Juliette a une écharde sous le pied.*

écharpe nom féminin
Une écharpe, c'est une longue bande de tissu ou de tricot que l'on porte autour du cou. *En hiver, Yannis met une écharpe de laine bleue.*

échec nom masculin
Le frère de Noémie a subi un échec à son examen, il n'a pas réussi son examen, il a échoué.
■ Le contraire de échec, c'est **réussite, succès.**

échecs nom masculin pluriel
Le jeu d'échecs, c'est un jeu qui se joue à deux avec des pièces que l'on bouge sur un plateau divisé en cases noires et blanches. *Les pièces du jeu d'échecs sont le roi, la reine, les cavaliers, les fous, les tours et les pions.*

échelle nom féminin
Une échelle, c'est un grand objet fait de deux longues barres verticales réunies par des barreaux sur lesquels on pose les pieds comme sur des marches. *Papa monte sur une échelle pour cueillir des cerises.*
■ Cherche aussi **escabeau.**

écho nom masculin
L'écho, c'est un son que l'on entend une deuxième fois quand on crie, parce qu'il se heurte contre une paroi et qu'il revient. *Dans la montagne ou dans une grotte, il y a souvent de l'écho.*

échouer verbe
1. Échouer, c'est ne pas réussir, rater. *Le frère de Noémie a échoué à son examen.*
2. *Le bateau s'est échoué,* il a touché le fond et ne peut plus avancer.

éclabousser verbe
Éclabousser, c'est mouiller en envoyant de l'eau avec force.

éclair nom masculin
1. Un éclair, c'est une lumière très forte et très brève qui fait une ligne en zigzag, dans le ciel, pendant un orage. ■ Cherche aussi **foudre** et **tonnerre.**
2. Un éclair, c'est un gâteau long et étroit fourré de crème au chocolat ou au café et recouvert d'une couche brillante de pâte sucrée.

A B C D E F G H I J K L M N O P Q R S T U V W X Y Z

éclairage nom masculin

Cette pièce a un éclairage insuffisant, elle est mal éclairée, il n'y a pas assez de lumière.

éclaircie nom féminin

Une éclaircie, c'est un moment où le ciel s'éclaircit et où il fait beau tout d'un coup, après la pluie. *Nous avons profité d'une éclaircie, entre deux averses, pour sortir un peu.*

éclaircir verbe

1. *Le détective doit éclaircir le mystère de la maison hantée,* il doit expliquer ce mystère, il doit le rendre clair pour qu'il ne soit plus difficile à comprendre.

2. S'éclaircir, c'est devenir clair. *La pluie s'est arrêtée et le ciel s'éclaircit,* le ciel devient clair, sans nuages.

éclairer verbe

Éclairer, c'est donner de la lumière. *Les lampadaires éclairent la rue. Cette lampe de poche éclaire bien.*

éclat nom masculin

1. Un éclat, c'est un morceau d'un objet que l'on casse et qui éclate en faisant de tout petits bouts. *Priscille a cassé un vase, attention il y a des éclats de verre par terre.*

2. *Lucas et Flora ont l'air de bien s'amuser, on entend des éclats de rire,* on entend le bruit que font des personnes qui rient très fort.

éclatant, éclatante adjectif

Le pré, recouvert de neige, est d'une blancheur éclatante, il est d'une blancheur très brillante, très vive.

■ Le contraire de éclatant, c'est **terne.**

éclater verbe

1. Éclater, c'est se déchirer tout d'un coup en faisant beaucoup de bruit et en envoyant des petits morceaux partout. *Le ballon de Romain a éclaté.* ■ Cherche aussi **exploser.**

2. *Clémence a éclaté de rire,* elle s'est mise à rire, tout d'un coup, en faisant beaucoup de bruit.

Il est midi et il fait nuit, il y a une **éclipse** de Soleil.

éclipse nom féminin

Il y a une éclipse de Soleil, le Soleil disparaît pendant quelques minutes parce qu'il est caché par la Lune.

éclosion nom féminin

1. L'éclosion, c'est le moment où le poussin sort de l'œuf.

2. L'éclosion, c'est le moment où une fleur s'ouvre.

écluse nom féminin

Une écluse, c'est une partie d'une rivière ou d'un canal, fermée par une porte à l'entrée et à la sortie, où l'on fait changer la hauteur de l'eau pour que les bateaux puissent passer d'un niveau à un autre. *La péniche franchit l'écluse.*

écœurant, écœurante adjectif
Ce gâteau est écœurant, il donne envie de vomir.

école nom féminin
L'école, c'est l'endroit où les maîtresses et les maîtres apprennent aux élèves tout ce qu'ils doivent savoir. *Audrey est à l'école primaire, en CP. Tous les matins, les enfants vont à l'école,* ils vont en classe.

écolier nom masculin,
écolière nom féminin
Un écolier, une écolière, c'est un enfant qui va à l'école.
■ On dit plutôt un **élève.**

écologie nom féminin
L'écologie, c'est la science qui étudie l'environnement naturel dans lequel vivent les êtres vivants. *L'écologie est importante pour la protection de la nature.*

écologiste nom masculin et féminin
Un écologiste, une écologiste, c'est une personne qui veut protéger la nature. *Les écologistes ont fait une manifestation contre l'énergie nucléaire.*

économe adjectif
Une personne économe, c'est une personne qui fait attention à ne pas dépenser beaucoup d'argent. *Marie est très économe et elle met ses économies dans une tirelire.*

économies nom féminin pluriel
Faire des économies, c'est ne pas dépenser son argent et le garder dans une tirelire ou dans une banque. *Arthur s'est acheté un livre avec ses économies,* il s'est acheté un livre avec l'argent qu'il a économisé.

économiser verbe
Économiser, c'est ne pas dépenser son argent et le mettre de côté. *Les parents d'Alexis économisent pour s'acheter une maison.* ■ Les parents d'Alexis font des **économies.**

L'**écorce** protège le bois.

écorce nom féminin
L'écorce, c'est la partie de l'arbre qui recouvre le tronc et les branches et que l'on peut enlever. *Sous l'écorce il y a le bois.*

écorcher verbe
Maylis s'est écorché les jambes en marchant dans les ronces, elle s'est un peu déchiré la peau des jambes.
■ Tu peux dire aussi **égratigner.**

écossais, écossaise adjectif
Un tissu écossais, c'est un tissu qui est fabriqué avec des fils de plusieurs couleurs qui font des rayures et des carreaux.

écouter verbe

1. Écouter, c'est faire attention aux bruits, aux sons ou aux paroles que l'on entend. *Victor écoute le chant des oiseaux.*

2. *Si tu m'avais écouté, tu ne serais pas arrivé en retard,* si tu avais fait comme je t'avais dit de faire, tu ne serais pas arrivé en retard.

Écoute-moi !

écouteur nom masculin

Des écouteurs, ce sont deux appareils, souvent attachés sur un casque, que l'on met contre ses oreilles pour écouter de la musique sans que les autres entendent. *Alice a mis ses écouteurs pour écouter son baladeur.*

écran nom masculin

L'écran, c'est la partie plate et rectangulaire sur laquelle on voit les images au cinéma, à la télévision ou sur un ordinateur. *Un grand lion vient d'apparaître sur l'écran.*

écraser verbe

Écraser, c'est aplatir et mettre en petits morceaux en appuyant très fort. *Sophie écrase ses pommes de terre avec sa fourchette. Le chien a failli se faire écraser,* le chien a failli se faire tuer par une voiture qui lui aurait roulé dessus.

écrevisse nom féminin

Une écrevisse, c'est un petit animal qui vit dans les ruisseaux et qui a deux grosses pinces près de la tête.

s'**écrier** verbe

S'écrier, c'est dire d'une voix forte en criant. *« Non, ce n'est pas vrai », s'écria-t-il.*

■ Tu peux dire aussi s'**exclamer.**

écrire verbe

1. Écrire, c'est tracer des lettres, des mots. *Les enfants apprennent à lire et à écrire au cours préparatoire. Zoé a écrit son nom sur son cahier.*

2. Écrire, c'est écrire une lettre. *Alix a écrit à Laura.*

écriteau nom masculin

Un écriteau, c'est un panneau sur lequel est écrit quelque chose. *À l'entrée du domaine, un écriteau indique « Propriété privée ».*

■ Tu peux dire aussi **pancarte.**

➾ Au pluriel : des **écriteaux.**

écriture nom féminin

Romane a une belle écriture, elle forme bien ses lettres, elle écrit bien.

écrivain nom masculin

Un écrivain, c'est une personne qui écrit des livres. *Victor Hugo est un écrivain du 19e siècle.*

■ Tu peux dire aussi **auteur.**

s'**écrouler** verbe

S'écrouler, c'est tomber tout d'un coup en se cassant. *Plusieurs immeubles se sont écroulés pendant le tremblement de terre.*

■ Tu peux dire aussi s'**effondrer.**

écume nom féminin
L'écume, c'est la mousse blanche qui se forme sur les vagues dans la mer ou sur les lacs.

écureuil nom masculin
Un écureuil, c'est un petit animal qui vit dans la forêt ; il a une fourrure rousse et une queue longue et épaisse. *L'écureuil est très agile, il bondit de branche en branche.*

L'**écureuil** se nourrit de glands et de noisettes.

écurie nom féminin
Une écurie, c'est un bâtiment dans lequel dorment les chevaux.
■ Les vaches dorment dans une **étable,** les moutons dans une **bergerie** et les porcs dans une **porcherie.**

écuyer nom masculin,
écuyère nom féminin
Un écuyer, une écuyère, c'est une personne qui fait des acrobaties à cheval, dans un cirque. *Les enfants ont applaudi le numéro de l'écuyère.*

éducateur nom masculin,
éducatrice nom féminin
Un éducateur, une éducatrice, c'est une personne dont le métier est de s'occuper de l'éducation et de l'instruction des enfants. *Les instituteurs, les professeurs, les moniteurs des centres de plein air sont des éducateurs.*

éducation nom féminin
Les parents s'occupent de l'éducation de leurs enfants, ils s'occupent d'eux et leur apprennent tout ce qu'ils doivent savoir dans la vie en essayant de développer leurs qualités.

effacer verbe
Effacer, c'est faire disparaître quelque chose qui est inscrit quelque part. *La maîtresse efface ce qu'elle a écrit au tableau avec un chiffon. La mer efface les traces de nos pas sur le sable.*

effaceur nom masculin
Un effaceur, c'est un stylo qui efface l'encre. *Inès enlève avec son effaceur la tache qu'elle a faite dans son cahier.*

effectivement adverbe
Effectivement, c'est un mot qui sert à montrer que ce que l'on vient de dire est bien vrai. *Charles pensait qu'il aurait une bonne note à son dessin. Effectivement, il a eu 10 sur 10.*
■ Tu peux dire aussi **en effet.**

effet nom masculin
1. Un effet, c'est ce qui arrive à cause d'autre chose. *Ce médicament a un effet très rapide,* il agit vite.
2. En effet, c'est un mot qui sert à expliquer ce que l'on vient de dire. *Les arbres sont tout blancs, en effet il a neigé cette nuit.* ■ Tu peux dire aussi **effectivement.**

efficace adjectif
Un produit efficace, c'est un produit qui fait rapidement ce que l'on attend de lui. *Ce sirop est très efficace contre la toux.*

s'effondrer verbe

S'effondrer, c'est tomber tout d'un coup et se casser.

■ Tu peux dire aussi **s'écrouler.**

La falaise s'est **effondrée.**

s'efforcer verbe

S'efforcer, c'est faire tout ce que l'on peut pour réussir. *Emma s'efforce d'être sage en classe, mais elle n'y arrive pas toujours.* ■ Elle fait des **efforts.**

■ Tu peux dire aussi **essayer.**

effort nom masculin

Tom fait des efforts pour apprendre sa récitation, il se donne du mal, il fait tout ce qu'il peut pour savoir sa récitation.

effrayant, effrayante adjectif

Quelque chose d'effrayant, c'est quelque chose qui fait peur. *Jules a fait un cauchemar effrayant.*

■ Tu peux dire aussi **effroyable, épouvantable, horrible, terrible.**

effrayer verbe

Effrayer, c'est faire peur. *Au zoo, quand les lions rugissent, ils effraient les enfants.*

effroyable adjectif

Quelque chose d'effroyable, c'est quelque chose qui fait très peur, qui est très effrayant. *Le tonnerre a fait un bruit effroyable.*

■ Tu peux dire aussi **épouvantable, horrible, terrible.**

égal, égale adjectif

1. *Mamie coupe la tarte aux pommes en parts égales,* elle coupe la tarte en parts qui ont toutes la même taille, qui sont toutes pareilles. ■ Le contraire de égal, c'est **inégal.**

2. *Tu peux jouer avec moi ou avec Amira, cela m'est égal,* tu fais ce que tu veux, cela n'a pas d'importance pour moi.

➪ Au masculin pluriel : **égaux.**

➪ Au féminin pluriel : **égales.**

La tarte aux pommes est coupée en parts **égales.** Les parts du gâteau au chocolat sont inégales.

également adverbe

Alexis joue de la guitare, il joue également du piano, il joue aussi du piano.

égaler verbe

Deux plus deux égalent quatre, deux plus deux font quatre.

➪ Tu peux écrire aussi **2 + 2 = 4.**

égaliser verbe
L'équipe de football de notre ville a égalisé une minute avant la fin du match, elle a marqué le même nombre de buts que l'autre équipe.

égalité nom féminin
Les deux équipes de football sont à égalité, elles ont marqué le même nombre de buts.

égarer verbe
Julien a égaré sa règle, il ne la retrouve plus, il ne sait pas où elle est.
■ Tu peux dire aussi **perdre.**

église nom féminin
Une église, c'est un grand bâtiment dans lequel les catholiques se réunissent pour assister à la messe et prier. ■ Cherche aussi **cathédrale** et **chapelle.**
■ Les protestants vont au **temple,** les juifs à la **synagogue,** les musulmans à la **mosquée** et les bouddhistes à la **pagode.**

égoïste adjectif
Une personne égoïste, c'est une personne qui pense seulement à elle, qui ne fait pas attention aux autres. *Dorian est très égoïste, il garde tous ses bonbons pour lui et ne m'en donne jamais.*
Ce mot s'écrit avec un **ï.**

égout nom masculin
Un égout, c'est un tunnel, sous la terre, rempli de gros tuyaux dans lesquels va l'eau sale qui vient des maisons et des usines.

égratigner verbe
Égratigner, c'est arracher un tout petit morceau de peau. *Maman s'est égratigné les mains en taillant les rosiers.*
■ Tu peux dire aussi **écorcher.**

égratignure nom féminin
Une égratignure, c'est une toute petite blessure sur la peau. *Après avoir cueilli des roses, Maman avait des égratignures sur les mains.*

Un **élan.**

① **élan** nom masculin
Un élan, c'est un grand animal qui a une grosse tête et des bois aplatis. *Les élans vivent en Scandinavie, en Sibérie et au Canada.*
■ L'élan est de la même famille que le cerf.

② **élan** nom masculin
Simon prend son élan avant de sauter, il court vite pour être entraîné par son mouvement et sauter plus haut ou plus loin.

Simon prend son **élan** pour franchir la haie.

A B C D E F G H I J K L M N O P Q R S T U V W X Y Z

s'**élancer** verbe
La panthère s'est élancée sur la gazelle, elle s'est mise à courir vers la gazelle et elle s'est jetée sur elle.
■ Tu peux dire aussi se **précipiter,** se **ruer.**

élargir verbe
Élargir, c'est rendre plus large. *Des ouvriers élargissent la route.*

① **élastique** adjectif
Le caoutchouc est une matière élastique, c'est une matière très souple qui s'allonge lorsque l'on tire dessus et qui reprend sa forme quand on la lâche.

② **élastique** nom masculin
Un élastique, c'est un rond en caoutchouc que l'on met autour de quelque chose pour le faire tenir. *Margaux a attaché ses cheveux avec un élastique pour se faire une queue de cheval.*

électeur nom masculin,
électrice nom féminin
Un électeur, une électrice, c'est une personne qui vote. *En France, ce sont les électeurs qui élisent les députés et le président de la République.*

élection nom féminin
L'élection du président de la République, c'est le choix que fait la population d'un pays, en votant, pour désigner le président de la République. *Le résultat de l'élection sera connu à 20 heures.*
■ Cherche aussi **élire.**

électricien nom masculin,
électricienne nom féminin
Un électricien, une électricienne, c'est une personne dont le métier est d'installer et de réparer les fils électriques et tout ce qui fonctionne à l'électricité.

électricité nom féminin
L'électricité, c'est ce qui permet aux lampes d'éclairer et qui fait marcher certaines machines.
■ L'électricité est une source d'**énergie.**

électrique adjectif
1. Un appareil électrique, c'est un appareil qui marche à l'électricité. *Papa se rase avec un rasoir électrique.*
2. Un fil électrique, c'est un fil qui amène l'électricité. *La lampe ne marchait pas parce qu'on avait oublié de brancher le fil électrique dans la prise.*

électronique adjectif
Les jeux vidéo sont des jeux électroniques, ce sont des jeux qui envoient des images et des sons grâce à des mécanismes très petits.

élégant, élégante adjectif
La mère de Benjamin est toujours élégante, elle est toujours bien habillée.

élément nom masculin
Un élément, c'est chacune des parties d'un ensemble. *Wadi a perdu un élément de son puzzle, il ne peut pas le terminer.*
■ Tu peux dire aussi **pièce.**

élémentaire adjectif
1. *Deux et deux font quatre, c'est élémentaire,* c'est très simple, c'est très facile.
2. *Alicia est en cours élémentaire première année,* elle est en CE1, dans la classe qui suit le cours préparatoire.

éléphant nom masculin
Un éléphant, c'est un très gros animal d'Afrique et d'Asie. Il a une peau épaisse et rugueuse, une trompe et deux défenses. *Les*

éléphants d'Afrique ont de grandes oreilles. L'éléphant, quand il naît, pèse déjà 100 kilos.

Les **éléphants.**

élevage nom masculin
Dans cette région, on fait de l'élevage de vaches, on s'occupe de vaches, on les nourrit, on les soigne pour gagner de l'argent avec leur lait et leur viande.
■ Cherche aussi **élever.**

élève nom masculin et féminin
Un élève, une élève, c'est un enfant qui va à l'école, au collège ou au lycée. *Il y a vingt-trois élèves dans la classe de Coralie.*
■ Va voir aussi **étudiant.**

élevé, élevée adjectif
Un enfant bien élevé, c'est un enfant qui a reçu une bonne éducation. *Clément est bien élevé,* il est poli. *Émeline est mal élevée,* elle est impolie.

élever verbe
1. *Le fermier élève des poules et des cochons,* il les nourrit et les soigne, et gagne de l'argent en vendant leur viande et les œufs des poules.
■ Va voir aussi **élevage.**
2. *Les parents élèvent leurs enfants,* ils s'occupent de leurs enfants, les nourrissent, les envoient à l'école.
3. S'élever, c'est aller vers le haut, monter. *L'avion s'élevait dans le ciel.*

éliminer verbe
Si tu triches à notre jeu, tu seras éliminé, tu ne joueras plus avec nous.

élire verbe
Élire quelqu'un, c'est le choisir en votant pour lui. *En France, on élit le président de la République tous les cinq ans.*
■ Cherche aussi **électeur** et **élection.**

elle pronom féminin
Elle, c'est un mot qui représente la troisième personne. *Elle est malade. Luna et Lise sont chez elles. Et Mélina, où est-elle ?*
■ Le pronom masculin de la troisième personne, c'est **il.**
■ Cherche aussi **eux, leur** et **lui.**

s'**éloigner** verbe
S'éloigner, c'est s'en aller plus loin.
■ Le contraire de s'éloigner, c'est s'**approcher,** se **rapprocher.**

Le bateau s'**éloigne**, bientôt on ne le verra plus.

émail nom masculin
L'émail, c'est la matière blanche et dure qui recouvre les dents.
■ Sous l'émail, il y a l'**ivoire.**

emballage nom masculin
Du papier d'emballage, c'est du papier qui sert à faire des paquets. *Papa enveloppe le paquet dans du papier d'emballage et l'apporte à la poste.*

emballer verbe
Emballer, c'est mettre dans un carton ou envelopper avec du papier pour faire un paquet. *Le vendeur emballe les verres pour qu'ils ne se cassent pas pendant le transport.*
■ Le contraire de emballer, c'est **déballer.**

embarquer verbe
Embarquer, c'est monter dans un bateau ou dans un avion. *Les passagers de l'avion pour Madrid vont bientôt embarquer.*
■ Le contraire de embarquer, c'est **débarquer.**

embêter verbe
1. *Lucas embête tout le temps sa petite sœur,* il la dérange, il l'agace, il l'énerve.
2. S'embêter, c'est trouver que le temps ne passe pas vite parce que l'on n'a rien à faire ou que ce que l'on fait est ennuyeux. *Louise s'embête quand ses frères ne sont pas là.* ■ Tu peux dire aussi s'**ennuyer.**
■ Embêter et s'embêter sont des mots familiers.
➻ Il y a un accent circonflexe sur le deuxième **e.**

emblème nom masculin
Un emblème, c'est un objet ou un animal qui est l'image d'un pays, d'une idée, d'un métier. *La colombe est l'emblème de la paix.*

s'**emboîter** verbe
Charlotte joue avec des poupées qui s'emboîtent, elle joue avec des poupées qui rentrent les unes dans les autres.
➻ Il y a un accent circonflexe sur le **i** comme dans **boîte.**

C'est amusant de jouer avec ces poupées qui s'**emboîtent.**

embouchure nom féminin
L'embouchure d'un fleuve, c'est l'endroit où un fleuve se jette dans la mer ou dans un lac.

embouteillage nom masculin
Un embouteillage, c'est un grand nombre de voitures et de camions qui encombrent une rue ou une route et empêchent de rouler normalement. *La voiture est bloquée dans les embouteillages.*
■ Tu peux dire aussi **bouchon, encombrement.**

embrasser verbe
Embrasser, c'est donner un baiser. *Xavier embrasse sa mère et entre dans l'école.*

Xavier **embrasse** sa mère.

émerveiller verbe
Émerveiller quelqu'un, c'est le remplir d'admiration. *Le feu d'artifice a émerveillé les enfants.*
■ Tu peux dire aussi **éblouir.**

émigrer verbe
Émigrer, c'est quitter son pays pour aller vivre dans un autre pays. *Les grands-parents de Carlos ont émigré il y a longtemps.*

émission nom féminin
Hier, à la télévision, nous avons regardé une émission sur les jumeaux, nous avons vu un film, à la télévision, qui montrait des jumeaux et des gens qui parlaient des jumeaux.
■ La liste de toutes les émissions se trouve dans le **programme** de télévision.

emmêler verbe
Le chat a emmêlé tous les fils, il a mélangé tous les fils ensemble, en désordre, et maintenant il y a des nœuds.
■ Le contraire de emmêler, c'est **démêler.**
➔ Il y a un accent circonflexe sur le deuxième **e.**

emmener verbe
Demain, Papa m'emmènera à son bureau, il ira à son bureau avec moi et je resterai là-bas avec lui.

émotif, émotive adjectif
Rachid pleure souvent, il est très émotif, il est très impressionné et très ému par ce qu'il voit ou par ce qu'on lui dit, même si ce ne sont pas des choses graves ou importantes.
■ Tu peux dire aussi **sensible.**

émotion nom féminin
L'émotion, c'est l'état dans lequel on est quand quelque chose fait un grand plaisir, une grande peine ou une grande peur. *Marius rougit d'émotion quand le maître lui fait un compliment.*
■ Cherche aussi **émouvoir** et **ému.**

émouvant, émouvante adjectif
L'histoire du chien qui a sauvé des enfants qui s'étaient perdus en montagne est très émouvante, elle fait pleurer parce qu'on la trouve belle.

émouvoir verbe
Émouvoir, c'est donner envie de pleurer parce que ce qui arrive rend très triste ou très heureux. *« Le Roi Lion » est une histoire qui m'émeut toujours.*
■ Tu peux dire aussi **bouleverser.**
■ Cherche aussi **émotion** et **ému.**

empaillé, empaillée adjectif
Un animal empaillé, c'est un animal mort que l'on a rempli avec de la paille pour pouvoir le garder.

Le chasseur est fier de ses succès, il a mis au mur des têtes de sanglier et de cerf **empaillées.**

a b c d e f g h i j k l m n o p q r s t u v w x y z

A B C D E F G H I J K L M N O P Q R S T U V W X Y Z

s'emparer verbe
Le chien s'est emparé du rôti, il a pris le rôti alors qu'il n'était pas pour lui.

empêcher verbe
1. *Les soucis empêchent Papa de dormir,* Papa ne peut pas dormir à cause de ses soucis. *Ma petite sœur m'empêche de lire,* elle me gêne et fait tout pour que je ne puisse pas lire. ■ Le contraire de empêcher, c'est **laisser.**
2. S'empêcher de faire quelque chose, c'est s'obliger à ne pas le faire. *Clara ne peut pas s'empêcher de se ronger les ongles.* ■ Tu peux dire aussi se **retenir.**
Il y a un accent circonflexe sur le deuxième **e.**

empereur nom masculin
Un empereur, c'est le chef d'un empire. *Charlemagne fut sacré empereur en l'an 800.*
■ Cherche aussi **impératrice.**

empiler verbe
Empiler, c'est mettre des choses les unes sur les autres en faisant une pile. *Sofiane empile ses livres sur son bureau.*

empire nom masculin
Un empire, c'est un ensemble de pays dirigé par un empereur ou une impératrice.

emplacement nom masculin
Un emplacement, c'est un endroit que l'on choisit pour mettre quelque chose. *Papa cherche l'emplacement idéal dans le jardin pour installer la balançoire.*
■ Tu peux dire aussi **place.**

emploi nom masculin
1. *Maman lit le mode d'emploi de la machine à laver,* elle lit le papier sur lequel est expliqué comment on fait marcher la machine.
2. *Au début de l'année, le maître affiche l'emploi du temps,* il affiche un papier sur lequel il a écrit ce que nous devons faire tous les jours et à quelle heure nous allons le faire.
3. Un emploi, c'est un travail pour lequel on est payé. *Mon oncle cherche un emploi.*

employé nom masculin,
employée nom féminin
Un employé, une employée, c'est une personne qui travaille pour un patron dans un bureau, un magasin ou une maison. *Le père de Lorenzo est employé de banque,* il travaille dans une banque.

employer verbe
1. Employer, c'est utiliser. *Mamie emploie de la lessive liquide pour laver les pulls.*
2. Employer une personne, c'est la faire travailler et lui donner de l'argent. *Le boucher emploie cinq personnes,* il a cinq employés.
3. S'employer, c'est être utilisé. *« Carrosse » est un mot qui ne s'emploie plus beaucoup, on le rencontre surtout dans les contes.*

empoisonner verbe
Empoisonner, c'est tuer ou rendre très malade avec du poison. *La sorcière a essayé d'empoisonner la princesse.*
■ On risque de s'empoisonner en mangeant des champignons vénéneux.

emporter verbe
Emporter, c'est prendre avec soi quand on s'en va. *Marie a emporté son ours en peluche en classe de neige.*

empreinte nom féminin

Une empreinte, c'est une marque laissée par une personne ou un animal.

■ Tu peux dire aussi **trace.**

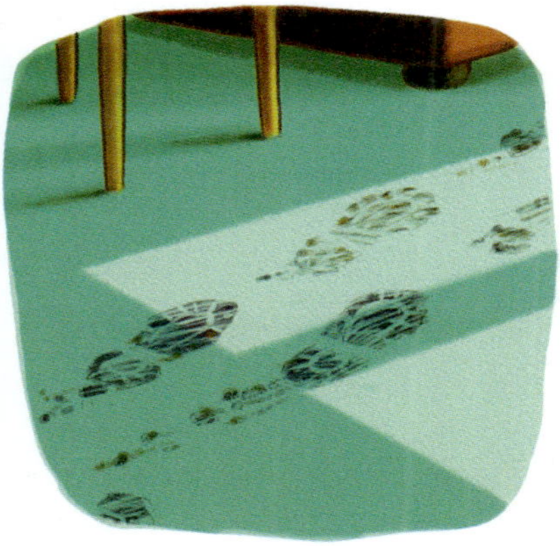

Qui a bien pu laisser ces **empreintes** sur la moquette ?

emprisonner verbe

Emprisonner une personne, c'est la mettre en prison. *Le voleur a été emprisonné.*

■ Le contraire de emprisonner, c'est **libérer, relâcher.**

emprunter verbe

Emprunter, c'est prendre quelque chose qu'il faudra rendre, c'est se faire prêter quelque chose. *Jean a emprunté la gomme de Marine.*

ému, émue adjectif

Une personne émue, c'est une personne qui ressent une émotion. *Ma grand-mère était très émue de revoir son amie qu'elle n'avait pas vue depuis vingt ans.*

en préposition

1. *Maman est venue en voiture,* elle est venue dans une voiture.

2. *Nolan est né en 2003,* il est né pendant l'année 2003.

3. *Papa a une montre en or,* il a une montre faite avec de l'or.

4. *Lucie chante en prenant sa douche,* elle chante pendant qu'elle prend sa douche.

encadrer verbe

Papa a encadré le dessin que je lui ai fait pour la fête des pères, il a mis mon dessin dans un cadre.

enceinte adjectif féminin

Une femme enceinte, c'est une femme qui attend un bébé. *Maman est enceinte, je vais avoir un petit frère ou une petite sœur.*

encercler verbe

Les policiers ont encerclé la maison, ils se sont mis tout autour de la maison. ■ Ils ont fait un **cercle** autour de la maison.

La maison est **encerclée.**

enchaîner verbe

Enchaîner, c'est attacher avec une chaîne. *Le chien ne peut pas s'échapper, il est enchaîné.*

➾ Ce mot s'écrit avec un **î.**

enchanté, enchantée adjectif

Maman est enchantée d'avoir rencontré la mère de Lou-Ann, elle est très contente de l'avoir rencontrée.

■ Tu peux dire aussi **ravi.**

a b c d e f g h i j k l m n o p q r s t u v w x y z

enchanteur nom masculin
Un enchanteur, c'est, dans les contes de fées, un homme qui a le pouvoir de faire de la magie. *Connais-tu Merlin l'Enchanteur ?*

encombrant, encombrante adjectif
Julie porte un paquet encombrant, elle porte un paquet qui prend beaucoup de place.

encombrement nom masculin
Un encombrement, c'est un grand nombre de voitures et de camions qui empêchent de rouler normalement. *Maman a été retardée par les encombrements.*
■ Tu peux dire aussi **bouchon, embouteillage.**

encombrer verbe
Encombrer, c'est gêner en prenant trop de place. *Toutes ces valises encombrent le couloir.*

encore adverbe
1. *Il est midi et Kevin dort encore,* il continue à dormir.
2. *Léa veut encore du gâteau,* elle veut plus de gâteau.
3. *Mohamed a encore oublié sa trousse à l'école,* il l'a oubliée une nouvelle fois.

encourager verbe
Encourager, c'est donner du courage à quelqu'un pour qu'il continue ce qu'il fait. *Les spectateurs encouragent les coureurs en les applaudissant.*

encre nom féminin
L'encre, c'est un liquide de couleur avec lequel on écrit. *Kenza écrit à sa grand-mère avec un stylo à encre.*
■ Ne confonds pas encre et **ancre.**

endive nom féminin
Une endive, c'est une plante à feuilles blanches que l'on a fait pousser dans le noir. On mange les endives crues ou cuites. *Mamie a préparé une salade d'endives.*

s'**endormir** verbe
S'endormir, c'est se mettre à dormir. *Eléa s'est endormie dès qu'elle s'est couchée.*
■ Le contraire de s'endormir, c'est **se réveiller.**

endroit nom masculin
1. *À quel endroit as-tu mal ?* dans quelle partie de ton corps as-tu mal ? où as-tu mal ? *Nous avons trouvé un endroit très agréable pour pique-niquer,* nous avons trouvé un lieu, un emplacement très agréable.
2. L'endroit d'une chose, c'est le côté que l'on doit voir. *Chekiba a mis ses chaussettes à l'envers, elle va les enlever pour les remettre à l'endroit.*

Elsa a mis son tee-shirt à l'**endroit.**
Marie a mis son tee-shirt à l'envers.

en effet → va voir **effet.**

énergie nom féminin
1. L'énergie, c'est la force et la volonté qui rendent une personne

capable de faire quelque chose de difficile ou de fatigant. *Papa lave sa voiture avec énergie.*

2. L'énergie, c'est ce qui permet aux machines de marcher, aux lampes d'éclairer, aux radiateurs de chauffer, aux voitures de rouler. *L'électricité, le pétrole, le charbon, le soleil sont des sources d'énergie.*

énergique adjectif

Madame Dorat est une femme énergique, c'est une femme active, qui ne reste jamais sans rien faire.

- Tu peux dire aussi **dynamique.**
- Le contraire de énergique, c'est **mou.**

énervé, énervée adjectif

La veille des vacances, Clémentine et Adrien étaient très énervés, ils bougeaient sans arrêt, ils étaient nerveux et excités.

énerver verbe

Énerver, c'est mettre quelqu'un de mauvaise humeur, le fatiguer et le rendre nerveux. *Hossam m'énerve quand il raconte dix fois la même histoire,* il m'agace.

enfance nom féminin

L'enfance, c'est la partie de la vie où l'on est un enfant. *Mamie m'a raconté un souvenir d'enfance.*

enfant nom masculin et féminin

1. Un enfant, une enfant, c'est un petit garçon, une petite fille. *Le frère de Damien a 15 ans, ce n'est plus un enfant, c'est un adolescent.*

2. Un enfant, une enfant, c'est le fils, la fille d'une personne. *Mes parents ont trois enfants : mon frère, ma sœur et moi.*

enfer nom masculin

L'enfer, c'est un endroit où les gens qui croient en Dieu pensent que vont les âmes des méchants après leur mort. *En enfer, il y a le diable.*

- Les âmes des bons vont au **paradis.**

enfermer verbe

Enfermer, c'est mettre dans un endroit bien fermé, dont on ne peut pas sortir tout seul. *Diego a enfermé le chien dans le garage.*

Les poules sont **enfermées** pour la nuit.

enfiler verbe

1. *La couturière enfile une aiguille,* elle fait passer le fil dans le trou de l'aiguille.

2. *Martin enfile son pull,* il met son pull.

enfin adverbe

1. Enfin, c'est un mot qui sert à indiquer que ce que l'on attendait finit par arriver. *La pluie s'est enfin arrêtée.*

2. *Pour les vacances, nous irons d'abord chez mes grands-parents à Cabourg, puis chez ma tante à La Baule et enfin à Biarritz,* Biarritz sera le dernier endroit où nous irons.

A B C D E F G H I J K L M N O P Q R S T U V W X Y Z

s'enflammer verbe

S'enflammer, c'est prendre feu, commencer à brûler. *L'essence s'enflamme facilement.*

enfler verbe

Enfler, c'est devenir gros. *Émilie s'est tordu le pied, sa cheville commence à enfler.*

■ Tu peux dire aussi **gonfler.**

enfoncer verbe

1. *Maman tape sur le clou avec un marteau pour l'enfoncer dans le mur,* elle tape sur le clou pour le faire entrer dans le mur.

2. *Les pompiers ont enfoncé la porte,* ils ont ouvert la porte en la poussant très fort et en donnant des coups dessus.

s'enfuir verbe

S'enfuir, c'est partir très vite. *Le prisonnier s'est enfui en passant par les égouts.*

■ Tu peux dire aussi **s'échapper.**

Paul s'**enfuit**, il a peur du chien.

engager verbe

1. Engager quelqu'un, c'est le prendre avec soi et le payer pour travailler. *Le garagiste a engagé un mécanicien.* ■ Le contraire de engager, c'est **licencier, renvoyer.**

2. *Le train s'est engagé dans le tunnel,* il a commencé à entrer dans le tunnel.

engin nom masculin

Un engin, c'est une machine, un appareil ou un outil. *Les ouvriers défoncent la route avec un gros engin.*

engloutir verbe

1. Engloutir, c'est manger très vite quelque chose. *Lola a englouti son gâteau.*

2. *Le navire a été englouti par les flots,* il a été complètement recouvert par les vagues et il a disparu sous l'eau.

engourdi, engourdie adjectif

Aliénor a les doigts engourdis par le froid, elle ne peut plus bouger ses doigts, elle a l'impression de ne plus avoir de doigts.

engrais nom masculin

Un engrais, c'est un produit que l'on met dans la terre pour que les plantes poussent mieux. *Le fermier a mis de l'engrais dans le champ de pommes de terre.*

engraisser verbe

1. Engraisser un animal, c'est lui donner beaucoup à manger pour qu'il devienne plus gros. *La fermière engraisse les oies et les canards.*

2. Engraisser, c'est devenir plus gros. *Monsieur Dodu fait un régime pour maigrir car il a engraissé.* ■ Tu peux dire aussi **grossir.**

énigme nom féminin

Une énigme, c'est quelque chose que l'on n'arrive pas à comprendre. *Comment le voleur a-t-il pu entrer dans le palais ? la police devra résoudre cette énigme.*

■ Tu peux dire aussi **mystère.**

enjamber verbe

Enjamber, c'est faire un grand pas en étendant la jambe au-dessus de quelque chose qui empêche de passer.

Le bûcheron **enjambe** le tronc d'arbre.

enlaidir verbe

Enlaidir, c'est rendre laid. *La vieille sorcière avait des verrues sur le nez qui l'enlaidissaient.*

enlèvement nom masculin

Le policier demande à Logan de raconter son enlèvement, il lui demande de raconter comment il a été enlevé et comment on s'est occupé de lui jusqu'à ce qu'on le rende à ses parents.

■ Cherche aussi **kidnapper, rançon** et **ravisseur.**

enlever verbe

1. *Lucile enlève son bonnet,* elle le retire, elle l'ôte. *Lenny a enlevé ses jouets du salon,* il a pris ses jouets qui étaient dans le salon pour les mettre ailleurs.

2. *Je n'arrive pas à enlever cette tache sur mon pull,* je n'arrive pas à faire disparaître cette tache.

3. *Deux hommes ont enlevé le petit Logan,* ils l'ont forcé à venir avec eux et ils l'ont gardé. ■ Tu peux dire aussi **kidnapper.**

enneigé, enneigée adjectif

La route est enneigée, elle est couverte de neige.

ennemi nom masculin,
ennemie nom féminin

1. Un ennemi, une ennemie, c'est une personne qui ne vous aime pas et qui vous veut du mal. *Guillaume n'a pas d'ennemis, tout le monde l'aime bien.*

2. *Du temps de Jeanne d'Arc, l'Angleterre était l'ennemie de la France,* l'Angleterre était un pays contre lequel la France se battait.

■ Le contraire de ennemi, c'est **ami.**

ennui nom masculin

1. L'ennui, c'est ce que l'on éprouve quand on trouve le temps long parce que l'on n'a rien à faire ou que ce que l'on est en train de faire n'est pas intéressant. *Alexandre bâille d'ennui en regardant tomber la pluie.*

2. Un ennui, c'est quelque chose qui inquiète, qui donne du souci. *Madame Petit a des ennuis d'argent,* elle a des problèmes parce qu'elle n'a pas assez d'argent.

ennuyer verbe

1. Ennuyer, c'est donner du souci. *Mon réveil est cassé, cela m'ennuie.*

2. S'ennuyer, c'est trouver que le temps ne passe pas vite parce que l'on est tout seul, que l'on n'a rien à faire ou que ce que l'on fait n'est pas intéressant. *Qu'est-ce que je pourrais faire pour me distraire, je m'ennuie tellement !*

■ Le contraire de s'ennuyer, c'est s'**amuser.**

Martin est tout seul, il s'**ennuie.**

a b c d e f g h i j k l m n o p q r s t u v w x y z

A B C D E F G H I J K L M N O P Q R S T U V W X Y Z

ennuyeux, ennuyeuse adjectif

Théo trouve ce jeu très ennuyeux, il n'aime pas ce jeu, il s'ennuie quand il y joue.

■ Le contraire de ennuyeux, c'est **amusant, distrayant, intéressant, passionnant.**

énorme adjectif

Quelque chose d'énorme, c'est quelque chose de très gros, de très grand. *Les éléphants et les hippopotames sont des animaux énormes.*

■ Tu peux dire aussi **gigantesque.**

■ Le contraire de énorme, c'est **minuscule.**

énormément adverbe

Il y avait énormément de monde à la fête de l'école, il y avait vraiment beaucoup de monde.

enquête nom féminin

Une enquête, c'est tout ce que l'on fait pour savoir comment quelque chose s'est passé, pour découvrir la vérité. *Les policiers ont fait leur enquête et ont trouvé le coupable.*

Il y a un accent circonflexe sur le deuxième **e.**

enrager verbe

Océane fait enrager son petit frère, elle l'énerve pour qu'il se mette en colère et qu'il soit de mauvaise humeur.

enregistrer verbe

Enregistrer, c'est mettre des sons ou des images sur une bande spéciale ou sur un disque pour pouvoir les écouter ou les regarder plus tard. *Papa enregistre le film qui passe à la télévision avec le magnétoscope.*

s'**enrhumer** verbe

S'enrhumer, c'est attraper un rhume. *Victoria s'est enrhumée parce qu'elle n'était pas assez couverte.*

Il y a un **h** après le **r.**

enrouler verbe

Le jardinier enroule le tuyau d'arrosage pour le ranger, il fait tourner le tuyau plusieurs fois autour d'un grand cylindre.

■ Le contraire de enrouler, c'est **dérouler.**

L'hippopotame est **énorme,** l'oiseau semble minuscule.

enseigne nom féminin
Une enseigne, c'est un petit panneau placé au-dessus d'un tabac, d'une pharmacie, d'un restaurant, qui indique aux passants que le magasin est là. *On voit de loin l'enseigne de la pharmacie, c'est une croix verte lumineuse.*

L'**enseigne** de la pharmacie.

enseigner verbe
Enseigner, c'est faire apprendre quelque chose. *Le père de Jeremy enseigne l'anglais,* il est professeur d'anglais.

① **ensemble** adverbe
Kien, Mehdi et Élodie jouent ensemble, ils jouent tous les trois les uns avec les autres.

② **ensemble** nom masculin
Un ensemble, c'est un groupe de personnes ou de choses réunies. *Une classe est un ensemble d'élèves. Le mobilier d'une maison, c'est l'ensemble des meubles d'une maison.*

ensoleillé, ensoleillée adjectif
Un endroit ensoleillé, c'est un endroit où il y a beaucoup de soleil. *La chambre de Timéo est ensoleillée,* les rayons du soleil entrent dans sa chambre.
■ Le contraire de ensoleillé, c'est **obscur, sombre.**

ensuite adverbe
Ensuite, c'est plus tard. *Héloïse va prendre son bain, ensuite elle ira se coucher.*
■ Tu peux dire aussi **après, puis.**
■ Le contraire de ensuite, c'est **d'abord, avant.**

entaille nom féminin
1. Une entaille, c'est une marque que l'on fait dans du bois en en enlevant un petit morceau.
2. Une entaille, c'est une petite blessure que l'on se fait quand on se coupe.

entamer verbe
Alexis a entamé le saucisson, il a coupé la première tranche du saucisson.
■ Tu peux dire aussi **commencer.**
■ Le contraire de entamer, c'est **finir.**

entasser verbe
Entasser, c'est mettre des choses les unes sur les autres en tas, en désordre. *Papa entasse sur son bureau les lettres auxquelles il doit répondre.*

Adrien **entasse** ses jouets.

a b c d e f g h i j k l m n o p q r s t u v w x y z

A B C D E F G H I J K L M N O P Q R S T U V W X Y Z

entendre verbe
1. Entendre, c'est se rendre compte, grâce à ses oreilles, qu'il y a du bruit. *J'ai entendu sonner à la porte. Mamie n'entend plus très bien, elle est un peu sourde.*
2. *Clémentine et Erwan s'entendent bien,* ils sont contents quand ils sont ensemble, ils sont amis et ne se disputent pas.

entente nom féminin
Il y a une bonne entente entre tous les élèves de la classe, tous les élèves s'entendent bien et sont contents d'être ensemble.

enterrement nom masculin
L'enterrement, c'est le moment où l'on enterre une personne qui est morte.

enterrer verbe
1. *On enterrera notre voisin demain,* on mettra dans sa tombe le corps de notre voisin qui est mort.
2. *Rex, le chien de Jordan, a enterré l'os du gigot dans le jardin,* il a creusé et il a mis l'os dans la terre.
■ Le contraire de enterrer, c'est **déterrer.**

s'**entêter** verbe
S'entêter, c'est ne pas changer d'idée même si c'est sûr que l'on se trompe. *Sophie s'entête à vouloir apprendre à lire à son chat.*
■ Cherche aussi **têtu.**
Il y a un accent circonflexe sur le deuxième **e.**

enthousiasme nom masculin
L'enthousiasme, c'est le grand plaisir que l'on ressent lorsque l'on va faire ou voir quelque chose. *Anaïs a accepté avec enthousiasme de monter sur la moto de son oncle.*
Il y a un **h** après le **t.**

entier, entière adjectif
Une chose entière, c'est une chose à laquelle il ne manque rien. *Valentin a mangé une boîte entière de chocolats,* il a mangé tous les chocolats.

entièrement adverbe
Le feu a entièrement brûlé la maison, il a brûlé toute la maison.
■ Tu peux dire aussi **complètement, totalement.**

entonnoir nom masculin
Un entonnoir, c'est un instrument large en haut et étroit en bas qui sert à faire entrer du liquide dans une bouteille, sans en verser à côté. *Maman se sert d'un entonnoir pour mettre le jus d'orange dans la gourde.*

entorse nom féminin
Une entorse, c'est une blessure que l'on se fait en se tordant la cheville, le genou ou le poignet. *Louane s'est fait une entorse de la cheville en se tordant le pied.*

entourer verbe
Entourer, c'est mettre quelque chose autour. *Le maître a demandé d'entourer en rouge les adjectifs,* il a demandé de mettre du crayon rouge autour des adjectifs.

entracte nom masculin
Un entracte, c'est un moment d'arrêt entre deux parties d'un spectacle. *Maman nous a emmenés au cirque, à l'entracte nous avons mangé des glaces.*
■ L'entracte, c'est une sorte de récréation.

entraînement nom masculin
L'entraînement, c'est l'ensemble des exercices que fait un sportif afin d'être en forme pour une

compétition. *William a perdu la course parce qu'il manquait d'entraînement.*

➾ Ce mot s'écrit avec un **î.**

entraîner verbe

1. Entraîner, c'est emporter avec soi. *Le courant entraînait la barque.*

2. Entraîner, c'est être la cause de quelque chose. *Les inondations ont entraîné beaucoup de dégâts.* ■ Tu peux dire aussi **causer, provoquer.**

3. *Myriam s'entraîne pour gagner la course,* elle fait des exercices de gymnastique, elle court souvent afin d'être prête et de pouvoir gagner la course. ■ Tu peux dire aussi s'**exercer.**

➾ Ce mot s'écrit avec un **î.**

entraîneur nom masculin,
entraîneuse nom féminin

Un entraîneur, une entraîneuse, c'est une personne qui prépare des sportifs ou des chevaux pour une compétition. *Le joueur de tennis suit les conseils de son entraîneur.*

➾ Ce mot s'écrit avec un **î.**

L'**entraîneur** encourage Baptiste.

entre préposition

1. *Julia est assise entre Robin et Mehdi,* Robin est d'un côté de Julia et Mehdi de l'autre.

2. *Papa doit venir me chercher entre 11 heures et midi,* il viendra après 11 heures mais avant midi.

3. *Victor ne sait pas comment il va s'habiller, il hésite entre son pull bleu et son pull vert,* il se demande s'il va mettre son pull bleu ou son pull vert.

4. *Il y a eu une dispute entre Lisa et Paul,* Lisa et Paul se sont disputés l'un avec l'autre.

Le chien est assis **entre** les deux chats.

entrecôte nom féminin

Une entrecôte, c'est une grosse tranche de viande de bœuf.
■ L'entrecôte a été découpée **entre** les **côtes** du bœuf.

entrée nom féminin

1. L'entrée, c'est l'endroit par où l'on entre quelque part. *Papa et Maman ont rendez-vous devant l'entrée du cinéma.* ■ Le contraire de entrée, c'est **sortie.**

2. L'entrée, c'est la pièce où se trouve la porte par laquelle on entre dans une maison ou dans un appartement. *Valentin range son manteau dans le placard de l'entrée.*

3. *L'entrée du zoo est gratuite pour les enfants de moins de 4 ans,* les enfants de moins de 4 ans peuvent aller au zoo sans payer.

4. Une entrée, c'est un plat qui est servi au début du repas. *Nous avons eu de la salade de tomates en entrée.*
■ Cherche aussi **hors-d'œuvre.**

entreprise nom féminin
Une entreprise, c'est un groupe de personnes qui fabriquent des produits et les vendent, ou qui font des travaux pour des clients. *Mon père a fait venir une entreprise de plomberie pour réparer la fuite d'eau dans la cuisine.*

entrer verbe
1. Entrer, c'est aller à l'intérieur. *Antonin est entré dans la boulangerie.* ■ Le contraire de entrer, c'est **sortir.**
2. *Lola entrera en CP à la rentrée,* elle commencera à aller en CP.

entretenir verbe
Le grand frère de Charlotte entretient bien sa moto, il s'occupe bien de sa moto, il vérifie que tout marche et répare ce qui ne va pas.

entretien nom masculin
1. *Les produits d'entretien sont rangés dans le placard,* les produits que l'on utilise pour faire le ménage, la lessive et la vaisselle sont rangés dans le placard.
2. Un entretien, c'est une conversation importante. *Papa a eu un entretien avec son patron.*

énumérer verbe
Énumérer, c'est dire l'un après l'autre. *Simon énumère les noms des rois de France qu'il connaît.*

envahir verbe
Envahir, c'est aller partout et prendre toute la place. *Des chenilles ont envahi le potager.*
■ Cherche aussi **invasion.**

enveloppe nom féminin
Une enveloppe, c'est une feuille de papier pliée et collée dans laquelle on met une lettre pour l'envoyer. *Alexia écrit le nom et l'adresse de ses grands-parents sur l'enveloppe et colle un timbre dessus.*

envelopper verbe
Envelopper, c'est entourer complètement. *La vendeuse enveloppe le cadeau dans un joli papier.*

La vendeuse **enveloppe** le cadeau.

① **envers** préposition
Clara est pleine de gentillesse envers les animaux, elle est gentille avec les animaux.

② **envers** nom masculin
L'envers d'une chose, c'est le côté que l'on ne doit pas voir.
■ Le contraire de envers, c'est **endroit.**

envie nom féminin
Adèle a envie d'aller au cinéma, elle aimerait bien aller au cinéma.

envier verbe
Thibaut envie Lucie d'aller aux sports d'hiver, il aimerait être à la place de Lucie.

environ adverbe
Environ, c'est à peu près. *Le père de Coline a environ 30 ans,* il a un peu moins ou un peu plus de 30 ans.
■ Le contraire de environ, c'est **exactement.**

environnement nom masculin
L'environnement, c'est tout ce qui est autour de nous. *Les écologistes veulent protéger l'environnement.*

environs nom masculin pluriel
Clément habite dans les environs de Bordeaux, il habite près de Bordeaux, dans la région de Bordeaux.

s'**envoler** verbe
S'envoler, c'est monter vers le ciel en volant. *Les hirondelles se sont envolées.*

envoyer verbe
1. *Anna envoie le ballon à Romain,* elle lui lance le ballon.
2. *Marion a envoyé une carte postale à Sébastien,* elle lui a écrit une carte postale et l'a fait partir par la poste.

Un **épagneul**.

épagneul nom masculin
Un épagneul, c'est un chien de chasse qui a de longs poils très doux et de grandes oreilles qui pendent. *L'épagneul ressemble au cocker, mais il est plus grand.*

épais, épaisse adjectif
1. *Les murs de la ferme sont épais,* ils sont gros. ■ Le contraire de épais, c'est **fin, mince.**
2. *La soupe est épaisse,* elle n'est pas très liquide. ■ Le contraire de épais, c'est **fluide.**

épaisseur nom féminin
Mon livre a 20 centimètres de longueur, 10 centimètres de largeur et 2 centimètres d'épaisseur, sa grosseur est de 2 centimètres.

s'**épanouir** verbe
Les roses se sont épanouies, elles se sont ouvertes.

éparpiller verbe
Éparpiller, c'est faire aller de tous côtés, en désordre. *Le vent a éparpillé les feuilles mortes sur la pelouse.*
■ Tu peux dire aussi **disperser.**
■ Le contraire de éparpiller, c'est **assembler, rassembler.**

épaule nom féminin
L'épaule, c'est l'endroit où le bras est attaché au corps.

épave nom féminin
Une épave, c'est ce qui reste d'un bateau qui a coulé au fond de l'eau ou qui a été rejeté par la mer.

Une **épave** est au fond de la mer.

A B C D E F G H I J K L M N O P Q R S T U V W X Y Z

épée nom féminin
Une épée, c'est une arme faite d'une longue lame fixée à une poignée. *Le chevalier blessa son adversaire d'un coup d'épée.*

épeler verbe
Épeler, c'est dire les lettres d'un mot l'une après l'autre. *Marie épelle son prénom : M, A, R, I, E.*

éperon nom masculin
Un éperon, c'est un morceau de métal pointu attaché à la botte d'un cavalier, qui sert à piquer le cheval pour le faire avancer plus vite.

épi nom masculin
Un épi de maïs, c'est un groupe de grains de maïs très serrés qui est en haut de la tige du maïs. *Audrey mange un épi de maïs grillé.*
■ Il y a aussi des épis de blé, de seigle, d'orge...

épice nom féminin
Une épice, c'est une plante qui donne plus de goût aux aliments. *Le poivre, les herbes de Provence sont des épices.*

épicerie nom féminin
Une épicerie, c'est un magasin où l'on vend des choses à manger et à boire qui se conservent, comme de la farine, de l'huile, du chocolat, du sucre, des boîtes de conserve, des yaourts, du vin, etc. *Maman est allée à l'épicerie acheter de la farine.*

épicier nom masculin, **épicière** nom féminin
Un épicier, une épicière, c'est une personne qui s'occupe d'une épicerie.
■ Chez qui achète-t-on de la viande ? Chez le **boucher.**

épidémie nom féminin
Une épidémie, c'est une maladie que beaucoup de gens ont en même temps. *Il y a de nombreux élèves absents à cause de l'épidémie de grippe.*

épinard nom masculin
Les épinards, ce sont les feuilles vertes d'une plante que l'on peut manger.

épine nom féminin
Une épine, c'est une petite chose pointue qui pousse sur certaines plantes et qui pique si on la touche. *Les roses ont des épines.*
■ Cherche aussi **piquant.**

épingle nom féminin
Une épingle, c'est une petite tige en métal qui a un bout pointu et une petite boule à l'autre bout. *Mamie attache ensemble les deux morceaux de tissu avec des épingles.*

épisode nom masculin
Un épisode, c'est une partie d'une histoire qu'on raconte en plusieurs fois. *Tous les jours en rentrant de l'école, Ali regarde un épisode de son feuilleton à la télévision.*

éplucher verbe
Éplucher, c'est enlever la peau des légumes et des fruits. *Papi épluche des pommes de terre.*
■ Tu peux dire aussi **peler.**

épluchure nom féminin
Une épluchure, c'est un morceau de la peau d'un fruit ou d'un légume qu'on a enlevé en épluchant. *Léo donne les épluchures des carottes à son hamster.*

éponge nom féminin

1. Une éponge, c'est un animal qui vit fixé au fond des mers chaudes.
2. Une éponge, c'est un objet qui absorbe l'eau et la rejette quand on appuie dessus.

époque nom féminin

À l'époque des Gaulois, il n'y avait pas la télévision, il n'y avait pas la télévision quand les Gaulois vivaient.

épouser verbe

Papa a épousé Maman il y a dix ans, il s'est marié avec elle il y a dix ans.

■ Va voir aussi **époux.**

épouvantable adjectif

1. *Rachel m'a raconté une histoire épouvantable,* elle m'a raconté une histoire qui fait peur, une histoire effrayante.
2. *Il fait un temps épouvantable,* il fait un temps affreux, très désagréable.

épouvantail nom masculin

Un épouvantail, c'est une sorte de bonhomme fait avec des morceaux de bois et habillé de vieux vêtements, que l'on met dans un champ pour faire peur aux oiseaux.

➜ Au pluriel : des **épouvantails.**

époux nom masculin,
épouse nom féminin

Des époux, ce sont un homme et une femme qui sont mariés ensemble. *Papa est l'époux de Maman,* il est son mari. *Maman est l'épouse de Papa,* elle est sa femme.

■ Va voir aussi **épouser.**

Les **éponges** vivent au fond de la mer.

Maman lave les assiettes avec une **éponge.**

épreuve nom féminin

Une épreuve, c'est une partie d'un examen ou d'une compétition. *Étienne a gagné l'épreuve de saut en hauteur.*

éprouver verbe

Éprouver, c'est avoir un sentiment. *Julie a éprouvé un sentiment de honte quand le maître a découvert qu'elle avait menti,* elle a eu honte.

■ Tu peux dire aussi **ressentir.**

épuiser verbe

Épuiser, c'est fatiguer beaucoup. *Cette promenade à bicyclette m'a épuisé.*

épuisette nom féminin

Une épuisette, c'est un petit filet fixé au bout d'un manche, qui sert à pêcher. *Loïc a attrapé des crevettes avec son épuisette.*

équateur nom masculin
L'équateur, c'est une ligne imaginaire qui entoure la Terre au milieu, à égale distance du pôle Nord et du pôle Sud. *Les pays qui sont près de l'équateur sont des pays chauds.*
■ Cette ligne est représentée sur les cartes de géographie.

équerre nom féminin
Une équerre, c'est un triangle de bois, de métal ou de plastique qui sert à tracer des angles droits.

équilibre nom masculin
L'acrobate est en équilibre sur un fil de fer, à trois mètres du sol, il arrive à rester debout sur le fil de fer sans tomber.

équipage nom masculin
L'équipage, c'est l'ensemble des personnes qui travaillent sur un bateau ou dans un avion. *Le commandant et tout son équipage vous souhaitent un bon voyage !*

équipe nom féminin
Une équipe, c'est un groupe de personnes qui travaillent ou qui jouent ensemble. *Le grand frère d'Adèle fait partie de l'équipe de football du collège.*

équipement nom masculin
L'équipement, c'est l'ensemble des objets nécessaires pour faire quelque chose. *Quentin a sorti de l'armoire son équipement de ski : la combinaison, le bonnet, les moufles, les lunettes et les chaussures.*

équitation nom féminin
Faire de l'équitation, c'est monter à cheval.

erreur nom féminin
Une erreur, c'est une faute que l'on fait quand on se trompe. *Thomas a fait une erreur dans son addition.*

éruption nom féminin
1. Une éruption de boutons, c'est un grand nombre de boutons qui sortent en même temps sur la peau. *Amandine a une éruption de petits boutons, c'est sûrement la varicelle.*
2. *Le volcan est en éruption,* la lave brûlante sort du cratère du volcan.

escabeau nom masculin
Un escabeau, c'est une petite échelle. *Maman monte sur l'escabeau pour décrocher les rideaux.*
➾ Au pluriel : des **escabeaux.**

escalade nom féminin
Aurélie a fait de l'escalade sur les rochers, elle a grimpé sur les rochers en s'aidant des mains.

escalader verbe
Escalader, c'est monter tout en haut d'une montagne. *Des alpinistes ont escaladé le mont Blanc.*

escale nom féminin
Une escale, c'est un arrêt pendant un voyage en bateau ou en avion. *L'avion pour Mexico fait escale à New York.*

L'**équipement** de ski de Quentin.

escalier nom masculin
Un escalier, c'est un ensemble de marches qui permettent de monter ou de descendre à pied d'un étage à un autre. *L'ascenseur est en panne, il faut donc monter par l'escalier.*

Ali monte l'**escalier**.

escalope nom féminin
Une escalope, c'est une tranche de viande blanche, c'est-à-dire de veau, de dinde ou de poulet. *Mamie a préparé des escalopes de veau à la crème.*

escargot nom masculin
Un escargot, c'est un petit animal au corps mou qui porte une coquille sur le dos. Il a des yeux au bout des deux cornes qui sortent de sa tête. *Les escargots avancent très lentement en rampant.*
■ L'escargot est de la même famille que la limace.

esclave nom masculin et féminin
Un esclave, une esclave, c'était une personne qui appartenait à une autre personne et qui était obligée de travailler pour elle sans être payée. *Les esclaves étaient vendus et achetés comme des marchandises.*

escrime nom féminin
L'escrime, c'est un sport de combat où deux adversaires essaient de se toucher avec une épée. *L'année prochaine, Alban fera de l'escrime.*

espace nom masculin
1. Un espace, c'est ce qui sépare deux choses. *Laissez un espace de deux carreaux entre chaque mot.* ■ Tu peux dire aussi **intervalle.**
2. *Les enfants ont besoin d'espace pour s'amuser,* ils ont besoin de place.
3. L'espace, c'est tout ce qui est en dehors de la Terre et de l'atmosphère, là où sont les planètes, les étoiles, la Lune et le Soleil. *Une nouvelle fusée vient d'être envoyée dans l'espace.*

espagnol nom masculin
L'espagnol, c'est une langue qu'on parle en Espagne et dans de nombreux pays d'Amérique, comme l'Argentine et le Mexique.

Tout le monde n'aime pas manger des **escargots** !

A B C D E F G H I J K L M N O P Q R S T U V W X Y Z

espèce nom féminin

1. Une espèce, c'est un ensemble de personnes, d'animaux ou de choses qui se ressemblent. *Les hommes et les femmes forment l'espèce humaine.*

2. *Axel joue avec une espèce d'ours en peluche,* il joue avec une sorte d'ours en peluche, avec quelque chose qui ressemble à un ours en peluche, mais qui n'est pas vraiment un ours en peluche.

espérer verbe

Espérer, c'est penser que quelque chose dont on a envie va arriver. *Clara espère que Raphaël va venir ce soir. Thomas espère revoir Émilie bientôt.*

■ Tu peux dire aussi **souhaiter.**

espion nom masculin,
espionne nom féminin

Un espion, une espionne, c'est une personne qui essaie de découvrir les secrets d'un pays étranger pour les dire à son pays. *Un espion a copié les plans de la nouvelle fusée.*

espionnage nom masculin

Papa lit un roman d'espionnage, il lit un roman qui raconte des histoires d'espions.

espoir non masculin

L'espoir, c'est le sentiment qu'éprouve une personne qui pense que ce qu'elle souhaite va arriver. *Juliette a l'espoir de gagner la course,* elle espère gagner la course.

esprit nom masculin

L'esprit, c'est ce qui permet à une personne de penser, de réfléchir et de comprendre. *Victoria a l'esprit vif.*

essai nom masculin

Farid a mis le ballon dans le panier au troisième essai, il a réussi à mettre le ballon dans le panier la troisième fois où il a essayé.

■ Tu peux dire aussi **tentative.**

Un **essaim** d'abeilles.

essaim nom masculin

Un essaim d'abeilles, c'est un groupe d'abeilles serrées les unes contre les autres, qui a quitté la ruche.

essayer verbe

1. Essayer, c'est faire ce que l'on peut pour réussir quelque chose. *Matthieu a essayé de faire son lit tout seul.*

2. *Sophie essaie une robe de sa sœur,* elle met une robe de sa sœur pour voir si elle lui va.

Sophie **essaie** des vêtements.

Le soleil se lève à l'**est** et se couche à l'ouest.

essence nom féminin
L'essence, c'est un liquide qui vient du pétrole et qui sert à faire marcher un moteur. *Nous allons nous arrêter dans une station-service pour prendre de l'essence.*

essentiel, essentielle adjectif
Une chose essentielle, c'est une chose très utile, dont on ne peut pas se passer. *La condition essentielle pour faire partie de la chorale de l'école, c'est de chanter juste.*
■ Tu peux dire aussi **indispensable, nécessaire.**

essoufflé, essoufflée adjectif
Brian a couru pour arriver à l'heure, il est tout essoufflé, il a du mal à respirer, il n'a plus de souffle.

essuie-glace nom masculin
Un essuie-glace, c'est une sorte de tige recouverte d'une bande de caoutchouc qui essuie le pare-brise d'une voiture quand il est mouillé.
Au pluriel : des **essuie-glaces.**

essuyer verbe
1. Essuyer, c'est passer un tissu sur ce qui est mouillé pour enlever l'eau. *Papa lave les assiettes et Maman les essuie avec un torchon.*
2. S'essuyer, c'est sécher son corps. *Titouan sort de son bain et s'essuie avec une serviette.*
3. Essuyer, c'est frotter avec un chiffon pour enlever la poussière. *Jeanne essuie la commode.*

est nom masculin
L'est, c'est l'un des quatre points grâce auxquels on peut savoir où se trouvent des lieux. *La Suisse est à l'est de la France*
■ L'est, l'ouest, le nord et le sud.
■ Sur une carte de géographie, l'est est à droite.

est-ce que adverbe
Est-ce que, c'est un groupe de mots qui sert à poser des questions. *Est-ce que tu veux venir avec moi chez Mamie ?* veux-tu venir avec moi ?

estomac nom masculin
L'estomac, c'est une sorte de poche dans le haut du ventre, dans laquelle vont les aliments que l'on vient de manger et où commence la digestion. *Oscar a mangé sa glace trop vite, il a mal à l'estomac.*
■ Après leur passage dans l'estomac, les aliments vont dans l'intestin.

a b c d e f g h i j k l m n o p q r s t u v w x y z

estrade nom féminin

Une estrade, c'est une grande surface en bois plus haute que le plancher et qui fait comme une sorte de marche. *Le bureau de la maîtresse est sur une estrade.*

L'aquarium est posé sur l'**étagère**.

et conjonction

Et, c'est un mot qui sert à relier deux mots ou deux phrases. *Papa et Maman sont venus. Je vais prendre mon bain et après j'irai me coucher.*

étable nom féminin

Une étable, c'est une maison dans laquelle dorment les vaches, les bœufs et les veaux.

■ Les moutons dorment dans une **bergerie,** les chevaux dans une **écurie** et les cochons dans une **porcherie.**

établi nom masculin

Un établi, c'est une table très solide sur laquelle on pose du bois pour le scier et sur laquelle on peut bricoler. *Le menuisier travaille sur son établi.*

s'**établir** verbe

Un nouveau boulanger s'est établi rue des Dames, un boulanger a ouvert une boulangerie rue des Dames.

établissement nom masculin

Un établissement, c'est un bâtiment qui sert à quelque chose de spécial. *Une école est un établissement scolaire.*

étage nom masculin

Rémi habite au deuxième étage, il habite au deuxième niveau au-dessus du rez-de-chaussée.

étagère nom féminin

Une étagère, c'est une planche dans un placard ou fixée au mur. *Range tes livres sur l'étagère.*

étalage nom masculin

L'étalage, c'est l'endroit où l'on voit les marchandises à vendre.

Un **étalage** de fruits et légumes.

étaler verbe

1. *Chloé étale ses cartes postales sur la table,* elle les met les unes à côté des autres en prenant beaucoup de place.

2. *Renaud étale la confiture sur son pain,* il recouvre son pain avec de la confiture.

étanche adjectif
Amélie a une montre étanche, elle a une montre dans laquelle l'eau ne peut pas entrer.

étang nom masculin
Un étang, c'est une étendue d'eau, plus grande qu'une mare, mais plus petite et moins profonde qu'un lac. *Anatole a vu des carpes dans l'étang.*

étape nom féminin
Une étape, c'est une partie d'un voyage ou d'une course que l'on fait en plusieurs fois. *Comment s'appelle le cycliste qui a gagné l'étape d'aujourd'hui ?*

état nom masculin
1. *L'état de santé de Mamie est bon,* Mamie est en bonne santé. *Le cartable de Lucie est en mauvais état,* il est abîmé.
2. Un État, c'est un pays, une nation. *La France est un État.*

etc. adverbe
Etc., c'est un mot qui veut dire et les autres choses, et tout le reste. *Toute la famille est venue : mes parents, mes grands-parents, mes cousins, etc.*
➡ On écrit etc. toujours avec un point à la fin et on dit « etcetera ».

été nom masculin
L'été, c'est la saison la plus chaude de l'année, entre le printemps et l'automne. *Cet été, nous irons en vacances en Bretagne.*
■ L'été commence le 21 juin et finit le 21 ou le 22 septembre.

éteindre verbe
1. *Les pompiers ont éteint l'incendie,* ils ont arrêté le feu.
2. *Alan éteint la lumière en sortant de sa chambre,* il appuie sur un bouton pour que la lumière n'éclaire plus.
■ Le contraire de éteindre, c'est **allumer.**

étendre verbe
1. Étendre, c'est mettre à plat quelque chose qui était plié. *Maman étend les draps mouillés sur la corde à linge pour les faire sécher.*
2. S'étendre, c'est se coucher de tout son long, s'allonger. *Lina s'est étendue sur son lit pour lire.*
3. *Notre champ s'étend jusqu'à la barrière,* il va jusqu'à la barrière.

étendue nom féminin
La mer est une étendue d'eau, c'est un espace occupé par de l'eau.

éternel, éternelle adjectif
Le mont Blanc est couvert de neiges éternelles, il est couvert de neiges qui ne fondent jamais.

éternuer verbe
Éternuer, c'est rejeter tout à coup de l'air par le nez et la bouche en même temps, en faisant un bruit particulier et sans pouvoir s'en empêcher. *Mets la main devant ta bouche quand tu éternues !*

Clément s'est enrhumé, il **éternue.**

a b c d e f g h i j k l m n o p q r s t u v w x y z

A B C D E F G H I J K L M N O P Q R S T U V W X Y Z

étinceler verbe

Les étoiles étincellent dans la nuit, elles brillent comme si on les allumait et on les éteignait sans arrêt.

■ Tu peux dire aussi **scintiller.**

étincelle nom féminin

Une étincelle, c'est une petite flamme.

■ Les premiers hommes frottaient deux morceaux de bois l'un contre l'autre jusqu'à ce qu'apparaisse une étincelle avec laquelle ils pouvaient allumer un feu.

étiquette nom féminin

Une étiquette, c'est un morceau de papier collé sur un objet, sur lequel sont écrits des renseignements. *Laura écrit son nom sur l'étiquette et la colle sur son livre.*

s'**étirer** verbe

S'étirer, c'est tendre le plus possible ses jambes, ses bras et son dos. *Lenny vient de se réveiller, il s'étire et se lève.*

Marie s'**étire** au réveil.

étoffe nom féminin

Une étoffe, c'est un ensemble de fils qui se croisent, avec lequel on fait des vêtements, des rideaux, on recouvre des fauteuils, etc.

■ On dit plutôt **tissu.**

Les **étoiles** brillent dans le ciel.

étoile nom féminin

Une étoile, c'est un point brillant dans le ciel que l'on voit la nuit quand il fait beau. *Il y a des millions d'étoiles.*

■ Cherche aussi **astre.**

étonnant, étonnante adjectif

David nous a raconté une histoire étonnante, il nous a raconté une histoire qui nous a étonnés, que l'on ne croyait pas possible.

étonner verbe

Cela m'étonnerait qu'il neige en été, je ne pense pas que ce soit possible.

■ Tu peux dire aussi **surprendre.**

étouffer verbe

Étouffer, c'est avoir du mal à respirer, manquer d'air. *Il fait trop chaud ici, on étouffe !*

étourderie nom féminin

Laurine fait souvent des fautes d'étourderie dans ses dictées, elle fait souvent des fautes parce qu'elle pense à autre chose, qu'elle n'est pas attentive.

étourdi, étourdie adjectif

Louis a oublié d'emporter ses lunettes, il est étourdi, il ne fait pas attention.

- Tu peux dire aussi **distrait.**
- Le contraire de étourdi, c'est **attentif.**

étrange adjectif

La nuit, on entend des bruits étranges, on n'entend pas les mêmes bruits que d'habitude.

- Tu peux dire aussi **bizarre.**
- Le contraire de étrange, c'est **normal.**

étranger nom masculin,
étrangère nom féminin

1. Un étranger, une étrangère, c'est une personne qui est d'un autre pays. *John est anglais, c'est un étranger.*
2. *Monsieur Dumas est parti en voyage à l'étranger,* il est parti en voyage dans des pays qui ne sont pas le sien.

étrangler verbe

Étrangler, c'est empêcher de respirer en serrant le cou très fort. *Ne tire pas sur mon écharpe, tu vas m'étrangler !*

① **être** verbe

1. *Romain est blond,* il a les cheveux blonds.
2. *Papa était à la cave,* il se trouvait à la cave.
3. *Ces crayons sont à Léa,* ils appartiennent à Léa.

② **être** nom masculin

Les hommes, les animaux et les plantes sont des êtres vivants, ils vivent.

étrennes nom féminin pluriel

Les étrennes, ce sont les cadeaux que l'on offre le 1er janvier. *Papi a donné des étrennes au facteur.*

étrier nom masculin

Les étriers, ce sont les triangles en métal qui pendent de chaque côté de la selle d'un cheval, dans lesquels le cavalier met ses pieds.

Le cavalier a le pied dans l'**étrier.**

étroit, étroite adjectif

Le camion ne peut pas passer dans cette rue, elle est trop étroite, la rue est trop petite dans le sens de la largeur.

- Le contraire de étroit, c'est **large.**

étude nom féminin

1. *L'oncle de Fanny fait des études de médecine,* il apprend la médecine pour devenir médecin.
2. *Le soir, Léo reste à l'étude,* il reste à l'école après la classe pour apprendre ses leçons.

étudiant nom masculin,
étudiante nom féminin

Un étudiant, une étudiante, c'est une personne qui fait des études, qui continue à apprendre après le lycée. *Ma sœur est étudiante en anglais.*

- À l'école, au collège et au lycée, on est un **élève.**

a b c d e f g h i j k l m n o p q r s t u v w x y z

A B C D E F G H I J K L M N O P Q R S T U V W X Y Z

étudier verbe
Étudier, c'est apprendre. *Jean est en train d'étudier sa leçon d'histoire.*

étui nom masculin
Maman range ses lunettes dans son étui à lunettes, elle les range dans une boîte qui est faite exprès pour cela.

euro nom masculin
L'euro, c'est la monnaie de la France et d'autres pays d'Europe. *Ce paquet de bonbons coûte 3 euros.*
■ Cherche aussi **centime.**

eux pronom masculin pluriel
Eux, c'est un mot qui représente la troisième personne du pluriel. *Noa et Audrey sont rentrés chez eux.*

s'**évader** verbe
S'évader, c'est réussir à partir d'un endroit où l'on était enfermé, sans que personne ne s'en rende compte. *Deux prisonniers se sont évadés cette nuit,* ils se sont enfuis de la prison.
■ Tu peux dire aussi s'**échapper.**
■ Cherche aussi **évasion.**

s'**évanouir** verbe
S'évanouir, c'est tout d'un coup ne plus se rendre compte de rien et tomber comme si on s'était endormi. *La princesse s'est évanouie.*

s'**évaporer** verbe
L'eau s'évapore à la chaleur, elle se change en vapeur.
■ Les nuages sont formés par l'eau de la mer et des fleuves qui s'est évaporée.

évasion nom féminin
Le prisonnier a réussi son évasion, il a réussi à s'enfuir de sa prison, il s'est évadé.

éveillé, éveillée adjectif
Ma petite sœur est très éveillée, elle est très vive et s'intéresse à ce qui se passe autour d'elle.

évènement nom masculin
Un évènement, c'est quelque chose d'important qui arrive. *Un nouveau maire vient d'être élu, toute la ville parle de cet évènement.*
➜ Tu peux aussi écrire **événement**, avec deux accents aigus.

éventail nom masculin
Un éventail, c'est un objet que l'on déplie et que l'on agite devant soi pour faire du vent et avoir moins chaud. *Maria m'a rapporté un éventail d'Espagne.*
➜ Au pluriel : des **éventails.**

Mathilde a ouvert son **éventail.**

évidemment adverbe
Qui a gagné la course ? Louis évidemment ! c'était sûr que Louis gagnerait la course.
■ Tu peux dire aussi **bien sûr.**

évident, évidente adjectif
Une chose évidente, c'est une chose qui est tout à fait sûre. *Valentine est plus jeune que Julia, c'est évident,* cela se voit, on ne peut pas dire le contraire.

évier nom masculin

Un évier, c'est une sorte de cuvette fixée au mur de la cuisine au-dessous d'un robinet. *Papa remplit l'évier pour faire la vaisselle.*
■ Quelle différence y a-t-il entre un évier et un **lavabo ?**

éviter verbe

1. *Xavier évite de marcher dans les flaques d'eau,* il fait attention de ne pas marcher dans les flaques d'eau.
2. *Le conducteur de la voiture a évité le cycliste,* il a réussi à ne pas le toucher, à ne pas le renverser.

exact, exacte adjectif

Avez-vous l'heure exacte ? avez-vous l'heure précise, l'heure qu'il est vraiment ?
■ Le contraire de exact, c'est **inexact.**

exactement adverbe

Estelle pèse exactement 25 kilos, elle pèse 25 kilos juste, pas plus et pas moins.
■ Le contraire de exactement, c'est **environ.**

ex æquo adverbe

Quentin et Anthony ont tous les deux gagné la course, ils sont arrivés ex æquo, ils sont arrivés tous les deux en même temps et sont tous les deux premiers.

exagérer verbe

1. *Aurélie exagère quand elle dit qu'elle a pêché un gros poisson,* elle veut faire croire qu'elle a pêché un gros poisson alors qu'elle en a pêché un petit.
2. *Tu es encore en retard, vraiment tu exagères,* tu ne fais que ce qui te plaît, tu ne te gênes pas.

examen nom masculin

1. *Le médecin m'a ausculté dans la salle d'examen,* il m'a ausculté dans la salle où il examine les malades.
2. *Mon frère doit passer un examen pour entrer en seconde,* il doit faire un devoir qui montre qu'il sait ce qu'il doit savoir pour entrer en seconde.

examiner verbe

Le médecin examine Yann qui est malade, il l'ausculte, il le regarde et le touche avec beaucoup d'attention pour savoir quelle est sa maladie.

exaucer verbe

Cendrillon avait fait le vœu d'aller au bal et la fée a exaucé son vœu, Cendrillon a pu aller au bal grâce à la fée qui a tout fait pour qu'elle puisse y aller. ■ Le vœu de Cendrillon s'est **réalisé.**

Grâce à sa baguette magique, la fée peut **exaucer** mon vœu.

excellent, excellente adjectif

Cette tarte aux fraises est excellente, elle est très bonne. *Monsieur Huet est un excellent professeur,* c'est un très bon professeur.
■ Le contraire de excellent, c'est **mauvais.**

a b c d e f g h i j k l m n o p q r s t u v w x y z

A B C D E F G H I J K L M N O P Q R S T U V W X Y Z

exception nom féminin
Tous les élèves iront à la piscine demain, à l'exception de Mathilde qui est enrhumée, tous iront à la piscine sauf Mathilde.

exceptionnel, exceptionnelle adjectif
Une chose exceptionnelle, c'est une chose rare, que l'on ne voit pas souvent. *Ce beau temps est exceptionnel pour la saison.*
■ Tu peux dire aussi **extraordinaire.**
■ Le contraire de exceptionnel, c'est **normal.**

excès nom masculin
Papa a eu une amende pour excès de vitesse, il a eu une amende parce qu'il roulait trop vite.

excité, excitée adjectif
La veille de Noël, les enfants sont très excités, ils ne restent pas tranquilles, ils sont énervés parce qu'ils sont très contents et impatients.
■ Le contraire de excité, c'est **calme.**

s'**exclamer** verbe
S'exclamer, c'est dire quelque chose très fort. *« Qu'est-ce qu'il fait froid ! » s'est exclamé Papa en ouvrant la fenêtre.*
■ Tu peux dire aussi s'**écrier.**

excursion nom féminin
Une excursion, c'est une grande promenade que l'on fait pour visiter un endroit. *Les élèves de la classe ont fait une excursion en car au Mont-Saint-Michel.*

excuse nom féminin
1. Une excuse, c'est une raison que l'on donne pour expliquer pourquoi on a fait quelque chose de mal ou pourquoi on a été absent. *Papa est arrivé en retard à son rendez-vous, mais il avait une bonne excuse : sa voiture est tombée en panne.*
2. Faire des excuses, c'est dire que l'on regrette ce que l'on a fait, c'est demander pardon.

excuser verbe
Excuser une personne, c'est ne pas lui en vouloir d'avoir fait quelque chose de mal. *Excusez-moi d'être en retard, mon réveil n'a pas sonné.*
■ Tu peux dire aussi **pardonner.**

exemple nom masculin
1. Un exemple, c'est un modèle que l'on peut imiter. *Pierre est très sage, tu devrais suivre son exemple,* tu devrais faire comme lui.
2. Un exemple, c'est une explication que l'on donne pour faire comprendre quelque chose de difficile à comprendre. *Regarde l'exemple avant de commencer l'exercice.*
3. *Certains mammifères vivent dans la mer, par exemple la baleine et le dauphin,* parmi tous ces mammifères on peut citer la baleine et le dauphin.

s'**exercer** verbe
S'exercer, c'est faire plusieurs fois la même chose pour arriver à la faire très bien. *Raphaël s'exerce à tracer des traits droits sans sa règle.*
■ Tu peux dire aussi s'**entraîner.**

exercice nom masculin
1. Un exercice, c'est un travail écrit, un devoir. *Le mardi matin, nous faisons des exercices de mathématiques.*

2. *Le professeur d'éducation physique nous fait faire des exercices de gymnastique,* il nous fait faire des mouvements de gymnastique.

exiger verbe
Exiger, c'est vouloir absolument. *La maîtresse exige le silence pendant qu'elle parle.*
■ Tu peux dire aussi **réclamer.**

exil nom masculin
Chassé de son pays, le roi a vécu en exil, il a été obligé de vivre dans un autre pays que le sien.

existence nom féminin
L'existence, c'est la vie. *Les tortues géantes ont une existence très longue,* elles vivent longtemps.

exister verbe
Le roi Dagobert a vraiment existé, il a vécu, ce n'est pas un personnage que l'on a inventé. *Il y a longtemps qu'il n'existe plus de dinosaures,* il n'y a plus de dinosaures depuis longtemps.

exotique adjectif
Un fruit exotique, c'est un fruit qui pousse dans des pays lointains.

expédier verbe
Pour mon anniversaire, Mamie m'a expédié un cadeau par la poste, elle a fait partir un cadeau par la poste pour que je le reçoive. ■ Mamie est l'**expéditrice** du paquet.
■ Tu peux dire aussi **envoyer.**

expéditeur nom masculin,
expéditrice nom féminin
L'expéditeur, l'expéditrice, c'est la personne qui envoie une lettre ou un paquet à quelqu'un.
■ La personne qui reçoit une lettre ou un paquet, c'est le **destinataire.**

expédition nom féminin
Une expédition, c'est un grand voyage dans une région où il est difficile d'aller.

expérience nom féminin
1. *Charles a fait une expérience, il a mélangé de la peinture bleue et de la peinture jaune, cela a donné du vert,* il a fait ce mélange pour voir ce qui allait se passer.
2. *La maîtresse a l'expérience des enfants,* elle a l'habitude de s'occuper d'enfants.

explication nom féminin
Une explication, c'est ce que l'on dit pour faire comprendre quelque chose. *Romain demande une explication à la maîtresse parce qu'il n'a pas compris ce qu'il doit faire.*

Les ananas, les kiwis, les bananes, les mangues sont des fruits **exotiques.**

A B C D E F G H I J K L M N O P Q R S T U V W X Y Z

expliquer verbe
Expliquer, c'est faire comprendre. *Le maître nous explique comment faire une multiplication.*

exploit nom masculin
Un exploit, c'est quelque chose de très difficile ou de très dangereux que l'on arrive à faire. *Les premiers hommes qui ont marché sur la Lune ont réalisé un exploit.*

explorateur nom masculin, **exploratrice** nom féminin
Un explorateur, une exploratrice, c'est une personne qui va dans des régions inconnues. *C'est grâce aux voyages des explorateurs que l'on a pu commencer à faire des cartes de géographie.*
■ Les explorateurs **explorent** des régions inconnues.

Les **explorateurs** sont partis en expédition dans la forêt amazonienne.

explorer verbe
Explorer, c'est aller dans un endroit en regardant partout avec attention. *Lucas et Marine explorent le parc, ils cherchent un endroit où faire une cabane.*

exploser verbe
Exploser, c'est éclater tout d'un coup en cassant tout et en faisant beaucoup de bruit.

explosif nom masculin
Un explosif, c'est un produit qui détruit tout autour de lui quand il explose. *La dynamite est un explosif.*

explosion nom féminin
Une explosion, c'est ce qui se passe quand quelque chose explose. *L'immeuble a été détruit par une explosion.*

exposer verbe
Exposer, c'est mettre des choses à une certaine place pour qu'on les voie bien. *La maîtresse expose nos plus beaux dessins sur les murs de la classe.*

exposition nom féminin
Mamie m'a emmené au musée visiter une exposition de peinture, elle m'a emmené au musée voir des tableaux peints par des peintres célèbres et accrochés aux murs.

exprès adverbe
Clarisse a fait exprès de déchirer son livre, elle voulait vraiment déchirer son livre.
■ Tu peux dire aussi **volontairement.**

La voiture a **explosé**, l'incendie va être éteint grâce à l'**extincteur**.

expression nom féminin

1. *Le visage de Matthieu avait une expression de tristesse,* Matthieu avait l'air triste.

2. Une expression, c'est un groupe de mots. *« Léger comme une plume » est une expression qui veut dire « très léger ».*

exprimer verbe

1. *Amine a exprimé sa colère en claquant la porte,* il a montré qu'il était en colère.

2. S'exprimer, c'est faire savoir ce que l'on pense. *Les muets s'expriment par gestes.*

extérieur nom masculin

1. *Élise et Valentin jouent au ballon à l'extérieur de la maison,* ils jouent au ballon dehors, ils ne jouent pas dans la maison.

2. *L'extérieur du coffre est abîmé,* la partie du coffre que l'on voit quand il est fermé est abîmée.

■ Le contraire de extérieur, c'est **intérieur.**

extincteur nom masculin

Un extincteur, c'est un appareil qui ressemble à une grande bouteille d'où sort un tuyau et qui est rempli d'un produit spécial pour éteindre le feu.

extrait nom masculin

Un extrait, c'est un morceau d'un livre ou d'un film. *Bérengère n'a pas lu « Le Petit Prince » en entier, elle n'en a lu que des extraits.*

■ Tu peux dire aussi **passage.**

extraordinaire adjectif

Une chose extraordinaire, c'est une chose rare, que l'on n'a pas l'habitude de voir et qui étonne. *Un lapin qui saurait parler serait un lapin extraordinaire.*

■ Tu peux dire aussi **exceptionnel.**

extraterrestre nom masculin et féminin

Un extraterrestre, une extraterrestre, c'est un être vivant qui habiterait sur une autre planète que la Terre. *Crois-tu qu'il y a des extraterrestres sur la planète Mars ?*

extrémité nom féminin
L'extrémité, c'est ce qui se trouve au bout de quelque chose.
L'extrémité de la canne de Papi a un bout pointu.

Le chat a l'**extrémité** de la queue blanche.

F f

Lilas est dessinée de **face** et de profil.

fable nom féminin
Une fable, c'est une poésie qui raconte une histoire et qui se termine par une phrase qui fait réfléchir. *Est-ce que tu connais la fable de La Fontaine : « La Cigale et la Fourmi » ?*

fabrication nom féminin
Le maître nous a emmenés dans une usine pour voir la fabrication des bouteilles, il nous a emmenés voir comment on fabrique les bouteilles.

fabriquer verbe
Maman a fabriqué un petit meuble pour ranger les jouets, elle a construit un petit meuble pour ranger les jouets.
■ Tu peux dire aussi **faire.**

façade nom féminin
La façade, c'est le mur d'une maison où se trouve la porte d'entrée.
➾ Ce mot s'écrit avec un **ç.**

face nom féminin
1. La face, c'est le côté de la tête où il y a le visage.
2. Une face, c'est un côté d'un objet. *Un dé a six faces.*
3. Le côté face d'une pièce de monnaie, c'est le côté où il y a une figure. ■ Le côté où il y a les chiffres est le côté **pile.**
4. *Bastien habite en face de la mairie,* la maison de Bastien a sa façade qui regarde la mairie, de l'autre côté de la rue. *La villa est face à la mer,* la façade de la villa est tournée du côté de la mer.

Une pièce de monnaie a un côté pile et un côté **face.**

se fâcher verbe
1. Se fâcher, c'est se mettre en colère. *Maman s'est fâchée contre mon petit frère parce qu'il ne voulait pas aller se coucher.*
2. *Estelle s'est fâchée avec Élodie,* Estelle et Élodie ne sont plus amies.
■ Le contraire de se fâcher, c'est se **réconcilier.**
➾ Ce mot s'écrit avec un **â.**

a b c d e f g h i j k l m n o p q r s t u v w x y z

facile adjectif
Cette dictée est facile, elle se fait sans effort, il n'y a pas de difficultés dans cette dictée.
■ Tu peux dire aussi **simple.**
■ Le contraire de facile, c'est **difficile.**

facilement adverbe
La maîtresse a une écriture que l'on lit facilement, son écriture se lit sans effort, elle est facile à comprendre.

facilité nom féminin
Cette addition est d'une grande facilité, elle est facile à faire.
■ Tu peux dire aussi **simplicité.**
■ Le contraire de facilité, c'est **difficulté.**

façon nom féminin
1. *De quelle façon Julie était-elle habillée ?* comment était-elle habillée ?
2. *Arthur ira à la piscine ou au tennis, de toute façon il ne restera pas chez lui,* en tout cas il ne restera pas chez lui, quoi qu'il arrive il ne restera pas chez lui.
■ Tu peux dire aussi **manière.**
➜ Ce mot s'écrit avec un **ç.**

facteur nom masculin,
factrice nom féminin
Le facteur, la factrice, c'est la personne dont le métier est d'apporter le courrier.
Léa attend une lettre, elle guette le facteur.

Le **facteur** m'apporte une lettre.

facture nom féminin
Une facture, c'est un papier sur lequel est écrit ce qu'il y a à payer pour quelque chose que l'on a acheté ou des travaux que l'on a fait faire. *Mes parents ont reçu la facture du plombier qui a réparé le lavabo.*

facultatif, facultative adjectif
Une chose facultative, c'est une chose que l'on n'est pas obligé de faire. *Le maître a donné des exercices de mathématiques facultatifs.*
■ Le contraire de facultatif, c'est **obligatoire.**

fade adjectif
Un aliment fade, c'est un aliment qui n'a pas beaucoup de goût. *Cette purée manque de sel, elle est fade.*

faible adjectif
1. *Manon n'est pas tout à fait guérie, elle est encore faible,* elle manque de force.
2. *Raphaël est faible en orthographe,* il n'est pas bon en orthographe.
■ Le contraire de faible, c'est **fort.**

Jules a **failli** tomber.

faillir verbe
Jules a failli tomber, il était sur le point de tomber, il est presque tombé.

faim nom féminin
La faim, c'est le besoin, l'envie de manger. *C'est bientôt l'heure du dîner, j'ai faim.*

faire verbe
1. Faire, c'est fabriquer. *Le boulanger fait du pain.*
2. *Mamie fait de la couture,* elle coud.
3. *Marion s'ennuie, elle ne sait pas quoi faire,* elle ne sait pas à quoi s'occuper.
4. *Tanguy s'est fait mal en tombant,* il a eu mal en tombant.
5. *Papa se fait du souci,* il s'inquiète.
6. *Quelle taille fais-tu ?* combien mesures-tu ?
7. *Deux plus deux font quatre,* deux plus deux égalent quatre.
8. *Aujourd'hui il fait chaud,* le temps est chaud.
■ Ne confonds pas faire et **fer.**

faisan nom masculin
Un faisan, c'est un oiseau qui a des plumes de toutes les couleurs et une longue queue.
■ Le faisan appartient à la même famille que la poule.

Un **faisan.**

fait nom masculin
Un fait, c'est quelque chose qui arrive. *De la neige en été est un fait exceptionnel,* cela arrive rarement.

fakir nom masculin
Un fakir, c'est un homme qui fait des tours de magie en donnant l'impression que rien ne peut lui faire mal. *Nous avons vu à la fête foraine un fakir qui marchait sur des morceaux de verre et qui, ensuite, se couchait sur une planche à clous.*

falaise nom féminin
Une falaise, c'est une partie de la côte qui est très haute et forme une sorte de mur qui va directement dans la mer.

Les **falaises** d'Étretat.

falloir verbe
Falloir, c'est être nécessaire ou obligatoire. *Il est 8 heures, il faut que tu te lèves,* tu dois te lever. *Demain il faudra que tu prennes un parapluie,* tu devras prendre un parapluie. *Tiens-toi comme il faut,* tiens-toi bien.

familial, familiale adjectif
Nous passons nos vacances dans la maison familiale, dans la maison de toute la famille.
➾ Au masculin pluriel : **familiaux.**
➾ Au féminin pluriel : **familiales.**

A B C D E F G H I J K L M N O P Q R S T U V W X Y Z

familier, familière adjectif

1. *Une voix familière,* c'est une voix que l'on connaît bien. *C'est une voix familière qui a répondu au téléphone.*

2. *Un animal familier,* c'est un animal qui vit dans la maison avec ses maîtres.

3. *Un mot familier,* c'est un mot que l'on évite d'employer quand on parle à quelqu'un qu'on ne connaît pas bien ou quand on écrit. *« Bisou » est un mot familier que l'on emploie à la place de « baiser ».*

famille nom féminin

1. Une famille, c'est l'ensemble formé par les enfants, les parents, les grands-parents, les oncles, les tantes et les cousins. *Le jour des 60 ans de Papi, toute la famille était réunie.*

2. Une famille d'animaux, c'est un ensemble d'animaux qui ont des points communs. *Le dauphin et la baleine appartiennent à la même famille.*

3. Une famille de mots, c'est un ensemble de mots qui se ressemblent et ont un rapport avec le même mot. *« Écriteau, écriture et écrivain » sont des mots qui appartiennent à la famille de « écrire ».*

famine nom féminin

La famine, c'est le manque de nourriture. *Dans certains pays, il y a la famine,* les gens n'ont pas à manger et peuvent mourir de faim.

se **faner** verbe

Les roses se sont fanées, elles sont devenues sèches et les pétales ont commencé à tomber.

fanfare nom féminin

Une fanfare, c'est un orchestre composé de musiciens qui soufflent dans des trompettes, des cors et d'autres instruments en cuivre et jouent du tambour et de la grosse caisse. *Le jour de la fête du village, la fanfare défile dans les rues.*

fantastique adjectif

Amélie aime beaucoup les films fantastiques, elle aime les films qui racontent des histoires qui ne peuvent pas vraiment arriver, qui se passent dans des pays qui n'existent pas.

fantôme nom masculin

Un fantôme, c'est un mort qui serait revenu sur terre. *Louis croit aux histoires de fantômes et de châteaux hantés.*

■ Tu peux dire aussi **revenant.**

➾ Ce mot s'écrit avec un **ô.**

faon nom masculin

Le faon, c'est le petit du cerf et de la biche.

■ Le faon est aussi le petit du daim.

farandole nom féminin

Une farandole, c'est une danse où tous les danseurs se suivent en se tenant par la main.

Nous dansons la **farandole.**

farce nom féminin

Une farce, c'est quelque chose que l'on fait à quelqu'un pour s'amuser. *Jean et Nicolas ont fait une farce à Lola : ils ont caché sa trousse.*

■ Tu peux dire aussi **blague** et **plaisanterie.**

farceur nom masculin,
farceuse nom féminin

Un farceur, une farceuse, c'est une personne qui aime faire des farces. *Jean et Nicolas sont des farceurs.*

farci, farcie adjectif

Maman a préparé des tomates farcies, elle a rempli des tomates avec un mélange de viande hachée et d'autres aliments comme de l'oignon ou du persil.

fardeau nom masculin

Un fardeau, c'est une chose très lourde que l'on doit porter. *Le pauvre homme marchait avec difficulté, son fardeau sur les épaules.*

Au pluriel : des **fardeaux.**

farine nom féminin

La farine, c'est une poudre qui est faite en écrasant des grains de blé. *Sarah mélange de la farine et des œufs pour faire un gâteau.*

■ On fait aussi de la farine avec des grains de maïs ou de seigle.

farouche adjectif

Un animal farouche, c'est un animal qui a peur et qui s'enfuit dès que l'on s'approche de lui. *Ce petit écureuil n'est pas farouche, Adrien a pu le caresser.*

■ Tu peux dire aussi **craintif, peureux.**

fatigant, fatigante adjectif

Monsieur Maillard est déménageur, il a un métier fatigant, il a un métier qui le fatigue.

fatigue nom féminin

La fatigue, c'est ce que l'on ressent quand on a besoin de se reposer ou de dormir parce que l'on a fait un effort, que l'on a beaucoup travaillé ou qu'il est tard.

fatigué, fatiguée adjectif

Une personne fatiguée, c'est une personne qui a besoin de se reposer. *Papi est très fatigué, il est allé se coucher.*

fatiguer verbe

Fatiguer, c'est mettre dans un état où l'on n'a plus de force et où l'on a besoin de se reposer. *La promenade a fatigué Mamie.*

■ Cherche aussi **épuiser.**

faucher verbe

Faucher, c'est couper l'herbe. *On fauche le foin en été.*

faucon nom masculin

Un faucon, c'est un oiseau au bec court et recourbé, qui vit le jour. *Le faucon est un rapace.*

On peut dresser les **faucons** pour la chasse.

A B C D E F G H I J K L M N O P Q R S T U V W X Y Z

se faufiler verbe
Se faufiler, c'est se glisser quelque part sans se faire remarquer. *Clara s'est faufilée au premier rang, devant tout le monde, pour voir le défilé.*

faune nom féminin
La faune d'une région, c'est l'ensemble des animaux qui vivent dans cette région. *Le chamois, la marmotte font partie de la faune de la montagne.*
■ Cherche aussi **flore.**

faut → va voir **falloir.**

faute nom féminin
1. *Olivia a fait des fautes dans sa dictée,* elle s'est trompée en écrivant certains mots, elle a fait des erreurs.
2. *C'est de ta faute si je suis tombé,* c'est à cause de toi que je suis tombé.

fauteuil nom masculin
Un fauteuil, c'est un siège avec un dossier et des bras. *Papi est assis dans son fauteuil.*

Quelle différence y a-t-il entre un **fauteuil** et une chaise ?

fauve nom masculin
Un fauve, c'est un grand animal sauvage comme le lion, le tigre, la panthère. *Nous sommes allés voir les fauves qui étaient dans la ménagerie du cirque.*
■ Les fauves sont des bêtes féroces.

Ton opération est **fausse** !

① **faux, fausse** adjectif
1. *Ce que tu dis est faux,* ce que tu dis n'est pas vrai, tu te trompes ou tu mens. ■ Tu peux dire aussi **inexact.**
2. *Ton addition est fausse,* ton addition n'est pas juste, tu t'es trompé en calculant.
3. *J'ai vu un faux billet de 50 euros,* j'ai vu un billet de 50 euros qui avait l'air d'être vrai mais qui ne valait rien.
■ Le contraire de faux, c'est **vrai.**

② **faux** nom féminin
Une faux, c'est un outil formé d'un long manche et d'une grande lame recourbée qui sert à couper l'herbe.
■ La faux sert à **faucher.**
➜ Au pluriel : des **faux.**

favori, favorite adjectif
Pauline joue avec sa poupée favorite, elle joue avec la poupée qu'elle aime le mieux, avec sa poupée préférée.

fax nom masculin
Un fax, c'est un appareil avec lequel on envoie un message écrit à quelqu'un en faisant un numéro, comme au téléphone, et la personne reçoit tout de suite le message. *Papa a un fax dans son bureau.*
■ Le papier que l'on reçoit par fax s'appelle aussi un fax.
➾ Au pluriel : des **fax.**

fée nom féminin
Une fée, c'est une femme qui a des pouvoirs magiques, mais qui n'existe que dans les contes. *D'un coup de baguette magique, la fée a transformé le crapaud en Prince Charmant.*
■ Les contes dans lesquels apparaissent des fées sont des contes de fées.

La **fée** a une baguette magique.

félicitations nom féminin pluriel
Des félicitations, ce sont des choses gentilles que l'on dit à quelqu'un qui a fait quelque chose de bien, pour qu'il sache que l'on est content et fier de lui. *La maîtresse a dit à Loïc : « Toutes mes félicitations ! »*
■ Tu peux dire aussi **compliment.**

féliciter verbe
Féliciter une personne, c'est lui dire qu'on est content et fier de ce qu'elle a fait. *La maîtresse a félicité Loïc de n'avoir fait aucune faute à sa dictée.*

félin nom masculin
Les félins, ce sont les animaux de la famille du chat. *Le lion, le tigre, la panthère, le lynx, le guépard sont des félins.*

Le lion, le tigre, le chat sont des **félins.**

femelle nom féminin
Une femelle, c'est un animal qui porte les petits dans son ventre ou qui pond les œufs. C'est un animal de sexe féminin. *La biche est la femelle du cerf.*
■ Le cerf est le **mâle** de la biche.

féminin, féminine adjectif
1. *Aurélie est un prénom féminin,* c'est un prénom de fille. *Une lionne est de sexe féminin,* c'est une femelle.
2. *« Table » est un nom féminin,* c'est un nom devant lequel on met l'article « la » ou « une ». *« Belle » est un adjectif féminin,* c'est un adjectif qui accompagne un nom féminin.
■ Le contraire de féminin, c'est **masculin.**

a b c d e f g h i j k l m n o p q r s t u v w x y z

A B C D E F G H I J K L M N O P Q R S T U V W X Y Z

femme nom féminin

1. Une femme, c'est une grande personne, du sexe féminin, c'est une dame. *Maman est une femme, Papa est un homme.*

2. *Monsieur Bergé nous a présenté sa femme,* il nous a présenté la dame avec qui il est marié, son épouse. ■ Monsieur Bergé est le **mari** de madame Bergé.

fendre verbe

1. Fendre, c'est couper dans le sens de la longueur. *Le bûcheron fend le tronc d'arbre avec sa hache.*

2. *La planche s'est fendue,* une fente s'est formée dans la longueur de la planche.

fenêtre nom féminin

Une fenêtre, c'est une ouverture dans un mur, par laquelle l'air et la lumière entrent dans une pièce. *Papa nettoie les carreaux de la fenêtre du salon.*

Il y a un accent circonflexe sur le deuxième **e.**

fente nom féminin

Une fente, c'est un trou long et étroit. *Melissa glisse sa carte postale dans la fente de la boîte à lettres.*

fer nom masculin

1. Le fer, c'est un métal gris. *Les gâteaux secs sont rangés dans une boîte en fer.*

2. *Maman a branché le fer à repasser,* elle a branché l'instrument en fer ou en acier qui sert à repasser les vêtements.

■ Ne confonds pas fer et **faire.**

férié, fériée adjectif

Un jour férié, c'est un jour où personne ne travaille. *Noël et le 1er Mai sont des jours fériés.*

① **ferme** adjectif

Cette poire n'est pas encore mûre, elle est trop ferme, elle est un peu trop dure.

■ Le contraire de ferme, c'est **mou.**

② **ferme** nom féminin

Une ferme, c'est un endroit où se trouvent la maison d'un agriculteur ainsi que les bâtiments où vivent les animaux qui lui appartiennent et les champs où sont faites les récoltes. *Léa et Gaspard vont à la ferme chercher des œufs et du lait.*

fermé, fermée adjectif

La boulangerie est fermée le lundi, on ne peut pas aller dans la boulangerie le lundi, la porte est fermée et le boulanger et la boulangère ne travaillent pas.

■ Le contraire de fermé, c'est **ouvert.**

fermer verbe

1. Fermer, c'est boucher une ouverture. *Papa ferme le coffre de la voiture. Maman a fermé la porte à clé, on ne peut pas entrer.*

2. *Le supermarché ferme à 20 heures,* on ne peut plus entrer dans le supermarché, on ne peut plus rien y acheter, à partir de 20 heures.

■ Le contraire de fermer, c'est **ouvrir.**

fermeture nom féminin

1. *La porte du garage a une fermeture automatique,* elle a un mécanisme pour la fermer qui est automatique.

2. *C'est l'heure de fermeture du magasin,* c'est l'heure où le magasin ferme.
■ Le contraire de fermeture, c'est **ouverture.**

fermier nom masculin,
fermière nom féminin
Un fermier, une fermière, c'est une personne qui s'occupe de la ferme. *La fermière donne du grain aux poules.*
■ Cherche aussi **agriculteur.**

féroce adjectif
Le tigre est un animal féroce, c'est un animal sauvage qui attaque et qui tue par instinct.

fertile adjectif
Une terre fertile, c'est une terre où tout pousse très bien.

fesse nom féminin
Les fesses, ce sont les deux parties rondes au bas du dos qui forment le derrière.

fessée nom féminin
Une fessée, c'est un coup, une tape sur les fesses. *Charlotte donne une fessée à sa poupée.*

festin nom masculin
Un festin, c'est un repas de fête où il y a beaucoup de choses très bonnes à manger.

fête nom féminin
1. Une fête, c'est une réunion où l'on invite des amis et où l'on s'amuse beaucoup. *Axel a fait une fête pour son anniversaire.*
2. Une fête foraine, c'est un ensemble de manèges et d'endroits où l'on peut s'amuser et gagner des lots, dans une grande prairie ou sur une place, en plein air.
➜ Ce mot s'écrit avec un **ê.**

fêter verbe
Le 21 juin, on fêtera l'anniversaire d'Elsa, on fera une fête pour l'anniversaire d'Elsa.
➜ Ce mot s'écrit avec un **ê.**

Le soir, Maman **ferme** les volets, le matin, elle les ouvre.

feu nom masculin

1. Un feu, c'est de la lumière et de la chaleur qui sortent en faisant des flammes lorsqu'on brûle quelque chose. *Papi a allumé un grand feu dans la cheminée.*

2. *Le feu a pris dans la forêt,* il y a un incendie dans la forêt.

3. *Les piétons attendent que le feu soit rouge pour traverser,* ils attendent que le signal lumineux soit rouge pour traverser.

4. *Un fusil, un revolver, un pistolet sont des armes à feu,* ce sont des armes qui envoient des balles quand la poudre qu'elles contiennent s'enflamme.

➺ Au pluriel : des **feux.**

feu d'artifice nom masculin

Un feu d'artifice, c'est un spectacle qui a lieu la nuit, dehors, les soirs de fête, et où l'on voit de très nombreuses fusées qui montent dans le ciel et explosent en faisant de grandes traces de toutes les couleurs.

➺ Au pluriel : des **feux d'artifice.**

Un **feu d'artifice.**

feuillage nom masculin

Le feuillage, c'est l'ensemble des feuilles d'un arbre.

Les arbres ont tous des **feuilles** différentes.

feuille nom féminin

1. Une feuille, c'est la partie plate et verte qui pousse sur la tige d'une plante. *Les feuilles des arbres tombent en automne.*

2. Une feuille, c'est un rectangle de papier sur lequel on écrit ou on dessine. *Marine écrit son nom en haut de la feuille blanche.*

feuilleter verbe

Feuilleter un livre, c'est tourner les pages d'un livre en les regardant rapidement. *Maman feuillette son magazine.*

feuilleton nom masculin

Un feuilleton, c'est une histoire racontée en plusieurs épisodes qui se suivent, à la télévision, à la radio ou dans un journal. *Tous les mercredis, Anna regarde son feuilleton favori à la télévision.*

feutre nom masculin

Un feutre, c'est un stylo dont la pointe est remplie d'encre. *Loïc écrit à son oncle avec un feutre.*

■ On dit aussi un **crayon feutre.**

fève nom féminin
Une fève, c'est un tout petit objet qui est caché dans la galette des Rois. *Romain a trouvé la fève, il va choisir sa reine.*

février nom masculin
Le mois de février, c'est le deuxième mois de l'année. *Nous allons souvent aux sports d'hiver en février.*
■ Le mois de février a 28 jours et une fois tous les 4 ans il en a 29.

fiancé nom masculin,
fiancée nom féminin
Adrien embrasse sa fiancée, il embrasse la jeune fille avec laquelle il va bientôt se marier.

ficelle nom féminin
Une ficelle, c'est un groupe de fils tordus ensemble. *Myriam attache le paquet avec une ficelle.*
■ Une ficelle est plus mince qu'une corde.

fidèle adjectif
Maman aime beaucoup Monsieur et Madame Leconte car ce sont des amis fidèles, ce sont des amis qui lui téléphonent ou qui lui écrivent souvent et en qui elle peut avoir confiance.

fier, fière adjectif
« Tu as gagné le concours, je suis fière de toi », a dit la maîtresse à Justine, je suis très contente d'avoir dans ma classe une petite fille comme toi.

fièvre nom féminin
Alexandre est malade, il a de la fièvre, la température du corps d'Alexandre est trop haute, elle est au-dessus de 38 degrés.

fiévreux, fiévreuse adjectif
Une personne fiévreuse, c'est une personne qui a de la fièvre, dont la température est supérieure à 38 degrés. *Alexandre est fiévreux, il ne va pas aller à l'école aujourd'hui.*

figue nom féminin
Une figue, c'est un fruit rond dont la peau est verte ou violette et dont la chair, à l'intérieur, est rouge avec de tout petits grains. *On peut manger des figues fraîches ou des figues sèches.*

Les **figues** poussent sur des **figuiers**.

figure nom féminin
1. La figure, c'est le visage. *La figure d'Émilie est barbouillée de chocolat.*
2. Une figure, c'est une forme dessinée. *Le carré, le cercle, le rectangle sont des figures géométriques.*

fil nom masculin
Un fil, c'est un brin de coton, de nylon ou de soie, long et fin. *Mamie coud les boutons de la robe avec du fil bleu.*
■ Ne confonds pas fil et **file**.

file nom féminin
Une file, c'est une suite de personnes ou de choses qui sont placées les unes derrière les autres. *Il y a une longue file de voitures au péage de l'autoroute.*
■ Ne confonds pas file et **fil**.

A
B
C
D
E
F
G
H
I
J
K
L
M
N
O
P
Q
R
S
T
U
V
W
X
Y
Z

filet nom masculin

1. Un filet, c'est un objet fait de grosses mailles de ficelle ou de corde qui sert à attraper les animaux. ■ Cherche aussi **épuisette.**

2. *Un filet d'eau coule du robinet,* un tout petit peu d'eau coule du robinet et cela fait comme un fil.

Les pêcheurs ramènent des poissons dans leurs **filets.**

fille nom féminin

Une fille, c'est un enfant de sexe féminin. *Nos voisins ont deux filles et un garçon. Amélie est une petite fille très drôle.*

■ Cherche aussi **fils.**

filleul nom masculin,
filleule nom féminin

Le filleul, la filleule, c'est la personne dont on est le parrain ou la marraine. *Clément est mon filleul.*

film nom masculin

Un film, c'est une suite d'images que l'on regarde sur un écran, où les personnages bougent et parlent comme dans la vie. *Julie regarde un film policier à la télévision.*

filmer verbe

Filmer, c'est enregistrer des images et du son avec une caméra ou un caméscope. *Papa filme mon petit frère qui joue au ballon sur la plage.*

fils nom masculin

Un fils, c'est un enfant de sexe masculin. *Madame Maréchal a deux fils et une fille.*

➜ Au pluriel : des **fils.**

■ Tu peux dire aussi **garçon.**

filtre nom masculin

Un filtre, c'est une sorte de passoire en papier ou en plastique qui garde les choses solides et laisse passer le liquide. *Papa met le café moulu dans un filtre.*

① **fin** nom féminin

La fin, c'est le moment où quelque chose se termine. *C'est bientôt la fin des vacances. À la fin du livre, Igor et Sonia se marient.*

■ Le contraire de fin, c'est **commencement, début.**

■ Ne confonds pas fin et **faim.**

② **fin, fine** adjectif

Inès a mis des chaussettes très fines, elle a mis des chaussettes dont le tissu n'est pas épais.

■ Tu peux dire aussi **mince.**

■ Le contraire de fin, c'est **épais, gros.**

finale nom féminin

La finale, c'est la dernière épreuve d'une compétition. *Notre équipe de football a gagné la finale du championnat.*

finalement adverbe

Finalement, c'est après avoir réfléchi à toutes les choses que l'on pouvait faire. *Mes parents ont hésité, et finalement ils sont partis en Grèce.*

Combien vois-tu de **flacons** sur l'étagère ?

finaliste nom masculin et féminin
Un finaliste, une finaliste, c'est une personne qui participe à la finale d'une compétition. *Les finalistes du tournoi de tennis joueront dimanche.*

finir verbe
1. *Raphaël a fini ses devoirs,* il a fait ses devoirs complètement, jusqu'à la fin, il a terminé ses devoirs. *Émilie a fini le gâteau,* elle a mangé tout le gâteau qui restait.
2. *Le film finit à dix heures,* le film se termine à dix heures, la fin du film est à dix heures.
■ Le contraire de finir, c'est **commencer.**

fixe adjectif
1. *Dans le square, les bancs sont fixes,* ils sont attachés au sol et on ne peut pas les changer de place.
■ Le contraire de fixe, c'est **mobile.**
2. Un téléphone fixe, c'est un téléphone qui doit être branché pour fonctionner. ■ Le contraire de fixe, c'est **portable.**

fixer verbe
1. *Papa fixe les étagères au mur,* il les fait tenir sur le mur pour qu'elles ne bougent pas.
2. *Le chat fixe la mouche qui est posée sur la vitre,* le chat regarde la mouche sans bouger les yeux.

flacon nom masculin
Un flacon, c'est une petite bouteille. *Mamie a des flacons de parfum dans sa salle de bains.*

flair nom masculin
Le flair, c'est l'odorat du chien. *Grâce à leur flair, les chiens ont retrouvé la trace des bandits.*

flairer verbe
Le chien a flairé un lièvre, il a reniflé le sol un peu partout et il a reconnu l'odeur d'un lièvre.

flamant nom masculin
Un flamant, c'est un grand oiseau au plumage blanc ou rose qui a de longues pattes et un long cou. *Les flamants vivent dans les marais et les étangs.*

Les **flamants** ont un gros bec recourbé.

flambeau nom masculin
Un flambeau, c'est un bâton qui a une grande flamme à un bout et qui sert à éclairer. *Autrefois, des flambeaux éclairaient la cour du château.*
➾ Au pluriel : des **flambeaux.**
■ Tu peux dire aussi **torche.**

flamber verbe
Flamber, c'est brûler très fort en faisant des flammes. *Les bûches flambent dans la cheminée.*

flamme nom féminin
Une flamme, c'est la lumière jaune et orange qui jaillit lorsqu'il y a du feu. *Fais attention à la flamme de la bougie, tu risques de te brûler.*

flan nom masculin
Un flan, c'est un gâteau un peu mou fait avec du lait, des œufs et de la farine.
■ Ne confonds pas flan et **flanc.**

flanc nom masculin
Le flanc d'un animal, c'est son côté. *La vache est couchée sur le flanc.*
■ Ne confonds pas flanc et **flan.**

flâner verbe
Flâner, c'est se promener tranquillement, sans se presser et en regardant autour de soi sans décider de l'endroit où l'on va.

flaque nom féminin
Une flaque d'eau, c'est une petite mare qui se forme par terre quand il pleut. *Nina s'amuse à rouler dans les flaques avec son vélo.*

flash nom masculin
Un flash, c'est une lampe qui fait une lumière très forte qui dure très peu de temps, comme un éclair, et que l'on utilise pour prendre des photos. *Le soir, papa prend les photos au flash.*
Au pluriel : des **flashs** ou des **flashes** (pluriel anglais).
■ Ce mot vient de l'anglais.

flèche nom féminin
1. Une flèche, c'est une arme qui est faite d'un morceau de bois long et mince avec une pointe au bout et qu'on lance avec un arc.
2. Une flèche, c'est un dessin qui indique dans quel sens il faut aller.

fléchette nom féminin
Une fléchette, c'est une petite flèche que l'on lance à la main contre une cible, pour jouer.

fleur nom féminin
La fleur, c'est la partie d'une plante qui est colorée et qui sent bon. *Samuel cueille des fleurs dans le jardin. Il y a un bouquet de fleurs sur la table.*

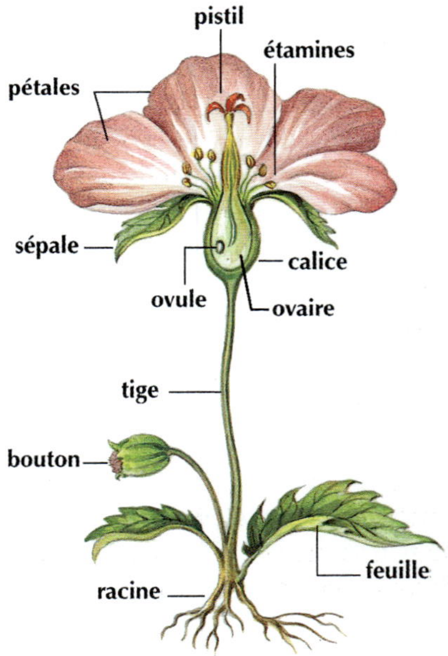

Une **fleur.**

fleurir verbe
Les cerisiers fleurissent au printemps, les fleurs poussent sur les cerisiers, au printemps.

fleuriste nom masculin et féminin
Un fleuriste, une fleuriste, c'est une personne dont le métier est de vendre des fleurs. *Charles a acheté un bouquet de roses chez le fleuriste.*

fleuve nom masculin

Un fleuve, c'est un cours d'eau qui se jette dans la mer. *Quel est le fleuve qui passe à Paris ?*

■ Cherche aussi **rivière.**

Tristan mange ses **flocons** d'avoine en regardant tomber les **flocons** de neige.

flocon nom masculin

1\. Un flocon de neige, c'est une toute petite quantité très légère de neige qui tombe du ciel. *Un flocon de neige s'est posé sur le bout du nez d'Alice.*

2\. Les flocons d'avoine, ce sont des petits morceaux d'avoine séchée. *Au petit-déjeuner, Tristan mange des flocons d'avoine avec du lait.*

flore nom féminin

La flore d'une région, c'est l'ensemble des plantes qui poussent dans cette région.

■ Cherche aussi **faune.**

flot nom masculin

Les flots, ce sont les eaux de la mer. *Le bateau navigue sur les flots.*

■ C'est un mot que l'on ne dit pas beaucoup, on le rencontre surtout dans les livres.

flotter verbe

Flotter, c'est rester à la surface de l'eau. *Le petit bateau de Mathys flotte sur le bassin.*

■ Le contraire de flotter, c'est **couler.**

flou, floue adjectif

La photo est floue, les contours ne sont pas nets.

➜ Au masculin pluriel : **flous.**

➜ Au féminin pluriel : **floues.**

fluide adjectif

Quelque chose de fluide, c'est quelque chose qui coule, qui n'est ni solide ni épais. *Mamie ajoute du lait dans la pâte à crêpes pour qu'elle soit plus fluide.*

flûte nom féminin

Une flûte, c'est un instrument de musique fait d'un tuyau de bois ou de métal percé de trous, dans lequel on souffle.

Anaïs joue de la **flûte.**

fœtus nom masculin

Un fœtus, c'est un enfant ou un petit d'animal qui est encore dans le ventre de sa mère.

■ On prononce le **s** qui est à la fin.

A B C D E F G H I J K L M N O P Q R S T U V W X Y Z

foi nom féminin

Claire a la foi, elle croit que Dieu existe, elle croit en Dieu.

■ Ne confonds pas foi, **foie** et **fois.**

foie nom masculin

Le foie, c'est un organe qui est dans le haut du ventre, à droite, à côté de l'estomac. Il a un rôle très important dans la digestion. *Si tu manges trop de chocolat, tu vas avoir mal au foie.*

■ Ne confonds pas foie, **foi** et **fois.**

foin nom masculin

Le foin, c'est l'herbe séchée que l'on donne à manger au bétail.

foire nom féminin

Une foire, c'est un grand marché. *Tous les ans, le 14 août, a lieu la foire de notre village où les paysans de la région viennent vendre leurs produits et leurs animaux.*

fois nom féminin

1. *Solène a pris deux fois de la glace,* elle a pris de la glace et elle en a repris.

2. *C'est la première fois que Vincent va à la montagne,* Vincent va à la montagne alors qu'il n'y était encore jamais allé avant.

3. *Ne parlez pas tous à la fois,* ne parlez pas tous en même temps.

4. *Il était une fois un prince très beau,* il y avait un jour un prince très beau, il y a très longtemps.

5. *Deux fois trois égalent six,* quand on multiplie 2 par 3 on obtient 6.

■ Ne confonds pas fois, **foi** et **foie.**

folie nom féminin

1. La folie, c'est une maladie qui touche le cerveau. On ne se rend plus compte de ce que l'on fait, on dit et on fait des choses bizarres.

2. *C'est de la folie de plonger du haut de la falaise,* c'est très dangereux, il ne faut pas le faire.

■ Cherche aussi **fou.**

folle → va voir **fou.**

foncé, foncée adjectif

Jules a un pull vert foncé, il a un pull d'un vert qui est plus proche du noir que du blanc.

■ Cherche aussi **sombre.**

■ Le contraire de foncé, c'est **clair.**

fonctionnement nom masculin

Le fonctionnement d'un appareil, c'est la façon dont cet appareil marche. *Le fonctionnement de la machine à laver est très bien expliqué dans le mode d'emploi.*

fonctionner verbe

L'aspirateur ne fonctionne plus, il ne marche plus, il est cassé.

fond nom masculin

1. Le fond, c'est la partie la plus basse, la plus profonde. *Lucile a fait tomber sa barrette au fond de la piscine.* ■ Le contraire de fond, c'est **surface.**

2. *Ma chambre est au fond du couloir,* elle est au bout du couloir.

fondre verbe

Fondre, c'est devenir liquide. *La neige fond au soleil,* elle se transforme en eau. *Le sucre a fondu dans le lait,* il s'est mélangé au lait.

fontaine nom féminin
Une fontaine, c'est l'ensemble formé par un robinet et le petit bassin dans lequel l'eau coule. *Il y a une fontaine sur la place du village.*

Il fait bon près de la **fontaine.**

football nom masculin
Le football, c'est un sport où deux équipes de onze joueurs essaient d'envoyer le ballon, qui est rond, dans les buts de l'autre équipe, sans le toucher avec les mains. *Nous avons assisté à un match de football.*
■ Ce mot vient de l'anglais. On emploie aussi l'abréviation familière **foot.**

Paul aime jouer au **football.**

force nom féminin
1. La force, c'est ce qui rend capable de faire des efforts avec son corps, comme par exemple porter des choses lourdes. *Papa a beaucoup de force : il est arrivé à pousser cette grosse pierre. Mamie est très fatiguée, elle n'a plus la force de marcher.*
2. *Cléa et Charlotte sont de la même force en calcul mental,* elles sont aussi fortes l'une que l'autre, elles calculent aussi vite l'une que l'autre.

forcément adverbe
Si tu mets des chaussures trop petites, tu auras forcément mal aux pieds, c'est sûr que tu auras mal aux pieds.

forcer verbe
1. Forcer, c'est obliger. *Maman me force à finir ma soupe,* elle ne me permet pas de ne pas finir ma soupe.
2. *Tom s'est forcé à sourire malgré son chagrin,* il a fait tout ce qu'il a pu pour réussir à sourire.
3. *Le voleur a forcé la porte du magasin,* il a ouvert la porte sans la clé, en cassant la serrure.

forêt nom féminin
Une forêt, c'est un grand terrain où poussent beaucoup d'arbres. *Dimanche, nous nous sommes promenés dans la forêt.*
■ Cherche aussi **bois.**
➺ Ce mot s'écrit avec un **ê.**

forgeron nom masculin
Un forgeron, c'est un homme dont le métier est de fabriquer des objets en fer. *Le forgeron chauffe le fer et lui donne une forme en le tapant avec un marteau.*

A B C D E F G H I J K L M N O P Q R S T U V W X Y Z

forme nom féminin

1. Une forme, c'est l'ensemble des contours d'un objet. *La piscine de Monsieur Roux a la forme d'un cœur.*

2. *Ce matin, Diego est en forme,* il se sent bien, il n'est pas fatigué, ni malade.

former verbe

1. *La route forme un coude,* elle prend la forme d'un coude. *Matthieu forme mal ses « s »,* il dessine mal la forme des « s ».

2. *La grande sœur de Romane a formé un petit orchestre avec ses amis,* elle a fait un petit orchestre avec ses amis.

3. *Un balai est formé d'une brosse et d'un manche,* il est fait d'une brosse et d'un manche.

formidable adjectif

David a eu une idée formidable, il a eu une très bonne idée.

■ Tu peux dire aussi **excellent.**

formule nom féminin

Une formule, c'est une suite de mots que l'on dit toujours dans le même ordre. *La sorcière a dit la formule magique et la princesse s'est transformée en rocher.*

① **fort, forte** adjectif

1. *Papa arrive à porter des choses très lourdes, il est fort,* il a de la force.

2. *Manon est forte en orthographe,* elle est bonne en orthographe, elle ne fait pas de fautes.

■ Le contraire de fort, c'est **faible, nul.**

② **fort** adverbe

Parle moins fort, on t'entend trop, tu fais trop de bruit.

■ Le contraire de fort, c'est **doucement.**

forteresse nom féminin

Une forteresse, c'est un lieu protégé par des murs, des tours et des fossés, que l'on ne peut pas attaquer facilement. *Les ennemis n'ont pas pu entrer dans la forteresse.*

fortune nom féminin

Une fortune, c'est une grande quantité d'argent. *Oncle Picsou a une grande fortune,* il est très riche.

■ Cherche aussi **richesse.**

fossé nom masculin

Un fossé, c'est un trou très long comme il y a au bord d'une route ou autour d'un château fort. *Noémie enjambe le fossé.*

fossette nom féminin

Une fossette, c'est un petit creux dans les joues ou dans le menton.

Aurélie a des **fossettes** quand elle sourit.

fou, folle adjectif

1. Une personne folle, c'est une personne malade qui ne se rend pas compte de ce qu'elle fait et qui dit et fait des choses bizarres.

2. *Florian est fou de joie d'aller à la mer,* il est très content d'aller à la mer.

3. Un fou rire, c'est un rire qui ne peut pas s'arrêter. *Paul et Léa ont été pris de fou rire en voyant Samir imiter le maître.*

➾ Au masculin pluriel : **fous.**

➾ Au féminin pluriel : **folles.**

■ Cherche aussi **folie.**

foudre nom féminin

La foudre, c'est une secousse électrique qui se produit dans le ciel pendant un orage et qui est accompagnée d'un éclair et d'un coup de tonnerre. *La foudre est tombée sur un arbre et l'a brûlé.*

fouet nom masculin

Un fouet, c'est un instrument fait de bandes de cuir ou de cordes attachées à un manche et qui sert à donner des coups. *Le dompteur fait claquer son fouet devant le tigre.*

fouetter verbe

Fouetter, c'est donner des coups avec un fouet. *Le cow-boy fouette son cheval pour qu'il galope plus vite.*

fougère nom féminin

Une fougère, c'est une plante verte à longues feuilles très découpées, qui pousse dans les bois. *Les fougères n'ont jamais de fleurs.*

fouiller verbe

Fouiller, c'est chercher partout. *Lou a fouillé dans les affaires de son frère pour retrouver son livre.*

fouillis nom masculin

Quel fouillis dans la chambre de Julien ! quel désordre !

foulard nom masculin

Un foulard, c'est un morceau de tissu carré que l'on met autour du cou ou sur la tête.

foule nom féminin

La foule, c'est un grand nombre de personnes qui sont en même temps au même endroit.

fouler verbe

Émilie s'est foulé la cheville, elle s'est tordu le pied, sa cheville a enflé et elle lui fait mal.

four nom masculin

Un four, c'est un appareil dans lequel on fait cuire des aliments. *Mamie met le rôti dans le four.*

fourche nom féminin

Une fourche, c'est un outil fait de plusieurs longues pointes de fer attachées à un long manche. *L'agriculteur prend le foin avec sa fourche et le met dans la mangeoire des vaches.*

■ Les pointes de la fourche s'appellent des **dents.**

Il y a plus de 3 000 espèces de **fougères.**

fourchette nom féminin

Une fourchette, c'est un objet fait d'un manche terminé par des pointes, qui sert à piquer les aliments pour les manger.

■ La fourchette, le couteau et la cuillère sont des **couverts.**

A B C D E F G H I J K L M N O P Q R S T U V W X Y Z

fourmi nom féminin
Une fourmi, c'est un tout petit animal noir ou rouge qui vit en groupe. *Les fourmis sont très actives.*
■ Les fourmis sont des **insectes.**
■ De quelle couleur sont les fourmis qui piquent ? Elles sont rouges.

Des milliers de **fourmis** vivent dans une **fourmilière.**

fourmilière nom féminin
Une fourmilière, c'est un endroit formé d'un petit tas de terre et de galeries creusées dans le sol, où vivent des milliers de fourmis.

fournir verbe
1. Fournir, c'est donner ce qui est nécessaire. *L'école fournit les livres de classe aux élèves.*
2. *Leïla a fourni un gros effort à la fin de l'année,* elle a fait un gros effort.

fournitures nom féminin pluriel
Les fournitures scolaires, ce sont tous les objets dont on a besoin pour travailler à l'école. *Les crayons, les gommes, les cahiers sont des fournitures scolaires.*

fourrage nom masculin
Le fourrage, c'est l'ensemble des plantes que l'on donne à manger au bétail.

① **fourré** nom masculin
Un fourré, c'est un endroit où des herbes hautes et de petits arbres poussent très serrés les uns à côté des autres. *Le lapin s'est caché dans un fourré, on ne le voit plus.*
■ Cherche aussi **buisson.**

② **fourré, fourrée** adjectif
1. *Baptiste a mis ses bottes fourrées,* il a mis ses bottes dans lesquelles il y a de la fourrure ou de la laine.
2. *Lisa mange des dattes fourrées à la pâte d'amandes,* elle mange des dattes dans lesquelles on a mis de la pâte d'amandes.

fourrière nom féminin
1. La fourrière, c'est l'endroit où l'on met les animaux perdus ou abandonnés.
2. La fourrière, c'est l'endroit où la police met les voitures mal garées. *Papi a dû payer une amende pour reprendre sa voiture qui était à la fourrière.*

fourrure nom féminin
La fourrure, c'est le poil très épais et très beau de certains animaux.
■ Tu peux dire aussi **pelage.**
■ De quelle couleur est la fourrure du tigre ? Et celle de la panthère ?

foyer nom masculin
Le foyer, c'est la maison où l'on vit avec sa famille. *Quel plaisir de rentrer dans son foyer après une journée de travail !*

fracture nom féminin
Yann a une fracture du bras, l'os de son bras est cassé.

fragile adjectif
1. Une chose fragile, c'est une chose qui se casse ou qui s'abîme facilement. *Fais attention en*

rangeant les verres, ils sont fragiles.
■ Le contraire de fragile, c'est **solide.**

2. Une personne fragile, c'est une personne qui est souvent malade, qui a une santé délicate. *Alicia est une petite fille fragile.* ■ Le contraire de fragile, c'est **résistant.**

fraîcheur nom féminin

1. *Quand il fait très chaud, le chien recherche la fraîcheur,* il cherche un endroit où il fait frais.

2. *Ce poisson est d'une grande fraîcheur,* il est frais, il a été pêché il y a peu de temps.

➾ Ce mot s'écrit avec un **î.**

① **frais, fraîche** adjectif

1. *Kevin boit de l'eau fraîche,* il boit de l'eau qui est un peu froide.

2. *Léa mange du pain frais,* elle mange du pain qui a été fait aujourd'hui.

➾ Au féminin, ce mot s'écrit avec un **î.**

② **frais** nom masculin pluriel

Papa a eu beaucoup de frais pendant son voyage, il a dépensé beaucoup d'argent.

■ Cherche aussi **dépense.**

fraise nom féminin

Une fraise, c'est un petit fruit rouge. *Mamie a fait une tarte aux fraises.*

■ Les fraises poussent sur des **fraisiers.**

framboise nom féminin

Une framboise, c'est un fruit rouge à la peau très douce, plus petit qu'une fraise. *Julien étale de la confiture de framboises sur son pain.*

■ Les framboises poussent sur des **framboisiers.**

① **franc** nom masculin

Le franc, c'est la monnaie de la Suisse et de plusieurs pays d'Afrique.

■ Le franc était aussi le nom de la monnaie de la France, de la Belgique et du Luxembourg avant l'euro.

② **franc, franche** adjectif

Marion est franche, elle dit la vérité, elle dit ce qu'elle pense vraiment sans rien cacher, ce n'est pas une menteuse.

■ Tu peux dire aussi **sincère.**

■ Le contraire de franc, c'est **hypocrite.**

français nom masculin

Le français, c'est la langue que l'on parle en France, dans une partie de la Belgique, de la Suisse et du Canada, et dans quelques pays d'Afrique.

➾ Ce mot s'écrit avec un **ç.**

franchement adverbe

Franchement, c'est sans mentir. *Léo a répondu franchement à la question de la directrice.*

Préfères-tu les **fraises** ou les **framboises** ?

franchir verbe
Le cheval franchit le ruisseau, il saute par-dessus le ruisseau. *Le coureur a franchi la ligne d'arrivée,* il a passé la ligne d'arrivée.

franchise nom féminin
La franchise, c'est la qualité d'une personne qui est franche, qui ne ment pas. *Marion a raconté avec franchise tout ce qui s'est passé.*
■ Tu peux dire aussi **sincérité.**

frange nom féminin
Une frange, c'est une sorte de bande de cheveux coupés droit qui couvrent le front. *Ambre a une frange.*

frapper verbe
Frapper, c'est donner un coup. *Alex a frappé sa petite sœur,* il l'a battue. *Margaux a entendu frapper à la porte,* elle a entendu quelqu'un taper à la porte.

Qui **frappe** à la porte ?

fraternité nom féminin
La fraternité, c'est la bonne entente qui existe entre des personnes qui sont les unes avec les autres comme si elles étaient de la même famille.

fredonner verbe
Fredonner, c'est chanter doucement, sans ouvrir la bouche. *Morgane fredonne une chanson qu'elle a entendue à la radio.*

frein nom masculin
Un frein, c'est ce qui sert à ralentir et à arrêter une voiture, un camion, une bicyclette. *Le conducteur a donné un coup de frein,* il a freiné.

freiner verbe
Freiner, c'est faire aller moins vite une voiture ou une bicyclette en utilisant les freins. *Maman freine et arrête sa voiture au feu rouge.*
■ Le contraire de freiner, c'est **accélérer.**

frelon nom masculin
Un frelon, c'est une grosse guêpe rousse, jaune et noire. *Les frelons tuent les abeilles et leur prennent leur miel.*
■ Les piqûres de frelon font très mal.

fréquemment adverbe
Fréquemment, c'est souvent. *Maéva arrive fréquemment en retard à l'école.*
■ Le contraire de fréquemment, c'est **jamais, rarement.**

fréquent, fréquente adjectif
Une chose fréquente, c'est une chose qui arrive souvent. *Attention, ce virage est très dangereux, les accidents sont fréquents à cet endroit,* il y a de nombreux accidents à cet endroit.
■ Le contraire de fréquent, c'est **rare.**

frère nom masculin

Paul est le frère de Léa, Paul est un garçon qui a les mêmes parents que Léa. ■ Léa est la **sœur** de Paul.

frétiller verbe

Frétiller, c'est remuer en faisant des petits mouvements rapides. *Le chien a la queue qui frétille quand on le caresse.*

friandise nom féminin

Une friandise, c'est un bonbon, un chocolat ou un petit gâteau. *Elsa aime beaucoup les friandises.*

frigidaire nom masculin

Un frigidaire, c'est une sorte d'armoire dans laquelle on garde les aliments au froid. *Range le beurre dans le frigidaire !*

■ C'est un nom de marque.

■ Tu peux dire aussi **réfrigérateur** et l'abréviation familière **frigo.**

frileux, frileuse adjectif

Une personne frileuse, c'est une personne qui a facilement froid.

Ludivine est **frileuse,** elle **frissonne.**

fripé, fripée adjectif

Le pantalon de Damien est fripé, il a des petits plis partout.

■ Tu peux dire aussi **chiffonné, froissé.**

frisé, frisée adjectif

1. *Alan a les cheveux frisés,* il a les cheveux qui font des boucles. ■ Le contraire de frisé, c'est **raide.**

2. *Alan est frisé,* il a les cheveux frisés.

■ Cherche aussi **bouclé.**

frisson nom masculin

Un frisson, c'est un petit mouvement du corps que l'on ne peut pas empêcher, quand on a froid ou quand on a de la fièvre. *Ludivine est restée trop longtemps sous la pluie, maintenant elle a des frissons.*

frissonner verbe

Frissonner, c'est avoir le corps agité de petits mouvements, c'est avoir des frissons. *Ludivine frissonne de froid.*

■ Tu peux dire aussi **trembler.**

frit, frite adjectif

Un aliment frit, c'est un aliment cuit dans de l'huile bouillante. *Chez Mamie, j'ai mangé du poisson frit.*

frite nom féminin

Des frites, ce sont des morceaux de pommes de terre longs et étroits, cuits dans de l'huile bouillante. *À la cantine, j'ai mangé un bifteck avec des frites.*

① froid, froide adjectif
Aziz se lave les mains à l'eau froide, il se lave les mains avec de l'eau qui est à une température assez basse.
■ Le contraire de froid, c'est **chaud.**

② froid nom masculin
Quel froid aujourd'hui ! la température est très basse aujourd'hui !
■ Le contraire de froid, c'est **chaleur.**

Paul a **froid**, il grelotte.

froissé, froissée adjectif
La robe de Capucine est froissée, elle a des petits plis partout.
■ Tu peux dire aussi **chiffonné, fripé.**

frôler verbe
Frôler, c'est passer tout près sans toucher ou en touchant à peine. *La voiture a frôlé le cycliste en le doublant.*
➜ Ce mot s'écrit avec un **ô.**

fromage nom masculin
Le fromage, c'est un aliment fait avec du lait de vache, de brebis ou de chèvre. *Le camembert est le fromage préféré de Lola.*
■ Sais-tu qu'il y a 350 sortes de fromages différents faits en France ?

froncer verbe
Le maître est fâché, il fronce les sourcils, il rapproche ses sourcils en plissant le front.

front nom masculin
Le front, c'est la partie du visage qui est entre les yeux et les cheveux.

frontière nom féminin
La frontière, c'est l'endroit qui forme la limite entre deux pays. *Nous avons montré nos passeports en passant la frontière suisse.*

frotter verbe
Frotter, c'est faire passer une chose sur une autre plusieurs fois de suite, en appuyant. *Augustin frotte ses chaussures avec une brosse. Emma a sommeil, elle se frotte les yeux.*

Quel beau plateau de **fromages** !

Il faut manger des **fruits** chaque jour.

fruit nom masculin

Un fruit, c'est ce qui pousse sur une plante ou sur un arbre après la fleur. *Les poires, les pommes, les bananes sont des fruits.*

■ Quels autres fruits connais-tu ?

fruitier, fruitière adjectif

Un arbre fruitier, c'est un arbre qui donne des fruits qui se mangent. *Les cerisiers, les pommiers sont des arbres fruitiers.*

fuir verbe

1. Fuir, c'est partir très vite, s'enfuir. *Le chat a fait fuir le petit oiseau.*

2. *Le robinet fuit,* il laisse couler de l'eau même quand il est fermé.

fuite nom féminin

1. *Le voleur a pris la fuite quand il a entendu arriver la police,* il s'est sauvé.

2. *Le lavabo a une fuite,* de l'eau coule sous le lavabo.

fumée nom féminin

La fumée, c'est une sorte de nuage gris qui se forme au-dessus d'un feu ou d'une cigarette allumée.

fumer verbe

1. Fumer, c'est faire de la fumée. *Les bûches fument dans la cheminée.*

2. Fumer, c'est faire venir dans sa bouche la fumée de sa cigarette, de son cigare ou de sa pipe. *Les parents d'Aurélien ne fument plus.*

fumeur nom masculin,
fumeuse nom féminin

Un fumeur, une fumeuse, c'est une personne qui a l'habitude de fumer. *Le père d'Aurélien est un ancien fumeur.*

funambule nom masculin et féminin

Un funambule, une funambule, c'est une personne qui marche et qui danse sur une corde.

■ Les funambules sont des **acrobates.**

furet nom masculin

Un furet, c'est un petit animal carnivore, au pelage roux et blanc et aux yeux rouges.

■ Il court, il court le furet !

Un **furet.**

furieux, furieuse adjectif

Si je ne range pas mes affaires, Maman va être furieuse, elle va être très en colère.

a b c d e f g h i j k l m n o p q r s t u v w x y z

A B C D E F G H I J K L M N O P Q R S T U V W X Y Z

fusée nom féminin
Une fusée, c'est un engin qui va dans l'espace. *Les astronautes sont dans la fusée.*
- Tu peux dire aussi **vaisseau spatial.**
- Cherche aussi **satellite.**

fusil nom masculin
Un fusil, c'est une arme en forme de long tube, avec laquelle on envoie des balles. *Mon grand-père a pris son fusil et il est parti à la chasse.*
On ne prononce pas le **l** qui est à la fin.

fusillade nom féminin
Une fusillade, c'est un combat à coups de fusil. *Des passants ont été touchés pendant la fusillade.*

fusiller verbe
Fusiller, c'est tuer avec un fusil quelqu'un qui est condamné à mort. *À la fin du film, le traître est fusillé.*

futé, ée adjectif
Une personne futée, c'est une personne qui est intelligente et rusée. *Julie est très futée.*
- Ce mot est familier.
- Tu peux dire aussi **astucieux, malin.**

① **futur, future** adjectif
Mon cousin nous a présenté sa future femme, il nous a présenté celle qui va être sa femme.

② **futur** nom masculin
1. Le futur, c'est la partie du temps qui va venir après le moment où l'on est, c'est l'avenir. *Personne ne sait comment nous vivrons dans le futur.*
2. Le futur, c'est le temps du verbe qui montre que quelque chose se fera plus tard. *Dans « demain je penserai à toi », le verbe « penser » est au futur.*
- Cherche aussi **passé** et **présent.**

gâcher verbe
Gâcher quelque chose, c'est l'abîmer en l'utilisant n'importe comment, sans faire attention. *Rémi a gâché plusieurs feuilles de papier avant de réussir son dessin.*
➾ Ce mot s'écrit avec un **â.**
■ Tu peux dire aussi **gaspiller.**

Rémi a **gâché** beaucoup de papier !

gâchette nom féminin
La gâchette, c'est la partie d'un fusil ou d'un pistolet qui fait partir le coup de feu quand on appuie sur la détente.
➾ Ce mot s'écrit avec un **â.**
■ On dit souvent « appuyer sur la gâchette », mais on a tort. Il faut dire « appuyer sur la détente ».

gâchis nom masculin
Un gâchis, c'est un ensemble de choses abîmées, que l'on ne peut plus utiliser. *Toutes ces tranches de pain entamées, quel gâchis !*
➾ Ce mot s'écrit avec un **â.**
■ Tu peux dire aussi **gaspillage.**

gag nom masculin
Un gag, c'est une petite scène drôle à laquelle on ne s'attend pas, dans un film ou dans un spectacle.

gage nom masculin
Un gage, c'est quelque chose que l'on doit faire quand on a perdu à un jeu. *Celui qui arrivera le dernier aura un gage : il devra faire le tour de la cour en sautant sur un pied.*

gagnant nom masculin,
gagnante nom féminin
Le gagnant, la gagnante, c'est la personne qui a gagné à un jeu ou à une compétition. *Le gagnant de la tombola aura une bicyclette.*
■ Le contraire de gagnant, c'est **perdant.**

Le **gagnant** de la tombola est content !

a b c d e f g h i j k l m n o p q r s t u v w x y z

A B C D E F G H I J K L M N O P Q R S T U V W X Y Z

gagner verbe
1. *Notre équipe a gagné le match,* elle a remporté la victoire. ■ Le contraire de gagner, c'est **perdre.**
2. *Mon grand frère gagne de l'argent en livrant des pizzas,* il reçoit de l'argent parce qu'il travaille.
3. Gagner du temps, c'est passer moins de temps à faire quelque chose. *Vous gagnerez du temps en passant par ce raccourci.*

gai, gaie adjectif
Félix est toujours gai, il est toujours content et il rit souvent.
■ Tu peux dire aussi **joyeux.**
■ Le contraire de gai, c'est **triste.**
■ Ne confonds pas gai et **guet.**

gaiement adverbe
Les enfants chantaient gaiement dans le car, ils chantaient avec gaieté.
■ Le contraire de gaiement, c'est **tristement.**
➾ Il y a un **e** entre le **i** et le **m.**
➾ On écrit aussi **gaîment.** On peut aussi écrire **gaiment**, sans accent circonflexe comme dans l'adverbe **vraiment.**

gaieté nom féminin
Benjamin a pleuré quand ses parents sont partis, mais il a vite retrouvé sa gaieté, il a vite retrouvé sa bonne humeur et il a recommencé à être gai.
■ Le contraire de gaieté, c'est **tristesse.**
➾ Il y a un **e** entre le **i** et le **t.** On écrit aussi **gaîté.**

galaxie nom féminin
Une galaxie, c'est un ensemble de milliards d'étoiles. *Il y a des milliards de galaxies dans l'univers.*

galerie nom féminin
Une galerie, c'est une sorte de couloir creusé sous la terre. *Les taupes ont creusé des galeries dans le jardin.*

galet nom masculin
Un galet, c'est un caillou plat qui est devenu lisse parce qu'il a été usé par la mer ou par l'eau d'un torrent. *Maxence et Coralie jouent avec des galets sur la plage.*

Il est difficile de marcher sur les **galets.**

galette nom féminin
Une galette, c'est un gâteau plat et rond.

galipette nom féminin
Florian fait une galipette, il pose les mains et la tête par terre, envoie ses jambes en l'air, roule sur le dos et retombe sur ses pieds.

galop nom masculin
Le galop, c'est la façon la plus rapide dont court un cheval. *Le cheval est parti au galop.*
■ Cherche aussi **trot.**

galoper verbe
Le cheval galopait, il courait très vite, il allait au galop.

gambader verbe
Gambader, c'est courir pas très vite, dans tous les sens, en faisant de petits sauts. *Le chien gambade autour de son maître.*

gamelle nom féminin
Une gamelle, c'est une boîte dans laquelle on met son repas pour l'emporter. *C'est l'heure de déjeuner, les ouvriers sortent leur gamelle.*

gamin nom masculin,
gamine nom féminin
Un gamin, une gamine, c'est un enfant. *Laura est une gamine de 7 ans.*
■ Gamin et gamine sont des mots familiers. On peut dire un **petit garçon** ou une **petite fille.**

gamme nom féminin
La gamme, c'est la suite des notes de musique. *Pierre fait des gammes au piano.*
■ Do, ré, mi, fa, sol, la, si, do.

gangster nom masculin
Un gangster, c'est un bandit qui fait partie d'une bande. *Des gangsters ont attaqué la banque.*
■ Ce mot vient de l'anglais.

gant nom masculin
Un gant, c'est un vêtement qui recouvre la main en entourant chaque doigt. *Louise a mis des gants blancs pour le mariage de sa cousine.*
■ Cherche aussi **moufle.**

Il y a différentes sortes de **gants** : pour sortir le soir, pour faire du ski ou encore pour faire la vaisselle.

garage nom masculin
1. Un garage, c'est un endroit fermé dans lequel on range sa voiture. *Maman a rentré sa voiture dans le garage.*
2. Un garage, c'est un endroit où l'on vend et où l'on répare des voitures. *Papa a conduit sa voiture au garage parce qu'elle faisait un bruit bizarre.*

garagiste nom masculin et féminin
Un garagiste, une garagiste, c'est une personne dont le métier est de vendre et de réparer les voitures, dans un garage.

garantie nom féminin
Une garantie, c'est un papier qui permet de ne pas payer la réparation de quelque chose que l'on a acheté il y a peu de temps et qui ne marche plus. *La garantie de la montre est dans la boîte.*

garantir verbe
La montre de Zoé est garantie un an, si la montre de Zoé ne fonctionne plus, elle sera réparée gratuitement pendant un an.

garçon nom masculin
Un garçon, c'est un enfant de sexe masculin. *Les voisins ont trois enfants : deux filles et un garçon. Jonathan est un petit garçon très gentil.*
■ Cherche aussi **fils.**
■ Ce mot s'écrit avec un **ç.**

① **garde** nom féminin
1. *Mes parents ont confié mon petit frère à la garde de Mamie pour la soirée,* ils font garder mon petit frère par Mamie.
2. *Rex est un chien de garde,* il surveille la maison et aboie si des gens s'en approchent.

② **garde** nom masculin et féminin
Un garde, une garde, c'est une personne dont le métier est de surveiller un lieu ou de protéger quelqu'un. *Une garde a veillé la malade toute la nuit. Le président est entouré de ses gardes du corps.*

garder verbe

1. *Le mercredi, c'est Mamie qui me garde,* c'est Mamie qui s'occupe de moi et qui me surveille.
2. *Aziz a gardé sa casquette sur la tête,* il a laissé sa casquette sur sa tête, il ne l'a pas enlevée.
3. *Laura a gardé le CD que je lui ai prêté,* elle a toujours mon CD, elle ne me l'a pas rendu.
4. *Kevin a gardé notre secret,* il ne l'a dit à personne.
5. *La confiture se garde longtemps dans le réfrigérateur,* elle reste bonne, on peut la conserver longtemps dans le réfrigérateur.

garderie nom féminin

Une garderie, c'est un endroit où l'on garde les enfants. *Le mercredi, Antoine va à la garderie.*

■ Cherche aussi **crèche.**

gardien nom masculin,
gardienne nom féminin

1. Un gardien, une gardienne, c'est une personne qui surveille un endroit, fait attention aux personnes qui entrent. *Le gardien de l'immeuble est en train de sortir les poubelles.*
2. Le gardien de but, c'est le joueur de football qui est devant les buts pour arrêter le ballon.

① **gare** nom féminin

Une gare, c'est un endroit où les trains arrivent et d'où ils partent. *Le train entre en gare.*

② **gare !** interjection

Gare !, c'est un mot que l'on dit à quelqu'un pour le prévenir qu'il y a un danger et qu'il faut qu'il fasse attention. *Gare à toi si tu recommences !*

garer verbe

Madame Fournier a garé sa voiture devant l'école, elle a rangé sa voiture le long du trottoir, devant l'école.

gaspillage nom masculin

Ne dépense pas tout ton argent pour acheter des bonbons, c'est du gaspillage, tu gaspilles ton argent, tu le dépenses n'importe comment.

■ Cherche aussi **gâchis**

gaspiller verbe

Ma grande sœur gaspille son argent, elle le dépense n'importe comment, elle ne fait pas attention.

gâté, gâtée adjectif

Un enfant gâté, c'est un enfant qui a toujours tout ce qu'il désire et qui fait toujours ce qu'il veut.

➪ Ce mot s'écrit avec un **â.**

gâteau nom masculin

Un gâteau, c'est un aliment fait avec de la farine, des œufs, du beurre et du sucre. *Mamie a fait un gâteau au chocolat. Quel est ton gâteau préféré ?*

➪ Ce mot s'écrit avec un **â.**

➪ Au pluriel : des **gâteaux.**

Les voyageurs attendent le train sur la quai de la **gare.**

gâter verbe

1. *Papi et Mamie m'ont gâté pour mon anniversaire,* ils m'ont fait de très beaux cadeaux.

2. Se gâter, c'est s'abîmer. *Les fraises se sont gâtées,* elles ont pourri. *Le temps se gâte,* il devient mauvais. ■ Le contraire de se gâter, c'est **s'améliorer.**

➜ Ce mot s'écrit avec un **â.**

① **gauche** adjectif

Le côté gauche, c'est le côté du cœur. *Camille écrit de la main gauche.*

■ Le contraire de gauche, c'est **droit.**

② **gauche** nom féminin

La gauche, c'est le côté du cœur. *Pour aller à la gare, prenez la première route à gauche.*

■ Le contraire de gauche, c'est **droite.**

gaucher, gauchère adjectif

Camille est gauchère, elle se sert de sa main gauche pour écrire, dessiner, manger.

■ Le contraire de gaucher, c'est **droitier.**

Marie est **gauchère.**

Clara mange des **gaufres.**

gaufre nom féminin

Une gaufre, c'est une sorte de gâteau fait avec une pâte liquide cuite dans un moule spécial qui dessine de petits carrés.

gaufrette nom féminin

Une gaufrette, c'est un gâteau sec qui ressemble à une petite gaufre. *Papa a acheté un paquet de gaufrettes.*

gaver verbe

Gaver, c'est faire manger de force et beaucoup. *On gave les oies et les canards pour qu'ils soient gros et gras.*

gaz nom masculin

1. Un gaz, c'est une matière que l'on ne voit pas, qui n'est ni un liquide ni un solide. *L'air est composé de plusieurs gaz.*

2. Le gaz, c'est un gaz spécial que l'on brûle pour se chauffer et faire cuire les aliments. *Mamie a une cuisinière à gaz.*

➜ Au pluriel : des **gaz.**

A
B
C
D
E
F
G
H
I
J
K
L
M
N
O
P
Q
R
S
T
U
V
W
X
Y
Z

gazelle nom féminin
Une gazelle, c'est un animal qui a de longues cornes recourbées et de longues pattes très fines. *Les gazelles vivent en troupeaux dans le désert, en Afrique et en Asie.*
■ La gazelle appartient à la même famille que l'antilope.

gazon nom masculin
Le gazon, c'est de l'herbe courte et très serrée que l'on fait pousser et qui forme une pelouse. *Maman tond le gazon devant la maison.*

gazouiller verbe
Les oiseaux gazouillent, ils chantent en faisant un petit bruit.

① **géant** nom masculin,
géante nom féminin
Un géant, une géante, c'est une personne beaucoup plus grande que les autres. *Il était une fois un géant qui avait enjambé la montagne pour venir délivrer la princesse.*
■ Le contraire de géant, c'est **nain.**

② **géant, géante** adjectif
Dans certains pays, il y a des fourmis géantes, il y a des fourmis énormes, beaucoup plus grandes que les fourmis normales.
■ Le contraire de géant, c'est **nain.**

gel nom masculin
1. Le gel, c'est le moment où l'eau devient de la glace parce qu'il fait très froid. *En hiver, Mamie rentre les plantes qui sont sur son balcon, à cause du gel.* ■ Le contraire de gel, c'est **dégel.**
2. Du gel, c'est une crème que l'on met sur les cheveux pour les faire tenir. *Quentin se met du gel sur les cheveux tous les matins.*

gelée nom féminin
1. *La météo annonce des gelées pour cette nuit,* elle annonce qu'il va faire très froid et que l'eau va geler.
2. Une gelée, c'est une confiture faite avec le jus du fruit et du sucre. *Thomas met de la gelée de groseille sur sa tranche de pain.*

geler verbe
1. *L'eau gèle à zéro degré,* l'eau durcit et devient de la glace à zéro degré.
2. *Cette nuit, il a gelé,* il a fait très froid, l'eau s'est changée en glace et la terre a durci.

gémir verbe
Gémir, c'est pousser de petits cris pour se plaindre quand on a mal. *On entend gémir une biche blessée dans la forêt.*

gémissement nom masculin
Un gémissement, c'est le bruit que fait une personne ou une bête qui se plaint parce qu'elle a mal.

gênant, gênante adjectif
Le bruit de la perceuse est très gênant, ce bruit est désagréable et il dérange. ■ Ce bruit nous **gêne.**

Ce bruit est vraiment **gênant,** il empêche Lilas de lire.

gencive nom féminin
La gencive, c'est la chair qui recouvre la base des dents, dans la bouche. *Quand elles commencent à pousser, les dents percent les gencives.*

gendarme nom masculin et féminin
Un gendarme, une gendarme, c'est un militaire, une militaire qui surveille les routes et protège les gens.

gendarmerie nom féminin
La gendarmerie, c'est le bâtiment où travaillent et habitent les gendarmes.

gendre nom masculin
Monsieur et Madame Laplace aiment beaucoup leur gendre, ils aiment beaucoup le mari de leur fille.

gêne nom féminin
Papi ressent une gêne lorsqu'il marche, il a du mal à marcher car quelque chose l'empêche de marcher normalement.
Ce mot s'écrit avec un **ê**.

gêner verbe
Ce bruit me gêne, je ne peux pas lire, ce bruit est désagréable et il me dérange.
Ce mot s'écrit avec un **ê**.

① **général** nom masculin
Un général, c'est le chef le plus important, dans l'armée.
Au pluriel : des **généraux.**

② **général, générale** adjectif
1. *La classe a eu une punition générale,* tout le monde a été puni.
2. *En général, il fait très froid l'hiver,* presque toujours, il fait très froid l'hiver. Tu peux dire aussi **généralement.**
Au masculin pluriel : **généraux.**
Au féminin pluriel : **générales.**

généralement adverbe
Généralement Papa rentre à 20 heures, d'habitude Papa rentre à 20 heures.
Tu peux dire aussi **normalement.**
Le contraire de généralement, c'est **jamais, rarement.**

généreux, généreuse adjectif
Mamie est très généreuse, elle aime bien faire des cadeaux ou donner de l'argent aux autres.
Le contraire de généreux, c'est **avare.**

générique nom masculin
Le générique, c'est la liste des acteurs, du metteur en scène et de toutes les personnes qui ont travaillé pour un film ou une émission de télévision. *Le papa de Tom est acteur : nous avons vu son nom au générique du film que nous avons regardé hier.*

générosité nom féminin
La générosité, c'est la qualité d'une personne qui aime beaucoup faire des cadeaux ou donner de l'argent aux autres. *Mamie est d'une grande générosité.* Mamie est **généreuse.**

génial, géniale adjectif
Le téléphone est une invention géniale, c'est une invention qui a été faite par des personnes très intelligentes.
Au masculin pluriel : **géniaux.**
Au féminin pluriel : **géniales.**

Comment fait le **génie** pour entrer dans la lampe d'Aladin ?

génie nom masculin

1. Un génie, c'est une personne qui a des pouvoirs magiques, mais qui n'existe que dans les contes. *Un génie était caché dans la lampe d'Aladin.*

2. *L'architecte qui a construit ce monument a du génie,* il est très doué, il peut créer et inventer des choses extraordinaires.

3. Un génie, c'est une personne qui a du génie. *Mozart était un génie.*

génisse nom féminin

Une génisse, c'est une jeune vache, qui n'a pas encore eu de veau.

genou nom masculin

Le genou, c'est l'endroit de la jambe où l'on peut la plier. *Papa s'est mis à genoux,* il a posé ses deux genoux par terre, il s'est agenouillé.

Au pluriel : des **genoux.**

■ Comment s'appelle l'endroit du bras où on peut le plier ? Le **coude.**

genre nom masculin

1. *J'aime bien ce genre de livres avec beaucoup d'images,* j'aime bien les livres qui ressemblent à ce livre, j'aime bien cette sorte de livres.

2. *Cette fille a mauvais genre,* elle a une façon de s'habiller et des manières très particulières, un peu vulgaires.

3. *« Chat » est un nom du genre masculin,* c'est un nom masculin. *« Chambre » est un nom du genre féminin,* c'est un nom féminin.

gens nom masculin pluriel

Les gens, ce sont les personnes. *Il y a beaucoup de gens dans ce magasin.*

Les **gens** se promènent dans la rue.

gentil, gentille adjectif

1. *La maîtresse est gentille,* elle cherche à faire plaisir, elle n'est pas sévère, elle n'est pas méchante.

2. *Les enfants ont été très gentils toute la journée,* ils ont été sages, ils sont restés tranquilles.

■ Le contraire de gentil, c'est **désagréable, odieux.**

gentillesse nom féminin

La gentillesse, c'est la qualité d'une personne gentille. *La maîtresse est d'une grande gentillesse.*

■ Le contraire de gentillesse, c'est **méchanceté.**

gentiment adverbe
L'agent de police nous a aidés très gentiment, il nous a aidés avec beaucoup de gentillesse, en étant très gentil.
■ Le contraire de gentiment, c'est **méchamment.**

géographie nom féminin
La géographie, c'est l'étude de la Terre avec ses montagnes, ses fleuves et ses déserts, les animaux et les hommes qui y habitent et les plantes qui y poussent. *Il y a une grande carte de géographie sur le mur de la classe.*

géométrie nom féminin
La géométrie, c'est l'étude des lignes, des surfaces et des volumes. *Mon grand frère a un exercice de géométrie à faire : il doit tracer des triangles.*

géométrique adjectif
Une figure géométrique, c'est une figure qui a des formes simples et régulières. *Le carré, le triangle, le cercle sont des figures géométriques.*

géranium nom masculin
Un géranium, c'est une plante à fleurs rouges, roses ou blanches. *Il y a des pots de géraniums sur le balcon.*

gercé, gercée adjectif
Il fait très froid, Capucine a les lèvres gercées, ses lèvres sont très sèches et elles ont de toutes petites écorchures qui font mal.

germe nom masculin
Le germe, c'est la première petite pousse qui sort d'une graine pour donner une nouvelle plante.

germer verbe
Les grains de blé ont germé, des germes sont sortis des grains de blé, le blé commence à pousser.

geste nom masculin
Un geste, c'est un mouvement que l'on fait avec les bras, les mains ou la tête. *Papa a fait un geste de la main pour dire au revoir à Nathan.*

gesticuler verbe
Gesticuler, c'est faire beaucoup de gestes. *Jade gesticule en nous racontant son voyage.*

gibier nom masculin
Le gibier, c'est l'ensemble des animaux que l'on chasse pour les manger.

gicler verbe
Gicler, c'est jaillir en éclaboussant. *Lucie a roulé dans une flaque avec sa bicyclette et la boue a giclé sur son pantalon.*

gifle nom féminin
Une gifle, c'est un coup donné avec la main ouverte, sur la joue de quelqu'un.
■ Tu peux dire aussi **claque.**

Zoé donne une **gifle** à son frère.

gifler verbe
Gifler, c'est donner une gifle. *Zoé a giflé son frère.*

gigantesque adjectif
Le mammouth était un animal gigantesque, c'était un animal énorme, très grand.
■ Le contraire de gigantesque, c'est **minuscule.**

gigot nom masculin
Un gigot, c'est une cuisse d'agneau ou de mouton préparée pour être mangée. *Alexandre mange du gigot avec des haricots.*

gigoter verbe
Gigoter, c'est agiter sans arrêt ses bras et ses jambes. *Le bébé gigote dans son couffin.*
■ Ce mot est familier. Tu peux dire aussi **remuer.**

gilet nom masculin
1. Un gilet, c'est un pull à manches longues boutonné devant. *Julie a mis un gilet de laine par-dessus son tee-shirt.*
2. Un gilet, c'est un vêtement sans manches que les hommes portent entre leur chemise et leur veste.

girafe nom féminin
Une girafe, c'est un grand animal au cou très long qui vit en Afrique. *Les girafes peuvent manger les feuilles des arbres qui sont à six mètres de hauteur.*

girouette nom féminin
Une girouette, c'est un petit objet en métal qui est placé au sommet d'un toit et qui tourne pour indiquer la direction du vent. *Il y a une girouette en forme de coq sur le clocher de l'église.*

givre nom masculin
Le givre, c'est de la glace toute blanche et très fine qui couvre les vitres et tout ce qui est dehors lorsqu'il a fait très froid. *Il a gelé pendant la nuit et ce matin les arbres sont couverts de givre.*

glace nom féminin
1. Une glace, c'est une plaque de verre dans laquelle on peut se voir. *Emma se regarde dans la glace.* ■ Tu peux dire aussi **miroir.**
2. La glace, c'est de l'eau qui a gelé. *Paul patine sur la glace.*
3. Une glace, c'est une crème très froide. *Damien mange une glace à la framboise.*

glacé, glacée adjectif
Maman boit un verre d'eau glacée, elle boit un verre d'eau très froide, qui a été refroidie par de la glace. *Valentin a les pieds glacés,* il a les pieds très froids.

La **girafe** a un long cou.

glacier nom masculin
Un glacier, c'est une grosse masse de neige, qui s'est transformée en glace, très haut dans la montagne. *Les glaciers ne fondent jamais complètement.*
■ Il y a quelquefois des crevasses dans les glaciers.

Combien vois-tu de sortes de **glaces** ?

glaçon nom masculin
Un glaçon, c'est un petit morceau de glace. *Papa met des glaçons dans son verre.*
➾ Ce mot s'écrit avec un **ç**.

glaïeul nom masculin
Un glaïeul, c'est une très grande fleur rouge, rose ou blanche. *Maman a mis un grand bouquet de glaïeuls dans le salon.*
➾ Ce mot s'écrit avec un **ï**.

gland nom masculin
Le gland, c'est le fruit du chêne. *Les cochons et les écureuils mangent des glands.*

glissant, glissante adjectif
Un parquet glissant, c'est un parquet sur lequel on risque de glisser et de tomber.

glisser verbe
1. Glisser, c'est avancer très vite sur une surface lisse et glissante sans pouvoir s'en empêcher. *La voiture glisse sur le verglas,* elle dérape. *Les patineurs glissent sur la piste de glace.*
2. *Mathilde s'est glissée sous sa couette,* elle s'est mise tout doucement sous sa couette.

Attention ! le parquet est **glissant**.

globe nom masculin
Un globe, c'est une grosse boule. Le globe terrestre, c'est la Terre.

Le **globe** terrestre.

gloire nom féminin
Ce pianiste est au sommet de la gloire, il est très célèbre et tout le monde l'admire parce qu'il a beaucoup de talent.

glousser verbe
La poule glousse pour appeler ses petits, elle pousse de petits cris.

gobelet nom masculin
Un gobelet, c'est un verre sans pied, en plastique, en métal ou en carton. *Lorsqu'on a fait un pique-nique, on a bu dans des gobelets en carton.*

godet nom masculin
Un godet, c'est un petit gobelet dans lequel on met de l'eau pour rincer ses pinceaux quand on fait de la peinture.

goéland nom masculin
Un goéland, c'est un grand oiseau gris et blanc qui vit au bord de la mer. *Les goélands pêchent des poissons pour se nourrir.*
■ Le goéland ressemble à une grosse mouette.

golf nom masculin
Le golf, c'est un sport où l'on doit faire entrer une balle dans plusieurs trous en la frappant avec une sorte de canne.
■ Ne confonds pas golf et **golfe.**

golfe nom masculin
Un golfe, c'est un endroit où la mer avance loin dans les terres et forme un grand bassin ouvert vers le large. *Marine et Loïc passent leurs vacances dans le golfe du Morbihan.*
■ Ne confonds pas golfe et **golf.**

gomme nom féminin
Une gomme, c'est un petit morceau de caoutchouc ou de plastique qui sert à effacer ce qui est écrit au crayon ou à l'encre.

gommer verbe
Gommer, c'est effacer avec une gomme. *Lola gomme la fleur qu'elle vient de dessiner.*

gommette nom féminin
Des gommettes, ce sont de petits morceaux de papier de toutes les couleurs que l'on colle sur une feuille pour faire des dessins.

gonfler verbe
1. Gonfler, c'est remplir d'air. *Papa gonfle le matelas pneumatique.*
2. Gonfler, c'est devenir gros, enfler. *Émilie s'est tordu le pied, sa cheville commence à gonfler.*
■ Le contraire de gonfler, c'est **dégonfler.**

gorge nom féminin
La gorge, c'est le fond de la bouche. *Léo a mal à la gorge, il a peut-être une angine.*

gorgée nom féminin
Une gorgée, c'est la quantité de liquide que l'on avale en une seule fois. *Lisa a bu quelques gorgées d'eau à la bouteille.*

gorille nom masculin
Un gorille, c'est un grand singe qui marche à quatre pattes ; il vit en Afrique. *Les gorilles sont les plus grands et les plus forts de tous les singes.*
■ Les gorilles peuvent mesurer 2 mètres et peser 200 kilos. Ils vivent jusqu'à 40 ans.

Les **gorilles** marchent à quatre pattes.

goudron nom masculin
Le goudron, c'est une pâte noire que l'on utilise pour recouvrir les routes et les trottoirs. *Le goudron a une odeur très forte.*

gouffre nom masculin
Un gouffre, c'est un trou très profond et très large, dans la terre. *Trois hommes sont descendus avec une corde au fond du gouffre pour l'explorer.*
➺ Ce mot s'écrit avec 2 **f**.

goulot nom masculin
Le goulot, c'est la partie étroite, dans le haut d'une bouteille, là où est enfoncé le bouchon. *Lisa boit au goulot.*

gourde nom féminin
Une gourde, c'est un bidon en plastique ou en métal dans lequel on met à boire quand on part en promenade.

gourmand, gourmande adjectif
Antoine est gourmand, il aime manger de bonnes choses et il en mange beaucoup.

gourmandise nom féminin
La gourmandise, c'est le défaut d'une personne qui ne peut s'empêcher de manger trop de bonnes choses. *Antoine n'a plus faim, mais il reprend du gâteau par gourmandise.*

gousse nom féminin
Les gousses d'ail, ce sont toutes les parties recouvertes d'une peau fine qui forment une tête d'ail. *Mamie met une gousse d'ail dans le gigot.*

goût nom masculin
1. Le goût, c'est ce qui permet de sentir avec la langue et le palais si ce que l'on mange est sucré ou salé, bon ou mauvais. *Le goût est l'un des cinq sens.*
2. *Ces pommes ont un goût acide,* elles sont acides.
3. *Madame Nollet a du goût,* elle sait faire la différence entre ce qui est beau et ce qui est laid, elle a toujours de jolies choses.
4. Les goûts d'une personne, ce sont ses préférences. *Olivia et Sarah n'ont pas les mêmes goûts,* elles n'aiment pas les mêmes choses.
➺ Ce mot s'écrit avec un **û**.

① **goûter** verbe

1. Goûter, c'est manger ou boire un peu de quelque chose pour en connaître le goût. *Fais-moi goûter ta glace !*

2. Goûter, c'est manger au milieu de l'après-midi. *Charlotte est allée goûter chez Kévin.*

➜ Ce mot s'écrit avec un **û**.

② **goûter** nom masculin

Le goûter, c'est le petit repas que l'on mange dans l'après-midi. *Papa m'a acheté un pain au chocolat pour mon goûter.*

➜ Ce mot s'écrit avec un **û**.

Léa a invité ses amis à son **goûter** d'anniversaire.

goutte nom féminin

Une goutte, c'est une très petite quantité de liquide, toute ronde. *Il commence à pleuvoir, j'ai reçu des gouttes de pluie.*

gouttière nom féminin

Une gouttière, c'est une sorte de tuyau ouvert, en métal, fixé au bord du toit, qui reçoit l'eau de pluie.

gouvernail nom masculin

Le gouvernail, c'est l'appareil, à l'arrière du bateau, qui sert à le diriger.

➜ Au pluriel : des **gouvernails.**

gouvernement nom masculin

Le gouvernement, c'est l'ensemble des personnes qui dirigent un pays. *En France, le Premier ministre est le chef du gouvernement.*

gouverner verbe

Gouverner, c'est diriger un pays.

grâce nom féminin

1. *Justine danse avec grâce,* elle danse en faisant de jolis mouvements et en souriant.

2. *Émilie a eu une bonne note à son dessin grâce à sa sœur,* elle a eu une bonne note parce que sa sœur l'a aidée à faire son dessin.

➜ Ce mot s'écrit avec un **â**.

gracieux, gracieuse adjectif

Laura est gracieuse, elle fait de jolis mouvements et elle sourit souvent.

gradin nom masculin

Des gradins, ce sont des bancs placés les uns derrière les autres en montant, comme des marches d'escalier, dans un cirque ou dans un stade.

Le chat se promène sur le toit, au-dessus de la **gouttière**.

grain nom masculin

1. Les grains, ce sont les fruits des céréales. *On écrase des grains de blé pour faire de la farine.*
2. Les grains de raisin, ce sont les petites boules qui forment une grappe de raisin.
3. Un grain, c'est un tout petit morceau. *C'est impossible de compter les grains de sable qu'il y a sur une plage.*
4. Un grain de beauté, c'est une petite tache marron sur la peau. *Célia a un grain de beauté sur l'épaule.*

graine nom féminin

Une graine, c'est un grain qui vient d'une plante et qui donne naissance à une nouvelle plante quand on le met dans la terre. *Papi a semé des graines de radis dans le potager.*

graisse nom féminin

1. La graisse, c'est une couche de matière grasse sous la peau. *Papa a grossi, il doit faire de la gymnastique pour perdre sa graisse.*
2. La graisse, c'est une matière grasse qui vient des plantes ou des animaux et qui sert à faire la cuisine ou à faire glisser les pièces d'un mécanisme. *Le beurre est une graisse qui vient des animaux, l'huile est une graisse qui vient des plantes.*

grammaire nom féminin

La grammaire, c'est l'ensemble des règles qu'il faut suivre pour bien parler et bien écrire, sans faire de fautes. *Clément a fait une faute de grammaire : il n'a pas accordé l'adjectif avec le nom.*

gramme nom masculin

Les grammes servent à savoir combien pèse une chose. *Cette lettre pèse vingt grammes* ou *cette lettre pèse 20 g.*

■ Il faut mille grammes pour faire un **kilo :** 1 000 g = 1 kg.

grand, grande adjectif

1. *Emma est plus grande que Léa,* elle mesure plus de centimètres que Léa.
2. *Arthur est le grand frère de Jeanne,* c'est son frère qui est plus âgé qu'elle. *Martin dit qu'il sera pilote d'avion quand il sera grand,* quand il sera un adulte. *Les parents sont des grandes personnes,* ce sont des adultes.
3. *Monsieur et Madame Sanchez ont une grande maison,* ils ont une maison qui a de nombreuses pièces et dans laquelle il y a beaucoup de place.

■ Le contraire de grand, c'est **petit.**

Emma est plus **grande** que Léa.

grand-chose pronom

Pas grand-chose, c'est peu de chose, presque rien. *Alexis n'avait pas grand-chose à nous raconter.*

a b c d e f g h i j k l m n o p q r s t u v w x y z

A B C D E F G H I J K L M N O P Q R S T U V W X Y Z

grandeur nom féminin
Ces deux bateaux ne sont pas de la même grandeur, il y en a un qui est plus grand que l'autre.
■ Tu peux dire aussi **taille.**

grandir verbe
Grandir, c'est devenir plus grand. *Maylis a beaucoup grandi depuis l'année dernière.*

grand-mère nom féminin
La grand-mère, c'est la mère du père ou de la mère. *Léa ressemble beaucoup à sa grand-mère.*
➾ Au pluriel : des **grands-mères.**
■ Cherche aussi **mamie.**

grand-père nom masculin
Le grand-père, c'est le père du père ou de la mère. *Sébastien est allé à la pêche avec son grand-père.*
➾ Au pluriel : des **grands-pères.**
■ Cherche aussi **papi.**

grands-parents nom masculin pluriel
Les grands-parents, ce sont les parents des parents, ce sont les grands-pères et les grands-mères. *Les grands-parents d'Estelle habitent à la campagne.*

grange nom féminin
Une grange, c'est une maison dans laquelle on garde le foin et les grains que l'on a récoltés.

grappe nom féminin
Une grappe, c'est un groupe de grains accrochés sur une tige.

① **gras, grasse** adjectif
1. *Le beurre et l'huile sont des matières grasses,* ce sont des matières formées de graisse.
2. *Ce mouton est bien gras,* il est gros. ■ Le contraire de gras, c'est **maigre, mince.**
3. *Ophélie a les mains grasses,* elle a les mains sales, pleines de graisse.

② **gras** nom masculin
Baptiste n'a pas mangé le gras du jambon, il n'a pas mangé la partie blanche sur le bord du jambon, qui est de la graisse.

gratter verbe
Gratter, c'est frotter avec ses ongles ou ses griffes. *Le chat gratte à la porte. Julien se gratte parce que ses boutons le démangent.*

gratuit, gratuite adjectif
L'entrée du zoo est gratuite pour les enfants de moins de quatre ans, les enfants de moins de quatre ans entrent au zoo sans payer.
■ Le contraire de gratuit, c'est **payant.**

gratuitement adverbe
Gratuitement, c'est sans payer. *Les bébés voyagent gratuitement dans le train.*

Les **grappes** de raisin poussent sur les vignes.

grave adjectif
1. *Augustin a eu un grave accident,* il a eu un accident où il aurait pu mourir.
2. Une voix grave, c'est une voix dont le son est bas. *Papa a une voix grave et Marie a une voix aiguë.*
3. L'accent grave, c'est l'accent qu'il y a sur le *e* de *lèvre.* ■ Cherche aussi **aigu** et **circonflexe.**

gravement adverbe
Le blessé a été gravement brûlé, il a eu une grosse brûlure. ■ Le contraire de gravement, c'est **légèrement.**

graver verbe
Graver, c'est écrire ou dessiner sur une matière dure en creusant avec quelque chose de pointu. *Marina a gravé son nom sur un bâton avec un canif.*

gravier nom masculin
Les allées du jardin sont recouvertes de gravier, les allées du jardin sont recouvertes de nombreux petits cailloux.

grec nom masculin
Le grec, c'est la langue qu'on parle en Grèce.

grêle nom féminin
La grêle, c'est une pluie très forte, où l'eau qui tombe s'est changée en glace.
➾ Il y a un accent circonflexe sur le premier **e.**

grêlon nom masculin
Un grêlon, c'est un morceau de glace qui tombe quand il grêle. *Les grêlons ont abîmé la voiture.*
➾ Ce mot s'écrit avec un **ê.**

grelot nom masculin
Un grelot, c'est une petite boule en métal avec une petite bille à l'intérieur qui fait du bruit quand on la fait bouger. *L'ours en peluche de Mathis a un collier avec des grelots.*

grelotter verbe
Grelotter, c'est trembler parce que l'on a froid. *Léna n'est pas assez couverte, elle grelotte.*
➾ Tu peux aussi écrire **greloter**, avec un seul **t.**

grenadine nom féminin
La grenadine, c'est un sirop rouge très sucré fait avec des fruits. *Axel met un peu de grenadine dans son verre d'eau.*

On fabrique la **grenadine** à partir d'un fruit, la **grenade.**

grenier nom masculin
Le grenier, c'est le dernier étage d'une maison, juste sous le toit. *Papa a rangé mon berceau dans le grenier.*

grenouille nom féminin
Une grenouille, c'est un petit animal qui nage et qui saute grâce à ses pattes de derrière très longues. *Les grenouilles vivent dans les mares et sur la terre. Les grenouilles coassent.*
■ Le petit de la grenouille est le **têtard.**
■ La grenouille appartient à la même famille que le crapaud.

a b c d e f g h i j k l m n o p q r s t u v w x y z

A B C D E F G H I J K L M N O P Q R S T U V W X Y Z

grève nom féminin
Une grève, c'est un arrêt du travail pour montrer que l'on n'est pas content et pour obtenir quelque chose. *Les ouvriers de l'usine font grève parce qu'ils veulent être payés davantage.*

gribouiller verbe
Gribouiller, c'est écrire ou dessiner n'importe comment, sans s'appliquer. *Ma petite sœur a gribouillé sur les murs du salon.*

griffe nom féminin
Une griffe, c'est une sorte d'ongle pointu qu'ont certains animaux. *Le chat sort ses griffes et saute sur la souris.*

griffer verbe
Griffer, c'est faire une égratignure en donnant un coup de griffe ou un coup d'ongle. *Jean a griffé Aurélie sur la joue.*

grignoter verbe
Grignoter, c'est manger lentement, petit bout par petit bout. *Le bébé grignote son biscuit.*

grillade nom féminin
Une grillade, c'est une tranche de viande grillée. *Nous avons mangé une grillade avec de la salade.*

grillage nom masculin
Un grillage, c'est un ensemble de fils de fer qui se croisent et qui servent à fermer un endroit. *Un grillage empêche les poules de s'échapper du poulailler.*

grille nom féminin
1. Une grille, c'est un ensemble de barreaux qui entourent un jardin, servent de porte ou empêchent de passer par une ouverture. *Pousse la grille pour entrer dans le square.*
2. Une grille de mots croisés, c'est l'ensemble des cases dans lesquelles on écrit les lettres des mots qui sont définis.

griller verbe
Griller, c'est faire cuire, sur une petite grille de métal ou sur une plaque, au-dessus d'un feu très fort. *Mamie fait griller des saucisses et des côtelettes d'agneau sur le barbecue.*

grillon nom masculin
Un grillon, c'est un insecte qui habite dans les champs et fait un bruit aigu en frottant ses ailes.

grimace nom féminin
Une grimace, c'est un mouvement qui déforme le visage. *Julien s'amuse à faire des grimaces : il plisse le front, tire la langue et essaie de loucher.*

Julien fait des **grimaces**.

grimper verbe
Grimper, c'est monter en haut de quelque chose de difficile à atteindre. *L'écureuil a grimpé tout en haut de l'arbre.*

grincement nom masculin
Un grincement, c'est le bruit désagréable fait par quelque chose

qui grince. *Papa a dû arriver, j'ai entendu le grincement de la porte d'entrée.*

grincer verbe

Grincer, c'est faire un bruit aigu très désagréable. *La porte grince quand on l'ouvre.*

grippe nom féminin

La grippe, c'est une maladie qui donne de la fièvre. *Quentin tousse et a mal partout, il a sûrement la grippe.*

gris, grise adjectif

La couleur grise, c'est un mélange de noir et de blanc. *Valentin a un pantalon gris.*

grogner verbe

Les cochons et les ours grognent, ils poussent leur cri.

gronder verbe

1. *Le tonnerre gronde,* il fait un bruit qui dure longtemps et que l'on entend de loin.

2. Gronder une personne, c'est lui faire des reproches. *Amélie s'est fait gronder par son père parce qu'elle a fait une bêtise.*

gros, grosse adjectif

1. Une grosse chose, c'est une chose qui prend beaucoup de place. *Madame Morand a une grosse voiture.*
■ Le contraire de gros, c'est **petit.**

2. Une personne grosse, c'est une personne qui a beaucoup de graisse et qui est très lourde. *Papa est trop gros, il va faire un régime pour maigrir.* ■ Le contraire de gros, c'est **maigre, mince.**

3. *Monsieur Ducret a de gros ennuis,* il a des ennuis importants.

4. Un gros mot, c'est un mot impoli. *Il ne faut pas dire de gros mots !* ■ Tu peux dire aussi **grossier.**

groseille nom féminin

Une groseille, c'est un petit fruit rouge ou blanc qui pousse en grappes. *Mamie a fait de la gelée de groseille.*

Les **groseilles** poussent sur les **groseilliers.**

grosseur nom féminin

Ces fraises ne sont pas toutes de la même grosseur, elles n'ont pas toutes la même taille, il y en a qui sont plus grosses que les autres.

grossier, grossière adjectif

1. Un mot grossier, c'est un mot impoli, un gros mot. *Jules s'est fait gronder parce qu'il a dit un mot grossier.*

2. Une personne grossière, c'est une personne impolie qui parle mal, qui dit des mots grossiers.

grossièreté nom féminin

Une grossièreté, c'est un mot impoli, c'est un gros mot. *Il ne faut pas dire de grossièretés !*

grossir verbe
1. Grossir, c'est devenir plus gros, engraisser. *Albert a grossi de 5 kilos depuis l'année dernière.* ■ Le contraire de grossir, c'est **maigrir.**
2. Grossir, c'est faire paraître plus gros. *Une loupe grossit ce que l'on regarde,* une loupe donne l'impression que ce que l'on regarde est plus gros.

grotte nom féminin
Une grotte, c'est un grand trou dans un rocher, dans une montagne ou sous la terre, qui ressemble à une grande pièce.
■ Cherche aussi **caverne.**

2. Se grouper, c'est se rassembler. *Les élèves se sont groupés autour de la maîtresse dans la cour.*

grue nom féminin
Une grue, c'est un appareil très haut qui permet de soulever et de déplacer des objets très lourds. *La grue a monté le bloc de béton en haut de l'immeuble en construction.*

gruyère nom masculin
Le gruyère, c'est un fromage avec des trous, fait avec du lait de vache. *Nicolas met du gruyère râpé dans ses pâtes.*

Les premiers hommes dessinaient sur les parois des **grottes.**

groupe nom masculin
1. Un groupe, c'est un ensemble de personnes. *Un groupe d'élèves ira à la piscine demain matin.*
2. Un groupe, c'est un ensemble de choses qui se ressemblent. *Un nouveau groupe d'immeubles vient d'être construit à la sortie de la ville.*

grouper verbe
1. Grouper, c'est mettre ensemble. *Julien groupe toutes ses affaires de classe sur son bureau.*

guenon nom féminin
La guenon, c'est la femelle du singe.

guépard nom masculin
Un guépard, c'est un animal roux clair avec des taches noires qui ressemble à la panthère. Il vit en Afrique et en Asie. *Le guépard est l'animal qui court le plus vite.*
■ Le guépard est un **félin.**

guêpe nom féminin
Une guêpe, c'est un insecte jaune et noir. *Tom a été piqué par une guêpe.*
■ C'est la guêpe femelle qui pique.
Il y a un accent circonflexe sur le premier **e**.

Les **guêpes** sont attirées par le sucre.

guérir verbe
Guérir, c'est aller mieux, ne plus être malade. *Inès est bien soignée, elle va vite guérir.*

guérison nom féminin
Inès doit rester au lit jusqu'à sa guérison, elle doit rester au lit jusqu'à ce qu'elle soit guérie.

guerre nom féminin
Une guerre, c'est une lutte entre des peuples. *Les Romains ont fait la guerre aux Gaulois.*

guerrier nom masculin
Un guerrier, c'était un homme dont le métier était de faire la guerre.
■ Maintenant on dit un **soldat**.

guet nom masculin
Faire le guet, c'est surveiller un endroit pour voir si quelqu'un approche. *Le voleur a un complice qui fait le guet devant la bijouterie.*
■ Ne confonds pas guet et **gai**.

guetter verbe
Guetter, c'est attendre quelqu'un en regardant partout avec attention pour le voir arriver. *Coralie est à la fenêtre, elle guette sa mère qui rentre de son bureau.*

gueule nom féminin
La gueule, c'est la bouche de certains animaux. *Le renard tenait la poule dans sa gueule.*

gui nom masculin
Le gui, c'est une plante qui a des feuilles toujours vertes et de petites boules blanches. *Nous avons décoré la maison avec du gui et du houx pour le réveillon du nouvel an.*
■ Le gui pousse sur les arbres.

guichet nom masculin
Un guichet, c'est une ouverture par laquelle on parle aux employés d'une poste, d'une banque, d'une gare, d'un cinéma ou d'un théâtre.

guide nom masculin et féminin
1. Un guide, une guide, c'est quelqu'un qui accompagne des personnes pour leur montrer un endroit et leur donner des explications sur ce qu'elles voient. *La guide nous a fait visiter le château.*
2. Un guide, c'est un livre qui donne des renseignements sur une région, un pays et que l'on utilise quand on voyage. *Maman a acheté un guide pour visiter la Suisse.*

guider verbe
Guider, c'est accompagner en montrant le chemin. *Suivez-moi, je vais vous guider jusqu'à la sortie.*

guidon nom masculin
Le guidon, c'est la partie d'une bicyclette ou d'une moto qui est à l'avant, sur laquelle on pose les mains pour diriger la roue.

guignol nom masculin
Le guignol, c'est un spectacle de marionnettes dont le personnage principal est Guignol. *Mercredi, Mamie nous a emmenés au guignol.*

guillemets nom masculin pluriel
Des guillemets, ce sont de petits signes que l'on met avant et après un mot ou une phrase que l'on veut faire remarquer ou pour signaler que quelqu'un parle *Dans la phrase : « Bonjour tout le monde » a dit Élodie, les guillemets indiquent qu'Élodie a prononcé la phrase « bonjour tout le monde ».*

guillotine nom féminin
La guillotine, c'était une machine qui servait à couper la tête des personnes condamnées à mort. *Pendant la Révolution française, de très nombreux nobles ont été envoyés à la guillotine.*
■ Cherche aussi **échafaud.**

guirlande nom féminin
Une guirlande, c'est une sorte de ficelle sur laquelle sont accrochés des fleurs et des papiers découpés pour servir de décoration. *Au mois de décembre, des guirlandes décorent les rues.*

Fatou aimerait jouer de la **guitare.**

guitare nom féminin
Une guitare, c'est un instrument de musique qui a des cordes que l'on pince avec les doigts. *Laura apprend à jouer de la guitare.*

guitariste nom masculin et féminin
Un guitariste, une guitariste, c'est une personne dont le métier est de jouer de la guitare. *Max est guitariste dans un orchestre.*

gymnase nom masculin
Un gymnase, c'est une grande salle où l'on fait de la gymnastique.

gymnastique nom féminin
La gymnastique, c'est l'ensemble des mouvements et des exercices que l'on fait pour avoir un corps plus souple et plus musclé. *Papa fait de la gymnastique tous les matins. La mère de Sofia est professeur de gymnastique,* elle est professeur d'éducation physique.

Les policiers sont appelés en urgence, ils ont allumé leur **gyrophare.**

gyrophare nom masculin
Un gyrophare, c'est une lumière qui tourne et qui clignote, placée sur le toit d'une ambulance, d'une voiture de police ou de pompiers. *L'ambulance a mis sa sirène et allumé son gyrophare, il faut la laisser passer.*

a b c d e f g **h** i j k l m n o p q r s t u v w x y z

habile adjectif
Laura sait bien bricoler car elle est très habile, elle sait bricoler car elle se sert bien de ses mains et elle fait vite ce qu'il y a à faire, sans rien casser.
- Tu peux dire aussi **adroit.**
- Le contraire de habile, c'est **maladroit.**

habileté nom féminin
L'habileté, c'est la qualité d'une personne qui sait bien se servir de ses mains, d'une personne qui est habile.

habiller verbe
1. Habiller, c'est mettre des vêtements, des habits. *Chloé habille sa poupée.*
2. S'habiller, c'est mettre ses vêtements. *Julien est trop petit, il ne sait pas s'habiller tout seul.*

habit nom masculin
Un habit, c'est ce que l'on met sur son corps pour le couvrir et le protéger.
- Tu peux dire aussi **vêtement.**

habitant nom masculin, **habitante** nom féminin
Un habitant, une habitante, c'est une personne qui vit toute l'année dans un endroit, qui y habite. *Il y a un million d'habitants dans notre ville.*

habitation nom féminin
Une habitation, c'est un endroit où l'on habite, c'est un logement, un appartement ou une maison. *On construit de nouvelles habitations près de chez nous.*

habiter verbe
Titouan habite à Lyon, Titouan vit à Lyon, sa maison est à Lyon. *Les lapins habitent dans des terriers,* les lapins vivent dans des terriers.

Julie se demande quels **habits** elle va mettre aujourd'hui.

**h : dans certains mots le h aspiré empêche la liaison et l'élision.*

habitude nom féminin

1. Une habitude, c'est une chose que l'on fait souvent et régulièrement. *Arnaud a l'habitude de boire du chocolat au petit-déjeuner,* il boit toujours du chocolat au petit-déjeuner.

2. *D'habitude, Papa rentre du bureau à 20 heures,* presque tous les jours, Papa rentre du bureau à 20 heures. ■ Tu peux dire aussi **généralement.**

Le chien a l'**habitude** de dormir dans sa niche.

s'**habituer** verbe

S'habituer à faire quelque chose, c'est prendre l'habitude de le faire. *Héloïse s'est habituée à sa nouvelle école,* maintenant qu'elle est allée souvent dans cette nouvelle école, elle l'aime bien.

***hache** nom féminin

Une hache, c'est un instrument qui est fait d'une grosse lame attachée au bout d'un long manche et qui sert à fendre le bois.

***haché, hachée** adjectif

Un bifteck haché, c'est un bifteck coupé en très petits morceaux avec un appareil spécial.

***hacher** verbe

Hacher, c'est couper en très petits morceaux avec un couteau ou un appareil spécial. *Mamie hache des échalotes.*

***haie** nom féminin

Une haie, c'est un ensemble d'arbustes serrés les uns à côté des autres qui forment comme un petit mur et protègent du vent. *Papa taille les haies du jardin.*

***haillons** nom masculin pluriel

Des haillons, ce sont de vieux vêtements abîmés et déchirés. *Le pauvre homme était en haillons.*

***haine** nom féminin

La haine, c'est le sentiment très fort que l'on ressent quand on déteste quelqu'un et que l'on a envie de lui faire du mal. *Victor éprouve de la haine pour l'automobiliste qui a écrasé son chien.*

■ Le contraire de haine, c'est **amitié, amour.**

***haïr** verbe

Haïr, c'est ressentir de la haine. *Notre voisine est très méchante, elle hait les enfants.*

■ Tu peux dire aussi **détester.**

■ Le contraire de haïr, c'est **aimer.**

haleine nom féminin

L'haleine, c'est l'air qui sort de la bouche quand on souffle.

**h : dans certains mots le h aspiré*

***hall** nom masculin
Un hall, c'est une grande pièce par laquelle on entre dans une école, dans un immeuble, dans un hôtel ou dans une gare.
➾ Au pluriel : des **halls.**
■ Ce mot vient de l'anglais.

Les boîtes aux lettres sont dans le **hall** de l'immeuble.

halogène adjectif
Une lampe halogène, c'est une lampe avec une ampoule spéciale qui fait un éclairage très fort, comme la lumière du jour.

haltère nom masculin
Un haltère, c'est un poids fait de deux boules attachées par une barre que l'on doit soulever quand on fait certains exercices de gymnastique. *Oscar soulève des haltères pour se muscler les bras.*

***hamac** nom masculin
Un hamac, c'est un rectangle de tissu ou de filet que l'on suspend entre deux arbres ou entre deux piquets dans lequel on s'allonge. *Rachel a fait la sieste dans le hamac.*

***hamburger** nom masculin
Un hamburger, c'est un bifteck haché, cuit, qui est à l'intérieur d'un petit pain rond.
➾ Au pluriel : des **hamburgers.**
■ Ce mot vient de l'anglais.

***hameau** nom masculin
Un hameau, c'est un groupe de maisons en dehors d'un village. *Dans un hameau, il n'y a pas de magasins.*
➾ Au pluriel : des **hameaux.**

hameçon nom masculin
Un hameçon, c'est un petit crochet en métal qui est au bout du fil d'une canne à pêche et sur lequel on attache un appât pour prendre le poisson. *La truite a mordu à l'hameçon.*

Il faut de la force pour soulever des **haltères** !

---
*empêche la liaison et l'élision.

Le **hamster** a de courtes pattes.

***hamster** nom masculin
Un hamster, c'est un petit animal au pelage roux et blanc qui ronge ce qu'il mange. *Quand ils vivent en liberté, les hamsters creusent des galeries où ils font d'énormes provisions de graines pour l'hiver.*

***hanche** nom féminin
La hanche, c'est la partie du corps qui est sur le côté juste au-dessous de la taille.
■ La hanche, c'est l'endroit du corps où la cuisse s'attache au tronc.

***handball** nom masculin
Le handball, c'est un sport où deux équipes de sept joueurs essaient d'envoyer le ballon, avec les mains, dans le but de l'autre équipe. *Nous avons assisté à un match de handball.*
■ Ce mot vient de l'allemand.
■ On emploie aussi l'abréviation familière ***hand**.
➜ On écrit aussi ***hand-ball**.

***handicapé** nom masculin,
***handicapée** nom féminin
Un handicapé, une handicapée, c'est une personne dont le corps ne fonctionne pas bien parce qu'elle a eu un accident ou une maladie ou parce qu'elle est née comme cela. *Le handicapé était dans un fauteuil roulant.*
■ Cherche aussi **infirme**.

***hangar** nom masculin
Un hangar, c'est une sorte de grand garage où l'on range de grosses machines. *Le tracteur est dans le hangar.*

***hanneton** nom masculin
Un hanneton, c'est un gros insecte roux, avec des antennes, qui vole en faisant beaucoup de bruit. *Les hannetons mangent les racines et les feuilles des arbres.*

La gardienne discute devant l'immeuble, les mains sur les **hanches**.

***hanté, *hantée** adjectif
On dit que le château est hanté, on dit qu'un fantôme vient souvent dans le château et qu'on peut le voir.

***hareng** nom masculin
Un hareng, c'est un poisson au dos bleu-vert et au ventre brillant qui vit dans les mers froides. *Papi mange des filets de hareng.*

***haricot** nom masculin
Le haricot, c'est un légume. Les haricots verts, ce sont les gousses

**h : dans certains mots le h aspiré*

longues et minces, vert vif, que l'on mange cuites. Les haricots blancs, ce sont les grosses graines blanches qui sont dans les gousses quand elles sont mûres. *Nous avons mangé du gigot avec des haricots verts et des haricots blancs.*

harmonica nom masculin
Un harmonica, c'est un petit instrument de musique que l'on tient dans une main et que l'on fait glisser entre ses lèvres en soufflant et en aspirant. *Le cow-boy jouait de l'harmonica.*

La **harpiste** joue de la **harpe**.

***harpe** nom féminin
Une harpe, c'est un grand instrument de musique en bois qui a la forme d'un triangle dans lequel sont tendues des cordes que l'on pince avec ses doigts.

***harpon** nom masculin
Un harpon, c'est une sorte de grande flèche très pointue attachée à une corde dont on se sert pour pêcher les gros poissons et les baleines.

Jeanne et Sarah se sont rencontrées par **hasard**.

***hasard** nom masculin
Le hasard, c'est ce qui fait que quelque chose arrive sans que l'on sache pourquoi, alors que l'on ne l'avait pas prévu. *La maîtresse tire un nom au hasard dans une grande corbeille,* elle prend un papier sans choisir, sans savoir quel nom sera écrit dessus. *Augustin a retrouvé son cahier, par hasard, sous son lit,* il a retrouvé son cahier sous son lit alors qu'il ne le cherchait pas.

***hâte** nom féminin
David et Marie ont hâte de partir en vacances, ils sont très pressés de partir en vacances, ils aimeraient bien partir tout de suite.
➜ Ce mot s'écrit avec un **â**.

***hausse** nom féminin
Une hausse, c'est une augmentation. *Il y a eu cette année une importante hausse des prix,* les prix ont beaucoup augmenté.
■ Le contraire de hausse, c'est **baisse**.

a b c d e f g h i j k l m n o p q r s t u v w x y z

empêche la liaison et l'élision.

A B C D E F G H I J K L M N O P Q R S T U V W X Y Z

***hausser** verbe

Zoé n'a même pas répondu, elle a juste haussé les épaules, elle a levé ses épaules et les a baissées, très vite, pour montrer que ce que l'on lui disait lui était bien égal. *Madame la directrice hausse la voix,* elle se met à parler plus fort.

■ Le contraire de hausser, c'est **baisser.**

① ***haut** nom masculin

Le haut d'une chose, c'est la partie qui est la plus proche du plafond. *Les dictionnaires sont rangés dans le haut de la bibliothèque.*

■ La partie qui est le plus près du sol, c'est le **bas.**

② ***haut, *haute** adjectif

1. *Cette montagne est très haute,* elle monte loin vers le ciel.

2. *Anaïs lit une poésie à voix haute,* elle lit en parlant fort.

■ Le contraire de haut, c'est **bas.**

***hauteur** nom féminin

La hauteur, c'est la mesure que l'on prend à partir du sol et en allant vers le ciel. *Quelle est la hauteur de la tour Eiffel ? — Elle a 320 mètres de hauteur.*

***haut-parleur** nom masculin

Le haut-parleur, c'est la partie d'une télévision ou d'une radio par où sortent les sons.

➺ Au pluriel : des **haut-parleurs.**

hebdomadaire adjectif

Un journal hebdomadaire, c'est un journal que l'on peut acheter chaque semaine.

héberger verbe

Nous avons hébergé Yanis pendant une semaine, Yanis a habité chez nous pendant une semaine.

hectare nom masculin

Un hectare, c'est une unité qui sert à mesurer la surface d'un champ, d'une forêt ou d'un domaine. *Ce pré fait cinq hectares.*

■ On écrit aussi « 5 ha ».

***hélas !** interjection

Hélas, c'est un mot qui sert à dire que l'on regrette quelque chose. *Hélas ! les vacances sont déjà finies.*

hélice nom féminin

Une hélice, c'est un appareil fait de deux ou trois ailes fixées sur un axe. *Les hélices tournent et font avancer les bateaux et les avions.*

hélicoptère nom masculin

Un hélicoptère, c'est une sorte d'avion qui avance grâce à une grande hélice horizontale qui est placée au-dessus de son toit. *Les hélicoptères montent tout droit au-dessus du sol quand ils décollent et descendent tout droit sur le sol quand ils atterrissent.*

L' **hélicoptère** est allé chercher un nageur imprudent.

***hennir** verbe

Le cheval hennit, il pousse son cri.

■ Et le mouton, qu'est-ce qu'il fait ? et la vache ?

**h : dans certains mots le h aspiré*

herbe nom féminin

L'herbe, c'est un ensemble de petites plantes dont les tiges sont souples et vertes et qui forment sur le sol comme un tapis tout vert. *Les vaches broutent l'herbe du pré. Nous avons pique-niqué sur l'herbe. Papa tond l'herbe devant la maison.*

■ Cherche aussi **gazon** et **pelouse.**

herbivore adjectif

Un animal herbivore, c'est un animal qui mange de l'herbe et des feuilles. *Les vaches et les moutons sont herbivores.*

■ Les animaux qui mangent de la viande sont **carnivores.**

***hérisson** nom masculin

Un hérisson, c'est un petit animal dont le corps est couvert de piquants. *Les hérissons se mettent en boule quand ils ont peur.*

héritage nom masculin

Un héritage, c'est l'ensemble de l'argent, des meubles et des maisons qu'une personne qui vient de mourir donne à d'autres personnes. *Ma grand-mère a laissé son château à ses enfants en héritage.*

hériter verbe

Hériter, c'est recevoir de l'argent, des meubles ou des maisons d'une personne qui vient de mourir. *Mes parents ont hérité du château de ma grand-mère.*

héritier nom masculin,
héritière nom féminin

Un héritier, une héritière, c'est une personne qui reçoit de l'argent, des meubles ou des maisons d'une personne qui vient de mourir.

héroïne → va voir **héros.**

***héron** nom masculin

Un héron, c'est un grand oiseau avec un long cou mince, un très long bec et de longues pattes fines. *Les hérons vivent au bord des étangs.*

Le **héron** se nourrit de poissons.

***héros** nom masculin,
héroïne nom féminin

1. Un héros, une héroïne, c'est une personne très courageuse qui a réussi à faire des choses très difficiles ou très dangereuses. *Le pompier est entré dans la maison en flammes pour sauver ses habitants, c'est un héros.*

2. Un héros, une héroïne, c'est le personnage principal d'un livre, d'un film ou d'une pièce de théâtre. *À la fin du film, le héros et l'héroïne se marient.*

■ Titeuf est un héros de bande dessinée. En connais-tu d'autres?

*empêche la liaison et l'élision.

A B C D E F G H I J K L M N O P Q R S T U V W X Y Z

hésitation nom féminin
Juliette a obéi à sa mère sans hésitation, elle a obéi tout de suite, sans attendre pour se décider.

hésiter verbe
Hésiter, c'est attendre pour faire quelque chose parce que l'on n'arrive pas à se décider, parce que l'on ne sait pas quoi choisir. *Thomas hésite entre un éclair au café et un éclair au chocolat.*

heure nom féminin
Les heures servent à mesurer le temps. Une journée est divisée en 24 heures. Une heure est divisée en 60 minutes. *Quelle heure est-il ? Il est neuf heures dix (9 h 10). C'est l'heure de partir.*

heureusement adverbe
Heureusement, c'est par chance. *Elsa est tombée de vélo, mais heureusement elle ne s'est pas fait mal,* Elsa a eu de la chance, tout va bien, elle ne s'est pas fait mal.
■ Le contraire de heureusement, c'est **malheureusement.**

heureux, heureuse adjectif
Une personne heureuse, c'est une personne qui éprouve du bonheur. *Les enfants jouent sur la plage, ils sont heureux,* ils sont contents car ils font ce qu'ils aiment faire.
■ Le contraire de heureux, c'est **malheureux.**

***heurter** verbe
Heurter, c'est toucher une seule fois en tapant fort. *La voiture a heurté le mur en sortant du garage.*

hiberner verbe
Certains animaux hibernent, ils passent l'hiver sans bouger, en dormant tout le temps ou en se réveillant de temps en temps pour manger.
■ Il y a de nombreux animaux qui hibernent : les écureuils, les marmottes, les ours, les hérissons, les serpents.

***hibou** nom masculin
Un hibou, c'est un oiseau de nuit qui a une face ronde et aplatie, avec de petites plumes dressées sur la tête. *Les hiboux se nourrissent de petits rongeurs.*
➜ Au pluriel : des **hiboux.**
■ Cherche aussi **chouette.**

hier adverbe
Hier, c'est le jour qui est avant celui où l'on est. *Hier, il a plu.*
■ Hier, **aujourd'hui** et **demain.**
■ Cherche aussi **veille.**

Un **hippocampe**.

hippocampe nom masculin
Un hippocampe, c'est un petit poisson de mer dont la tête ressemble à celle d'un cheval et qui a une queue recourbée. *Les hippocampes nagent en position verticale.*

**h : dans certains mots le h aspiré*

hippopotame nom masculin
Un hippopotame, c'est un gros animal d'Afrique qui passe la plus grande partie de son temps dans l'eau des fleuves. *La peau de l'hippopotame est très épaisse.*
■ Les hippopotames sont herbivores.

hirondelle nom féminin
Une hirondelle, c'est un oiseau noir avec le ventre blanc qui a de longues ailes fines. *Les hirondelles arrivent en France au printemps et repartent vers l'Afrique en automne.*

histoire nom féminin
1. *Papi me raconte souvent des histoires,* il me raconte des choses qui se sont vraiment passées ou qui sont inventées. *Connais-tu l'histoire de Boucle d'or ?*
2. L'histoire, c'est l'ensemble des événements importants qui se sont passés dans tous les pays du monde jusqu'à maintenant. *À l'école, nous apprenons l'histoire de notre pays.*

hiver nom masculin
L'hiver, c'est la saison de l'année qui vient après l'automne et qui est avant le printemps. *L'hiver est la saison la plus froide, pendant laquelle il peut neiger.*
■ L'hiver commence le 21 ou le 22 décembre et finit le 20 ou le 21 mars.

***hocher** verbe
Hocher la tête, c'est remuer la tête de haut en bas pour dire oui ou de droite à gauche pour dire non.

***hochet** nom masculin
Un hochet, c'est un jouet de bébé, formé d'un manche et d'une partie qui fait du bruit quand on la secoue. *Le bébé agite son hochet.*

---
empêche la liaison et l'élision.

***hockey** nom masculin
Le hockey, c'est un sport d'équipe qui consiste à pousser une balle dans le but de l'autre équipe. *Le hockey sur gazon se joue sur le gazon, le hockey sur glace se joue sur la glace.*
■ Ne confonds pas hockey et **hoquet.**

***hold-up** nom masculin invariable
Des voleurs sont entrés dans la bijouterie pour faire un hold-up, ils sont entrés dans la bijouterie en menaçant tout le monde avec des armes pour prendre les bijoux et l'argent.
➾ Au pluriel : des **hold-up.**
■ Ce mot vient de l'anglais.

***homard** nom masculin
Un homard, c'est un animal bleu foncé qui vit dans la mer, dont les pattes de devant sont terminées par de grosses pinces. *Le homard devient rouge quand on le fait cuire.*
■ Le homard est un **crustacé.**

Timeo fait du bruit avec son **hochet.**

A B C D E F G H I J K L M N O P Q R S T U V W X Y Z

homme nom masculin

1. Un homme, c'est un être humain, de sexe masculin ou féminin, de n'importe quel âge. *L'homme pense et parle, à la différence des animaux.*

2. Un homme, c'est une grande personne de sexe masculin, un monsieur. *Papi est un homme, Mamie est une femme.*

honnête adjectif

Une personne honnête, c'est une personne qui ne vole pas, qui ne triche pas et ne trompe pas les autres.

■ Le contraire de honnête, c'est **malhonnête.**

➾ Ce mot s'écrit avec un **ê.**

honnêtement adverbe

Océane a gagné la partie honnêtement, elle a gagné en étant honnête, sans tricher.

honnêteté nom féminin

L'honnêteté, c'est la qualité d'une personne qui est honnête, qui ne vole pas, ne triche pas et ne trompe pas les autres. *La boulangère est d'une grande honnêteté.*

honneur nom masculin

1. L'honneur, c'est le sentiment d'une personne qui n'a rien à se reprocher, qui est fière de ce qu'elle fait et qui veut que l'on pense du bien d'elle et qu'on lui fasse confiance. *Le chevalier s'est battu en duel pour défendre son honneur.*

2. *Le maire du village a organisé une fête en l'honneur des pompiers,* il a organisé une fête pour remercier les pompiers de ce qu'ils font et pour leur faire plaisir en montrant qu'il est content et fier d'eux.

***honte** nom féminin

La honte, c'est le sentiment que l'on éprouve quand on a fait quelque chose de mal et que quelqu'un s'en rend compte. *Thomas a honte d'avoir mangé tous les bonbons et de ne pas en avoir laissé pour son frère.*

***honteux, *honteuse** adjectif

1. *Clémence est honteuse d'avoir laissé punir Paul à sa place,* elle n'est pas fière d'elle.

2. *Quelqu'un s'est amusé à découper mon livre, c'est honteux,* c'est très méchant de faire cela, c'est très mal.

hôpital nom masculin

Un hôpital, c'est un grand bâtiment où l'on soigne et où l'on opère les malades et les blessés. *Le blessé a été transporté à l'hôpital.*

➾ Au pluriel : des **hôpitaux.**

■ Cherche aussi **clinique.**

***hoquet** nom masculin

Anaïs a le hoquet, elle a de petites secousses et elle fait à chaque fois un petit bruit avec sa gorge sans pouvoir s'en empêcher.

■ Ne confonds pas hoquet et **hockey.**

horaire nom masculin

L'horaire des trains, c'est le tableau ou le livre qui indique l'heure de départ et d'arrivée des trains. *Papa consulte l'horaire des trains sur Internet.*

horizon nom masculin

L'horizon, c'est la ligne que l'on voit au loin, à l'endroit où le ciel et la terre semblent se toucher. *Le soleil se couche à l'horizon.*

**h : dans certains mots le h aspiré*

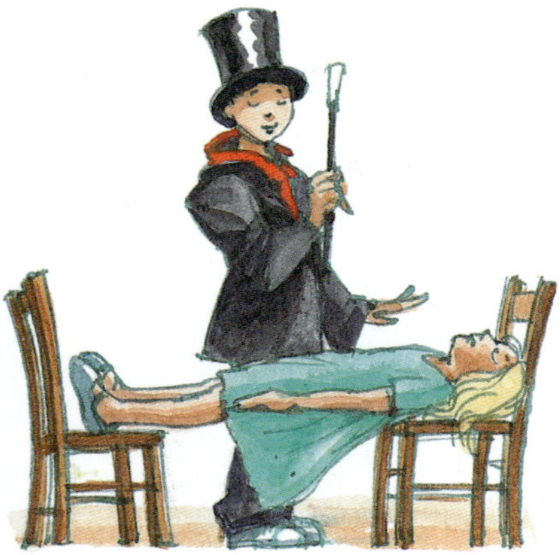

Paul est en position verticale, Océane en position **horizontale.**

horizontal, horizontale adjectif

Une ligne horizontale, c'est une ligne qui est dans le même sens que la surface de l'eau. *On dort en position horizontale.*

➾ Au masculin pluriel : **horizontaux.**

➾ Au féminin pluriel : **horizontales.**

■ Quand on est debout, on est en position **verticale.**

horloge nom féminin

Une horloge, c'est un grand appareil qui donne l'heure. *L'horloge de la mairie est arrêtée.*

■ Cherche aussi **pendule, montre** et **réveil.**

horreur nom féminin

1. L'horreur, c'est à la fois du dégoût et de la peur. *Les passagers du bateau poussèrent des cris d'horreur en voyant le monstre sortir de l'eau.*

2. *Mélanie a horreur de plonger,* elle n'aime pas du tout plonger, elle déteste cela.

horrible adjectif

1. *Martin raconte toujours des histoires horribles,* il raconte toujours des histoires qui font peur et qui dégoûtent.

2. *Madame Clary a une robe horrible,* elle a une robe très laide.

■ Tu peux dire aussi **affreux.**

***hors de** préposition

Le poisson a sauté hors de l'eau, il a sauté à l'extérieur de l'eau.

■ Le contraire de hors de, c'est **dans.**

■ Ne confonds pas hors et **or.**

***hors-d'œuvre** nom masculin invariable

Un hors-d'œuvre, c'est un plat froid que l'on mange au début du repas, avant le reste. *Que voulez-vous comme hors-d'œuvre ?*

➾ Au pluriel : des **hors-d'œuvre.**

■ Cherche aussi **entrée.**

hortensia nom masculin

Un hortensia, c'est une plante qui a des fleurs blanches, roses ou bleues qui font de grosses boules.

Des **hortensias.**

hospitaliser verbe

Le frère de Kenza a été hospitalisé une semaine, il est allé à l'hôpital parce qu'il était malade et il y est resté une semaine pour qu'on le soigne.

empêche la liaison et l'élision.

A B C D E F G H I J K L M N O P Q R S T U V W X Y Z

hôtel nom masculin

Un hôtel, c'est une maison qui a des chambres où l'on peut aller dormir en payant. *Nous avons passé une nuit à l'hôtel.*

Ce mot s'écrit avec un **ô.**

hôtesse nom féminin

1. Une hôtesse, c'est une femme qui accueille et renseigne les visiteurs.
2. Une hôtesse de l'air, c'est une femme qui s'occupe des passagers dans un avion.

Ce mot s'écrit avec un **ô.**

L'**hôtesse** apporte un jus d'orange à Victor.

***hotte** nom féminin

Une hotte, c'est un grand panier que l'on porte sur le dos. *La hotte du Père Noël est remplie de jouets.*

***houblon** nom masculin

Le houblon, c'est une plante dont on utilise les fleurs pour faire de la bière.

***houx** nom masculin

Le houx, c'est un petit arbre qui a des feuilles vertes brillantes qui piquent. Ses fruits sont de petites boules rouges. *À Noël, j'ai aidé Maman à décorer la maison avec du houx et du gui.*

Au pluriel : des **houx.**

Ne confonds pas houx, **ou** et **où.**

***hublot** nom masculin

Un hublot, c'est une petite fenêtre dans un bateau ou dans un avion. *Les montagnes semblent toutes petites, vues d'avion, à travers le hublot.*

huile nom féminin

L'huile, c'est un liquide gras que l'on fait avec des graines ou des fruits. *Mamie met de l'huile d'olive dans la salade.*

huître nom féminin

Une huître, c'est un coquillage. *Lucie a mangé une douzaine d'huîtres.*

Ce mot s'écrit avec un **î.**

Parfois, on trouve des perles dans les huîtres.

humain, humaine adjectif

Les êtres humains, ce sont les hommes, les femmes et les enfants. *Il y a plus de deux cents os dans le corps humain,* il y a plus de deux cents os dans notre corps.

humanitaire adjectif

Madame Morel travaille pour une organisation humanitaire, elle travaille avec un groupe de personnes qui s'occupent des gens qui ont besoin d'aide, parce qu'ils sont pauvres ou qu'ils ont été victimes d'une catastrophe.

**h : dans certains mots le h aspiré*

humanité nom féminin
L'humanité, c'est l'ensemble des hommes, des femmes et des enfants, c'est l'ensemble des êtres humains.

humeur nom féminin
Bilal est toujours de bonne humeur, il est toujours aimable, gai et souriant. *Hier, Papa était de mauvaise humeur,* il était désagréable, rien ne lui faisait plaisir.

humide adjectif
1. *Prends une autre serviette pour t'essuyer, celle-là est humide,* elle est un peu mouillée.
2. *Nous habitons une région humide,* nous habitons une région où il pleut beaucoup.
■ Le contraire de humide, c'est **sec.**

humidité nom féminin
L'humidité, c'est l'eau qui est contenue dans l'air. *La table en fer a rouillé à cause de l'humidité.*

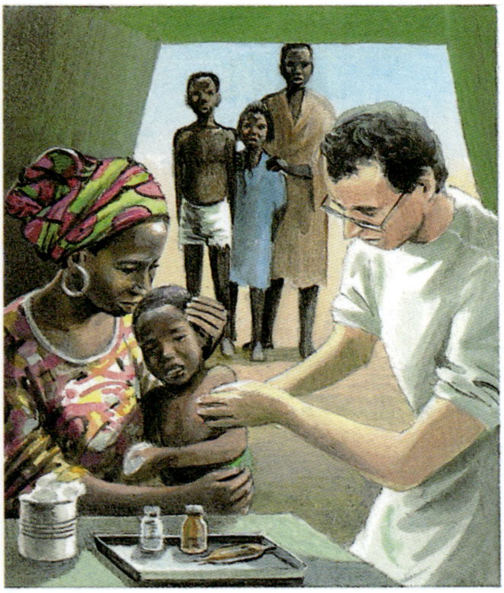

Les médecins de l'organisation **humanitaire** vaccinent les habitants du village.

humilier verbe
Humilier une personne, c'est lui faire de la peine en se moquant d'elle ou en disant des choses désagréables sur elle pour qu'elle ait honte. *Tanguy a humilié sa petite sœur en se moquant d'elle devant tout le monde.*
■ Cherche aussi **vexer.**

humour nom masculin
Monsieur Robin a de l'humour, il fait rire les gens en se moquant des choses désagréables qui arrivent, sans avoir l'air de s'amuser, et il ne se fâche pas quand on lui fait des farces.

***hurlement** nom masculin
1. Le hurlement, c'est le cri des loups et des hyènes. *La princesse entendait au loin les hurlements des loups.*
2. Un hurlement, c'est un cri très fort qui dure longtemps. *Rémi a poussé un hurlement de douleur quand la guêpe l'a piqué.*

***hurler** verbe
1. *Les loups hurlent,* ils poussent leur cri.
2. *Bénédicte a hurlé de douleur,* elle a crié très fort pendant assez longtemps. *Les enfants hurlaient dans le car,* ils parlaient, ils chantaient et ils criaient très fort.

***hutte** nom féminin
Une hutte, c'est une petite maison faite avec des branches, de la terre et de la paille. *Les Gaulois vivaient dans des huttes.*
■ Cherche aussi **cabane** et **case.**

hydravion nom masculin
Un hydravion, c'est un avion qui décolle et se pose sur l'eau.

*empêche la liaison et l'élision.

hyène nom féminin

Une hyène, c'est un animal d'Afrique et d'Asie, qui se nourrit de cadavres d'animaux. *Les hyènes voient très bien et ont un bon odorat, mais elles sentent très mauvais.*

■ Tu peux dire **la hyène** ou **l'hyène.**

Les **hyènes** mangent souvent les restes du repas du lion.

hygiène nom féminin

L'hygiène, c'est ce que l'on doit faire tous les jours pour être propre et en bonne santé. *Pour une bonne hygiène, il faut se brosser les dents matin et soir.*

hymne nom masculin

L'hymne national, c'est le chant que l'on chante en l'honneur de son pays.

■ « La Marseillaise » est l'hymne national français.

hypnotiser verbe

Le magicien hypnotise un spectateur, il le fait dormir en le regardant sans bouger les yeux, en passant les mains devant son visage et en lui disant certaines paroles.

hypocrite adjectif

Mon frère est hypocrite, il ne dit pas ce qu'il pense.

■ Le contraire de hypocrite, c'est **franc, sincère.**

iceberg nom masculin
Un iceberg, c'est un très gros morceau de glace qui flotte sur la mer près du pôle Nord ou près du pôle Sud. *Certains icebergs peuvent avoir 200 kilomètres de longueur.*

ici adverbe
Ici, c'est à l'endroit où l'on est. *Ici, il pleut depuis une semaine, là-bas il fait très beau. Viens ici avec nous, sous le parasol.*

idéal nom masculin
L'idéal, ce serait que tout le monde soit heureux, ce qu'il y aurait de mieux, ce serait que tout le monde soit heureux.

idée nom féminin
Une idée, c'est une pensée nouvelle qui vient à l'esprit quand on réfléchit. *J'ai une idée, si on allait tous à la piscine ! Quelle bonne idée !*

identique adjectif
Deux objets identiques, ce sont deux objets exactement pareils.
■ Tu peux dire aussi **semblable.**
■ Le contraire de identique, c'est **différent.**

identité nom féminin
L'identité d'une personne, c'est ce qui fait qu'on la reconnaît parmi les autres, c'est-à-dire son nom, son âge et son aspect physique. *Les policiers m'ont demandé de leur montrer ma carte d'identité,* ils m'ont demandé de leur montrer la carte sur laquelle il y a mon nom, ma date de naissance et ma photo.

idiot, idiote adjectif
Linda ne comprend rien à ce que je lui dis, elle est idiote, elle n'est pas intelligente, elle est bête.
■ Tu peux dire aussi **sot, stupide.**

idiotie nom féminin
Une idiotie, c'est une action ou une parole idiote. *David et Thomas se racontent des idioties et ça les fait rire.*

Emma et Lola ont des robes **identiques.**

a b c d e f g h i j k l m n o p q r s t u v w x y z

A B C D E F G H I J K L M N O P Q R S T U V W X Y Z

idole nom féminin
Ce chanteur est l'idole des adolescentes, les adolescentes aiment beaucoup ce chanteur.

if nom masculin
Un if, c'est un arbre dont les feuilles sont toujours vertes.
■ Les ifs sont des conifères comme le sapin.

igloo ou **iglou** nom masculin
Un igloo, c'est une maison ronde faite avec des blocs de glace ou de neige. *Les Inuits habitent dans des igloos* (ou *des iglous*).

ignorant nom masculin,
ignorante nom féminin
Un ignorant, une ignorante, c'est une personne qui n'a rien appris en classe, qui ne sait rien en histoire, en géographie, en français ou en mathématiques. *Ces élèves sont des ignorants.*

ignorer verbe
Ignorer, c'est ne pas savoir. *Les enfants ignorent l'âge de la maîtresse.*
■ Le contraire de ignorer, c'est **connaître, savoir.**

il pronom masculin
Il, c'est un mot qui représente la troisième personne. *Il est blond. Ils jouent au tennis. Et Mathieu, où est-il ?*
■ Cherche aussi **lui** et **eux.**
■ Le pronom féminin de la 3e personne, c'est **elle.**
■ Ne confonds pas il et **île.**

île nom féminin
Une île, c'est une terre entourée d'eau. *La Corse est une île.*
Ce mot s'écrit avec un **î.**
■ Ne confonds pas île et **il.**

illisible adjectif
Cette signature est illisible, elle est très difficile à lire parce que les lettres sont mal écrites.
■ Le contraire de illisible, c'est **lisible.**

illuminer verbe
Illuminer, c'est éclairer d'une lumière très brillante. *Les éclairs illuminent le ciel.*

illusion nom féminin
1. *J'ai cru entendre quelqu'un sonner mais c'était une illusion,* j'ai eu l'impression que quelqu'un avait sonné mais c'était faux.
2. *Raphaël ne gagnera jamais la course, il se fait des illusions,* il veut croire qu'il va gagner parce que cela lui fait plaisir, mais il n'y arrivera pas.

illustration nom féminin
Une illustration, c'est une image, dans un livre, qui montre quelque chose dont on vient de parler dans le texte. *Nina tourne les pages de son dictionnaire et regarde les illustrations.*

illustré, illustrée adjectif
Un livre illustré, c'est un livre dans lequel il y a des images, des illustrations. *Margot lit un livre illustré.*

L'explorateur a découvert une **île** déserte.

illustrer verbe
Illustrer, c'est décorer avec des images. *Aymeric colle des cartes postales dans son cahier de géographie pour l'illustrer.*

image nom féminin
1. Une image, c'est un dessin ou une photo. *Tony n'aime pas les livres dans lesquels il n'y a pas d'images.*
2. Une image, c'est ce que l'on voit sur un écran de télévision ou de cinéma. *Il faut régler la télévision, l'image est floue.*

imaginaire adjectif
Une chose imaginaire, c'est une chose qui n'existe pas vraiment, une chose qui est juste dans l'imagination. *Le pays de Peter Pan est un pays imaginaire.*

imagination nom féminin
Kyllian a beaucoup d'imagination, il a beaucoup d'idées et il est capable d'inventer des histoires ou de créer des objets nouveaux.

imaginer verbe
Imaginer, c'est inventer une histoire ou un nouvel objet, dans sa tête. *Kyllian a imaginé un nouveau jeu.*

imam nom masculin
Un imam, c'est un chef de la religion musulmane.

imbécile nom masculin et féminin
Un imbécile, une imbécile, c'est une personne qui n'est pas intelligente, qui est bête. *Marine a traité son frère d'imbécile.*

imiter verbe
Imiter quelqu'un, c'est faire exactement comme lui pour lui ressembler. *Charlotte s'amuse à imiter la maîtresse,* elle fait les mêmes gestes qu'elle et essaie de parler comme elle. *Romain imite très bien le cri du mouton.*

immédiatement adverbe
Immédiatement, c'est tout de suite. *Antoine, rentre immédiatement à la maison !*

immense adjectif
Immense, c'est très grand. *La Chine est un pays immense.*
- Tu peux dire aussi **vaste.**
- Le contraire de immense, c'est **minuscule, petit.**

immeuble nom masculin
Un immeuble, c'est une très grande maison où il y a plusieurs étages et de nombreux appartements.

Louis et Manon habitent dans un **immeuble** ancien.

immigré nom masculin,
immigrée nom féminin
Un immigré, une immigrée, c'est une personne qui est venue d'un autre pays pour vivre dans notre pays. *Les parents de Karim sont des immigrés.*

immobile adjectif
Le photographe demande aux enfants de rester immobiles, il demande aux enfants de ne pas bouger.

immortel, immortelle adjectif
Alexandre voudrait que sa mère soit immortelle, il voudrait que sa mère ne meure jamais.

impair, impaire adjectif
Un nombre impair, c'est un nombre qui, quand on le divise par deux, ne tombe pas juste. *3 et 29 sont des nombres impairs.*
■ Le contraire de impair, c'est **pair.**

imparfait nom masculin
L'imparfait, c'est le temps du verbe que l'on emploie pour parler de ce qui est arrivé dans le passé et qui a duré un certain temps ou qui a recommencé plusieurs fois. *Dans la phrase : « L'année dernière Papa m'emmenait à l'école tous les matins », le verbe « emmener » est à l'imparfait.*
■ Cherche aussi **présent** et **futur.**

impasse nom féminin
Une impasse, c'est une petite rue qui est fermée à un bout.

impatience nom féminin
L'impatience, c'est l'état d'une personne qui ne supporte pas d'attendre. *Marina attend les vacances avec impatience.*
■ Le contraire de impatience, c'est **patience.**

impatient, impatiente adjectif
Une personne impatiente, c'est une personne qui ne sait pas attendre tranquillement, qui veut que tout arrive vite, qui est toujours pressée. *Ne sois pas aussi impatient, tes amis vont arriver ! Léa est impatiente de partir en vacances,* elle est pressée de partir.
■ Le contraire de impatient, c'est **patient.**

impeccable adjectif
Ton pantalon est impeccable, il est très propre et bien repassé.

impératrice nom féminin
Une impératrice, c'est une femme qui gouverne un empire ou qui est la femme d'un empereur. *Catherine II était impératrice de Russie.*

① **imperméable** adjectif
La tente de camping est faite avec une toile imperméable, elle est faite avec une toile qui ne laisse pas passer l'eau.

Quel mot réunit la tente et le pêcheur ?

② **imperméable** nom masculin
Un imperméable, c'est un manteau qui protège de la pluie.
■ Un imperméable est en tissu **imperméable.**

impertinent, impertinente adjectif
Matthias a répondu à la maîtresse sur un ton impertinent, il lui a répondu sur un ton impoli et avec l'air de se moquer d'elle.
■ Tu peux dire aussi **insolent.**

impoli, impolie adjectif
Flora ne dit jamais merci, elle est très impolie, elle ne sait pas ce que c'est que la politesse, elle est mal élevée.
■ Le contraire de impoli, c'est **poli.**

Tom est vraiment **impoli** !

impolitesse nom féminin
L'impolitesse, c'est le défaut d'une personne qui n'est pas polie.
■ Le contraire de impolitesse, c'est **politesse.**

importance nom féminin
La décision que tu vas prendre a beaucoup d'importance pour nous, c'est une décision très sérieuse qui nous intéresse beaucoup. *Tu as fait une tache sur ton pantalon mais cela n'a pas d'importance,* cela ne fait rien, ce n'est pas grave.

important, importante adjectif
1. *Mamie a quelque chose d'important à te dire,* elle a quelque chose de sérieux et de très intéressant à te dire.
2. *Une voiture coûte une somme importante,* une grosse somme.

importer verbe
1. Importer, c'est avoir de l'importance, être intéressant. *Tu peux venir aujourd'hui ou demain, peu importe,* cela n'a pas d'importance, cela m'est égal.
2. *N'importe qui est capable de sauter par-dessus ce petit ruisseau,* tout le monde est capable de le faire. *Tu dis n'importe quoi,* tu dis des choses sans réfléchir. *Ne laisse pas tes chaussettes sales n'importe où,* ne les laisse pas dans un endroit qui n'est pas leur place.

impossible adjectif
Une chose impossible, c'est une chose que l'on ne peut pas faire. *Il est impossible d'aller plus vite, il y a trop de voitures sur la route,* on ne peut pas aller plus vite.
■ Le contraire de impossible, c'est **possible.**

impôt nom masculin
Les impôts, ce sont les sommes d'argent que chaque personne doit donner à l'État. *Les impôts servent à construire les routes, les hôpitaux, les écoles et à payer ce qui sert à tout le monde.*

impression nom féminin
Une impression, c'est ce que l'on ressent à l'intérieur de soi quand il se passe quelque chose. *Cela m'a fait une impression bizarre de traverser la rue tout seul pour la première fois. J'ai l'impression que quelqu'un nous suit,* je pense que quelqu'un nous suit mais je n'en suis pas tout à fait sûr.
■ Cherche aussi **sensation.**

A B C D E F G H I J K L M N O P Q R S T U V W X Y Z

impressionnant, impressionnante adjectif
Les lions sont impressionnants quand on les voit de tout près, les lions font une forte impression, on trouve qu'ils sont très beaux et très grands et en même temps ils font peur.

impressionner verbe
Impressionner, c'est faire ressentir de la peur et de l'admiration en même temps. *Les trapézistes ont beaucoup impressionné Maxence.*

imprévu, imprévue adjectif
Un événement imprévu, c'est quelque chose qui arrive alors qu'on ne s'y attendait pas. *Maman a invité les voisins à dîner au dernier moment : c'était totalement imprévu.*

imprimante nom féminin
Une imprimante, c'est une machine qui imprime sur du papier ce que l'on voit sur l'écran d'un ordinateur. *Pauline remet du papier dans l'imprimante.*

imprimer verbe
Imprimer, c'est reproduire des mots ou des dessins sur du papier avec une encre spéciale. *Ce sont de très grosses machines qui impriment les livres et les journaux dans les imprimeries.*

imprimerie nom féminin
Une imprimerie, c'est une usine où l'on imprime des livres et des journaux.

imprudence nom féminin
Une imprudence, c'est une action que l'on fait sans réfléchir et qui pourrait être dangereuse et provoquer un accident. *Le campeur a fait une imprudence en allumant un feu dans la forêt qui était très sèche.*

imprudent, imprudente adjectif
Tu as été imprudent en traversant la rue sans regarder, tu n'as pas fait attention à ce qui pouvait être dangereux.
■ Le contraire de imprudent, c'est **prudent.**

Il est **imprudent** de jeter sa cigarette n'importe où.

inadmissible adjectif
Il est inadmissible de faire tant de bruit, on ne peut pas l'accepter, on ne peut pas le supporter.

inattention nom féminin
Mathilde a fait des fautes d'inattention dans son devoir, elle a fait des petites fautes parce qu'elle n'a pas fait attention.
■ Le contraire de inattention, c'est **attention.**

incapable adjectif
Ce bébé est incapable de manger tout seul, il ne peut pas manger tout seul.
■ Le contraire de incapable, c'est **capable.**

incassable adjectif
Un objet incassable, c'est un objet qui ne se casse pas.

incendie nom masculin
Un incendie, c'est un grand feu qui s'étend, qui brûle tout et fait beaucoup de dégâts. *Les pompiers essaient d'éteindre l'incendie.*

incident nom masculin
Un incident, c'est un petit ennui ou une petite panne qui n'est pas grave. *Notre voyage s'est déroulé sans incident.*
■ Un **accident,** c'est grave.

incisive nom féminin
Une incisive, c'est une dent plate qui est située sur le devant de la mâchoire. *Nous avons huit incisives : quatre en haut et quatre en bas.*
■ Cherche aussi **canine** et **molaire.**

incliner verbe
Incliner, c'est pencher. *Maman incline le dossier du fauteuil pour se reposer.*

Marine **incline** la bouteille pour se servir à boire.

incolore adjectif
Une chose incolore, c'est une chose qui n'a pas de couleur. *L'eau est incolore.*

incomplet, incomplète adjectif
Une chose incomplète, c'est une chose à laquelle il manque quelque chose. *Ce jeu de cartes est incomplet, il manque les as.*
■ Le contraire de incomplet, c'est **complet.**

incompréhensible adjectif
Ce que tu dis est incompréhensible, parle moins vite, ce que tu dis est impossible à comprendre, on ne peut pas le comprendre.

inconnu, inconnue adjectif
L'actrice qui joue dans ce film est encore inconnue, on ne la connaît pas, elle n'est pas célèbre.
■ Le contraire de inconnu, c'est **célèbre, connu.**

inconscient, inconsciente adjectif
Valentin s'amuse à marcher pieds nus dans la neige, il est complètement inconscient, il ne pense pas que ce qu'il fait peut être dangereux.

inconvénient nom masculin
Un inconvénient, c'est un petit défaut, c'est quelque chose qui manque ou qui ne va pas. *Ce sac est joli, mais il a un inconvénient, il est trop petit.*
■ Le contraire de inconvénient, c'est **avantage.**

incorrect, incorrecte adjectif
Cette phrase est incorrecte, il y a des fautes dans cette phrase, cette phrase est fausse.
■ Le contraire de incorrect, c'est **correct.**

incroyable adjectif
Ce que tu racontes est incroyable, ce que tu racontes est tellement bizarre qu'on ne peut pas le croire.
■ Tu peux dire aussi **invraisemblable.**

A B C D E F G H I J K L M N O P Q R S T U V W X Y Z

indemne adjectif
Le frère de Noémie est sorti indemne de son accident de moto, il n'a pas été blessé, il est sain et sauf.

Quelle chance, Samuel est **indemne** !

indépendance nom féminin
Mademoiselle Lavigne ne s'est jamais mariée car elle tient à son indépendance, elle veut avoir sa liberté, faire ce qu'elle a envie de faire sans rien demander à personne.

indépendant, indépendante adjectif
1. *Mademoiselle Lavigne est une femme indépendante,* elle aime faire ce qu'elle veut, être libre.
2. *La France est un pays indépendant,* c'est un pays libre, qui n'est pas dirigé par un autre pays.

index nom masculin
L'index, c'est le doigt qui est le plus près du pouce.
Au pluriel : des **index.**
Le pouce, l'index, le majeur, l'annulaire et l'auriculaire.

indication nom féminin
Une indication, c'est une explication qui aide à se servir de quelque chose ou à trouver son chemin. *Maman a suivi mes indications et elle a trouvé le bureau de la directrice.*

indice nom masculin
Un indice, c'est un signe qui donne la preuve de quelque chose. *Les policiers recherchent des indices pour trouver le voleur.*

indifférence nom féminin
Raphaël regarde Paul et Axel se battre, avec indifférence, il les regarde sans s'intéresser, il ne prend parti ni pour Paul ni pour Axel.
Le contraire de indifférence, c'est **intérêt.**

indifférent, indifférente adjectif
1. *Tu peux rester ou partir, cela m'est indifférent,* cela m'est égal, cela n'a pas d'importance pour moi.
2. *Raphaël est indifférent à ce qui se passe autour de lui,* rien ne l'intéresse, tout lui est égal.

indigène nom masculin et féminin
Un indigène, une indigène, c'est une personne qui est née dans le pays dont on parle. *L'explorateur a été très bien accueilli par les indigènes.*

indigestion nom féminin
Antoine a mangé trop de mousse au chocolat, il a une indigestion, il est un peu malade parce que sa digestion se fait mal, il a mal au cœur.

indiquer verbe
Indiquer, c'est montrer. *La grande aiguille de la montre indique les minutes. L'agent nous a indiqué le chemin pour aller à la mairie.*
Cherche aussi **indication.**

indiscipliné, indisciplinée adjectif
Nathan est un élève indiscipliné, il n'obéit pas, il n'est pas sage, il ne respecte pas la discipline.

indiscret, indiscrète adjectif
Julie a posé une question indiscrète à la maîtresse, elle lui a demandé quelque chose qui ne la regardait pas.
■ Le contraire de indiscret, c'est **discret.**

indispensable adjectif
Une chose indispensable, c'est une chose dont on a absolument besoin, dont on ne peut pas se passer. *De bonnes chaussures sont indispensables pour marcher dans la montagne.*
■ Tu peux dire aussi **nécessaire.**
■ Le contraire de indispensable, c'est **inutile.**

individu nom masculin
Un individu, c'est une personne, un être humain.

indolore adjectif
La piqûre que va te faire le médecin est indolore, elle ne fait pas mal, tu ne sentiras rien.
■ Le contraire de indolore, c'est **douloureux.**

indulgence nom féminin
L'indulgence, c'est la qualité d'une personne qui pardonne facilement et qui n'est pas sévère. *Le maître a beaucoup d'indulgence pour ses élèves.*
■ Le contraire de indulgence, c'est **sévérité.**

indulgent, indulgente adjectif
Une personne indulgente, c'est une personne qui pardonne facilement. *Maman a été indulgente avec mon petit frère, elle ne l'a pas puni.*
■ Le contraire de indulgent, c'est **sévère.**

industrie nom féminin
L'industrie, c'est tout ce que les hommes font pour utiliser les sources d'énergie et transformer ce qui existe dans la nature afin de fabriquer des objets. *C'est grâce à l'industrie que l'on obtient du tissu à partir du coton.*

Il y a plusieurs milliards d'**individus** sur la Terre.

La route longe la zone **industrielle**.

industriel, industrielle adjectif
Une région industrielle, c'est une région où il y a beaucoup d'usines.

inégal, inégale adjectif
1. *Mamie a coupé la tarte en parts inégales,* elle a coupé la tarte en parts qui ne sont pas toutes pareilles, elle a fait de grosses parts et de petites parts.
2. *Le travail de Mathilde est inégal,* parfois il est bon, parfois il est mauvais. ■ Tu peux dire aussi **irrégulier.**
■ Le contraire de inégal, c'est **égal.**
➺ Au masculin pluriel : **inégaux.**
➺ Au féminin pluriel : **inégales.**

inévitable adjectif
Quelque chose d'inévitable, c'est quelque chose que l'on ne peut pas éviter. *Une voiture est passée au feu rouge, l'accident était inévitable,* l'accident devait arriver.

inexact, inexacte adjectif
L'adresse écrite sur l'enveloppe est inexacte, elle est fausse, ce n'est pas la bonne adresse.
■ Le contraire de inexact, c'est **exact.**

inexcusable adjectif
Tu es inexcusable d'avoir fouillé dans le sac de ta grand-mère, on ne peut pas te pardonner d'avoir fait cela, tu n'as aucune excuse.

inexplicable adjectif
La colère de Rodolphe est inexplicable, elle est impossible à expliquer, on ne sait pas pourquoi Rodolphe est en colère.
■ Tu peux dire aussi **incompréhensible.**

infantile adjectif
La rougeole est une maladie infantile, c'est une maladie qu'ont les enfants.

infect, infecte adjectif
Cette purée est infecte, elle est très mauvaise.
■ Le contraire de infect, c'est **bon, délicieux.**

s'**infecter** verbe
Il faut mettre de l'alcool sur ta blessure, sinon elle va s'infecter, si on ne met pas d'alcool, des microbes vont venir dans ta blessure et du pus va se former.
■ Il faut **désinfecter** la blessure.

infection nom féminin

1. Une infection, c'est une très mauvaise odeur. *Quelle infection dans cette poubelle !*

2. *Papa met de l'alcool sur ma blessure pour éviter l'infection,* il met de l'alcool pour éviter que des microbes viennent dans ma blessure, pour que ma blessure ne s'infecte pas.

inférieur, inférieure adjectif

1. *Le bruit vient de l'étage inférieur,* il vient de l'étage du dessous. *Les jambes sont les membres inférieurs,* ce sont les membres du bas du corps.

2. *Quatre est inférieur à douze,* quatre est un nombre plus petit que douze.

■ Le contraire de inférieur, c'est **supérieur.**

infernal, infernale adjectif

Aymeric a été infernal cet après-midi, il a été très excité et difficile à supporter.

➜ Au masculin pluriel : **infernaux.**

➜ Au féminin pluriel : **infernales.**

■ Tu peux dire aussi **insupportable, terrible.**

■ Le contraire de infernal, c'est **sage.**

infini, infinie adjectif

L'espace est infini, il n'a pas de limites. *Le nombre des étoiles dans le ciel est infini,* leur nombre est si grand qu'on ne peut pas les compter.

infinitif nom masculin

L'infinitif, c'est la forme du verbe quand on ne le conjugue pas. *« Marcher », « jouer », « voir » sont des verbes à l'infinitif.*

infirme adjectif

Une personne infirme, c'est une personne qui ne peut pas se servir d'une partie de son corps.

■ Cherche aussi **handicapé** et **paralysé.**

Le grand-père de Tristan est dans un fauteuil roulant parce qu'il est **infirme.**

infirmerie nom féminin

Tatiana est allée se faire faire un pansement à l'infirmerie, elle est allée dans la pièce de l'école où une infirmière donne des médicaments et soigne les enfants qui sont malades, qui se sont blessés ou qui se sont fait mal.

infirmier nom masculin,
infirmière nom féminin

Un infirmier, une infirmière, c'est une personne qui s'occupe des malades et des blessés, qui leur donne leurs médicaments et leur fait leurs pansements et leurs piqûres. *L'infirmière a fait une piqûre à Baptiste.*

influençable adjectif

Martin est très influençable, il finit toujours par penser la même chose que les autres et par faire comme eux. ■ Les autres ont de l'**influence** sur Martin.

➜ Ce mot s'écrit avec un **ç.**

a b c d e f g h i j k l m n o p q r s t u v w x y z

A B C D E F G H I J K L M N O P Q R S T U V W X Y Z

influence nom féminin
Louise a une bonne influence sur son frère, son frère l'écoute et fait des choses bien grâce à elle.

influencer verbe
Choisis ce que tu préfères, je ne veux pas t'influencer, je ne veux pas te pousser à prendre ce que je préfère au lieu de ce que tu préfères.

informaticien nom masculin,
informaticienne nom féminin
Un informaticien, une informaticienne, c'est une personne qui s'occupe d'informatique.

information nom féminin
1. Une information, c'est un renseignement. *La directrice doit donner aux parents des informations sur notre départ en classe de neige.*
2. Les informations, ce sont les nouvelles, les événements importants qui se sont passés dans la journée racontés par des journalistes. *Tous les soirs, mes parents regardent les informations à la télévision.*

informatique nom féminin
L'informatique, c'est la technique qui permet de travailler avec des ordinateurs.

informer verbe
Informer, c'est faire savoir. *Le directeur a informé les parents qu'il n'y aurait pas classe samedi matin.*
■ Tu peux dire aussi **avertir, prévenir.**

infusion nom féminin
Une infusion, c'est une boisson chaude que l'on prépare en laissant tremper des plantes dans de l'eau bouillante. *Mamie a bu une infusion de tilleul.*
■ Tu peux dire aussi **tisane.**

ingénieur nom masculin et féminin
Un ingénieur, une ingénieur, c'est une personne qui a fait des études scientifiques, qui fait des recherches et dirige des travaux dans des usines. *La mère de Noémie est ingénieur.*

ingrat, ingrate adjectif
Une personne ingrate, c'est une personne qui ne remercie pas quand on lui a rendu service et qui fait semblant de ne pas s'en souvenir.

ingrédient nom masculin
Un ingrédient, c'est un produit que l'on mélange à d'autres pour une préparation. *De la farine, des œufs, du beurre, du lait et du chocolat sont les ingrédients du gâteau au chocolat.*

inhalation nom féminin
Rémi doit faire des inhalations pour soigner son rhume, il doit mettre son visage au-dessus d'un appareil rempli d'un liquide très chaud pour respirer la vapeur par le nez.

Rémi fait une **inhalation.**

initiale nom féminin
L'initiale d'un mot, c'est la première lettre de ce mot. *Les initiales de Claude Morin sont C. M.*

initiative nom féminin
Une initiative, c'est ce que quelqu'un décide de faire sans que personne ne le lui ait demandé. *Jade a pris l'initiative de sortir le chien pendant que ses parents dormaient.*

injure nom féminin
Une injure, c'est un mot méchant que l'on dit à quelqu'un pour lui faire de la peine et lui montrer que l'on n'est pas d'accord avec lui ou qu'on ne l'aime pas.
■ Tu peux dire aussi **insulte.**

Les deux automobilistes se crient des **injures.**

injuste adjectif
Le maître a puni Xavier et n'a même pas grondé David, c'est injuste, c'est contraire à la justice, ce n'est pas ce qu'il aurait fallu faire.
■ Le contraire de injuste, c'est **juste.**

injustice nom féminin
Une injustice, c'est quelque chose d'injuste, qui n'est pas comme il faudrait. *C'est une injustice de punir Xavier qui n'a rien fait de mal!*

innocent, innocente adjectif
Une personne innocente, c'est une personne qui n'a rien fait de mal. *Ce n'est pas Chloé qui a cassé le carreau, elle est innocente.*
■ Le contraire de innocent, c'est **coupable.**

inondation nom féminin
Une inondation, c'est une grande quantité d'eau qui recouvre un endroit. *Les inondations ont fait des dégâts dans les champs de blé.* ■ Les champs de blé sont **inondés.**

inonder verbe
Il a tellement plu que la rivière a débordé et a inondé les champs, l'eau de la rivière a recouvert les champs.

inquiet, inquiète adjectif
Mon frère n'est pas encore rentré à la maison, Maman est inquiète, elle se fait du souci, elle a peur qu'il lui soit arrivé quelque chose. ■ Maman s'**inquiète.**

s'**inquiéter** verbe
S'inquiéter, c'est se faire du souci, avoir peur que quelque chose de grave soit arrivé. *Mes parents s'inquiètent toujours quand mon frère rentre tard.* ■ Mes parents sont **inquiets.**

inquiétude nom féminin
L'inquiétude, c'est ce que ressent une personne qui est inquiète, qui se fait du souci. *Maman était folle d'inquiétude en attendant le retour de mon frère.*

a b c d e f g h i j k l m n o p q r s t u v w x y z

Les mouches, les moustiques, les fourmis, les sauterelles, les libellules, les papillons sont des **insectes**.

inscription nom féminin
1. Une inscription, c'est un ensemble de mots que l'on peut lire sur un mur ou sur un panneau. *Le tableau noir est couvert d'inscriptions.*
2. *Papa s'est occupé de mon inscription à la compétition de judo,* il a fait mettre mon nom sur la liste de ceux qui vont participer à la compétition de judo.

inscrire verbe
1. Inscrire, c'est écrire. *Émilie inscrit son nom sur la première page de son cahier.*
2. S'inscrire, c'est faire écrire son nom sur une liste pour faire partie d'un groupe. *Pierre s'est inscrit à la chorale de l'école,* maintenant il est membre de la chorale.

insecte nom masculin
Un insecte, c'est un petit animal sans os, qui a six pattes. *Certains insectes ont des ailes.*

inséparable adjectif
Mathilde et Amélie sont inséparables, elles sont toujours ensemble, elles sont très amies. ■ Rien ne peut les **séparer.**

insigne nom masculin
Un insigne, c'est un signe que portent toutes les personnes qui font partie d'un groupe. *Raphaël est fier d'avoir l'insigne du club de football de l'école.*

insister verbe
Insister, c'est demander quelque chose plusieurs fois et avec force jusqu'à ce qu'on l'obtienne. *Logan a*

insisté pour que Salomé vienne à son anniversaire.

insolation nom féminin
Une insolation, c'est une maladie que l'on peut avoir si l'on reste trop longtemps au soleil.
■ Une insolation est plus grave qu'un coup de soleil. Le coup de soleil brûle la peau, qui devient rouge. Quand on a une insolation, on a de la fièvre.

Agathe est en train d'attraper une **insolation.**

insolent, insolente adjectif
Capucine est souvent insolente avec la maîtresse, elle lui répond d'une façon désagréable et impolie, elle ne lui parle pas avec respect.
■ Tu peux dire aussi **impertinent.**

insouciant, insouciante adjectif
Une personne insouciante, c'est une personne qui ne se fait jamais de souci, qui ne se rend pas compte qu'il peut y avoir du danger.

inspecteur nom masculin,
inspectrice nom féminin
1. Un inspecteur, une inspectrice, c'est une personne qui contrôle le travail des autres. *Un inspecteur vient dans notre classe une fois par an.*
2. Un inspecteur de police, c'est un policier qui fait des enquêtes.

installer verbe
1. *Les ouvriers ont installé des nouveaux radiateurs dans notre maison de campagne,* ils ont travaillé pour les mettre en place et les faire marcher.
2. *Papi s'installe dans son fauteuil pour lire le journal,* il se met dans son fauteuil et s'assied pour être bien à l'aise.

instant nom masculin
Un instant, c'est un tout petit moment. *Attendez un instant, le magasin va ouvrir dans cinq minutes.*

instinct nom masculin
L'instinct, c'est une force qui pousse les êtres vivants à faire certaines choses qui sont utiles pour eux, sans avoir appris à les faire. *Par instinct, cette chatte s'occupe très bien de ses petits.*

instituteur nom masculin,
institutrice nom féminin
Un instituteur, une institutrice, c'est une personne qui enseigne aux enfants ce qu'ils doivent savoir, à l'école maternelle ou à l'école primaire.
■ Tu peux dire aussi **maître, professeur.**

instructif, instructive adjectif
Ce film sur les animaux est très instructif, il apprend beaucoup de choses intéressantes.

instruction nom féminin
Ces pauvres gens n'ont pas beaucoup d'instruction, ils ne savent pas les choses que l'on apprend en classe.

A B C D E F G H I J K L M N O P Q R S T U V W X Y Z

s'instruire verbe
S'instruire, c'est apprendre toutes les choses qu'il faut savoir dans la vie. *Les enfants vont à l'école pour s'instruire.*

instrument nom masculin
1. Un instrument, c'est un objet qui sert à faire un travail, c'est un outil. *Le chirurgien a des instruments pour opérer les malades.*
2. Un instrument de mesure, c'est un objet qui sert à mesurer la dimension, le poids ou la température.
3. Un instrument de musique, c'est un objet fabriqué pour jouer de la musique.

Un violon est un **instrument** de musique, une balance est un **instrument** de mesure.

insuffisant, insuffisante adjectif
Remplis plus la baignoire, cette quantité d'eau est insuffisante pour prendre un bain, cette quantité d'eau ne suffit pas, il n'y a pas assez d'eau pour prendre un bain.
■ Le contraire de insuffisant, c'est **suffisant.**

insulte nom féminin
Une insulte, c'est quelque chose de méchant que l'on dit à quelqu'un contre qui on est en colère. *« Espèce d'imbécile ! » est une insulte.*
■ Tu peux dire aussi **injure.**

insulter verbe
Insulter quelqu'un, c'est lui crier des paroles méchantes pour le vexer. *L'automobiliste est sorti furieux de sa voiture et nous a insultés.*

insupportable adjectif
Romain et Alexandre sont des enfants insupportables, ce sont des enfants qui font beaucoup de bruit et qui cassent tout, ce sont des enfants difficiles à supporter.
■ Tu peux dire aussi **infernal.**
■ Le contraire de insupportable, c'est **sage.**

intact, intacte adjectif
Ma montre est tombée par terre, mais elle est intacte, elle est comme avant, elle n'est pas cassée.

intelligence nom féminin
L'intelligence, c'est la qualité d'une personne qui comprend vite et qui fait exactement ce qu'il faut faire lorsqu'il se passe quelque chose de nouveau ou de dangereux.
■ Le contraire de intelligence, c'est **bêtise, sottise, stupidité.**

intelligent, intelligente adjectif
Clara est une petite fille très intelligente, elle comprend vite les choses et fait exactement ce qu'il faut faire quand il se passe quelque chose de nouveau ou de dangereux.
■ Le contraire de intelligent, c'est **bête, idiot, sot, stupide.**

intention nom féminin
Les parents d'Amine ont l'intention de déménager, ils ont le projet de déménager, ils veulent déménager.

interdiction nom féminin
Le malade a l'interdiction de sortir pendant une semaine, il est interdit au malade de sortir pendant une semaine, le malade n'a pas le droit de sortir.
- Tu peux dire aussi **défense.**
- Le contraire de interdiction, c'est **autorisation, permission.**

interdire verbe
Interdire, c'est dire à une personne qu'elle n'a pas le droit de faire quelque chose. *Papa m'a interdit de me baigner aujourd'hui, il y a de trop grosses vagues.*
- Tu peux dire aussi **défendre.**
- Le contraire de interdire, c'est **autoriser, permettre.**

interdit, interdite adjectif
Une chose interdite, c'est une chose que l'on n'a pas le droit de faire. *Le stationnement est interdit dans cette rue,* on n'a pas le droit de stationner dans cette rue, c'est défendu.

Il est **interdit** de fumer au restaurant.

intéressant, intéressante adjectif
1. *Mamie nous a raconté une histoire très intéressante,* elle nous a raconté une histoire que nous avons écoutée avec attention et qui nous a appris beaucoup de choses.
- Nous avons écouté Mamie avec **intérêt.**

2. *Monsieur Galet vend sa voiture à un prix intéressant,* il la vend à un prix assez bas alors qu'elle vaut plus d'argent, il pourrait la vendre plus cher.

intéresser verbe
1. *Cette émission m'intéresse beaucoup,* je regarde cette émission avec attention et elle m'apprend beaucoup de choses.
2. *Coline s'intéresse aux animaux,* elle aime les animaux et elle cherche à apprendre beaucoup de choses sur eux.

intérêt nom masculin
Sara écoute avec intérêt l'histoire que lui raconte sa grand-mère, elle écoute sa grand-mère sans penser à autre chose, en ayant envie de savoir la suite.
- Le contraire de intérêt, c'est **ennui, indifférence.**

➪ Il y a un accent circonflexe sur le second **e.**

intérieur nom masculin
1. *Il fait froid, Clarisse et Arthur jouent à l'intérieur de la maison,* ils jouent dans la maison.
2. *L'intérieur de la boîte est rouge,* la partie qui est dans la boîte est rouge.
- Le contraire de intérieur, c'est **extérieur.**

interjection nom féminin
Une interjection, c'est un mot que l'on dit pour montrer que l'on est surpris, déçu, content ou triste, que l'on a mal ou pour obtenir quelque chose. *« Chut ! » est une interjection.*

a b c d e f g h i j k l m n o p q r s t u v w x y z

A B C D E F G H I J K L M N O P Q R S T U V W X Y Z

international, internationale adjectif
Chaque année ont lieu les championnats internationaux de tennis, chaque année ont lieu des championnats de tennis auxquels participent plusieurs pays, plusieurs nations.
➾ Au masculin pluriel : **internationaux.**
➾ Au féminin pluriel : **internationales.**

Internet nom masculin
Internet, c'est un système qui permet d'avoir toutes sortes d'informations et de communiquer avec le monde entier au moyen de son ordinateur. *Nicolas passe des heures sur Internet.*
➾ On peut écrire **Internet** ou **internet.**

interphone nom masculin
Un interphone, c'est une sorte de téléphone qui est à l'entrée d'un immeuble et grâce auquel on peut parler aux personnes qui sont dans leur appartement pour leur demander d'ouvrir la porte.

interrogation nom féminin
1. *Hier, la maîtresse a fait une interrogation écrite,* elle a posé aux élèves des questions auxquelles il fallait qu'ils répondent par écrit.
2. Un point d'interrogation, c'est un petit signe (?) qui est à la fin d'une phrase où l'on pose une question.

interrogatoire nom masculin
Un interrogatoire, c'est un ensemble de questions qu'un policier ou un juge pose à une personne pour savoir la vérité quand il y a eu un vol ou un crime.

interroger verbe
Interroger, c'est poser des questions. *Le maître a interrogé Gaëtan.*

interrompre verbe
1. Interrompre quelqu'un, c'est le faire s'arrêter de parler parce qu'on parle en même temps que lui. *Tais-toi, ne m'interromps pas tout le temps, tu parleras quand ce sera ton tour.*
2. Interrompre quelque chose, c'est l'arrêter un petit moment ou pour toujours. *Nous avons interrompu notre voyage.*

La réunion a été **interrompue** par l'arrivée de Martin.

interrupteur nom masculin
Un interrupteur, c'est un petit appareil qui permet d'arrêter ou de remettre le courant électrique. *Adèle appuie sur l'interrupteur pour allumer la lampe.*

interruption nom féminin
Une interruption, c'est un arrêt. *Il y a eu une interruption de courant pendant une heure, à cause de l'orage. Il a plu toute la journée sans interruption,* il a plu sans arrêt.

intervalle nom masculin
Un intervalle, c'est un espace entre deux choses.

Les arbres de l'allée sont plantés à **intervalles** réguliers.

intervenir verbe
Intervenir, c'est arriver vite pour aider à faire quelque chose d'important. *Les pompiers sont intervenus pour sauver les personnes qui se noyaient.*

intervertir verbe
Intervertir deux choses, c'est mettre une chose à la place de l'autre. *En écrivant « Pipa » au lieu de « Papi », tu as interverti le « i » et le « a ».*

interview nom féminin
Une interview, c'est une conversation entre un journaliste et une personne célèbre, que l'on lit dans les journaux, que l'on voit à la télévision ou que l'on entend à la radio.
■ Ce mot vient de l'anglais.

intestin nom masculin
L'intestin, c'est une sorte de long tuyau enroulé dans le ventre, au-dessous de l'estomac, où passent les aliments à la fin de la digestion.

intime adjectif
1. *Luna écrit ce qui lui arrive chaque jour dans son journal intime,* elle l'écrit dans un cahier secret que personne n'a le droit de lire.
2. *Marius est un ami intime de mon frère,* c'est le meilleur ami de mon frère, à qui il raconte tout.

intimider verbe
Les grandes personnes intimident Martin, les grandes personnes font peur à Martin, elles le rendent timide, il est mal à l'aise avec elles.

s'intituler verbe
Comment s'intitule ce livre ? quel est le titre de ce livre ?

intoxication nom féminin
Vincent a eu une intoxication alimentaire, il a été très malade, comme s'il avait été empoisonné, à cause de quelque chose qu'il a mangé.

introduire verbe
1. Introduire, c'est faire entrer, mettre à l'intérieur. *Maman introduit la clé dans la serrure et ouvre la porte.*
2. *Les cambrioleurs se sont introduits dans l'appartement par la terrasse,* ils sont entrés dans l'appartement en passant par la terrasse.

Le coureur donne une **interview** à un journaliste.

A B C D E F G H I J K L M N O P Q R S T U V W X Y Z

introuvable adjectif
Une chose introuvable, c'est une chose impossible à trouver. *Lucas a cherché son cahier partout dans la maison, mais il est introuvable,* il n'a pas réussi à retrouver son cahier.

intrus nom masculin,
intruse nom féminin
Un intrus, une intruse, c'est une personne qui arrive au milieu d'autres personnes alors qu'on ne lui a pas demandé de venir. *Yann est arrivé comme un intrus pendant notre réunion secrète.*

inutile adjectif
Antoine emporte souvent des vêtements inutiles quand il part en voyage, il emporte souvent des vêtements qui ne servent à rien, qu'il ne mettra pas.
■ Le contraire de inutile, c'est **indispensable, nécessaire, utile.**

C'est **inutile** d'emporter une épuisette aux sports d'hiver !

invariable adjectif
Un mot invariable, c'est un mot qui ne change pas, qui s'écrit toujours de la même façon. *Les adverbes sont des mots invariables. « Gaz » est un nom invariable,* le nom « gaz » ne change pas de forme au pluriel.

invasion nom féminin
Une invasion, c'est l'arrivée, tout d'un coup, d'un très grand nombre de personnes ou d'animaux qui gênent parce qu'ils prennent trop de place. *Il y a une invasion de touristes dans le musée.*
■ Cherche aussi **envahir.**

inventer verbe
1. Inventer, c'est fabriquer une chose nouvelle pour la première fois. *C'est un Français qui a inventé le parachute.*
2. Inventer, c'est imaginer. *Jeremy invente toujours des histoires extraordinaires.*

inventeur nom masculin,
inventrice nom féminin
Un inventeur, une inventrice, c'est une personne qui invente quelque chose. *Benjamin Franklin est l'inventeur du paratonnerre.*

invention nom féminin
1. Une invention, c'est une technique ou un objet que l'on a inventé. *L'électricité est une belle invention.*
2. *Ton histoire de soucoupe volante, c'est une invention,* c'est une histoire que tu as imaginée, c'est un mensonge.

inverse adjectif
Le sens inverse, c'est le sens opposé, l'autre sens.

invincible adjectif
Obélix est un héros invincible, c'est un héros que l'on ne peut jamais vaincre, un héros qui gagne toujours.

invisible adjectif
Quelque chose d'invisible, c'est quelque chose que l'on ne peut pas

voir. *On entend arriver l'avion mais il est encore invisible à cause des nuages,* on entend l'avion mais on ne peut pas le voir.
■ Le contraire de invisible, c'est **visible.**

invitation nom féminin
Une invitation, c'est une demande de la part d'une personne de venir chez elle. *Merci pour ton invitation, je viendrai avec plaisir à ton anniversaire !*

invité nom masculin,
invitée nom féminin
Un invité, une invitée, c'est une personne que l'on a invitée chez soi. *Les invités vont arriver.*

inviter verbe
Zoé a invité des amis de sa classe pour son anniversaire, elle a demandé à des amis de sa classe de venir chez elle.

involontaire adjectif
J'ai pris ton écharpe dans le vestiaire à la place de la mienne, c'était involontaire, je ne voulais pas le faire, je n'ai pas fait exprès.
■ Le contraire de involontaire, c'est **volontaire.**

invraisemblable adjectif
Cette histoire de fantôme est invraisemblable, c'est une histoire à laquelle on ne peut pas croire tellement elle est bizarre.
■ Tu peux dire aussi **incroyable.**

iris nom masculin
1. Un iris, c'est une grande fleur bleue, violette, blanche ou jaune avec une très longue tige et des feuilles pointues.
2. L'iris, c'est la partie ronde et colorée au milieu de l'œil. *Au milieu de l'iris, il y a un petit trou, c'est la pupille.*

ironie nom féminin
L'ironie, c'est une façon de se moquer de quelqu'un ou de quelque chose en disant le contraire de ce que l'on devrait dire. *« Ton pantalon est vraiment très joli » m'a dit Papi avec ironie en regardant mon vieux jean déchiré.*

ironique adjectif
Papi me regardait avec un sourire ironique, il avait un sourire qui montrait qu'il se moquait de moi.
■ Tu peux dire aussi **moqueur.**

irrégulier, irrégulière adjectif
Le travail de Paul est irrégulier, le travail de Paul n'est pas régulier, quelquefois Paul travaille bien, quelquefois il travaille mal.
■ Tu peux dire aussi **inégal.**
■ Le contraire de irrégulier, c'est **régulier.**

irrespirable adjectif
Ouvre la fenêtre, il y a trop de fumée de cigarette, l'air est irrespirable, l'air est désagréable et dangereux à respirer.

L'**iris** de cet œil est vert. Ces **iris** sont bleus.

a b c d e f g h i j k l m n o p q r s t u v w x y z

A B C D E F G H I J K L M N O P Q R S T U V W X Y Z

irriguer verbe
Irriguer le sol, c'est faire venir de l'eau dans des petits canaux pour arroser le sol afin qu'il soit plus fertile.

On **irrigue** ce champ parce que la terre est trop sèche.

irriter verbe
1. Irriter, c'est énerver, mettre en colère. *Capucine irrite sa grand-mère en posant tout le temps des questions.* ■ Tu peux dire aussi **agacer.**
2. Irriter, c'est piquer, faire un peu mal. *La fumée m'irrite la gorge.*

islam nom masculin
L'islam, c'est la religion des musulmans.

isolé, isolée adjectif
Une maison isolée, c'est une maison construite loin des autres maisons et du village.

isoloir nom masculin
Un isoloir, c'est une cabine dans laquelle on va tout seul pour mettre son bulletin de vote dans une enveloppe. *Quand on est dans l'isoloir, personne ne peut savoir quel bulletin on met dans l'enveloppe.*

israélite nom masculin et féminin
Un israélite, une israélite, c'est une personne de religion juive.
■ Cherche aussi **juif.**
■ Cherche aussi **bouddhiste, catholique, musulman, protestant.**

issue nom féminin
Une issue, c'est un endroit par où on peut sortir d'un lieu. *Au fond de la salle, il y a un panneau qui indique l'issue de secours.*
■ Tu peux dire aussi **sortie.**

italien nom masculin
L'italien, c'est la langue qu'on parle en Italie.

itinéraire nom masculin
Un itinéraire, c'est un chemin que l'on doit prendre pour aller d'un endroit à un autre. *Il est conseillé de prendre cet itinéraire pour éviter les embouteillages.*

ivoire nom masculin
L'ivoire, c'est la matière très dure et blanche dont sont faites les défenses des éléphants et les dents des hommes et des animaux.

ivre adjectif
Après avoir bu quatre verres de champagne, la dame était un peu ivre, elle ne tenait plus très bien debout et disait un peu n'importe quoi parce qu'elle avait bu trop d'alcool.
■ Tu peux dire aussi **soûl.**

ivrogne nom masculin et féminin
Un ivrogne, une ivrogne, c'est une personne qui boit trop d'alcool tous les jours et qui est très souvent ivre.

jabot nom masculin
Le jabot, c'est la poche que les oiseaux ont dans le cou, où la nourriture s'arrête avant de passer dans l'estomac.

jacasser verbe
La pie jacasse, elle pousse son cri.

jacinthe nom féminin
Une jacinthe, c'est une plante qui a des fleurs roses, blanches ou violettes en grappes. *Les jacinthes sentent très bon.*
Il y a un **h** après le **t.**

jadis adverbe
Jadis, c'est il y a longtemps. *Jadis, les écoliers mettaient des tabliers noirs.*
■ Tu peux dire aussi **autrefois.**
■ Le contraire de jadis, c'est **aujourd'hui, maintenant.**

jaguar nom masculin
Un jaguar, c'est un animal d'Amérique du Sud, beige avec des taches noires, qui ressemble à la panthère.
■ Le jaguar est un **félin.**

jaillir verbe
L'eau jaillit du robinet, elle sort avec force.

jalousie nom féminin
La jalousie, c'est l'envie d'avoir ce que quelqu'un d'autre a.

jaloux, jalouse adjectif
Une personne jalouse, c'est une personne qui a envie d'avoir ce que quelqu'un d'autre a. *Corentin est jaloux de Margot parce qu'elle a plus de jeux vidéo que lui.*

jamais adverbe
Jamais, c'est à aucun moment, pas une seule fois. *Amandine n'est jamais allée aux sports d'hiver.*
■ Le contraire de jamais, c'est **fréquemment, souvent, toujours.**

Un **jaguar.**

A B C D E F G H I J K L M N O P Q R S T U V W X Y Z

jambe nom féminin
La jambe, c'est la partie du corps qui va du tronc jusqu'au pied. *Nous avons quatre membres : deux jambes et deux bras.*
■ Comment s'appelle le haut de la jambe ? La **cuisse.**

jambon nom masculin
Le jambon, c'est la cuisse du porc qui est préparée pour être mangée. *Luce a mangé deux tranches de jambon.*

janvier nom masculin
Le mois de janvier, c'est le premier mois de l'année. *L'année commence le 1er janvier.*
■ Le mois de janvier a 31 jours.

japper verbe
Le petit chien jappe, il aboie en poussant de petits cris aigus.

jardin nom masculin
1. Un jardin, c'est un terrain à côté d'une maison où l'on fait pousser de l'herbe, des arbres, des fleurs, des légumes et des fruits. *Joanne et Karim jouent dans le jardin.*
2. Un jardin public, c'est un endroit dans une ville avec des arbres, des bancs et des jeux pour les enfants. *Simon fait du toboggan et de la balançoire dans le jardin public en sortant de l'école.*
■ Cherche aussi **parc.**

jardinage nom masculin
Papi aime bien faire du jardinage, il aime bien s'occuper du jardin.
■ Il taille les haies, arrose les fleurs, arrache les orties, cueille les fruits et les légumes.

jardinier nom masculin,
jardinière nom féminin
Un jardinier, une jardinière, c'est une personne dont le métier est de s'occuper des jardins. *Le jardinier a planté des tulipes.*

jars nom masculin
Le jars, c'est le mâle de l'oie. *On dit que les jars sont méchants.*

jasmin nom masculin
Le jasmin, c'est un petit arbre à fleurs jaunes ou blanches qui sentent très bon. *Le jasmin est en fleur en hiver.*

Un **jasmin.**

① **jaune** adjectif
La couleur jaune, c'est la couleur du citron ou de l'or. *Le mimosa a des fleurs jaunes.*

② **jaune** nom masculin
Le jaune d'œuf, c'est la boule jaune qui est à l'intérieur de l'œuf, dans le blanc. *Mamie ajoute un jaune d'œuf dans la sauce.*

jaunir verbe
Jaunir, c'est devenir jaune. *Les feuilles des arbres jaunissent, c'est l'automne.*

javelot nom masculin
Un javelot, c'est une sorte de lance qu'il faut envoyer le plus loin

possible. *L'athlète prend son élan et lance le javelot.*

jazz nom masculin
Le jazz, c'est une musique qui a été créée par des musiciens noirs des États-Unis et qui a beaucoup de rythme. *Papi écoute souvent des disques de jazz.*
■ Ce mot vient de l'anglais.

je pronom masculin et féminin
Je, c'est un mot qui représente la première personne du singulier. *Je m'appelle Clara. J'ai six ans.*
■ Cherche aussi **moi.**

jean nom masculin
Un jean, c'est un pantalon qui est fait dans un tissu très solide. *Émilie a mis un jean noir.*
■ Ce mot vient de l'anglais.

jet nom masculin
Il y a un jet d'eau au milieu du bassin, il y a de l'eau qui jaillit au milieu du bassin, monte haut et retombe.

jetée nom féminin
Une jetée, c'est une sorte de mur qui est construit dans la mer pour empêcher les vagues d'atteindre le port.
■ Cherche aussi **digue.**

jeter verbe
1. Jeter, c'est envoyer loin de soi avec force, c'est lancer. *Aurélien jette des morceaux de pain aux canards.*
2. Jeter, c'est mettre à la poubelle. *Maman a jeté les fleurs fanées.*
■ Le contraire de jeter, c'est **garder.**
3. *Le lion s'est jeté sur la gazelle,* il a sauté sur la gazelle, il s'est précipité sur elle.
4. *Les fleuves se jettent dans la mer,* l'eau des fleuves va dans la mer.

jeu nom masculin
1. *Salomé ne pense qu'au jeu,* elle ne pense qu'à s'amuser.
2. Un jeu, c'est un objet qui sert à jouer. *Mohamed a sorti son jeu de dames. Claire cherche un jeu de cartes. Margot a beaucoup de jeux vidéo.*
➾ Au pluriel : des **jeux.**

Julien pêche sur la **jetée.**

jeudi nom masculin
Le jeudi, c'est le quatrième jour de la semaine, entre le mercredi et le vendredi. *Mamie vient me chercher à l'école tous les jeudis.*

à **jeun** adverbe
À jeun, c'est sans avoir mangé. *Il faut que tu sois à jeun pour ta prise de sang,* il faut que tu n'aies rien mangé depuis que tu t'es réveillé.

① **jeune** adjectif
1. Une personne jeune, c'est une personne qui n'a pas un grand âge. *La maman de Léo est une jeune femme.*
2. *Paul est plus jeune que Léa,* il a moins d'années qu'elle.
■ Le contraire de jeune, c'est **âgé, vieux.**

② **jeune** nom masculin et féminin
Les jeunes, ce sont les jeunes gens et les jeunes filles. *Les jeunes du quartier se retrouvent souvent sur la place de la Mairie.*
■ Cherche aussi **adolescent.**

jeûne nom masculin
Pendant le ramadan, les musulmans doivent respecter le jeûne, ils ne doivent rien manger jusqu'au soir.
Ce mot s'écrit avec un **û.**

jeunesse nom féminin
1. La jeunesse, c'est le moment de la vie où l'on est jeune, où l'on n'est plus un enfant et où l'on n'est pas encore un adulte. *Dans sa jeunesse, Papi avait les cheveux très noirs.*
2. La jeunesse, c'est l'ensemble des jeunes. *Marine regarde à la télévision les émissions pour la jeunesse.*

jockey nom masculin
Un jockey, c'est une personne qui monte un cheval dans une course. *Les jockeys sont prêts à prendre le départ.*
■ Ce mot vient de l'anglais.
■ Un jockey est un **cavalier.**

jogging nom masculin
Un jogging, c'est une promenade que l'on fait en ne courant pas très vite, pour être en forme. *Le père de Marie fait un jogging tous les matins avant d'aller travailler.*
■ Ce mot vient de l'anglais.

joie nom féminin
La joie, c'est le sentiment que l'on éprouve quand on est heureux et très content. *Mamie a accepté avec joie de venir me garder.*
■ Tu peux dire aussi **plaisir.**
■ Le contraire de joie, c'est **tristesse.**

joindre verbe
1. *Anna joint les mains,* elle rapproche ses mains l'une de l'autre jusqu'à ce qu'elles se touchent.
2. *Charles joindra une photo à la lettre qu'il enverra à sa grand-mère,* il mettra une photo avec sa lettre.
3. *Maman n'a pas réussi à joindre la mère de Cassandra au téléphone,* elle n'a pas réussi à lui parler au téléphone.

Le **jockey** se tient bien sur son cheval.

joint, jointe adjectif
Élise a sauté à pieds joints dans la flaque d'eau, elle a sauté, les deux pieds serrés l'un contre l'autre.

joli, jolie adjectif
Ingrid est jolie, elle est agréable à regarder. *Maxence a une jolie voix,* il a une voix agréable à entendre.
- Tu peux dire aussi **beau.**
- Le contraire de joli, c'est **affreux, laid, vilain.**

jongler verbe
Jongler, c'est lancer plusieurs objets en l'air en même temps, les rattraper et recommencer. *Le clown jongle avec quatre balles.*

jongleur nom masculin,
jongleuse nom féminin
Un jongleur, une jongleuse, c'est une personne dont le métier est de jongler. *Au cirque, Lilou a applaudi les jongleurs.*

jonquille nom féminin
Une jonquille, c'est une fleur jaune qui pousse dans les champs et dans les bois au printemps. *David a cueilli des jonquilles pour sa mère.*

Des **jonquilles.**

joue nom féminin
La joue, c'est la partie du visage qui est sous l'œil, entre le nez et l'oreille. *Arnaud embrasse Rachel sur les deux joues.*

jouer verbe
1. Jouer, c'est s'amuser, faire quelque chose pour se distraire. *Cléa et Charlotte jouent dans le jardin. Lou joue à la poupée. Rémi joue au football et au tennis,* il a l'habitude de faire ces sports.
2. *Alban sait jouer du piano,* il sait faire de la musique avec un piano.
3. *Adèle joue Cendrillon dans la pièce,* elle a le rôle de Cendrillon, c'est elle qui fait Cendrillon.

On **joue** à un jeu, qui va gagner ?

jouet nom masculin
Un jouet, c'est un objet avec lequel on joue. *Juliette a eu beaucoup de jouets à Noël.*

joueur nom masculin,
joueuse nom féminin
Un joueur, une joueuse, c'est une personne qui joue à un jeu ou qui participe à un match. *Yann distribue des cartes à chacun des joueurs. Mattéo est un très bon joueur de tennis.*

a b c d e f g h i j k l m n o p q r s t u v w x y z

jour nom masculin
1. Le jour, c'est le temps, entre le lever et le coucher du soleil, pendant lequel il fait clair. *Le coq chante dès qu'il fait jour.*
■ Le contraire de jour, c'est **nuit.**
2. Un jour, c'est une durée de 24 heures, de minuit à minuit. *Lundi, mardi, mercredi, jeudi, vendredi, samedi et dimanche sont les sept jours de la semaine. Quel jour sommes-nous ?*
■ Cherche aussi **journée.**

journal nom masculin
1. Un journal, c'est un ensemble de feuilles de papier imprimées sur lesquelles sont racontés les événements importants qui se sont passés dans la journée ou la veille. *Papa lit son journal en prenant son petit-déjeuner.*
■ Cherche aussi **magazine.**
2. Le journal télévisé, c'est une émission de télévision où l'on donne les informations sur ce qui se passe dans le monde. *Le soir, mes parents regardent le journal télévisé de 20 heures.*
➜ Au pluriel : des **journaux.**

Maman est allée au kiosque acheter un **journal.**

journaliste nom masculin et féminin
Un journaliste, une journaliste, c'est une personne qui écrit dans un journal ou présente les informations à la radio ou à la télévision. *Le président de la République a répondu aux questions des journalistes.*

journée nom féminin
Une journée, c'est le temps entre le lever et le coucher du soleil. *Il a plu toute la journée.*
■ Cherche aussi **jour.**

joyeux, joyeuse adjectif
Ce matin, Lola rit tout le temps, elle est très joyeuse, elle est très contente et heureuse.
■ Tu peux dire aussi **gai.**
■ Le contraire de joyeux, c'est **triste.**

judo nom masculin
Le judo, c'est un sport de combat qui a été inventé au Japon et qui apprend à se défendre si on est attaqué. *Juliette et Pauline font du judo.*

juge nom masculin et féminin
Un juge, une juge, c'est une personne dont le métier est de dire si quelqu'un est coupable ou non et de décider à quelle peine il faut le condamner. *Le juge a condamné la voleuse à deux ans de prison.*

juger verbe
Le voleur sera jugé demain au tribunal, le juge dira s'il pense que cette personne est coupable de vol et s'il faut la punir.

juif, juive adjectif
David et Sarah sont juifs, ils croient en Dieu et prient à la synagogue.
■ Cherche aussi **israélite.**
■ Cherche aussi **bouddhiste, catholique, musulman, protestant.**

juillet nom masculin
Le mois de juillet, c'est le septième mois de l'année. *Clara passe le mois de juillet chez ses grands-parents.*
■ Le mois de juillet a 31 jours.

juin nom masculin
Le mois de juin, c'est le sixième mois de l'année. *L'été commence le 21 juin.*
■ Le mois de juin a 30 jours.

jumeau nom masculin,
jumelle nom féminin
Des jumeaux, des jumelles, ce sont deux enfants nés en même temps de la même mère.
Au masculin pluriel : des **jumeaux.**
Au féminin pluriel : des **jumelles.**

Cléa et Charlotte sont des **jumelles.**

jumelles nom féminin pluriel
Des jumelles, ce sont des lunettes spéciales qui permettent de voir ce qui est très loin comme si c'était très près.

jument nom féminin
La jument, c'est la femelle du cheval. *La jument est dans le pré avec son poulain.*

jungle nom féminin
La jungle, c'est une forêt des pays chauds avec des broussailles très épaisses et de hautes herbes. *De très nombreux animaux sauvages vivent dans la jungle.*
■ Connais-tu « Le Livre de la jungle » de Rudyard Kipling, qui raconte les aventures de Mowgli ?

jupe nom féminin
Une jupe, c'est un vêtement qui part de la taille et couvre une partie des jambes. *Marie a une jupe courte et sa sœur a une jupe longue.*

jurer verbe
Jurer, c'est promettre en affirmant qu'on tiendra sa promesse. *Je te jure que je ne dirai rien à personne !*
■ Tu peux dire aussi **assurer.**

jus nom masculin
Le jus, c'est le liquide qui est contenu dans un fruit. *Maman fait du jus d'orange.*

Antoine observe les chamois avec ses **jumelles.**

A B C D E F G H I J K L M N O P Q R S T U V W X Y Z

jusque préposition

Ali a couru jusqu'à la piscine, il est allé à la piscine en courant et il s'est arrêté. *Je t'attendrai jusqu'à midi,* je ne t'attendrai plus après midi.

① **juste** adjectif

1. *Ton calcul est juste,* il est exact. ■ Le contraire de juste, c'est **faux.**
2. *Les chaussures de Paul sont un peu justes,* elles sont un petit peu trop petites.
3. *Le maître est toujours juste,* il punit quand on a fait quelque chose de mal et il récompense quand on le mérite. ■ Le contraire de juste, c'est **injuste.**

② **juste** adverbe

1. *Il est juste 10 heures,* il est exactement 10 heures. *Maria vient juste d'arriver,* elle est arrivée à l'instant.
2. *Léo chante juste,* il chante comme il faut, il ne chante pas faux.

justice nom féminin

Le maître traite ses élèves avec justice, il traite tous ses élèves de la même façon, il n'est pas plus sévère avec ceux qu'il aime le moins ni plus indulgent avec ceux qu'il préfère. ■ Le maître ne commet pas d'**injustices.**

Ils font du canoë-**kayak**.

kangourou nom masculin
Un kangourou, c'est un animal d'Australie qui avance en sautant sur ses pattes de derrière. *La femelle du kangourou a une grande poche sur le ventre dans laquelle elle garde son petit pendant six mois.*
■ Le kangourou est un herbivore.
➜ Au pluriel : des **kangourous.**

Un petit **kangourou** et sa maman.

karaté nom masculin
Le karaté, c'est un sport de combat qui a été inventé au Japon. *Le karaté est un sport plus violent que le judo.*
■ Quand on fait du karaté, on arrête les coups avant de toucher son adversaire.

kayak nom masculin
Un kayak, c'est un petit bateau que l'on fait avancer en ramant avec une pagaie. *Charles a descendu la rivière avec son père en kayak.*
■ Cherche aussi **canoë.**

képi nom masculin
Un képi, c'est un chapeau rond et dur, avec une visière. *Le général salue en portant la main à son képi.*

kermesse nom féminin
Une kermesse, c'est une fête où il y a des stands avec des jeux, des objets à acheter et une tombola. *Maman a acheté une nappe à la kermesse de l'école.*

ketchup nom masculin
Le ketchup, c'est une sauce tomate un peu forte et sucrée. *Félix met du ketchup dans ses pâtes.*
■ Ce mot vient de l'anglais.

kidnapper verbe
Deux hommes ont kidnappé le petit Louis, ils l'ont emmené de force avec eux et ils l'ont gardé, ils le rendront à ses parents contre de l'argent.
■ Tu peux dire aussi **enlever.**

kilo nom masculin
Un kilo, c'est un poids de mille grammes. *Lola pèse 22 kilos.* ■ On peut écrire aussi : « Lola pèse 22 kg. »
■ Kilo, c'est le mot **kilogramme** en plus court.

kilomètre nom masculin
Un kilomètre, c'est une distance de mille mètres. *La maison de Théo est à deux kilomètres du village.* ■ On peut écrire aussi : « la maison est à 2 km du village. »

kimono nom masculin
Un kimono, c'est une veste avec des manches très larges que l'on met pour faire du judo ou du karaté. *On ferme son kimono avec une ceinture.*

kinésithérapeute nom masculin et féminin
Un kinésithérapeute, une kinésithérapeute, c'est une personne dont le métier est de faire des massages ou de faire faire des exercices de gymnastique à des gens qui ont mal. *Quand mon père a mal au dos, il va chez le kinésithérapeute.*
➜ Il y a un **h** après le premier **t.**

kiosque nom masculin
Un kiosque à journaux, c'est une toute petite boutique, sur le trottoir, où l'on vend des journaux et des magazines.

kiwi nom masculin
1. Un kiwi, c'est un oiseau gros comme une poule, qui a de toutes petites ailes et un long bec. Il vit en Nouvelle-Zélande. *Le kiwi court, il ne vole pas.*
2. Un kiwi, c'est un fruit à la peau rugueuse et marron et à la chair verte.

Combien vois-tu de **kiwis** ?

klaxonner verbe
L'automobiliste a klaxonné au croisement, il a fait un bruit assez fort avec un appareil spécial dans sa voiture pour prévenir qu'il arrive.

koala nom masculin
Un koala, c'est un animal d'Australie qui ressemble à un petit ours. *Les koalas grimpent aux arbres.*
■ Le koala est de la même famille que le kangourou.

la → va voir **le.**

là adverbe

1. Là, c'est à l'endroit qui n'est pas celui où l'on est. *Ne reste pas là, viens ici avec nous. La montagne que tu vois là-bas, c'est le mont Blanc,* la montagne que tu vois au loin, c'est le mont Blanc.

2. Là, c'est à l'endroit où l'on est. *Assieds-toi là. Est-ce que ton père est là ?*

laboratoire nom masculin

Un laboratoire, c'est un endroit où l'on fait des expériences et des analyses. *Maman est allée au laboratoire se faire faire une prise de sang.*

labourer verbe

Labourer, c'est creuser et retourner la terre d'un champ. *L'agriculteur laboure avant de semer.*

labyrinthe nom masculin

Un labyrinthe, c'est un ensemble compliqué de chemins dans lequel on se perd et d'où l'on a du mal à sortir.

Il y a un **h** après le **t**.

lac nom masculin

Un lac, c'est une grande étendue d'eau, entourée par des terres. *Tanguy fait du voilier sur le lac.*

■ Un lac est plus grand et plus profond qu'un **étang.**

lacer verbe

Lacer, c'est attacher avec un lacet. *Mon petit frère ne lace pas ses chaussures tout seul.*

■ Ne confonds pas lacer et se **lasser.**

lacet nom masculin

1. Un lacet, c'est un cordon que l'on passe dans les petits trous qui sont sur le dessus de la chaussure.

2. Une route en lacets, c'est une route qui tourne beaucoup, qui a de nombreux virages.

Simon va-t-il réussir à faire sortir la bille du **labyrinthe** ?

A B C D E F G H I J K L M N O P Q R S T U V W X Y Z

lâche adjectif
Une personne lâche, c'est une personne qui n'a pas de courage, qui ne fait pas de choses un peu dangereuses parce qu'elle a peur. *Sophie est lâche, elle est partie en courant sans attendre son petit frère dès qu'elle a vu arriver le gros chien.*
➺ Ce mot s'écrit avec un **â.**

lâcher verbe
Lâcher, c'est arrêter de tenir, laisser tomber. *Claire a lâché le verre et il s'est cassé.*
➺ Ce mot s'écrit avec un **â.**

laid, laide adjectif
Le cousin de Jules est laid, il n'est pas agréable à regarder.
- Tu peux dire aussi **affreux, vilain.**
- Le contraire de laid, c'est **beau, joli.**
- Ne confonds pas laid et **lait.**

laideur nom féminin
La maison où habite Baptiste est d'une grande laideur, elle est très laide.
- Le contraire de laideur, c'est **beauté.**

laine nom féminin
La laine, c'est le fil que l'on fabrique avec les poils du mouton. *Ce pull en laine est bien chaud.*

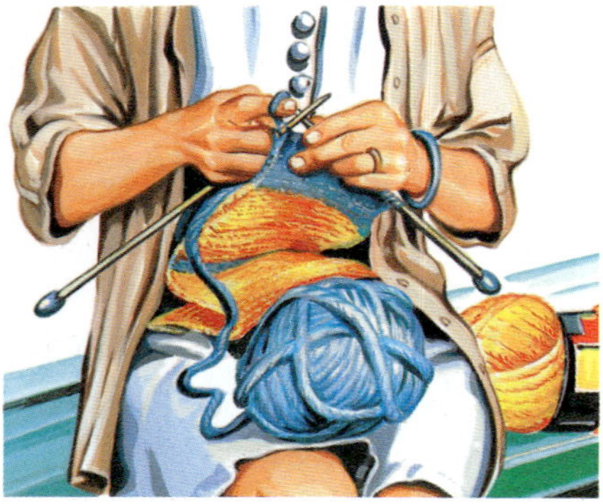

Mamie tricote un pull en **laine.**

laisse nom féminin
Une laisse, c'est une bande de cuir ou de plastique que l'on attache au collier d'un chien pour le tenir. *Noémie promène son chien en laisse.*

Le chien tire sur sa **laisse.**

laisser verbe
1. Laisser, c'est ne pas prendre avec soi. *Mathilde a laissé son cartable à l'école. Pendant les vacances, nous laissons notre chat chez Barbara.*
2. Laisser, c'est permettre à quelqu'un de faire quelque chose, ne pas l'en empêcher. *Papa a laissé ma grande sœur conduire la voiture. Laisse-moi tranquille !*
3. *Marie a mangé le jambon mais elle a laissé les épinards,* elle n'a pas mangé les épinards.

lait nom masculin
Le lait, c'est le liquide blanc qui sort des mamelles de certains animaux qui viennent d'avoir un petit, comme les vaches, les brebis et les chèvres, et des seins des femmes qui viennent d'avoir un bébé.
- Ne confonds pas lait et **laid.**

laitue nom féminin
Une laitue, c'est une salade.

lama nom masculin
Un lama, c'est un animal d'Amérique du Sud, roux et blanc, qui ressemble à un petit chameau sans bosse. *Les lamas vivent dans les montagnes.*

lambeau nom masculin

Un lambeau, c'est un morceau de tissu déchiré. *Pierre s'est encore battu : ses habits sont en lambeaux.*

Au pluriel : des **lambeaux.**

lame nom féminin

La lame d'un couteau, c'est la partie du couteau qui coupe. *Maman aiguise la lame du couteau.*

Une paire de ciseaux a deux lames.

lamentable adjectif

Laura a trouvé que le film était lamentable, elle a trouvé que le film était très mauvais.

Le contraire de lamentable, c'est **excellent.**

se lamenter verbe

Se lamenter, c'est se plaindre sans arrêt. *Arrête de te lamenter !*

lampadaire nom masculin

Un lampadaire, c'est une lampe montée sur une tige assez haute. *Il faut changer l'ampoule du lampadaire du salon.*

Le **lait** sert à faire du beurre, du fromage, des yaourts.

lampe nom féminin

Une lampe, c'est un appareil qui éclaire. *L'abat-jour de la lampe de ma chambre est jaune.*

Cherche aussi **ampoule.**

lampion nom masculin

Des lampions, ce sont des lampes en papier de toutes les couleurs. *On a suspendu des lampions dans les rues pour la fête du village.*

lance nom féminin

Une lance, c'est une arme formée d'un long manche avec une pointe en fer à un bout. *Le lion a été tué d'un coup de lance.*

lancer verbe

1. Lancer, c'est envoyer loin de soi. *Zoé lance la balle à Matthias.*

2. *Le chat s'est lancé à la poursuite de la souris,* il s'est précipité derrière la souris.

landau nom masculin

Un landau, c'est une sorte de petit lit, avec un petit toit pliant, monté sur des roues, dans lequel on couche un bébé pour le promener. *Papa a emmené mon petit frère au square dans son landau.*

Au pluriel : des **landaus.**

Quand mon petit frère sera plus grand, on le promènera dans une **poussette.**

langage nom masculin

1. Le langage, c'est l'ensemble des mots que l'on utilise. *C'est grâce au langage que l'on peut penser et parler.*

2. Le langage, c'est ce qui permet de se faire comprendre d'une autre façon qu'avec des mots. *Les dauphins ont leur langage.*

La **lanterne** éclaire le jardin.

langouste nom féminin
Une langouste, c'est un animal gris qui vit dans la mer. *La langouste ressemble à un homard, mais elle n'a pas de pinces.*
■ La langouste est un **crustacé.**

langoustine nom féminin
Une langoustine, c'est un petit animal gris qui a de longues pinces et qui vit dans la mer. *Romain a mangé des langoustines à la mayonnaise.*
■ La langoustine est un **crustacé.**

langue nom féminin
1. La langue, c'est l'organe qui est dans la bouche et qui sert à sentir le goût des aliments et à parler. *Quentin a tiré la langue à son frère.*
2. Une langue, c'est l'ensemble des mots avec lesquels parlent les gens d'un pays. *Les Français et les Espagnols ne parlent pas la même langue.*

lanière nom féminin
Une lanière, c'est une bande longue et étroite de cuir, de plastique ou de tissu. *Justine a cassé une lanière de sa sandale.*

lanterne nom féminin
Une lanterne, c'est une sorte de boîte transparente dans laquelle on met une lumière. *Il y a une lanterne sur le mur de la maison, à côté de la porte d'entrée.*

laper verbe
Le chat lape son lait, il le boit en donnant de petits coups de langue.

Le chat **lape** son lait.

lapin nom masculin, **lapine** nom féminin
Un lapin, une lapine, c'est un petit animal qui a un pelage très doux et de grandes oreilles. *Étienne va donner de l'herbe aux lapins.*
■ Le lapin est de la même famille que le lièvre.

① **large** adjectif
La rue est large, il y a beaucoup de place entre les deux côtés de la rue.
■ Le contraire de large, c'est **étroit.**

② **large** nom masculin
Le bateau est parti vers le large, il est parti loin de la côte, en pleine mer.

largeur nom féminin
La largeur, c'est le petit côté d'un rectangle. *Dessinez un rectangle de 6 centimètres de longueur et 4 centimètres de largeur.*

De grosses **larmes** coulent sur les joues de Kevin.

larme nom féminin

Une larme, c'est une goutte d'eau salée qui sort des yeux quand on pleure.

larve nom féminin

Une larve, c'est la forme qu'ont certains animaux quand ils naissent. *La chenille est la larve du papillon.*

■ Comment s'appelle la larve de la grenouille ? Le **têtard.**

laser nom masculin

Un laser, c'est un rayon de lumière que les chirurgiens utilisent pour certaines opérations ou qui sert pour écouter des disques.

■ Ce mot vient de l'anglais.

se **lasser** verbe

Kenza s'est lassée de jouer à la poupée, elle en a eu assez, elle n'aime plus jouer à la poupée.

■ Ne confonds pas se lasser et **lacer.**

lasso nom masculin

Un lasso, c'est une longue corde avec une boucle à un bout. *Le cow-boy attrape un bison au lasso.*

Au pluriel : des **lassos.**

lavabo nom masculin

Un lavabo, c'est une sorte de cuvette avec des robinets, fixée au mur dans une salle de bains. *Augustin se lave les mains dans le lavabo.*

■ Dans la cuisine, il y a un **évier.**

lavage nom masculin

La tache de gras sur ta robe partira au lavage, la tache partira quand on lavera ta robe.

lavande nom féminin

La lavande, c'est une plante à fleurs bleues qui sentent très bon. *La lavande sert à faire du parfum.*

lave nom féminin

La lave, c'est la matière brûlante qui sort d'un volcan en éruption.

Le cow-boy va lancer son **lasso.**

A B C D E F G H I J K **L** M N O P Q R S T U V W X Y Z

laver verbe

1. Laver, c'est rendre propre en nettoyant avec de l'eau et du savon ou de la lessive. *Léa lave la voiture de ses parents. Paul se lave les mains avant de se mettre à table.* ■ Cherche aussi **nettoyer.**

2. Se laver, c'est faire sa toilette. *Va vite te laver et habille-toi !*

Rémi n'aime pas se **laver.**

layette nom féminin

La layette, c'est l'ensemble des vêtements d'un bébé. *Maman a acheté de la layette pour mon petit frère qui va bientôt naître.*

le article masculin, **la** article féminin

Le, la, les sont des déterminants. *Le directeur et la maîtresse ont les clés de l'école.*

➾ Au masculin et au féminin pluriel : **les.**

lécher verbe

Lécher, c'est passer la langue sur quelque chose. *Marylou lèche sa glace. Le petit chien m'a léché la main.*

leçon nom féminin

1. Une leçon, c'est ce qu'un élève doit apprendre et savoir. *Aziz apprend sa leçon d'histoire.*

2. *Julie prend des leçons de piano,* elle apprend à jouer du piano avec un professeur, elle suit des cours de piano.

lecteur nom masculin,
lectrice nom féminin

1. Un lecteur, une lectrice, c'est une personne qui lit un journal ou un livre. *Ce journal a de nombreux lecteurs.*

2. Un lecteur de DVD, c'est un appareil avec lequel on peut regarder des DVD.

lecture nom féminin

Yann aime la lecture, il aime lire.

légende nom féminin

1. Une légende, c'est une histoire inventée il y a très longtemps. *La légende dit que le château est hanté.*

2. Une légende, c'est un petit texte placé sous une photo ou sous un dessin qui explique ce que l'on voit. *Que dit la légende de l'illustration de cette page ?*

léger, légère adjectif

1. Un objet léger, c'est un objet qui n'a pas beaucoup de poids, qui se soulève facilement. ■ Le contraire de léger, c'est **lourd.**

2. *Mattéo s'est fait une blessure légère en tombant de vélo,* il a une petite blessure qui n'est pas grave.

Le sac de Papa est **léger**, les valises de Maman sont lourdes.

légèrement adverbe
Légèrement, c'est un peu. *Maman s'est brûlée légèrement en sortant le plat du four.*
■ Le contraire de légèrement, c'est **gravement.**

légèreté nom féminin
Cette valise est d'une grande légèreté, elle est très légère.

légume nom masculin
Un légume, c'est une plante dont on mange certaines parties. *Mamie prépare de la soupe de légumes.*
■ Les épinards, les haricots, les asperges sont des légumes. Quels autres légumes connais-tu ?

lendemain nom masculin
Le lendemain, c'est le jour qui vient après celui dont on parle. *Charles est arrivé le jeudi et il est reparti le lendemain, vendredi.*
■ **Demain,** c'est le lendemain d'aujourd'hui.
■ Le contraire de lendemain, c'est **veille.**

lent, lente adjectif
Leïla est lente, elle met beaucoup de temps pour faire ce qu'elle a à faire, elle ne va pas vite.
■ Le contraire de lent, c'est **rapide, vif.**

lente nom féminin
Une lente, c'est un œuf de pou.

lentement adverbe
Louis marche lentement, il ne marche pas vite.
■ Le contraire de lentement, c'est **rapidement, vite.**

lenteur nom féminin
La lenteur, c'est le défaut d'une personne qui met trop de temps pour faire quelque chose, qui est lente. *Leïla apprend à lire avec lenteur.*
■ Le contraire de lenteur, c'est **rapidité.**

lentille nom féminin
1. Les lentilles, ce sont des petites graines rondes et plates que l'on mange cuites. *Hier soir, nous avons mangé des saucisses avec des lentilles.*
2. Une lentille, c'est un petit rond de verre ou de plastique que l'on se met sur l'œil pour bien voir.

léopard nom masculin
Un léopard, c'est une panthère jaune et noire qui vit en Afrique.
■ Le léopard est un **félin.**

lessive nom féminin
1. La lessive, c'est un produit en poudre ou liquide qui sert à laver le linge. *Papa met la lessive dans la machine à laver.*
2. *Maman est en train de faire la lessive,* elle est en train de laver du linge.
■ Quand on lave des assiettes, des verres et des couverts, que fait-on ? La **vaisselle.**

La vieille voiture roule **lentement**, la voiture de sport roule vite.

A B C D E F G H I J K L M N O P Q R S T U V W X Y Z

lettre nom féminin

1. Les lettres, ce sont des signes qui servent à écrire les mots. *Il y a 26 lettres dans l'alphabet français. Par quelle lettre commence ton prénom ?*

2. Une lettre, c'est un texte que l'on écrit à quelqu'un et qu'on lui envoie dans une enveloppe. *Charlotte a répondu à la lettre de Vincent.*

① **leur** adjectif

Nicolas et Olivier ont mis leurs chaussures, ils ont mis les chaussures qui sont à eux. *Monsieur et Madame Legrand aiment beaucoup leur fils et leur fille.*

➺ Au masculin et au féminin pluriel : **leurs.**

② **leur** pronom masculin et féminin pluriel

Leur, c'est un mot qui représente la troisième personne du pluriel. *J'ai rencontré Papi et Mamie et je leur ai fait une bise,* j'ai fait une bise à eux deux.

■ Cherche aussi **lui.**

① **lever** verbe

1. Lever, c'est mettre plus haut. *Jean lève la main.*

2. *Le matin, Aïcha se lève à 8 heures,* elle sort de son lit à 8 heures. ■ Le contraire de se lever, c'est **se coucher.**

3. *Quand le directeur entre dans la classe, les élèves se lèvent,* les élèves se mettent debout. ■ Le contraire de se lever, c'est **s'asseoir.**

4. *Le soleil se lève,* il apparaît à l'horizon et il commence à faire jour. ■ Le contraire de se lever, c'est **se coucher.**

② **lever** nom masculin

Le lever du soleil, c'est le moment où le soleil apparaît, où il se lève.

■ Le contraire de lever, c'est **coucher.**

levier nom masculin

Un levier, c'est une barre très solide que l'on met sous un objet lourd pour le soulever. *Maxence se sert d'un bâton comme levier pour soulever la grosse pierre.*

lèvre nom féminin

Les lèvres, ce sont les deux parties roses qui entourent la bouche. *Maman se met du rouge à lèvres.*

lézard nom masculin

Un lézard, c'est un petit animal qui ressemble à un serpent, mais qui a quatre pattes. *Le lézard a le corps recouvert d'écailles.*

■ Le lézard est un **reptile.**

liaison nom féminin

Un car fait la liaison entre la gare et l'aéroport, il fait régulièrement le trajet entre la gare et l'aéroport pour les relier.

liane nom féminin

Une liane, c'est une plante qui a de longues tiges ressemblant à des cordes qui s'accrochent aux arbres des forêts dans les pays chauds. *Le singe sautait de liane en liane.*

libellule nom féminin

Une libellule, c'est un insecte qui a la tête ronde, le corps allongé et quatre ailes transparentes. *Les libellules vivent près de l'eau.*

libérer verbe

Libérer, c'est rendre libre. *Le prisonnier a été libéré,* il est sorti de prison, il a été remis en liberté.

■ Le contraire de libérer, c'est **emprisonner.**

liberté nom féminin

1. La liberté, c'est le droit de faire, de penser et de dire ce que l'on veut.

2. *Le prisonnier a été remis en liberté,* il n'est plus enfermé dans une prison. *Monsieur Dumay a un cerf en liberté dans son jardin,* il a dans son jardin un cerf qui n'est pas dans une cage et qui n'est pas attaché.

Une **licorne**.

libraire nom masculin et féminin
Un libraire, une libraire, c'est une personne qui vend des livres dans une librairie.

librairie nom féminin
Une librairie, c'est un magasin où l'on vend des livres. *Papa est allé à la librairie acheter un dictionnaire.*

libre adjectif
1. *Tu es libre de venir ou non avec moi,* tu fais ce que tu veux, tu n'es pas obligé de venir avec moi.
2. *Le prisonnier est libre,* il est sorti de prison.
3. *Ce taxi est libre,* il n'y a pas de passagers dans ce taxi. ■ Le contraire de libre, c'est **occupé.**
4. Avoir du temps libre, c'est avoir du temps pour faire ce qu'on veut.

licencier verbe
Licencier, c'est renvoyer de son travail. *Le patron de l'usine a licencié dix ouvriers.*
■ Le contraire de licencier, c'est **engager.**

licorne nom féminin
Une licorne, c'est un cheval avec une longue corne au milieu du front. *La licorne est un animal qui n'a jamais existé ; on la rencontre seulement dans les contes et les légendes.*

lié, liée adjectif
Être lié avec quelqu'un, c'est être ami avec lui. *Adrien et Thomas sont très liés,* ils sont amis.

liège nom masculin
Le liège, c'est l'écorce d'un arbre qui est très légère, imperméable et élastique.

Le **liège** sert à fabriquer des bouchons.

lien nom masculin
Un lien, c'est une corde, une ficelle ou un ruban qui sert à attacher plusieurs choses ensemble. *Le bandit a ligoté le gardien avec un lien très solide.*

lier verbe
Lier, c'est attacher. *La fermière lie les pattes de la poule pour la vendre au marché.*

lierre nom masculin
Le lierre, c'est une plante qui monte le long des murs ou des arbres. Ses feuilles sont toujours vertes et brillantes. *La façade de la maison est recouverte de lierre.*

lieu nom masculin
1. Un lieu, c'est un endroit. *Lille est le lieu de naissance de Quentin*, Quentin est né à Lille.
2. *La finale du tournoi de tennis aura lieu dimanche*, la finale se passera dimanche.
3. *Tu devrais lire au lieu de regarder la télévision*, tu devrais lire plutôt que de regarder la télévision.
➺ Au pluriel : des **lieux.**
■ Ne confonds pas lieu et **lieue.**

lieue nom féminin
Une lieue, c'était une distance d'environ 4 kilomètres. *Avec ses bottes de sept lieues, l'Ogre pouvait aller très loin en faisant un seul pas.*
■ On parle de l'Ogre et des bottes de sept lieues dans « Le Petit Poucet ».
■ Ne confonds pas lieue et **lieu.**

Le **lièvre** est un animal sauvage.

lièvre nom masculin
Un lièvre, c'est un animal sauvage qui ressemble à un lapin. *Le lièvre a des oreilles plus longues que le lapin.*

ligne nom féminin
1. Une ligne, c'est un trait long et fin. *Inès écrit sur les lignes horizontales de son cahier.*
2. Une ligne, c'est une suite de mots écrits les uns à côté des autres. *Lisez les trois premières lignes du texte.*

ligoter verbe
Ligoter, c'est attacher solidement quelqu'un pour qu'il ne puisse pas se servir de ses bras et de ses jambes. *Les bandits ont ligoté le gardien sur une chaise.*

lilas nom masculin
Le lilas, c'est un arbuste qui a des fleurs en grappes, violettes ou blanches, qui sentent très bon.
➺ On ne prononce pas le **s** qui est à la fin.

Les **limaces** mangent des salades.

limace nom féminin
Une limace, c'est un petit animal au corps mou qui avance en rampant.
■ La limace est de la même famille que l'escargot, mais elle n'a pas de coquille.

lime nom féminin
Une lime, c'est un outil qui sert à user et à rendre lisse ce que l'on frotte avec lui. *Le plombier coupe le tuyau en plomb avec une lime.*

limitation nom féminin
Les automobilistes doivent respecter les limitations de vitesse, ils ne doivent pas rouler plus vite que la vitesse autorisée.

En ville, la **limitation** de vitesse est de 50 kilomètres à l'heure.

limite nom féminin
1. Une limite, c'est l'endroit où se termine un lieu. *La haie indique la limite du jardin.*
2. *Mathieu attend toujours la dernière limite pour faire ses devoirs,* il attend toujours le moment après lequel il sera trop tard pour faire ses devoirs.

limiter verbe
En ville, la vitesse est limitée à 50 kilomètres à l'heure, on n'a pas le droit de rouler plus vite que 50 kilomètres à l'heure.

limonade nom féminin
De la limonade, c'est de l'eau sucrée qui pétille, avec un goût de citron. *Marie boit un verre de limonade bien fraîche.*
■ Quelles autres boissons avec des bulles connais-tu ?

limpide adjectif
L'eau de la source est limpide, elle est claire et transparente.
■ Le contraire de limpide, c'est **trouble.**

linge nom masculin
Le linge, c'est l'ensemble des choses en tissu dont on se sert dans une maison : les draps, les nappes, les torchons, les serviettes, et les vêtements que l'on peut laver soi-même. *Anatole met son linge sale dans la machine à laver.*

lion nom masculin, **lionne** nom féminin
Un lion, une lionne, c'est un grand animal d'Afrique et d'Asie qui a la queue terminée par une touffe de poils. *Le lion a une crinière, la lionne n'en a pas.*
■ Le lion est un **félin,** il **rugit.**
■ On dit que le lion est le roi des animaux.

lionceau nom masculin
Le lionceau, c'est le petit du lion et de la lionne.
➾ Au pluriel : des **lionceaux.**

La **lionne**, le **lion** et leurs **lionceaux**.

① **liquide** adjectif
À la chaleur, la glace devient liquide, elle fond et elle coule, elle se transforme en eau.

② **liquide** nom masculin
L'eau, le lait, le vin sont des liquides, ce sont des matières qui coulent.
■ Cherche aussi **gaz** et **solide.**

a b c d e f g h i j k l m n o p q r s t u v w x y z

A B C D E F G H I J K L M N O P Q R S T U V W X Y Z

lire verbe
1. Lire, c'est regarder ce qui est écrit et le comprendre. *Au C. P., nous apprenons à lire. Bérénice sait lire son nom. Victor a lu la lettre de Mathilde.*
2. *Le soir, Maman me lit une histoire,* elle dit à haute voix une histoire qui est écrite dans un livre.
■ Cherche aussi **lecture.**

lisse adjectif
Le bois de la table est lisse, il est doux, il n'y a rien qui dépasse quand on le touche.
■ Le contraire de lisse, c'est **rugueux.**
■ Ne confonds pas lisse et **lis.**

liste nom féminin
Une liste, c'est une suite de mots ou de noms écrits les uns au-dessous des autres. *Papa fait la liste de toutes les choses qu'il doit acheter au supermarché.*

Amandine **lit** dans son **lit**.

lis nom masculin
Un lis, c'est une grande fleur blanche qui sent très bon.
■ On prononce le **s.**
■ Ne confonds pas lis et **lisse.**

lisible adjectif
L'écriture du maître est très lisible, elle est facile à lire.
■ Le contraire de lisible, c'est **illisible.**

lisiblement adverbe
Anna, écris lisiblement ! écris bien pour que ton écriture soit facile à lire.

lisière nom féminin
La lisière d'une forêt, c'est l'endroit où la forêt s'arrête. *La route suit la lisière de la forêt.*

lit nom masculin
Un lit, c'est un meuble sur lequel on se couche pour dormir. Il a deux parties : le sommier et le matelas sur lequel on met des draps et des couvertures. *Louna, il est tard, c'est l'heure d'aller au lit.*

litière nom féminin
1. La litière, c'est la paille que l'on met par terre dans les étables et les écuries. *Les vaches se couchent sur la litière.*
2. La litière, c'est le sable spécial dans lequel les chats font leurs crottes. *Camille change la litière du chat.*

litre nom masculin
Le litre sert à mesurer les liquides. *Cette bouteille contient un litre d'eau.* ■ On écrit aussi : « Elle contient 1 l d'eau. »

littérature nom féminin
La littérature, c'est l'ensemble des livres qui ont été écrits par des écrivains. *« Le Petit Prince » de Saint-Exupéry appartient à la littérature française.*

livraison nom féminin
Maman attend la livraison du nouveau canapé, elle attend que les employés du magasin où elle a acheté un canapé le lui apportent à la maison. ■ On va **livrer** le canapé.

① **livre** nom masculin
Un livre, c'est un ensemble de feuilles de papier imprimées attachées sur le côté et recouvertes d'une couverture. *Mon petit frère fait semblant de lire mon livre, mais il regarde seulement les images.*

② **livre** nom féminin
Une livre, c'est la moitié d'un kilo, c'est 500 grammes.

livrer verbe
On doit livrer le nouveau canapé demain, demain des employés vont apporter à la maison le canapé qu'on a acheté.

livreur nom masculin,
livreuse nom féminin
Un livreur, une livreuse, c'est une personne qui livre une marchandise que l'on a achetée. *Le livreur viendra jeudi à 14 heures.*

local nom masculin
Un local, c'est une pièce spéciale dans un bâtiment. *Lucie range son tricycle dans le local à vélos de l'immeuble.*
➺ Au pluriel : des **locaux.**

locataire nom masculin et féminin
Un locataire, une locataire, c'est une personne qui donne de l'argent pour habiter dans un logement qui n'est pas à elle.
■ La personne à qui appartient le logement est le **propriétaire.**
■ Cherche aussi **louer** et **loyer.**

Candice a étalé ses **livres** par terre.

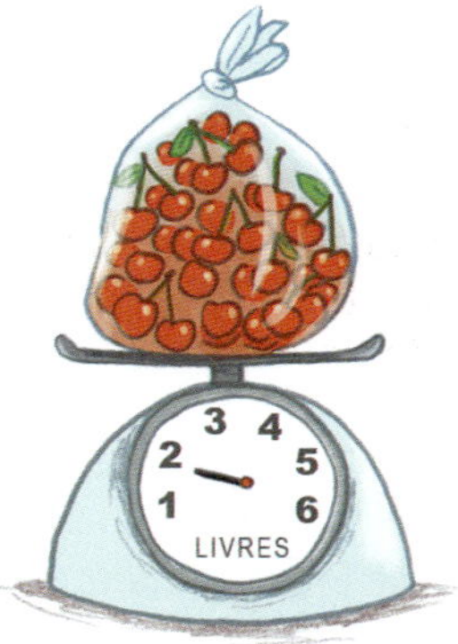

Papi voulait une **livre** de cerises mais il y en a un kilo.

location nom féminin
Monsieur Rouget a payé 150 euros pour la location de la voiture, il a donné 150 euros pour qu'on lui prête une voiture. ■ Il a **loué** une voiture.

a b c d e f g h i j k l m n o p q r s t u v w x y z

locomotive nom féminin
Une locomotive, c'est une machine qui tire un train et le fait avancer.

logement nom masculin
Un logement, c'est un endroit où l'on habite, c'est une maison ou un appartement. *Noah et ses parents ont un logement de trois pièces.*
■ Tu peux dire aussi **habitation.**

loger verbe
1. Loger, c'est habiter. *Ma cousine loge chez des amis.*
2. *Si vous ne trouvez pas d'hôtel, nous vous logerons pour la nuit,* nous vous garderons à la maison pour dormir.
■ Tu peux dire aussi **héberger.**

logique adjectif
Antoine a mangé trop de chocolats, maintenant il a mal au cœur, c'est logique, c'est normal, c'était sûr que cela allait arriver.

loi nom féminin
Une loi, c'est une règle qui dit ce que l'on a le droit de faire et ce que l'on n'a pas le droit de faire. *Il faut obéir aux lois, sinon on risque de devoir payer une amende ou d'aller en prison.*

loin adverbe
Loin, c'est à une grande distance de l'endroit où l'on est. *La piscine est loin de l'école.*
■ Le contraire de loin, c'est **près.**

lointain, lointaine adjectif
L'oncle de Christophe revient d'un pays lointain, il revient d'un pays qui est à une grande distance de chez lui, qui est loin.
■ Le contraire de lointain, c'est **proche.**

loir nom masculin
Un loir, c'est un petit animal qui a des poils gris et une grosse queue et qui dort tout l'hiver. *Les loirs habitent dans les arbres et passent l'hiver dans des terriers ou dans des greniers.*
■ Le loir est un **rongeur.**

Un **loir**.

loisirs nom masculin pluriel
1. Les loisirs, ce sont les moments où l'on ne travaille pas et pendant lesquels on fait ce qu'on aime pour se distraire. *Depuis qu'ils sont à la retraite, Papi et Mamie ont beaucoup de loisirs.*
2. Les loisirs, ce sont les choses que l'on aime faire pour se distraire. *Le tennis et le cinéma sont les loisirs préférés de Léa,* ce sont ses distractions préférées.

① **long, longue** adjectif
1. Long, c'est grand dans le sens de la longueur. *Clarisse a les cheveux longs. Maman a mis une jupe longue,* elle a mis une jupe qui va jusqu'aux pieds.
2. *Aziz a dormi un long moment,* il a dormi un moment qui a duré longtemps.
■ Le contraire de long, c'est **court.**

② **long** nom masculin
Louis et Marie marchent le long de la rivière, ils marchent au bord de la rivière.

longer verbe
La route longe la mer, elle suit le bord de la mer.

longtemps adverbe
Longtemps, c'est un long moment. *Capucine a attendu longtemps l'autobus.*

longueur nom féminin
1. La longueur, c'est la plus grande dimension d'une chose. *Le lit fait 2 mètres de longueur et 90 centimètres de largeur. La longueur du tuyau est de 10 mètres.*
2. La longueur, c'est le temps que dure quelque chose. *Quelle est la longueur de ce film ?* quelle est la durée de ce film ?

lorsque conjonction
Tu iras jouer lorsque tu auras fini de goûter, tu iras jouer au moment où tu auras fini de goûter.
■ Tu peux dire aussi **quand.**

losange nom masculin
Un losange, c'est une figure qui a ses quatre côtés égaux.

lot nom masculin
Un lot, c'est une somme d'argent ou un objet que l'on gagne dans une loterie. *Raphaël a gagné le gros lot de la tombola : un lecteur de DVD.*

loterie nom féminin
Une loterie, c'est un jeu où l'on gagne un lot quand le numéro que l'on a sur son billet est tiré, au hasard, sans choisir. *Élisa a acheté trois billets de loterie.*

① **louche** adjectif
Une chose ou une personne louche, c'est une chose ou une personne bizarre, qui inquiète et dont on sent qu'il faut se méfier. *Ce monsieur en imperméable avec des lunettes noires et un chapeau a l'air louche. Cette histoire est louche.*
■ Tu peux dire aussi **suspect.**

② **louche** nom féminin
Une louche, c'est une grande cuillère avec un long manche. *Papa sert la soupe avec la louche.*

loucher verbe
Loucher, c'est avoir l'œil gauche qui regarde vers la droite et l'œil droit qui regarde vers la gauche. *Ma sœur met des lunettes spéciales parce qu'elle louche.*

Une mouche s'est posée sur le nez de Marion, cela la fait **loucher**.

louer verbe
1. Louer, c'est donner de l'argent pour utiliser quelque chose que l'on rend après. *Le mercredi, Mamie loue des DVD de dessins animés. Monsieur et Madame Massot louent leur maison,* ils sont locataires, leur maison ne leur appartient pas.
2. Louer, c'est recevoir de l'argent parce que l'on prête quelque chose. *Madame Gardel loue les appartements dont elle est propriétaire.*

loup nom masculin

Un loup, c'est un animal sauvage qui ressemble à un gros chien. Il a un museau pointu et une fourrure très douce. *Les loups vivent en bandes.*

- Le loup **hurle.**
- La femelle du loup, c'est la **louve.**

loupe nom féminin

Une loupe, c'est un verre très épais qui fait paraître plus gros les objets ou les insectes que l'on regarde à travers.

- Une loupe grossit moins qu'un **microscope.**

Ali observe l'insecte avec une **loupe.**

louper verbe

1. Louper quelque chose, c'est ne pas réussir quelque chose. *Anaïs a loupé son dessin.* ■ Tu peux dire aussi **rater.**

2. Louper un train ou un avion, c'est ne pas arriver à temps pour monter dedans. *Papa a loupé son train, il prendra le suivant.* ■ Tu peux dire aussi **manquer, rater.**

- Ce mot est un mot familier.

lourd, lourde adjectif

La valise est lourde, elle pèse un grand poids, elle est difficile à porter.

- Le contraire de lourd, c'est **léger.**

loutre nom féminin

Une loutre, c'est un petit animal qui a les pattes palmées et une fourrure brune très épaisse et très douce. *Les loutres vivent près de l'eau et nagent très bien.*

louve nom féminin

La louve, c'est la femelle du loup.

loyer nom masculin

Le loyer, c'est l'argent que le locataire donne au propriétaire du logement qu'il habite. *Monsieur Massot paie son loyer tous les mois.*

lucarne nom féminin

Une lucarne, c'est une petite fenêtre dans le toit d'une maison.

lueur nom féminin

Une lueur, c'est une petite lumière qui éclaire très peu. *Nous avons dîné à la lueur des bougies pendant la panne d'électricité.*

luge nom féminin

Une luge, c'est une sorte de siège sur lequel on se met pour glisser sur la neige. *Loïc descend la piste à toute vitesse sur sa luge.*

- Cherche aussi **traîneau.**

lui pronom masculin et féminin singulier

Lui, c'est un mot qui représente la troisième personne. *J'ai vu Mamie et je lui ai dit bonjour.*

- Cherche aussi **leur.**

lumière nom féminin
La lumière, c'est ce qui éclaire, ce qui fait que l'on n'est pas dans l'obscurité. *Le soleil n'entre pas dans la cave, il n'y a pas beaucoup de lumière. Il fait sombre, allume la lumière,* allume la lampe.

lumineux, lumineuse adjectif
Le réveil de Myriam a des chiffres lumineux, il a des chiffres qui brillent et que l'on voit même dans l'obscurité. *Dans la rue, l'enseigne lumineuse de la pharmacie se voit de loin.*

lundi nom masculin
Le lundi, c'est le premier jour de la semaine. *C'est lundi, il faut aller à l'école !*

lune nom féminin
La Lune, c'est l'astre qui tourne autour de la Terre et qui est éclairé par le Soleil. *La Lune est à presque 400 000 kilomètres de la Terre.*
■ La Lune est un **satellite** de la Terre.

lunette nom féminin
1. Des lunettes, ce sont des verres que l'on met devant les yeux pour mieux voir. *Papa met ses lunettes pour lire.*
2. *L'astronome observe le ciel avec une lunette,* il observe le ciel en regardant dans un instrument spécial qui fait voir les objets éloignés comme s'ils étaient près.
■ Cherche aussi **télescope.**

Pour la première fois, le 21 juillet 1969, deux astronautes américains ont marché sur la **Lune**.

Les **lutins** ont un bonnet pointu.

lutin nom masculin
Un lutin, c'est un petit personnage très malicieux.
■ Les lutins n'existent pas vraiment, on les rencontre seulement dans les contes de fées et les légendes.

lutte nom féminin
Une lutte, c'est un combat.

lutter verbe
Arthur lutte contre le sommeil, il fait tout ce qu'il peut pour ne pas s'endormir.

luxe nom masculin
Laetitia aimerait vivre dans le luxe, elle aimerait vivre dans une très grande maison avec des meubles et des tapis très beaux, être servie par des domestiques, avoir des voitures, des vêtements et des bijoux très chers.

luzerne nom féminin
La luzerne, c'est une plante à petites fleurs violettes que mangent les vaches et les lapins.

lycée nom masculin
Le lycée, c'est l'école où l'on va après le collège, à partir de la classe de seconde. *Le grand frère de Chloé est en première au lycée Carnot.*

lynx nom masculin
Un lynx, c'est un animal sauvage qui ressemble à un gros chat, avec des oreilles pointues d'où sort une touffe de poils. *Le lynx a une très bonne vue.*
➾ Au pluriel : des **lynx.**
■ Le lynx est un **félin.**

Un **lynx.**

ma → va voir **mon.**

mâcher verbe
Mâcher, c'est écraser avec ses dents. *Adrien mâche bien sa viande avant de l'avaler. Clémence mâche du chewing-gum.*
Ce mot s'écrit avec un **â.**

machin nom masculin
Un machin, c'est un objet dont on ne sait pas le nom. *C'est quoi ce machin par terre ?*
■ Ce mot est familier. Tu peux dire aussi **chose** ou **truc.**

machine nom féminin
Une machine, c'est un gros objet en métal avec un moteur qui fait un travail pour l'homme. *Paul met les draps sales dans la machine à laver. Maeva fait ses opérations avec la machine à calculer.*

mâchoire nom féminin
Les mâchoires, ce sont les os où sont fixées les dents et qui permettent d'ouvrir la bouche.
■ Quand on ouvre la bouche, il n'y a qu'une seule mâchoire qui bouge : celle du haut ou celle du bas ?
Ce mot s'écrit avec un **â.**

maçon nom masculin
Un maçon, c'est un ouvrier qui construit des maisons.
Ce mot s'écrit avec un **ç.**

madame nom féminin
Madame, c'est le nom que l'on donne à une dame quand on lui parle, quand on lui écrit ou quand on parle d'elle. *Au revoir Madame ! J'ai rencontré Madame Lussac et ses deux enfants.*
Au pluriel : **mesdames.**

mademoiselle nom féminin
Mademoiselle, c'est le nom que l'on donne à une jeune fille quand on lui parle, quand on lui écrit ou quand on parle d'elle. *Bonjour Mademoiselle ! Le soir, Mademoiselle Rodin promène son chien.*
Au pluriel : **mesdemoiselles.**

Monsieur, **Madame** et **Mademoiselle** Royer.

magasin nom masculin
Un magasin, c'est une maison où un commerçant vend des marchandises. *Arthur est allé s'acheter des billes dans un magasin de jouets.*
- Tu peux dire aussi **boutique.**
- Cherche aussi **supermarché.**

magazine nom masculin
Un magazine, c'est un journal où il y a beaucoup de photos en couleurs, qui paraît toutes les semaines ou tous les mois. *Mon frère lit un magazine de football.*

magicien nom masculin, **magicienne** nom féminin
Un magicien, une magicienne, c'est une personne qui fait des tours de magie. *Le magicien a fait sortir une colombe de son chapeau.*
- Cherche aussi **prestidigitateur.**

Le **magicien** fait sortir un lapin de son chapeau.

magie nom féminin
David fait des tours de magie, il fait des choses extraordinaires avec des gestes et des mots mystérieux, il fait apparaître ou disparaître des personnes, des animaux ou des choses, sans que l'on comprenne comment il fait.

magique adjectif
La fée a transformé la citrouille en carrosse d'un coup de baguette magique, elle l'a transformée avec une baguette qui peut faire des choses extraordinaires.

magnétoscope nom masculin
Un magnétoscope, c'est un appareil qui permet d'enregistrer une émission ou un film sur une cassette vidéo et de les repasser à la télévision.

magnifique adjectif
Du haut de la colline, la vue est magnifique, la vue est très belle.
- Tu peux dire aussi **splendide, superbe.**
- Le contraire de magnifique, c'est **affreux.**

mai nom masculin
Le mois de mai, c'est le cinquième mois de l'année. *Le 1er mai, on offre du muguet et on dit que ça porte bonheur.*
- Le mois de mai a 31 jours.
- Ne confonds pas mai et **mais.**

maigre adjectif
Romain a recueilli un petit chat tout maigre, il a recueilli un petit chat qui n'a pas beaucoup de graisse, qui n'est pas assez gros.
- Le contraire de maigre, c'est **gras, gros.**

maigrir verbe
Maigrir, c'est perdre du poids, devenir plus maigre. *Mon oncle a fait un régime et il a beaucoup maigri.*
- Le contraire de maigrir, c'est **engraisser, grossir.**

mail nom masculin
Un mail, c'est un message qu'on envoie et qu'on reçoit sur un ordinateur. *Louise a reçu un mail de Théo.*
■ Ce mot vient de l'anglais.

maille nom féminin
1. Les mailles, ce sont les petites boucles que l'on fait en tricotant. *Mamie compte les mailles de son tricot.*
2. Les mailles d'un filet, ce sont les trous entre les fils du filet. *Le poisson est passé à travers les mailles du filet.*

maillot nom masculin
1. Un maillot de bain, c'est un vêtement que l'on met pour se baigner dans la mer ou dans une piscine.
2. Un maillot, c'est un vêtement qui couvre le haut du corps et que l'on met pour faire du sport. *Les joueurs de notre équipe de football ont un maillot rouge et blanc.*

Lequel des deux devrait **maigrir** ?

main nom féminin
La main, c'est la partie du corps située au bout du bras, qui sert à toucher et à prendre les choses. *On a deux mains et chaque main a cinq doigts.*
■ Comment s'appelle la partie du corps située au bout de la jambe, qui sert à marcher ? Le **pied.**

maintenant adverbe
Il faut partir maintenant si nous voulons arriver à l'heure, il faut partir tout de suite.

maire nom masculin et féminin
Le maire, la maire, c'est la personne qui dirige la commune. *C'est le maire actuel qui a marié mes parents il y a huit ans.*
■ Ne confonds pas maire, **mer** et **mère.**

mairie nom féminin
La mairie, c'est la maison où se trouve le bureau du maire. *Il y a un drapeau au-dessus de la porte de la mairie.*
■ Tu peux dire aussi **hôtel de ville.**

mais conjonction
Mais, c'est un mot qui indique que l'on va ajouter quelque chose qui explique que ce que l'on vient de dire n'est pas possible ou que c'est opposé à ce que l'on vient de dire. *Je veux bien te prêter mon vélo, mais il est trop grand pour toi. Dylan est petit, mais il est très fort.*
■ Ne confonds pas mais et **mai.**

maïs nom masculin
Le maïs, c'est une plante qui a de très gros épis à grains jaunes.
■ Le maïs est une **céréale.**
➺ Ce mot s'écrit avec un **ï.**

A B C D E F G H I J K L M N O P Q R S T U V W X Y Z

maison nom féminin
Une maison, c'est un bâtiment dans lequel on habite. *La maison de Julien a deux étages. Mercredi, Marie est restée à la maison,* elle est restée chez elle.

La sorcière habite une **maison** isolée dans la forêt.

maître nom masculin,
maîtresse nom féminin
Un maître, une maîtresse, c'est une personne qui enseigne aux enfants ce qu'ils doivent savoir, à l'école primaire.
■ Tu peux dire aussi **instituteur, professeur.**
➾ Ce mot s'écrit avec un **î.**
■ Ne confonds pas maître, **mètre** et **mettre.**

① **majeur, majeure** adjectif
En France, les garçons et les filles sont majeurs à 18 ans, ils sont entièrement responsables de ce qu'ils font et ils ont le droit de voter à partir de 18 ans. ■ Quand on est majeur, on a atteint la **majorité.**
■ Avant d'être majeur, on est **mineur.**

② **majeur** nom masculin
Le majeur, c'est le plus grand doigt de la main, celui qui est au milieu.
■ Le pouce, l'index, le majeur, l'annulaire et l'auriculaire.

majorité nom féminin
1. La majorité, c'est le plus grand nombre. *La majorité des élèves déjeune à la cantine.* ■ Tu peux dire aussi **la plupart.**
2. La majorité, c'est l'âge à partir duquel on est responsable de ce que l'on fait et que l'on a le droit de voter. *En France et au Maroc, la majorité est à 18 ans ; en Algérie elles est à 19 ans.* ■ La majorité, c'est l'âge que l'on a quand on est **majeur.**

majuscule nom féminin
Une majuscule, c'est une grande lettre que l'on met au début d'une phrase ou d'un nom propre.
■ Une petite lettre, c'est une **minuscule.**

Pourquoi y a-t-il une **majuscule** à Clémentine et une minuscule à clémentine ?

① **mal** nom masculin
1. *Candice a mal au ventre,* elle a une douleur dans le ventre.

2. *Jordan a du mal à apprendre ses leçons tout seul,* il n'arrive pas à apprendre ses leçons tout seul. ■ Tu peux dire aussi **difficulté, peine.**
3. *Il ne faut pas dire du mal des autres,* il ne faut pas dire des choses méchantes sur les autres.
➾ Au pluriel : des **maux.**
■ Ne confonds pas mal et **malle.**

② **mal** adverbe
Lilian se tient mal à table, il ne se tient pas comme il faut.
■ Le contraire de mal, c'est **bien.**

malade adjectif
Salomé est malade, elle a une maladie. *Aurélien est souvent malade,* il n'est pas en bonne santé.

maladie nom féminin
Papi a une grave maladie, quelque chose ne va pas bien dans son corps.

maladroit, maladroite adjectif
Une personne maladroite, c'est une personne qui fait des gestes trop brusques, sans faire attention. *Jérémie est maladroit, il a renversé son verre sur la nappe.*
■ Le contraire de maladroit, c'est **adroit.**

Ce serveur est vraiment **maladroit** !

mâle nom masculin
Un mâle, c'est un animal de sexe masculin. *Le cerf est le mâle de la biche.* ■ La biche est la **femelle** du cerf.
➾ Ce mot s'écrit avec un **â.**

malgré préposition
Myriam est allée à la piscine malgré son rhume, elle est allée à la piscine bien qu'elle ait un rhume.

malheur nom masculin
Un malheur, c'est quelque chose de triste, de grave qui arrive à quelqu'un. *La mère de Pierre vient de mourir, c'est un grand malheur pour toute la famille.*
■ Le contraire de malheur, c'est **bonheur.**

malheureusement adverbe
Arnaud voudrait jouer dehors, malheureusement il pleut, il ne peut pas le faire car il pleut, il n'a pas de chance.
■ Le contraire de malheureusement, c'est **heureusement.**

malheureux, malheureuse adjectif
Constance est malheureuse d'avoir perdu sa poupée, elle est triste, elle a de la peine.
■ Le contraire de malheureux, c'est **heureux.**

malhonnête adjectif
Une personne malhonnête, c'est une personne qui triche, qui vole et qui trompe les gens. *Les voleurs sont des gens malhonnêtes.*
■ Le contraire de malhonnête, c'est **honnête.**

malin, maligne adjectif
Mattéo est très malin, il arrive toujours à se débrouiller, il a beaucoup d'idées.
■ Tu peux dire aussi **astucieux, futé, rusé.**

A B C D E F G H I J K L M N O P Q R S T U V W X Y Z

malle nom féminin
Une malle, c'est une très grande valise. *Les vieux vêtements sont dans une malle au grenier.*
■ Ne confonds pas malle et **mal.**

maltraiter verbe
Maltraiter, c'est donner des coups, faire du mal en étant brutal. *Ne maltraite pas ce chien, il ne t'a rien fait !*

maman nom féminin
Une maman, c'est une mère. *Demande à ton papa et à ta maman de venir. Je vais chercher Maman. Maman, viens m'aider !*

mamelle nom féminin
Les mamelles, ce sont les parties du corps des femelles des mammifères qui donnent du lait.
■ Les mamelles des vaches, ce sont les **pis.** Celles des femmes, ce sont les **seins.**

mamie nom féminin
Mamie, c'est le nom que l'on donne à sa grand-mère. *Je vais téléphoner à Papi et à Mamie.*

mammifère nom masculin
Un mammifère, c'est un animal qui respire par des poumons et dont la femelle a des mamelles. *Le chien, la panthère, la baleine sont des mammifères.*
■ L'homme et la femme sont eux aussi des mammifères.

mammouth nom masculin
Un mammouth, c'était un très gros éléphant, couvert de longs poils, qui avait de très longues défenses recourbées. Il vivait au temps des premiers hommes. *Les hommes préhistoriques chassaient le mammouth pour se nourrir.*

① **manche** nom féminin
La manche, c'est la partie d'un vêtement qui entoure le bras. *Il fait chaud, Papa a mis une chemise à manches courtes.*

Quel point commun y a-t-il entre le pull de l'agriculteur et la fourche ?

② **manche** nom masculin
Le manche, c'est la partie allongée par laquelle on tient un couteau, un balai, une pelle, une hache ou un marteau.

manchot nom masculin
Un manchot, c'est un gros oiseau noir et blanc aux pattes palmées qui vit au pôle Sud. Il marche et ne vole pas : ses ailes lui servent à nager.
■ Le **pingouin,** qui ressemble au manchot, vit au pôle Nord.

mandarine nom féminin
Une mandarine, c'est un fruit qui ressemble à une petite orange et qui a un goût plus sucré. *Timeo donne un quartier de mandarine à sa sœur.*
■ La mandarine est plus grosse que la **clémentine.**

manège nom masculin

1. *Raphaël et Charlotte ont fait un tour de manège,* ils sont montés dans des petites voitures et sur des chevaux de bois qui tournent ensemble, les uns derrière les autres.

2. Un manège, c'est un endroit où l'on apprend à monter à cheval.

Emma, Paul et Lilou font un tour de **manège.**

Margot apprend à monter à cheval au **manège.**

mangeoire nom féminin

Une mangeoire, c'est un récipient dans lequel on met la nourriture des vaches, des chevaux, des poules ou des oiseaux. ■ On met de quoi **manger** dans la mangeoire.

➜ N'oublie pas le **e** entre le **g** et le **o.**

manger verbe

Manger, c'est mâcher et avaler de la nourriture. *Lucie a mangé toutes les fraises.*

mangue nom féminin

Une mangue, c'est un gros fruit ovale jaune orangé au goût sucré, qui a un gros noyau plat. *La mangue est un fruit des pays chauds.*

■ La mangue est un fruit **exotique.**

manie nom féminin

Une manie, c'est une habitude qui agace les autres et que l'on ne peut pas s'empêcher d'avoir. *Ma tante a la manie de fermer les placards à clé.*

manière nom féminin

Je me demande de quelle manière je vais faire tenir mon cartable sur mon vélo, je me demande comment je vais faire pour y arriver.

■ Tu peux dire aussi **façon.**

manifestation nom féminin

Une manifestation, c'est un grand nombre de personnes qui marchent dans la rue en criant des slogans pour montrer qu'elles ne sont pas contentes. *Les parents d'Hippolyte sont allés à une manifestation contre l'énergie nucléaire.*

mannequin nom masculin

Un mannequin, c'est une personne dont le métier est de porter des vêtements qui viennent d'être fabriqués et de les montrer en défilant ou en se faisant photographier pour les journaux. *Claudia est mannequin.*

a b c d e f g h i j k l m n o p q r s t u v w x y z

A B C D E F G H I J K L M N O P Q R S T U V W X Y Z

manquer verbe
1. *Il manque un livre sur l'étagère,* un des livres qui devrait être sur l'étagère n'y est pas.
2. *Clara a manqué l'école aujourd'hui,* elle n'est pas allée à l'école aujourd'hui.
3. *La purée manque de sel,* il n'y a pas assez de sel dans la purée.
4. *Maman a manqué son avion,* elle n'a pas pu prendre son avion parce qu'elle est arrivée en retard. ■ Tu peux dire aussi **rater** ou **louper,** mais c'est familier.

manteau nom masculin
Un manteau, c'est un vêtement chaud et long que l'on met par-dessus les autres pour aller dehors.
➺ Au pluriel : des **manteaux.**

① **manuel, manuelle** adjectif
Le menuisier fait un travail manuel, il travaille avec ses mains.

② **manuel** nom masculin
Un manuel, c'est un livre de classe. *Ouvrez tous votre manuel de géographie à la page 12 !*

maquette nom féminin
Mon grand frère construit une maquette d'avion, il fabrique un avion en petit.

maquillage nom masculin
Maman a beaucoup de produits de maquillage, elle a des crèmes et des poudres qu'elle se met sur le visage pour être encore plus jolie.

se **maquiller** verbe
Maman se maquille tous les matins, elle se met de la poudre sur le visage, des produits de couleur sur les paupières et sur les cils et du rouge à lèvres pour être encore plus belle.

marâtre nom féminin
Une marâtre, dans les contes de fées, c'est la deuxième femme du père, qui est méchante avec les enfants qu'il a eus avec sa première femme. *La marâtre de Cendrillon était vraiment très méchante.*
➺ Il y a un accent circonflexe sur le second **a.**

marbre nom masculin
Le marbre, c'est une belle pierre très dure.

Les escaliers du palais ont été faits avec des blocs de **marbre.**

marchand nom masculin, **marchande** nom féminin
Un marchand, une marchande, c'est une personne qui vend des marchandises. *Papa a acheté une salade chez le marchand de légumes. Alexis va s'acheter une petite voiture chez le marchand de jouets.*
■ Cherche aussi **commerçant** et **vendeur.**

marchandise nom féminin
Une marchandise, c'est une chose que l'on vend ou que l'on achète. *L'épicier a un stock de marchandises dans le sous-sol de son magasin.*

marche nom féminin

1. Une marche, c'est l'endroit plat sur lequel on pose le pied quand on monte ou quand on descend un escalier. *L'escalier qui va à la cave a 19 marches.*

2. *Les enfants ont fait une marche en forêt,* ils ont fait une promenade à pied dans la forêt.

3. *Mamie a mis le moteur de la tondeuse en marche,* elle a fait démarrer la tondeuse.

marché nom masculin

1. Le marché, c'est l'endroit où les commerçants viennent vendre leurs marchandises certains jours. *Le samedi matin, Charles va au marché avec son père.*

2. *Mamie fait le marché deux fois par semaine,* elle fait les courses, elle achète tout ce qu'il faut pour manger.

marcher verbe

1. Marcher, c'est avancer en mettant un pied devant l'autre, en faisant des pas. *Martin court derrière sa mère qui marche vite.*

2. Marcher, c'est fonctionner, ne pas être cassé ou en panne. *Mon réveil ne marche plus, il faut changer la pile.*

mardi nom masculin

Le mardi, c'est le deuxième jour de la semaine, entre le lundi et le mercredi. *Tous les mardis, Chloé va à la piscine avec sa classe.*

mare nom féminin

Une mare, c'est une petite étendue d'eau peu profonde. *Est-ce que tu entends les grenouilles coasser dans la mare ?*

marécage nom masculin

Un marécage, c'est un terrain couvert d'eau où poussent des plantes qui aiment l'humidité. *Les roseaux ont envahi le marécage.*

marée nom féminin

La marée, c'est le mouvement de la mer dont le niveau monte et descend deux fois par jour.

Léo et Morgane ramassent des coquillages à **marée** basse. Six heures plus tard, c'est la **marée** haute.

A B C D E F G H I J K L M N O P Q R S T U V W X Y Z

marelle nom féminin
La marelle, c'est un jeu où l'on pousse un objet dans des cases dessinées par terre, en sautant sur un pied. *Amandine et Zoé jouent à la marelle.*

marge nom féminin
La marge, c'est la partie que l'on laisse vide, sur le côté d'une feuille. *Le maître écrit ses remarques et ses corrections dans la marge.*

marguerite nom féminin
Une marguerite, c'est une grande fleur à cœur jaune et à nombreux pétales blancs, qui pousse dans les prés.
■ Une **pâquerette** est une petite marguerite.

mari nom masculin
Le mari de Brigitte s'appelle Bernard, l'homme avec lequel Brigitte est mariée s'appelle Bernard. ■ Brigitte est la **femme** de Bernard.
■ Tu peux dire aussi **époux.**

mariage nom masculin
Le mariage, c'est la cérémonie au cours de laquelle un homme et une femme se marient. *Le jour de son mariage, Brigitte avait une belle robe blanche.*
■ Cherche aussi **noce.**

marié nom masculin,
mariée nom féminin
Un marié, une mariée, c'est une personne qui se marie. *Le maire félicite les mariés et leur souhaite beaucoup de bonheur. Brigitte avait une robe de mariée en dentelle.*

se **marier** verbe
Brigitte et Bernard se sont mariés hier, ils ont été unis au cours d'une cérémonie parce qu'ils veulent vivre ensemble, ils sont devenus mari et femme.

① **marin** nom masculin
Un marin, c'est un homme dont le métier est de naviguer et de travailler sur un bateau. *Les marins peuvent rester en mer plusieurs mois.*

② **marin, marine** adjectif
La baleine est un animal marin, c'est un animal qui vit dans la mer.
■ Le lion est un animal **terrestre.**

marine nom féminin
La marine d'un pays, c'est l'ensemble formé par les marins et par les bateaux de guerre et les bateaux de commerce de ce pays. *Mon cousin travaille dans la marine.*
■ Le **bleu marine,** c'est le bleu foncé des uniformes des marins.

marionnette nom féminin
Une marionnette, c'est une poupée que l'on fait bouger et parler. *Camille est allée voir un spectacle de marionnettes.*
■ Cherche aussi **guignol.**

marmite nom féminin
Une marmite, c'est un grand récipient rond qui a deux anses et un couvercle. *La sorcière fait cuire de la soupe empoisonnée dans une grosse marmite.*

La photo des **mariés.**

Une **marmotte.**

marmotte nom féminin

Une marmotte, c'est un petit animal à la fourrure épaisse qui vit dans la montagne. *Les marmottes dorment pendant tout l'hiver.*

■ La marmotte est un **rongeur.**

marque nom féminin

1. Une marque, c'est un signe que l'on fait sur une chose. *Avant de planter le clou, Maman fait une marque au crayon sur le mur.*

2. *Quelles marques de voitures connais-tu ?* quels noms d'usines où l'on fabrique des voitures connais-tu ?

marquer verbe

1. Marquer, c'est indiquer. *La petite aiguille de la montre marque les heures. La haie marque la limite du jardin.*

2. *Notre équipe a marqué un but,* elle a réussi un but.

marraine nom féminin

La marraine, c'est la femme qui tient l'enfant dans ses bras pendant son baptême et qui promet de veiller sur lui. *Le parrain et la marraine de Clément lui ont fait un cadeau pour son anniversaire.*

■ Clément est leur **filleul.**

① **marron** nom masculin

Le marron, c'est le fruit du marronnier.

■ Les marrons que l'on mange, ce sont les fruits du châtaignier, ce sont des **châtaignes.**

Que ramasse Mathieu ? De quelle couleur est son pull ?

② **marron** adjectif invariable

Julie a des gants marron, elle a des gants de couleur brune, de la couleur des marrons.

Au masculin et au féminin pluriel : **marron.**

marronnier nom masculin

Un marronnier, c'est un grand arbre sur lequel poussent les marrons. *Au printemps, les marronniers ont des fleurs roses ou blanches.*

mars nom masculin

Le mois de mars, c'est le troisième mois de l'année. *Le printemps commence le 21 mars.*

■ Le mois de mars a 31 jours.

On prononce le **s** qui est à la fin.

marteau nom masculin

Un marteau, c'est un outil qui sert à taper, à enfoncer des clous. *Mamie tape sur le clou avec un marteau.*

Au pluriel : des **marteaux.**

masculin, masculine adjectif

1. *Antoine est un prénom masculin,* c'est un prénom de garçon. *Un bélier est un animal de sexe masculin,* c'est un mâle.

2. *« Fauteuil » est un nom masculin,* c'est un nom devant lequel on met l'article « le » ou « un ». *« Heureux » est un adjectif masculin,* c'est un adjectif qui accompagne un nom masculin.

■ Le contraire de masculin, c'est **féminin.**

masque nom masculin

Un masque, c'est comme un autre visage, en tissu, en carton ou en plastique, que l'on met sur sa figure pour se déguiser. *Mathis a mis un masque de lion pour le mardi gras.*

massage nom masculin

Faire un massage, c'est frotter une partie du corps où on a mal pour la soigner et enlever la douleur. *Le kinésithérapeute a fait des massages du dos à Papa.*

masse nom féminin

Une masse, c'est une très grande quantité, un gros tas. *Une énorme masse de neige barrait la route.*

massif nom masculin

1. Un massif de fleurs, c'est un groupe de fleurs plantées les unes à côté des autres pour décorer un jardin.

2. Un massif, c'est un groupe de montagnes qui forment un bloc.

mât nom masculin

Le mât, c'est le très haut poteau dressé sur le pont d'un bateau. *Le mât porte les voiles.*

➜ Ce mot s'écrit avec un **â.**

match nom masculin

Un match, c'est une lutte sportive entre deux personnes ou deux équipes. *Romain et Clémentine regardent un match de football à la télévision.*

■ Ce mot vient de l'anglais.

➜ Au pluriel : des **matchs** ou des **matches** (pluriel anglais).

matelas nom masculin

Le matelas, c'est la partie molle du lit sur laquelle on s'allonge pour dormir. *Papa fait le lit d'Arthur : il met d'abord un drap bleu sur le matelas.*

■ Le matelas est posé sur le **sommier.**

matériaux nom masculin pluriel

Le bois, la pierre, les briques, le fer, le ciment sont des matériaux, ce sont des matières qui servent à construire des maisons, des routes, à fabriquer des machines ou des objets.

matériel nom masculin

Le matériel, c'est l'ensemble des objets dont on se sert pour faire quelque chose. *Mon cousin est parti en vacances en emportant tout son matériel de camping.*

maternel, maternelle adjectif

1. L'amour maternel, c'est l'amour qu'une mère éprouve pour ses enfants.

2. *Monsieur Porte est le grand-père maternel de Jean Blum,* Monsieur Porte est le père de la mère de Jean Blum.

3. L'école maternelle, c'est l'école où vont les enfants à partir de 2 ou 3 ans jusqu'à 6 ans.

4. *La langue maternelle de John est l'anglais,* la première langue que John a apprise, quand il était tout petit, est l'anglais.

maternité nom féminin
La maternité, c'est la partie d'un hôpital ou d'une clinique où naissent les bébés. *Maman a accouché hier, elle est encore à la maternité.*

L'infirmière de la **maternité** s'occupe des nouveau-nés.

mathématiques nom féminin pluriel
La leçon de mathématiques sert à apprendre à compter, à calculer, à mesurer, à faire des opérations. *Pauline fait un exercice de mathématiques.*
Il y a un **h** après le premier **t.**

matière nom féminin
Une matière, c'est ce qu'il y a de plus important dans une chose, c'est ce dont cette chose est faite et que l'on peut toucher. *Le beurre et l'huile sont des matières grasses.*

matin nom masculin
Le matin, c'est le début de la journée. *Le dimanche matin, Justine se lève tard.*
■ La fin de la journée, c'est le **soir.**

matinée nom féminin
La matinée, c'est le début de la journée, depuis le lever du soleil jusqu'à midi. *Max et Lydia ont passé la matinée à la piscine et ils sont allés au cinéma l'après-midi.*

mauvais, mauvaise adjectif
1. *Cette glace est mauvaise,* elle a un goût désagréable. *Thomas est un mauvais élève,* il ne travaille pas bien.
2. *J'ai une mauvaise nouvelle à vous annoncer,* une nouvelle qui va vous faire de la peine.
■ Le contraire de mauvais, c'est **bon.**

mauve adjectif
Mamie a un pull mauve, elle a un pull violet clair.

maximum nom masculin
Le maximum, c'est la plus grande quantité possible. *Aujourd'hui la température ne devrait pas dépasser un maximum de 20 degrés,* il ne devrait pas faire plus de 20 degrés.
■ La plus petite quantité possible, c'est le **minimum.**

mayonnaise nom féminin
Une mayonnaise, c'est une sauce épaisse faite en mélangeant très vite de la moutarde, de l'huile et du jaune d'œuf. *Nous avons mangé du poulet froid avec de la mayonnaise.*

mazout nom masculin
Le mazout, c'est un liquide épais qui vient du pétrole et que l'on fait brûler dans une chaudière pour chauffer une maison.
■ On prononce le **t** qui est à la fin.

mécanicien nom masculin,
mécanicienne nom féminin
Un mécanicien, une mécanicienne, c'est une personne qui s'occupe des moteurs et des machines et les répare. *Le mécanicien a réussi à faire démarrer la voiture qui était en panne.*

① **mécanique** adjectif
Zoé a une poupée mécanique, elle a une poupée qui bouge toute seule quand on remonte un ressort caché à l'intérieur.

② **mécanique** nom féminin
La mécanique, c'est la construction et le fonctionnement des machines. *Il faut étudier la mécanique pour devenir garagiste.*

mécanisme nom masculin
Un mécanisme, c'est un ensemble de pièces, de roues, de ressorts qui permettent à un moteur, à une machine ou à un appareil de fonctionner.

Une montre a un **mécanisme** compliqué.

méchamment adverbe
David s'est moqué de son frère méchamment, il s'est moqué de lui pour lui faire de la peine. ■ David a été **méchant.**
■ Le contraire de méchamment, c'est **gentiment.**

méchanceté nom féminin
La méchanceté, c'est le défaut d'une personne qui fait exprès du mal ou de la peine aux autres. *Paul a cassé la poupée d'Elsa par méchanceté.*
■ Le contraire de méchanceté, c'est **gentillesse.**

méchant, méchante adjectif
Paul a été méchant avec sa sœur, il lui a fait du mal exprès.
Ce chien est méchant avec les gens qu'il ne connaît pas, il attaque et il mord les gens qu'il ne connaît pas.
■ Le contraire de méchant, c'est **gentil.**

mèche nom féminin
1. La mèche de la bougie, c'est le cordon qui sort de la bougie et que l'on fait brûler.
2. *Mamie a des mèches blanches,* elle a par endroits de nombreux cheveux blancs.

mécontent, mécontente adjectif
Romane est mécontente que Zoé ne soit pas venue à son anniversaire, elle n'est pas contente que Zoé ne soit pas venue.

médaille nom féminin
1. Une médaille, c'est un bijou plat et rond que l'on porte accroché à une chaîne.
2. Une médaille, c'est une grosse pièce de métal que l'on donne comme récompense à un sportif qui a gagné une compétition.

médecin nom masculin
Un médecin, c'est une personne dont le métier est de soigner les malades. *Marie a de la fièvre, Papa a appelé le médecin.*
■ Tu peux dire aussi **docteur.**

Attention, chiens **méchants** !

médecine nom féminin
Le grand frère de Félix fait des études de médecine, il apprend de quelle façon fonctionne le corps et comment on soigne les maladies.

médical, médicale adjectif
Aujourd'hui, Sylvia et Jean passent la visite médicale, ils sont examinés par un médecin.
➺ Au masculin pluriel : **médicaux.**
➺ Au féminin pluriel : **médicales.**

médicament nom masculin
Un médicament, c'est un produit que l'on prend pour se soigner ou pour arrêter d'avoir mal. *Papa est allé acheter des médicaments à la pharmacie.*
■ Tu peux dire aussi **remède.**
■ Comment s'appelle le papier sur lequel le médecin écrit le nom des médicaments qu'il faut acheter ? Une **ordonnance.**

méduse nom féminin
Une méduse, c'est un petit animal au corps mou et transparent en forme de cloche, qui vit dans la mer. *Claire s'est fait piquer par une méduse.*

se **méfier** verbe
Se méfier, c'est faire attention parce que l'on n'a pas confiance. *Méfie-toi de Manon, elle ne sait pas garder un secret.*

meilleur, meilleure adjectif
1. *Mes bonbons sont meilleurs que les tiens,* mes bonbons ont un goût plus agréable que les tiens, tes bonbons sont moins bons que les miens. ■ Le contraire de meilleur, c'est **pire.**
2. *Capucine est ma meilleure amie,* Capucine est celle de mes amies que j'aime le plus.

mélange nom masculin
Un mélange, c'est un ensemble de choses différentes que l'on a mises ensemble. *La pâte à crêpes est un mélange de lait, d'œufs et de farine.*

mélanger verbe
Mélanger, c'est mettre plusieurs choses différentes ensemble et les remuer. *Pour faire de la vinaigrette, il faut mélanger de l'huile et du vinaigre.*

se **mêler** verbe
Axel se mêle toujours de ce qui ne le regarde pas, il s'occupe toujours de ce qui ne le regarde pas, il veut toujours tout savoir.
➺ Il y a un accent circonflexe sur le premier **e.**

mélodie nom féminin
Une mélodie, c'est une suite de notes de musique qui font un air. *Julien se souvient de la mélodie de la chanson mais pas des paroles.*

A B C D E F G H I J K L M N O P Q R S T U V W X Y Z

Des **melons**.

melon nom masculin

Un melon, c'est un gros fruit rond, vert clair, dont on mange l'intérieur qui est orange et a un goût sucré. *On mange des melons en été.*

membre nom masculin

1. Les membres, ce sont les quatre parties du corps qui s'attachent au tronc. *Les bras et les jambes sont les membres du corps humain. Les ailes et les pattes sont les membres des oiseaux.*
2. Un membre, c'est une personne qui fait partie d'un groupe ou d'un club. *Mes oncles et mes tantes sont des membres de ma famille. Léna est membre du club de judo du collège.*

① **même** adjectif

1. *Arthur et Julie ont les mêmes baskets,* leurs baskets sont identiques, elles sont exactement pareilles. ■ Le contraire de même, c'est **différent.**
2. *Laura et Éva sont arrivées en même temps,* elles sont arrivées ensemble.
3. *Louis a fait un gâteau lui-même,* il a fait un gâteau tout seul, sans que personne ne l'aide.

➾ Il y a un accent circonflexe sur le premier **e.**

② **même** adverbe

1. *L'épicerie est ouverte tous les jours, même le dimanche,* elle est ouverte aussi le dimanche.
2. *Il pleut, mais Loïc joue quand même dehors,* il joue dehors bien qu'il pleuve, malgré la pluie.

➾ Il y a un accent circonflexe sur le premier **e.**

mémoire nom féminin

La mémoire, c'est ce qui permet de se souvenir. *Aglaé a une très bonne mémoire, elle sait le numéro de téléphone de tous ses amis par cœur.*

menace nom féminin

Une menace, c'est une parole que l'on dit ou un geste que l'on fait à quelqu'un pour lui faire peur. *Le bijoutier n'a pas ouvert son coffre-fort malgré les menaces du voleur.*

menacer verbe

Menacer quelqu'un, c'est essayer de lui faire peur pour l'obliger à faire quelque chose. *Le voleur menaçait le bijoutier avec un revolver.*

ménage nom masculin

Le ménage, c'est l'ensemble des travaux que l'on fait pour que l'intérieur d'une maison soit propre. *Papi fait le ménage : il passe l'aspirateur, essuie les meubles et range les affaires à leur place. Monsieur Bonnot a une femme de ménage,* il paie une femme pour qu'elle fasse le ménage chez lui.

ménager, ménagère adjectif

Les travaux ménagers, ce sont toutes les choses qu'il y a à faire chez soi pour que tout soit propre et que tout fonctionne bien. *Laver et repasser le linge, faire la vaisselle, passer l'aspirateur sont des travaux ménagers.*

ménagerie nom féminin
La ménagerie, c'est l'endroit où vivent les animaux d'un cirque.

David et Coralie visitent la **ménagerie** du cirque.

mendiant nom masculin,
mendiante nom féminin
Un mendiant, une mendiante, c'est une personne très pauvre qui demande de l'argent aux gens qui passent dans la rue pour pouvoir manger, c'est une personne qui mendie. *Antoine a donné un euro à un mendiant.*
■ Cherche aussi **clochard.**

mendier verbe
Mendier, c'est demander de l'argent aux passants parce que l'on est très pauvre. *Une pauvre femme avec un bébé mendie à la sortie du métro.*

mener verbe
1. *Ce chemin mène à la rivière,* il va jusqu'à la rivière.
2. *Le commissaire mène l'enquête,* il s'occupe de l'enquête et il la dirige.
3. *Notre équipe va sûrement gagner le match, elle mène 3 buts à 1,* elle est en tête, elle a plus de buts que l'autre équipe.

menotte nom féminin
Une menotte, c'est une main. *Lucie a ses menottes toutes froides.*
■ Ce sont les enfants qui emploient ce mot ou les adultes quand ils parlent aux enfants.

menottes nom féminin pluriel
Les menottes, ce sont les deux bracelets en métal réunis par une chaîne que les policiers mettent aux poignets des personnes qu'ils emmènent en prison.

mensonge nom masculin
Un mensonge, c'est une chose fausse que l'on dit pour tromper, c'est ce que l'on dit quand on ment. *Quel mensonge vas-tu encore inventer ?*

mensuel,
mensuelle adjectif
Ce magazine est mensuel, il paraît une fois par mois.

mental,
mentale adjectif
La maîtresse nous fait faire du calcul mental, elle nous fait faire des opérations sans les poser, sans écrire les nombres, nous devons calculer dans notre tête.
➾ Au masculin pluriel : **mentaux.**
➾ Au féminin pluriel : **mentales.**

menteur nom masculin,
menteuse nom féminin
Un menteur, une menteuse, c'est une personne qui ment, qui dit des mensonges et invente des histoires pour tromper. *Kévin est un menteur, il dit que son père est gendarme et ce n'est pas vrai,* il n'est pas franc.

menthe nom féminin
La menthe, c'est une plante qui sent très bon et qui a un goût très agréable. *Justine mange un bonbon à la menthe. La maman d'Aziz fait du thé à la menthe.*
Il y a un **h** après le **t.**

La **menthe** rafraîchit.

mentir verbe
Mentir, c'est dire des choses fausses en sachant que ce n'est pas la vérité, c'est dire des mensonges. *Rachel a menti à son père.* ■ Rachel est une **menteuse !**

menton nom masculin
Le menton, c'est le bas du visage au-dessous de la bouche. *Mon oncle a une barbe, on ne voit pas son menton.*

menu nom masculin
Le menu, c'est l'ensemble des plats qui sont servis pendant le repas. *De la soupe, du jambon avec des pâtes et un yaourt, voilà le menu de notre dîner ce soir. Au restaurant, mes parents ont choisi le menu à 30 euros.*

menuisier nom masculin
Un menuisier, c'est une personne dont le métier est d'utiliser du bois pour fabriquer des meubles, des portes, des fenêtres, etc. *Le menuisier a installé des étagères dans la chambre de Baptiste.*

mépriser verbe
Marius méprise tout le monde, il pense que les autres sont moins bien que lui, il se trouve mieux qu'eux.

mer nom féminin
La mer, c'est une grande étendue d'eau salée. *Bérénice passe ses vacances au bord de la mer. Marseille est un port de la mer Méditerranée.*
■ Une très grande mer qui sépare des continents est un **océan.**
■ Ne confonds pas mer, **maire** et **mère.**

mercerie nom féminin
Une mercerie, c'est un magasin où l'on trouve tout ce qui est nécessaire pour coudre. *Mamie est allée à la mercerie acheter des aiguilles, du fil, des rubans et des boutons.*

merci interjection
Merci, c'est un mot que tu dis à quelqu'un qui t'a fait un cadeau, qui t'a dit quelque chose de gentil ou qui t'a rendu un service. *Merci pour ton cadeau, Mamie ! Sois poli, dis merci à Paul de t'avoir aidé.*
■ Tu dis merci pour **remercier.**

mercredi nom masculin
Le mercredi, c'est le troisième jour de la semaine, entre le mardi et le jeudi. *Amélie va à son cours de piano tous les mercredis après-midi.*

mère nom féminin
Une mère, c'est une femme qui a un ou plusieurs enfants. C'est aussi une femelle qui a un ou plusieurs petits. *Maxime doit venir avec son*

père et sa mère. Les chatons restent près de leur mère.
- Tu peux dire aussi **maman.**
- Ne confonds pas mère, **maire** et **mer.**

meringue nom féminin
Une meringue, c'est un gâteau fait avec du blanc d'œuf et du sucre. *Camille mange une meringue avec de la glace à la vanille et du chocolat chaud.*

mériter verbe
Corentin n'a fait aucune faute à sa dictée, il mérite des compliments, il doit recevoir des compliments, c'est normal qu'on lui fasse des compliments.

merlan nom masculin
Un merlan, c'est un poisson de mer qui ressemble à la morue et que l'on pêche près des côtes.

merle nom masculin
Un merle, c'est un oiseau noir qui a un bec jaune. *J'ai entendu un merle siffler.*

Le **merle** est plus gros que la **mésange.**

merveille nom féminin
Une merveille, c'est une chose très belle. *Le feu d'artifice auquel nous avons assisté était une merveille.*
- Connais-tu « Alice au pays des merveilles » ?

merveilleux, merveilleuse adjectif
Il fait un temps merveilleux, il fait très beau.
- Tu peux dire aussi **magnifique, splendide, superbe.**
- Le contraire de merveilleux, c'est **affreux, épouvantable, horrible.**

mésange nom féminin
Une mésange, c'est un petit oiseau qui a un très joli chant. *Les mésanges sont très utiles car elles mangent des insectes.*

mesdames → va voir **madame.**

mesdemoiselles → va voir **mademoiselle.**

message nom masculin
Un message, c'est quelque chose que l'on dit à une personne de la part de quelqu'un ou que l'on s'arrange pour lui faire parvenir si elle n'est pas là. *Vanessa a laissé un message sur le répondeur de Ryan.*

messe nom féminin
La messe, c'est la principale cérémonie religieuse des catholiques. *Le dimanche, Pauline va à la messe.*
- La messe a lieu dans une église.

messieurs → va voir **monsieur.**

mesure nom féminin
Une mesure, c'est une dimension. *Maman prend les mesures du coffre de sa voiture pour voir si la commode entre dedans,* elle regarde quelles sont la longueur, la largeur et la hauteur du coffre.

a b c d e f g h i j k l m n o p q r s t u v w x y z

A B C D E F G H I J K L M N O P Q R S T U V W X Y Z

mesurer verbe

1. *Papa mesure le salon,* il regarde quelles sont la longueur, la largeur et la hauteur du salon, il prend les mesures du salon.

2. *Jeanne mesure un mètre dix,* la hauteur de son corps est un mètre dix, sa taille est de un mètre dix. *Combien mesures-tu ?*

métal nom masculin

Un métal, c'est une matière dure et brillante. *Le fer, l'or sont des métaux.*

Au pluriel : des **métaux.**

métallique adjectif

Les outils sont rangés dans une boîte métallique, ils sont rangés dans une boîte en métal.

météo nom féminin

La météo, c'est l'étude de ce qui se passe dans l'atmosphère et qui permet de prévoir le temps qu'il va faire.

- Météo, c'est le mot **météorologie** en plus court.

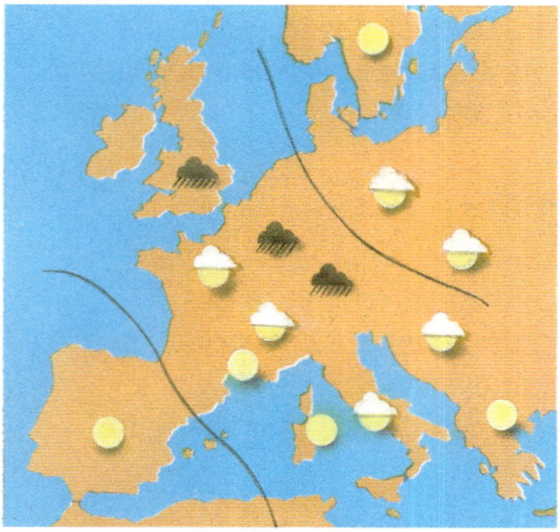

Quel temps la **météo** prévoit-elle pour demain ?

méthode nom féminin

Une méthode, c'est une manière de faire quelque chose. *Il y a plusieurs méthodes pour apprendre à lire.*

- Tu peux dire aussi **moyen, système.**

Il y a un **h** après le **t.**

métier nom masculin

Un métier, c'est le travail que l'on fait pour gagner de l'argent. *Monsieur Lemaire est vétérinaire, il aime beaucoup son métier.*

- Tu peux dire aussi **profession.**
- Quel métier veux-tu faire plus tard ?

mètre nom masculin

Un mètre, c'est cent centimètres. *Le salon mesure quatre mètres de longueur et trois mètres de largeur* ou *il mesure 4 m sur 3 m.*

- Mille mètres font un **kilomètre :** 1 000 m = 1 km.
- Ne confonds pas mètre, **maître** et **mettre.**

métro nom masculin

Un métro, c'est un train qui roule dans une grande ville, le plus souvent sous la terre. *Papa et Maman prennent le métro pour aller travailler.*

- Métro, c'est le mot **métropolitain** en plus court.

mettre verbe

1. Mettre, c'est placer à un endroit. *Matthias met les verres sur la table,* il pose les verres sur la table. *Demain, Sophie mettra sa robe bleue,* elle s'habillera avec sa robe bleue

2. *Mehdi a mis une demi-heure pour apprendre sa leçon,* il a passé une demi-heure à apprendre sa leçon, il lui a fallu une demi-heure.

3. Se mettre, c'est s'installer. *Nous nous mettons à table à 8 heures. Jordan s'est mis au lit,* il s'est couché.

4. *Andrea s'est mise à ranger sa chambre en rentrant de l'école,* elle a commencé à ranger sa chambre en rentrant de l'école.

- Ne confonds pas mettre, **maître** et **mètre.**

meuble nom masculin
Les chaises, les tables, les armoires, les lits sont des meubles, ce sont de gros objets dont on a besoin pour vivre dans une maison.
■ Cherche aussi **mobilier.**

meugler verbe
La vache meugle, elle pousse son cri.
■ Tu peux dire aussi **beugler.**

La vache **meugle.**

meule nom féminin
Une meule de foin, c'est un gros tas de foin dans un champ.

meunier nom masculin,
meunière nom féminin
Un meunier, une meunière, c'est une personne dont le métier est de fabriquer de la farine, dans un moulin.
■ Connais-tu une chanson où l'on parle d'un meunier qui dort ?

meurtre nom masculin
Cet homme a été condamné car il a commis un meurtre, il a tué quelqu'un exprès.
■ Tu peux dire aussi **crime.**

meurtrier nom masculin,
meurtrière nom féminin
Un meurtrier, une meurtrière, c'est une personne qui a tué quelqu'un en le faisant exprès. *La meurtrière a été arrêtée par la police.* ■ Elle a commis un **meurtre.**
■ Tu peux dire aussi **assassin, criminel.**

miauler verbe
Le chat miaule, il pousse son cri.

Le chat **miaule.**

micro nom masculin
Un micro, c'est un appareil devant lequel on parle pour augmenter le son de sa voix ou pour enregistrer ce que l'on dit. *Parlez bien devant le micro pour que tout le monde vous entende.*
■ Micro, c'est le mot **microphone** en plus court.

Le chanteur tient son **micro.**

A B C D E F G H I J K L M N O P Q R S T U V W X Y Z

microbe nom masculin
Un microbe, c'est un être vivant très petit, que l'on ne peut voir qu'au microscope et qui donne des maladies. *Mets la main devant la bouche quand tu tousses, je ne veux pas de tes microbes !*
■ Un **virus** est encore plus petit qu'un microbe.

micro-onde nom masculin
Un micro-onde, c'est un four dans lequel on réchauffe ou on fait cuire les aliments très rapidement. *Mets ton bol de lait une minute dans le micro-onde.*
➾ Au pluriel : des **micro-ondes.**
➾ Tu peux aussi écrire un **microonde.**

microscope nom masculin
Un microscope, c'est un appareil qui grossit les objets et permet de regarder des choses ou des êtres vivants si petits qu'on ne peut pas les voir autrement. *Aurélien observe un cheveu au microscope.*
■ Le microscope grossit beaucoup plus que la **loupe.**

microscopique adjectif
Les microbes sont microscopiques, ils sont si petits que l'on ne peut les voir qu'au microscope.

midi nom masculin
1. Midi, c'est le milieu de la journée, entre le matin et l'après-midi. *Nous déjeunons à midi et demi,* nous déjeunons à 12 heures 30.
2. Le Midi, c'est le sud de la France. *Marie passe ses vacances dans le Midi.*

mie nom féminin
La mie, c'est la partie molle à l'intérieur du pain.
■ La partie dure du pain, c'est la **croûte.**

miel nom masculin
Le miel, c'est le produit sucré que fabriquent les abeilles avec ce qu'elles prennent dans les fleurs. *Sofiane met du miel sur sa tartine.*

miette nom féminin
Une miette, c'est un tout petit morceau de pain ou de gâteau. *Carla donne des miettes de pain aux oiseaux.*

mieux adverbe
Nora est presque guérie, elle va mieux, sa santé est meilleure. *Diégo chante mieux que sa sœur,* sa voix est plus jolie.
■ Le contraire de mieux, c'est **moins bien, plus mal.**

mignon, mignonne adjectif
Lilas est une petite fille très mignonne, elle est jolie, gracieuse et aimable.

migraine nom féminin
Une migraine, c'est un mal de tête très fort. *Aujourd'hui, Maman est restée au lit, elle a la migraine.*

migrateur, migratrice adjectif
Les cigognes sont des oiseaux migrateurs, ce sont des oiseaux qui changent de région suivant les saisons.

Des tranches de pain de **mie.**

milieu nom masculin

1. Le milieu, c'est la partie d'une chose qui est à égale distance de ses bords. *Lucie a posé le vase au milieu de la table.* ■ Tu peux dire aussi **centre.**

2. Le milieu, c'est le moment qui est aussi près du début que de la fin. *Paul s'est réveillé au milieu de la nuit.*

➻ Au pluriel : des **milieux.**

① **militaire** adjectif

J'ai vu passer un camion militaire, j'ai vu passer un camion qui appartient à l'armée.

② **militaire** nom masculin et féminin

Un militaire, une militaire, c'est une personne qui fait partie de l'armée.

■ Tu peux dire aussi **soldat.**

millepatte nom masculin

Un millepatte, c'est un petit animal dont le corps est composé de 21 anneaux et qui a 42 pattes. *Adèle a vu des millepattes dans le jardin.*

➻ Tu peux aussi écrire un **mille-pattes** (invariable).

milliard nom masculin

Un milliard, c'est mille millions. *Il y a des milliards d'étoiles dans le ciel.*

■ Un milliard = 1 000 000 000.

milliardaire nom masculin et féminin

Un milliardaire, une milliardaire, c'est une personne très riche.

millier nom masculin

Un millier, c'est environ mille. *Notre ville a plusieurs milliers d'habitants.*

million nom masculin

Un million, c'est mille fois mille. *Notre pays a plusieurs millions d'habitants.*

■ Un million = 1 000 000.

millionnaire nom masculin et féminin

Un millionnaire, une millionnaire, c'est une personne très riche, mais moins riche qu'un milliardaire.

mime nom masculin et féminin

Un mime, une mime, c'est une personne qui fait reconnaître un personnage, un animal ou toute une scène, sans parler, en faisant seulement des gestes.

mimer verbe

Djamel mime un guitariste, il essaie de faire comprendre qu'il imite un guitariste en faisant les mêmes gestes que lui, sans parler.

Est-ce que tu aimerais être un **milliardaire** ?

A B C D E F G H I J K L M N O P Q R S T U V W X Y Z

Un **mimosa.**

mimosa nom masculin
Le mimosa, c'est un arbre dont les petites fleurs jaunes en forme de boules sentent très bon.

minaret nom masculin
Le minaret, c'est la tour d'une mosquée.

mince adjectif
Virginie est mince, elle n'est pas grosse. *Cette tranche de saucisson est mince,* elle est fine, elle n'est pas épaisse.

mine nom féminin
1. La mine d'une personne, c'est l'aspect de son visage qui montre comment elle va. *Emma a bonne mine, mais Étienne a mauvaise mine.*
2. La mine d'un crayon, c'est le petit bâton noir ou de couleur à l'intérieur du crayon qui laisse une trace sur le papier quand on écrit ou quand on dessine. *La mine de ton crayon est usée, va chercher ton taille-crayon.*
3. Une mine, c'est un endroit creusé sous la terre où l'on trouve du charbon, des métaux ou des pierres précieuses.

① **mineur** nom masculin
Un mineur, c'est un ouvrier qui travaille dans une mine. *Les mineurs sont descendus au fond de la mine.*

② **mineur, mineure** adjectif
Une personne mineure, c'est un jeune homme ou une jeune fille qui n'a pas encore l'âge de la majorité.
■ Selon les pays, on devient **majeur** à 18 ans ou à 19 ans.

minimum nom masculin
Le minimum, c'est la plus petite quantité possible. *Papa emporte toujours en voyage un minimum d'affaires,* il emporte le moins d'affaires possible.
■ La plus grande quantité possible, c'est le **maximum.**

ministre nom masculin et féminin
Un ministre, une ministre, c'est une personne qui fait partie du gouvernement d'un pays. *Le Premier ministre est le chef du gouvernement.*

minuit nom masculin
Minuit, c'est le moment où l'on change de jour, douze heures après midi. *Papa et Maman se sont couchés à minuit et demi,* ils se sont couchés à 0 heure trente.

① **minuscule** adjectif
Une puce est un animal minuscule, c'est un tout petit animal.
■ Le contraire de minuscule, c'est **énorme, gigantesque.**

② **minuscule** nom féminin
Une minuscule, c'est une petite lettre. *Candice écrit son nom en minuscules.*
■ Une grande lettre, c'est une **majuscule.**

minute nom féminin
Une minute, c'est une durée de 60 secondes. *La récréation dure 15 minutes,* elle dure un quart d'heure.
■ Il y a 60 minutes dans une heure.

miracle nom masculin
Un miracle, c'est un événement extraordinaire que l'on ne peut pas expliquer. *Tous les passagers de l'avion ont été sauvés, c'est un miracle.*

mirage nom masculin
Un mirage, c'est un paysage que l'on croit voir dans le désert mais qui n'existe pas vraiment, qui est une illusion.

L'oasis que l'on aperçoit au loin n'est qu'un **mirage**.

miroir nom masculin
Un miroir, c'est une plaque de verre spécial dans laquelle on se voit. *Juliette se regarde dans le miroir.*
■ Tu peux dire aussi **glace**.

misère nom féminin
Le pauvre homme a perdu son travail, ses amis l'ont abandonné, il a fini sa vie dans la misère, il a fini sa vie sans argent, dans une très grande pauvreté.
■ Le contraire de misère, c'est **richesse**.

mission nom féminin
Une mission, c'est une chose que l'on doit faire pour quelqu'un qui l'a demandé. *Xavier a pour mission de promener le chien des voisins.*

mite nom féminin
Une mite, c'est un petit papillon blanc qui mange les tissus de laine. *Une mite a fait un trou dans mon pull vert.*

mi-temps nom féminin invariable
1. Une mi-temps, c'est chacune ces deux parties d'un match. *Adrien a marqué un but au début de la deuxième mi-temps.*
2. La mi-temps, c'est le moment où l'on s'arrête de jouer au milieu d'un match. *À la mi-temps, les deux équipes étaient à égalité.*
3. Travailler à mi-temps, c'est travailler la moitié du temps normal. *La maman de Clémentine travaille à mi-temps, elle ne va à son bureau que le matin.*
➾ Au pluriel : des **mi-temps**.

mitraillette nom féminin
Une mitraillette, c'est une arme qui ressemble à un gros fusil et qui tire un grand nombre de balles à la suite.

mixte adjectif
Une équipe mixte, c'est une équipe où il y a des filles et des garçons.

① **mobile** adjectif
Une chose mobile, c'est une chose qui peut bouger ou que l'on peut faire bouger. *La mâchoire inférieure est mobile.*
■ Le contraire de mobile, c'est **fixe**.

A B C D E F G H I J K L M N O P Q R S T U V W X Y Z

② **mobile** nom masculin

Un mobile, c'est un ensemble de petits objets légers accrochés au bout de fils qui pendent. On le suspend et il bouge tout seul. *Maman a installé un mobile au-dessus du berceau de mon petit frère.*

mobilier nom masculin

Le mobilier, c'est l'ensemble des meubles d'une maison.

moche adjectif

Une chose ou une personne moche, c'est une chose ou une personne qui n'est pas agréable à regarder. *Le pull de Morgane est vraiment moche.*

■ Ce mot est familier. Tu peux dire aussi **laid, vilain.**

■ Le contraire de moche, c'est **beau, joli.**

① **mode** nom féminin

La mode, c'est la manière de s'habiller qui plaît pendant un moment. *Les pantalons rouges sont à la mode cette année,* beaucoup de gens aiment mettre un pantalon rouge cette année.

■ Quand quelque chose n'est plus à la mode, c'est **démodé.**

② **mode** nom masculin

Un mode d'emploi, c'est un papier sur lequel est expliqué comment se servir de quelque chose. *Papa lit le mode d'emploi de son nouveau téléphone.*

modèle nom masculin

1. Un modèle, c'est un objet que l'on doit dessiner ou un dessin que l'on doit imiter. *Le maître a dessiné au tableau une fleur qui va nous servir de modèle.*

2. Un modèle, c'est un exemple à suivre. *Tu devrais prendre modèle sur Louisa qui est très sage,* tu devrais faire comme Louisa.

3. Un modèle de voiture, c'est une certaine voiture.

modeler verbe

La pâte à modeler, c'est une pâte spéciale à laquelle on peut donner la forme que l'on veut avec les mains. *Mathilde a fait un chien en pâte à modeler.*

moderne adjectif

Dorian habite dans un immeuble moderne, il habite dans un immeuble qui a été construit il y a peu de temps.

■ Le contraire de moderne, c'est **ancien.**

La **mode** a beaucoup changé depuis 1900.

modeste adjectif
Une personne modeste, c'est une personne qui ne parle pas de ce qu'elle fait de bien, qui ne se vante pas. *Émilie est modeste, elle ne m'a pas dit qu'elle avait eu 10 à sa dictée.*
■ Le contraire de modeste, c'est **orgueilleux, prétentieux.**

moelle nom féminin
La moelle, c'est la matière grasse et molle qui est à l'intérieur des os.

moi pronom masculin et féminin
Moi, c'est un mot qui représente la première personne du singulier. *Fais ce que tu veux, moi je m'en vais.*
■ Cherche aussi **je.**
■ Ne confonds pas moi et **mois.**

moineau nom masculin
Un moineau, c'est un petit oiseau brun. *Les moineaux mangent des graines, des insectes et des fruits.*
➾ Au pluriel : des **moineaux.**

moins adverbe et préposition
1. *Maelys a moins de stylos que Julien,* elle a une quantité de stylos plus petite que celle qu'a Julien. *Paul a moins de 10 ans,* il n'a pas encore 10 ans.
2. *Quatre moins trois égalent un,* si on fait une soustraction et que l'on enlève trois de quatre, on obtient un. *4 – 3 = 1.*
■ Le contraire de moins, c'est **plus.**

mois nom masculin
Un mois, c'est chacune des douze parties de l'année. *La rentrée des classes a lieu au mois de septembre.*
■ Janvier, février, mars, avril, mai, juin, juillet, août, septembre, octobre, novembre, décembre.
■ Ne confonds pas mois et **moi.**

moisi, moisie adjectif
La confiture est moisie, elle est abîmée, elle est recouverte de tout petits champignons qui forment une sorte de mousse blanche ou verte.

moisson nom féminin
Les agriculteurs font la moisson en été, ils coupent les céréales et les ramassent.
■ Cherche aussi **récolte.**

moissonner verbe
Moissonner, c'est récolter les céréales.
■ Moissonner, c'est faire la **moisson.**

L'agriculteur **moissonne** le blé.

moite adjectif
Adam a les mains moites, il a les mains un peu humides parce qu'il transpire.
■ Le contraire de moite, c'est **sec.**

moitié nom féminin
1. *Sacha a mangé la moitié du croissant,* il a mangé une partie du croissant qui est égale à la partie qui reste, il a mangé un demi-croissant.
2. *Djamel s'est à moitié endormi dans la voiture,* il s'est presque endormi dans la voiture.

molaire nom féminin
Une molaire, c'est une grosse dent qui est au fond de la bouche. *Un adulte a 12 molaires.*
■ Cherche aussi **canine** et **incisive.**

molle → va voir **mou.**

mollet nom masculin
Le mollet, c'est la partie arrière de la jambe, entre la cheville et le genou. *Les coureurs cyclistes ont les mollets musclés.*

mollusque nom masculin
Un mollusque, c'est un animal qui a un corps mou parfois recouvert d'une coquille. *Les limaces, les escargots, les moules sont des mollusques.*

moment nom masculin
1. Un moment, c'est un temps assez court. *Le médecin va vous recevoir dans un moment.*
2. *Le téléphone a sonné au moment où je partais,* le téléphone a sonné juste quand je partais.
■ Tu peux dire aussi **instant.**

momie nom féminin
Une momie, c'est le corps d'un mort que l'on a conservé il y a très longtemps en mettant dedans des herbes et des parfums et en l'entourant de petites bandes spéciales.

mon, ma adjectif
Voilà mon cahier, ma trousse et mes crayons, voilà le cahier, la trousse et les crayons qui sont à moi.
➾ Au masculin et au féminin pluriel : **mes.**

monarchie nom féminin
Une monarchie, c'est un pays dont le chef est un roi. *La Belgique et le Maroc sont des monarchies.*
■ Cherche aussi **royaume.**

monde nom masculin
1. Le monde, c'est l'ensemble de tout ce qui existe, la Terre, le Soleil, les astres, le ciel, l'espace. ■ Tu peux dire aussi **univers.**
2. Le monde, c'est la Terre. *Les parents d'Étienne ont beaucoup voyagé, ils connaissent le monde entier.*
3. *Il y a beaucoup de monde sur la plage,* il y a beaucoup de gens sur la plage.

mondial, mondiale adjectif
La population mondiale, c'est la population du monde entier.
➾ Au masculin pluriel : **mondiaux.**
➾ Au féminin pluriel : **mondiales.**

moniteur nom masculin,
monitrice nom féminin
Un moniteur, une monitrice, c'est une personne qui apprend à quelqu'un à faire quelque chose. *Le moniteur de ski nous a montré comment attacher nos skis.*

Une **momie** égyptienne.

monnaie nom féminin
1. La monnaie d'un pays, c'est l'argent que l'on utilise dans ce pays. *L'euro est la monnaie de la France.*
2. La monnaie, c'est la différence qu'il y a entre l'argent que l'on donne pour acheter un objet et le prix de cet objet. *La boulangère rend la monnaie à Claire qui lui a donné un billet de 10 euros pour acheter une baguette.*

monotone adjectif
Monsieur Duclos a une vie monotone, il ne lui arrive jamais rien, tout est toujours pareil dans sa vie.

monsieur nom masculin
Monsieur, c'est le nom que l'on donne à un homme quand on lui parle, quand on lui écrit ou quand on parle de lui. *Bonjour Monsieur. Je dirai à Monsieur Colas de te téléphoner. Un monsieur et une dame sont venus.*
➜ Au pluriel : **messieurs.**

monstre nom masculin
Un monstre, c'est un animal ou une personne qui n'est pas comme les autres et qui fait peur. *Tristan a fait un cauchemar, il a rêvé qu'un monstre qui ressemblait à un dragon avec deux têtes était caché sous son lit.*
■ Heureusement, les monstres n'existent pas vraiment, ce sont des êtres imaginaires !

montagne nom féminin
Une montagne, c'est une sorte de bosse très haute sur le sol d'un pays, faite de terre et de rochers. *Le sommet de la montagne est enneigé.*
■ Cherche aussi **colline.**

montagneux, montagneuse adjectif
Une région montagneuse, c'est une région où il y a des montagnes. *Les Alpes et les Pyrénées sont des régions montagneuses.*

montée nom féminin
Une montée, c'est une route ou un chemin qui monte. *Il faut pédaler fort dans la montée.*
■ Tu peux dire aussi **côte.** Cherche aussi **pente.**
■ Le contraire de montée, c'est **descente.**

monter verbe
1. Monter, c'est aller du bas vers le haut. *Flavie est montée au grenier.* ■ Le contraire de monter, c'est **descendre.**
2. Monter, c'est augmenter. *Diégo est malade, sa température a encore monté.* ■ Le contraire de monter, c'est **baisser.**
3. *Margot sait monter à cheval,* elle sait faire du cheval.
4. *Maman monte la bibliothèque,* elle installe comme il faut toutes les parties de la bibliothèque pour qu'elle tienne debout. ■ Le contraire de monter, c'est **démonter.**

Un **monstre** effrayant.

a b c d e f g h i j k l m n o p q r s t u v w x y z

A B C D E F G H I J K L M N O P Q R S T U V W X Y Z

montre nom féminin
Une montre, c'est une sorte de petite boîte qui donne l'heure, accrochée à un bracelet. *Lucie regarde l'heure à sa montre.*
■ Cherche aussi **horloge** et **pendule.**

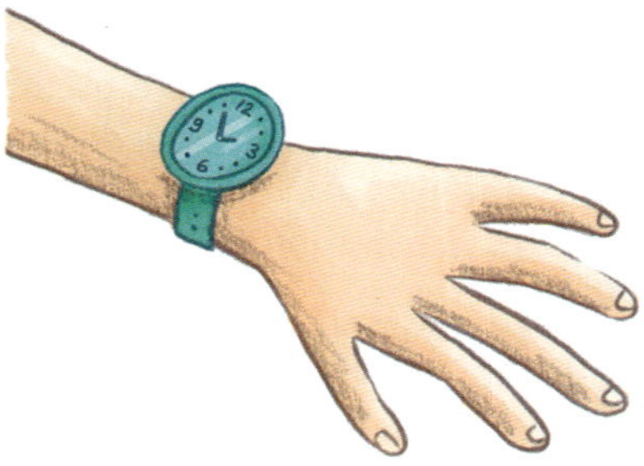

La petite aiguille de la **montre** indique les heures, la grande aiguille indique les minutes.

montrer verbe
1. Montrer, c'est faire voir. *Élise m'a montré sa poupée. Noé va me montrer comment marche sa console de jeux.*
2. Montrer, c'est indiquer. *Pouvez-vous me montrer le chemin pour aller à la poste ?*

monument nom masculin
Un monument, c'est un bâtiment très beau ou très célèbre que l'on visite. *La tour Eiffel est le monument de Paris le plus connu.*

se **moquer** verbe
Se moquer de quelqu'un, c'est rire de lui. *Tout le monde se moque de moi parce que j'ai un gros bouton sur le nez !*

moquette nom féminin
Une moquette, c'est un tapis qui est fixé par terre et qui recouvre tout le sol d'une pièce. *Mael a de la moquette bleue dans sa chambre.*

moqueur, moqueuse adjectif
Avoir un air moqueur, c'est avoir l'air de se moquer.
■ Tu peux dire aussi **ironique.**

morale nom féminin
1. *Axel n'aime pas qu'on lui fasse la morale,* il n'aime pas qu'on lui dise qu'il n'a pas été gentil ou qu'il a fait quelque chose de mal et qu'on l'oblige à avoir une bonne conduite.
2. La morale d'une histoire, c'est le conseil qui est donné à la fin d'une histoire et dont il faut se souvenir. *Il y a toujours une morale à la fin des fables de La Fontaine.*

morceau nom masculin
1. Un morceau, c'est une partie de quelque chose. *Marie mange un morceau de pain,* elle mange un bout de pain. *Le vase s'est cassé en mille morceaux.*
2. Un morceau, c'est un air de musique. *Erwan nous a joué un morceau de piano.*
➜ Au pluriel : des **morceaux.**

mordre verbe
Mordre, c'est serrer entre ses dents. *Mon chien est très gentil, il ne mord pas.*

Léa se **moque** du déguisement de son frère.

mors nom masculin
Le mors, c'est la petite barre de métal que l'on met dans la bouche du cheval pour le faire aller où l'on veut.
■ Ne confonds pas mors et **mort.**

Le cavalier met le **mors** à son cheval.

morsure nom féminin
Une morsure, c'est une blessure faite en mordant. *Les morsures de vipères sont dangereuses.*

① **mort** nom féminin
La mort, c'est l'arrêt de la vie. *J'ai beaucoup pleuré à la mort de Papi.*
■ Tu peux dire aussi **décès.**
■ Le contraire de mort, c'est **naissance.**
■ Ne confonds pas mort et **mors.**

② **mort, morte** adjectif
1. *Thomas a vu un rat mort dans la cave,* il a vu un rat qui n'était plus en vie. ■ Le contraire de mort, c'est **vivant.** ■ Cherche aussi **décédé.**
2. *Lina est morte de fatigue,* elle est très fatiguée. *Matéo était mort de rire,* il riait beaucoup.

③ **mort** nom masculin,
morte nom féminin
Un mort, une morte, c'est une personne qui n'est plus en vie. *L'accident a fait deux morts et cinq blessés.*

mortel, mortelle adjectif
Une morsure de vipère peut être mortelle, elle peut faire mourir.

morue nom féminin
Une morue, c'est un gros poisson qui vit dans les mers froides. *À la cantine, nous avons mangé de la morue avec des pommes de terre.*

morve nom féminin
La morve, c'est le liquide qui sort du nez.

mosaïque nom féminin
Une mosaïque, c'est un ensemble de petits carreaux de pierre de couleurs différentes qui forment un dessin. *Le sol de la salle de bains est en mosaïque.*
Ce mot s'écrit avec un **ï.**

mosquée nom féminin
Une mosquée, c'est un bâtiment dans lequel les musulmans vont prier.
■ Les catholiques vont à l'**église,** les protestants au **temple,** les juifs à la **synagogue** et les bouddhistes à la **pagode.**

Il faut se déchausser pour entrer dans la **mosquée.**

a b c d e f g h i j k l m n o p q r s t u v w x y z

A B C D E F G H I J K L M N O P Q R S T U V W X Y Z

mot nom masculin
1. Un mot, c'est une suite de lettres qui veut dire quelque chose. *« École » est un mot de 5 lettres. Une phrase est une suite de mots.*
2. Un mot, c'est une lettre assez courte. *Quand on manque l'école, les parents doivent écrire un mot à la maîtresse.*

motard nom masculin,
motarde nom féminin
1. Un motard, une motarde, c'est une personne qui fait de la moto.
2. Un motard, c'est un gendarme à moto. *Deux motards ont arrêté l'automobiliste qui roulait trop vite.*

moteur nom masculin
Un moteur, c'est un appareil qui fait fonctionner une machine ou qui fait tourner les roues d'un véhicule. *Le moteur du camion est en panne.*

motif nom masculin
1. Un motif, c'est la cause, la raison de quelque chose. *Pour quel motif n'as-tu pas appris ta leçon ?* pourquoi n'as-tu pas appris ta leçon ?
2. Un motif, c'est un dessin sur un tissu ou un papier peint. *Les rideaux sont bleus avec des motifs blancs.*

moto nom féminin
Une moto, c'est un engin à deux roues qui a un moteur puissant. *Mon grand frère fait de la moto.*
■ Moto, c'est le mot **motocyclette** en plus court.

Paul aime les **motos** rouges.

mou, molle adjectif
1. Une chose molle, c'est une chose qui change de forme quand on appuie dessus. *Le chat aime dormir sur un coussin bien mou,* il aime dormir sur un coussin dans lequel il s'enfonce. ■ Le contraire de mou, c'est **dur.**
2. Une personne molle, c'est une personne qui se laisse vivre, qui n'a pas d'énergie, qui est très lente. *Secoue-toi, sois moins molle !*
■ Le contraire de mou, c'est **actif, dynamique, énergique.**
➡ Au masculin pluriel : **mous.**
➡ Au féminin pluriel : **molles.**

mouche nom féminin
Une mouche, c'est un insecte noir qui a deux ailes et une petite trompe. *Une mouche s'est posée sur la vitre.*

se **moucher** verbe
Se moucher, c'est souffler par le nez, en pressant les narines l'une après l'autre, pour le déboucher. *Prends un mouchoir et mouche-toi !*

moucheron nom masculin
Un moucheron, c'est une toute petite mouche.

mouchoir nom masculin
Un mouchoir, c'est un morceau de tissu ou de papier spécial dans lequel on se mouche. *Adrien a mis un paquet de mouchoirs en papier dans sa poche.*

moudre verbe
Moudre, c'est écraser des grains pour en faire de la poudre. *On moud les grains de blé pour faire de la farine.*
■ Cherche aussi **moulu.**

moue nom féminin

Faire la moue, c'est faire une grimace en avançant les lèvres quand on n'est pas content, quand on boude. *Claire a fait la moue quand on lui a dit d'aller au lit.*

Benjamin n'est pas content, il fait la **moue.**

mouette nom féminin

Une mouette, c'est un oiseau gris et blanc qui vit au bord de la mer ou des fleuves. *La mouette ressemble au goéland, mais elle est plus petite.*

moufle nom féminin

Une moufle, c'est un gant dans lequel les doigts sont ensemble sauf le pouce. *Hugo met ses moufles et va faire des boules de neige.*

mouillé, mouillée adjectif

Mon maillot de bain est mouillé, il n'a pas encore séché.

■ Tu peux dire aussi **humide.**

■ Le contraire de mouillé, c'est **sec.**

mouiller verbe

Tom mouille l'éponge pour essuyer le tableau, il trempe l'éponge dans l'eau. *La voiture nous a mouillés en roulant dans une flaque,* elle a envoyé de l'eau sur nous.

① **moule** nom féminin

Une moule, c'est un petit coquillage qui a une coquille noire. *C'est amusant d'aller ramasser les moules accrochées aux rochers, à marée basse.*

■ Les moules sont des **mollusques.**

② **moule** nom masculin

Un moule, c'est un objet creux dans lequel on fait cuire de la pâte qui prend sa forme. *Stéphane a fait un gâteau dans un moule en forme de cœur.*

■ Quand on enlève le gâteau du moule, on le **démoule.**

moulin nom masculin

1. Un moulin, c'est un appareil qui écrase les grains pour faire de la poudre. *Papa moud le café avec un moulin électrique.*

2. Un moulin, c'est un bâtiment où l'on moud les grains des céréales pour faire de la farine.

moulu, moulue adjectif

Maman a acheté du poivre moulu, elle a acheté du poivre qui a été écrasé et mis en poudre.

■ Cherche aussi **moudre.**

mourir verbe

1. Mourir, c'est arrêter de vivre. *Le grand-père de Ludovic est mort il y a un mois.* ■ Le contraire de mourir, c'est **naître.**

2. *Rebecca meurt d'envie de manger une glace,* elle a très envie de manger une glace.

■ Cherche aussi **mort.**

mousquetaire nom masculin

Un mousquetaire, c'était un soldat qui devait protéger le roi.

mousse nom féminin

1. La mousse, c'est une plante verte qui a de toutes petites tiges et qui fait comme un tapis sur le sol ou qui couvre les pierres et les arbres.
2. La mousse, c'est un ensemble de petites bulles très serrées.
3. Une mousse, c'est une crème faite avec des blancs d'œufs.
4. *Alice joue avec une balle en mousse,* elle joue avec une balle en caoutchouc un peu mou.

Les rochers sont recouverts de **mousse**.

Le savon fait de la **mousse**.

Agathe mange de la **mousse** au chocolat.

mousser verbe

Mousser, c'est faire de la mousse. *Ce shampooing mousse beaucoup.*

moustache nom féminin

1. Une moustache, c'est l'ensemble des poils qui poussent entre le nez et la bouche d'un homme.
2. Les moustaches du chat, ce sont les longs poils qui sont de chaque côté du museau du chat.

moustique nom masculin

Un moustique, c'est un insecte qui a des ailes et de longues pattes fines. *Les moustiques vivent dans les endroits chauds et humides.*

■ La piqûre des moustiques est douloureuse.

moutarde nom féminin

La moutarde, c'est une sorte de sauce épaisse qui pique un peu la langue et donne du goût à ce que l'on mange. *Arthur mange du poulet froid avec de la moutarde.*

mouton nom masculin

Un mouton, c'est un animal qui a un poil frisé avec lequel on fabrique la laine. *Le berger emmène les moutons paître dans la montagne.*

■ Le mouton mâle, c'est le **bélier,** la femelle, c'est la **brebis** et le petit, c'est l'**agneau.**

mouvement nom masculin

Faire un mouvement, c'est faire bouger une partie du corps. *Le professeur de gymnastique nous a fait faire des mouvements difficiles.*

■ Cherche aussi **geste.**

Les **moustaches** du chat sont très sensibles. Papi a une belle **moustache**.

① **moyen, moyenne** adjectif

1. *Monsieur Mayet mesure 1 mètre 73, il est de taille moyenne,* il n'est ni grand, ni petit.

2. *Julie est une élève moyenne,* elle n'est ni bonne élève ni mauvaise élève.

3. *Celia et Alban sont au cours moyen première année,* ils sont en CM1, dans la classe qui suit le cours élémentaire deuxième année.

② **moyen** nom masculin

1. *Aïcha a trouvé un moyen pour empêcher son hamster de s'échapper,* elle a trouvé comment faire pour empêcher son hamster de s'échapper. ■ Tu peux dire aussi **méthode, système.**

2. Un moyen de transport, c'est ce qui permet de se déplacer d'un endroit à un autre. *L'avion, le train, la voiture sont des moyens de transport.*

moyenne nom féminin

La moyenne, c'est la moitié du total des points que l'on peut avoir à un devoir. *Valentin a eu la moyenne à sa dictée, il a eu 5 sur 10.*

muer verbe

1. *Le serpent a mué,* il a changé de peau.

2. *La voix de mon grand frère est en train de muer,* sa voix est en train de changer, de devenir plus grave.

muet, muette adjectif

1. Une personne muette, c'est une personne qui ne peut pas parler.

2. Un film muet, c'est un film sans paroles, où l'on n'entend pas parler les acteurs.

muguet nom masculin

Le muguet, c'est une plante dont les fleurs sont de petites cloches blanches qui sentent très bon. *On offre du muguet le 1er mai.*

mule nom féminin

Une mule, c'est un animal femelle dont le père est un âne et la mère une jument.

mulet nom masculin

Un mulet, c'est un animal mâle dont le père est un âne et la mère une jument. *Antoine et Lisa ont fait une promenade en montagne à dos de mule et de mulet.*

A B C D E F G H I J K L M N O P Q R S T U V W X Y Z

mulot nom masculin
Un mulot, c'est un petit rat qui vit dans les champs et dans les bois.
■ On appelle le mulot aussi **rat des champs.**

multicolore adjectif
Un objet multicolore, c'est un objet qui a plusieurs couleurs. *Mathilde a une écharpe multicolore.*
■ Le contraire de multicolore, c'est **uni.**

multiplication nom féminin
Une multiplication, c'est une opération par laquelle on additionne plusieurs fois le même nombre. *Pour savoir combien coûteront deux sucettes à 50 centimes on fait la multiplication : deux fois cinquante égalent cent* ou *2 × 50 = 100.*
■ Le contraire de multiplication, c'est **division.**

multiplier verbe
Multiplier, c'est additionner plusieurs fois le même nombre. *Arnaud multiplie cinquante par deux.*
■ 50 × 2 = 100.
■ Le contraire de multiplier, c'est **diviser.**

munitions nom féminin pluriel
Les munitions, ce sont les balles et les cartouches que l'on met dans les pistolets ou les fusils.

mur nom masculin
Un mur, c'est un ensemble de pierres, de briques ou de plaques de béton qui forme les côtés d'une maison ou qui sépare deux endroits. *Lucie a mis un poster sur le mur de sa chambre.*
■ Ne confonds pas mur, **mûr** et **mûre.**

mûr, mûre adjectif
1. Un fruit mûr, c'est un fruit qui a fini de se développer et qui est bon à manger.
2. *Émilie est très mûre pour son âge,* elle réfléchit et elle agit presque comme une adulte alors qu'elle est encore très jeune.
➾ Ce mot s'écrit avec un **û.** Tu peux aussi écrire **mure** sans accent circonflexe.
■ Ne confonds pas mûr, **mur** et **mûre.**

mûre nom féminin
Une mûre, c'est un petit fruit sauvage noir qui pousse sur les ronces. *Loïc et Anna cueillent des mûres le long du chemin.*
➾ Ce mot s'écrit avec un **û.** Tu peux aussi écrire **mure** sans accent circonflexe.
■ Ne confonds pas mûre, **mur** et **mûr.**

Le **mulot** a une queue plus longue que son corps.

mûrir verbe
Mûrir, c'est devenir mûr. *Le raisin mûrit au soleil.*
Ce mot s'écrit avec un **û.**

Les tomates du haut ont **mûri**, celles du bas sont encore vertes.

murmurer verbe
Lou murmure un secret à l'oreille de Quentin, elle lui dit à voix basse un secret à l'oreille.
Tu peux dire aussi **chuchoter.**

muscle nom masculin
Les muscles, ce sont des organes qui sont sous la peau et qui servent à faire bouger le corps.

musclé, musclée adjectif
Les jambes des cyclistes sont très musclées, elles ont des muscles très gros et très forts.

museau nom masculin
Le museau, c'est la partie avant, allongée et pointue, de la tête de certains animaux. *Le chien approche son museau et renifle sa pâtée.*
Au pluriel : des **museaux.**

musée nom masculin
Un musée, c'est un grand bâtiment dans lequel on expose des tableaux, des sculptures et des objets anciens et précieux pour que les visiteurs puissent venir les voir. *Sarah et Vincent ont vu les momies de l'ancienne Égypte, au musée du Louvre, à Paris.*

muselière nom féminin
Une muselière, c'est un ensemble de lanières que l'on attache autour du museau d'un chien pour l'empêcher de mordre.
Ce chien est méchant, on lui a mis une muselière.

musical, musicale adjectif
1. *Le père de Laurine a fait des études musicales*, il a fait des études de musique.
2. Une comédie musicale, c'est une pièce de théâtre ou un film où les acteurs chantent.
Au masculin pluriel : **musicaux.**
Au féminin pluriel : **musicales.**

musicien nom masculin,
musicienne nom féminin
Un musicien, une musicienne, c'est une personne dont le métier est de composer et de jouer de la musique. *Mozart est un grand musicien qui vivait au 18e siècle. Le chanteur est entouré de ses musiciens.*

musique nom féminin
La musique, c'est l'art de mettre ensemble des sons de manière à ce que cela soit agréable à entendre. *Il ne faut pas faire de bruit quand Papi écoute de la musique. J'aime bien la musique de ce film.*
Ce sont les **notes** qui représentent les sons.

A B C D E F G H I J K L M N O P Q R S T U V W X Y Z

musulman, musulmane adjectif
Djamel et Farida sont musulmans, ils croient en un dieu unique appelé Allah et en Mahomet, son prophète, et ils vont prier à la mosquée.
■ Cherche aussi **bouddhiste, catholique, juif, protestant.**

myope adjectif
Adèle a des lunettes car elle est myope, elle a des lunettes car elle ne voit pas bien de loin.

myrtille nom féminin
Une myrtille, c'est un petit fruit rond et noir qui pousse dans la montagne.

mystère nom masculin
Un mystère, c'est quelque chose que l'on n'arrive pas à comprendre. *Comment la statue a-t-elle pu disparaître ? C'est un mystère.*
■ Tu peux dire aussi **énigme.**

mystérieux, mystérieuse adjectif
La disparition de cette statue est mystérieuse, elle est difficile à comprendre, c'est un mystère.

Jean mange de la tarte aux **myrtilles.**

N n

nacre nom féminin
La nacre, c'est une matière brillante et blanche qui recouvre l'intérieur de la coquille des huîtres. *La chemise de Papi a des boutons de nacre.*

Avec la **nacre**, on fait des boutons et des bijoux.

nage nom féminin
1. *Marine est allée jusqu'au bateau à la nage,* elle est allée jusqu'au bateau en nageant.
2. *Antoine a trop couru, il est en nage,* il transpire, il a le corps couvert de sueur.

nageoire nom féminin
Une nageoire, c'est un organe court et plat qui permet aux poissons, aux baleines, aux dauphins ou aux phoques d'avancer et de se diriger dans l'eau. *Les poissons ont plusieurs nageoires.*
➾ N'oublie pas le **e** entre le **g** et le **o**.

nager verbe
Nager, c'est avancer dans l'eau en faisant des mouvements avec les bras et les jambes, sans que les pieds touchent le fond. *Samira ne sait pas encore nager.*

nageur nom masculin,
nageuse nom féminin
Un nageur, une nageuse, c'est une personne qui nage. *L'arbitre donne le signal du départ aux nageurs.*

naïf, naïve adjectif
Lise est très naïve, elle croit tout ce qu'on lui dit.
➾ Ce mot s'écrit avec un **ï**.

① **nain** nom masculin,
naine nom féminin
Un nain, une naine, c'est une personne beaucoup plus petite que les autres. *Blanche-Neige a été recueillie par les sept nains.*
■ Le contraire de nain, c'est **géant**.

② **nain, naine** adjectif
Raphaël a un lapin nain, il a un lapin qui restera toujours petit.
■ Le contraire de nain, c'est **géant**.

naissance nom féminin
La naissance, c'est le moment où l'on commence à vivre hors du ventre de sa mère. *La naissance de mon petit frère est prévue en mai. Quelle est ta date de naissance ?*
■ Le contraire de naissance, c'est **mort.**

naître verbe
Naître, c'est commencer à vivre en dehors du ventre de sa mère. *Je suis né le 20 décembre,* le jour de ma naissance est le 20 décembre.
■ Le contraire de naître, c'est **mourir.**

nappe nom féminin
Une nappe, c'est un grand tissu que l'on met sur une table pour la protéger. *Papa pose les assiettes et les couverts sur la nappe.*

narine nom féminin
Les narines, ce sont les deux ouvertures du nez.
■ Cherche aussi **naseau.**

naseau nom masculin
Les naseaux, ce sont les narines du cheval, du bœuf, du chameau et de quelques autres grands mammifères. *Le cheval souffle par les naseaux.*
➾ Au pluriel : des **naseaux.**

natal, natale adjectif
Le pays natal d'une personne, c'est le pays où elle est née. *On peut visiter la maison natale de Mozart à Salzbourg, en Autriche,* on peut visiter la maison où est né Mozart.
➾ Au masculin pluriel : **natals.**
➾ Au féminin pluriel : **natales.**

natation nom féminin
Augustin prend une leçon de natation, il apprend à nager.

nation nom féminin
Une nation, c'est l'ensemble des personnes qui habitent le même pays et le pays lui-même.
■ Tu peux dire aussi **État.**

national, nationale adjectif
1. *La fête nationale française est le 14 juillet,* la fête de la nation française est le 14 juillet.
2. Une route nationale, c'est une grande route.
➾ Au masculin pluriel : **nationaux.**
➾ Au féminin pluriel : **nationales.**
■ Sais-tu comment s'appelle l'hymne national français ? La Marseillaise.

nationalité nom féminin
David a la nationalité française, il fait partie de la nation française, il est français. ■ David est **citoyen** français.

natte nom féminin
Une natte, c'est une coiffure que l'on fait en passant trois mèches de cheveux l'une sur l'autre, chacune à son tour. *Camille s'est fait des nattes.*
■ Tu peux dire aussi **tresse.**

Augustin prend une leçon de **natation.**

nature nom féminin
La nature, c'est tout ce qui existe sur Terre et qui n'est pas fabriqué par l'homme : la campagne, la mer, la montagne, les fleurs, les rivières, les animaux. *Les écologistes veulent protéger la nature.*
■ Cherche aussi **environnement.**

naturel, naturelle adjectif
Le miel est un produit naturel, c'est un produit que l'on trouve dans la nature et qui n'a pas été fabriqué par l'homme.
■ Le contraire de naturel, c'est **artificiel.**

naufrage nom masculin
Le bateau a fait naufrage, le bateau s'est enfoncé dans la mer, il a coulé.

nautique adjectif
Le ski nautique, c'est du ski que l'on fait sur l'eau, tiré par un bateau.

naval, navale adjectif
Un chantier naval, c'est un chantier où l'on construit des bateaux.
➺ Au masculin pluriel : **navals.**
➺ Au féminin pluriel : **navales.**

navet nom masculin
Un navet, c'est un légume rond, blanc ou un peu rose, que l'on mange cuit. *Nous avons mangé du canard aux navets.*

navette nom féminin
1. Une navette, c'est un car, un train, un bateau ou un petit avion qui fait souvent l'aller et retour entre deux endroits qui ne sont pas très loin l'un de l'autre. *Une navette relie l'aéroport au centre de la ville.*
2. Une navette spatiale, c'est un engin qui va dans l'espace et qui revient sur la Terre.

navigateur nom masculin,
navigatrice nom féminin
Un navigateur, une navigatrice, c'est une personne qui fait de longs voyages sur la mer, c'est un marin.

Magellan était un grand **navigateur.**

navigation nom féminin
1. *Aujourd'hui, la tempête gêne la navigation,* la tempête gêne les bateaux qui naviguent.
2. La navigation aérienne, c'est la circulation des avions dans le ciel.

naviguer verbe
Naviguer, c'est voyager sur l'eau. *Le bateau navigue vers le pôle Sud. Ce vieux marin navigue depuis très longtemps.*

navire nom masculin
Un navire, c'est un grand bateau qui navigue sur la mer. *Ce navire transporte des marchandises.*

A B C D E F G H I J K L M N O P Q R S T U V W X Y Z

ne adverbe

Ne, c'est un mot qui se met devant un verbe pour indiquer que l'on ne fait pas quelque chose. *Chloé ne veut pas jouer avec moi. Antoine n'a jamais mangé d'escargots. Il ne pleut plus.*

■ Ne est souvent suivi de « pas », de « jamais » ou de « plus ».

né, née → va voir **naître.**

nécessaire adjectif

Les vitamines sont nécessaires à notre organisme, les vitamines sont très utiles, on ne peut pas s'en passer.

■ Tu peux dire aussi **indispensable.**

■ Le contraire de nécessaire, c'est **inutile.**

négliger verbe

Papi ne veut pas se soigner, il néglige sa santé, il ne fait pas attention à sa santé, il pense que cela n'a pas d'importance.

neige nom féminin

La neige, c'est de l'eau gelée qui tombe du ciel en flocons blancs et légers quand il fait froid. *Nous avons fait une bataille de boules de neige. Arthur et Benjamin sont en classe de neige,* ils sont à la montagne avec les enfants de la classe, ils continuent à étudier avec leur maîtresse et ils font aussi du ski et de la luge.

neiger verbe

Il neige, tout est blanc dehors, il tombe de la neige.

nénuphar nom masculin

Un nénuphar, c'est une plante qui pousse dans l'eau et qui a de grandes feuilles rondes et des fleurs blanches ou jaunes. *La grenouille s'est posée sur un nénuphar.*

➾ Tu peux aussi écrire **nénufar** avec un **f**.

néon nom masculin

Le néon, c'est un gaz qui sert à éclairer.

Les enseignes lumineuses au **néon** brillent dans la nuit.

nerf nom masculin

Un nerf, c'est une sorte de fil qui relie chaque partie du corps au cerveau. Il dit au cerveau ce que ressent le corps et envoie au corps les ordres du cerveau. *Les nerfs servent à sentir, à voir, à entendre et à bouger.*

➾ On ne prononce pas le **f** qui est à la fin.

nerveux, nerveuse adjectif

1. *Si Papa est obligé d'attendre, il devient nerveux,* il est de mauvaise humeur, il bouge tout le temps,

il est très énervé. ■ Le contraire de nerveux, c'est **calme.**

2. Le système nerveux, c'est l'ensemble des nerfs.

nervure nom féminin

Les nervures d'une feuille, ce sont les fines lignes en relief que l'on voit à la surface d'une feuille d'arbre.

net, nette adjectif

1. *Il y a une différence très nette entre ces deux voitures,* il y a une différence que l'on voit bien, une différence dont on est sûr.

2. *Règle la télévision pour que l'image soit plus nette,* règle la télévision pour que l'on voie bien tous les détails. ■ Le contraire de net, c'est **flou.**

nettement adverbe

On voit très nettement la montagne à l'horizon, on la voit d'une manière claire, on la voit bien.

nettoyer verbe

Nettoyer, c'est enlever la saleté pour rendre propre. *Quand les enfants ont fini de prendre leur bain, Papa nettoie la baignoire.*

■ Tu peux dire aussi **laver.**

neuf, neuve adjectif

1. *Chloé a mis sa jupe neuve,* elle a mis la jupe qu'elle vient d'acheter et qui n'a pas encore servi. ■ Le contraire de neuf, c'est **vieux.**

2. *Maman a une voiture neuve,* elle a une voiture qui n'a servi à personne d'autre. ■ Le contraire de neuf, c'est **d'occasion.**

neveu nom masculin

Le neveu, c'est le fils du frère ou de la sœur. *Ma grande sœur a un fils et une fille, j'ai donc un neveu et une nièce.*

➾ Au pluriel : des **neveux.**

■ Cherche aussi **oncle** et **tante.**

nez nom masculin

Le nez, c'est la partie qui dépasse du visage, entre le front et la bouche, et qui sert à sentir les odeurs et à respirer. *Papi a un grand nez. Jules saigne du nez.*

➾ Au pluriel : des **nez.**

■ Cherche aussi **narine** et **odorat.**

ni conjonction

Ni, c'est un mot que l'on met dans une phrase où il y a « ne » pour parler de deux choses que l'on n'a pas, que l'on ne veut pas ou que l'on ne fait pas. *Léa ne veut ni beurre ni confiture sur son pain,* elle ne veut pas de beurre et pas de confiture non plus. *Romain ne sait jouer ni aux dames ni aux échecs.*

■ Ne confonds pas ni et **nid.**

niche nom féminin

Une niche, c'est une petite maison qui sert d'abri à un chien et dans laquelle il dort.

Le chien est couché près de sa **niche.**

A B C D E F G H I J K L M N O P Q R S T U V W X Y Z

nicotine nom féminin
La nicotine, c'est un produit dangereux qui est dans le tabac. *La nicotine rend les dents et les doigts jaunes lorsque l'on fume.*

nid nom masculin
Un nid, c'est un abri que les oiseaux construisent pour y pondre et couver leurs œufs et élever leurs petits.
■ Ne confonds pas nid et **ni.**

nièce nom féminin
La nièce, c'est la fille du frère ou de la sœur. *Ma grande sœur a une fille et un fils, j'ai donc une nièce et un neveu.*
■ Cherche aussi **oncle** et **tante.**

nier verbe
Nier, c'est dire que quelque chose n'est pas vrai. *Charlotte accuse Tom de lui avoir pris sa trousse, mais Tom nie,* Tom dit que ce n'est pas lui.
■ Le contraire de nier, c'est **avouer.**

niveau nom masculin
1. *À cause de la pluie, le niveau de la rivière a monté,* la hauteur à laquelle arrive la rivière est plus grande que d'habitude.
2. *Le niveau de la classe est très bon cette année,* l'ensemble des élèves est intelligent et a de bonnes notes.
Au pluriel : des **niveaux.**

noble nom masculin et féminin
Les nobles, ce sont les personnes qui, autrefois, du temps des rois, possédaient des châteaux entourés de champs et de forêts.

noce nom féminin
Une noce, c'est la fête que l'on fait juste après le mariage. *Papi et Mamie sont invités à une noce à la campagne.*

nœud nom masculin
Faire un nœud, c'est passer l'un sur l'autre les deux bouts d'un lacet, d'une ficelle ou d'un ruban en les entourant et en les serrant. *Alice refait le nœud de ses lacets.*
■ Cherche aussi **nouer.**

① **noir, noire** adjectif
La couleur noire, c'est la couleur la plus foncée. *Tristan a un chat noir.*

② **noir** nom masculin
Sébastien a peur dans le noir, il a peur lorsqu'il n'y a pas de lumière du tout et qu'on ne voit rien.
■ Tu peux dire aussi **obscurité.**

noisette nom féminin
Une noisette, c'est un petit fruit rond, marron clair, qui est dans une coquille. *L'écureuil a une provision de noisettes pour l'hiver.*
■ Les noisettes poussent sur les **noisetiers.**

noix nom féminin
Une noix, c'est un fruit qui est dans une coquille ovale très dure. *Maman a mis des noix dans la salade d'endives.*
Au pluriel : des **noix.**

nom nom masculin
Un nom, c'est un mot qui sert à désigner une personne, un animal ou une chose. *Écris ton nom de famille et ton prénom sur ton cahier. Tibère est le nom que Bastien a donné à son chat. Quel est le nom de cette rue ? Banane, poire et abricot sont des noms de fruits. « Chien » et « rature » sont des noms communs, « Simon » et « Marion » sont des noms propres.*
■ Ne confonds pas nom et **non.**

nomade nom masculin et féminin
Un nomade, une nomade, c'est une personne qui n'a pas de maison et qui dort toujours sous une tente ou dans une caravane qu'elle change très souvent de place. *Les nomades du désert se déplacent sur des chameaux.*

nombre nom masculin
1. Un nombre, c'est ce qui sert à compter. *342 est un nombre de trois chiffres.*
2. Un nombre de personnes ou de choses, c'est une quantité de personnes ou de choses. *Quel nombre de poupées as-tu ?* combien de poupées as-tu ?

nombreux, nombreuse adjectif
Justine a reçu de nombreux cadeaux pour son anniversaire, elle a reçu un grand nombre de cadeaux, elle a reçu beaucoup de cadeaux pour son anniversaire.

Les **noix** poussent sur les **noyers.**

nombril nom masculin
Le nombril, c'est le petit creux que l'on a au milieu du ventre. C'est l'endroit où l'on a coupé le cordon qui reliait le bébé à sa mère quand il était dans son ventre.

« **Non**, il n'en est pas question », dit Papa.

non adverbe
Non, c'est un mot qui sert à dire que l'on n'est pas d'accord ou que l'on ne veut pas de quelque chose. *Veux-tu un gâteau ? — Non, merci !*
- Le contraire de non, c'est **oui.**
- Ne confonds pas non et **nom.**

nord nom masculin
Le nord, c'est l'un des quatre points grâce auxquels on peut savoir où se trouvent des lieux. *La Belgique est au nord de la France. Le Maroc est en Afrique du Nord.*
- L'aiguille de la boussole indique toujours le nord.
- Le nord, l'est, l'ouest, le sud.
- Sur une carte de géographie, le nord est toujours en haut.

normal, normale adjectif

La température est normale pour la saison, la température est la même que d'habitude en cette saison. *C'est normal qu'il pleuve en automne,* il pleut toujours en automne.

➾ Au masculin pluriel : **normaux.**

➾ Au féminin pluriel : **normales.**

■ Le contraire de normal, c'est **anormal, exceptionnel.**

normalement adverbe

Normalement je déjeune à la cantine, d'habitude je déjeune à la cantine.

■ Tu peux dire aussi en **principe, généralement.**

note nom féminin

1. Les notes de musique, ce sont des signes qui représentent des sons.

2. Une note, c'est un nombre qui indique ce que le professeur pense du travail d'un élève.

noter verbe

1. Noter, c'est donner une note. *Le maître a noté les dictées.*

2. Noter, c'est écrire quelque chose dont on veut se souvenir. *Fatima a noté le numéro de téléphone de Logan.*

notre adjectif

Notre voiture est rouge, la voiture qui est à nous est rouge.

➾ Au masculin et au féminin pluriel : **nos.**

nouer verbe

Nouer, c'est faire un nœud pour attacher. *Alice noue les lacets de ses baskets.*

nouille nom féminin

Les nouilles, ce sont des pâtes longues. *Erwan mange des nouilles avec du fromage râpé.*

Sais-tu lire les **notes** de musique ? Quelle **note** a eue Julie à son devoir de mathématiques ?

nourrice nom féminin
Une nourrice, c'est une femme dont le métier est de garder les bébés et les petits enfants qui n'ont pas encore l'âge d'aller à l'école. *Papa emmène mon petit frère chez la nourrice tous les matins.*

nourrir verbe
1. Nourrir, c'est donner à manger. *Tristan nourrit son hamster avec des graines et des carottes.*
2. *Les oiseaux se nourrissent d'insectes et de vers,* ils mangent des insectes et des vers.

nourrisson nom masculin
Un nourrisson, c'est un bébé qui ne se nourrit que de lait. *Mon petit frère a 6 mois, c'est encore un nourrisson.*
■ Cherche aussi **nouveau-né.**

nourriture nom féminin
La nourriture, c'est l'ensemble des aliments que l'on mange. *Jean aime la nourriture chinoise.*

nous pronom masculin et féminin pluriel
Nous, c'est un mot qui représente la première personne du pluriel. *Nous partirons demain. Alexandre et moi, nous sommes dans la même classe. Mamie nous a donné 10 euros à chacun.*

nouveau, nouvelle adjectif
1. *Gabin a mis ses nouvelles chaussures,* il a mis des chaussures qu'il n'avait pas avant. *Il y a un nouvel élève dans la classe,* il y a un élève qui vient d'arriver, qui n'était pas là avant.
■ Le contraire de nouveau, c'est **ancien, vieux.**

2. De nouveau, c'est une fois de plus. *Lucile est de nouveau arrivée en retard,* elle est encore arrivée en retard.

Au masculin pluriel : **nouveaux.**

Au féminin pluriel : **nouvelles.**

nouveau-né nom masculin
Un nouveau-né, c'est un bébé qui vient de naître. *Un bébé est un nouveau-né pendant un mois, après c'est un nourrisson.*

Au pluriel : des **nouveau-nés.**

nouveauté nom féminin
Une nouveauté, c'est une chose nouvelle. *Le marchand de jouets a mis toutes les nouveautés en vitrine,* il a mis tous les nouveaux jouets dans la vitrine.

nouvelle nom féminin
Une nouvelle, c'est un événement qui est arrivé récemment et que l'on vient d'apprendre. *Cassandra a une bonne nouvelle à vous annoncer : son petit frère est né cette nuit. Papa écoute les nouvelles à la radio,* il écoute les informations à la radio.

novembre nom masculin
Le mois de novembre, c'est le onzième mois de l'année.
■ Le mois de novembre a 30 jours.

a b c d e f g h i j k l m n o p q r s t u v w x y z

A B C D E F G H I J K L M N O P Q R S T U V W X Y Z

L'avocat, la cerise, la pêche, l'abricot ont un **noyau**.

noyau nom masculin

Le noyau, c'est la partie dure qui est au milieu d'un fruit.

Au pluriel : des **noyaux.**

se **noyer** verbe

Se noyer, c'est mourir sous l'eau parce que l'on ne peut plus respirer. *Il y a de grosses vagues, fais attention, tu risques de te noyer.*

nu, nue adjectif

Ma petite sœur est toute nue sur la plage, elle n'a aucun vêtement sur elle. *Titouan marche pieds nus,* il marche sans chaussures.

nuage nom masculin

Un nuage, c'est un ensemble de gouttes d'eau dans le ciel.

nuageux, nuageuse adjectif

Le ciel est nuageux, il est rempli de nuages.

nucléaire adjectif

L'énergie nucléaire, c'est l'énergie qui vient des atomes.

■ Cherche aussi **atomique.**

nuire verbe

Nuire, c'est faire du mal. *Le tabac nuit à la santé.*

nuisible adjectif

Les animaux nuisibles, ce sont les animaux qui font des dégâts dans les jardins, qui mangent les récoltes ou qui donnent des maladies. *Les rats, les taupes, les puces sont des animaux nuisibles.*

nuit nom féminin

La nuit, c'est le temps qui se passe entre le coucher et le lever du soleil et pendant lequel il fait noir. *J'ai bien dormi cette nuit.*

■ Le contraire de nuit, c'est **jour.**

Il y a des **nuages** dans le ciel.

nul, nulle adjectif

1. *Les deux équipes ont fait match nul,* elles ont eu le même nombre de points toutes les deux, il n'y a ni gagnant ni perdant.

2. *Clémence est nulle en dessin,* elle est très mauvaise en dessin. ■ Le contraire de nul, c'est **bon, fort.**

nulle part → va voir **part.**

numéro nom masculin

1. Un numéro, c'est un nombre qui sert à reconnaître une personne ou une chose. *À la tombola, c'est le billet numéro 147 qui a gagné. Le billet no 147 a gagné. Anaïs habite au numéro 3 de la rue de l'Église. Donne-moi ton numéro de téléphone.*

2. Un numéro, c'est une partie d'un spectacle. *Ce que Paul préfère au cirque, c'est le numéro des clowns.*

nuque nom féminin

La nuque, c'est la partie arrière du cou. *Damien a un coup de soleil sur la nuque.*

Il fait jour.

Il fait **nuit**.

oasis nom féminin
Une oasis, c'est un endroit dans le désert où il y a de l'eau et où poussent des plantes et des arbres.
On prononce le **s** qui est à la fin.

La caravane s'est arrêtée dans une **oasis**.

obéir verbe
Obéir, c'est faire ce que quelqu'un a ordonné ou ne pas faire ce qu'il a interdit. *Sarah obéit toujours à ses parents.*
■ Le contraire de obéir, c'est **désobéir.**

obéissant, obéissante adjectif
Sarah est une petite fille obéissante, elle obéit, elle fait ce qu'on lui ordonne de faire et elle ne fait pas ce qu'on lui interdit.
■ Le contraire de obéissant, c'est **désobéissant.**

objet nom masculin
Un objet, c'est une chose que l'on peut voir et toucher. *Une lampe, une montre, un appareil photo sont des objets.*

obligatoire adjectif
Il est obligatoire de prendre une douche avant de se baigner dans la piscine, on est obligé de prendre une douche avant de se baigner dans la piscine, le règlement ordonne de le faire.
■ Le contraire de obligatoire, c'est **facultatif.**

obligatoirement adverbe
On doit obligatoirement montrer sa carte d'identité pour monter dans l'avion, on est obligé de montrer sa carte d'identité, c'est obligatoire.

obliger verbe
Maman m'oblige à me brosser les dents avant de me coucher, elle m'ordonne de le faire, elle ne permet pas que je ne le fasse pas. *Benoît a été obligé de partir,* il a dû partir, il n'a pas pu faire autrement.
■ Tu peux dire aussi **forcer.**

oblique adjectif
Une ligne oblique, c'est une ligne droite qui n'est ni horizontale, ni verticale.

obscur, obscure adjectif
La cave est obscure, il n'y a pas beaucoup de lumière dans la cave, il y fait noir.
■ Tu peux dire aussi **sombre.**
■ Le contraire de obscur, c'est **clair, ensoleillé.**

obscurité nom féminin
Les chats voient bien dans l'obscurité, ils voient bien dans le noir, ils voient bien même quand il n'y a pas de lumière.

observation nom féminin
1. *Que nous apprend l'observation des fourmis ?* qu'est-ce que l'on apprend quand on regarde avec attention des fourmis ?
2. *La maîtresse nous a fait des observations sur notre travail,* elle nous a dit ce qu'elle pensait de notre travail et elle nous a fait des reproches. ■ Tu peux dire aussi **remarque.**

observer verbe
Observer, c'est regarder avec attention pour apprendre des choses. *Luann observe l'araignée qui est en train de faire sa toile.*

obstacle nom masculin
Un obstacle, c'est un objet qui empêche de passer ou qui gêne pour passer. *Le cheval s'est arrêté devant l'obstacle.*

obtenir verbe
Obtenir, c'est réussir à avoir. *Benjamin a obtenu le premier prix au concours de flûte.*

occasion nom féminin
1. Une occasion, c'est quelque chose qui arrive au bon moment et qui peut aider. *Papa a rencontré la directrice dans la rue et il a profité de l'occasion pour lui dire que je n'irai pas à l'école demain.*
2. *Papi a acheté une voiture d'occasion,* il a acheté une voiture qui a déjà servi à quelqu'un d'autre. ■ Le contraire de d'occasion, c'est **neuf.**

occupation nom féminin
Une occupation, c'est ce que l'on fait pour s'occuper. *Lire et dessiner sont les occupations préférées de Léna.*
■ Tu peux dire aussi **activité.**

occupé, occupée adjectif
1. Une personne occupée, c'est une personne qui est en train de faire quelque chose. *Maman est très occupée, elle n'a pas le temps de jouer avec moi.*
2. *Le taxi est occupé,* il y a déjà un passager dedans. ■ Le contraire de occupé, c'est **disponible, libre.**

Le cheval s'est arrêté devant l'**obstacle.**

occuper verbe
1. *La table occupe beaucoup de place,* elle prend beaucoup de place.
2. *Léa occupe la salle de bains depuis une heure,* elle est dans la salle de bains depuis une heure.

3. *Mathilde ne sait pas quoi faire pour s'occuper,* elle ne sait pas quoi faire pour utiliser son temps, pour se distraire.
4. *Quand Papa et Maman ne sont pas là, une jeune fille s'occupe de mon petit frère et de moi,* une jeune fille nous garde et reste avec nous.
5. *Yannis s'occupe toujours des affaires des autres,* il essaie toujours de savoir ce qui ne le regarde pas, il se mêle des affaires des autres.

océan nom masculin
Un océan, c'est une grande mer entre deux continents. *Pour aller d'Europe en Amérique, on traverse l'océan Atlantique.*

octobre nom masculin
Le mois d'octobre, c'est le dixième mois de l'année, entre septembre et novembre. *Il pleut beaucoup en octobre.*
■ Le mois d'octobre a 31 jours.

odeur nom féminin
Une odeur, c'est ce que l'on sent avec le nez. *Les roses ont une odeur très agréable.*
■ Cherche aussi **parfum.**

odieux, odieuse adjectif
La fille des voisins est odieuse, elle est très désagréable et insupportable.
■ Le contraire de odieux, c'est **adorable, charmant, gentil.**

odorat nom masculin
L'odorat, c'est ce qui permet de sentir les odeurs avec le nez et de savoir si elles sont bonnes ou mauvaises. *L'odorat est l'un des cinq sens.*
■ Cherche aussi **flair.**

œil nom masculin
L'œil, c'est un organe qui permet de voir. *Lucas a les yeux marron.*
➜ Au pluriel : des **yeux.**
■ Cherche aussi **vue.**

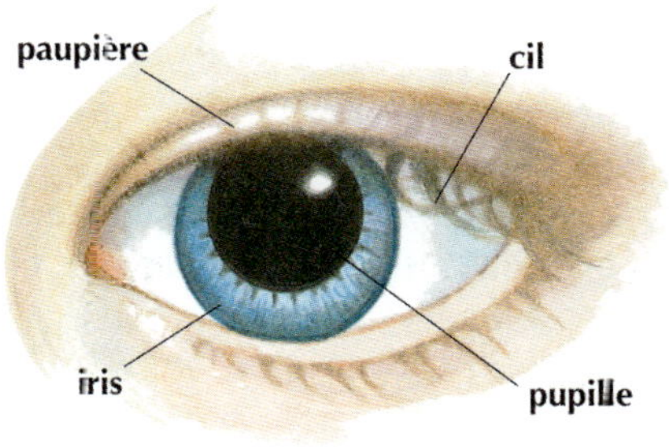

L'œil.

œillet nom masculin
Un œillet, c'est une fleur rouge, rose ou blanche qui sent très bon. *Noémie a offert un bouquet d'œillets à sa mère.*

œuf nom masculin
Un œuf, c'est une sorte de boule ovale que pond un oiseau et dans laquelle se développe un petit. *La poule couve ses œufs, bientôt des poussins vont naître.*
➜ On prononce le **f** au singulier mais pas au pluriel.

œuvre nom féminin
Une œuvre, c'est un objet créé et fabriqué par un artiste : un tableau, une sculpture, un livre, une musique, un film ou une pièce de théâtre. *On peut voir les œuvres des peintres et des sculpteurs célèbres dans les musées.*

offrir verbe
Offrir, c'est donner en cadeau. *Mamie m'a offert un jeu vidéo pour mon anniversaire.*

A B C D E F G H I J K L M N O P Q R S T U V W X Y Z

ogre nom masculin

Un ogre, c'est un géant qui fait très peur et qui mange les enfants. *Le Petit Poucet a réussi à s'échapper de la maison de l'ogre.*

■ Les ogres sont des personnages imaginaires qu'on rencontre dans les contes de fées.

oie nom féminin

Une oie, c'est un gros oiseau blanc ou gris, qui a un long cou et des pattes palmées. *Il y a un grand troupeau d'oies dans la cour de la ferme.*

■ Le mâle de l'oie, c'est le **jars.**

oignon nom masculin

1. Un oignon, c'est une plante qui a une odeur très forte et un goût piquant. *Papa coupe des oignons et les fait cuire avec les pommes de terre.*

2. Un oignon, c'est la racine de certaines plantes. *Le jardinier plante des oignons de tulipe et de jacinthe.*

oiseau nom masculin

Un oiseau, c'est un animal qui a des plumes, deux ailes qui lui permettent de voler, deux pattes et un bec. La femelle pond des œufs. *Les pigeons, les pingouins, les autruches, les chouettes sont des oiseaux.*

➾ Au pluriel : des **oiseaux.**

Un **oiseau.**

olive nom féminin

Une olive, c'est un petit fruit ovale vert qui devient noir quand il est mûr et qui a un noyau. *Maman assaisonne la salade avec de l'huile d'olive.*

■ Les olives poussent sur les **oliviers.**

olympique adjectif

Les Jeux olympiques, ce sont des compétitions sportives auxquelles participent des concurrents du monde entier. Ils ont lieu tous les quatre ans dans un pays différent.

Léa et son **ombre.**

ombre nom féminin

1. *Ne reste pas au soleil, viens à l'ombre sous les arbres,* viens à l'endroit où les arbres empêchent les rayons du soleil de passer.

2. *Romane regarde son ombre sur le mur,* elle regarde l'image d'elle qui se voit sur le mur parce que le soleil est derrière elle.

omelette nom féminin
Une omelette, c'est un plat fait avec des œufs battus et cuits dans une poêle. *Maman a fait une omelette au jambon.*

on pronom
On, c'est un mot qui représente la troisième personne. *On a sonné à la porte,* quelqu'un a sonné à la porte.

oncle nom masculin
L'oncle, c'est le frère du père ou de la mère. *L'oncle et la tante de Paul et de Léa sont venus hier.*
■ Paul et Léa sont leur **neveu** et leur **nièce.**

ongle nom masculin
Un ongle, c'est la partie dure qui recouvre le bout de chaque doigt et de chaque orteil. *Maman se met du vernis rouge sur les ongles.*

opéra nom masculin
1. Un opéra, c'est une pièce de théâtre qui est entièrement chantée avec de la musique. *« Carmen » est un opéra très célèbre.*
2. Un opéra, c'est un théâtre où l'on assiste à des opéras et à des ballets. *Justin n'est jamais allé à l'opéra.*

opération nom féminin
1. Les quatre opérations, ce sont l'addition, la soustraction, la multiplication et la division. *Aurélien a plusieurs opérations à faire dans son cahier de mathématiques.*
2. *Papi a subi une grave opération,* un chirurgien lui a ouvert le corps pour enlever une partie malade ou la soigner. ■ Papi a été **opéré.**

opérer verbe
Opérer, c'est ouvrir le corps d'un malade ou d'un blessé pour en enlever une partie ou pour le soigner. *Le chirurgien a opéré Ambrine de l'appendicite.*
■ Ambrine a subi une **opération.**

ophtalmologue
nom masculin et féminin
Un ophtalmologue, une ophtalmologue, c'est un médecin qui s'occupe des yeux. *L'ophtalmologue a examiné Louis et a dit qu'il fallait qu'il porte des lunettes.*
■ On emploie souvent l'abréviation familière et on dit un **ophtalmo,** une **ophtalmo.**

opinion nom féminin
L'opinion d'une personne, c'est ce qu'elle pense au sujet de quelque chose. *Quelle est ton opinion sur cette émission ?*
■ Tu peux dire aussi **avis.**

opposé, opposée adjectif
Samuel et Eva sont partis dans deux directions opposées, Samuel est parti vers la droite et Eva est partie vers la gauche, ils sont partis tous les deux en sens inverse.

s'**opposer** verbe
Mes parents s'opposent à ce que je regarde la télévision le soir, ils ne veulent pas que je regarde la télévision le soir, ils m'interdisent de regarder la télévision le soir.

a b c d e f g h i j k l m n o p q r s t u v w x y z

A B C D E F G H I J K L M N O P Q R S T U V W X Y Z

Il y a de jolies lunettes dans la vitrine de l'**opticien.**

opticien nom masculin, **opticienne** nom féminin
Un opticien, une opticienne, c'est une personne dont le métier est de fabriquer et de vendre des lunettes. *Maman s'est acheté des lunettes de soleil chez l'opticien.*

optimiste adjectif
Une personne optimiste, c'est une personne qui pense que tout ira bien, qui a confiance en l'avenir. *Timéo est optimiste, il prend toujours les choses du bon côté.*
■ Le contraire de optimiste, c'est **pessimiste.**

① **or** nom masculin
L'or, c'est un métal jaune et brillant qui coûte très cher. *Charlotte a une bague en or.*
■ Ne confonds pas or et **hors.**

② **or** conjonction
Or, c'est un mot qui indique que l'on va ajouter quelque chose qui montre que ce que l'on vient de dire n'est pas possible ou qu'il se passe quelque chose que l'on n'attendait pas. *Nous voulions faire un pique-nique, or il s'est mis à pleuvoir.*
■ Or est un mot que l'on n'emploie pas beaucoup. On dit plutôt **cependant** ou **mais.**
■ Ne confonds pas or et **hors.**

orage nom masculin
Un orage, c'est une très grosse pluie accompagnée d'éclairs et de coups de tonnerre dans le ciel. *Rentrons vite à la maison, il va y avoir un orage !*
■ Cherche aussi **foudre.**

Il y a de l'**orage.**

orageux, orageuse adjectif
Le temps est orageux, il va y avoir de l'orage.

① **orange** nom féminin
Une orange, c'est un fruit rond d'un jaune un peu rouge. *Jordan boit un jus d'orange.*
■ Les oranges poussent sur les **orangers.**

② **orange** adjectif invariable
La couleur orange, c'est la couleur jaune un peu rouge des oranges. *Martin a des chaussettes orange.*
➜ Au masculin et au féminin pluriel : **orange.**

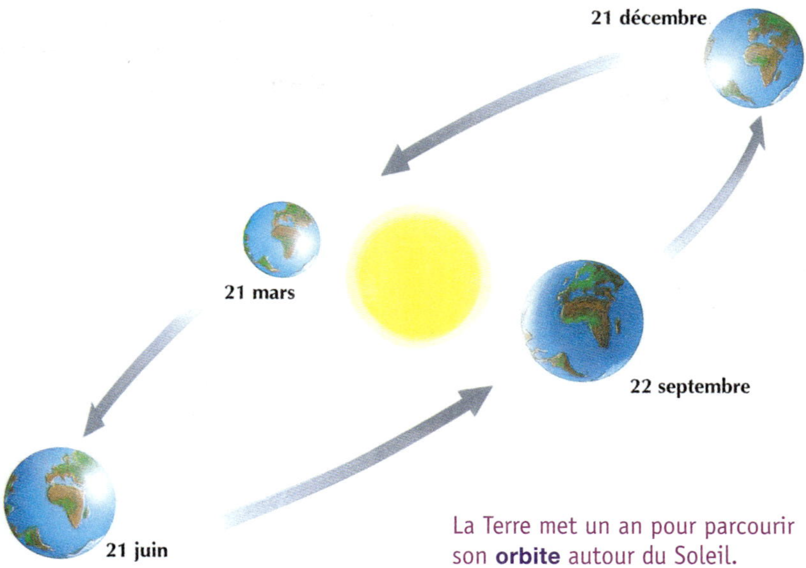

La Terre met un an pour parcourir son **orbite** autour du Soleil.

orbite nom féminin
Une orbite, c'est le chemin que fait un astre ou un satellite dans le ciel autour d'un astre.
La Terre met un an pour parcourir son orbite autour du Soleil.

orchestre nom masculin
Un orchestre, c'est un groupe de plusieurs musiciens qui jouent d'instruments différents.
Le père d'Amélie joue du violon dans un orchestre.
■ Celui qui dirige les musiciens de l'orchestre, c'est le **chef d'orchestre.**

ordinaire adjectif
Papa a acheté du vin ordinaire, il a acheté du vin pas très cher, qui n'est ni bon ni mauvais.
■ Le contraire de ordinaire, c'est **exceptionnel, extraordinaire.**

ordinateur nom masculin
Un ordinateur, c'est une machine électronique qui peut faire très vite des calculs et des dessins, sur laquelle on peut taper des textes, qui donne de nombreux renseignements et avec laquelle on peut envoyer et recevoir des mails.
Papa s'est acheté un ordinateur portable.
■ Cherche aussi **informatique.**

Maman travaille sur son **ordinateur**.

ordonnance nom féminin

Une ordonnance, c'est un papier sur lequel un médecin inscrit les médicaments que doit prendre un malade. *Maman montre l'ordonnance au pharmacien.*

a b c d e f g h i j k l m n o p q r s t u v w x y z

ordonné, ordonnée adjectif
Jérémie est très ordonné, il a de l'ordre, il range toujours ses affaires.
■ Le contraire de ordonné, c'est **désordonné.**

ordonner verbe
Ordonner, c'est donner un ordre, obliger à faire quelque chose. *Le maître nous ordonne de nous mettre en rangs.*
■ Cherche aussi **commander.**

ordre nom masculin
1. *Dans un dictionnaire, les mots sont rangés par ordre alphabétique,* ils suivent le sens de l'alphabet, ils sont rangés de A à Z.
2. *Jérémie a de l'ordre,* il aime que ses affaires soient à leur place et il les range comme il faut. ■ Le contraire de ordre, c'est **désordre.**
3. Un ordre, c'est ce que l'on dit à quelqu'un pour l'obliger à faire quelque chose, c'est ce que l'on ordonne. *Le directeur nous a donné l'ordre de nous taire.*

ordures nom féminin pluriel
Les ordures, ce sont toutes les choses que l'on jette. *Les éboueurs ramassent les ordures tous les jours.*
■ Cherche aussi **poubelle.**

oreille nom féminin
Les oreilles, ce sont les deux organes qui sont de chaque côté de la tête et qui servent à entendre.
■ Cherche aussi **ouïe.**

oreiller nom masculin
Un oreiller, c'est un coussin sur lequel on pose sa tête pour dormir. *Dans son lit, Raphaël a des draps bleus et une taie d'oreiller assortie.*
■ Cherche aussi **traversin.**

oreillons nom masculin pluriel
Fanny a les oreillons, elle a une maladie contagieuse qui donne mal aux oreilles et qui fait enfler le cou.

organe nom masculin
Un organe, c'est une partie du corps qui sert à quelque chose de précis. *Le nez est l'organe de l'odorat.*

organisation nom féminin
1. L'organisation, c'est la préparation. *Papa et Maman s'occupent de l'organisation de notre voyage en Italie.*
2. Une organisation, c'est un groupe de personnes qui travaillent ensemble pour atteindre un certain but. *Le papa d'Alexandre est médecin dans une organisation humanitaire.*

organiser verbe
Papa et Maman organisent notre voyage en Italie, ils préparent tout pour que notre voyage se passe bien.

Jérémie a les **oreilles** décollées.
Le lapin a de grandes **oreilles.**

organisme nom masculin
L'organisme, c'est le corps humain. *Le sommeil est nécessaire à l'organisme.*

orge nom féminin
L'orge, c'est une plante qui a un épi entouré de longs poils. *L'orge sert à faire de la bière.*
■ L'orge est une **céréale.**

orgue nom masculin
Un orgue, c'est un grand instrument de musique qui se compose de nombreux tuyaux et de plusieurs claviers. *On joue souvent de l'orgue dans les églises.*
➾ Au pluriel, orgue est un nom féminin : les **grandes orgues.**

Celui qui joue de l'**orgue** est un **organiste.**

orgueil nom masculin
L'orgueil, c'est le sentiment que l'on ressent lorsque l'on pense qu'on est mieux que les autres.

orgueilleux, orgueilleuse adjectif
Clara est très orgueilleuse, elle pense qu'elle est mieux que les autres.
■ Tu peux dire aussi **prétentieux.**
■ Le contraire de orgueilleux, c'est **modeste.**

orientation nom féminin
Laura ne se perd jamais car elle a le sens de l'orientation, elle ne se perd jamais car elle comprend toujours à quel endroit elle est et elle sait facilement retrouver son chemin.

s'**orienter** verbe
S'orienter, c'est comprendre à quel endroit on se trouve et savoir quel chemin prendre pour aller là où l'on veut aller. *Une boussole aide à s'orienter.*
■ Cherche aussi se **repérer.**

original, originale adjectif
Coline a des chaussures originales, elle a des chaussures qui ne ressemblent pas aux chaussures que l'on met d'habitude.
➾ Au masculin pluriel : **originaux.**
➾ Au féminin pluriel : **originales.**
■ Le contraire de original, c'est **banal.**

origine nom féminin
1. *Carlos est d'origine espagnole,* ses ancêtres étaient espagnols.
2. L'origine, c'est le point de départ, le commencement. *Les savants cherchent à découvrir l'origine de l'humanité.*

orme nom masculin
Un orme, c'est un grand arbre. *Il y a des ormes le long de la rivière.*

orner verbe
Orner, c'est rendre plus beau. *De jolis posters ornent les murs de la chambre d'Anna.*
■ Tu peux dire aussi **décorer.**

A B C D E F G H I J K L M N O P Q R S T U V W X Y Z

ornière nom féminin
Une ornière, c'est un trou creusé dans un chemin par les roues d'une voiture, d'un camion ou d'un tracteur.

Ce chemin est plein d'**ornières**.

orphelin nom masculin,
orpheline nom féminin
Un orphelin, une orpheline, c'est un enfant dont les parents sont morts.

orteil nom masculin
Un orteil, c'est un doigt de pied. *On a cinq orteils à chaque pied.*

orthographe nom féminin
L'orthographe, c'est la manière correcte d'écrire les mots. *Gaëtan a fait beaucoup de fautes d'orthographe dans sa dictée.*
Il y a un **h** après le **t**.

orthophoniste
nom masculin et féminin
Un orthophoniste, une orthophoniste, c'est une personne dont le métier est d'aider à bien parler et à bien lire. *Tom ne bégaye plus depuis qu'il voit régulièrement une orthophoniste.*
Il y a un **h** après le premier **t**.

ortie nom féminin
Une ortie, c'est une plante dont les feuilles piquent et donnent des petits boutons quand on les touche.

os nom masculin
Les os, ce sont toutes les parties dures qui sont sous la peau et les muscles, dans notre corps et dans le corps de certains animaux. *L'ensemble des os du corps forme le squelette.*
On prononce le **s** au singulier mais pas au pluriel.

oseille nom féminin
L'oseille, c'est une plante qui a des feuilles vertes au goût acide que l'on mange cuites. *Maman a fait de la soupe à l'oseille.*

oser verbe
Oser, c'est avoir le courage de faire quelque chose d'un peu dangereux. *Julien n'ose pas nager sans sa bouée. Répète ce que tu viens de dire, si tu l'oses !*

osier nom masculin
L'osier, c'est un petit arbre dont on prend les branches les plus minces pour faire des paniers ou des fauteuils. *Marion a mis les tranches de pain dans une corbeille en osier.*

otage nom masculin

Un otage, c'est une personne que des gens font prisonnière pour pouvoir obtenir quelque chose en échange s'ils la libèrent. *Les cambrioleurs ont pris un client de la banque en otage avant de s'enfuir.*

■ Les personnes qui prennent des otages sont des **ravisseurs.**

otarie nom féminin

Une otarie, c'est un gros animal qui vit dans les mers froides et qui ressemble un peu à un phoque mais avec un cou plus long.

ôter verbe

1. Ôter, c'est enlever. *Charles a ôté son pull car il avait trop chaud.* ■ Tu peux dire aussi **retirer.**

■ Le contraire de ôter, c'est **garder.**

1. Ôter, c'est retrancher. *J'ai 10, j'ôte 3, il reste 7.* ■ Tu peux dire aussi **soustraire.** ■ Le contraire de ôter, c'est **ajouter.**

➻ Ce mot s'écrit avec un **ô.**

otite nom féminin

Une otite, c'est une maladie de l'oreille. *Audrey a très mal à l'oreille, elle a une otite.*

ou conjonction

Ou, c'est un mot qui indique que l'on a le choix. *Tu veux une glace à la fraise ou au chocolat ?*

■ Ne confonds pas ou, **où** et **houx.**

où adverbe

Où, c'est un mot qui sert à poser la question : dans quel endroit ? *Où est Myriam ? Dis-moi où tu as caché mon cahier.*

➻ Ce mot s'écrit avec un **ù.**

■ Ne confonds pas où, **ou** et **houx.**

oubli nom masculin

Un oubli, c'est quelque chose que l'on aurait dû faire et que l'on a oublié de faire. *Excuse-moi de ne pas t'avoir téléphoné comme je te l'avais promis : c'est un oubli.*

oublier verbe

1. Oublier, c'est ne pas se souvenir. *J'ai oublié le nom de ton chat.* ■ Le contraire de oublier, c'est **se rappeler, se souvenir.**

2. Oublier, c'est laisser, sans le faire exprès. *Maman a oublié son parapluie dans l'autobus.*

3. Oublier, c'est ne pas penser. *Martin a oublié de me prévenir qu'il serait en retard,* il n'y a plus pensé.

ouest nom masculin

L'ouest, c'est l'un des quatre points grâce auxquels on peut savoir où se trouvent des lieux. *Le soleil se lève à l'est et se couche à l'ouest.*

■ L'ouest, l'est, le nord et le sud.

■ Sur une carte de géographie, l'ouest est à gauche.

ouf ! interjection

Ouf, c'est un mot que l'on dit quand on est soulagé parce qu'on a fini de faire quelque chose d'ennuyeux ou que l'on a échappé à quelque chose de désagréable. *Ouf ! nous sommes rentrés avant la pluie !*

Sais-tu comment on dit **oui** en allemand, en italien, en anglais et en espagnol ?

oui adverbe
Oui, c'est un mot qui sert à dire que l'on est d'accord. *Tu viens avec nous au cinéma ? — Oui.*
■ Le contraire de oui, c'est **non.**
■ Ne confonds pas oui et **ouïe.**

ouïe nom féminin
L'ouïe, c'est ce qui permet, grâce aux oreilles, d'entendre les sons. *Les chats ont une très bonne ouïe.*
■ L'ouïe est l'un des cinq sens.
Ce mot s'écrit avec un **ï.**
■ Ne confonds pas ouïe et **oui.**

ouistiti nom masculin
Un ouistiti, c'est un petit singe avec une très longue queue. *Les ouistitis vivent dans les forêts d'Amérique du Sud.*

ouragan nom masculin
Un ouragan, c'est une très forte tempête avec un vent très violent.
■ Cherche aussi **cyclone, tornade.**

ourlet nom masculin
L'ourlet, c'est le bord du tissu que l'on a replié et que l'on a cousu. *La jupe de Lucile est trop longue, il faut refaire l'ourlet pour la raccourcir.*

ours nom masculin
Un ours, c'est un grand animal qui a une épaisse fourrure, un long museau et des pattes avec des griffes. *Il y a des ours blancs au pôle Nord, des ours bruns en Europe, en Asie et en Amérique du Nord.*
■ La femelle de l'ours est l'**ourse** et leur petit est l'**ourson.**

oursin nom masculin
Un oursin, c'est un petit animal qui vit dans la mer et dont la carapace ronde est couverte de piquants. *Papi aime bien manger des huîtres et des oursins.*

Des **ouistitis.**

outil nom masculin

Un outil, c'est un instrument dont on se sert, avec les mains, pour faire un travail. *Le tournevis, le marteau sont des outils.*

On ne prononce pas le **l** qui est à la fin.

ouvert, ouverte adjectif

La boucherie est ouverte, le soir, jusqu'à 20 heures, on peut entrer dans la boucherie et y faire des achats, le soir, jusqu'à 20 heures.

Le contraire de ouvert, c'est **fermé.**

ouverture nom féminin

1. *Les portes du supermarché ont une ouverture automatique,* elles ont un mécanisme pour les ouvrir qui est automatique.

2. *Les touristes font la queue en attendant l'ouverture du musée,* ils font la queue en attendant que le musée ouvre.

Le contraire de ouverture, c'est **fermeture.**

ouvre-boîte nom masculin

Un ouvre-boîte, c'est un instrument qui sert à ouvrir les boîtes de conserve.

Au pluriel : des **ouvre-boîtes.**

ouvrier nom masculin, **ouvrière** nom féminin

Un ouvrier, une ouvrière, c'est une personne dont le métier est de faire un travail manuel. *Madame Lebet travaille comme ouvrière à l'usine de chaussures. Des ouvriers sont venus réparer la machine à laver.*

ouvrir verbe

1. Ouvrir, c'est déplacer ce qui fermait pour que l'on puisse passer ou voir. *Ouvre la fenêtre, il fait trop chaud. Rachida a ouvert la porte et elle est sortie dans le jardin.*

2. *Le musée ouvre à 10 heures,* les visiteurs peuvent entrer dans le musée à partir de 10 heures.

3. Ouvrir, c'est écarter des parties qui sont l'une contre l'autre. *Ouvre ton livre page 10 ! Alban est trop fatigué, il n'arrive plus à ouvrir les yeux.*

Le contraire de ouvrir, c'est **fermer.**

Adèle **ouvre** ses cadeaux.

ovale adjectif

Un œuf est ovale, il a une forme ronde un peu allongée.

Sais-tu à quel sport on joue avec un ballon ovale ? Le **rugby.**

oxygène nom masculin

L'oxygène, c'est un gaz invisible et sans odeur que l'on trouve dans l'air. *S'il n'y a pas assez d'oxygène dans l'air, on n'arrive plus à respirer et on étouffe.*

ozone nom masculin

L'ozone, c'est un gaz bleu qui se forme dans l'air et qui nous protège des rayons du soleil.

a b c d e f g h i j k l m n o p q r s t u v w x y z

pagaie nom féminin
Une pagaie, c'est une petite rame que l'on tient avec ses deux mains. *On fait avancer le canoë avec une pagaie.*
■ Cherche aussi **aviron.**

page nom féminin
1. Une page, c'est une feuille de papier. *Rachid a arraché une page de son cahier.*
2. Une page, c'est chaque côté d'une feuille de papier. *Clément a lu les cinq premières pages de son livre.*

pagode nom féminin
Une pagode, c'est une maison dans laquelle les bouddhistes vont prier. *Ananda va à la pagode avec ses parents.*
■ Cherche aussi **église, mosquée, synagogue, temple.**

paillasson nom masculin
Un paillasson, c'est un petit tapis que l'on met devant la porte d'entrée d'une maison ou d'un appartement pour s'essuyer les pieds.

paille nom féminin
1. La paille, c'est l'ensemble des tiges de céréales qui restent quand on a enlevé le grain. *La paille sert de litière aux vaches.*
2. Une paille, c'est un petit tube long et mince avec lequel on boit. *Ophélie boit sa limonade avec une paille.*

paillette nom féminin
Une paillette, c'est une petite plaque mince et brillante. *La princesse avait une robe à paillettes dorées.*

pain nom masculin
1. Le pain, c'est un aliment fait avec de la farine et de l'eau et cuit dans un four. *Alexandra est allée acheter du pain à la boulangerie.*
2. Un pain au chocolat, c'est une sorte de gâteau avec une barre de chocolat à l'intérieur.
■ Ne confonds pas pain et **pin.**

Quel **pain** préfères-tu ?

Quel est le mot qui réunit les lunettes, les ciseaux, les chaussures, les chaussettes et les gants ?

pair, paire adjectif
Un nombre pair, c'est un nombre qui tombe juste quand on le divise par 2. *Les nombres 4, 8, 34 sont des nombres pairs.*
■ Le contraire de pair, c'est **impair.**
■ Ne confonds pas pair, **paire** et **père.**

paire nom féminin
1. Une paire, c'est un ensemble de deux choses qui vont toujours par deux. *Zoé a une nouvelle paire de chaussures.*
2. Une paire, c'est un objet formé de deux parties. *Jules range sa paire de ciseaux dans sa trousse.*
■ Ne confonds pas paire, **pair** et **père.**

paître verbe
Les vaches paissent dans le pré, elles arrachent l'herbe avec leurs dents et la mangent.
■ Cherche aussi **brouter.**

paix nom féminin
1. *Notre pays vit en paix avec ses voisins,* notre pays n'est pas en guerre.
2. *« Taisez-vous, j'aimerais avoir la paix pour écouter les informations ! » a dit Papa,* Papa a dit qu'il aimerait qu'on le laisse tranquille et être dans le calme pour écouter les informations.
■ Ne confonds pas paix et **pet.**

palais nom masculin
1. Un palais, c'est un château très grand et très beau. *Le président de la République française habite le palais de l'Élysée, à Paris.*
2. Le palais, c'est la partie du haut, à l'intérieur de la bouche.

pâle adjectif
Charles doit être malade, il est tout pâle, son visage a perdu ses couleurs, il est presque blanc.
➜ Ce mot s'écrit avec un **â.**

palette nom féminin
Une palette, c'est une plaque sur laquelle un peintre met ses couleurs. *Le peintre mélange ses couleurs sur sa palette.*

palier nom masculin
Un palier, c'est l'endroit où arrive un escalier à chaque étage. *Dans mon immeuble, il y a trois appartements par palier.*

pâlir verbe
Pâlir, c'est devenir pâle. *Louise a pâli de peur en voyant la seringue.*
➜ Ce mot s'écrit avec un **â.**

palissade nom féminin
Une palissade, c'est une sorte de mur en planches devant un endroit où l'on fait des travaux. *Il y a une palissade autour de l'immeuble en construction.*

palme nom féminin
1. Une palme, c'est une feuille de palmier. *Le toit de la case est fait de palmes.*
2. Une palme, c'est une sorte de chaussure en caoutchouc avec un bout long et plat qui ressemble à une nageoire et qui permet de nager plus vite. *Loïc met ses palmes et plonge.*

palmé, palmée adjectif
Des pattes palmées, ce sont des pattes dont les doigts sont reliés entre eux par de la peau.

Le canard a les pattes **palmées.**

palmeraie nom féminin
Une palmeraie, c'est un endroit où sont plantés des palmiers.

palmier nom masculin
Un palmier, c'est un arbre des pays chauds qui a de très grandes feuilles à son sommet. *Les feuilles du palmier font une sorte d'éventail.*
■ Les feuilles du palmier sont des **palmes.**
■ Les **dattes** poussent sur des palmiers qui s'appellent des dattiers.

pamplemousse nom masculin
Un pamplemousse, c'est un fruit rond, jaune ou rose, plus gros qu'une orange. *Le pamplemousse a un goût un peu acide.*
■ Les pamplemousses poussent sur les **pamplemoussiers.**

pancarte nom féminin
Une pancarte, c'est une plaque sur laquelle est écrit quelque chose que tout le monde peut lire. *Il y a une pancarte sur la porte de la boulangerie : « Le magasin est fermé jusqu'au 3 septembre ».*
■ Tu peux dire aussi **écriteau.**

panda nom masculin
Un panda, c'est un gros animal noir et blanc qui ressemble à un petit ours et qui vit en Asie. Il a les yeux entourés de noir.

pané, panée adjectif
Maéva a mangé une escalope panée, elle a mangé une escalope recouverte de toutes petites miettes de pain qui font une sorte de croûte.

panier nom masculin
Un panier, c'est un sac en osier avec une ou deux anses. *Maman revient du marché avec son panier rempli de légumes.*

panne nom féminin
Une panne, c'est l'arrêt d'une machine ou d'un moteur parce que quelque chose s'est cassé. *Il faut réparer la machine à laver qui est tombée en panne.*
■ Quand une voiture est en panne, on fait venir une **dépanneuse.**

A B C D E F G H I J K L M N O P Q R S T U V W X Y Z

panneau nom masculin
Un panneau, c'est une plaque de métal ou de bois sur laquelle est inscrite une indication. *Un panneau indique la direction à prendre pour rejoindre l'autoroute.*
Au pluriel : des **panneaux.**

panoplie nom féminin
Martine a une panoplie d'infirmière, elle a un déguisement et tous les objets dont se sert une infirmière.

pansement nom masculin
Un pansement, c'est un morceau de tissu ou de coton spécial que l'on met sur une blessure pour qu'elle reste propre. *Maman m'a mis un pansement sur le doigt, parce que je me suis coupé.*

pantalon nom masculin
Un pantalon, c'est un vêtement qui va de la taille jusqu'aux pieds, en entourant chaque jambe. *Florian a mis un pantalon vert.*

panthère nom féminin
Une panthère, c'est un animal au pelage jaune avec des taches noires ou au pelage tout noir. Elle vit en Afrique et en Asie. *La panthère n'a pas peur des hommes, elle peut même les attaquer.*
■ La panthère est un **félin.**
■ Cherche aussi **jaguar, léopard.**
Il y a un **h** après le **t.**

pantin nom masculin
Un pantin, c'est une sorte de poupée dont on peut faire bouger les bras, les jambes et la tête en tirant sur une ficelle. *Pinocchio est un pantin de bois.*
■ Cherche aussi **marionnette.**

pantoufle nom féminin
Une pantoufle, c'est une chaussure que l'on met pour rester chez soi. *Estelle met sa chemise de nuit et ses pantoufles après avoir pris son bain.*
■ Tu peux dire aussi **chausson.**

paon nom masculin
Un paon, c'est un grand oiseau vert et bleu qui a une longue queue de plumes qu'il peut relever et ouvrir comme un éventail.
■ Quand le paon ouvre sa queue en éventail, on dit qu'il fait la **roue.**
Paon se prononce comme s'il n'y avait pas de **o.**

Le **paon** fait la roue.

papa nom masculin
Un papa, c'est un père. *Où sont ton papa et ta maman ? Papa est venu me chercher à l'école. Papa, regarde-moi !*

pape nom masculin
Le pape, c'est le chef des catholiques. *Le pape habite à Rome.*

papeterie nom féminin
Une papeterie, c'est un magasin où l'on vend tout ce qu'il faut pour écrire et dessiner. *Le jour de la rentrée, Angélina est allée à la papeterie acheter des cahiers, des crayons, des stylos et une gomme.*

papi nom masculin
Papi, c'est le nom que l'on donne à son grand-père. *Papi et Mamie sont dans le jardin.*

papier nom masculin
Le papier, c'est une matière fine fabriquée à partir d'une pâte que l'on obtient avec du bois ou des chiffons. *Héloïse dessine sur une feuille de papier. Oscar enveloppe le cadeau pour sa mère dans un joli papier à fleurs.*

Des **papillons.**

papillon nom masculin
Un papillon, c'est un insecte qui a de grandes ailes avec de jolies couleurs. *Les papillons se nourrissent du pollen des fleurs.*
■ Cherche aussi **chenille.**

paquebot nom masculin
Un paquebot, c'est un grand bateau qui transporte des passagers sur la mer pour les emmener dans des pays lointains. *Les parents de Victor ont fait une croisière sur un paquebot.*

pâquerette nom féminin
Une pâquerette, c'est une petite marguerite blanche qui fleurit dans les prés, au printemps.
Ce mot s'écrit avec un **â.**

paquet nom masculin
1. Un paquet, c'est un objet qui est enveloppé dans du papier et attaché pour être transporté facilement. *Le facteur a apporté un paquet pour Laura,* il a apporté un colis pour Laura. *La vendeuse a fait un joli paquet avec un ruban rouge.*
2. *Papa a acheté un paquet de café,* il a acheté du café qui est dans un emballage de papier ou de carton.

par préposition
1. Par, c'est à travers. *Le chat est entré par la fenêtre. Nous sommes passés par la Suisse pour aller en Italie.*
2. Par, c'est un mot qui sert à désigner la personne qui fait l'action. *Sacha a été interrogé par la maîtresse.*
3. Par, c'est un mot qui indique un moyen. *Maelle est venue par le train. Répondez par oui ou par non.*
■ Ne confonds pas par et **part.**

A B C D E F G H I J K L M N O P Q R S T U V W X Y Z

Le soldat a sauté en **parachute**.

parachute nom masculin
Un parachute, c'est un objet formé d'un grand morceau de tissu qui se déplie dans l'air et permet à une personne qui saute d'un avion en vol de descendre lentement.

parachutiste nom masculin et féminin
Un parachutiste, une parachutiste, c'est une personne qui saute en parachute.

paradis nom masculin
Le paradis, c'est un endroit où les personnes qui croient en Dieu pensent que vont, après leur mort, les âmes des hommes qui ont été bons et honnêtes.
■ Les âmes des méchants vont en **enfer.**

paragraphe nom masculin
Un paragraphe, c'est un morceau de texte. *On va à la ligne quand on commence un nouveau paragraphe.*

paraître verbe
1. *Guillaume paraît content d'aller faire du ski,* quand on regarde Guillaume il a le visage de quelqu'un qui est content, il a l'air content d'aller faire du ski. ■ Tu peux dire aussi **sembler.**
2. *Il paraît que David va changer d'école,* on dit, on raconte que David va changer d'école.

parallèle adjectif
Deux lignes parallèles, ce sont deux lignes qui sont l'une à côté de l'autre, toujours à la même distance l'une de l'autre et qui ne se touchent jamais.

paralysé, paralysée adjectif
Sébastien a eu un accident, ses deux jambes sont paralysées, ses deux jambes ne peuvent plus bouger.
■ Cherche aussi **handicapé, infirme.**

parapluie nom masculin
Un parapluie, c'est un objet fait d'un tissu imperméable et d'un manche, que l'on ouvre au-dessus de sa tête pour se protéger de la pluie. *Maman a pris son parapluie car il risque de pleuvoir.*

Papa s'abrite sous son **parapluie**.

parasol nom masculin
Un parasol, c'est un objet qui ressemble à un grand parapluie et qui sert à se protéger du soleil. *Viens te mettre à l'ombre sous le parasol !*

paratonnerre nom masculin
Un paratonnerre, c'est une tige de fer attachée sur le toit et reliée au sol, qui sert à protéger une maison contre la foudre.

parc nom masculin
Un parc, c'est un grand jardin avec beaucoup d'arbres, des allées et des pelouses. *Nous nous sommes promenés dans le parc du château.*

parce que conjonction
Parce que, c'est un mot qui indique la cause. *Juliette pleure parce qu'elle s'est fait mal.*
■ Tu peux dire aussi **car.**

parcourir verbe
Les cyclistes ont parcouru 60 kilomètres en une journée, ils ont fait un trajet de 60 kilomètres en une journée.

parcours nom masculin
Le parcours, c'est le chemin pour aller d'un endroit à un autre. *L'autobus suit toujours le même parcours.*
■ Tu peux dire aussi **trajet.**

Ils se reposent sous le **parasol.**

Le château est entouré d'un grand **parc.**

pardon nom masculin
1. Pardon, c'est un mot que l'on dit, par politesse, pour s'excuser lorsqu'on dérange quelqu'un ou lorsqu'on lui demande un service. *Pardon monsieur, savez-vous où est la rue des Plantes ?*
2. Demander pardon, c'est faire des excuses. *Julie a demandé pardon à sa sœur de l'avoir tapée,* elle lui a demandé de lui pardonner.

pardonner verbe
Pardonner, c'est ne plus être fâché, décider que ce n'est pas grave et que l'on va oublier ce qui a fait de la peine. *Flora est triste mais elle a pardonné à son frère de lui avoir cassé sa poupée,* elle ne lui en veut plus.
■ Cherche aussi **excuser.**

parebrise nom masculin
Le parebrise, c'est la grande vitre à l'avant d'une voiture qui protège du vent, de la pluie et de la poussière. *Quand le parebrise est mouillé, on fait marcher les essuie-glaces.*
➾ Au pluriel : des **parebrises.**
➾ Tu peux aussi écrire un **pare-brise** (invariable).

A B C D E F G H I J K L M N O P Q R S T U V W X Y Z

pareil, pareille adjectif
Ces deux montres sont pareilles, elles ont la même taille, la même forme, la même couleur, elles se ressemblent exactement.
- Tu peux dire aussi **identique, semblable.**
- Le contraire de pareil, c'est **différent.**

parent nom masculin,
parente nom féminin
1. Les parents, ce sont le père et la mère. *Les parents de Thomas sont très sévères.*
2. Un parent, une parente, c'est une personne de la famille. *Tante Cécile est une parente de mon père,* c'est une personne de la famille de mon père.
- Cherche aussi **grands-parents.**

parenthèse nom féminin
Un mot entre parenthèses, c'est un mot qui est mis entre deux signes qui indiquent qu'on peut comprendre le reste de la phrase même si on ne lit pas ce mot. *Dans la phrase « Cléa est la sœur (jumelle) de Charlotte », « jumelle » est un mot mis entre parenthèses.*
- On ouvre la parenthèse : (
- On ferme la parenthèse :)
- Les parenthèses sont des signes de **ponctuation.**

paresse nom féminin
La paresse, c'est le défaut d'une personne qui ne veut pas faire d'efforts et qui aime ne rien faire.

paresseux, paresseuse adjectif
Une personne paresseuse, c'est une personne qui ne veut pas faire d'efforts et qui aime ne rien faire.

parfait, parfaite adjectif
Cette voiture est parfaite pour une famille nombreuse, cette voiture est très bien pour une famille nombreuse, il n'en existe pas de mieux.

parfaitement adverbe
Alexandra parle parfaitement l'espagnol, elle parle très bien l'espagnol, sans faire aucune faute.

parfois adverbe
Parfois, c'est de temps en temps. *Papa se met parfois en colère.*
- Tu peux dire aussi **quelquefois.**
- Le contraire de parfois, c'est **jamais, toujours.**

parfum nom masculin
1. *Loïc respire le parfum des roses,* il respire la bonne odeur des roses.
- Tu peux dire aussi **arôme.**

2. *Maman s'est mis du parfum,* elle a mis sur elle et sur ses vêtements un liquide qui sent bon.
3. *Marion veut une glace mais elle ne sait pas quel parfum choisir,* elle ne sait pas quel goût choisir.

Sébastien est très **paresseux**, il écoute de la musique au lieu de faire ses devoirs.

pari nom masculin
Un pari, c'est un jeu où l'on promet de donner quelque chose à la personne qui a raison. *Rachid et Romain ont fait un pari.*
■ Est-ce que tu as déjà fait des paris ?

parier verbe
Parier, c'est faire un pari. *Rachid a parié une petite voiture avec Romain qu'il court plus vite que lui.*

parking nom masculin
Un parking, c'est un endroit où l'on peut garer de nombreuses voitures les unes à côté des autres. *Maman a garé la voiture dans le parking du supermarché.*
■ Ce mot vient de l'anglais.

parler verbe
1. Parler, c'est faire savoir ce que l'on pense en disant des mots. *Matthias a un an, il ne sait pas encore parler. Julie et Eva parlent sans arrêt au lieu d'écouter la maîtresse,* elles bavardent.
2. *Alexandra sait parler l'espagnol,* elle sait s'exprimer en espagnol.
3. Se parler, c'est parler l'un à l'autre. *Léa et Tom se sont parlé au téléphone. Thomas et Benjamin sont fâchés, ils ne se parlent plus,* ils ne se disent plus rien, ils ne s'adressent plus la parole.

parmi préposition
Parmi, c'est au milieu de plusieurs personnes ou de plusieurs choses. *Claire est allée s'asseoir parmi les spectateurs. On aperçoit le toit de la maison parmi les arbres.*

paroi nom féminin
Une paroi, c'est un côté d'une montagne ou d'un rocher qui est tout droit comme un mur. *Les alpinistes ont escaladé la paroi de la montagne.*

parole nom féminin
1. La parole, c'est la possibilité de dire des mots pour se faire comprendre. *Les animaux ne peuvent pas s'exprimer par la parole. Ne me coupe pas la parole !* ne m'empêche pas de parler en parlant en même temps que moi, ne m'interromps pas !
2. *Je me souviens de l'air de cette chanson mais j'ai oublié les paroles,* j'ai oublié le texte de la chanson.

parquet nom masculin
Le parquet, c'est le sol d'une maison fait de longs morceaux de bois minces et étroits, attachés les uns aux autres.
■ Cherche aussi **plancher.**

Il faut cirer le **parquet** pour qu'il brille.

parrain nom masculin
Le parrain, c'est l'homme qui tient l'enfant dans l'église le jour de son baptême et qui promet de veiller sur lui. *Le parrain et la marraine de Mélissa lui ont fait un cadeau pour son anniversaire.* ■ Mélissa est leur **filleule.**

a b c d e f g h i j k l m n o p q r s t u v w x y z

A B C D E F G H I J K L M N O P Q R S T U V W X Y Z

part nom féminin

1. Une part, c'est un morceau de quelque chose qui a été séparé en plusieurs parties. *Marine a mangé deux parts de tarte aux fraises.*

2. *Sacha n'a pas pu venir mais je t'apporte un cadeau de sa part,* je t'apporte un cadeau qui vient de lui.

3. *Je n'aime pas ce restaurant, allons déjeuner autre part,* allons déjeuner ailleurs, dans un autre endroit. *J'ai déjà vu cet homme quelque part,* j'ai déjà vu cet homme dans un endroit mais je ne me souviens plus où. *J'ai cherché mes chaussettes bleues partout mais je ne les trouve nulle part,* je ne les trouve dans aucun endroit. ■ Le contraire de nulle part, c'est **partout.**

■ Ne confonds pas part et **par.**

partage nom masculin

Faire un partage, c'est diviser en plusieurs parts. *Les voleurs se sont réunis pour le partage du butin.* ■ Ils ont **partagé** le butin.

partager verbe

Partager, c'est séparer en plusieurs parts. *Mamie a partagé la tarte en huit. Anna a partagé son pain au chocolat avec Noé,* elle lui a donné un morceau de son pain au chocolat.

partenaire nom masculin et féminin

Le partenaire, la partenaire, c'est la personne avec laquelle on joue, contre les autres, dans un jeu ou dans un sport.

■ Le contraire de partenaire, c'est **adversaire.**

parti nom masculin

Myriam prend toujours le parti de sa sœur, elle dit toujours que sa sœur a raison, elle défend toujours sa sœur.

■ Ne confonds pas parti et **partie.**

participer verbe

Si tu veux participer à la loterie, il faut acheter un billet, si tu veux jouer avec les autres à la loterie, il faut acheter un billet.

particulier, particulière adjectif

1. *La nourriture chinoise a un goût très particulier,* elle a un goût qui ne ressemble pas à celui qu'ont les autres nourritures. ■ Tu peux dire aussi **spécial.**

2. *Nicolas aime beaucoup les animaux et, en particulier, les chiens,* il aime les chiens plus que les autres animaux, il aime surtout les chiens.

particulièrement adverbe

Particulièrement, c'est plus que tout le reste, surtout. *Nicolas aime beaucoup les animaux, et particulièrement les chiens.*

■ Tu peux dire aussi en **particulier, spécialement.**

partie nom féminin

1. Une partie, c'est un morceau. *Papi ne nous a raconté qu'une partie de l'histoire.* ■ Le contraire de partie, c'est **totalité.**

2. Une partie, c'est la durée d'un jeu jusqu'à ce qu'il y ait un gagnant. *David et Sophie ont fait une partie de ping-pong.* ■ Cherche aussi **match.**

3. *Alice fait partie de la chorale,* elle est un des membres de la chorale.

■ Ne confonds pas partie et **parti.**

partir verbe

1. Partir, c'est quitter un endroit, s'en aller. *Il est tard, je dois partir. Maman part en voyage demain.* ■ Le contraire de partir, c'est **arriver.**

2. Partir, c'est ne plus être là, disparaître. *La tache est partie au lavage.*

3. *Nous sommes en vacances à partir de demain,* demain est le jour où nous commençons à être en vacances.

Chez Madame Rose, il y a des fleurs **partout.**

partout adverbe
Partout, c'est dans tous les endroits. *Papi a cherché ses lunettes partout et il ne les a pas trouvées.*
■ Le contraire de partout, c'est **nulle part.**

pas nom masculin
Un pas, c'est le mouvement que l'on fait quand on met un pied devant l'autre pour marcher. *Papa est pressé, il fait de grands pas. Il y a des traces de pas sur le chemin,* il y a des traces faites par les pieds ou les chaussures de quelqu'un qui marchait.

passage nom masculin
1. Un passage, c'est un endroit par où l'on peut passer. *Léo a découvert un passage secret. Il faut traverser dans le passage pour piétons. Le passage à niveau est fermé,* l'endroit où la voie ferrée croise la route est fermé.
2. Un passage, c'est un morceau d'un livre, d'un film ou d'une chanson, c'est un extrait. *Il y a dans ce film un passage qui fait très peur.*

passager nom masculin,
passagère nom féminin
Un passager, une passagère, c'est une personne qui voyage en train, en bateau, en avion ou en voiture mais qui ne conduit pas et qui n'est pas quelqu'un de l'équipage. *L'hôtesse de l'air demande aux passagers d'attacher leur ceinture.*

passant nom masculin,
passante nom féminin
Un passant, une passante, c'est une personne qui marche dans la rue. *Juliette a demandé l'heure à un passant.*

Il faut attendre que les barrières soient levées pour franchir le **passage** à niveau.

A B C D E F G H I J K L M N O P Q R S T U V W X Y Z

passé nom masculin

1. Le passé, c'est la partie du temps qui est avant aujourd'hui. *Mamie nous raconte des souvenirs du passé.* ■ Cherche aussi **présent, avenir.**

2. *L'imparfait est un temps du passé,* c'est un temps du verbe qui indique que l'on parle de quelque chose qui s'est déjà passé. ■ Cherche aussi **futur, présent.**

Le passager doit montrer son **passeport** avant de monter dans l'avion.

passeport nom masculin

Un passeport, c'est un petit carnet dans lequel sont écrits le nom, l'adresse, la date de naissance et la nationalité d'une personne avec sa photo. C'est une pièce d'identité qui sert pour aller à l'étranger. *Lorsque l'on va dans un autre pays, on montre son passeport à la frontière.*

passer verbe

1. Passer, c'est avancer sans s'arrêter. *La voiture des pompiers est passée très vite dans la rue.*

2. Passer, c'est venir dans un lieu et y rester peu de temps. *Dorian est passé me voir à la maison.*

3. *Ce film passe à la télévision demain,* les images de ce film seront sur l'écran de la télévision demain.

4. *Mon grand frère passe en sixième,* il pourra aller en sixième l'année prochaine parce qu'il a bien travaillé cette année.

5. *Marie a passé l'après-midi à lire,* elle a utilisé le temps qu'elle avait l'après-midi en lisant, elle a lu tout l'après-midi.

6. *Martin ne peut pas se passer de sa mère,* il a besoin de sa mère tout le temps, il veut toujours être avec elle.

7. *Qu'est-ce qui se passe ?* qu'est-ce qu'il y a ? *Cette histoire se passe au Canada,* tous les événements de cette histoire arrivent au Canada, cette histoire a lieu au Canada. ■ Tu peux dire aussi **se dérouler.**

passerelle nom féminin

1. Une passerelle, c'est un escalier qui sert à monter dans un avion ou dans un grand bateau.

2. Une passerelle, c'est un pont réservé aux piétons. *Il faut prendre la passerelle pour traverser la voie ferrée.*

Les voyageurs montent à bord du bateau par la **passerelle.**

passion nom féminin
Clément voudrait être pilote, il a une passion pour les avions, il a un très grand intérêt pour les avions, il adore les avions.

Le livre que lit Anouk est **passionnant.**

passionnant, passionnante adjectif
Le livre que je suis en train de lire est passionnant, il est tellement intéressant que je ne pense à rien d'autre quand je le lis.
■ Le contraire de passionnant, c'est **ennuyeux.**

passionner verbe
Passionner, c'est intéresser très fort. *Ce film sur les ours a passionné Marion.*

passoire nom féminin
Une passoire, c'est un ustensile plein de petits trous dont on se sert quand on fait la cuisine pour laisser partir l'eau des aliments que l'on vient de laver ou que l'on vient de faire cuire. *Maman verse d'abord les pâtes dans la passoire puis elle les met dans un plat.*

pasteur nom masculin
Un pasteur, c'est une personne qui dirige le culte dans la religion protestante. *Les pasteurs peuvent être des hommes ou des femmes.*

patate nom féminin
Une patate, c'est une pomme de terre. *Viens m'aider à éplucher les patates !*
■ Ce mot est familier.

patauger verbe
Patauger, c'est marcher dans l'eau, dans la boue. *Mets tes bottes en caoutchouc si tu dois patauger dans la boue !*

Margaux et Corentin **pataugent** dans les flaques d'eau.

pâte nom féminin
1. La pâte, c'est un mélange de farine et d'eau que l'on cuit et qui sert à faire du pain ou des gâteaux.
2. Les pâtes, ce sont des morceaux de pâte qui ont des formes différentes et que l'on mange après les avoir fait cuire dans de l'eau bouillante. *Les nouilles et les spaghettis sont des pâtes.*
➜ Ce mot s'écrit avec un **â.**

A B C D E F G H I J K L M N O P Q R S T U V W X Y Z

pâté nom masculin

1. Un pâté, c'est un mélange de viande hachée et d'épices, cuit dans un plat spécial et que l'on mange froid. *Anaïs mange une tranche de pâté de campagne.*

2. *Louis fait des pâtés sur la plage,* il fait des sortes de gâteaux en sable mouillé avec son seau.

Ce mot s'écrit avec un **â.**

■ Ne confonds pas pâté et **pâtée.**

pâtée nom féminin

La pâtée, c'est le mélange qui est préparé pour nourrir un chien ou un chat. *Le chien mange sa pâtée.*

Ce mot s'écrit avec un **â.**

■ Ne confonds pas pâtée et **pâté.**

paternel, paternelle adjectif

Monsieur Blum est le grand-père paternel de Jean Blum, c'est le père du père de Jean Blum. ■ Le grand-père **maternel** de Jean Blum est le père de sa mère.

patiemment adverbe

Patiemment, c'est avec beaucoup de calme, sans s'énerver, avec patience. *Mohamed attend son tour patiemment.*

patience nom féminin

La patience, c'est la qualité d'une personne qui reste calme, qui attend sans s'énerver et qui finit de faire ce qu'elle a commencé, même si c'est difficile. *Il faut beaucoup de patience pour faire un puzzle.*

■ Le contraire de patience, c'est **impatience.**

patient, patiente adjectif

Une personne patiente, c'est une personne qui reste calme et continue à faire ce qu'elle a commencé, avec courage, sans s'énerver. *Il faut être patient pour faire un puzzle.*

■ Le contraire de patient, c'est **impatient.**

patienter verbe

Patienter, c'est attendre en restant calme, sans s'énerver. *Veuillez patienter dans la salle d'attente, le médecin va vous recevoir dans quelques minutes.*

patin nom masculin

1. Les patins à glace, ce sont des chaussures spéciales sous lesquelles il y a une lame pour pouvoir glisser sur la glace. *Pierre et Maelys font du patin à glace.*

2. Les patins à roulettes, ce sont des semelles sous lesquelles se trouvent des petites roues qui permettent de se déplacer sur le sol en roulant. *Élise et Simon font du patin à roulettes.* ■ Cherche aussi **roller.**

Un **patin** à glace et des **patins** à roulettes.

patinage nom masculin

Le patinage, c'est le sport que l'on pratique quand on fait du patin à glace ou du patin à roulettes. *Marion regarde le championnat de patinage à la télévision.*

patiner verbe
Patiner, c'est faire du patin à glace ou du patin à roulettes. *Pierre et Maelys patinent sur le lac gelé.*

patinette nom féminin
Une patinette, c'est un jouet formé d'une planche montée sur deux roues et d'un guidon. *Lilou est tombée en faisant de la patinette.*
■ Tu peux dire aussi **trottinette.**

patineur nom masculin,
patineuse nom féminin
Un patineur, une patineuse, c'est une personne qui patine.

patinoire nom féminin
Une patinoire, c'est une piste de glace sur laquelle on fait du patin à glace.

patio nom masculin
Un patio, c'est une cour sans toit à l'intérieur d'une maison. *Mes parents ont pris le café dans le patio.*
■ Ce mot vient de l'espagnol.

pâtisserie nom féminin
1. Une pâtisserie, c'est un gâteau. *Mathieu aime beaucoup les pâtisseries.*
2. Une pâtisserie, c'est un magasin où l'on fait et où l'on vend des gâteaux. *Antoine est allé à la pâtisserie acheter des éclairs.*
Ce mot s'écrit avec un **â.**

pâtissier nom masculin,
pâtissière nom féminin
Un pâtissier, une pâtissière, c'est une personne qui fait des gâteaux et qui les vend. *Papi a acheté une tarte aux fraises chez le pâtissier.*
Ce mot s'écrit avec un **â.**

patrie nom féminin
La patrie, c'est le pays où l'on est né ou dans lequel on vit depuis longtemps et que l'on considère comme son pays. *Ces hommes ont fui leur patrie parce qu'il y avait la guerre.*

patron nom masculin,
patronne nom féminin
Un patron, une patronne, c'est une personne qui fait travailler des ouvriers ou des employés dans une usine, un magasin, un bureau. *La patronne du café est à la caisse.*

patte nom féminin
1. Les pattes d'un animal, ce sont ses membres. *Le chien se dresse sur ses pattes de derrière et attrape le biscuit que lui tend son maître.*
2. *Le bébé marche à quatre pattes,* il avance en posant les mains et les genoux par terre.

pâturage nom masculin
Un pâturage, c'est un grand pré où les vaches et les moutons viennent paître. *Le soir, les vaches rentrent du pâturage.*
Il y a un accent circonflexe sur le premier **a.**

paume nom féminin
La paume, c'est l'intérieur de la main.

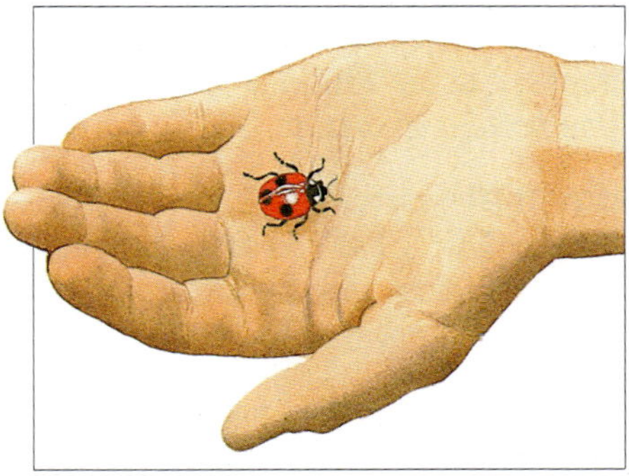

Maxime tient une coccinelle dans la **paume** de sa main.

a b c d e f g h i j k l m n o p q r s t u v w x y z

A B C D E F G H I J K L M N O P Q R S T U V W X Y Z

paupière nom féminin
La paupière, c'est la peau qui recouvre et protège l'œil, en haut et en bas. *Quand on s'endort, on ferme les paupières.*
■ Les paupières sont bordées de **cils.**

pause nom féminin
Une pause, c'est un petit moment pendant lequel on s'arrête de travailler ou de marcher, pour se reposer. *Au bout de deux heures de marche, nous avons fait une pause pour pique-niquer.*

pauvre adjectif
Une personne pauvre, c'est une personne qui n'a pas assez d'argent pour s'acheter les choses dont elle a besoin pour vivre. *Cet homme est si pauvre qu'il doit mendier.*
■ Le contraire de pauvre, c'est **riche.**

pauvreté nom féminin
La pauvreté, c'est l'état dans lequel est une personne qui n'a pas assez d'argent. *Il y a beaucoup de gens dans le monde qui vivent dans la pauvreté.*
■ Le contraire de pauvreté, c'est **richesse.**

pavé nom masculin
1. Un pavé, c'est un petit bloc de pierre qui sert à recouvrir le sol des rues.
2. Un pavé, c'est une sorte de cube dont les côtés sont des rectangles. *Une boîte à chaussures est un pavé.*

pavillon nom masculin
Un pavillon, c'est une maison avec un petit jardin. *Sophie et Nicolas habitent un pavillon en banlieue.*

payant, payante adjectif
L'entrée du musée est payante, il faut payer pour entrer dans le musée.
■ Le contraire de payant, c'est **gratuit.**

paye nom féminin
La paye, c'est l'argent que l'on reçoit lorsque l'on a travaillé. *Le patron du restaurant donne leur paye à ses employés à la fin de chaque mois.*
■ Tu peux dire aussi **salaire.**

payer verbe
Payer, c'est donner de l'argent pour avoir quelque chose. *Mathéo a payé son tee-shirt 15 euros.*
■ Cherche aussi **acheter.**

pays nom masculin
Un pays, c'est un territoire entouré de frontières et dirigé par un gouvernement. *Dans quel pays es-tu né ? La France et la Belgique sont des pays d'Europe.*
■ Tu peux dire aussi **État, nation.**

paysage nom masculin
Le paysage, c'est la campagne, la mer ou les montagnes que l'on voit dehors quand on regarde autour de soi. *Mamie admire le paysage par la fenêtre de la voiture.*

paysan nom masculin,
paysanne nom féminin
Un paysan, une paysanne, c'est une personne qui cultive la terre et élève des animaux.
■ Maintenant on dit plutôt **agriculteur.**

péage nom masculin
Le péage, c'est l'endroit où l'on paye, sur une autoroute, pour avoir le droit d'y rouler avec sa voiture. *Les voitures ralentissent avant d'arriver au péage.*

peau nom féminin
1. La peau, c'est ce qui recouvre le corps des hommes et des animaux. *La peau des bébés est très douce.*
2. La peau, c'est ce qui recouvre les fruits et les légumes. *Julien enlève*

la peau de la banane avant de la manger.
➾ Au pluriel : des **peaux.**
■ Ne confonds pas peau et **pot.**

Les **pêches** poussent sur les **pêchers.**

① **pêche** nom féminin
Une pêche, c'est un fruit qui a un gros noyau très dur et une peau qui ressemble à du velours. *Il y a des pêches blanches et des pêches jaunes.*
➾ Il y a un accent circonflexe sur le premier **e.**

② **pêche** nom féminin
Papa s'est levé tôt pour aller à la pêche, il s'est levé tôt pour aller attraper des poissons.
➾ Il y a un accent circonflexe sur le premier **e.**

Papa est à la **pêche.**

pêcher verbe
Pêcher, c'est attraper des poissons qui sont dans l'eau. *Papa est allé pêcher dans la rivière.*
➾ Il y a un accent circonflexe sur le premier **e.**

pêcheur nom masculin,
pêcheuse nom féminin
Un pêcheur, une pêcheuse, c'est une personne qui va à la pêche parce qu'elle aime bien pêcher ou parce que c'est son métier. *Les pêcheurs ont ramené de gros poissons dans leurs filets.*
➾ Il y a un accent circonflexe sur le premier **e.**

pédale nom féminin
Une pédale, c'est un morceau de métal sur lequel on appuie avec le pied pour faire marcher un mécanisme. *Anaïs appuie sur les pédales de son vélo pour monter la côte. L'automobiliste a appuyé sur la pédale de frein et s'est arrêté.*

pédaler verbe
Pédaler, c'est appuyer sur les pédales d'une bicyclette. *David pédale vite pour arriver avant son frère.*

pédiatre nom masculin et féminin
Un pédiatre, une pédiatre, c'est un médecin qui soigne les enfants. *Maman a emmené ma petite sœur chez le pédiatre pour la faire vacciner.*

peigne nom masculin
Un peigne, c'est un objet avec des petites pointes serrées les unes à côté des autres, qui sert à démêler les cheveux, à se coiffer. *Mamie se donne un coup de peigne,* elle se coiffe rapidement.
■ Les pointes du peigne s'appellent des **dents.**

peigner verbe
1. Peigner, c'est arranger les cheveux avec un peigne. *Morgane peigne sa poupée.*
2. Se peigner, c'est arranger ses cheveux avec un peigne. *Julien se peigne avant de partir.*
■ Tu peux dire aussi **coiffer.**

peindre verbe
1. Peindre, c'est recouvrir avec de la peinture. *Les ouvriers peignent le mur de l'immeuble en blanc.*
2. Peindre, c'est tracer des traits avec un pinceau et de la peinture pour faire un dessin. *Florian a peint un très beau tableau.*

Florian **peint** sa cousine.

peine nom féminin
1. La peine, c'est ce que l'on ressent quand on est triste. *Arthur a fait de la peine à sa mère en lui disant quelque chose de méchant.* ■ Tu peux dire aussi **chagrin.** ■ Le contraire de peine, c'est **plaisir.**
2. La peine, c'est un effort qui fatigue. *Alex s'est donné beaucoup de peine pour réussir son examen.*
■ Tu peux dire aussi **mal.**
3. À peine, c'est presque pas, très peu. *Parle plus fort, je t'entends à peine.*

peintre nom masculin et féminin
1. Un peintre en bâtiment, une peintre en bâtiment, c'est un ouvrier, une ouvrière qui peint les murs des maisons.
2. Un peintre, une peintre, c'est un artiste, une artiste qui peint des tableaux. *Picasso est un grand peintre du 20e siècle.*

peinture nom féminin
1. La peinture, c'est la matière qui sert à peindre. *Il y a des tubes de peinture de toutes les couleurs dans cette boîte.*
2. *Charlotte aime beaucoup faire de la peinture,* elle aime beaucoup peindre.

pelage nom masculin
Le pelage, c'est l'ensemble des poils d'un animal. *Ce chat a un beau pelage gris.*
■ Tu peux dire aussi **fourrure.**

peler verbe
1. Peler un fruit, c'est enlever sa peau, c'est l'éplucher.
2. Peler, c'est avoir le dessus de la peau qui s'en va par petits morceaux.

Yanis a **pelé** une pomme. Justine a attrapé un coup de soleil, elle a le nez qui **pèle**.

Le ballon de Lucie est resté sur la **pelouse**.

pélican nom masculin
Un pélican, c'est un grand oiseau qui a une grande poche sous son long bec, dans laquelle il garde les poissons qu'il a pêchés pour ses petits. *Les pélicans vivent dans les régions chaudes.*

pelle nom féminin
Une pelle, c'est un outil qui est fait d'une plaque mince attachée à un manche. *Paul creuse un trou dans le sable avec sa pelle.*

pellicule nom féminin
Une pellicule, c'est un rouleau de papier spécial que l'on utilise pour faire des photos ou du cinéma. *Papi a donné une pellicule à développer chez le photographe.*

pelote nom féminin
Une pelote de laine, c'est une boule faite par un long fil de laine enroulé sur lui-même. *Mamie a acheté des pelotes de laine pour me tricoter un pull.*

peloton nom masculin
Un peloton, c'est un groupe de coureurs qui courent ensemble, dans une course. *Ce cycliste est en tête du peloton.*

pelouse nom féminin
Une pelouse, c'est un terrain couvert d'herbe bien coupée, dans un jardin ou un parc.
■ L'herbe d'une pelouse, c'est le **gazon.**

peluche nom féminin
1. *Hugo dort avec son ours en peluche,* il dort avec un ours fait dans un tissu qui a des poils doux comme de la fourrure.
2. Une peluche, c'est un objet en peluche. *Lola a plusieurs peluches sur son lit.*

L'ours en **peluche** est très doux.

pencher verbe
1. Pencher, c'est faire aller vers le bas, incliner. *Le chanteur penche la tête pour saluer le public.*
2. Se pencher, c'est faire aller le haut de son corps vers le bas. *Ne te penche pas par la fenêtre, c'est dangereux.*

pendant préposition
Pendant, c'est un mot qui indique le temps qui se passe entre le début et la fin de quelque chose. *J'ai attendu Zoé pendant une heure.*
■ Tu peux dire aussi **durant.**

penderie nom féminin
Une penderie, c'est un placard dans lequel on suspend ses vêtements sur des cintres. *Maman a rangé sa veste dans la penderie de l'entrée.*

pendre verbe
1. Pendre, c'est être accroché par le haut. *L'ampoule pend au plafond.*
2. *Ils ont pendu le bandit,* ils l'ont tué en l'attachant par le cou avec une corde et en le suspendant en l'air.

a b c d e f g h i j k l m n o p q r s t u v w x y z

A B C D E F G H I J K L M N O P Q R S T U V W X Y Z

pendule nom féminin
Une pendule, c'est une petite horloge qui est posée sur un meuble ou qui est accrochée à un mur.
■ Cherche aussi **montre, réveil.**

La **pendule** indique 11 heures 5.

pénétrer verbe
Pénétrer, c'est entrer. *La lumière pénètre dans la chambre à travers les volets. Les cambrioleurs ont pénétré dans la maison sans faire de bruit.*

pénible adjectif
Le travail des infirmières est quelquefois pénible, il est quelquefois dur et fatigant.

péniche nom féminin
Une péniche, c'est un long bateau dont le fond est plat, qui sert à transporter des marchandises sur les fleuves et sur les canaux. *La péniche navigue sur la Seine.*

pensée nom féminin
Une pensée, c'est ce que l'on a dans l'esprit quand on réfléchit ou quand on se souvient. *Claire aimerait connaître les pensées de son amie,* elle aimerait savoir ce qu'elle pense.
■ Cherche aussi **idée.**

penser verbe
1. Penser, c'est faire venir des idées dans son esprit en réfléchissant. *À quoi penses-tu ? Je pense au film que j'ai vu hier.* ■ Cherche aussi **réfléchir.**
2. Penser, c'est ne pas oublier. *Pense à fermer la fenêtre avant de partir.*

pension nom féminin
Une pension, c'est une école où les élèves habitent et où ils prennent leurs repas. *Lucie est en pension à la montagne.*

pensionnaire nom masculin et féminin
Un pensionnaire, une pensionnaire, c'est un élève, une élève qui habite et qui prend ses repas dans l'école où il, elle fait ses études. *Les pensionnaires peuvent rentrer chez eux le week-end.* ■ Les pensionnaires sont en **pension.**

pente nom féminin
Une pente, c'est un terrain qui n'est pas plat, qui monte ou qui descend. *Victor a descendu la pente, à skis, en 5 minutes.*
■ Cherche aussi **côte, descente, montée.**

pépin nom masculin
Un pépin, c'est une petite graine que l'on trouve dans certains fruits. *Les pommes ont des pépins.*
■ Sais-tu dans quels autres fruits il y a des pépins ?

perçant, perçante adjectif
Le lynx a une vue perçante, il a une très bonne vue, il voit très loin.

percer verbe
1. Percer, c'est faire un trou. *Les ouvriers ont percé le mur pour faire passer un câble.* ■ Cherche aussi **creuser.**
2. *Le bébé a une dent qui perce,* il a une dent qui pousse à travers la gencive.

perceuse nom féminin
Une perceuse, c'est un outil qui sert à percer des trous. *Papi a une perceuse électrique.*

perche nom féminin
Une perche, c'est un bâton long et mince. *Cet athlète fait du saut à la perche,* il saute en hauteur en s'appuyant sur une perche.

se percher verbe
Se percher, c'est se poser sur un endroit qui est en hauteur. *Le pigeon s'est perché sur le bord du toit.*

perchoir nom masculin
Un perchoir, c'est un endroit où se perchent les oiseaux qui sont dans une cage.

Les oiseaux chantent sur leur **perchoir.**

perdant nom masculin,
perdante nom féminin
Le perdant, la perdante, c'est la personne qui a perdu à un jeu ou à une compétition. *Le perdant aura un gage.*
■ Le contraire de perdant, c'est **gagnant.**

perdre verbe
1. Perdre, c'est ne plus avoir avec soi. *Lise a perdu sa trousse,* elle a égaré sa trousse. ■ Le contraire de perdre, c'est **retrouver.**
2. Perdre, c'est être battu à un jeu. *Victoria a perdu la partie de ping-pong.* ■ Le contraire de perdre, c'est **gagner.**
3. Se perdre, c'est ne plus retrouver son chemin. *Maman s'est perdue car elle ne connaissait pas bien la ville, elle a dû demander son chemin à un passant.*

perdrix nom féminin
Une perdrix, c'est un oiseau au plumage gris ou roux. *J'ai aperçu une perdrix dans le champ.*
Au pluriel : des **perdrix.**

père nom masculin
Un père, c'est un homme qui a un ou plusieurs enfants. C'est aussi un animal mâle qui a un ou plusieurs petits. *Lola est partie en vacances avec son père et sa mère.*
■ Tu peux dire aussi **papa.**
■ Ne confonds pas père, **pair** et **paire.**

perfection nom féminin
Camille chante à la perfection, elle chante d'une manière parfaite, elle chante très bien.

périlleux, périlleuse adjectif
Quelque chose de périlleux, c'est quelque chose de dangereux. *Le trapéziste a fait un saut périlleux,* il a fait un saut où le corps fait un tour complet sur lui-même.

L'acrobate fait un saut **périlleux.**

A B C D E F G H I J K L M N O P Q R S T U V W X Y Z

périmé, périmée adjectif

Le billet de train de Paul est périmé, il ne peut plus être utilisé car la date jusqu'à laquelle il était valable est passée.

période nom féminin

Une période, c'est le temps qui se passe entre le début et la fin de quelque chose. *Les rues sont illuminées pendant la période des fêtes de Noël.*

perle nom féminin

1. Une perle, c'est une petite boule brillante et dure faite de nacre, qui se trouve à l'intérieur des huîtres. *Mamie a un collier de perles.*

2. Une perle, c'est une petite boule percée d'un trou. *Alix enfile des perles de bois.*

permettre verbe

Permettre, c'est donner le droit de faire quelque chose. *Maman m'a permis d'aller passer le week-end chez Sara,* elle m'a donné la permission de le faire, elle m'a autorisé à le faire. ■ Le contraire de permettre, c'est **défendre, interdire.**

1. Permettre, c'est rendre quelque chose possible. *Internet permet de communiquer avec le monde entier.*
■ Le contraire de permettre, c'est **empêcher.**

permis nom masculin

Un permis, c'est un papier qui donne le droit de faire quelque chose. *Le policier a demandé à l'automobiliste de lui montrer son permis de conduire.*

permission nom féminin

Eliott a la permission de jouer dans le jardin, il a le droit de jouer dans le jardin.
■ Tu peux dire aussi **autorisation.**
■ Le contraire de permission, c'est **interdiction.**

perroquet nom masculin

Un perroquet, c'est un oiseau qui a des plumes de couleurs vives, un gros bec recourbé et qui sait imiter la parole. *Les perroquets s'apprivoisent facilement.*
■ Les perroquets peuvent vivre 80 ans.

Un **perroquet.**

perruche nom féminin

Une perruche, c'est un petit oiseau avec une longue queue qui ressemble à un perroquet mais qui ne parle pas. *Thibault a un couple de perruches en cage.*

perruque nom féminin

Une perruque, c'est un ensemble de faux cheveux que l'on se met sur la tête quand on est chauve ou pour cacher ses vrais cheveux. *À la fin du film, l'actrice porte une perruque grise.*

persil nom masculin
Le persil, c'est une plante dont on utilise les feuilles pour donner du goût aux plats ou aux sauces. *Mamie hache du persil et le met sur les champignons.*

personnage nom masculin
1. Un personnage, c'est une personne ou un animal inventé qui existe dans un livre, dans un film ou dans une pièce de théâtre. *Titeuf et Astérix sont des personnages de bandes dessinées.*
2. *Napoléon est un personnage historique,* c'est une personne qui a eu une grande importance dans l'histoire.

personnalité nom féminin
1. La personnalité, c'est l'ensemble des qualités et des défauts d'une personne, c'est ce qui fait que cette personne est elle et pas une autre. *Louis n'a pas la même personnalité que son frère jumeau.*
2. Une personnalité, c'est une personne importante qui est connue. *Il y avait de nombreuses personnalités invitées à la cérémonie.*

① **personne** pronom
Personne, c'est aucun homme, aucune femme, aucun enfant. *J'ai sonné chez Clémentine mais personne n'est venu ouvrir.*

② **personne** nom féminin
1. Une personne, c'est un être humain. *On peut mettre 5 personnes dans cette voiture.*
2. Une grande personne, c'est un homme ou une femme qui n'est plus un enfant, c'est un adulte.

① **personnel, personnelle** adjectif
Quand la classe est finie, Sébastien remet ses affaires personnelles dans son cartable, il remet dans son cartable les affaires qui lui appartiennent.

② **personnel** nom masculin
Le personnel d'une usine, c'est l'ensemble des gens qui y travaillent.

persuader verbe
Persuader quelqu'un, c'est arriver à faire faire à quelqu'un ce que l'on a envie qu'il fasse ou arriver à lui faire penser ce que l'on a envie qu'il pense. *Émilie a réussi à persuader son père de lui acheter un nouveau blouson.*
■ Tu peux dire aussi **convaincre.**

perte nom féminin
Lise est contrariée par la perte de sa trousse, elle est contrariée parce qu'elle a perdu sa trousse.

pesanteur nom féminin
La pesanteur, c'est la force qui entraîne les choses vers le centre de la Terre et qui fait qu'elles ont un poids. *Sur la Lune il n'y a pas de pesanteur, tout est très léger.*

peser verbe
1. Peser, c'est mesurer le poids. *Le boucher pèse le rôti sur la balance.*
2. Peser, c'est avoir un poids. *Charles pèse 28 kilos,* son poids est de 28 kilos.

pessimiste adjectif
Une personne pessimiste, c'est une personne qui pense, à chaque fois, que ce qui va arriver va mal se passer.
■ Le contraire de pessimiste, c'est **optimiste.**

A B C D E F G H I J K L M N O P Q R S T U V W X Y Z

pet nom masculin
Un pet, c'est un gaz qui sort de l'intestin par le derrière. *Antoine a fait un pet très bruyant !*
■ Ce mot est familier.
■ Ne confonds pas pet et **paix.**

pétale nom masculin
Les pétales, ce sont les parties de couleur qui forment la fleur. *Toutes les tulipes se sont fanées, leurs pétales tombent un à un.*
■ Attention ! Ce mot est masculin.

Les tulipes perdent leurs **pétales.**

pétard nom masculin
Un pétard, c'est une petite quantité d'explosif enveloppée dans du papier. *Le soir de la fête, les enfants ont fait exploser des pétards pour s'amuser.*

pétiller verbe
Rémi boit de l'eau qui pétille, il boit de l'eau dans laquelle il y a des petites bulles qui montent à la surface en faisant un bruit.

① **petit, petite** adjectif
1. *Jean est petit pour son âge,* il ne mesure pas beaucoup de centimètres.
2. *Léa suçait son pouce quand elle était petite,* elle suçait son pouce quand elle était très jeune.
3. *Thelma a un petit frère,* elle a un frère qui est plus jeune qu'elle.
■ Le contraire de petit, c'est **grand.**

② **petit** nom masculin
Un petit, c'est un jeune animal. *La chienne a eu des petits.*

petit-déjeuner nom masculin
Le petit-déjeuner, c'est le repas du matin. *Sarah boit du chocolat et mange des tartines pour son petit-déjeuner.*
➜ Au pluriel : des **petits-déjeuners.**

petite-fille nom féminin
Papi a emmené ses deux petites-filles au cinéma, il a emmené au cinéma les deux filles de sa fille ou de son fils. ■ Papi est leur **grand-père.**
➜ Au pluriel : des **petites-filles.**

petit-fils nom masculin
Mamie a invité ses deux petits-fils à dîner, elle a invité à dîner les deux fils de sa fille ou de son fils.
■ Mamie est leur **grand-mère.**
➜ Au pluriel : des **petits-fils.**

petit-pois nom masculin
Maman fait cuire des petits-pois, elle fait cuire des petites graines rondes et vertes que l'on mange comme légume.
➜ Tu peux aussi écrire **petit pois**, des **petits pois.**

petits-enfants nom masculin pluriel
Papi et Mamie s'occupent beaucoup de leurs petits-enfants, ils s'occupent beaucoup des enfants de leur fille ou de leur fils. ■ Papi et Mamie sont leurs **grands-parents.**

Antoine s'amuse à faire **peur** à son frère.

pétrole nom masculin
Le pétrole, c'est un liquide noir et gras que l'on trouve sous la terre et qui sert à faire l'essence et le mazout.

peu adverbe
Peu, c'est pas beaucoup. *Esther a mis un peu de sucre dans son yaourt,* elle a mis une petite quantité de sucre dans son yaourt. *Il y a peu de gens sur la plage aujourd'hui,* il n'y a que quelques personnes sur la plage aujourd'hui.
■ Le contraire de peu, c'est **beaucoup, plein.**

peuple nom masculin
Un peuple, c'est l'ensemble des personnes qui habitent le même pays, qui parlent la même langue et qui ont les mêmes coutumes. *Le peuple français vient d'élire un nouveau président,* les Français viennent d'élire un nouveau président.

peuplier nom masculin
Un peuplier, c'est un arbre très haut qui a des petites feuilles et qui pousse dans les endroits frais et humides. *La rivière est bordée de peupliers.*

peur nom féminin
La peur, c'est l'émotion très forte que l'on ressent lorsque l'on est en face d'un danger. *Anna a peur des chiens. Martin a eu peur quand il a entendu l'explosion, son cœur s'est mis à battre très vite.*

peureux, peureuse adjectif
Marie est peureuse, elle a peur de tout, elle n'a pas beaucoup de courage.
■ Tu peux dire aussi **craintif.**
■ Le contraire de peureux, c'est **courageux.**

peut-être adverbe
Peut-être, c'est un mot qui indique que quelque chose n'est pas sûr, qu'il est possible que cela arrive ou n'arrive pas. *Nous irons peut-être à la piscine demain.*
■ Cherche aussi **probablement.**
■ Le contraire de peut-être, c'est **certainement, sûrement.**

phare nom masculin
1. Un phare, c'est une haute tour, au bord de la mer, avec à son sommet une grande lumière qui guide les bateaux la nuit.
2. Les phares d'une voiture, ce sont les lumières placées à l'avant d'une voiture pour éclairer la route quand on roule la nuit.

Le **phare** indique aux bateaux l'entrée du port. La voiture a ses **phares** allumés.

pharmacie nom féminin
Une pharmacie, c'est un magasin où l'on vend des médicaments. *Mamie est allée acheter des pansements à la pharmacie.*

pharmacien nom masculin,
pharmacienne nom féminin
Un pharmacien, une pharmacienne, c'est une personne qui s'occupe d'une pharmacie, qui prépare et qui vend des médicaments.

phoque nom masculin
Un phoque, c'est un gros animal au pelage très court et aux pattes avant palmées qui vit dans les mers froides.
- Les phoques sont des **mammifères.**
- Cherche aussi **otarie.**

photo nom féminin
Une photo, c'est une image exacte d'une personne, d'un objet ou d'un paysage qui a été faite avec un appareil photo. *Baptiste a pris une photo de sa maman,* il a photographié sa maman. *Mamie colle les photos des vacances dans un album.*
- Photo, c'est le mot **photographie** en plus court.

photocopie nom féminin
La maîtresse a fait une photocopie d'une page de notre livre de lecture, elle a fait copier la page du livre par une machine qui photographie ce qui est écrit sur du papier.

photographe nom masculin et féminin
Un photographe, une photographe, c'est une personne qui prend des photos parce qu'elle aime bien faire cela ou parce que c'est son métier. *Le photographe nous a demandé de sourire quand il a fait la photo de classe.*

photographier verbe
Photographier, c'est prendre en photo. *Arthur a photographié sa petite sœur sur la plage.*

phrase nom féminin
Une phrase, c'est une suite de mots qui veut dire quelque chose. *Une phrase, quand elle est écrite, commence par une majuscule et finit par un point.*

physique adjectif
1. *Il faut faire un gros effort physique pour monter une côte à bicyclette,* il faut faire un grand effort avec son corps pour monter une côte à bicyclette.
2. L'éducation physique, c'est le cours de gymnastique. *Quentin a mis ses baskets pour l'éducation physique.*

pianiste nom masculin et féminin
Un pianiste, une pianiste, c'est une personne dont le métier est de jouer du piano.

Arthur est un bon **photographe.**

piano nom masculin
Un piano, c'est un instrument de musique qui a des touches blanches et des touches noires que l'on frappe avec les doigts pour jouer les notes. *Jeremy apprend à jouer du piano.*
■ L'ensemble des touches sur lesquelles on appuie s'appelle le **clavier.**

pic nom masculin
Un pic, c'est une montagne au sommet très pointu. *On aperçoit au loin les pics couverts de neige.*

à **pic** adverbe
Le bateau a coulé à pic, il a coulé en allant tout droit au fond de l'eau.

picorer verbe
Les moineaux picorent les miettes de pain, ils piquent les miettes de pain avec leur bec.

La **pie** vole les objets brillants et les emporte dans son nid.

pie nom féminin
Une pie, c'est un oiseau au plumage noir et blanc qui a une longue queue. *Les pies jacassent.*
■ Ne confonds pas pie et **pis.**

pièce nom féminin
1. Une pièce, c'est un élément, c'est chacune des parties qui forment un ensemble. *David cherche une pièce de son puzzle.*

2. Une pièce, c'est chaque partie d'un appartement ou d'une maison qui est entourée de cloisons et dans laquelle on peut s'installer. *Les parents d'Émilie habitent un appartement de 4 pièces.*

3. Une pièce, c'est un petit objet rond et plat en métal avec lequel on paye. *Dans son porte-monnaie, Antoine a deux pièces de 2 euros et trois pièces de 50 centimes.*

4. Une pièce, c'est une histoire qui est écrite pour être jouée au théâtre par des comédiens. *« L'Avare » est une pièce de Molière.*

pied nom masculin
1. Le pied, c'est la partie du corps située au bout de la jambe, qui sert à marcher et à se tenir debout. *On a deux pieds et chaque pied a cinq orteils. Hier, Laure est allée à l'école à pied,* elle est allée à l'école en marchant.

2. *L'eau est profonde ici, on n'a pas pied,* on ne touche pas le fond de l'eau avec les pieds tout en ayant la tête au-dessus de l'eau.

3. *Alexandre s'est assis au pied d'un arbre,* il s'est assis près de la partie de l'arbre qui touche le sol.

4. *La table a quatre pieds,* elle a quatre parties qui servent à la faire tenir debout.

piège nom masculin
1. Un piège, c'est un appareil qui sert à attraper les animaux. *Papi a mis un piège à souris dans la cave.*

2. Un piège, c'est une difficulté qui est cachée. *Il y a beaucoup de pièges dans cette dictée.*

A B C D E F G H I J K L M N O P Q R S T U V W X Y Z

pierre nom féminin
1. La pierre, c'est une matière dure qui se trouve dans le sol. *La jetée est faite avec des blocs de pierre.*
2. Une pierre, c'est un morceau de rocher. *Sébastien fait un barrage dans le torrent avec des pierres et des morceaux de bois.*

piétiner verbe
Piétiner, c'est bouger les pieds comme pour marcher mais sans avancer. *La foule piétine devant le cinéma en attendant l'heure de la séance.*

① **piéton** nom masculin
Un piéton, c'est une personne qui marche à pied dans une ville. *Les piétons doivent faire attention aux voitures en traversant la rue.*
■ Les piétons marchent sur les **trottoirs.**

② **piéton, piétonne** adjectif
Une rue piétonne, c'est une rue réservée aux gens qui marchent, une rue où les voitures n'ont pas le droit d'aller.

pieu nom masculin
Un pieu, c'est un grand morceau de bois dont l'un des bouts, qui est pointu, est enfoncé dans la terre. *L'âne est attaché à un pieu.*
➜ Au pluriel : des **pieux.**
■ Cherche aussi **piquet.**

pieuvre nom féminin
Une pieuvre, c'est un animal qui vit dans la mer et qui a huit longs bras avec lesquels il peut se fixer sur ce qu'il touche.
■ Les bras de la pieuvre s'appellent des **tentacules.**

pigeon nom masculin
Un pigeon, c'est un oiseau qui a des ailes courtes et un plumage gris, blanc ou brun. *Les pigeons roucoulent.*
■ Certains pigeons sont dressés pour transporter des messages, on les appelle des pigeons voyageurs.
➜ N'oublie pas le **e** entre le **g** et le **o.**

pile nom féminin
1. *La maîtresse a une pile de livres sur son bureau,* elle a un tas de livres posés les uns sur les autres, sur son bureau.
2. *Le réveil de Julien s'est arrêté, il faut changer la pile,* il faut changer le petit appareil que l'on met à l'intérieur du réveil et qui fabrique de l'électricité.
3. Le côté pile d'une pièce de monnaie, c'est le côté où il y a les chiffres. *Marie et Nicolas jouent à pile ou face,* ils jettent une pièce en l'air après avoir fait chacun le pari qu'elle tombera sur le côté pile ou sur le côté face.

pilier nom masculin
Un pilier, c'est une colonne en pierre ou en métal qui soutient un pont ou un bâtiment. *Il y a deux rangées de piliers dans l'église.*
■ Cherche aussi **poteau, pylône.**

Une **pieuvre.**

piller verbe
Piller, c'est voler tout ce qu'il y a dans une maison, dans une ville ou dans une région en abîmant et en cassant les choses autour de soi. *Les soldats ennemis ont pillé la ville et ont mis le feu au château.*

Léa porte une **pile** de livres.

pilote nom masculin et féminin
Un pilote, une pilote, c'est une personne qui conduit un avion, une moto ou une voiture de course. *Le pilote a fait atterrir l'avion dans un champ.*

piloter verbe
La mère de Lola apprend à piloter un avion, elle apprend à conduire un avion.

pin nom masculin
Un pin, c'est un arbre dont les feuilles sont des aiguilles qui restent toujours vertes. *Ma maison est au bord de la mer, au milieu des pins.*
- Le pin est un **conifère.**
- Ne confonds pas pin et **pain.**

pince nom féminin
1. Une pince, c'est un objet qui sert à serrer quelque chose. *Papa arrache le clou avec une pince.*
2. Une pince, c'est le bout des pattes avant des crabes, des homards et des écrevisses.

pinceau nom masculin
Un pinceau, c'est un instrument formé d'une touffe de poils au bout d'un manche, avec lequel on peint. *Le peintre étale la peinture sur le mur avec un gros pinceau.*
→ Au pluriel : des **pinceaux.**

pincer verbe
Pincer, c'est serrer très fort entre les doigts ou entre deux objets. *Aurélie a pincé son petit frère au bras. Rachida pleure parce qu'elle s'est pincé le doigt dans la porte.*

pingouin nom masculin
Un pingouin, c'est un gros oiseau noir et blanc aux pattes palmées qui vit au pôle Nord. *Les pingouins peuvent voler.*
- Le **manchot,** qui ressemble au pingouin mais qui ne vole pas, vit au pôle Sud.

Les **pingouins** ont des ailes courtes et pointues.

A B C D E F G H I J K L M N O P Q R S T U V W X Y Z

ping-pong nom masculin invariable
Le ping-pong, c'est un jeu qui ressemble au tennis, où deux joueurs se renvoient une petite balle en la faisant rebondir sur une table spéciale.
■ On dit aussi **tennis de table.**

pinson nom masculin
Un pinson, c'est un petit oiseau aux plumes bleues et vertes. *Le pinson a un joli chant.*

pintade nom féminin
Une pintade, c'est un oiseau gris de la taille d'une poule. *Mamie a préparé de la pintade au chou.*
■ La pintade est une **volaille.**

pioche nom féminin
Une pioche, c'est un outil formé d'un manche et d'un morceau de fer pointu avec lequel on creuse des trous dans le sol. *Les ouvriers ont fait des trous dans le trottoir avec des pioches.*

piocher verbe
1. Piocher, c'est creuser un trou dans le sol avec une pioche. *Le jardinier pioche la terre du potager.*
2. Piocher, c'est prendre une carte ou un domino au hasard dans un tas.

pion nom masculin
Un pion, c'est une pièce du jeu de dames ou du jeu d'échecs. *Matteo a déplacé un pion, c'est à Léna de jouer.*

Le capitaine fume la **pipe.**

pipe nom féminin
Une pipe, c'est un objet formé d'une partie creuse dans laquelle on met du tabac et d'un tuyau par lequel on aspire la fumée. *Papi fume la pipe.*

① **piquant, piquante** adjectif
1. *La moutarde a un goût piquant,* la moutarde pique un peu la langue quand on en mange.
2. *Les épines des roses sont piquantes,* elles piquent quand on les touche.

② **piquant** nom masculin
Un piquant, c'est une épine ou un poil dur qui pique quand on le touche.

Le hérisson, l'oursin, le cactus ont des **piquants.**

Un **pique-nique**, quelle bonne idée !

pique-nique nom masculin
Un pique-nique, c'est un repas que l'on prend en plein air, dans la nature. *La maîtresse nous a emmenés faire un pique-nique en forêt.*
Au pluriel : des **pique-niques.**
Tu peux aussi écrire **piquenique**, au pluriel des **piqueniques**.

pique-niquer verbe
Pique-niquer, c'est prendre un repas en plein air, dans la nature, c'est faire un pique-nique. *Thomas et Émilie ont pique-niqué au bord de la rivière.*
Tu peux aussi écrire **piqueniquer**.

piquer verbe
1. Piquer, c'est percer la peau avec quelque chose de pointu. *Un moustique m'a piqué. Mamie s'est piqué le doigt avec une épingle.*
2. Piquer, c'est avoir un goût fort qui brûle un peu. *Ces radis sont bons, mais ils piquent la langue.*

piquet nom masculin
Un piquet, c'est un bâton ou une tige en métal que l'on enfonce dans le sol. *Papa enfonce les piquets de la tente.*
Cherche aussi **pieu.**

piqûre nom féminin
1. Une piqûre, c'est un petit trou fait dans la peau par un insecte. *Julien a des piqûres de moustiques sur les bras.*
2. *Le médecin m'a fait une piqûre,* il m'a piqué avec l'aiguille d'une seringue pour m'envoyer un médicament liquide dans le corps.
Ce mot s'écrit avec un **û.**

pirate nom masculin
Un pirate, c'est un bandit qui attaque et pille les bateaux.
Cherche aussi **corsaire.**

Un **pirate** d'autrefois.

pire adjectif
Aujourd'hui, le temps est pire qu'hier, le temps est encore plus mauvais qu'hier.
Le contraire de pire, c'est **meilleur.**

pirogue nom féminin
Une pirogue, c'est une barque longue et étroite que l'on fait avancer avec une pagaie. *On utilise des pirogues en Afrique et en Océanie.*

a b c d e f g h i j k l m n o p q r s t u v w x y z

A B C D E F G H I J K L M N O P Q R S T U V W X Y Z

pirouette nom féminin
Une pirouette, c'est un tour que l'on fait sur soi-même, debout, sans changer de place. *La danseuse a fait une pirouette.*

pis nom masculin
Un pis, c'est une mamelle. *L'agneau tète le pis de la brebis.*
■ Ne confonds pas pis et **pie.**

piscine nom féminin
Une piscine, c'est un grand bassin dans lequel on nage et on plonge. *Ethan va à la piscine tous les mercredis.*

pissenlit nom masculin
Un pissenlit, c'est une plante qui a de longues feuilles très découpées et dont la fleur est jaune. *Les pissenlits poussent partout dans la campagne.*

pistache nom féminin
Une pistache, c'est une graine verte contenue dans une petite coquille.

piste nom féminin
1. Une piste, c'est un terrain sur lequel circulent les avions. *L'avion se pose sur la piste d'atterrissage.*
2. Une piste, c'est un terrain sur lequel on peut faire du ski. *Sur quelle piste vas-tu skier demain ?*

pistolet nom masculin
Un pistolet, c'est une petite arme à feu que l'on tient dans une main et avec laquelle on envoie des balles. *Les bandits ont tiré des coups de pistolet.*
■ Un pistolet est plus petit qu'un **révolver.**

pitié nom féminin
La pitié, c'est le sentiment que l'on éprouve pour quelqu'un que l'on plaint parce qu'il est malheureux et qu'il a besoin qu'on l'aide. *Maman a eu pitié du mendiant et lui a donné de l'argent.*

pitre nom masculin
Un pitre, c'est une personne qui fait rire les autres en faisant des plaisanteries et des grimaces, c'est une personne qui fait le clown. *Louis a été puni parce qu'il faisait le pitre au fond de la classe.*

pivert nom masculin
Un pivert, c'est un oiseau vert et jaune qui frappe le bois avec son bec pointu pour en faire sortir les insectes dont il se nourrit. *Les piverts se nourrissent surtout de fourmis.*
Tu peux écrire aussi **pic-vert**, au pluriel des **pics-verts**.

Les **pistaches** poussent sur les **pistachiers**. On peut les manger salées ou les utiliser pour faire de la glace.

Des **pivoines**.

pivoine nom féminin
Une pivoine, c'est une grosse fleur rouge, rose ou blanche.

pizza nom féminin
Une pizza, c'est une tarte salée faite d'une pâte comme celle du pain, recouverte de tomates et de fromage ou sur laquelle on peut mettre aussi du jambon, des champignons, des oignons, des olives, des anchois, etc. *Olivia a mangé une pizza dans un restaurant italien.*
■ Ce mot vient de l'italien.

pizzéria nom féminin
Une pizzéria, c'est un restaurant dans lequel on mange des pizzas.
Tu peux aussi écrire **pizzeria**, sans accent aigu.

placard nom masculin
Un placard, c'est une sorte d'armoire qui est dans un mur et que l'on ne peut pas bouger. *Les balais sont rangés dans le placard de la cuisine.*
■ Cherche aussi **penderie.**

place nom féminin
1. Une place, c'est un endroit, dans une ville ou dans un village, où arrivent plusieurs rues. *Il y a une statue au milieu de la place de la Mairie.*
2. Une place, c'est un endroit où doit se trouver quelqu'un ou quelque chose. *Papi ne retrouve plus ses lunettes, elles ne sont pas à leur place. Jérémie est retourné s'asseoir à sa place.*
3. Une place, c'est un siège dans une salle de spectacle ou dans un transport en commun. *Maman a réservé trois places dans le train.*
4. *Il n'y a pas assez de place sur le banc pour nous tous,* il n'y a pas assez d'espace libre sur le banc pour nous tous.
5. *Le cinéma était complet, à la place, nous sommes allés au zoo,* nous sommes allés au zoo au lieu d'aller au cinéma.
6. *Que ferais-tu à ma place ?* que ferais-tu si tu étais moi ?

placer verbe
Placer, c'est mettre à une certaine place. *Lucas a placé son lit face à la fenêtre.*
■ Tu peux dire aussi **disposer.**

plafond nom masculin
Le plafond, c'est la surface horizontale qui forme le haut d'une pièce.
■ Cherche aussi **plancher, sol.**

a b c d e f g h i j k l m n o p q r s t u v w x y z

plage nom féminin
Une plage, c'est un endroit plat couvert de sable ou de galets, au bord de la mer.

Les enfants jouent sur la **plage.**

plaie nom féminin
Une plaie, c'est une entaille dans la peau, à l'endroit du corps où l'on s'est coupé, où l'on a reçu un coup. *L'infirmière nettoie la plaie avec de l'alcool.*
■ Tu peux dire aussi **blessure.**

plaindre verbe
1. Plaindre quelqu'un, c'est avoir de la peine pour lui, être triste de ce qui lui arrive. *Je plains cette pauvre Aurélie de s'être cassé la jambe le premier jour des vacances.*
2. Se plaindre, c'est dire que l'on n'est pas bien parce que l'on a mal ou que l'on n'est pas content. *Alban se plaint tout le temps.*
■ Tu peux dire aussi se **lamenter.**

plaine nom féminin
Une plaine, c'est une grande étendue de terrain plat à basse altitude. *La ferme de mon oncle est dans la plaine.*

plainte nom féminin
Une plainte, c'est un cri que l'on pousse ou quelque chose que l'on dit pour se plaindre quand on a mal ou quand on n'est pas content. *On entendait les plaintes des blessés sur le champ de bataille.*

plaire verbe
1. Plaire, c'est être agréable.
Le film m'a bien plu, j'ai trouvé le film bien, je l'ai bien aimé.
Cette robe me plaît, je la trouve jolie. ■ Le contraire de plaire, c'est **déplaire.**
2. S'il te plaît, s'il vous plaît, ce sont des mots que l'on emploie, par politesse, pour demander quelque chose à quelqu'un.
Prête-moi ton stylo, s'il te plaît.

plaisanter verbe
Plaisanter, c'est dire des choses amusantes exprès, pour faire rire.
Papa aime bien plaisanter.

plaisanterie nom féminin
Une plaisanterie, c'est une chose que l'on dit ou une farce que l'on fait pour s'amuser et faire rire.
Mon grand frère fait souvent des plaisanteries.
■ Tu peux dire aussi **blague.**

plaisir nom masculin
Le plaisir, c'est l'impression agréable que l'on ressent quand on est content. *Les cadeaux qu'a eus Gilles pour son anniversaire lui ont fait plaisir. Quel plaisir d'être sur la plage, au soleil !*
■ Cherche aussi **bonheur, joie.**
■ Le contraire de plaisir, c'est **peine.**

A B C D E F G H I J K L M N O P Q R S T U V W X Y Z

plan nom masculin

1. Un plan, c'est un dessin qui représente un bâtiment ou une ville vus d'en haut. *Sur le plan de l'appartement on voit bien les dimensions des pièces. Papa regarde un plan de métro avant de partir.*

2. Un plan, c'est un ensemble de choses que l'on décide quand on prépare un projet. *Quel est votre plan pour les vacances ?*

planche nom féminin

1. Une planche, c'est un morceau de bois long, étroit et plat. *Papa a acheté des planches pour faire des étagères.*

2. *Claire fait la planche dans la piscine,* elle flotte sur l'eau, sur le dos, sans bouger.

3. Une planche à roulettes, c'est une planche avec des roulettes dessous, sur laquelle on se met debout pour se déplacer.

4. Une planche à voile, c'est une planche avec une voile, sur laquelle on se met debout pour glisser sur l'eau.

5. Une planche, c'est une page, dans un livre, où il n'y a que des illustrations. *Cherche la planche de la forêt dans ton dictionnaire.*

plancher nom masculin

Le plancher, c'est le sol à l'intérieur d'une maison. *Le plancher du salon est recouvert d'un grand tapis.*

■ Cherche aussi **parquet, plafond.**

planer verbe

1. Planer, c'est voler sans battre des ailes. *L'aigle plane au-dessus de sa proie.*

2. *L'avion descendait en planant,* il descendait en volant, le moteur arrêté.

■ Cherche aussi **planeur.**

planète nom féminin

Une planète, c'est un astre qui tourne autour du Soleil. *La Terre est une planète.*

■ Il y a 8 planètes : Mercure, Vénus, la Terre, Mars, Jupiter, Saturne, Uranus et Neptune.

planeur nom masculin

Un planeur, c'est un avion léger, sans moteur, qui est fait pour planer. *Pour décoller, le planeur est tiré par un gros avion.*

Le **planeur plane** au milieu des nuages.

plantation nom féminin

1. Les plantations, ce sont les plantes cultivées. *L'orage a abîmé les plantations.*

2. Une plantation, c'est une grande ferme dans les pays chauds où l'on cultive des légumes et des fruits exotiques. *On peut voir des plantations d'ananas aux Antilles.*

a b c d e f g h i j k l m n o p q r s t u v w x y z

A
B
C
D
E
F
G
H
I
J
K
L
M
N
O
P
Q
R
S
T
U
V
W
X
Y
Z

Les arbres, les arbustes et les légumes sont des **plantes**.

plante nom féminin
1. Une plante, c'est ce qui pousse dans la terre, c'est un végétal. *Maxime arrose les plantes du salon.*
2. La plante du pied, c'est le dessous du pied.

planter verbe
1. Planter, c'est mettre une plante dans la terre pour la faire pousser. *Papi a planté des hortensias dans le jardin.*
2. Planter, c'est enfoncer. *Lucien plante un clou dans le mur.*

plaque nom féminin
1. Une plaque, c'est un morceau plat et peu épais d'une matière dure. *La table est recouverte d'une plaque de verre.*
2. *Mathilde a des plaques rouges sur le visage,* elle a des petits boutons qui dessinent des taches rouges sur le visage.

plastique nom masculin
Le plastique, c'est une matière fabriquée par l'homme, avec laquelle on fait de nombreux objets. *Joanne joue sur la plage avec son seau et sa pelle en plastique.*

① **plat, plate** adjectif
Une chose plate, c'est une chose qui est sans creux et sans bosse. *Léo s'est assis sur une pierre plate.*

② **plat** nom masculin
1. Un plat, c'est une grande assiette dans laquelle on apporte la nourriture à table. *Attention, le plat est très chaud !*
2. Un plat, c'est un aliment préparé pour être mangé. *Le plat préféré d'Éva, c'est du gigot avec de la purée.*

platane nom masculin
Un platane, c'est un grand arbre qui a des feuilles larges. *Il y a des platanes tout le long de la route.*

plateau nom masculin
1. Un plateau, c'est un objet plat sur lequel on pose des objets

pour pouvoir les transporter plus facilement. *Le serveur apporte les boissons sur un plateau.*

2. Un plateau, c'est une très grande étendue de terrain plat qui est située en hauteur. *Lorsqu'on est sur le plateau, on domine la vallée.*

➪ Au pluriel : des **plateaux.**

Samuel porte son déjeuner sur un **plateau.**

plâtre nom masculin

Le plâtre, c'est une poudre blanche que l'on mélange avec de l'eau et qui fait une pâte dure quand elle sèche. *Le maçon bouche un trou dans le plafond avec du plâtre.*

➪ Ce mot s'écrit avec un **â.**

① **plein, pleine** adjectif

1. *Le coffre de la voiture est plein,* le coffre de la voiture est rempli, on ne peut pas y mettre quelque chose en plus. ■ Le contraire de plein, c'est **vide.**

2. *Loïc vient de réparer son vélo, ses mains sont pleines de cambouis,* ses mains sont couvertes de cambouis, il a beaucoup de cambouis sur les mains.

3. *Juliette a fait un cauchemar et elle s'est réveillée en pleine nuit,* elle s'est réveillée au milieu de la nuit.

② **plein** nom masculin

Papa s'est arrêté dans une station-service pour faire le plein, il s'est arrêté dans une station-service pour remplir le réservoir de la voiture.

③ **plein** adverbe

Il y avait plein de monde à la piscine, il y avait beaucoup de monde à la piscine. *Je vais te donner un bonbon, j'en ai plein,* j'ai beaucoup de bonbons.

■ **Plein** quand il est utilisé ainsi est un mot familier.

■ Le contraire de plein, c'est **peu.**

pleurer verbe

Pleurer, c'est avoir des larmes qui coulent de ses yeux. *Nathan pleure car il s'est fait mal en tombant.*

■ Cherche aussi **sangloter.**

Le bébé **pleure**, il a cassé son jouet.

pleurnicher verbe

Pleurnicher, c'est pleurer sans raison, d'une manière énervante. *Arrête de pleurnicher dans ton coin !*

pleuvoir verbe

Il pleut, il tombe de l'eau de pluie. *Il a plu pendant toute la journée.*

A B C D E F G H I J K L M N O P Q R S T U V W X Y Z

pli nom masculin
Un pli, c'est une partie d'un tissu ou d'un papier qui a été pliée ou froissée. C'est aussi la marque qui reste quand on a plié ou froissé quelque chose. *Pour fabriquer un accordéon, Jérémie prend une feuille de papier et fait plusieurs plis.*

pliant, pliante adjectif
Un objet pliant, c'est un objet que l'on peut plier. *Mamie a acheté des chaises pliantes qu'elle peut ranger dans un placard quand elle ne s'en sert pas.*

plier verbe
1. Plier, c'est rabattre une partie du papier ou du tissu sur une autre partie. *Maman plie la nappe avant de la ranger.*
2. Plier, c'est rabattre les parties qui composent un objet. *Maman plie la poussette pour la mettre dans le coffre de la voiture.*

plissé, plissée adjectif
Audrey a mis une jupe plissée, elle a mis une jupe dont le tissu fait des plis tout autour du corps.

plomb nom masculin
Le plomb, c'est un métal gris très lourd. *Autrefois, on jouait avec des soldats de plomb.*

plombier nom masculin
Un plombier, c'est une personne dont le travail est d'installer ou de réparer les lavabos, les baignoires, les toilettes, les éviers et tous les tuyaux. *Papi a appelé le plombier parce qu'il y avait une fuite d'eau dans la salle de bains.*

plongée nom féminin
Cet été, mon grand frère a fait de la plongée sous-marine, il est descendu sous l'eau en nageant, avec des palmes et des bouteilles d'oxygène, pour regarder les poissons, les algues et les rochers, au fond de la mer.

plongeoir nom masculin
Un plongeoir, c'est une grande planche qui est installée au-dessus de l'eau au bord d'une piscine ou au bord de la mer et sur laquelle on se met pour plonger dans l'eau.
N'oublie pas le **e** entre le **g** et le **o.**

plongeon nom masculin
Un plongeon, c'est un saut que l'on fait dans l'eau, la tête la première et les bras en avant. *Gabriel a fait un très beau plongeon dans la piscine, du haut du plongeoir.*
N'oublie pas le **e** entre le **g** et le **o.**

Quel beau **plongeon**, Gabriel !

plonger verbe
1. Plonger, c'est se jeter dans l'eau, la tête la première et les bras en avant. *Gabriel a plongé dans la piscine du haut du grand plongeoir.*
2. Plonger, c'est mettre un objet ou une partie du corps dans un liquide. *Maman a plongé les assiettes dans l'eau.*

plongeur nom masculin,
plongeuse nom féminin
Un plongeur, une plongeuse, c'est une personne qui fait de la plongée sous-marine. *Des plongeurs sont allés voir l'épave du bateau qui a coulé.*

pluie nom féminin
La pluie, c'est de l'eau qui tombe en gouttes des nuages. *La pluie s'est enfin arrêtée,* il s'est enfin arrêté de pleuvoir.
■ Cherche aussi **averse, orage.**

plumage nom masculin
Le plumage, c'est l'ensemble des plumes d'un oiseau. *Les corbeaux ont un plumage noir.*

L'oiseau a des **plumes** de toutes les couleurs. Il y a trop d'encre sur la **plume** de mon stylo.

plume nom féminin
1. Les plumes, ce sont les petits éléments longs, plats et doux qui recouvrent le corps des oiseaux.
■ Cherche aussi **plumage.**
2. Une plume, c'est une petite lame de métal pointue, fixée au bout d'un stylo, qui sert à écrire.

la **plupart** nom féminin
La plupart, c'est le plus grand nombre. *La plupart de mes amis sont allés en vacances au bord de la mer.*

pluriel nom masculin
Un mot est au pluriel lorsqu'il désigne plusieurs personnes, plusieurs animaux ou plusieurs choses. *Dans la phrase : « les singes mangent des bananes », tous les mots sont au pluriel.*
■ Le contraire de pluriel, c'est **singulier.**

plus adverbe
1. Plus, c'est un mot qui indique une quantité plus grande. *Zoé a plus de livres que moi sur sa table ; moi, j'en ai moins.* ■ Tu peux dire aussi **davantage.**
2. Plus, c'est un mot qui indique que l'on ajoute quelque chose. *Deux plus deux égalent quatre* (2 + 2 = 4).
3. *Il ne neige plus,* la neige s'est arrêtée de tomber.
■ On prononce le **s** de plus au sens 1 et au sens 2. On ne prononce pas le **s** de plus au sens 3.

plusieurs adjectif masculin et féminin pluriel
Plusieurs, c'est plus d'une chose, plus d'une personne, plus d'un animal. *Antoine a mangé plusieurs parts de tarte aux fraises.*
■ Tu peux dire aussi **quelques.**

plutôt adverbe
Plutôt, c'est un mot que l'on emploie pour dire ce que l'on préfère quand on a plusieurs possibilités. *Papa prend le train plutôt que l'avion quand il va en Angleterre.*
➜ Ce mot s'écrit avec un **ô.**

pluvieux, pluvieuse adjectif
L'automne a été pluvieux, il a beaucoup plu cet automne.
■ Le contraire de pluvieux, c'est **sec.**

A B C D E F G H I J K L M N O P Q R S T U V W X Y Z

pneu nom masculin

Un pneu, c'est une grosse bande de caoutchouc qui contient de l'air et qui entoure une roue. *La bicyclette d'Arnaud a un pneu crevé.*

➪ Au pluriel : des **pneus.**

pneumatique adjectif

Un matelas pneumatique, c'est un matelas en caoutchouc, rempli d'air, sur lequel on peut se coucher et avec lequel on peut aller sur l'eau.

poche nom féminin

1. Une poche, c'est une partie d'un vêtement qui forme comme une sorte de petit sac où l'on peut mettre des objets que l'on porte sur soi. *Camille a mis son porte-monnaie dans la poche de son pantalon.*

2. L'argent de poche, c'est l'argent que l'on donne à ses enfants pour leurs petites dépenses. *Martin s'est acheté des bonbons avec son argent de poche.*

On fait du feu dans le **poêle.**

① **poêle** nom masculin

Un poêle, c'est un appareil qui sert à chauffer une pièce, une maison. *On utilisait les poêles autrefois, et on mettait du bois ou du charbon dedans pour les faire marcher.*

■ Maintenant on chauffe plutôt les maisons avec des **radiateurs.**

➪ Ce mot s'écrit avec un **ê.**

■ Ne confonds pas poêle et **poil.**

② **poêle** nom féminin

Une poêle, c'est un ustensile rond et plat avec des petits bords et un long manche, dans lequel on fait cuire des aliments.

➪ Ce mot s'écrit avec un **ê.**

Camille fait sauter les crêpes dans la **poêle.**

poème nom masculin

Un poème, c'est une petite histoire écrite en vers avec des rimes. *Victor récite un poème qu'il a appris par cœur.*

■ Ce sont les **poètes** qui écrivent des poèmes.

■ Tu peux dire aussi **poésie.**

■ Cherche aussi **strophe.**

poésie nom féminin

1. La poésie, c'est l'art d'écrire des poèmes.

2. Une poésie, c'est un poème. *Laura apprend une poésie par cœur.*

poète nom masculin et féminin
Un poète, une poète, c'est un écrivain qui écrit des poèmes. *Victor Hugo est un grand poète français.*

Le bébé grossit bien, son **poids** dépasse 8 kilos.

poids nom masculin
Le poids, c'est ce que pèse un objet, un animal ou une personne. *Le poids de ce livre est de 700 grammes. Sais-tu quel est ton poids ?* sais-tu combien de kilos tu pèses ?
■ Ne confonds pas poids et **pois.**

poignard nom masculin
Un poignard, c'est une petite arme qui ressemble à un couteau avec une lame courte et large et très pointue au bout. *Le prince a été tué à coups de poignard.*

poignée nom féminin
1. *La fermière lance une poignée de grains aux poules,* elle lance une petite quantité de grains qu'elle tenait dans sa main fermée et serrée.
2. *Pour ouvrir la fenêtre, il faut tourner la poignée,* il faut tourner la partie de la fenêtre que l'on peut tenir avec la main.
3. *Papa a donné une poignée de main à la maîtresse,* il lui a serré la main.

poignet nom masculin
Le poignet, c'est l'ensemble des petits os qui se trouvent entre le bras et la main et qui servent à bouger la main. *Elsa porte un bracelet à son poignet gauche.*
■ Sais-tu comment s'appelle l'ensemble des petits os qui se trouvent entre la jambe et le pied ? La **cheville.**

poil nom masculin
Les poils, ce sont les petites parties de matière longues et fines comme un fil qui poussent sur le corps des hommes et des animaux. *Le chat d'Olivia a de longs poils. Papi a des poils dans les oreilles.*
■ Ne confonds pas poil et **poêle.**

poing nom masculin
Le poing, c'est la main fermée.
■ Ne confonds pas poing et **point.**

Romain donne un coup de **poing** à Bastien.

a b c d e f g h i j k l m n o p q r s t u v w x y z

A B C D E F G H I J K L M N O P Q R S T U V W X Y Z

point nom masculin

1. Un point, c'est un petit signe rond que l'on met au-dessus de certaines lettres. *Il ne faut pas oublier de mettre un point sur les « i » et sur les « j ».*

2. Un point, c'est un petit signe rond que l'on met à la fin d'une phrase. ■ C'est un signe de **ponctuation.**

3. *Après avoir fait le tour de la piste les coureurs automobiles sont revenus à leur point de départ,* ils sont revenus à l'endroit d'où ils étaient partis.

4. Un point, c'est une unité que l'on donne aux joueurs, dans un jeu ou dans un sport, pour montrer qui gagne. *Notre équipe a marqué un point.*

■ Ne confonds pas point et **poing.**

pointe nom féminin

La pointe, c'est le bout pointu d'un objet servant à percer ou à piquer. *Mamie a cassé la pointe de son aiguille.*

pointillé nom masculin

Un pointillé, c'est une ligne formée de petits points très serrés qui se suivent. *Découpe l'image en suivant le pointillé.*

pointu, pointue adjectif

La mine de mon crayon est très pointue quand je viens de le tailler, la mine de mon crayon est terminée par une pointe quand je viens de le tailler.

pointure nom féminin

La pointure, c'est la taille des chaussures d'une personne. *Quelle pointure fais-tu ? Je fais du 32.*

poire nom féminin

Une poire, c'est un fruit qui a une forme un peu ovale et qui contient des pépins. *Mamie épluche des poires pour faire une tarte.*

■ Les poires poussent sur les **poiriers.**

poireau nom masculin

Un poireau, c'est un légume long et mince dont les feuilles sont vertes et le bout blanc. *Chloé mange des poireaux à la vinaigrette.*

➾ Au pluriel : des **poireaux.**

Des **poireaux.**

pois nom masculin

1. *Des petits pois.* → va voir **petit-pois.**

2. *Lou a une jupe rouge à pois blancs,* elle a une jupe rouge avec des petits ronds blancs.

■ Ne confonds pas pois et **poids.**

poison nom masculin

Le poison, c'est une matière qui est très dangereuse pour la santé si on la mange et qui peut faire mourir. *Le traître a versé du poison dans le verre de la reine.* ■ Le traître veut **empoisonner** la reine.

poisseux, poisseuse adjectif

Après avoir mangé sa sucette, Arthur avait les mains poisseuses, il avait

les mains qui collaient car elles étaient pleines de sucre.
■ Tu peux dire aussi **collant.**

Un **poisson.**

poisson nom masculin
Un poisson, c'est un animal qui a des nageoires et qui vit dans l'eau. *La truite est un poisson d'eau douce. Le thon est un poisson de mer. Julien a des poissons rouges dans un aquarium.*

poissonnerie nom féminin
Une poissonnerie, c'est un magasin où l'on vend des poissons et des fruits de mer. *Maman est allée acheter des soles à la poissonnerie.*

poitrine nom féminin
1. La poitrine, c'est la partie du corps qui est entre les épaules et le ventre et qui contient le cœur et les poumons. *Lorsque tu respires fort, ta poitrine se gonfle d'air.* ■ Tu peux dire aussi **thorax, torse.**
2. *Maman a une grosse poitrine,* elle a des gros seins.

poivre nom masculin
Le poivre, c'est une graine que l'on moud pour faire une poudre qui donne un goût fort et piquant à ce que l'on mange. *Papa met du sel et du poivre sur la viande.*
■ Le poivre est une **épice.**

polaire adjectif
Il fait très froid dans les régions polaires, il fait très froid dans les régions qui sont situées près du pôle Nord et du pôle Sud. *Les ours polaires sont blancs,* les ours qui vivent près des pôles sont blancs.

pôle nom masculin
Les pôles, ce sont les deux points opposés tout à fait en haut et tout à fait en bas du globe terrestre. *Il y a le pôle Nord et le pôle Sud.*
➺ Ce mot s'écrit avec un **ô.**

poli, polie adjectif
Yafa est très polie, elle dit « bonjour » et « merci » et elle se tient bien, elle est bien élevée.
■ Le contraire de poli, c'est **impoli.**

police nom féminin
La police, c'est l'ensemble des personnes dont le métier est de faire régner l'ordre dans la ville, dans la campagne et sur les routes et de protéger les personnes des bandits et des voleurs. *Quand il a entendu des cris, le gardien de l'immeuble a appelé la police.*
■ Cherche aussi **agent, commissaire, inspecteur.**

policier nom masculin,
policière nom féminin
Un policier, une policière, c'est une personne qui fait partie de la police. *Des policiers empêchent la foule de s'approcher trop près du président.*

poliment adverbe
Poliment, c'est d'une manière polie. *Sébastien a remercié poliment la dame qui lui a indiqué le chemin.*

a b c d e f g h i j k l m n o p q r s t u v w x y z

A B C D E F G H I J K L M N O P Q R S T U V W X Y Z

politesse nom féminin
La politesse, c'est l'ensemble des choses qu'il faut faire et qu'il faut dire pour être poli. *La politesse c'est de dire « s'il vous plaît » lorsque tu demandes quelque chose à quelqu'un et « merci » lorsqu'il te l'a donné.*
■ Le contraire de politesse, c'est **impolitesse.**

① **politique** nom féminin
La politique, c'est la manière de gouverner un pays. *Avant les élections, les candidats expliquent quelle sera leur politique, s'ils sont élus.*

② **politique** adjectif
Un homme politique, une femme politique, c'est une personne qui fait partie du gouvernement d'un pays ou qui pourrait en faire partie.

pollen nom masculin
Le pollen, c'est une sorte de poussière, faite de tout petits grains, que fabriquent les fleurs et qui est nécessaire pour que la fleur donne un fruit. *Les insectes et le vent transportent le pollen d'une fleur à l'autre.*

pollué, polluée adjectif
L'air est pollué dans cette ville, l'air est sale et il est dangereux pour la santé de le respirer.
■ Le contraire de pollué, c'est **pur.**

pollution nom féminin
La pollution, c'est l'ensemble des dégâts qui sont faits dans un endroit par toutes les choses qui le salissent en le rendant dangereux. *On ne peut plus se baigner dans la rivière à cause de la pollution.*

pommade nom féminin
Une pommade, c'est une crème que l'on met sur la peau pour soigner ou pour ne plus avoir mal. *Maman se met de la pommade à l'endroit où elle s'est brûlée.*

pomme nom féminin
Une pomme, c'est un fruit rond qui contient des pépins. *Camille mange une pomme pendant la récréation.*
■ Les pommes poussent sur les **pommiers.**

pomme de terre nom féminin
Une pomme de terre, c'est un légume qui pousse dans la terre. *J'aide Maman à éplucher les pommes de terre. Est-ce que tu préfères la purée de pommes de terre ou les frites ?*
➜ Au pluriel : des **pommes de terre.**
■ Cherche aussi **patate.**

pompe nom féminin
Une pompe, c'est un appareil avec lequel on aspire ou on envoie du liquide ou de l'air. *Ludovic gonfle le pneu de son vélo avec une pompe. Maman arrête sa voiture devant une pompe à essence.*

L'air est très **pollué** dans cette ville.

On entend la sirène de la voiture des **pompiers**.

pompier nom masculin
Un pompier, c'est une personne dont le métier est d'éteindre les incendies. *Quand il y a le feu, il faut tout de suite appeler les pompiers.*

pompon nom masculin
Un pompon, c'est une boule faite avec des fils de laine. *Martin a un pompon sur son bonnet de laine.*

ponctuation nom féminin
Les signes de ponctuation, ce sont des signes que l'on écrit pour séparer des mots ou des phrases ou pour indiquer le ton que l'on doit employer en parlant. *Le point, la virgule, les parenthèses, les guillemets sont des signes de ponctuation.*

pondre verbe
La poule a pondu un œuf, elle a fait un œuf.

poney nom masculin
Un poney, c'est un cheval de petite taille. *Margot a fait une promenade sur un poney.*

pont nom masculin
Un pont, c'est un passage construit au-dessus d'une rivière, d'une route ou d'une voie ferrée. *Un vieux pont de bois franchit le torrent.*
■ Cherche aussi **passerelle.**

pont-levis nom masculin
Un pont-levis, c'est un petit pont en bois au-dessus du fossé d'un château fort, que l'on peut relever pour que personne ne puisse entrer.
Au pluriel : des **ponts-levis.**

populaire adjectif
Cet acteur est très populaire, tout le monde le connaît et l'aime bien.

population nom féminin
La population, c'est l'ensemble des personnes qui vivent dans un endroit. *La population de notre ville a beaucoup augmenté depuis dix ans.*

porc nom masculin
Un porc, c'est un cochon. *Le jambon et le saucisson sont de la viande de porc. Les porcs sont dans la porcherie.*
■ La femelle du porc, c'est la **truie.**
■ Ne confonds pas porc et **port.**

Le **porc** et la truie.

a b c d e f g h i j k l m n o p q r s t u v w x y z

porcelaine nom féminin
La porcelaine, c'est une matière fragile qui sert à fabriquer des assiettes, des plats, des tasses et des objets avec lesquels on décore une maison. *Le bouquet de roses est dans un vase en porcelaine.*

porc-épic nom masculin
Un porc-épic, c'est un petit animal plus gros qu'un hérisson, qui a le corps couvert de longs piquants. *On trouve des porcs-épics en Afrique, en Asie et dans le sud de l'Europe.*
➪ Au pluriel : des **porcs-épics.**

porcherie nom féminin
Une porcherie, c'est un bâtiment dans lequel dorment les porcs.
■ Les chevaux dorment dans une **écurie,** les vaches dans une **étable,** les moutons dans une **bergerie.**

port nom masculin
Un port, c'est un endroit au bord de la mer ou d'un fleuve où viennent s'arrêter les bateaux.
■ Ne confonds pas port et **porc.**

① **portable** adjectif
Un téléphone portable, un ordinateur portable, ce sont un téléphone et un ordinateur qui fonctionnent même s'ils ne sont pas branchés et que l'on peut emporter partout avec soi.
■ Le contraire de portable, c'est **fixe.**

Un ordinateur **portable.**

② **portable** nom masculin
Un portable, c'est un téléphone ou un ordinateur qui fonctionne partout et que l'on peut emporter avec soi. *Paul a appelé Juliette sur son portable. Maman lit ses mails sur son portable.*

portail nom masculin
Un portail, c'est une grande porte à l'entrée d'un bâtiment ou d'un jardin. *Le portail du parc est grand ouvert.*
➪ Au pluriel : des **portails.**

Il faut vite refermer le **portail.**

porte nom féminin
Une porte, c'est un grand rectangle en bois ou en verre qui sert à fermer une ouverture dans un bâtiment, un véhicule ou un meuble. *Quelqu'un a frappé à la porte. La porte de l'armoire est ouverte.*
■ Cherche aussi **portière.**

porte-bagage nom masculin
Un porte-bagage, c'est un objet fixé au-dessus de la roue arrière d'une bicyclette ou d'une moto, qui sert à transporter des choses ou des

personnes. *Jade attache le paquet sur le porte-bagage de son vélo.*
➜ Au pluriel : des **porte-bagages.**
➜ Tu peux aussi écrire un **porte-bagages** (invariable).

porte-bonheur nom masculin
On dit que le trèfle à quatre feuilles est un porte-bonheur, on dit que le trèfle à quatre feuilles est quelque chose qui doit porter chance quand on l'a avec soi.
➜ Au pluriel : des **porte-bonheur** ou des **porte-bonheurs**

porte-clé nom masculin
Un porte-clé, c'est un anneau ou un étui qui sert à faire tenir des clés ensemble.
➜ Au pluriel : des **porte-clés.**
➜ Tu peux aussi écrire un **porte-clés** (invariable).

portée nom féminin
1. Une portée, c'est un ensemble de 5 lignes sur lesquelles sont écrites les notes de musique.
2. Une portée, c'est l'ensemble des petits qui naissent en même temps de la même femelle. *La chatte vient d'avoir une portée de six chatons.*

portefeuille nom masculin
Un portefeuille, c'est une sorte d'enveloppe en cuir ou en plastique avec des poches, dans laquelle on range des billets de banque, des papiers, des cartes, des tickets, des timbres, etc. *Maman range son portefeuille dans son sac.*

portemanteau nom masculin
Un portemanteau, c'est un gros crochet fixé au mur, auquel on suspend un vêtement. *Alexandre suspend son blouson au portemanteau.*
➜ Au pluriel : des **portemanteaux.**

Marina ne se sépare jamais de son **porte-bonheur.**

porte-monnaie nom masculin
Un porte-monnaie, c'est un petit sac dans lequel on met son argent. *Noémie met sa pièce de 2 euros dans son porte-monnaie.*
➜ Au pluriel : des **porte-monnaies.**

porter verbe
1. Porter, c'est soulever et tenir un objet ou une personne. *Papa, je suis fatigué, porte-moi ! La valise est trop lourde, Lina n'arrive pas à la porter.*
2. Porter, c'est avoir sur soi. *Maxence porte des lunettes.*
3. *Depuis son opération, Mamie se porte bien,* elle est en bonne santé.

portière nom féminin
Une portière, c'est une porte de voiture ou de train. *Angélique vérifie que les portières de la voiture sont bien fermées.*

portrait nom masculin
Un portrait, c'est un dessin, une peinture ou une photo représentant une personne. *Xavier a fait le portrait de son grand-père.*

A B C D E F G H I J K L M N O P Q R S T U V W X Y Z

portugais nom masculin
Le portugais, c'est la langue que l'on parle au Portugal, au Brésil et dans quelques pays d'Afrique comme l'Angola.

poser verbe
1. Poser, c'est mettre. *Arnaud pose son livre sur la table.*
2. *Je t'ai posé une question,* je t'ai interrogé, je t'ai demandé quelque chose à quoi tu dois répondre.
3. *Pierre pose son addition,* il écrit les nombres comme il faut, en mettant bien les chiffres les uns en dessous des autres.
4. Poser, c'est rester sans bouger pour être pris en photo. *Les mannequins posent pour les photographes.*
5. Se poser, c'est descendre et s'arrêter. *L'oiseau s'est posé sur la branche. Notre avion se posera à 14 h 12,* il atterrira à 14 h 12. ■ Le contraire de se poser, c'est **décoller,** s'**envoler.**

position nom féminin
1. Une position, c'est une façon de se tenir, de placer son corps. *Cette nuit, Zoé a pris une mauvaise position dans son lit et maintenant elle a mal au cou.*
2. Une position, c'est la place occupée par une chose ou par une personne. *Matthias observe la position des pions avant de jouer. Ce coureur est en troisième position,* il est le troisième de la course.

posséder verbe
Posséder, c'est avoir à soi, être propriétaire. *Mes parents possèdent deux voitures.*

possessif, possessive adjectif
Un adjectif possessif, c'est un adjectif qui montre à qui appartient quelque chose. *Dans la phrase « prends mon crayon », « mon » est un adjectif possessif qui montre que ce crayon est à moi.*

possibilité nom féminin
Mamie a la possibilité de me garder le mercredi, elle peut me garder le mercredi.

possible adjectif
Il est possible d'apprendre ses leçons tout seul, on peut apprendre ses leçons tout seul. *Il est possible qu'il neige ce soir,* il peut neiger ce soir, il risque de neiger ce soir.
■ Cherche aussi **probable.**
■ Le contraire de possible, c'est **impossible.**

Tristan met sa lettre à la **poste**.

① **poste** nom féminin
Une poste, c'est une sorte de magasin où l'on achète des timbres et où l'on apporte les lettres et les paquets que l'on veut envoyer.

② **poste** nom masculin
Un poste de radio, c'est un appareil qui reçoit les émissions de radio,

c'est une radio. Un poste de télévision, c'est un appareil qui reçoit les émissions de télévision, c'est un téléviseur.

① **poster** verbe
Poster, c'est envoyer par la poste. *Tristan a posté une lettre pour sa grand-mère.*

② **poster** nom masculin
Un poster, c'est une affiche qui sert à décorer. *Corentin a des posters de son chanteur préféré dans sa chambre.*
■ Ce mot vient de l'anglais.

pot nom masculin
Un pot, c'est un récipient. *Mamie a mis des pots de fleurs sur son balcon. Papa a acheté un pot de confiture de fraises.*
■ Ne confonds pas pot et **peau.**

potable adjectif
De l'eau potable, c'est de l'eau que l'on peut boire, de l'eau qui ne rend pas malade. *Attention, cette eau n'est pas potable !*

potage nom masculin
Un potage, c'est une soupe assez liquide. *Lucas aime beaucoup le potage aux poireaux et aux pommes de terre.*

potager nom masculin
Un potager, c'est un jardin dans lequel on fait pousser des légumes et des fruits. *Lise va cueillir une salade et des fraises dans le potager.*

poteau nom masculin
Un poteau, c'est un long morceau de bois, de métal ou de ciment enfoncé dans le sol. *Il y a des poteaux électriques tout le long de la route.*
➾ Au pluriel : des **poteaux.**
■ Cherche aussi **pilier** et **pylône.**

potelé, potelée adjectif
Mon petit frère est un bébé potelé, c'est un bébé bien rond.
■ Le contraire de potelé, c'est **maigre.**

poterie nom féminin
1. *Nous avons visité un atelier de poterie,* nous avons visité un atelier où l'on fabrique des objets en terre cuite.
2. Une poterie, c'est un objet en terre cuite.

potier nom masculin
Un potier, c'est une personne qui fabrique et vend des objets en terre cuite, qui fait de la poterie.

potion nom féminin
Une potion, c'est un médicament liquide qui se boit. *Astérix a bu de la potion magique.*

potiron nom masculin
Un potiron, c'est une grosse citrouille. *Mamie a préparé de la soupe au potiron.*

pou nom masculin
Un pou, c'est un tout petit insecte qui se met dans les cheveux. *Mathilde a attrapé des poux à l'école.*
➾ Au pluriel : des **poux.**
■ Les œufs de poux s'appellent des **lentes.**
■ Ne confonds pas pou et **pouls.**

Lise est fière de son **potager.**

A B C D E F G H I J K L M N O P Q R S T U V W X Y Z

poubelle nom féminin
Une poubelle, c'est une sorte de seau dans lequel on jette tout ce que l'on ne garde pas, dans lequel on met les ordures. *Maylis jette son mouchoir en papier dans la poubelle.*

pouce nom masculin
Le pouce, c'est le doigt de la main le plus court et le plus gros. *Nicolas suce encore son pouce.*

poudre nom féminin
De la poudre, c'est une matière faite de grains très fins. *Emma met du sucre en poudre sur sa crêpe.*

poulailler nom masculin
Un poulailler, c'est une maison dans laquelle les poules sont à l'abri. *Le soir, la fermière enferme les poules dans le poulailler.*

poulain nom masculin
Le poulain, c'est le petit du cheval et de la jument.

poule nom féminin
Une poule, c'est un oiseau de basse-cour. *Le soir, Enzo ramasse les œufs que les poules ont pondus.*
■ La poule est une **volaille.** Son mâle, c'est le **coq,** son petit c'est le **poussin.**

poulet nom masculin
Un poulet, c'est une jeune poule ou un jeune coq. *Nous avons mangé du poulet rôti avec des haricots verts.*

pouls nom masculin
Le médecin prend le pouls du malade, il met son doigt sur le poignet du malade pour voir si son cœur fonctionne bien et si la circulation du sang est normale.
■ Ne confonds pas pouls et **pou.**

poumon nom masculin
Les poumons, ce sont les deux organes qui sont dans la poitrine et qui servent à respirer.

poupée nom féminin
Une poupée, c'est un jouet qui représente une personne.

pour préposition
1. *Il faut manger pour grandir,* il faut manger afin de grandir, il faut manger si l'on veut grandir.
2. *Anaïs a une leçon à apprendre pour demain,* elle doit savoir sa leçon demain.
3. *Anatole a un cadeau pour la maîtresse,* il a un cadeau à donner à la maîtresse.
4. *Le magasin est fermé pour travaux,* il est fermé parce qu'il y a des travaux.

pourboire nom masculin
Un pourboire, c'est un peu d'argent que l'on donne en plus de ce que l'on doit payer, pour remercier. *Maman a donné deux euros de pourboire au livreur.*

Le coq, la **poule** et les poussins.

Sa **poupée** porte des couettes.

pourquoi adverbe
Pourquoi, c'est un mot qui sert à poser la question : pour quelle raison ? *Tom, pourquoi pleures-tu ? Dis-moi pourquoi tu rentres si tard.*
■ La réponse commence par **parce que.**

pourrir verbe
Quelques pommes sont tombées de l'arbre et ont pourri par terre, elles se sont abîmées, elles sont devenues mauvaises à manger.

poursuite nom féminin
Une poursuite, c'est une course derrière une personne ou un animal pour essayer de le rattraper. *Les policiers se sont mis à la poursuite du voleur.*

poursuivre verbe
Le chien poursuit le lièvre à travers les champs, il court derrière le lièvre pour essayer de le rattraper.

pourtant adverbe
Pourtant, c'est un mot qui indique qu'il se passe quelque chose de différent de ce qui devrait arriver. *Ce matin, Nicolas est fatigué et pourtant il a bien dormi.*
■ Tu peux dire aussi **cependant.**

pourvu que conjonction
Pourvu que, c'est un mot qui indique que l'on souhaite très fort quelque chose. *Pourvu qu'il fasse beau demain, pour le match !* espérons qu'il fera beau demain, pour le match.

pousse nom féminin
Une pousse, c'est une feuille, une fleur ou une branche qui commence à pousser et qui est encore toute petite. *Au printemps, les arbres sont couverts de pousses vertes.*
■ Tu peux dire aussi **bourgeon.**

pousser verbe
1. Pousser, c'est grandir, se développer. *Les cheveux de Myriam poussent vite. Les tulipes que Maman a plantées commencent à pousser.*
2. Pousser, c'est faire bouger en appuyant. *Mamie a poussé la porte de ma chambre et elle est entrée.*
■ Le contraire de pousser, c'est **tirer.**
Inès pousse ses camarades pour passer devant elles. ■ Tu peux dire aussi **bousculer.**
3. Pousser un cri, c'est crier fort. *Léa a poussé un cri quand elle a vu la souris.*

Le chien s'est lancé à la **poursuite** du lièvre.

a b c d e f g h i j k l m n o p q r s t u v w x y z

A B C D E F G H I J K L M N O P Q R S T U V W X Y Z

Le bébé est dans sa **poussette**.

poussette nom féminin

Une poussette, c'est une petite voiture dans laquelle on assied les enfants qui ne savent pas encore bien marcher et que l'on pousse devant soi. *Mamie promène Damien dans sa poussette.*

poussière nom féminin

La poussière, c'est une sorte de poudre faite de terre ou de saleté qui vole dans l'air et se met sur les objets. *Les meubles qui sont dans le grenier sont couverts de poussière.*

Madame Bonnet enlève la **poussière** avec son balai.

poussin nom masculin

Le poussin, c'est le petit de la poule et du coq, qui vient de sortir de l'œuf. *Les poussins sont couverts d'un duvet jaune.*

■ Cherche aussi **poulet.**

poutre nom féminin

Une poutre, c'est un long morceau de bois qui soutient le toit ou le plafond.

① **pouvoir** verbe

1. Pouvoir, c'est avoir la possibilité, être capable de faire quelque chose. *Valentin peut rester longtemps sous l'eau sans respirer.*

2. Pouvoir, c'est avoir le droit, avoir la permission de faire quelque chose. *Marie peut regarder un dessin animé avant d'aller se coucher.*

3. *Fais attention, tu peux te faire mal avec ce couteau,* tu risques de te faire mal avec ce couteau.

② **pouvoir** nom masculin

Les fées ont des pouvoirs magiques, elles sont capables de faire des actions magiques que personne d'autre ne peut faire.

prairie nom féminin

Une prairie, c'est un terrain couvert d'herbe. *Anne cueille des coquelicots dans la prairie.*

■ Tu peux dire aussi **pré.**

pratique adjectif

Ce sac à dos est très pratique, il est très facile à utiliser, il est bien fait et peut contenir beaucoup de choses.

■ Tu peux dire aussi **commode.**

Il y a de jolies **poutres** dans cet appartement.

pré nom masculin

Un pré, c'est un terrain où pousse de l'herbe qui sert à nourrir le bétail. *Les moutons broutent dans le pré.*

■ Tu peux dire aussi **prairie.**

préau nom masculin

Le préau, c'est la partie de la cour de l'école qui est recouverte d'un toit. *Quand il pleut pendant la récréation, les enfants jouent sous le préau.*

➾ Au pluriel : des **préaux.**

précaution nom féminin

Une précaution, c'est ce que l'on fait à l'avance pour ne pas avoir d'ennui ou pour éviter un danger. *Papi a pris la précaution de réserver les places de train longtemps à l'avance car beaucoup de gens veulent partir ce jour-là.*

précédent, précédente adjectif

Antoine est né en 2005 et sa sœur l'année précédente, la sœur d'Antoine est née l'année d'avant, elle est née en 2004.

■ Le contraire de précédent, c'est **suivant.**

précéder verbe

1. Précéder, c'est être devant, marcher devant. *Jérôme précède Sophie pour lui montrer le chemin.*

2. Précéder, c'est avoir lieu avant, exister avant. *Pour comprendre cet épisode du feuilleton, il faut avoir vu les épisodes qui précèdent.*

■ Le contraire de précéder, c'est **suivre.**

précieusement adverbe

Maelle garde précieusement les cartes postales que son oncle lui envoie d'Amérique, Maelle garde les cartes postales que son oncle lui envoie d'Amérique en y faisant très attention parce qu'elle trouve que ces cartes sont très belles et très intéressantes et qu'elle les aime beaucoup.

précieux, précieuse adjectif

1. *La petite statue que mon grand-père a rapportée du Mexique est un objet très précieux,* cette petite statue est un objet qui a une grande valeur, qui coûte très cher.

2. Les pierres précieuses, ce sont des pierres très rares que l'on trouve sous le sol et qui valent très cher. Elles servent à faire des bijoux. *Le diamant est une pierre précieuse.*

La route longe le **précipice**.

précipice nom masculin
Un précipice, c'est un trou très profond qui a une paroi à pic, en montagne.
■ Tu peux dire aussi **ravin.**

se **précipiter** verbe
Se précipiter, c'est se mettre à courir tout d'un coup vers quelqu'un ou vers quelque chose. *Dès la fin du cours, Marine s'est précipitée vers la sortie.*
■ Tu peux dire aussi s'**élancer,** se **ruer.**

précis, précise adjectif
1. *Mamie nous a donné des indications précises pour trouver l'entrée du zoo,* elle nous a donné des indications claires avec beaucoup de détails. ■ Le contraire de précis, c'est **vague.**
2. *Viens chez moi à 8 heures précises,* viens chez moi à 8 heures, pas avant et pas après.

précision nom féminin
Une précision, c'est un détail en plus, un renseignement en plus, qui rend plus précis ce que l'on vient de dire ou ce que l'on vient d'écrire. *J'ai raconté mes vacances à Bastien qui m'a demandé des précisions sur la maison où l'on habitait et sur la plage où l'on allait.*

précoce adjectif
1. *Victor a 5 ans et il sait déjà lire et écrire, c'est un enfant précoce,* c'est un enfant qui a fait des progrès plus vite que les enfants de son âge.
2. *Le printemps est précoce, cette année,* le printemps est arrivé plus tôt cette année que les autres années.

prédire verbe
Prédire, c'est dire à l'avance que quelque chose va arriver comme si on connaissait l'avenir. *On a prédit à ce jeune pianiste qu'il serait célèbre.*

préféré, préférée adjectif
Thelma dort avec son nounours préféré, elle dort avec le nounours qu'elle aime le plus, avec le nounours qui lui plaît le plus.
■ C'est le nounours qu'elle **préfère.**

préférence nom féminin
Parmi tous les gâteaux, Alex a une préférence pour les éclairs au chocolat, de tous les gâteaux, il préfère les éclairs au chocolat.

préférer verbe
Préférer, c'est aimer mieux. *Au petit-déjeuner, c'est du thé que Maman préfère boire.*

préhistoire nom féminin
La préhistoire, c'est une période très ancienne où les hommes ne savaient pas écrire. *Les hommes de*

la préhistoire fabriquaient des outils avec des morceaux de pierre et des os.

préhistorique adjectif
Les dinosaures sont des animaux préhistoriques, ce sont des animaux qui vivaient pendant la préhistoire.

Des outils et des armes **préhistoriques.**

premier, première adjectif
1. *Romain est premier en récitation,* il est le meilleur de la classe en récitation.
2. *Aujourd'hui, c'est le premier jour des vacances,* c'est le jour où commencent les vacances.
■ Le contraire de premier, c'est **dernier.**

prendre verbe
1. Prendre, c'est mettre dans sa main, saisir. *Alix a pris un livre sur l'étagère de la bibliothèque.*
2. Prendre, c'est emporter avec soi. *Prends un parapluie, il va pleuvoir.*
3. Prendre, c'est absorber. *Julien prend du sirop avant de se coucher, car il tousse.*
4. Prendre, c'est attraper. *Le pêcheur a pris une grosse truite.*
5. Prendre, c'est utiliser. *Papa prend le métro pour aller au bureau.*
6. *Les bûches sont humides, le feu ne prend pas,* le feu ne s'allume pas.

prénom nom masculin
Le prénom, c'est le nom qui est avant le nom de famille. *Mon prénom est Juliette.*
■ Quel est ton prénom ?

préparatoire adjectif
Le cours préparatoire, c'est la première année de l'école primaire. *Yasmina est au cours préparatoire.*
■ On dit aussi le **C. P.**

préparer verbe
Préparer, c'est faire tout ce qu'il faut à l'avance pour qu'une chose soit prête. *Maman est à la cuisine, elle prépare le dîner.*

préposition nom féminin
Une préposition, c'est un mot qui relie deux mots. « *Dans, chez, sur, sous, contre* » *sont des prépositions.*

près adverbe
Près, c'est à une petite distance, pas loin. *Jules habite près de l'école.*
■ Le contraire de près, c'est **loin.**
■ Ne confonds pas près et **prêt.**

Prends une carte au hasard !

présence nom féminin

La présence, c'est le fait d'être présent, d'être là. *Lorenzo a été félicité par la maîtresse en présence de ses parents,* il a été félicité devant ses parents, alors que ses parents étaient là.

■ Le contraire de présence, c'est **absence.**

Tous les élèves sont **présents** aujourd'hui.

① **présent, présente** adjectif

Une personne présente, c'est une personne qui est là. *Qui était présent à la réunion ?*

■ Le contraire de présent, c'est **absent.**

② **présent** nom masculin

1. Le présent, c'est la partie du temps qui est en train de se passer.

■ Cherche aussi **avenir, passé.**

2. Le présent, c'est un temps du verbe qui indique que l'action est en train de se passer. *Dans la phrase : « Chloé mange une glace », le verbe « manger » est au présent.*

■ Cherche aussi **futur, imparfait, passé.**

présentateur nom masculin, **présentatrice** nom féminin

Un présentateur, une présentatrice, c'est une personne qui présente une émission de radio, de télévision ou un spectacle.

Le **présentateur** annonce la prochaine émission.

présentation nom féminin

1. *Quand il écrit son devoir, Adam fait très attention à la présentation,* il fait très attention à l'apparence de son devoir : il écrit lisiblement et il dispose le texte de façon à ce que la page soit agréable à regarder et facile à lire.

2. *Aujourd'hui, il y a beaucoup d'invités à la maison et certains ne se connaissent pas, alors Papa fait les présentations,* il présente les gens les uns aux autres.

présenter verbe

1. *Amandine m'a présenté son cousin,* elle me l'a fait connaître en me disant son nom.

2. *Ce soir, c'est une femme qui a présenté le journal télévisé,* c'est une femme qui a fait connaître à ceux qui regardaient la télévision les informations du journal télévisé.

A B C D E F G H I J K L M N O P Q R S T U V W X Y Z

3. *Notre voisin se présente aux élections pour être maire du village,* il s'est inscrit sur une liste et a dit qu'il aimerait être choisi comme maire du village, il est candidat.

préservatif nom masculin
Un préservatif, c'est une sorte d'étui très mince, en caoutchouc, que l'homme met sur son sexe quand il fait l'amour pour ne pas attraper de maladies et ne pas faire d'enfant.

président nom masculin,
présidente nom féminin
1. Un président, une présidente, c'est une personne qui dirige des gens qui travaillent ou qui font partie d'une association. *Le président du club de football s'appelle Monsieur Guillou.*
2. Le président de la République, c'est le chef de l'État.

presque adverbe
Presque, c'est à peu près, pas tout à fait. *David est presque aussi grand que moi. Il est presque midi.*

De là où il est, Damien a une belle vue sur la **presqu'île**.

presqu'île nom féminin
Une presqu'île, c'est un morceau de terre qui avance dans la mer et qui est entouré d'eau de tous les côtés sauf un.
■ Une presqu'île est **presque une île.**

pressé, pressée adjectif
Papa marche vite car il est pressé, il marche vite car il n'a pas beaucoup de temps, il doit se dépêcher.
■ Papa doit se **presser.**

presser verbe
Presser un fruit, c'est en faire sortir le jus. *Mamie presse des oranges pour faire du jus d'orange.*

se **presser** verbe
Se presser, c'est aller le plus vite possible quand on fait quelque chose. *Presse-toi un peu si tu ne veux pas être en retard.*
■ Tu peux dire aussi se **dépêcher.**

prestidigitateur nom masculin,
prestidigitatrice nom féminin
Un prestidigitateur, une prestidigitatrice, c'est une personne qui fait des tours de magie.
■ Cherche aussi **magicien.**

Le **prestidigitateur** fait sortir un lapin de son chapeau.

a b c d e f g h i j k l m n o p q r s t u v w x y z

A B C D E F G H I J K L M N O P Q R S T U V W X Y Z

prêt, prête adjectif
Les enfants sont prêts à partir, les enfants ont fini de se préparer, ils peuvent partir. *Le dîner est prêt, à table!* le dîner est préparé, à table!
➾ Ce mot s'écrit avec un **ê.**
■ Ne confonds pas prêt et **près.**

prétentieux, prétentieuse adjectif
Aude est prétentieuse, elle croit qu'elle a beaucoup de qualités et qu'elle est mieux que les autres.
■ Tu peux dire aussi **orgueilleux.**
■ Le contraire de prétentieux, c'est **modeste.**

prêter verbe
Prêter une chose, c'est permettre d'utiliser une chose mais pour un certain temps, pas pour toujours. *Je te prête mon vélo jusqu'à ce soir. Ton crayon, tu me le prêtes ou tu me le donnes?*
➾ Ce mot s'écrit avec un **ê.**
■ Le contraire de prêter, c'est **emprunter.**

prétexte nom masculin
Un prétexte, c'est une fausse excuse que l'on donne pour expliquer ce que l'on fait, parce que l'on veut cacher la vraie raison. *Papi a trouvé un prétexte pour ne pas aller dîner chez les Duval : il a dit qu'il avait mal aux dents. Quel prétexte vas-tu encore inventer pour ne pas travailler?*

prêtre nom masculin
Un prêtre, c'est un homme qui emploie sa vie entièrement pour servir Dieu et qui donne les sacrements, dans la religion catholique. *Le prêtre dit la messe, donne la communion et baptise les enfants.*
➾ Ce mot s'écrit avec un **ê.**
■ Cherche aussi **imam, pasteur, rabbin.**

preuve nom féminin
Une preuve, c'est ce qui sert à montrer qu'une chose est vraie. *J'ai la preuve que c'est toi qui m'as pris mon crayon rouge : tu es en train d'écrire avec.* ■ Cela **prouve** que c'est toi qui m'as pris mon crayon rouge.

prévenir verbe
Prévenir, c'est dire à l'avance qu'il va se passer quelque chose. *Mon oncle nous a prévenus qu'il arriverait tard. Préviens-moi si tu ne viens pas.*
■ Tu peux dire aussi **avertir.**

prévoir verbe
Prévoir, c'est dire à l'avance ou imaginer à l'avance que quelque chose va arriver. *Les spécialistes de la météo prévoient du beau temps pour le week-end. J'avais prévu qu'Antoine oublierait d'apporter son pique-nique alors j'ai pris à manger pour deux.*

prier verbe
1. Prier, c'est parler à Dieu, c'est faire une prière. *François va à l'église pour prier.*
2. Prier, c'est demander quelque chose en insistant. *Je te prie de te taire.*

prière nom féminin
1. Une prière, c'est ce que l'on dit quand on parle à Dieu, quand on prie. *Pauline fait sa prière tous les soirs avant de se coucher.*
2. Prière, c'est un mot que l'on emploie pour donner un ordre ou interdire de faire quelque chose. *Prière de s'essuyer les pieds!*

primaire adjectif
L'école primaire, c'est l'école où vont les enfants depuis la maternelle jusqu'au CM2.
■ Avant d'aller à l'école primaire, on va à l'école **maternelle** et après on va au **collège.**

primevère nom féminin
Une primevère, c'est une fleur jaune, rouge ou blanche qui pousse au début du printemps. *Nous avons cueilli des primevères dans les champs.*

prince nom masculin
Un prince, c'est le fils d'un roi ou d'une reine.

Le **prince** et la **princesse** ouvrent le bal.

princesse nom féminin
Une princesse, c'est la fille d'un roi ou d'une reine, ou la femme d'un prince.

① **principal, principale** adjectif
Peux-tu dire le nom des principaux fleuves français ? peux-tu dire le nom des fleuves français les plus importants ?
- Au masculin pluriel : **principaux.**
- Au féminin pluriel : **principales.**

② **principal** nom masculin
Le principal, c'est le plus important. *Nous sommes tous en bonne santé, c'est le principal.*

principe nom masculin
1. Un principe, c'est une règle que l'on se force à suivre dans sa vie. *Paul a un principe, il ne ment jamais.*
2. *En principe, c'est Maman qui vient me chercher à l'école,* si tout va bien, normalement, c'est Maman qui vient me chercher à l'école.

printemps nom masculin
Le printemps, c'est la saison de l'année qui vient après l'hiver et qui est avant l'été. *Au printemps, les arbres fleurissent.*
■ Le printemps commence le 21 ou le 22 mars et finit le 20 juin.

priorité nom féminin
Avoir la priorité, c'est avoir le droit de passer avant les autres.

La voiture qui vient de droite a la **priorité**.

pris adjectif
Cette place est prise, elle est occupée par quelqu'un, elle n'est pas libre. *Je ne viendrai pas dîner chez vous ce soir je suis pris,* j'ai une autre occupation.

A B C D E F G H I J K L M N O P Q R S T U V W X Y Z

prise nom féminin

1. *Alexandre connaît plusieurs prises de judo,* il connaît plusieurs façons d'attraper son adversaire au judo.

2. Une prise électrique ou une prise de courant, c'est l'endroit d'un mur dans lequel on branche un appareil électrique. *Martin branche la lampe sur la prise qui est près de son lit.*

3. *L'infirmière a fait une prise de sang à Clémence,* elle lui a pris un peu de sang avec une seringue pour faire une analyse.

prison nom féminin

Une prison, c'est une maison où l'on enferme des personnes qui ont fait quelque chose de mal. *Le voleur a été mis en prison.*

prisonnier nom masculin,
prisonnière nom féminin

Un prisonnier, une prisonnière, c'est une personne qui est enfermée dans une prison. *Deux prisonniers ont essayé de s'évader.*

privé, privée adjectif

La piscine de l'immeuble est privée, la piscine est seulement pour les personnes de l'immeuble, c'est un lieu où tout le monde n'a pas le droit d'aller.

■ Le contraire de privé, c'est **public.**

priver verbe

Priver, c'est empêcher d'avoir quelque chose d'agréable. *Mes parents m'ont privé de télévision.*

prix nom masculin

1. Le prix d'un objet, c'est la somme d'argent qu'il faut donner pour l'acheter. *Quel est le prix de ces chaussures ?* combien coûtent ces chaussures ?

2. Un prix, c'est une récompense donnée aux meilleurs, dans une compétition. *Damien a eu le premier prix au concours de tir à l'arc.*

Au pluriel : des **prix.**

probable adjectif

Est-ce que Julien est invité à l'anniversaire de Marie ? C'est probable, c'est presque sûr.

probablement adverbe

Probablement, c'est d'une manière presque sûre, sans doute. *Ali va probablement venir.*

■ Tu peux dire aussi **certainement, sûrement.**

problème nom masculin

1. Un problème, c'est quelque chose qui donne du souci, une difficulté qui empêche d'être bien. *Monsieur Imbert a des problèmes d'argent.*

2. Un problème, c'est un exercice de mathématiques avec des questions qui obligent à faire des calculs pour trouver la solution.

procès nom masculin

Un procès, c'est une séance, dans un tribunal, au cours de laquelle on juge une personne accusée d'avoir fait quelque chose de mal.

Monsieur Roy est témoin au **procès.**

prochain, prochaine adjectif
Guillaume part en classe de neige la semaine prochaine, il part la semaine qui suit celle où nous sommes.
■ Tu peux dire aussi **suivant.**
■ Le contraire de prochain, c'est **dernier.**

proche adjectif
L'école est proche de la mairie, elle est près de la mairie.

produire verbe
1. *Ce pommier produit de très bonnes pommes,* il donne de très bonnes pommes.
2. Produire, c'est fabriquer. *Cette usine produit des téléviseurs.*
3. Se produire, c'est avoir lieu. *Un accident s'est produit sur l'autoroute,* il est arrivé un accident sur l'autoroute.

produit nom masculin
1. Un produit, c'est une chose que l'on trouve dans la nature ou qui est fabriquée par l'homme. *Maman a acheté un produit pour enlever les taches sur la moquette.*
2. Le produit, c'est le résultat d'une multiplication. *10 est le produit de 2 multiplié par 5.*

professeur nom masculin et féminin
Un professeur, une professeur, c'est une personne qui enseigne à des élèves. *Mademoiselle Lemaire est professeur de latin.*

profession nom féminin
Une profession, c'est le travail que l'on fait pour gagner de l'argent. *La maîtresse nous a demandé la profession de nos parents.*
■ Tu peux dire aussi **métier.**

professionnel, professionnelle adjectif
1. *Monsieur Dubois a des soucis professionnels,* il a des soucis qui concernent son travail.
2. *Cette équipe de football est composée de joueurs professionnels,* elle est composée de joueurs dont c'est le métier de jouer au football, de joueurs qui sont payés pour jouer au football. ■ Les footballeurs professionnels ne sont pas des **amateurs.**

profil nom masculin
Le profil, c'est le visage vu de côté. *Adèle est plus jolie de face que de profil.*

Il existe de nombreux **produits** ménagers.

profiter verbe
Monsieur Colin a profité de ses vacances pour repeindre sa cuisine, il a utilisé ses vacances à repeindre sa cuisine.

a b c d e f g h i j k l m n o p q r s t u v w x y z

La rivière est **profonde** à cet endroit.

profond, profonde adjectif

Ce puits est très profond, le fond du puits est à une grande distance des bords.

profondeur nom féminin

Le trou a deux mètres de profondeur, il y a deux mètres entre le fond du trou et le bord.

programme nom masculin

1. Un programme de télévision, c'est la liste des émissions de télévision, avec l'heure à laquelle elles passent.
2. Le programme, c'est l'ensemble des choses que l'on doit apprendre en classe. *Les soustractions à 3 chiffres sont au programme de mathématiques du CE2.*

progrès nom masculin

Grégoire a fait des progrès en orthographe, il est meilleur qu'avant en orthographe, il travaille mieux et il a de meilleurs résultats. ■ Il **a progressé.**

progresser verbe

Progresser, c'est faire des progrès, s'améliorer. *Oscar a progressé en français,* il est devenu meilleur en français.

proie nom féminin

Une proie, c'est un animal qu'un autre animal attrape pour le manger. *Le renard s'est jeté sur sa proie. L'aigle est un oiseau de proie,* c'est un oiseau qui attrape des animaux et les mange vivants, c'est un rapace.

projecteur nom masculin

1. Un projecteur, c'est une lampe qui envoie une lumière très forte.
2. Un projecteur, c'est un appareil qui permet de passer des photos ou des films sur un écran.

La scène est éclairée par des **projecteurs**.

projet nom masculin

Un projet, c'est quelque chose que l'on prévoit de faire. *Quels sont vos projets pour les vacances ?* qu'avez-vous l'intention de faire pour les vacances ?

prolonger verbe

Prolonger, c'est faire durer plus longtemps. *Le médecin a prolongé le congé de maladie de Papa d'une semaine.*

L'oiseau se jette sur sa **proie.**

promenade nom féminin

Papi et Mamie m'ont emmené faire une promenade en forêt, ils m'ont emmené me promener en forêt.

■ Cherche aussi **balade.**

promener verbe

1. Promener une personne ou un animal, c'est lui faire faire un tour dehors. *La vieille dame promène son chien tous les matins.*

2. Se promener, c'est marcher ou rouler en voiture ou à bicyclette, juste pour le plaisir, sans se presser. *Dimanche, nous irons nous promener dans la campagne.*

■ Cherche aussi se **balader.**

promesse nom féminin

Une promesse, c'est ce que l'on promet. *Maman tient toujours ses promesses,* elle fait toujours ce qu'elle a promis.

promettre verbe

Promettre, c'est affirmer que l'on va faire ce que l'on a dit. *Le maître nous a promis de nous emmener au zoo avant la fin de l'année.*

pronom nom masculin

Un pronom, c'est un mot qui remplace un nom dans une phrase. *Dans la phrase « Léo et moi, nous sommes frères », « moi » et « nous » sont des pronoms.*

Léa **promène** son chien.

prononcer verbe

Prononcer, c'est dire les sons. *Sais-tu prononcer le mot « wagon » ?*

prophète nom masculin

Un prophète, c'est une personne qui parle au nom de Dieu. *Abraham et Moïse sont des prophètes de la Bible. Mahomet est le prophète des musulmans.*

A B C D E F G H I J K L M N O P Q R S T U V W X Y Z

proposer verbe
Magali a proposé à Charles de venir goûter chez elle, elle a dit à Charles qu'il pouvait venir goûter chez elle s'il en avait envie.

proposition nom féminin
Une proposition, c'est ce que l'on propose à quelqu'un. *Je te fais une proposition : je te passe mon vélo et tu me prêtes ton nouveau jeu vidéo.*

propre adjectif
Le pantalon de Ségolène est propre, il n'a pas de taches.
■ Le contraire de propre, c'est **sale.**

Le tee-shirt de Quentin est **propre**, celui d'Enzo est sale.

propreté nom féminin
Papa vérifie la propreté de mes mains, il regarde si mes mains sont bien propres.
■ Le contraire de propreté, c'est **saleté.**

propriétaire nom masculin et féminin
Un propriétaire, une propriétaire, c'est une personne qui possède quelque chose. *Les propriétaires des appartements de notre immeuble se réunissent une fois par an.*
■ Le **locataire** paie un loyer au propriétaire de la maison dans laquelle il habite.

propriété nom féminin
1. *Cet appartement est la propriété de Monsieur Martin,* cet appartement appartient à Monsieur Martin.
2. Une propriété, c'est une belle maison avec un grand jardin. *Les grands-parents de Ludivine ont une propriété en Normandie.*

prospectus nom masculin
Un prospectus, c'est un papier sur lequel il y a une publicité. *On nous dépose souvent des prospectus dans notre boîte à lettres.*
On prononce le **s** qui est à la fin.

protection nom féminin
1. *Dans la cour de l'école, Karim prend les petits sous sa protection,* il les défend et fait attention à ce qu'il ne leur arrive rien. ■ Il les **protège.**
2. Une protection, c'est une chose qui sert à protéger. *Les bottes fourrées sont une bonne protection contre le froid.*

protège-cahier nom masculin
Un protège-cahier, c'est une couverture que l'on met sur un cahier pour qu'il ne s'abîme pas, pour le protéger. *Anaïs a mis un protège-cahier rouge sur son cahier de poésies.*
Au pluriel : des **protège-cahiers.**

protéger verbe

1. Protéger, c'est défendre contre un danger. *Antoine protège les petits pendant la récréation.*

2. Protéger, c'est mettre à l'abri. *Un parapluie et un imperméable protègent de la pluie.*

protestant, protestante adjectif

Arnaud et Zoé sont protestants, ce sont des chrétiens, ils croient en Dieu et en Jésus-Christ, ils sont baptisés et ils vont au culte.
■ Cherche aussi **bouddhiste, catholique, juif** et **musulman.**

protester verbe

Protester, c'est dire et montrer que l'on n'est pas d'accord. *Le joueur de tennis a protesté quand l'arbitre a dit que sa balle avait touché le filet.*

Axel a mis toutes ses **protections** pour faire du roller.

prouver verbe

Prouver, c'est montrer que quelque chose est vrai en donnant des preuves. *Ton lit est encore chaud, cela prouve que tu t'es levé il y a peu de temps.*

proverbe nom masculin

Un proverbe, c'est une phrase qui dit une vérité ou qui donne un conseil. *« Après la pluie, le beau temps » est un proverbe.*

province nom féminin

1. Une province, c'est une partie d'un pays, c'est une région. *La Normandie, l'Auvergne sont des provinces françaises.*

2. La province, c'est l'ensemble de la France, sans Paris. *Les grands-parents de Charline habitent en province.*

provision nom féminin

1. Une provision, c'est une certaine quantité de choses que l'on met de côté pour pouvoir s'en servir quand on veut. *La provision de cahiers et de craies est dans le placard, au fond de la classe.*

2. *Papi est allé faire les provisions,* il est allé acheter de la nourriture et des produits pour la maison, il est allé faire les courses. ■ Tu peux dire aussi **commissions.**

provoquer verbe

Provoquer quelque chose, c'est être la cause de quelque chose. *C'est une fuite de gaz qui a provoqué l'explosion.*
■ Tu peux dire aussi **causer, entraîner.**

prudence nom féminin

La prudence, c'est la qualité d'une personne qui fait attention à tout et qui évite de faire des choses dangereuses. *Maman conduit toujours avec prudence.*

prudent, prudente adjectif
Une personne prudente, c'est une personne qui fait attention au danger et qui réfléchit avant de faire quelque chose. *Sois prudent, regarde bien à gauche et à droite avant de traverser la rue.*
■ Le contraire de prudent, c'est **imprudent.**

Il y a plusieurs sortes de **prunes.**

prune nom féminin
Une prune, c'est un petit fruit rond qui a un noyau. *Jean a fait une tarte aux prunes.*
■ Les prunes poussent sur des **pruniers.**

pruneau nom masculin
Un pruneau, c'est une prune séchée, de couleur noire. *As-tu déjà mangé du lapin aux pruneaux ?*
➜ Au pluriel : des **pruneaux.**
■ Les pruneaux d'Agen sont très connus.

prunelle nom féminin
La prunelle, c'est le petit rond noir qui est au centre de l'œil.
■ Tu peux dire aussi **pupille.**

① **public, publique** adjectif
Un lieu public, c'est un lieu où tout le monde peut aller. *Nicolas et Benjamin vont faire de la balançoire dans le jardin public.*
■ Le contraire de public, c'est **privé.**

② **public** nom masculin
1. Le public, c'est l'ensemble des personnes. *L'entrée du chantier est interdite au public.*
2. Le public, c'est l'ensemble des spectateurs. *Le public a applaudi le chanteur à la fin du spectacle.*

publicité nom féminin
Une publicité, c'est une image, un texte ou un petit film fait exprès pour donner envie d'acheter quelque chose. *Coralie regarde les publicités à la télévision.*

puce nom féminin
Une puce, c'est un petit insecte qui pique et suce le sang. *Le chien est couvert de puces, on les voit sauter !*

pudeur nom féminin
La pudeur, c'est la gêne qu'a une personne de se montrer nue. *Capucine s'enferme dans sa chambre pour se déshabiller, par pudeur.*

puer verbe
Puer, c'est sentir très mauvais. *Ce fromage pue, c'est une infection !*

puis adverbe
Puis, c'est après cela. *Jeanne a appris sa leçon, puis elle est allée jouer.*
■ Tu peux dire aussi **ensuite.**
■ Ne confonds pas puis et **puits.**

puisque conjonction
Puisque, c'est un mot qui indique la cause. *Puisque tu es là, aide-moi à mettre le couvert.*

puissance nom féminin
Cette voiture a une grande puissance, elle peut rouler très vite.
■ La voiture a un moteur **puissant.**

puissant, puissante adjectif
Pour éclairer la pièce, il faudrait une ampoule plus puissante, il faudrait une ampoule capable de donner plus de lumière.

puits nom masculin
Un puits, c'est un trou très profond creusé dans le sol. *Autrefois, on allait chercher de l'eau au puits.*
■ Ne confonds pas puits et **puis.**

pull nom masculin
Un pull, c'est un tricot en laine ou en coton que l'on met en le passant par la tête. *Sofiane a mis son pull jaune.*
■ Ce mot vient de l'anglais. C'est le mot **pull-over** en plus court.
■ Tu peux dire aussi **chandail.**

punaise nom féminin
1. Une punaise, c'est un petit insecte plat qui sent très mauvais.
2. Une punaise, c'est un petit clou avec un bout plat et une petite pointe courte. *Élise appuie avec son doigt sur la punaise pour l'enfoncer dans le mur.*

Combien vois-tu de **punaises** ?

punir verbe
Punir quelqu'un, c'est l'obliger à faire une chose désagréable ou ennuyeuse ou le priver d'une chose agréable, parce qu'il a fait quelque chose de mal. *Le maître a puni Lucile parce qu'elle n'écoutait pas : elle restera dans la classe pendant la récréation.*
■ Le contraire de punir, c'est **récompenser.**

punition nom féminin
Une punition, c'est une chose désagréable que l'on oblige quelqu'un à faire pour le punir. *Pour sa punition, Lucile est restée dans la classe pendant la récréation.*
■ Le contraire de punition, c'est **récompense.**

pupille nom féminin
La pupille, c'est le petit rond noir au centre de l'œil.
■ Tu peux dire aussi **prunelle.**

pur, pure adjectif
1. *Vanessa a un pull en pure laine,* elle a un pull qui est fait seulement avec de la laine, qui n'est fait avec aucune autre matière que de la laine.
2. *L'air est pur à la montagne,* il est propre, il est bon à respirer. ■ Le contraire de pur, c'est **pollué.**

purée nom féminin
Une purée, c'est un plat fait de légumes cuits et écrasés. *Marion mange de la purée de pommes de terre.*

pus nom masculin
Le pus, c'est un liquide un peu jaune qui coule d'une blessure ou d'un bouton qui s'infecte. *Le pus contient des microbes.*

a b c d e f g h i j k l m n o p q r s t u v w x y z

Léo fait un **puzzle**.

puzzle nom masculin
Un puzzle, c'est un jeu fait de morceaux que l'on doit mettre ensemble les uns à côté des autres pour faire un dessin. *Lana fait un puzzle,* elle assemble les pièces du puzzle.
■ Ce mot vient de l'anglais.

pyjama nom masculin
Un pyjama, c'est un vêtement composé d'une veste et d'un pantalon que l'on met pour dormir. *Elsa est en pyjama et Marie en chemise de nuit.*

pylône nom masculin
Un pylône, c'est un grand poteau.
Ce mot s'écrit avec un **ô.**
■ Cherche aussi **pilier.**

pyramide nom féminin
Une pyramide, c'est un grand monument qui a ses quatre côtés en forme de triangle et un sommet pointu. *Les pyramides d'Égypte servaient de tombeaux.*

python nom masculin
Un python, c'est un très grand serpent d'Asie et d'Afrique. Il serre très fort l'animal qu'il a attrapé pour l'écraser avant de le manger, comme le boa.
Il y a un **h** après le **t.**

Un **python**.

Q q

quadrilatère nom masculin
Un quadrilatère, c'est une forme géométrique qui a 4 côtés. *Le carré et le rectangle sont des quadrilatères.*

quadrillé, quadrillée adjectif
Lou-Ann écrit sur du papier quadrillé, elle écrit sur du papier à carreaux.
■ Du papier **quadrillé** peut être à petits ou à grands carreaux.

quai nom masculin
1. Un quai, c'est une sorte de trottoir le long des rails, dans une gare.
2. Un quai, c'est une sorte de trottoir au bord de l'eau, dans un port.

qualité nom féminin
1. *Cette casserole est de bonne qualité,* elle est solide et on pourra s'en servir pendant longtemps. *Ces skis sont de mauvaise qualité,* ils ne sont pas bien faits et ils vont s'abîmer rapidement.
2. Une qualité, c'est quelque chose de bien dans le caractère d'une personne. *La gentillesse est la plus grande qualité de Lenny.* ■ Le contraire de qualité, c'est **défaut.**

Les voyageurs attendent le train sur le **quai**.

Le bateau arrive à **quai**.

a b c d e f g h i j k l m n o p q r s t u v w x y z

quand adverbe et conjonction

1. Quand, c'est un mot qui sert à poser la question : à quel moment ? *Quand auras-tu 7 ans ?*

2. *Pauline a ouvert son parapluie quand il s'est mis à pleuvoir,* elle a ouvert son parapluie au moment où il s'est mis à pleuvoir. ■ Tu peux dire aussi **lorsque.**

■ Ne confonds pas quand et **camp.**

Il ne faut pas se tromper dans les **quantités** quand on fait un gâteau.

quantité nom féminin

1. *Quelle quantité de farine faut-il pour faire ce gâteau ?* quel poids de farine faut-il pour faire ce gâteau ? combien de farine faut-il pour faire ce gâteau ?

2. *Candice a des quantités de bandes dessinées,* elle a beaucoup de bandes dessinées.

quart nom masculin

Un quart, c'est une partie d'une chose divisée en quatre parts égales. *Jérémie a bu un quart de litre de lait. Laure a attendu Armelle pendant un quart d'heure,* elle l'a attendue 15 minutes.

■ Ne confonds pas quart et **car.**

quartier nom masculin

1. Un quartier, c'est une partie d'une ville.

2. Un quartier, c'est un morceau de fruit.

Julien va promener son chien dans le vieux **quartier** de la ville.

Maman donne un **quartier** de mandarine à Lilou.

que pronom

Que, c'est un mot qui sert à poser la question : quelle chose ? *Que fais-tu ? Qu'est-ce que tu veux ?*

■ **Que** devient **qu'** devant un mot qui commence par une voyelle.

quel, quelle adjectif
Quel et quelle, ce sont des mots qui servent à poser une question. *Quel jour sommes-nous ? Quelles chaussures vas-tu mettre ?*

quelconque adjectif
Préviens-moi si tu ne peux pas venir pour une raison quelconque, préviens-moi si tu ne peux pas venir pour n'importe quelle raison que ce soit.

quelque chose pronom masculin
Quelque chose, c'est une chose dont on ne dit pas le nom. *Ryan a caché quelque chose sous son lit.*

quelquefois adverbe
Quelquefois, c'est de temps en temps. *Quelquefois, je rentre de l'école avec Julia.*
■ Tu peux dire aussi **parfois.**
■ Le contraire de quelquefois, c'est **jamais, souvent, toujours.**

quelque part → va voir **part.**

quelques adjectif pluriel
Quelques, c'est un petit nombre de personnes ou de choses. *Julien a invité quelques amis à goûter.*
■ Tu peux dire aussi **plusieurs.**

quelques-uns pronom masculin pluriel,
quelques-unes pronom féminin pluriel
Quelques-uns, quelques-unes, c'est un petit nombre. *Louna m'a montré quelques-unes de ses photos de vacances. Sacha est venu avec quelques-uns de ses amis.*
■ Tu peux dire aussi **plusieurs.**

quelqu'un pronom masculin
Quelqu'un, c'est une personne dont on ne dit pas le nom. *Quelqu'un a sonné à la porte.*

quenouille nom féminin
Une quenouille, c'est un petit bâton dont on se servait autrefois pour faire des fils de laine.
■ On rencontre ce mot surtout dans les contes de fées.

Il était une fois une jeune fille qui filait sa **quenouille.**

question nom féminin
1. Une question, c'est une phrase par laquelle on demande quelque chose à quelqu'un. *Je t'ai posé une question, réponds-moi.*
2. *Il est question que Gaétan parte en colonie de vacances,* il est possible que Gaétan parte en colonie de vacances, on en parle.

A B C D E F G H I J K L M N O P Q R S T U V W X Y Z

questionnaire nom masculin
Un questionnaire, c'est une liste de questions. *Le professeur nous a donné un questionnaire que les parents doivent remplir.*

Reconnais la **queue** du renard, du cheval, du rat, du lapin, du chat, du lézard et du singe.

queue nom féminin
1. Une queue, c'est une partie du corps que de nombreux animaux ont au bas du dos et qui continue leur colonne vertébrale. *Le chat remue la queue quand il est énervé.*
2. Une queue, c'est une file de personnes qui attendent leur tour, les unes derrière les autres. *Il y a la queue devant le cinéma.*

qui pronom
Qui, c'est un mot qui sert à poser la question : quelle personne ? *Qui est là ? À qui parlais-tu ? Qui sont ces enfants ?*

quille nom féminin
Une quille, c'est un morceau de bois ou de plastique long et rond que l'on doit faire tomber avec une boule que l'on lance. *Lucie et ses amis jouent aux quilles dans le jardin.*

quincaillerie nom féminin
Une quincaillerie, c'est un magasin où l'on vend des outils et tout ce qu'il faut pour bricoler, des ustensiles de cuisine et tout ce qu'il faut pour faire le ménage. *Maman est allée à la quincaillerie acheter des clous et une cuvette.*

quitter verbe
1. Quitter un endroit, c'est partir, s'éloigner de cet endroit. *Les parents de Carlos ont quitté l'Espagne il y a 10 ans.*
2. Quitter une personne, c'est la laisser en partant. *Il est tard, il faut que je te quitte. À bientôt !*
3. *Allo ! ne quittez pas !*, allo ! restez au téléphone, ne raccrochez pas !
4. *Madame Leduc a quitté son mari*, elle est partie et elle ne vit plus avec son mari.
5. Se quitter, c'est ne plus vivre ensemble. *Les parents d'Antoine se sont quittés l'année dernière*, ils se sont séparés l'année dernière.

Nicolas et Marguerite font la **queue** devant le cinéma.

quoi pronom
Quoi, c'est un mot qui sert à poser la question : quelle chose ? *À quoi penses-tu ?*

quoique conjonction
Quoique, c'est un mot qui indique que l'on va ajouter quelque chose qui s'oppose à ce que l'on vient de dire. *Victor regarde la télévision quoique son père le lui ait interdit.*
■ Tu peux dire aussi **bien que.**

quotidien, quotidienne adjectif
Papi fait sa promenade quotidienne, il fait la promenade qu'il fait tous les jours.

quotient nom masculin
Le quotient, c'est le résultat d'une division. *3 est le quotient de 12 divisé par 4.*
■ Sais-tu comment s'appelle le résultat d'une multiplication ? Le **produit.**

rabattre verbe
Rabattre, c'est baisser quelque chose qui était relevé.

Sophie **rabat** le couvercle de son coffre à jouets.

rabbin nom masculin
Un rabbin, c'est un chef de la religion juive.
■ Cherche aussi **imam, pasteur, prêtre.**

raccommoder verbe
Raccommoder, c'est réparer un trou en cousant. *Mamie a raccommodé mon jean qui était déchiré.*

raccompagner verbe
Raccompagner quelqu'un, c'est ramener quelqu'un chez lui. *Le père de Julie m'a raccompagné en voiture.*

raccourci nom masculin
Un raccourci, c'est un chemin plus court que le chemin normal. *Prenons ce raccourci, nous arriverons avant les autres !*

raccourcir verbe
1. Raccourcir, c'est rendre plus court. *Ma jupe est trop longue, Maman va la raccourcir.*
2. Raccourcir, c'est devenir plus court. *En automne, les jours raccourcissent,* ils diminuent.
■ Le contraire de raccourcir, c'est **rallonger.**

raccrocher verbe
Raccrocher, c'est arrêter une communication en posant la partie du téléphone dans laquelle on parle et on entend ou en appuyant sur le bouton qui coupe la communication. *Thomas a dit « au revoir » et il a raccroché.*
■ Le contraire de raccrocher, c'est **décrocher.**

race nom féminin
1. Une race, c'est un ensemble de personnes qui ont la même couleur de peau.
2. *Ces deux chiens sont de la même race,* ils appartiennent au même groupe de chiens qui se ressemblent entre eux.

A B C D E F G H I J K L M N O P Q R S T U V W X Y Z

racine nom féminin
La racine, c'est la partie de la plante qui est dans la terre. *Le chêne a des racines très longues.*
■ Les carottes et les radis sont des racines.

raciste adjectif
Une personne raciste, c'est une personne qui méprise les gens qui n'ont pas la même couleur de peau qu'elle, qui se croit mieux qu'eux.

raconter verbe
Raconter, c'est dire ou écrire une histoire ou ce qui s'est passé. *Tous les soirs, Papa me raconte une histoire. La maîtresse nous a demandé de raconter un souvenir de vacances.*

Chaque soir, Maman **raconte** une histoire à Jeanne.

radar nom masculin
Un radar, c'est un appareil qui permet de savoir où se trouve un objet que l'on ne peut pas voir ou de connaître sa vitesse.

radeau nom masculin
Un radeau, c'est un ensemble de morceaux de bois attachés les uns aux autres, qui sert de bateau. *Les rescapés du naufrage ont construit un radeau.*
➾ Au pluriel : des **radeaux.**

radiateur nom masculin
Un radiateur, c'est un appareil qui donne de la chaleur dans une pièce.

① **radio** nom féminin
Une radio, c'est un appareil dans lequel on peut entendre de la musique et des paroles qui sont envoyées de loin. *Lola a allumé la radio. Papa écoute les informations à la radio.*
■ On dit aussi un **poste de radio.**

② **radio** nom féminin
Une radio, c'est une photo de l'intérieur du corps qu'un médecin fait avec un appareil spécial. *On a fait une radio des poumons à Pierre.*
■ Radio, c'est le mot **radiographie** en plus court.

Le médecin examine la **radio** du crâne.

Une botte de **radis** roses et un **radis** noir.

radis nom masculin
Un radis, c'est la racine d'une plante. Les radis sont blancs à l'intérieur et sont recouverts d'une peau rose ou blanche. Il existe aussi de gros radis qui ont une peau noire. *Clara mange des radis avec du beurre et du sel.*

se **rafraîchir** verbe
Se rafraîchir, c'est devenir plus frais. *Le temps s'est rafraîchi.*
■ Le contraire de se rafraîchir, c'est **se réchauffer.**
Il y a un accent circonflexe sur le premier **i.**

rage nom féminin
1. La rage, c'est une maladie très grave des chiens et des renards. *Il est obligatoire de vacciner les chiens contre la rage.*
2. Une rage de dents, c'est un mal de dents très douloureux.
3. *Baptiste se met en rage quand on ne fait pas ce qu'il veut,* il se met dans une très grande colère quand on ne fait pas ce qu'il veut.

raide adjectif
1. *Coralie a les cheveux raides,* elle a les cheveux tout droits. ■ Le contraire de raide, c'est **bouclé, frisé.**
2. *Papi a une jambe raide,* il a une jambe qu'il ne peut pas plier.
3. *L'escalier qui va au grenier est raide,* il est difficile à monter parce qu'il est très incliné.

Coralie a les cheveux **raides** et elle se fait la **raie** au milieu.

① **raie** nom féminin
1. Une raie, c'est une ligne droite de couleur tracée sur quelque chose.
■ Tu peux dire aussi **rayure.**
2. Une raie, c'est une ligne qui sépare les cheveux.

② **raie** nom féminin
Une raie, c'est un poisson plat qui vit dans la mer. Sa queue est recouverte de piquants. *Youssef a mangé de la raie.*

Une **raie.**

A B C D E F G H I J K L M N O P Q R S T U V W X Y Z

rail nom masculin
Les rails, ce sont les barres d'acier parallèles sur lesquelles roulent les trains.
■ Les rails forment la **voie ferrée.**

raisin nom masculin
Le raisin, c'est le fruit de la vigne. Il est formé de grains ronds réunis en grappes. *Préfères-tu le raisin blanc ou le raisin noir ?*
■ Le raisin sert à faire le **vin.**

raison nom féminin
1. La raison, c'est le bon sens qui permet à une personne intelligente de réfléchir et de savoir ce qu'il faut faire. *On dit qu'à 7 ans on a l'âge de raison,* on dit qu'à 7 ans on est capable de savoir tout seul ce que l'on doit faire. ■ À 7 ans, on est **raisonnable !**
2. Avoir raison, c'est faire ou dire ce qu'il faut, c'est ne pas se tromper. *Il pleut, tu as eu raison de mettre des bottes, j'ai eu tort de mettre des sandales.* ■ Le contraire de raison, c'est **tort.**
3. Une raison, c'est ce qui explique pourquoi quelque chose se produit. *Sais-tu pour quelle raison Sonia est absente aujourd'hui ?* ■ Tu peux dire aussi **cause, motif.**

raisonnable adjectif
Une personne raisonnable, c'est une personne qui réfléchit toujours avant d'agir, qui évite de faire des choses dangereuses ou imprudentes et qui comprend que l'on ne peut pas toujours faire ce que l'on aimerait faire. *Martin a été très raisonnable, il est allé se coucher au lieu de regarder la télévision, car il devait se lever tôt le lendemain matin.* ■ Martin a agi avec **raison.**

rajouter verbe
Rajouter, c'est ajouter encore une fois. *Jean rajoute du sel dans sa soupe.*

ralentir verbe
Ralentir, c'est aller moins vite. *Les voitures ralentissent en arrivant au carrefour.*
■ Le contraire de ralentir, c'est **accélérer.**

râler verbe
Râler, c'est montrer qu'on est de mauvaise humeur, qu'on n'est pas content. *Arrête de râler ! Julie a râlé quand sa mère lui a dit de ranger sa chambre.*
■ Ce mot est familier.
■ Tu peux dire aussi **rouspéter.**
➾ Ce mot s'écrit avec un **â.**

Papi **râle** parce qu'il a marché dans une crotte de chien.

rallonger verbe
1. Rallonger, c'est rendre plus long. *Noémie a grandi, il faut rallonger ses jupes.*
2. Rallonger, c'est devenir plus long. *Au printemps, les jours rallongent.*
■ Le contraire de rallonger, c'est **raccourcir.**
➾ Ce mot s'écrit avec deux **l.**

ramadan nom masculin
Le ramadan, c'est le mois où les musulmans ne doivent ni manger, ni boire, ni fumer entre le lever et le coucher du soleil.

ramassage nom masculin
Le car de ramassage scolaire passe à 8 heures, le car qui prend les enfants pour les emmener à l'école passe à 8 heures.

ramasser verbe
1. Ramasser, c'est prendre ce qui est par terre. *Julien ramasse sa gomme qui est tombée sous sa chaise.*
2. Ramasser, c'est prendre et mettre ensemble. *La maîtresse a ramassé tous les cahiers.*

rame nom féminin
Une rame, c'est une longue barre de bois dont le bout est plat et qui sert à faire avancer une barque ou un petit bateau.
■ Cherche aussi **aviron, pagaie.**

ramener verbe
Ramener quelqu'un, c'est aller avec lui jusqu'à l'endroit où il était avant. *Le maître nous a emmenés au zoo et ensuite il nous a tous ramenés à l'école.*
■ Cherche aussi **raccompagner.**

ramer verbe
Ramer, c'est utiliser les rames d'un bateau pour le faire avancer. *Le moteur du bateau est tombé en panne, il a fallu ramer pour rentrer au port.*

se **ramollir** verbe
Se ramollir, c'est devenir mou. *Le beurre se ramollit si on ne le met pas dans le réfrigérateur.*
■ Le contraire de se ramollir, c'est **durcir.**
➾ Ce mot s'écrit avec deux **l.**

ramoner verbe
Ramoner une cheminée, c'est nettoyer l'intérieur de la cheminée, surtout le tuyau par lequel sort la fumée. *Il faut faire ramoner la cheminée tous les ans.*

rampe nom féminin
Une rampe, c'est une barre fixée tout le long d'un escalier. *Mamie se tient à la rampe pour descendre l'escalier.*

ramper verbe
Ramper, c'est avancer en se traînant sur le ventre. *Les serpents se déplacent en rampant.*

ranch nom masculin
Un ranch, c'est une grande ferme en Amérique.
➾ Au pluriel : des **ranchs** ou des **ranches** (pluriel anglais).
■ Ce mot vient de l'anglais.

Un **ranch.**

rançon nom féminin
Une rançon, c'est la somme d'argent exigée pour libérer une personne qui a été enlevée. *Les ravisseurs de la petite Océane demandent une rançon d'un million d'euros.*
■ Ce mot s'écrit avec un **ç.**

rancune nom féminin
La rancune, c'est le sentiment que l'on éprouve quand on ne pardonne pas à quelqu'un ce qu'il a fait et qu'on a toujours envie de se venger de lui. *Aurélien a de la rancune contre Charlotte parce qu'elle a raconté son secret à tout le monde.*
■ Aurélien est **rancunier.**

rancunier, rancunière adjectif
Une personne rancunière, c'est une personne qui n'oublie pas quand quelqu'un lui a fait du mal et qui continue à lui en vouloir. *Aurélien est rancunier, il n'a toujours pas pardonné à Charlotte.* ■ Aurélien garde **rancune** à Charlotte.

randonnée nom féminin
Une randonnée, c'est une grande promenade. *Les parents de Salomé sont partis faire une randonnée en montagne.*

rang nom masculin
Un rang, c'est une ligne formée par des personnes ou des choses qui sont les unes à côté des autres.

rangée nom féminin
Une rangée, c'est un ensemble de personnes ou de choses placées les unes à côté des autres sur la même ligne. *Une rangée d'arbres borde le chemin.*

rangement nom masculin
Émilie fait du rangement, elle range ses affaires, elle met de l'ordre.

ranger verbe
Ranger, c'est mettre les choses à l'endroit où elles doivent être. *Sarah range ses affaires avant de se coucher. Mattéo a rangé sa chambre,* il a mis de l'ordre dans sa chambre.
■ Mattéo a fait du **rangement.**

rapace nom masculin
Un rapace, c'est un oiseau qui a un bec recourbé et des griffes. Il attrape des animaux et les mange vivants ou morts. *Les aigles, les hiboux sont des rapaces.*
■ Tu peux dire aussi **oiseau de proie.**

Les **rapaces** qui mangent ce zèbre sont des vautours.

râpé, râpée adjectif
Laura mange des carottes râpées, elle mange des carottes coupées en morceaux allongés très fins.
➜ Ce mot s'écrit avec un **â.**

rapetisser verbe
Rapetisser, c'est faire devenir plus petit. *D'un coup de baguette magique, la fée a rapetissé le dragon.*

rapide adjectif
La voiture de Madame Jouanet est rapide, elle roule vite.
■ Le contraire de rapide, c'est **lent.**

rapidement adverbe
Rapidement, c'est en peu de temps, avec rapidité. *Les pompiers sont arrivés rapidement.*
■ Tu peux dire aussi **vite.**
■ Le contraire de rapidement, c'est **lentement.**

rapidité nom féminin
La rapidité, c'est la qualité d'une personne, d'un animal ou d'un appareil qui se déplace ou qui fait quelque chose en peu de temps. *Magali a rangé ses affaires avec rapidité.*
■ Cherche aussi **vitesse.**
■ Le contraire de rapidité, c'est **lenteur.**

rappeler verbe
1. Rappeler, c'est appeler une nouvelle fois au téléphone. *Je rappellerai Titouan plus tard.*
2. Se rappeler, c'est faire venir dans sa mémoire. *Axel se rappelle le jour où il a rencontré Lisa,* il ne l'a pas oublié, il s'en souvient. *Mathilde n'arrive pas à se rappeler son rêve.*
■ Tu peux dire aussi **se souvenir.**
■ Le contraire de se rappeler, c'est **oublier.**

rapport nom masculin
1. *Il n'y a aucun rapport entre ces deux histoires,* il n'y a rien de commun dans ces deux histoires, elles n'ont rien à voir l'une avec l'autre.
2. *Judith est grande par rapport à Félix,* si on compare Judith et Félix, Judith semble grande.

rapporter verbe
1. Rapporter, c'est apporter une chose pour la remettre où elle était ou pour la rendre. *Jade m'a rapporté le ballon que je lui avais prêté.*
2. Rapporter, c'est apporter une chose en revenant d'un endroit. *Mamie nous a rapporté des chocolats de Suisse.*
3. Rapporter, c'est raconter ce que l'on a entendu ou ce que l'on a vu, souvent pour dénoncer quelqu'un. *Ce n'est vraiment pas gentil de rapporter.*

rapprocher verbe
1. Rapprocher, c'est mettre plus près. *Célia rapproche sa chaise de la table.*
2. Se rapprocher, c'est se mettre plus près. *Étienne s'est rapproché de Lucie,* il s'est approché d'elle.
■ Le contraire de se rapprocher, c'est **s'éloigner.**

raquette nom féminin
1. Une raquette, c'est un instrument avec un manche qui sert à renvoyer la balle dans certains jeux comme le ping-pong et le tennis.
2. Une raquette, c'est une semelle très large que l'on attache sous sa chaussure pour marcher dans la neige sans s'y enfoncer.

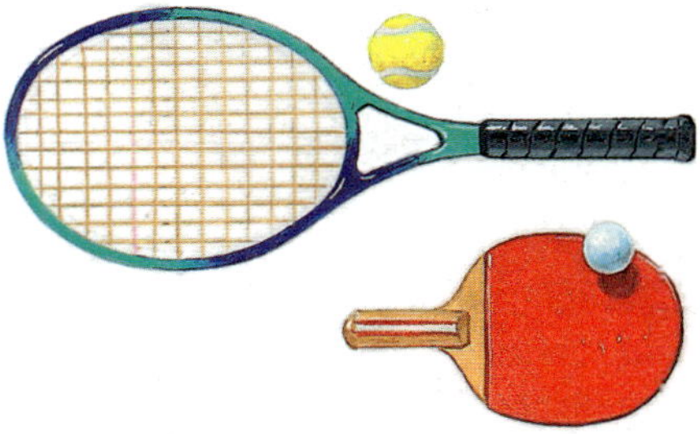

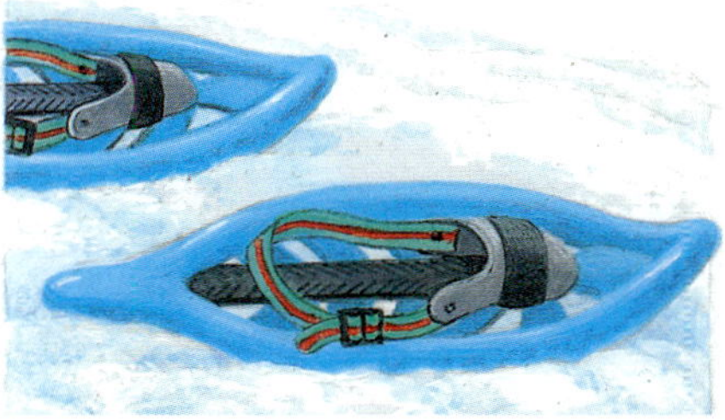

Une **raquette** de tennis, une **raquette** de ping-pong et des **raquettes.**

rare adjectif
Une chose rare, c'est une chose qui n'arrive pas souvent ou que l'on ne voit pas souvent. *Timoléon est un prénom rare.*
■ Le contraire de rare, c'est **courant, fréquent.**

a b c d e f g h i j k l m n o p q r s t u v w x y z

rarement adverbe
Rarement, c'est presque jamais. *Mes parents vont rarement au cinéma.*
■ Le contraire de rarement, c'est **fréquemment, souvent.**

raser verbe
1. Raser, c'est couper les poils ou les cheveux très court. *Papi a rasé sa moustache.*
2. *Papa se rase tous les matins,* il se coupe les poils qui poussent sur ses joues et son menton.
3. Raser, c'est passer tout près. *L'hélicoptère a rasé le clocher de l'église.*

rasoir nom masculin
Un rasoir, c'est un instrument qui sert à raser.

rassembler verbe
1. Rassembler c'est mettre ensemble au même endroit. *Élodie a rassemblé toutes ses affaires et les a mises dans son cartable.* ■ Tu peux dire aussi **réunir.** ■ Le contraire de rassembler, c'est **disperser, éparpiller.**
2. *Tous les élèves se sont rassemblés sous le préau,* ils sont tous allés sous le préau pour se retrouver ensemble.

rassurer verbe
1. Rassurer, c'est enlever l'inquiétude ou la peur. *Le médecin a rassuré Maman en lui disant que la maladie de Papi n'était pas grave.*
2. Se rassurer, c'est arrêter de se faire du souci. *Rassure-toi, tout va bien,* ne t'inquiète pas.

rat nom masculin
Un rat, c'est un animal au museau pointu, qui a une longue queue. Il ressemble à une grosse souris. *Manon a vu un gros rat dans la cave.*
■ Le rat est un **rongeur.**

râteau nom masculin
Un râteau, c'est un outil qui est fait d'un manche au bout duquel sont fixées des pointes en métal. *Le jardinier enlève les feuilles qui sont sur la pelouse avec un râteau.*
➾ Au pluriel : des **râteaux.**
➾ Ce mot s'écrit avec un **â.**
■ Les pointes du râteau s'appellent des **dents.**

rater verbe
1. *Laura a raté son train,* elle n'a pas pu monter dans le train parce qu'elle est arrivée trop tard. ■ Tu peux dire aussi **manquer.**
2. Rater, c'est ne pas réussir. *Ma grande sœur a raté son examen,* elle n'a pas été reçue à son examen.
■ Cherche aussi **louper.**

Alexis a **raté** son bus, il ne va pas pouvoir le **rattraper** !

rattraper verbe
1. Rattraper quelqu'un, c'est réussir à aller près de lui alors qu'il était parti avant. *Raphaël rattrapera Mattéo s'il prend son vélo,* il rejoindra Mattéo.
2. Rattraper quelque chose, c'est réussir à attraper quelque chose qui allait tomber. *Omar a rattrapé le ballon.*

3. *Paul a failli tomber mais il s'est rattrapé à une branche,* il s'est accroché avec ses mains à une branche et cela l'a empêché de tomber. ■ Tu peux dire aussi **se retenir.**

rature nom féminin
Une rature, c'est un trait que l'on fait sur une lettre ou sur un mot pour le barrer parce que l'on veut le supprimer. *Le devoir de Lou est couvert de ratures.*

ravalement nom masculin
Un ravalement, c'est le nettoyage des murs d'un bâtiment. *Les ouvriers ont installé un échafaudage pour faire le ravalement de l'immeuble.*

ravi, ravie adjectif
Anne est ravie de tous ses cadeaux, elle est très contente de tous ses cadeaux.
■ Tu peux dire aussi **enchanté.**

ravin nom masculin
Un ravin, c'est une petite vallée étroite avec des parois à pic. *Un camion est tombé au fond du ravin.*
■ Tu peux dire aussi **précipice.**

ravissant, ravissante adjectif
Chloé est ravissante, elle est très jolie.

ravisseur nom masculin,
ravisseuse nom féminin
Un ravisseur, une ravisseuse, c'est une personne qui enlève quelqu'un pour toucher de l'argent en le libérant. *La petite Océane a été rendue à ses parents par ses ravisseurs contre une forte rançon.*
■ Les ravisseurs ont **kidnappé** Océane.

rayé, rayée adjectif
Enzo a mis une chemise rayée, il a mis une chemise à rayures.
■ Le contraire de rayé, c'est **uni.**

rayon nom masculin
1. Un rayon, c'est une tige de métal qui va du milieu d'une roue de bicyclette jusqu'au bord.
2. Un rayon, c'est une longue bande de lumière.
3. Un rayon, c'est une partie d'un magasin où l'on vend des objets de la même sorte.

L'étiquette s'est prise dans les **rayons.** Un **rayon** de soleil entre dans le magasin. Maman s'est arrêtée au **rayon** des chaussures.

rayure nom féminin

1. Une rayure, c'est une bande de couleur. *Gabriel a un pull à rayures bleues et blanches.* ■ Tu peux dire aussi **raie.**

2. Une rayure, c'est une ligne tracée en creux par quelque chose de pointu. *Il y a une rayure sur la portière de la voiture.*

raz-de-marée nom masculin invariable

Un raz-de-marée, c'est une très grosse vague qui inonde les terres. *Un raz-de-marée arrive à la suite d'un tremblement de terre ou de l'éruption d'un volcan.*

➜ Au pluriel : des **raz-de-marée.**

➜ Tu peux écrire aussi **raz de marée.**

réaction nom féminin

Une réaction, c'est l'attitude qu'a une personne quand il se passe quelque chose, c'est la façon de réagir. *La première réaction de Thomas quand on le gronde, c'est de pleurer.*

réagir verbe

Réagir, c'est avoir une certaine attitude quand il se passe quelque chose. *Quand il y a un incendie, il faut réagir vite et appeler les pompiers.*

■ Cherche aussi **réaction.**

réaliser verbe

Réaliser, c'est faire exister vraiment. *Le père de Samuel a réalisé son rêve : il s'est acheté un bateau.*

réalité nom féminin

La réalité, c'est ce qui existe vraiment. *Tu ne crois pas ce que je te dis, et pourtant, c'est la réalité.*

■ Cherche aussi **réel.**

rebondir verbe

Le ballon a rebondi sur le sol, il est remonté en l'air après avoir touché le sol. ■ Le ballon a fait un **bond.**

rébus nom masculin

Un rébus, c'est une devinette faite d'une suite de dessins qui représentent chacun un mot ou un morceau de mot.

➜ On prononce le **s** qui est à la fin.

Quel prénom est caché dans ce **rébus** ?

Natacha

récemment adverbe

Récemment, c'est il y a peu de temps. *Les parents de Quentin ont déménagé récemment.*

récent, récente adjectif

Cet aéroport est récent, il existe depuis peu de temps. ■ L'aéroport a été construit **récemment.**

■ Le contraire de récent, c'est **ancien.**

recette nom féminin

1. La recette, c'est tout l'argent que l'on a reçu. *Le soir, la caissière du magasin compte la recette.*

2. Une recette, c'est l'ensemble des explications qui sont données pour préparer un plat. *La mère de Loane a demandé à Maman sa recette de poulet aux champignons.*

recevoir verbe

1. *Paul a reçu une lettre,* une lettre lui a été envoyée et elle est arrivée chez lui.

2. *Sophie reçoit des amis pour son anniversaire,* elle accueille les amis qu'elle a invités et qui sont venus chez elle.

3. *Le grand frère de Lorenzo a été reçu à son examen,* il a réussi son examen.

de **rechange** adjectif

Maman emporte toujours des vêtements de rechange pour le bébé, elle emporte toujours tout ce qu'il faut pour mettre d'autres vêtements au bébé.

réchauffer verbe

1. Réchauffer, c'est remettre à chauffer quelque chose qui a refroidi. *Papa a fait réchauffer les légumes.*

2. *David a couru pour se réchauffer,* il a couru pour avoir chaud après avoir eu froid.

3. Se réchauffer, c'est devenir plus chaud. *Le temps s'est réchauffé depuis hier.* ■ Le contraire de se réchauffer, c'est se **rafraîchir.**

Papi se **réchauffe** près de la cheminée.

recherche nom féminin

1. Une recherche, c'est le mal que l'on se donne pour retrouver quelqu'un ou quelque chose. *Les sauveteurs font des recherches pour retrouver des rescapés du naufrage.*

2. La recherche médicale, c'est l'ensemble des travaux scientifiques qui aident à comprendre les maladies et à les soigner.

rechercher verbe

Rechercher, c'est chercher en se donnant du mal, en faisant beaucoup d'efforts. *La police recherche le prisonnier qui s'est évadé.*

Le seau, les cuvettes, le vase, le bidon, la bouteille, le verre, le bol, les casseroles sont des **récipients**.

récipient nom masculin

Un récipient, c'est un objet creux qui sert à contenir quelque chose.

récit nom masculin

Un récit, c'est une histoire que l'on raconte. *Amandine nous a fait le récit de sa première journée d'école.*

récitation nom féminin

Une récitation, c'est un texte, un poème que l'on apprend par cœur pour pouvoir le réciter. *Jennifer apprend sa récitation.*

réciter verbe
Réciter, c'est dire à haute voix une récitation ou une leçon que l'on a apprise par cœur. *Maman me fait réciter mes leçons pour voir si je les sais bien.*

réclamer verbe
Réclamer, c'est demander en insistant. *Le maître réclame le silence.*

récolte nom féminin
Les agriculteurs sont en train de faire la récolte des olives, ils sont en train de cueillir les olives.
■ Cherche aussi **moisson** et **vendange.**

récolter verbe
Récolter, c'est cueillir et ramasser les fruits, les légumes et les céréales. *Cette année, on a récolté beaucoup de maïs.*
■ Cherche aussi **moissonner.**

recommander verbe
Recommander, c'est conseiller en insistant. *Mamie recommande toujours à Papa d'être prudent sur la route.*

recommencer verbe
Recommencer, c'est faire une deuxième fois, depuis le début. *Vincent doit recommencer son dessin parce qu'il a renversé son verre d'eau dessus.*
■ Tu peux dire aussi **refaire.**

récompense nom féminin
Une récompense, c'est un cadeau que l'on donne à quelqu'un parce qu'il a fait quelque chose de bien. *Madame Comte a promis une récompense de 100 euros à la personne qui retrouvera son chat.*
■ Le contraire de récompense, c'est **punition.**

récompenser verbe
Récompenser quelqu'un, c'est lui donner une récompense pour lui montrer que l'on est content de lui. *Mes parents m'ont offert un jeu vidéo pour me récompenser d'avoir bien travaillé.*
■ Le contraire de récompenser, c'est **punir.**

se **réconcilier** verbe
Se réconcilier, c'est ne plus être fâchés, redevenir amis. *Martin et Lucas se sont réconciliés.*

reconnaître verbe
1. Reconnaître quelqu'un ou quelque chose, c'est savoir qui c'est ou ce que c'est parce qu'on l'a déjà vu et que l'on s'en souvient. *Gabriel a beaucoup grandi, Mamie ne l'a pas reconnu tout de suite.*
2. *Je reconnais que je me suis trompé,* je me rends compte que je me suis trompé et j'accepte de le dire.

recopier verbe
Recopier, c'est écrire ce qui a déjà été écrit. *Joséphine recopie sa récitation dans son cahier de poésies.*

record nom masculin
Un record, c'est le meilleur résultat qui est obtenu pour la première fois. *Cet athlète a battu le record du monde du saut à la perche.*

recoudre verbe
Recoudre, c'est coudre ce qui est décousu ou déchiré. *Mamie a recousu le bouton de mon manteau.*

recourbé, recourbée adjectif
L'aigle a un bec recourbé, il a un bec qui fait une courbe, qui n'est pas droit.

recouvrir verbe
Recouvrir, c'est couvrir complètement. *La neige recouvre le sol.*

récréation nom féminin
La récréation, c'est le moment où les élèves ne travaillent plus entre les heures de classe et où ils peuvent jouer. *Claire et Salomé jouent à l'élastique pendant la récréation.*

rectangle nom masculin
Un rectangle, c'est une figure qui a quatre côtés égaux deux par deux et ses quatre angles droits. *Dessinez un rectangle de 4 centimètres de long et 3 centimètres de large. Ma chambre a la forme d'un rectangle.*

rectangulaire adjectif
Un objet rectangulaire, c'est un objet qui a la forme d'un rectangle. *Un lit est rectangulaire.*

reçu → va voir **recevoir.**

recueillir verbe
Théophile a recueilli un petit oiseau tombé du nid, il a pris le petit oiseau chez lui pour s'en occuper.
Il y a un **u** entre le **c** et le **e.**

L'aigle a un bec **recourbé.**

reculer verbe
Reculer, c'est aller en arrière. *Faites attention, le camion va reculer, ne restez pas derrière !*
- Le contraire de reculer, c'est **avancer.**

à reculons adverbe
À reculons, c'est en reculant, en allant en arrière. *Noah s'amuse à marcher à reculons.*

récupérer verbe
1. Récupérer, c'est retrouver et reprendre une chose que l'on avait prêtée ou perdue. *Charlotte a récupéré le pull qu'elle avait prêté à Cléa.*
2. Récupérer, c'est garder des choses qui semblent bonnes à jeter mais qui peuvent encore servir à quelque chose. *La maîtresse récupère de vieux magazines pour que nous fassions des découpages.*

recycler verbe
Recycler une chose, c'est utiliser cette chose pour en faire autre chose. *On recycle les bouteilles en plastique pour faire d'autres bouteilles ou d'autres objets comme des tentes et des sacs à dos.*

rédaction nom féminin
Une rédaction, c'est un texte qu'un élève doit imaginer et écrire. *Le professeur nous a donné un sujet de rédaction : « Racontez votre meilleur souvenir de vacances. »*

redire verbe
Redire, c'est dire une fois de plus. *Écoutez bien ce que j'ai à vous dire, je ne le redirai pas cent fois.*
- Tu peux dire aussi **répéter.**

redoubler verbe
Redoubler une classe, c'est rester dans la même classe un an de plus. *Mon grand frère doit redoubler sa classe parce qu'il n'a pas assez travaillé.*

redresser verbe
Redresser, c'est remettre droit. *Des ouvriers redressent les poteaux électriques que la tempête a fait tomber.*

Adrien porte un appareil qui **redresse** les dents.

réduction nom féminin
Le marchand de jouets m'a fait une réduction de 3 euros sur le prix de la petite voiture, il m'a fait payer la petite voiture 3 euros de moins que ce qu'elle coûte, il a baissé le prix de 3 euros.
■ Le contraire de réduction, c'est **augmentation.**

réduire verbe
Réduire, c'est faire devenir plus petit, moins important. *Monsieur Leroy va réduire ses dépenses,* il va dépenser moins d'argent.

réduit, réduite adjectif
Un tarif réduit, c'est un tarif moins élevé que le tarif normal. *La maîtresse a eu des billets à prix réduit pour l'entrée du zoo,* elle a eu des billets moins chers, on lui a fait une réduction.

réel, réelle adjectif
Une chose réelle, c'est une chose qui existe vraiment. *Les journaux racontent des événements réels,* ils racontent des événements qui ont vraiment eu lieu.
■ Cherche aussi **réalité.**

refaire verbe
Refaire, c'est faire à nouveau ce que l'on a déjà fait. *Nathan a refait son addition,* il l'a recommencée.

réfectoire nom masculin
Un réfectoire, c'est une grande salle à manger où des personnes qui travaillent ensemble prennent leur repas. *Le réfectoire de l'école est au fond de la cour.*
■ Cherche aussi **cantine.**

réfléchir verbe
Réfléchir, c'est penser en ne se laissant pas distraire avant de parler, avant de prendre une décision ou avant de faire quelque chose. *Louise réfléchit avant de répondre.* ■ Louise prend un temps de **réflexion.**

reflet nom masculin
Un reflet, c'est une image plus ou moins floue que l'on voit sur une surface brillante.

réflexe nom masculin
Un réflexe, c'est un mouvement rapide que l'on fait sans y penser. *L'automobiliste a eu le réflexe de freiner pour éviter le chien.*

réflexion nom féminin
1. *Laisse-moi un temps de réflexion avant de répondre,* laisse-moi le temps de réfléchir.
2. Une réflexion, c'est une remarque désagréable que l'on fait à quelqu'un. *Clara m'a fait des réflexions sur ma nouvelle coiffure.*

refrain nom masculin
Le refrain, c'est la partie d'une chanson dont les paroles ne changent pas, que l'on chante entre chaque couplet. *Nous allons chanter le refrain tous en chœur.*

réfrigérateur nom masculin
Un réfrigérateur, c'est un appareil qui ressemble à une armoire, dans lequel on garde les aliments au froid. *Alexandre range le beurre dans le réfrigérateur.*
- Tu peux dire aussi **frigidaire.**
- Cherche aussi **congélateur.**

On voit le **reflet** de l'église dans l'eau du lac.

refroidir verbe
Refroidir, c'est devenir froid ou moins chaud. *La sauce a refroidi, il faudrait la faire réchauffer.*

réfugié nom masculin,
réfugiée nom féminin
Un réfugié, une réfugiée, c'est une personne qui a quitté son pays parce qu'elle y était en danger.

se **réfugier** verbe
Se réfugier, c'est se mettre à l'abri dans un endroit où l'on ne se sent plus en danger. *Quand elle a entendu le tonnerre, Charlotte a couru se réfugier dans les bras de sa mère.*

refus nom masculin
Astrid n'a pas voulu venir jouer avec nous, mais elle ne m'a pas dit la raison de son refus, elle ne m'a pas dit pourquoi elle refusait de venir jouer avec nous.

refuser verbe
Refuser, c'est dire non à quelqu'un qui demande quelque chose. *Alice a refusé de me prêter sa gomme.*
- Le contraire de refuser, c'est **accepter.**

régal nom masculin
Un régal, c'est quelque chose qui est très bon à manger. *Les fraises, quel régal !* ■ On se **régale** quand on mange des fraises !
- Tu peux dire aussi **délice.**

➾ Au pluriel : des **régals.**

Antoine va se **régaler** alors que sa tante fait un **régime** pour maigrir !

se régaler verbe

Se régaler, c'est avoir beaucoup de plaisir à manger quelque chose de très bon.

regard nom masculin

Un regard, c'est la façon de regarder, l'expression que prennent les yeux. *Rémi a souvent un regard triste.*

regarder verbe

1. Regarder, c'est faire aller ses yeux vers ce que l'on veut voir. *Nina regarde des photos.*
2. *Cette histoire ne te regarde pas,* tu n'as pas à t'intéresser à cette histoire, ne t'en occupe pas.
3. Se regarder, c'est observer son image. *Arthur se regarde dans la glace.*

régime nom masculin

Un régime, c'est une manière de se nourrir en mangeant moins ou en mangeant seulement certains aliments. *Papi doit faire un régime sans sel.*

région nom féminin

Une région, c'est une partie d'un pays. *L'Alsace est une très belle région française.*

■ Cherche aussi **province.**

régional, régionale adjectif

Mes parents regardent les actualités régionales à la télévision, ils regardent les actualités qui concernent notre région.

➾ Au masculin pluriel : **régionaux.**

➾ Au féminin pluriel : **régionales.**

règle nom féminin

1. Une règle, c'est une barre de bois, de plastique ou de métal qui sert à tirer des traits droits et à mesurer. *Karim souligne la phrase avec sa règle.*
2. Une règle, c'est ce que l'on doit faire. *Édouard explique à ses camarades la règle du jeu,* il explique comment on joue et ce que l'on a le droit de faire.

règlement nom masculin

Un règlement, c'est une liste des choses que l'on doit faire et que l'on ne doit pas faire. *On n'a pas le droit de mâcher du chewing-gum en classe, c'est dans le règlement de l'école.*

régler verbe
Régler, c'est faire marcher un appareil le mieux possible. *L'image est floue, il faut régler la télévision.*

règne nom masculin
Un règne, c'est le temps pendant lequel un roi, une reine, un empereur ou une impératrice gouverne son pays. *Le règne de Louis XIV a été très long.*

régner verbe
1. Régner, c'est gouverner, quand on est roi, reine, empereur ou impératrice. *Quel roi a régné après Louis XIII ?*
2. *Il régnait un grand silence dans la forêt,* il y avait un grand silence dans la forêt.

regonfler verbe
Regonfler, c'est gonfler une chose qui s'est dégonflée. *Gaspard regonfle les pneus de sa bicyclette.*

regret nom masculin
1. Le regret, c'est la tristesse de ne plus avoir ce que l'on aimerait avoir encore. *Depuis qu'elle a changé d'école, Thelma pense à ses anciennes amies de classe avec regret.*
2. Le regret, c'est le chagrin que l'on a parce qu'on n'a pas fait ce qu'on aurait dû ou pu faire ou parce qu'on a fait quelque chose de mal. *L'assassin a exprimé ses regrets devant les parents de la victime.*

regretter verbe
Regretter, c'est être triste parce que l'on pense à quelque chose que l'on n'a plus ou parce que l'on se rend compte que l'on n'a pas fait ce qu'il aurait fallu faire. *Simon regrette son cartable de l'année dernière. Anaïs regrettera sûrement de ne pas être allée à l'anniversaire de Julien.*

régulier, régulière adjectif
Les arbres de l'allée sont plantés à intervalles réguliers, ils sont tous plantés à la même distance les uns des autres.
■ Le contraire de régulier, c'est **irrégulier.**

régulièrement adverbe
Mathis va régulièrement chez son oncle à la campagne, il va souvent chez son oncle à la campagne et il y a à peu près le même espace de temps entre chacune de ses visites.

rein nom masculin
1. Les reins, ce sont les deux organes qui se trouvent dans le bas du dos et qui servent à faire partir les déchets qui sont dans le sang. *Les reins fabriquent l'urine.*
2. *Papi a mal aux reins,* il a mal au bas du dos.

reine nom féminin
Une reine, c'est la femme d'un roi ou une femme qui gouverne un royaume. *La reine Marie-Antoinette était la femme de Louis XVI.*
■ Ne confonds pas reine, **rêne** et **renne.**

Connais-tu le nom de la **reine** d'Angleterre ?
Élisabeth II

A B C D E F G H I J K L M N O P Q R S T U V W X Y Z

rejeter verbe
Le pêcheur a rejeté dans la rivière le poisson qu'il avait pêché, il a remis dans l'eau le poisson qu'il avait pêché.
■ Tu peux dire aussi **relâcher.**

rejoindre verbe
Rejoindre quelqu'un, c'est le retrouver là où il est allé. *Blanche a rejoint Isaure devant la boulangerie.*

relâcher verbe
Relâcher quelqu'un ou un animal, c'est le laisser partir, le remettre en liberté. *Les ravisseurs ont relâché l'enfant qu'ils avaient enlevé.*
■ Le contraire de relâcher, c'est **emprisonner.**

relever verbe
1. Se relever, c'est se mettre debout quand on est tombé. *Hugo m'a aidé à me relever.*
2. Relever, c'est mettre plus haut. *Amira relève les manches de son pull.*
3. Relever, c'est faire une liste. *Le professeur nous a demandé de relever tous les adjectifs du texte écrit au tableau.*

relief nom masculin
Le relief, c'est l'ensemble des creux et des bosses de la surface de la Terre. *Sur une carte de géographie, les différentes couleurs indiquent le relief.*

relier verbe
1. Relier un livre, c'est faire tenir ensemble toutes les feuilles du livre et mettre une couverture autour.
2. *Un car relie les deux villages,* un car fait le trajet d'un village à l'autre.

religieux, religieuse adjectif
Un bâtiment religieux, c'est un bâtiment dans lequel on va prier. *Une église, un temple, une mosquée, une synagogue, une pagode sont des bâtiments religieux. Noël est une fête religieuse chrétienne,* c'est un jour que l'on fête quand on est de religion chrétienne.

religion nom féminin
Avoir une religion, c'est croire en Dieu, prier et suivre certaines règles. *Karim est de religion musulmane, Esther est de religion juive.*

relire verbe
Relire, c'est lire une deuxième fois. *Apolline relit sa leçon avant de se coucher.*

remarquable adjectif
Margaux joue du piano d'une façon remarquable, elle joue très bien du piano, d'une façon que l'on remarque.

remarque nom féminin
Une remarque, c'est quelque chose que l'on dit ou que l'on écrit pour montrer qu'il faut faire attention. *Le maître écrit ses remarques dans la marge.*
■ Tu peux dire aussi **observation.**

On voit bien le **relief** de la région sur cette carte.

remarquer verbe

Remarquer, c'est faire attention à quelque chose ou à quelqu'un. *Manon a tout de suite remarqué la nouvelle robe de la maîtresse. Nicolas aime bien se faire remarquer,* il aime bien que tout le monde fasse attention à lui.

remboursement nom masculin

Si vous n'utilisez pas votre billet de train, vous pouvez obtenir son remboursement, vous pouvez vous le faire rembourser, vous pouvez obtenir qu'on vous rende l'argent que vous a coûté votre billet de train.

rembourser verbe

Rembourser, c'est rendre l'argent que quelqu'un a prêté. *Enzo ne m'a pas encore remboursé les 2 euros que je lui ai prêtés la semaine dernière.*

remède nom masculin

Un remède, c'est un produit que l'on utilise pour se soigner ou pour arrêter d'avoir mal. *Ce sirop est un remède contre la toux.*

■ Tu peux dire aussi **médicament.**

remerciement nom masculin

Maman a écrit une lettre de remerciement aux parents de Camille qui m'ont invité en vacances, Maman a écrit une lettre pour remercier les parents de Camille de m'avoir invité en vacances.

N'oublie pas le **e** après le **i.**

remercier verbe

Remercier, c'est dire merci. *Loïc a remercié Marie d'être venue.*

remettre verbe

1. Remettre, c'est mettre un objet à la place où il était. *Arthur remet sa trousse dans son cartable.*

2. Remettre, c'est mettre une nouvelle fois. *Aurélie a remis le même pull qu'hier.*

3. Remettre, c'est donner. *La maîtresse nous a donné un mot à remettre à nos parents.*

4. Se remettre, c'est aller mieux quand on a été malade. *Papi se remet de son opération.* ■ Cherche aussi **se rétablir.**

5. *Julie s'est remise à sucer son pouce,* elle a recommencé à sucer son pouce alors qu'elle avait arrêté de le faire.

remonte-pente nom masculin

Un remonte-pente, c'est un système composé d'un câble et de perches qui sert à monter les skieurs en haut des pistes.

Au pluriel : des **remonte-pentes.**

■ Tu peux dire aussi **téléski.**

■ Cherche aussi **téléférique** et **télésiège.**

Lilou a pris le **remonte-pente.**

a b c d e f g h i j k l m n o p q r s t u v w x y z

remonter verbe

1. Remonter, c'est monter de nouveau après être descendu. *Le vent se calme, la température va remonter.*

2. *Maman remonte les vitres de la voiture,* elle les fait aller vers le haut. ■ Le contraire de remonter, c'est **baisser.**

3. Remonter, c'est remettre comme il faut les pièces d'un objet que l'on a démonté. *Le garagiste remonte le moteur de la moto.*

remorque nom féminin

Une remorque, c'est un véhicule sans moteur qui est tiré par un autre. *Les bagages et le matériel de camping sont dans une remorque tirée par la voiture.*

remorquer verbe

Remorquer, c'est tirer un véhicule derrière soi.

La dépanneuse **remorque** la voiture.

rempart nom masculin

Un rempart, c'est un grand mur qui entoure un château fort ou une ville. *Les remparts de Carcassonne sont très beaux.*

remplaçant nom masculin, **remplaçante** nom féminin

Un remplaçant, une remplaçante, c'est une personne qui en remplace une autre dans son travail. *Le docteur Poulain est absent, c'est sa remplaçante qui m'a soigné.*

remplacer verbe

1. Remplacer une chose, c'est mettre une autre chose identique à la place. *Maman a remplacé l'ampoule de ma lampe.*

2. Remplacer une personne, c'est faire son travail à sa place quand elle est absente. *Quand la maîtresse n'est pas là, c'est le directeur qui la remplace.*

remplir verbe

1. Remplir, c'est rendre plein. *Madeleine remplit son verre d'eau fraîche.* ■ Le contraire de remplir, c'est **vider.**

2. Remplir un questionnaire, c'est répondre par écrit aux questions qui sont posées.

remporter verbe

1. Remporter, c'est emporter ce que l'on avait apporté. *Mathéo a remporté les jeux vidéo qu'il avait prêtés à son cousin.*

2. *Notre équipe a remporté la victoire,* elle a gagné.

remuer verbe

Remuer, c'est faire des mouvements, ne pas rester tranquille. *Si tu remues, la photo sera floue.*
■ Tu peux dire aussi **bouger.**

renard nom masculin, **renarde** nom féminin

Un renard, une renarde, c'est un animal sauvage de la taille d'un chien, au museau pointu, qui a une longue queue. Il a une fourrure très douce. *Un renard est entré dans le poulailler et a dévoré une poule.*

■ Le renard est un **mammifère.**

Un **renard.**

rencontre nom féminin

Justine est partie à la rencontre de Thomas, elle est partie en prenant le chemin que va prendre Thomas en sens inverse pour se trouver face à lui.

rencontrer verbe

1. Rencontrer quelqu'un, c'est se trouver face à lui par hasard. *Benjamin a rencontré Amélie devant le cinéma.*
2. Se rencontrer, c'est se voir et se parler pour la première fois. *Mes parents se sont rencontrés à l'usine où ils travaillaient,* ils ont fait connaissance à l'usine.

rendez-vous nom masculin

David et Arnaud se sont donné rendez-vous à la piscine à 11 heures, ils se sont dit d'être à la piscine à 11 heures pour s'y trouver ensemble.

➜ Au pluriel : des **rendez-vous.**

se **rendormir** verbe

Se rendormir, c'est recommencer à dormir après s'être réveillé. *Magali s'est réveillée parce qu'elle a fait un cauchemar et elle n'a pas réussi à se rendormir.*

rendre verbe

1. Rendre, c'est rapporter à quelqu'un quelque chose qu'il avait prêté. *Kilian me rendra mes baskets demain.*
2. Rendre, c'est faire devenir. *J'ai mangé trop de bonbons, cela m'a rendu malade.*
3. Se rendre dans un endroit, c'est y aller. *Maman se rend à son bureau en voiture.*
4. Se rendre, c'est reconnaître que l'on est vaincu, arrêter de se battre et poser ses armes. *L'ennemi s'est rendu après une dure bataille.*

Papa a **rencontré** un ami dans la rue.

rêne nom féminin

Les rênes, ce sont les bandes de cuir avec lesquelles on fait aller son cheval dans la direction que l'on veut. *Le cavalier tire sur les rênes pour arrêter son cheval.*

➜ Il y a un accent circonflexe sur le premier **e.**

■ Ne confonds pas rêne, **reine** et **renne.**

A B C D E F G H I J K L M N O P Q R S T U V W X Y Z

renifler verbe
Renifler, c'est faire entrer de l'air par le nez en faisant du bruit.

Arrête de **renifler**, mouche-toi !

renne nom masculin
Un renne, c'est un animal des pays froids qui ressemble à un gros cerf. Les bois qu'il a sur la tête sont aplatis. *Le traîneau du père Noël est tiré par des rennes.*
■ Ne confonds pas renne, **reine** et **rêne.**

renoncer verbe
Renoncer à faire quelque chose, c'est décider de ne pas le faire ou de ne pas continuer à le faire. *Alban a renoncé à réparer son vélo tout seul car c'était trop difficile.*

renseignement nom masculin
Un renseignement, c'est quelque chose que l'on fait savoir à quelqu'un qui le demande. *La vendeuse donne un renseignement au client.*
■ Tu peux dire aussi **information.**

renseigner verbe
1. Renseigner, c'est dire à quelqu'un la chose qu'il cherche à savoir, c'est donner un renseignement. *Pourriez-vous me renseigner ? Je cherche le rayon des jouets.*
2. Se renseigner, c'est chercher à savoir quelque chose, c'est demander un renseignement. *Mes parents se sont renseignés sur les horaires des trains.*

rentrée nom féminin
La rentrée des classes, c'est le jour où l'on revient à l'école après les vacances d'été. *Cette année, la rentrée est un mardi.*

rentrer verbe
1. Rentrer, c'est revenir dans sa maison. *Adrien n'est pas encore rentré.*
2. Rentrer, c'est mettre à l'intérieur. *Amina rentre les chaises de jardin.*
■ Le contraire de rentrer, c'est **sortir.**

renverser verbe
Renverser, c'est faire tomber.

renvoyer verbe
1. Renvoyer un objet, c'est lancer un objet à celui qui l'a envoyé. *Anne reçoit le ballon et le renvoie à Clément.*
2. Renvoyer une personne, c'est la faire partir de son travail et ne pas vouloir qu'elle revienne. *Le patron de l'usine a renvoyé plusieurs ouvriers.* ■ Tu peux dire aussi **licencier.** ■ Le contraire de renvoyer, c'est **engager.**

repaire nom masculin
Un repaire, c'est un endroit caché où des gens dangereux se mettent à l'abri. *La maison isolée dans la forêt servait de repaire aux terroristes.*
■ Ne confonds pas repaire et **repère.**

répandre verbe
1. *Le jardinier répand du gravier dans les allées du parc,* il laisse tomber du gravier et il l'étale dans les allées du parc.
2. *L'essence s'est répandue par terre,* elle a coulé partout par terre.

L'encre s'est **répandue** sur le dessin.

réparation nom féminin
Une réparation, c'est un travail que l'on fait pour réparer quelque chose. *L'ascenseur ne marche plus, il a besoin d'une réparation.*

réparer verbe
Réparer, c'est faire ce qu'il faut pour mettre en bon état un objet cassé ou abîmé. *La machine à laver fuit, il faut la réparer.*

repartir verbe
Repartir, c'est partir après s'être arrêté. *Nous nous sommes arrêtés dans un village pour déjeuner et nous sommes repartis une heure après.*

répartir verbe
Répartir, c'est partager quelque chose et en donner une part à chacun. *Maman a réparti les chocolats entre Léa, Paul et Chloé.*

repas nom masculin
Un repas, c'est la nourriture que l'on mange à certains moments de la journée. *Hier soir, Papa avait préparé un très bon repas.*
■ Les repas sont le **petit-déjeuner,** le **déjeuner,** le **goûter** et le **dîner.**

repassage nom masculin
Maman fait du repassage, elle repasse le linge.

repasser verbe
1. Repasser, c'est venir une nouvelle fois. *Manon n'était pas chez elle quand j'y suis allé, je repasserai plus tard.* ■ Tu peux dire aussi **revenir.**
2. Repasser le linge, c'est passer sur le linge un fer chaud pour enlever les plis et le rendre lisse. *Papa repasse son pantalon.*

repère nom masculin
Un point de repère, c'est un endroit dont on se souvient facilement et qui sert à savoir où l'on est. *Les phares servent de point de repère pour les marins.*
■ Ne confonds pas repère et **repaire.**

repérer verbe
1. Repérer, c'est découvrir où se trouve quelqu'un ou quelque chose. *Emma a repéré l'endroit où l'hirondelle a fait son nid.*
2. Se repérer, c'est savoir exactement où l'on est. *Je ne connais pas bien ce quartier, je n'arrive pas à me repérer.*
■ Cherche aussi s'**orienter.**

répertoire nom masculin
Un répertoire, c'est un carnet ou un cahier dans lequel on classe ce qu'on a écrit par ordre alphabétique. *Jules met le nom de ses amis, leur adresse et leur numéro de téléphone dans son répertoire.*

répéter verbe

1. Répéter, c'est dire quelque chose que l'on a déjà dit. *Écoute bien ce que j'ai à te dire, je ne le répéterai pas,* je ne le redirai pas.

2. Répéter, c'est dire à quelqu'un ce qu'un autre a dit. *C'est un secret, ne le répète à personne.*

3. *Les comédiens répètent plusieurs mois,* ils jouent la pièce de théâtre plusieurs mois, sans spectateurs, pour s'exercer.

répétition nom féminin

1. Une répétition, c'est un mot que l'on dit ou que l'on écrit plusieurs fois. *Il faut éviter les répétitions dans une rédaction.*

2. Une répétition, c'est une séance de travail pendant laquelle des comédiens, des chanteurs ou des musiciens s'exercent avant de donner une représentation devant des spectateurs.

Les comédiens sont en pleine **répétition.**

replier verbe

Replier, c'est plier une chose qui a été dépliée. *Marine replie sa serviette après le dîner.*

répondeur nom masculin

Un répondeur, c'est un appareil qui répond au téléphone quand on n'est pas là.

répondre verbe

1. Répondre, c'est dire ce que l'on sait ou ce que l'on pense à quelqu'un qui l'a demandé. *Alexandre répond à la question que lui a posée sa mère.*

2. Répondre, c'est écrire à quelqu'un qui a envoyé une lettre. *Loïc a répondu à la lettre de Marguerite.*

3. Répondre, c'est décrocher le téléphone quand il sonne et parler. *J'ai téléphoné chez Victor et c'est Louise qui a répondu.*

réponse nom féminin

Une réponse, c'est ce que l'on dit ou ce que l'on écrit quand on répond à une question. *Lucas a trouvé la bonne réponse.*

reportage nom masculin

Un reportage, c'est un article de journal ou une émission où un journaliste raconte et montre ce qu'il a vu et entendu. *Rachid regarde à la télévision un reportage sur les pompiers.*

repos nom masculin

Maman a besoin de repos, elle a besoin de se reposer.

se **reposer** verbe

Se reposer, c'est arrêter de travailler et de bouger, rester tranquille et se détendre quand on est fatigué. *Nous nous sommes reposés un petit moment sous un arbre avant de reprendre notre promenade.* ■ Nous avons pris du **repos.**

repousser verbe

1. Repousser, c'est pousser à nouveau. *Le gazon a repoussé, il faut tondre la pelouse.*

2. Repousser, c'est pousser vers l'arrière. *Maman repousse la table contre le mur.*

reprendre verbe

1. Reprendre, c'est prendre une autre fois. *Marie reprend de la purée.*

2. Reprendre, c'est recommencer après s'être arrêté. *Clara et Inès ont repris leur conversation après le départ de Théo.*

représentation nom féminin

Une représentation, c'est un spectacle joué sur une scène devant des spectateurs. *La représentation commence à 20 heures 30.*

représenter verbe

Le dessin de Jérémie représente sa maison, son dessin montre sa maison, on reconnaît la maison de Jérémie sur le dessin.

reproche nom masculin

Un reproche, c'est une remarque désagréable que l'on fait à quelqu'un pour lui montrer que l'on n'est pas content de lui. *Papa m'a fait des reproches parce que je n'avais pas bien travaillé.*

■ Le contraire de reproche, c'est **compliment.**

reprocher verbe

Reprocher quelque chose à quelqu'un, c'est lui dire que l'on n'est pas content de ce qu'il a fait, c'est lui faire des reproches. *La maîtresse reproche à Kenza d'être distraite.*

se **reproduire** verbe

1. Se reproduire, c'est avoir lieu une autre fois. *J'ai menti mais je promets que cela ne se reproduira pas,* je promets que cela n'arrivera plus, je promets que je ne mentirai plus.

2. Se reproduire, c'est donner naissance à ses petits ou à ses enfants. *Les oiseaux se reproduisent en pondant des œufs.*

reptile nom masculin

Un reptile, c'est un animal qui a des écailles ou une carapace. Il n'a pas de pattes ou des pattes très courtes.

Le serpent, le lézard, le crocodile, la tortue sont des **reptiles.**

A B C D E F G H I J K L M N O P Q R S T U V W X Y Z

république nom féminin
Une république, c'est un pays qui est dirigé par un président élu par le peuple. *Le président de la République française est élu pour 5 ans.*

requin nom masculin
Un requin, c'est un très grand poisson de mer. *Les requins blancs peuvent manger des hommes.*

Un **requin.**

rescapé nom masculin,
rescapée nom féminin
Un rescapé, une rescapée, c'est une personne qui aurait pu mourir dans un accident mais qui est saine et sauve. *Les rescapés du naufrage ont été ramenés par les sauveteurs.*
■ Cherche aussi **survivant.**

réserve nom féminin
Une réserve, c'est un ensemble de choses que l'on met de côté pour pouvoir s'en servir quand on en a besoin. *La réserve de piles est dans le placard.*
■ Tu peux dire aussi **provision.**

réserver verbe
1. Réserver, c'est demander à l'avance que l'on vous garde quelque chose pour plus tard. *Papa a réservé une chambre d'hôtel.* ■ Tu peux dire aussi **retenir.**
2. *Les trottoirs sont réservés aux piétons,* ils ne doivent servir qu'aux piétons.

réservoir nom masculin
Un réservoir, c'est un récipient ou un endroit où l'on garde un liquide. *On met de l'essence dans le réservoir de la voiture.*

résistant, résistante adjectif
1. Une chose résistante, c'est une chose solide, qui ne s'use pas vite. *Papa enveloppe le colis dans du papier résistant.*
2. Une personne résistante, c'est une personne qui ne se fatigue pas vite et qui n'est jamais malade. *Mohamed est très résistant, il n'a pas eu un seul rhume cet hiver.*
■ Le contraire de résistant, c'est **fragile.**

résister verbe
Résister, c'est être solide, ne pas se casser ni s'abîmer facilement. *La chaise n'a pas résisté au poids du gros monsieur, elle s'est cassée quand il s'est assis.*

résolution nom féminin
Une résolution, c'est quelque chose que l'on décide de faire, même si c'est difficile ou si l'on n'a plus envie de le faire. *Larissa a pris la résolution de ranger sa chambre tous les jours.*

résonner verbe
Résonner, c'est faire du bruit que l'on entend de loin, comme un écho. *La voix de Papa résonne dans la grotte.*

résoudre verbe
Résoudre, c'est trouver la solution. *Le policier a résolu l'énigme : le voleur était entré par la lucarne.*

respect nom masculin
Le respect, c'est l'attitude que l'on a en face d'une personne importante ou âgée, avec qui on est toujours poli et devant laquelle on fait attention à ce que l'on dit. *Les élèves ont du respect pour leurs professeurs.*

respecter verbe
1. Respecter une personne, c'est avoir du respect pour elle. *Les enfants doivent respecter les personnes âgées.*
2. *Il faut respecter le règlement,* il faut faire exactement ce que dit de faire le règlement.

respiration nom féminin
La respiration, c'est le mouvement par lequel on fait entrer de l'air dans les poumons et on le rejette ensuite. *Gabriel retient sa respiration et plonge.*
■ Cherche aussi **respirer.**

respirer verbe
Respirer, c'est faire entrer de l'air dans les poumons et le rejeter ensuite. *Aïcha a le nez bouché, elle doit respirer par la bouche.*

responsable adjectif
1. *L'automobiliste responsable de l'accident s'était endormi en conduisant,* l'automobiliste à cause de qui l'accident s'est produit s'était endormi en conduisant.
2. *Quand mes parents ne sont pas là, je suis responsable de ma petite sœur,* je dois surveiller ma petite sœur et l'empêcher de faire des bêtises.

ressemblance nom féminin
Sur la photo, on voit bien la ressemblance entre Martin et Lucas, on voit bien qu'ils se ressemblent.
■ Le contraire de ressemblance, c'est **différence.**

ressemblant, ressemblante adjectif
Le portrait que le peintre a fait de Xavier est très ressemblant, le portrait ressemble beaucoup à Xavier, on voit bien que c'est le portrait de Xavier.

ressembler verbe
Lydia ressemble à sa mère, Lydia et sa mère ont les lignes du visage semblables.

Lydia et sa mère se **ressemblent.**

ressentir verbe
Ressentir, c'est avoir un sentiment ou une impression. *Manon a ressenti une grande peine quand sa petite chienne est morte.*
■ Tu peux dire aussi **éprouver.**

ressort nom masculin
Un ressort, c'est un fil de métal enroulé sur lui-même qui peut se tendre et reprendre sa forme. *Le lit de Charles a un matelas à ressorts.*

Le **ressort** fait sortir le clown de sa boîte.

restaurant nom masculin
Un restaurant, c'est un endroit où l'on se fait servir un repas en payant. *Mes parents m'ont emmené déjeuner au restaurant.*

reste nom masculin
Un reste, c'est ce qui n'a pas été pris, ce qui n'a pas été utilisé ou ce qui n'a pas été mangé. *Maman a mis le reste du rôti dans le réfrigérateur.*

rester verbe
1. Rester, c'est être quelque part, ne pas s'en aller. *Louis est resté chez sa tante pendant une semaine.*
2. Rester, c'est ne pas changer de position, continuer à être comme on est. *Papi ne peut pas rester debout longtemps.*
3. *Il reste du gâteau,* il y a encore du gâteau.

résultat nom masculin
1. Le résultat d'une opération, c'est le nombre que l'on trouve après avoir fait un calcul, c'est la solution. *Quel est le résultat de cette addition ? Le résultat de ta division est faux.*
2. Un résultat, c'est ce à quoi on arrive. *Laetitia a été reçue à son examen, c'est le résultat de son travail. Quel est le résultat du match ?* qui a gagné le match ? quel est le score du match ?

résumé nom masculin
Un résumé, c'est un texte qui dit en peu de mots ce qu'il y a dans un texte plus long, sans donner les détails. *Thomas fait un résumé du livre qu'il a lu.*

résumer verbe
Résumer, c'est dire ou écrire en peu de mots, sans donner de détails. *La maîtresse nous a demandé de résumer l'histoire de Blanche-Neige.*

se **rétablir** verbe
Se rétablir, c'est aller mieux après avoir été malade, c'est retrouver la santé. *Lisa s'est vite rétablie après sa grippe,* elle a guéri rapidement.
■ Tu peux dire aussi se **remettre.**

retard nom masculin
Éloïse est arrivée en retard à l'école, elle est arrivée après l'heure à laquelle il faut arriver. ■ Éloïse est arrivée trop **tard.**
■ Le contraire de retard, c'est **avance.**

retardataire nom masculin et féminin
Un retardataire, une retardataire, c'est une personne qui arrive en retard. *Les retardataires ne pourront entrer dans la salle de concert qu'à l'entracte.*

retarder verbe

1. *Ma montre retarde de dix minutes,* elle indique dix minutes de moins que l'heure exacte. ■ Le contraire de retarder, c'est **avancer.**

2. *Les embouteillages nous ont retardés,* ils nous ont fait arriver en retard.

3. *Papa a retardé son rendez-vous d'une heure,* il a mis son rendez-vous une heure plus tard que l'heure prévue.

retenir verbe

1. Retenir, c'est rattraper pour empêcher de tomber. *Camille a retenu Pierre qui avait glissé.*

2. Retenir quelque chose, c'est s'en souvenir, le garder dans sa mémoire. *Paul retient les numéros de téléphone de tous ses amis.*

3. *Maman a retenu une chambre d'hôtel,* elle a demandé qu'on lui garde une chambre à l'hôtel. ■ Tu peux dire aussi **réserver.**

4. Retenir, c'est faire une retenue dans une opération. *Je pose 2 et je retiens 1.*

5. Se retenir, c'est se tenir à quelqu'un ou à quelque chose pour ne pas tomber. *Pierre s'est retenu à Camille pour ne pas tomber.* ■ Tu peux dire aussi se **rattraper.**

6. Se retenir de faire quelque chose, c'est éviter de faire quelque chose qu'on a envie de faire. *Valérie ne peut pas se retenir de bavarder en classe.* ■ Tu peux dire aussi s'**empêcher.**

retenue nom féminin

Une retenue, c'est un chiffre que l'on garde pour le compter dans la colonne suivante quand on fait une opération. *Hippolyte apprend à faire des additions avec retenue.*

retirer verbe

Retirer, c'est enlever.
■ Tu peux dire aussi **ôter.**

retomber verbe

Retomber, c'est tomber après s'être élevé. *Le ballon est retombé dans la flaque d'eau.*

retour nom masculin

1. Le retour, c'est le chemin que l'on fait pour revenir d'un endroit. *Quand nous sommes allés à la campagne, Maman a conduit à l'aller et Papa a conduit au retour.*

2. Le retour, c'est le moment où l'on revient. *Nicolas m'appellera à son retour de vacances,* il m'appellera quand il sera rentré de vacances.

retourner verbe

1. Retourner, c'est tourner dans l'autre sens. *Mamie retourne la crêpe dans la poêle.*

2. Retourner dans un endroit, c'est aller de nouveau dans un endroit où l'on est déjà allé. *Cet été, nous retournons au bord de la mer.*

3. Se retourner, c'est tourner la tête en arrière. *Quand il a entendu son nom, Miguel s'est retourné.*

retraite nom féminin

Papi est à la retraite, il ne travaille plus parce qu'il a l'âge de ne plus travailler.

retrancher verbe

Retrancher, c'est enlever. *Si on retranche 4 de 7, il reste 3.*
■ Tu peux dire aussi **ôter, soustraire.**
■ Le contraire de retrancher, c'est **ajouter.**

A B C D E F G H I J K L M N O P Q R S T U V W X Y Z

Le pull de Quentin a **rétréci** au lavage.

rétrécir verbe
Rétrécir, c'est devenir plus petit, plus étroit. *Certains tissus rétrécissent quand on les lave.*

retroussé, retroussée adjectif
Coralie a le nez retroussé, elle a le bout du nez qui va vers le haut.

retrousser verbe
Damien retrousse ses manches, il relève ses manches en les repliant.

retrouver verbe
1. Retrouver une chose, c'est trouver une chose que l'on avait perdue et que l'on cherchait. *Adèle a retrouvé son petit camion au fond de son cartable.*
2. Retrouver une personne, c'est la rejoindre. *Pars avant moi, je te retrouverai chez Ali.*
3. *Enzo et Clémentine se sont retrouvés chez Océane,* ils se sont trouvés ensemble chez Océane.

rétroviseur nom masculin
Un rétroviseur, c'est une petite glace dans laquelle le conducteur d'une voiture, d'un camion ou d'une moto peut voir ce qui se passe derrière lui sur la route.

réunion nom féminin
Mamie a organisé une réunion de famille, elle a invité tous les membres de la famille à se retrouver ensemble. *La réunion des parents d'élèves a lieu ce soir,* les parents d'élèves se réunissent ce soir.

Papa est en **réunion** avec des collègues.

réunir verbe
1. Réunir, c'est mettre ensemble. *Le directeur de l'école a réuni tous les professeurs dans son bureau,* il a fait venir tous les professeurs dans son bureau.
2. *Les médecins de l'hôpital se réunissent une fois par semaine,* ils se retrouvent tous ensemble une fois par semaine. ■ Tu peux dire aussi se **rassembler.**

réussir verbe
Réussir, c'est arriver à faire ce que l'on voulait. *Louis a réussi à réparer son vélo tout seul.*
■ Le contraire de réussir, c'est **échouer.**

réussite nom féminin
Une réussite, c'est un bon résultat. *Mon frère est fier de sa réussite à son examen.*
- Tu peux dire aussi **succès.**
- Le contraire de réussite, c'est **échec.**

revanche nom féminin
Une revanche, c'est une deuxième partie ou un deuxième match qui donne au perdant une chance de gagner à son tour. *Nous allons jouer la revanche.*

rêve nom masculin
Un rêve, c'est une suite d'images qui peuvent raconter une histoire que l'on voit pendant que l'on dort.

Paul fait un **rêve.**

réveil nom masculin
1. Le réveil, c'est le moment où l'on se réveille. *Nicolas est souvent de mauvaise humeur au réveil.*
2. Un réveil, c'est une petite pendule que l'on fait sonner à l'heure où l'on veut se réveiller. *Le réveil de Coline sonne à 7 heures et demie.*

réveiller verbe
1. Réveiller quelqu'un, c'est le faire cesser de dormir. *L'orage m'a réveillé en pleine nuit.*
2. Se réveiller, c'est cesser de dormir. *Clément s'est endormi à minuit et il s'est réveillé à 10 heures,* il a ouvert les yeux à 10 heures.

revenant nom masculin
Un revenant, c'est un mort qui serait revenu sur terre. *On dit que des revenants viennent dans ce château toutes les nuits.*
- Tu peux dire aussi **fantôme.**

revendre verbe
Revendre quelque chose, c'est vendre quelque chose que l'on a acheté. *Papa a revendu sa vieille voiture et en a acheté une neuve.*

revenir verbe
1. Revenir, c'est venir une nouvelle fois dans un endroit où l'on est déjà allé. *Gabriel reviendra me voir demain,* il repassera demain.
2. Revenir, c'est rentrer chez soi. *Papi et Mamie sont revenus de Rome hier.*

rêver verbe
1. Rêver, c'est faire un rêve. *Charlotte a rêvé qu'elle était la fille d'un roi.*
2. Rêver de quelque chose, c'est avoir très envie de quelque chose. *Eliott rêve de devenir danseur.*
3. Rêver, c'est se laisser aller à penser sans faire attention à ce qui se passe autour de soi. *Inès rêve au lieu d'écouter la maîtresse.*

réverbère nom masculin
Un réverbère, c'est un lampadaire qui sert à éclairer les rues.

révérence nom féminin
Les dames font la révérence devant la reine, elles baissent la tête et plient les genoux devant la reine.

A B C D E F G H I J K L M N O P Q R S T U V W X Y Z

rêveur nom masculin,
rêveuse nom féminin
Un rêveur, une rêveuse, c'est une personne qui laisse aller son imagination, qui rêve alors qu'elle ne dort pas. *David est un rêveur, on a l'impression qu'il n'entend jamais quand on lui parle.*

réviser verbe
Réviser, c'est relire une leçon que l'on a déjà apprise. *Lara révise sa leçon de géographie.*

révision nom féminin
À la fin de l'année, nous faisons des révisions, à la fin de l'année, nous voyons ce que nous avons déjà appris et nous le révisons.

revoir verbe
Revoir, c'est voir quelqu'un ou quelque chose que l'on a déjà vu avant. *Matthias a revu sur la plage ses amis de l'année dernière.*

au **revoir** interjection
Au revoir, ce sont des mots que l'on dit à quelqu'un quand on le quitte. *Au revoir, Magali, à demain !*
■ Le contraire de au revoir, c'est **bonjour.**

révolver nom masculin
Un révolver, c'est une arme à feu que l'on tient d'une seule main. *Le bandit a tiré un coup de révolver.*
■ Un révolver est plus long qu'un **pistolet.**
■ Ce mot vient de l'anglais.
➜ Tu peux aussi écrire **revolver**, sans accent aigu.

rez-de-chaussée nom masculin invariable
Le rez-de-chaussée d'un bâtiment, c'est le niveau qui est à la hauteur de la rue. *Dans la maison de Noémie, le salon est au rez-de-chaussée et les chambres sont au premier étage.*
➜ Au pluriel : des **rez-de-chaussée.**

se **rhabiller** verbe
Se rhabiller, c'est remettre ses vêtements après s'être déshabillé. *« Tout va bien, tu peux te rhabiller » m'a dit le médecin après m'avoir examiné.*

rhinocéros nom masculin
Un rhinocéros, c'est un très gros animal d'Afrique et d'Asie. Il a la peau très épaisse et une ou deux cornes sur le nez.
■ Le rhinocéros est un **mammifère.**
➜ On prononce le **s** qui est à la fin.

Un **rhinocéros.**

rhumatisme nom masculin
Un rhumatisme, c'est une douleur dans le corps là où des os se rejoignent, comme l'épaule, le genou, le poignet ou la cheville. *Mamie a les mains déformées par les rhumatismes.*

rhume nom masculin
Un rhume, c'est une petite maladie qui fait éternuer et couler le nez. *Gaspard a attrapé un rhume.*
■ Gaspard s'est **enrhumé.**

riche adjectif
Une personne riche, c'est une personne qui a beaucoup d'argent.
■ Le contraire de riche, c'est **pauvre.**

richesse nom féminin
La richesse, c'est l'état dans lequel est une personne qui a beaucoup d'argent.
■ Le contraire de richesse, c'est **misère, pauvreté.**

ride nom féminin
Une ride, c'est un petit pli de la peau, sur le visage ou dans le cou. *Mamie a des rides sur le front et au coin des yeux.* ■ Mamie a le visage **ridé.**

rideau nom masculin
Un rideau, c'est un tissu que l'on met devant une fenêtre. *Alexandre ferme les volets et tire les rideaux.*
Au pluriel : des **rideaux.**

ridicule adjectif
Madame Faure a un chapeau ridicule, elle a un chapeau qui donne envie de rire, un chapeau dont on se moque.

rien pronom
Rien, c'est pas une seule chose. *Lucie n'a rien mangé de la journée. Clément a fait tomber de l'eau par terre mais cela ne fait rien,* cela n'est pas grave, cela n'a pas d'importance.

rigide adjectif
Une chose rigide, c'est une chose dure, qu'on ne peut pas déformer facilement. *Ce livre a une couverture rigide.*
■ Le contraire de rigide, c'est **souple.**

rigolo, rigolote adjectif
Chloé est rigolote avec son déguisement, elle est drôle à voir. *Arthur nous a raconté des histoires rigolotes,* il nous a raconté des histoires qui font rire.
■ Tu peux dire aussi **amusant, comique, drôle.**
■ **Rigolo** est un mot familier.

rime nom féminin
Une rime, c'est le dernier mot d'un vers, dans un poème, qui finit par le même son que le dernier mot d'un autre vers dans le même poème.

Cherche les **rimes** de ce poème.

rincer verbe
Rincer, c'est passer de l'eau propre pour enlever la lessive, le savon ou le shampooing. *Il faut bien rincer ton pull avant de le mettre à sécher.*

① **rire** verbe
Rire, c'est montrer que l'on trouve quelque chose drôle, que l'on s'amuse, en faisant remonter les coins de la bouche vers les oreilles et en faisant de petits bruits. *L'histoire drôle que Benjamin a racontée m'a bien fait rire.*

② **rire** nom masculin
Le rire, c'est le mouvement du visage et le bruit que l'on fait quand on rit. *On entend de loin le rire de Vanessa.*

Le **riz** pousse dans des **rizières.**

risque nom masculin
Un risque, c'est un danger qui peut arriver. *Ne partez pas skier sur cette piste, il y a des risques d'avalanche.*

risquer verbe
1. Risquer, c'est mettre en danger. *Les pompiers risquent leur vie pour sauver des gens.*
2. *Ne joue pas avec ce canif, tu risques de te faire mal,* tu pourrais te faire mal parce que c'est dangereux. *Il risque de pleuvoir,* il est possible qu'il pleuve.

rivage nom masculin
Le rivage, c'est le bord de la mer. *Le bateau s'approche du rivage.*
■ Tu peux dire aussi **côte.**

rive nom féminin
La rive, c'est le bord d'une rivière ou d'un fleuve. *Angéla et Martin se promènent sur la rive.*

rivière nom féminin
Une rivière, c'est un cours d'eau qui se jette dans un autre cours d'eau. *Le pêcheur a attrapé un poisson dans la rivière.*
■ Cherche aussi **fleuve.**

riz nom masculin
Le riz, c'est une plante des pays chauds qui pousse sur un terrain humide. On mange ses grains. *Papa a préparé du riz à la sauce tomate.*
■ Le riz est une **céréale.**

robe nom féminin
1. Une robe, c'est un vêtement de fille ou de femme, qui va des épaules jusqu'aux jambes. *Éva a mis sa robe rouge.*
2. Une robe de chambre, c'est un vêtement long, avec des manches, qui ressemble à un manteau et que l'on met pour rester chez soi. *Tom a mis son pyjama et sa robe de chambre.*

Éva aime beaucoup se mettre en **robe.**

robinet nom masculin

Un robinet, c'est un objet que l'on tourne dans un sens pour faire couler l'eau et que l'on tourne dans l'autre sens pour empêcher l'eau de couler. *Le robinet du lavabo n'est pas bien fermé, on entend des gouttes tomber.*

robot nom masculin

1. Un robot, c'est une machine qui fait le travail d'un homme. *Des robots participent à la fabrication des voitures.*

2. Un robot, c'est un jouet qui représente une machine qui ressemble à un homme. *Aurélie joue avec son robot.*

Ce **robot** se déplace.

roche nom féminin

Une roche, c'est une matière très dure qui se trouve dans le sol.

■ Tu peux dire aussi **pierre.**

rocher nom masculin

Un rocher, c'est un gros bloc de pierre. *Jean et Emma aiment escalader les rochers dans la forêt de Fontainebleau.*

rock nom masculin

Le rock, c'est une musique qui a beaucoup de rythme et sur laquelle on danse à deux.

■ Ce mot vient de l'anglais, c'est le mot **rock'n'roll** en plus court.

rôder verbe

Rôder, c'est aller et venir dans un endroit avec un air bizarre. *Il y a un homme qui rôde dans la rue, c'est peut-être un voleur de voitures.*

➡ Ce mot s'écrit avec un **ô.**

roi nom masculin

Un roi, c'est un homme qui gouverne un royaume. *Louis XIV a été un grand roi de France.*

■ Cherche aussi **reine.**

Le **roi** porte une couronne et un sceptre.

rôle nom masculin

Un rôle, c'est le texte que dit un personnage dans une pièce de théâtre ou dans un film. *Dans le spectacle de fin d'année, Emma joue le rôle de Cendrillon.*

➡ Ce mot s'écrit avec un **ô.**

roller nom masculin

Un roller, c'est une chaussure spéciale sous laquelle est fixé un patin à roulettes. *Éléonore a eu des rollers pour son anniversaire.*

■ Ce mot vient de l'anglais.

roman nom masculin

Un roman, c'est un livre dans lequel on raconte une histoire inventée. *Lola aime beaucoup lire des romans d'aventures.*

ronces nom féminin pluriel

Des ronces, ce sont des arbustes avec des épines sur lesquels poussent les mûres. *Il y a des ronces au bord du chemin.*

① **rond** nom masculin

Un rond, c'est une figure formée par une courbe fermée sur elle-même. *Pour dessiner des cerises, Charlotte commence par tracer des ronds sur sa feuille.*

■ Tu peux dire aussi **cercle.**

② **rond, ronde** adjectif

Un objet rond, c'est un objet qui a la forme d'un cercle ou d'une boule. *On joue au football avec un ballon rond. La table de la salle à manger est ronde.*

ronde nom féminin

Une ronde, c'est une danse où plusieurs personnes se tiennent par la main et tournent ensemble en formant un cercle. *Les enfants chantent en faisant une ronde.*

rondelle nom féminin

Une rondelle, c'est une petite tranche ronde.

Papa coupe des **rondelles** de citron.

rond-point nom masculin

Un rond-point, c'est une place ronde où arrivent plusieurs routes ou plusieurs rues. *Prenez la première route à droite quand vous arriverez au rond-point.*

➜ Au pluriel : des **ronds-points.**

ronfler verbe

Ronfler, c'est faire un bruit très fort en respirant quand on dort. *Papi ronfle si fort qu'on l'entend dans tout l'appartement.*

ronger verbe

Ronger, c'est user en coupant avec les dents par petits morceaux. *Le lapin ronge une carotte. Léo se ronge les ongles.*

Le castor, le hamster, la souris, l'écureuil sont des **rongeurs**.

rongeur nom masculin

Un rongeur, c'est un petit animal qui ronge sa nourriture.

■ Les rongeurs ont les deux dents de devant qui coupent très fort et qui n'arrêtent pas de pousser.

ronronner verbe

Le chat ronronne, il fait un petit bruit régulier dans sa gorge.

① **rose** nom féminin

Une rose, c'est une belle fleur dont la tige a des épines et qui sent très bon. *Odile a acheté un bouquet de roses jaunes.*

■ Les roses poussent sur les **rosiers.**

② **rose** adjectif

Coralie a des chaussettes roses, elle a des chaussettes rouge très pâle.

roseau nom masculin

Un roseau, c'est une plante qui a une grande tige droite et lisse et qui pousse dans l'eau. *On aperçoit des canards au milieu des roseaux de l'étang.*

➺ Au pluriel : des **roseaux.**

rosée nom féminin

La rosée, c'est l'ensemble des toutes petites gouttes d'eau qui se posent sur le sol et sur les plantes pendant la nuit. *Le matin, l'herbe est humide de rosée.*

rosier nom masculin

Un rosier, c'est un arbuste sur lequel poussent les roses. *Papi taille les rosiers dans son jardin.*

rossignol nom masculin

Un rossignol, c'est un petit oiseau qui a un très joli chant.

rot nom masculin

Un rot, c'est du gaz qui sort de l'estomac par la bouche. *Le bébé fait son rot après avoir bu son biberon.*

rôti nom masculin

Un rôti, c'est un morceau de viande que l'on fait cuire dans le four ou dans une cocotte. *Marion a mangé deux tranches de rôti de veau.*

➺ Ce mot s'écrit avec un **ô.**

A B C D E F G H I J K L M N O P Q R S T U V W X Y Z

roucouler verbe
Les pigeons et les tourterelles roucoulent, ils poussent leur cri.

Maman change la **roue** de sa voiture.

roue nom féminin
1. Une roue, c'est un cercle qui tourne sur un axe et qui permet à un véhicule de rouler. *Les roues de l'avion viennent de toucher le sol.*
2. *Le paon fait la roue,* il dresse les plumes de sa queue et fait comme un grand éventail avec elles.
■ Ne confonds pas roue et **roux.**

① **rouge** adjectif
Clément a une écharpe rouge, il a une écharpe de la couleur du sang. *Mamie boit un verre de vin rouge. Les poissons rouges tournent dans leur bocal. Les voitures s'arrêtent au feu rouge.*

② **rouge** nom masculin
Maman se met du rouge à lèvres, elle se met un produit spécial rouge, rose ou orange sur les lèvres pour les rendre plus jolies.

rougeole nom féminin
La rougeole, c'est une maladie qui donne des boutons rouges sur la peau. *Ma petite sœur a été vaccinée contre la rougeole.*
■ La rougeole est une maladie contagieuse.
➜ N'oublie pas le **e** entre le **g** et le **o.**

rougeur nom féminin
Une rougeur, c'est une tache rouge sur la peau. *Aurélie a des rougeurs sur le visage.*

rougir verbe
Rougir, c'est avoir le visage qui devient rouge parce que l'on a chaud ou parce que l'on est ému. *Sébastien rougit souvent.*

Sébastien a **rougi** quand Victoire est venue l'embrasser.

rouille nom féminin
La rouille, c'est une matière brun-rouge qui apparaît sur les objets en fer lorsqu'ils restent longtemps mouillés.

rouiller verbe
Rouiller, c'est se couvrir de rouille. *Les outils qui sont restés dehors sous la pluie ont rouillé.*

rouleau nom masculin

1. Un rouleau, c'est une bande de papier enroulée qui a une forme de cylindre. *Papi a acheté trois rouleaux de papier peint.*

2. Un rouleau, c'est un objet en forme de cylindre. *Maman étale la pâte à tarte avec un rouleau à pâtisserie.*

Au pluriel : des **rouleaux.**

rouler verbe

1. Rouler, c'est avancer en tournant sur soi-même. *La balle a roulé sous le lit.*

2. Rouler, c'est avancer grâce à des roues ou des roulettes. *Les voitures roulent doucement quand elles traversent le village.*

3. Rouler, c'est mettre en rouleau. *Maman a roulé le tapis du salon pour cirer le parquet.*

Le bébé aime tirer son canard à **roulettes.**

roulette nom féminin

1. Une roulette, c'est une petite roue. *Kevin fait du patin à roulettes sur la piste du jardin public.*

2. La roulette, c'est l'instrument qui a une pointe qui tourne très vite et que le dentiste utilise pour soigner les caries.

roulotte nom féminin

Une roulotte, c'est une sorte de maison qui roule, tirée par des chevaux ou par une voiture. *Les gens qui travaillent dans les cirques habitent dans des roulottes.*

Cherche aussi **caravane.**

Nous avons passé nos vacances dans une **roulotte.**

rouspéter verbe

Rouspéter, c'est montrer qu'on est de mauvaise humeur, qu'on n'est pas content. *Tu ferais mieux de m'aider au lieu de rouspéter !*

Ce mot est familier. Tu peux dire aussi **râler.**

rousseur nom féminin

Les taches de rousseur, ce sont les petites taches brunes que l'on a sur le visage, sur les mains, les bras ou les épaules, lorsque l'on a la peau claire et les cheveux blonds ou roux.

Alexandre a des taches de **rousseur.**

A
B
C
D
E
F
G
H
I
J
K
L
M
N
O
P
Q
R
S
T
U
V
W
X
Y
Z

route nom féminin
Une route, c'est un grand chemin recouvert de goudron sur lequel on circule pour aller d'une ville à une autre ou d'un village à un autre. *Sur le bord de la route, un panneau indique qu'il va y avoir des virages.*
■ À l'intérieur des villes et des villages, il y a des **rues,** des **avenues** et des **boulevards.**
■ Cherche aussi **autoroute.**

roux, rousse adjectif
Yann a les cheveux roux, il a les cheveux d'une couleur entre le brun, l'orange et le rouge.
■ Ne confonds pas roux et **roue.**

royal, royale adjectif
La famille royale, c'est la famille du roi et de la reine.
➾ Au masculin pluriel : **royaux.**
➾ Au féminin pluriel : **royales.**

royaume nom masculin
Un royaume, c'est un État gouverné par un roi ou par une reine. *Autrefois, la France était un royaume, maintenant c'est une république.*
■ Cherche aussi **monarchie.**

ruban nom masculin
Un ruban, c'est une bande de tissu ou de papier étroite et longue. *La vendeuse a mis un ruban rouge autour du paquet.*

ruche nom féminin
Une ruche, c'est une petite maison, construite par les hommes, pour abriter les abeilles. *Les abeilles fabriquent le miel dans la ruche.*

rude adjectif
En montagne, l'hiver est rude, l'hiver est dur à supporter.
■ Tu peux dire aussi **pénible.**

rue nom féminin
Une rue, c'est un chemin recouvert de goudron, avec des maisons de chaque côté, dans une ville ou un village. *Il faut faire attention aux voitures en traversant la rue.*
■ À l'extérieur des villes et des villages, il y a des **routes.**
■ Cherche aussi **avenue, boulevard.**

ruer verbe
Le cheval rue, il lance violemment ses pattes de derrière vers l'arrière.

Le cheval **rue.**

se ruer verbe
Se ruer, c'est se mettre à courir tout d'un coup très vite vers quelqu'un ou vers quelque chose.
■ Tu peux dire aussi se **précipiter.**

rugby nom masculin
Le rugby, c'est un sport où deux équipes de quinze joueurs essaient de poser le ballon derrière la ligne de but de l'adversaire ou de la faire passer entre les poteaux de but. *Nous avons assisté à un match de rugby.*
■ Le ballon avec lequel on joue au rugby est ovale.
■ Ce mot vient de l'anglais.

rugir verbe

Le lion rugit, il pousse son cri.

rugueux, rugueuse adjectif

L'écorce de l'arbre est rugueuse, elle fait un peu mal aux doigts quand on la touche car elle a des petits morceaux qui dépassent et qui griffent.

■ Le contraire de rugueux, c'est **doux, lisse.**

ruine nom féminin

Des ruines, ce sont les restes d'un bâtiment qui s'est écroulé ou qui a été détruit. *En Italie, nous avons visité les ruines de la ville de Pompéi.*

ruiné, ruinée adjectif

Monsieur Legrand a fait de mauvaises affaires et il est complètement ruiné, il n'a plus du tout d'argent.

Les invités se sont **rués** sur le buffet.

ruisseau nom masculin

Un ruisseau, c'est une toute petite rivière.

➾ Au pluriel : des **ruisseaux.**

ruminant nom masculin

Un ruminant, c'est un animal qui mâche une deuxième fois l'herbe qui revient de son estomac, c'est un animal qui rumine. *Les vaches, les moutons, les cerfs, les chameaux sont des ruminants.*

■ Les ruminants sont des mammifères herbivores.

ruminer verbe

Les vaches ruminent, elles mâchent une deuxième fois l'herbe qui revient de leur estomac, avant de l'avaler de nouveau.

ruse nom féminin

Une ruse, c'est un moyen habile que l'on emploie pour tromper quelqu'un. *Le Petit Poucet a trouvé une ruse pour tromper l'ogre.*

rusé, rusée adjectif

Le renard est un animal très rusé, il est très habile pour atteindre son but en trompant ses ennemis.

russe nom masculin

Le russe, c'est la langue que l'on parle en Russie.

rythme nom masculin

1. Le rythme, c'est le mouvement plus ou moins rapide d'une musique. *Pour bien danser, il faut suivre le rythme.*

2. Le rythme, c'est la vitesse à laquelle on fait quelque chose. *Benjamin est très rapide et Thomas va moins vite, chacun travaille à son rythme.*

➾ Il y a un **h** après le **t.**

rythmer verbe

Rythmer, c'est montrer le rythme. *Le chanteur rythme sa chanson en tapant dans ses mains.*

➾ Il y a un **h** après le **t.**

a b c d e f g h i j k l m n o p q r s t u v w x y z

sa → va voir **son.**

sable nom masculin
Le sable, c'est un ensemble de petits grains qui viennent des roches ou des coquillages écrasés. *Sur la plage, Adrien met du sable dans son seau pour faire des pâtés.*

Léa aime faire des chateaux de **sable.**

sabot nom masculin
1. Un sabot, c'est une chaussure faite d'un morceau de bois creusé ou d'une semelle en bois et d'un dessus en cuir. *La fermière met ses sabots pour s'occuper du potager.*
2. *Les chevaux, les moutons, les vaches ont des sabots,* ils ont une matière très dure qui entoure le bout de leurs pattes.

saboter verbe
Saboter une chose, c'est l'abîmer pour que l'on ne puisse plus s'en servir. *Pendant la guerre, beaucoup de ponts ont été sabotés.*

sac nom masculin
Un sac, c'est un objet en papier, en tissu, en plastique ou en cuir qui ressemble à une grande poche et qui sert à transporter des choses. *La boulangère a mis les croissants dans un sac en papier. Maman ouvre son sac et sort son porte-monnaie. Zoé met ses affaires dans son sac à dos.*

saccager verbe
Saccager, c'est abîmer énormément. *Le chien a saccagé le massif de fleurs.*
➾ Ce mot s'écrit avec deux **c.**

Des **sabots.**

a b c d e f g h i j k l m n o p q r s t u v w x y z

A B C D E F G H I J K L M N O P Q R S T U V W X Y Z

sachet nom masculin
Un sachet, c'est un petit sac en papier ou en tissu. *Mamie met deux sachets de thé dans la théière.*

sacoche nom féminin
Une sacoche, c'est une sorte de sac assez grand et solide. *Camille met son maillot de bain et sa serviette de plage dans les sacoches de sa bicyclette.*

sacrement nom masculin
Un sacrement, c'est une cérémonie chrétienne très importante. *Le baptême et le mariage sont des sacrements.*

sacrer verbe
Charlemagne fut sacré empereur en l'an 800, il fut fait empereur, durant une cérémonie, dans une église.
■ Cherche aussi **couronner.**

sacrifice nom masculin
Faire un sacrifice, c'est accepter de se priver de quelque chose que l'on aime pour faire ou pour obtenir quelque chose de plus utile. *Monsieur et Madame Brion ont fait de gros sacrifices pour que leurs enfants puissent faire des études.*

① **sage** adjectif
1. *Charlotte est très sage en classe,* elle ne fait pas de bruit, elle écoute la maîtresse et elle lui obéit. ■ Le contraire de sage, c'est **turbulent.**
2. *Ce serait plus sage de rentrer avant qu'il fasse nuit,* ce serait plus raisonnable et plus prudent de rentrer avant qu'il fasse nuit.

② **sage** nom masculin
Un sage, c'est un homme calme et raisonnable, qui sert de modèle aux autres.

sagesse nom féminin
La sagesse, c'est la qualité d'un enfant qui est obéissant et calme. *Le maître a félicité Clément pour sa sagesse.*

saigner verbe
Saigner, c'est avoir du sang qui sort de son corps. *Jade s'est coupée, elle saigne. Nicolas saigne souvent du nez.*

sain, saine adjectif
1. *L'air de la montagne est très sain,* il est bon pour la santé.
2. *Tous les passagers de l'avion sont sortis sains et saufs de l'accident,* ils n'ont pas été blessés ni tués au cours de l'accident.
■ Tu peux dire aussi **indemne.**
■ Ne confonds pas sain, **saint** et **sein.**

saint nom masculin, **sainte** nom féminin
Un saint, une sainte, c'est une personne que l'on admire et que l'on prie quand elle est morte, dans la religion catholique, parce qu'elle a été très bonne et très généreuse pendant sa vie. *Les noms des saints sont écrits sur le calendrier.*
■ Ne confonds pas saint, **sain** et **sein.**

saisir verbe
Saisir, c'est attraper avec la main très vite ou avec force.

Le gardien de but **saisit** le ballon.

saison nom féminin
Une saison, c'est une partie de l'année pendant laquelle il fait à peu près le même temps. *En Europe, il y a quatre saisons qui durent chacune trois mois : le printemps, l'été, l'automne et l'hiver.*

salade nom féminin
1. Une salade, c'est une plante dont on mange les feuilles généralement crues avec de la vinaigrette. *La laitue est une salade.*
2. Une salade, c'est un plat froid fait d'un mélange de légumes, de viande, d'œufs ou de poisson, assaisonné avec de la vinaigrette. *Est-ce que tu veux une salade de pommes de terre ou une salade de tomates ?*
3. Une salade de fruits, c'est un dessert fait de plusieurs fruits coupés en morceaux et mélangés.

Une **salade** de tomates, une **salade** de fruits, une **salade** verte.

saladier nom masculin
Un saladier, c'est un plat creux comme un grand bol, dans lequel on sert la salade.

salaire nom masculin
Le salaire, c'est l'argent que l'on gagne chaque mois lorsqu'on travaille.

sale adjectif
Ta chemise est sale, il faut la laver, ta chemise est pleine de taches et de poussière, il faut la laver.
- Cherche aussi **dégoûtant.**
- Le contraire de sale, c'est **propre.**
- Ne confonds pas sale et **salle.**

Tu es **sale**, va te laver.

salé, salée adjectif
L'eau de mer est salée, elle contient du sel. *La purée est trop salée,* il y a trop de sel dedans.

salement adverbe
Aurélie mange salement, elle mange en faisant des taches sur ses vêtements et en salissant tout autour d'elle.

saleté nom féminin
Tes mains sont d'une saleté effrayante, va te les laver, tes mains sont pleines de poussière et de traces noires, elles sont sales, va te les laver.
- Le contraire de saleté, c'est **propreté.**

salière nom féminin
Une salière, c'est un petit pot dans lequel on met du sel et que l'on pose sur la table du repas.

A B C D E F G H I J K L M N O P Q R S T U V W X Y Z

salir verbe

1. Salir, c'est rendre sale. *Jérémie a sali son tee-shirt en mangeant de la glace au chocolat.*

2. Se salir, c'est devenir sale. *Fais attention de ne pas te salir avec tes feutres !*

salissant, salissante adjectif

1. *Ce pantalon blanc est très salissant,* il devient vite sale.

2. *C'est salissant de réparer un moteur,* cela salit les mains, les vêtements de réparer un moteur.

salive nom féminin

La salive, c'est le liquide que l'on a dans la bouche.

■ Cherche aussi **bave.**

salle nom féminin

Une salle, c'est une pièce. *Nous dînons dans la salle à manger. Mamie se lave les mains dans la salle de bains. Notre salle de classe a deux grandes fenêtres.*

■ Ne confonds pas salle et **sale.**

salon nom masculin

1. Le salon, c'est la pièce où l'on reçoit les invités. *Après le dîner, les invités prennent le café au salon.*

2. Un salon de coiffure, c'est une boutique de coiffeur. *La sœur de Julien travaille dans un salon de coiffure.*

3. Un Salon, c'est une exposition. *Papa va tous les ans au Salon de l'Auto.*

salopette nom féminin

Une salopette, c'est un pantalon avec en plus une partie tenue par des bretelles qui recouvre la poitrine.

saluer verbe

1. Saluer, c'est dire bonjour ou au revoir en faisant un salut. *Tarik salue Oscar d'un grand geste de la main.*

2. *À la fin du spectacle, les comédiens viennent saluer le public,* ils reviennent sur la scène et se penchent en avant, face aux spectateurs.

① **salut** nom masculin

Un salut, c'est un geste que l'on fait, avec la main ou avec la tête, pour dire bonjour ou au revoir.

② **salut !** interjection

Salut ! c'est un mot que l'on emploie pour dire bonjour ou au revoir. *« Salut tout le monde ! » a dit Lou-Ann en arrivant devant l'école.*

■ C'est familier de dire « salut ! ».

samedi nom masculin

Samedi, c'est le sixième jour de la semaine, entre le vendredi et le dimanche. *Steven va voir ses grands-parents tous les samedis après-midi.*

Marion est en **salopette.**

sandale nom féminin
Une sandale, c'est une chaussure d'été qui est faite d'une semelle et de petites lanières qui passent sur le dessus du pied. *Il fait chaud, Anaïs a mis ses sandales blanches.*

sandwich nom masculin
Un sandwich, c'est un ensemble de deux tranches de pain entre lesquelles il y a des aliments froids. *Judith mange un sandwich au jambon et Jennifer un sandwich au fromage.*
➾ Au pluriel : des **sandwichs** ou des **sandwiches** (pluriel anglais).
■ Ce mot vient de l'anglais.

sang nom masculin
Le sang, c'est le liquide rouge qui circule à travers notre corps. *Un adulte a environ 5 litres de sang dans le corps.*
■ Le sang coule dans les **veines** et les **artères.**
■ Cherche aussi **saigner.**
■ Ne confonds pas sang, **cent** et **sans.**

sang-froid nom masculin
Le sang-froid, c'est la qualité d'une personne qui arrive à ne pas s'affoler et à rester calme lorsqu'il y a un danger, et qui peut agir vite et bien. *Les passagers de l'avion ont tous été sauvés grâce au sang-froid du pilote.*

sanglier nom masculin
Un sanglier, c'est un porc sauvage à la peau épaisse recouverte de poils très durs qui vit dans la forêt.
■ La femelle du sanglier, c'est la **laie.** Le petit du sanglier, c'est le **marcassin.**

sanglot nom masculin
Un sanglot, c'est la respiration qui fait tout d'un coup beaucoup de bruit, plusieurs fois de suite, comme si on avait le hoquet, quand on pleure très fort. *Titouan a éclaté en sanglots.*

sangloter verbe
Sangloter, c'est pleurer très fort, avec des sanglots. *Clara sanglote dans les bras de son père.*

sans préposition
Sans, c'est un mot qui dit que l'on n'a pas avec soi ou qu'il n'y a pas la chose dont on parle. *Diego est venu à mon anniversaire sans sa sœur. Cette chambre d'hôtel coûte 100 euros sans le petit-déjeuner.*
■ Le contraire de sans, c'est **avec.**
■ Ne confonds pas sans, **cent** et **sang.**

sans-abri nom masculin et féminin
Un sans-abri, une sans-abri, c'est une personne qui n'a pas de logement, qui vit dans la rue. *Un sans-abri a passé la nuit dans le hall de l'immeuble.*
➾ Au pluriel : des **sans-abris.**

santé nom féminin
Mamie est en bonne santé, le corps de Mamie va bien, Mamie n'est pas malade.

La laie, le **sanglier** et le marcassin.

A B C D E F G H I J K L M N O P Q R S T U V W X Y Z

sapin nom masculin
Un sapin, c'est un arbre qui reste toujours vert et dont les feuilles sont des aiguilles.
■ Le sapin est un **conifère.**

sardine nom féminin
Une sardine, c'est un petit poisson qui vit dans la mer et que l'on mange frais ou conservé dans l'huile. *Papa fait griller des sardines sur le barbecue.*

satellite nom masculin
1. Un satellite, c'est un astre qui tourne autour d'une planète. *La Lune est le satellite de la Terre.*
2. Un satellite, c'est un engin que l'on lance de la Terre à l'aide d'une fusée pour qu'il tourne autour de la Terre. *Les satellites permettent de faire passer des émissions de télévision et de donner des indications pour la météo.*

satin nom masculin
Le satin, c'est un tissu doux, lisse et brillant comme de la soie. *Le chanteur avait une veste de satin bleu.*

satisfaction nom féminin
La satisfaction, c'est le plaisir que l'on ressent quand les choses sont exactement comme on veut. *Camille a éprouvé une grande satisfaction quand elle a su qu'elle avait gagné le concours.* ■ Camille a été très **satisfaite.**

satisfaisant, satisfaisante adjectif
Le travail d'Alexandre en classe est satisfaisant, c'est un bon travail qui rend ses parents et ses professeurs contents.

satisfait, satisfaite adjectif
Camille est satisfaite d'avoir gagné le concours, elle est contente d'avoir gagné le concours car elle a ce qu'elle voulait. ■ Camille éprouve une grande **satisfaction.**

sauce nom féminin
Une sauce, c'est un liquide plus ou moins épais que l'on prépare pour donner du goût à certains plats. *Judith aime beaucoup les pâtes à la sauce tomate.*

saucisse nom féminin
Une saucisse, c'est de la viande de porc hachée qui est mise dans une peau très fine, en forme de petit cylindre long et que l'on mange cuite. *Romane mange des saucisses avec des lentilles.*

saucisson nom masculin
Un saucisson, c'est une grosse saucisse cuite ou séchée que l'on mange généralement froide. *Veux-tu une rondelle de saucisson ?*

sauf préposition
Clara aime tous les gâteaux sauf les éclairs, elle aime tous les gâteaux, il n'y a que les éclairs qu'elle n'aime pas.
■ Tu peux dire aussi : Clara aime tous les gâteaux à l'**exception** des éclairs.

saumon nom masculin
Un saumon, c'est un poisson à la chair rose qui quitte la mer et remonte les fleuves pour pondre ses œufs. *Anaïs et Léa ont mangé du saumon fumé.*

Le sport préféré de David est le **saut** en longueur.

saut nom masculin
Un saut, c'est un mouvement par lequel un homme ou un animal s'élève au-dessus du sol.
■ Ne confonds pas saut, **seau** et **sot.**

saute-mouton nom masculin
Les enfants jouent à saute-mouton, chaque enfant saute par-dessus un autre enfant qui se tient penché en avant.

sauter verbe
Sauter, c'est s'élever un instant au-dessus du sol. *Coline a sauté par-dessus la barrière.*

Ce chien **saute** bien.

sauterelle nom féminin
Une sauterelle, c'est un insecte vert ou gris qui avance en sautant sur ses pattes de derrière qui sont très longues.
■ Cherche aussi **criquet.**

Une **sauterelle.**

sauvage adjectif
1. Un animal sauvage, c'est un animal qui vit en liberté dans la nature. *Les lions et les loutres sont des animaux sauvages.* ■ Le contraire de sauvage, c'est **domestique.**
2. Une plante sauvage, c'est une plante qui pousse sans être cultivée. *Thibault a cueilli des fleurs sauvages,* il a cueilli des fleurs des champs.
3. *Adrien est très sauvage,* il préfère être seul et n'aime pas parler aux autres, il est timide.

sauver verbe
1. Sauver, c'est réussir à empêcher de mourir une personne ou un animal qui est en danger. *Un passant a plongé pour sauver le petit garçon qui était en train de se noyer dans la rivière.*
2. Se sauver, c'est partir très vite, s'enfuir. *La porte du poulailler était ouverte, toutes les poules se sont sauvées,* toutes les poules se sont échappées.

a b c d e f g h i j k l m n o p q r s t u v w x y z

A B C D E F G H I J K L M N O P Q R S T U V W X Y Z

sauvetage nom masculin
Le sauvetage des passagers du bateau qui a coulé a été difficile, cela a été difficile de sauver les passagers du bateau.

sauveteur nom masculin,
sauveteuse nom féminin
Un sauveteur, une sauveteuse, c'est une personne qui sauve quelqu'un qui est en danger de mort. *Les sauveteurs sont arrivés très vite sur le lieu de l'accident.*

savane nom féminin
La savane, c'est une grande prairie, dans les pays très chauds, où il y a beaucoup d'animaux sauvages. *Des éléphants, des rhinocéros, des zèbres et des girafes vivent dans la savane africaine.*

① **savant, savante** adjectif
Une personne savante, c'est une personne qui sait beaucoup de choses. *Le maître est très savant.*

② **savant** nom masculin
Un savant, c'est une personne qui fait des expériences et des découvertes et qui font progresser la science. *Louis Pasteur et Marie Curie furent de grands savants français.*

savoir verbe
1. Savoir, c'est avoir appris quelque chose et s'en souvenir. *Amélie sait sa leçon. Youssef sait le prénom du directeur,* il connaît le prénom du directeur. *Je ne savais pas que tu avais été malade,* je n'étais pas au courant. ■ Le contraire de savoir, c'est **ignorer.**
2. Savoir faire quelque chose, c'est être capable de le faire. *Mon petit frère ne sait pas encore nager. Depuis quand sais-tu lire ?*

savon nom masculin
Le savon, c'est une matière qui sert à laver. *Clara se lave les mains avec du savon liquide.*
■ Un bloc de savon, c'est un **savon** ou une **savonnette.**

savonner verbe
Savonner, c'est laver en frottant avec du savon. *Émilien se savonne les pieds sous la douche.*

scaphandre nom masculin
Un scaphandre, c'est l'ensemble formé par une combinaison et par un casque, pour aller sous l'eau ou dans l'espace.

Les **scaphandriers** peuvent rester longtemps sous l'eau grâce à leur **scaphandre.**

scaphandrier nom masculin
Un scaphandrier, c'est une personne qui va sous l'eau avec un scaphandre.

scène nom féminin
1. La scène, c'est la partie du théâtre qui ressemble à une grande estrade, où jouent les comédiens. *À la fin du spectacle, les comédiens reviennent tous sur scène pour saluer.*
2. Une scène, c'est un événement qui a lieu et que l'on regarde comme si on était au théâtre. *Léo a glissé sur la neige, j'ai assisté à la scène,* j'ai vu Léo en train de glisser sur la neige.

sceptre nom masculin
Un sceptre, c'est le bâton qu'un roi tient à la main et qui montre que c'est lui qui a le pouvoir. *Sur le tableau, on voit qui est le roi parce qu'il a une couronne et un sceptre.*

schéma nom masculin
Un schéma, c'est un dessin très simple qui sert à expliquer quelque chose. *Le maître a fait le schéma d'une ruche pour nous montrer comment les abeilles produisent le miel.*

scie nom féminin
Une scie, c'est un outil qui a une lame avec des pointes et qui sert à couper des matières très dures. *Maman coupe la planche en deux avec une scie.* ■ Maman **scie** la planche.
■ Les pointes de la scie s'appellent des **dents.**
■ Ne confonds pas scie et **si.**

science nom féminin
La science, c'est l'ensemble des choses que les hommes savent et qui leur permet de faire des découvertes et des inventions. *On soigne de mieux en mieux les maladies grâce à la science.*

science-fiction nom féminin
Un roman ou un film de science-fiction, c'est un roman ou un film qui raconte une histoire qui se passe dans très longtemps et où il arrive des choses extraordinaires qui ne pourraient pas se produire aujourd'hui.

scientifique adjectif
Il y a une explication scientifique de l'apparition de l'homme sur la terre, il y a une explication que l'on peut donner de l'apparition de l'homme sur la terre grâce à la science.

scier verbe
Scier, c'est couper avec une scie. *Le bûcheron a scié un tronc d'arbre.*

scintiller verbe
Les étoiles scintillent dans la nuit, elles brillent, disparaissent et brillent à nouveau.
■ Tu peux dire aussi **étinceler.**

scolaire adjectif
Demain c'est la rentrée scolaire, c'est la rentrée des classes.

score nom masculin
Un score, c'est le nombre de points qu'obtient un joueur ou une équipe dans un match. *Le score final du match de football d'hier soir est de 3 à 1.*
■ Cherche aussi **résultat.**

A B C D E F G H I J K L M N O P Q R S T U V W X Y Z

scorpion nom masculin
Un scorpion, c'est un petit animal des pays chauds qui a huit pattes et deux grandes pinces à l'avant. Il a une queue recourbée terminée par une pointe remplie de poison avec laquelle il pique. *Une piqûre de scorpion peut être très dangereuse.*
■ Le scorpion est de la même famille d'animaux que l'araignée.

scout nom masculin
Un scout, c'est un petit garçon ou un adolescent qui fait partie d'un groupe de jeunes catholiques.
On prononce le **t** qui est à la fin.
■ Les filles qui font partie d'un groupe de jeunes catholiques sont des **guides** et des **jeannettes.**

Des **scouts** campent près de la ferme.

sculpter verbe
Sculpter, c'est faire une forme dans la pierre ou dans du bois en enlevant des morceaux et en grattant avec des outils spéciaux. *Cette statue a été sculptée dans du marbre.*
On ne prononce pas le **p.**

sculpteur nom masculin,
sculptrice nom féminin
Un sculpteur, une sculptrice, c'est une personne qui fait des sculptures. *Rodin était un grand sculpteur.*
On ne prononce pas le **p.**
■ Au féminin, on dit aussi une **sculpteuse.**

sculpture nom féminin
1. *Cet artiste fait de la sculpture sur bois,* il sculpte le bois.
2. Une sculpture, c'est un objet d'art sculpté par un sculpteur. *Les statues sont des sculptures.*
On ne prononce pas le **p.**

séance nom féminin
Une séance, c'est la durée d'un spectacle. *Papi nous a emmenés voir Guignol, à la séance de 15 heures.*

seau nom masculin
Un seau, c'est un récipient plus haut que large, avec une anse pour le porter. *Vladimir fait des pâtés de sable sur la plage avec son seau et sa pelle.*
Au pluriel : des **seaux.**
■ Ne confonds pas seau, **saut** et **sot.**

sec, sèche adjectif
1. *Avec le soleil et le vent, le linge sera vite sec,* le linge ne sera plus mouillé, il n'y aura plus d'eau dans le linge. ■ Le contraire de sec, c'est **humide, mouillé.**
2. *L'été a été sec cette année,* il n'a pas plu cet été. ■ Le contraire de sec, c'est **pluvieux.**
3. *Le pâtissier met des raisins secs dans le gâteau,* il met des grains de raisin qu'on a fait sécher pour les conserver.

4. *La branche s'est cassée en faisant un bruit sec,* elle s'est cassée en faisant un bruit assez fort qui s'est arrêté tout de suite.

sécher verbe

1. Sécher, c'est devenir sec. *Mon maillot de bain sèche vite.*
2. Sécher, c'est rendre sec. *Le vent a séché le linge.*

sécheresse nom féminin

La sécheresse, c'est le temps qu'il fait quand il ne pleut pas pendant longtemps. *Cette année, aucune fleur n'a poussé dans le jardin à cause de la sécheresse.*

second, seconde adjectif

Joséphine habite au second étage, elle habite à l'étage qui vient après le premier étage.

■ On peut dire aussi **deuxième.**

seconde nom féminin

Une seconde, c'est une durée très courte. *Marie a couru 100 mètres en 12 secondes.*

■ Il y a 60 secondes dans une minute, et 3 600 secondes dans une heure.

Le linge **sèche** au soleil.

secouer verbe

Secouer, c'est faire bouger, remuer dans tous les sens. *Luna secoue sa serviette de plage qui est pleine de sable.*

■ Cherche aussi **agiter.**

Manon **secoue** la bouteille de jus d'orange avant de l'ouvrir.

secourir verbe

Secourir quelqu'un, c'est lui venir en aide. *Les pompiers ont secouru un enfant qui était en train de se noyer.*

■ Les pompiers lui ont porté **secours.**

Maman se **sèche** les cheveux.

a b c d e f g h i j k l m n o p q r s t u v w x y z

A B C D E F G H I J K L M N O P Q R S T U V W X Y Z

secours nom masculin

1. Le secours, c'est l'aide qu'on apporte à une personne qui est en danger. *Un passant est venu à mon secours quand je suis tombé de vélo.*

■ Il est venu me **secourir.**

2. Au secours, ce sont des mots que l'on crie quand on est en danger et que l'on a besoin de l'aide de quelqu'un pour être sauvé. *Les pompiers entendaient quelqu'un appeler au secours derrière la porte.*

3. *Il y a une sortie de secours au fond du cinéma,* il y a une sortie qu'on utilise en cas de danger.

secousse nom féminin

Une secousse, c'est un mouvement brusque qui secoue. *Le train a démarré après plusieurs secousses.*

① **secret** nom masculin

Un secret, c'est quelque chose que l'on sait et que l'on ne dit à personne ou seulement à quelqu'un en qui on a confiance. *Jessica est amoureuse de Kévin, mais c'est un secret, ne le répète à personne !*

② **secret, secrète** adjectif

Xavier cache son argent dans un endroit secret, il cache son argent dans un endroit que personne ne connaît et qui est difficile à trouver.

secrétaire nom masculin et féminin

Un secrétaire, une secrétaire, c'est une personne dont le métier est de s'occuper du courrier, de répondre au téléphone, de prendre des rendez-vous et de classer des dossiers. *La secrétaire du directeur de l'usine est en train de taper une lettre.*

section nom féminin

Mon frère est à l'école maternelle, dans la section des petits, il est dans la classe des petits.

sécurité nom féminin

Pendant l'orage, Camille se sentait en sécurité dans son lit, elle pensait qu'elle était à l'abri du danger, qu'elle ne risquait rien.

■ Tu peux dire aussi **sûreté.**

seigle nom masculin

Le seigle, c'est une plante qui a des épis recouverts de longs poils. On fait de la farine avec ses grains. *Le pain de seigle a une mie foncée.*

■ Le seigle est une **céréale.**

seigneur nom masculin

Un seigneur, c'était autrefois un homme puissant qui avait une armée et qui protégeait les paysans en échange du travail qu'ils faisaient sur ses terres. *Les seigneurs habitaient dans des châteaux forts.*

■ Les seigneurs étaient des **nobles.**

sein nom masculin

Les seins, ce sont les mamelles d'une femme. *Ma petite sœur tète le sein de Maman.*

■ Cherche aussi **poitrine.**

■ Ne confonds pas sein, **sain** et **saint.**

séjour nom masculin

Un séjour, c'est un temps assez long que l'on passe dans un endroit. *Yann est très content de son séjour en Auvergne.*

sel nom masculin

Le sel, c'est une matière blanche que l'on trouve dans l'eau de mer et qui donne plus de goût aux aliments. *Louis rajoute du sel sur ses frites.*

■ Cherche aussi **salé.**

■ Ne confonds pas sel et **selle.**

selle nom féminin
1. Une selle, c'est un morceau de cuir que l'on met sur le dos d'un cheval et sur lequel le cavalier s'assied.
2. Une selle, c'est la partie d'une bicyclette ou d'une moto sur laquelle on s'assied.
■ Ne confonds pas selle et **sel.**

Une **selle** de cheval et une **selle** de bicyclette.

selon préposition
Je partirai avec vous ou je vous rejoindrai plus tard, selon l'heure à laquelle je me réveillerai, cela dépendra de l'heure à laquelle je me réveillerai.

semaine nom féminin
Une semaine, c'est une période de 7 jours qui va du lundi au dimanche. *Le mercredi est le jour de la semaine que je préfère !*
■ Lundi, mardi, mercredi, jeudi, vendredi, samedi, dimanche.

semblable adjectif
Ces deux tables sont semblables, elles ont la même taille, la même forme, la même couleur, elles se ressemblent tellement qu'on peut les confondre.
■ Tu peux dire aussi **identique, pareil.**
■ Le contraire de semblable, c'est **différent.**

semblant nom masculin
Vincent fait semblant d'écouter le maître, il fait comme s'il écoutait le maître mais il ne l'écoute pas vraiment.

sembler verbe
1. Sembler, c'est avoir l'air. *La mère de Thelma semble très jeune.* ■ Tu peux dire aussi **paraître.**
2. *Il me semble que tu as grandi,* j'ai l'impression que tu as grandi, on dirait bien que tu as grandi.

semelle nom féminin
Une semelle, c'est le dessous d'une chaussure, la partie d'une chaussure qui touche le sol quand on marche. *Les semelles de mes bottes sont en caoutchouc.*

semer verbe
Semer, c'est mettre des graines dans la terre pour qu'elles donnent des plantes.

Papi **sème** des carottes dans le potager.

semoule nom féminin
La semoule, c'est une sorte de farine faite de morceaux de grains de blé. *La maman de Wadi utilise de la semoule fine pour faire le couscous.*

sens nom masculin
1. Un sens, c'est une direction. *Dans quel sens faut-il tourner la clé pour fermer la porte ?*
2. Le sens d'un mot, c'est ce que veut dire ce mot. *Connais-tu le sens du mot « saboter » ?* ■ Tu peux dire aussi **signification.**
3. *Le goût, l'odorat, l'ouïe, le toucher et la vue sont les cinq sens,* ce sont eux qui permettent aux hommes et aux animaux d'avoir des sensations.
4. Le bon sens, c'est la qualité d'une personne raisonnable, qui sait tout de suite ce qu'il faut faire pour que tout aille le mieux possible. *Sébastien a du bon sens.*
On prononce le **s** qui est à la fin.

sensation nom féminin
Une sensation, c'est une impression que l'on ressent à l'intérieur de soi. *Antoine n'a rien mangé depuis hier, il éprouve une sensation de faim.*

sensible adjectif
1. *Augustin a la gorge sensible,* il a souvent mal à la gorge, il attrape facilement des angines.
2. *Laure est très sensible,* elle est rapidement émue, même par des choses qui ne sont pas graves ou importantes. ■ Tu peux dire aussi **émotif.**

sentier nom masculin
Un sentier, c'est un petit chemin étroit. *Paul et Léa se promènent dans la forêt, ils connaissent tous les sentiers.*

sentiment nom masculin
Un sentiment, c'est ce que l'on ressent au fond de soi. *Pauline ne montre pas ses sentiments,* elle ne montre pas qu'elle est contente ou triste, qu'elle aime quelqu'un ou non, qu'elle est jalouse ou inquiète, etc.

sentir verbe
1. Sentir, c'est reconnaître une odeur. *Timéo aime sentir le parfum de sa mère.*
2. Sentir, c'est avoir une odeur. *Ces roses sentent très bon,* elles ont une odeur agréable. *Ce fromage sent mauvais,* il pue.
3. Sentir, c'est se rendre compte de quelque chose. *Loïc a senti que Romain avait envie de rester seul, alors il est parti.*

séparation nom féminin
1. *Mathilde habite seule avec sa mère depuis la séparation de ses parents,* elle habite seule avec sa mère depuis que ses parents se sont séparés.
2. *Un petit mur fait une séparation entre le jardin et le potager,* un petit mur sépare le jardin et le potager.

séparer verbe
1. Séparer des personnes, c'est les éloigner les unes des autres. *Le maître a séparé Antoine et Anna qui se battaient.*
2. *Une cloison sépare la grande pièce en deux,* une cloison partage la grande pièce en deux, elle transforme la grande pièce en deux pièces.
3. Se séparer, c'est se quitter, ne plus vivre ensemble. *Les parents de Mathilde se sont séparés l'année dernière.*

septembre nom masculin
Le mois de septembre, c'est le neuvième mois de l'année. *L'automne commence le 22 ou le 23 septembre.*
■ Le mois de septembre a 30 jours.

Le boa, la couleuvre, la vipère sont des **serpents**.

série nom féminin
Une série, c'est un ensemble de choses du même genre. *La dictée est suivie d'une série de questions.*
■ Cherche aussi **succession.**

sérieux, sérieuse adjectif
1. *Noah a l'air sérieux,* il ne rit pas et ne sourit pas.
2. *Myriam est une élève sérieuse,* elle est consciencieuse, elle travaille en s'appliquant.

serin nom masculin
Un serin, c'est un petit oiseau au plumage jaune. *Les serins chantent dans leur cage.*
■ Le **canari** est un serin.

seringue nom féminin
Une seringue, c'est une petite pompe avec une aiguille au bout, qui sert à envoyer un liquide dans le corps. *L'infirmière prend la seringue pour faire une piqûre à Guillaume.*

serpent nom masculin
Un serpent, c'est un animal dont le corps est rond, très long et couvert d'écailles. Il n'a pas de pattes et il avance en rampant. *Certains serpents sont venimeux, leur morsure peut être très dangereuse.*
■ Les serpents sont des **reptiles.**

serre nom féminin
Une serre, c'est une sorte de jardin fermé partout par de grandes vitres et quelquefois chauffé, où l'on fait pousser des plantes qui n'aiment pas le froid.
■ Ne confonds pas serre, **cerf** et **serres.**

On cultive des arbres et des fleurs des pays chauds dans la **serre**.

a b c d e f g h i j k l m n o p q r s t u v w x y z

serrer verbe

1. Serrer, c'est tenir très fort. *Clara serre son chat dans ses bras. Papa a rencontré le voisin et lui a dit bonjour en lui serrant la main.*
2. *Dorian serre très fort le robinet pour qu'il n'y ait plus de gouttes qui tombent,* il tourne très fort le robinet jusqu'au bout, pour qu'il n'y ait plus de gouttes qui tombent.
3. Serrer, c'est faire mal en appuyant. *Ces chaussures neuves me serrent les pieds.*

Léa **serre** son ours dans ses bras.

serres nom féminin pluriel

Les serres, ce sont les griffes très fortes des oiseaux de proie.
■ Ne confonds pas serres, **cerf** et **serre.**

serrure nom féminin

Une serrure, c'est un mécanisme dans lequel on met une clé que l'on tourne et qui sert à ouvrir ou fermer une porte. *Coline regarde par le trou de la serrure.*

serrurier nom masculin

Un serrurier, c'est une personne dont le métier est de poser ou de réparer les serrures et de fabriquer les clés.

serveur nom masculin,
serveuse nom féminin

Un serveur, une serveuse, c'est une personne qui sert les plats et les boissons aux clients dans un restaurant ou dans un café. *Maman a laissé un pourboire à la serveuse.*

serviable adjectif

Alexis est très serviable, il est toujours prêt à rendre service aux autres.

service nom masculin

1. *Alexis aime bien rendre service,* il aime bien aider les autres. ■ Alexis est **serviable.**
2. Le service, c'est le travail de la personne qui sert les clients dans un café, un restaurant, un hôtel. *Le service est très rapide dans ce restaurant.*

serviette nom féminin

Une serviette, c'est un morceau de tissu qui sert à s'essuyer, à table ou lorsqu'on fait sa toilette. *N'oublie pas ta serviette de bain si tu vas à la piscine ! Quand il mange, Clément met sa serviette autour du cou pour ne pas se faire de taches.* ■ Cherche aussi **bavoir.**

L'aigle emporte un lapin dans ses **serres.**

servir verbe

1. Servir, c'est donner une chose à quelqu'un pour qu'il la mange ou pour qu'il l'utilise. *Julien tend son assiette et Papa le sert. La vendeuse sert les clients.*

2. Servir, c'est aider, être utile. *À quoi sert cet outil ? Un stylo sert à écrire. Ne pleure pas, cela ne sert à rien.*

3. *Maman se sert de sa voiture tous les jours,* Maman utilise sa voiture tous les jours.

seuil nom masculin

Le seuil, c'est la partie du sol qui est juste devant la porte d'entrée d'une maison.

seul, seule adjectif

1. *Léonore sait attacher ses lacets toute seule,* elle sait attacher ses lacets sans que personne ne l'aide. *Nicolas a pris l'avion tout seul pour aller chez sa grand-mère,* Nicolas a pris l'avion sans être accompagné par une personne de sa famille.

2. Une seule chose, c'est une chose unique. *Romane a un seul pantalon et beaucoup de jupes,* elle a seulement un pantalon et beaucoup de jupes.

seulement adverbe

Nous étions seulement trois dans le bus, ce matin, nous n'étions que trois, pas plus.

sève nom féminin

La sève, c'est le liquide qui circule dans les plantes et qui les nourrit.

sévère adjectif

Les grands-parents de Louna sont très sévères, ils se fâchent si l'on n'est pas sage et ils punissent tout de suite.

■ Le contraire de sévère, c'est **indulgent.**

sévérité nom féminin

La sévérité, c'est le caractère d'une personne sévère. *Les grands-parents de Louna sont d'une grande sévérité.*

■ Le contraire de sévérité, c'est **indulgence.**

sexe nom masculin

1. Le sexe, c'est ce qui fait que l'on distingue un homme d'une femme ou un mâle d'une femelle. *Victor est un enfant du sexe masculin, Anaïs est une enfant du sexe féminin.*

2. Le sexe, c'est la partie du corps qui est en bas du ventre, entre les cuisses, et qui est différente chez les hommes et chez les femmes.

La **sève** circule dans la plante.

Le **shampoing** fait beaucoup de mousse.

shampoing nom masculin
Le shampoing, c'est un savon liquide qui sert à laver les cheveux. *Mamie m'a lavé les cheveux avec du shampoing à la pomme.*
■ Ce mot vient de l'anglais.
➾ On écrit aussi **shampooing**.

shérif nom masculin
Le shérif, c'est le chef de la police d'une ville, aux États-Unis.
■ Les shérifs portent une étoile sur la poitrine.
■ Ce mot vient de l'anglais.

short nom masculin
Un short, c'est une sorte de pantalon qui s'arrête sous les fesses ou au milieu des cuisses. *Alexandre a mis un short pour jouer au football.*
■ Ce mot vient de l'anglais.
➾ On prononce le **t** qui est à la fin.

si conjonction et adverbe
1. *Si tu finis ta purée, tu auras du dessert,* il faut que tu finisses ta purée pour avoir du dessert, tu auras du dessert à condition que tu finisses ta purée. *Je ne sais pas si je vais venir,* je ne suis pas sûr de venir.
2. Si, c'est oui. *Tu ne viens pas avec nous ? — Si, j'arrive !*
■ Ne confonds pas si et **scie.**

siècle nom masculin
Un siècle, c'est une période de cent ans. *Le 21e siècle a commencé en 2001 et finira en l'an 2100.*

siège nom masculin
Un siège, c'est un meuble qui sert à s'asseoir. *Les chaises, les fauteuils, les canapés, les bancs et les tabourets sont des sièges.*

sieste nom féminin
Faire la sieste, c'est dormir un peu après le déjeuner.

sifflement nom masculin
Un sifflement, c'est le bruit que fait quelqu'un ou quelque chose qui siffle. *Le chanteur a été accueilli par les sifflements du public.*

siffler verbe
Siffler, c'est faire un bruit aigu en faisant sortir de l'air par sa bouche. *Papi siffle pour appeler son chien.*

sifflet nom masculin
Un sifflet, c'est un petit tuyau qui fait des bruits aigus quand on souffle dedans. *L'arbitre a donné un coup de sifflet.*
■ Un sifflet sert à **siffler.**

signal nom masculin
Un signal, c'est un geste, un bruit ou une lumière qui indique qu'il faut faire quelque chose. *Le professeur de gymnastique a donné le signal du départ de la course.*
➾ Au pluriel : des **signaux.**

signaler verbe
Signaler, c'est annoncer, prévenir. *L'automobiliste signale qu'il va tourner à gauche.*

signature nom féminin
La signature d'une personne, c'est son nom qu'elle écrit elle-même à la main, toujours de la même façon. *Madame Villaume met sa signature en bas de son chèque.* ■ Elle **signe** son chèque.

Paul et Simon se font un **signe** de la main.

signe nom masculin
1. Un signe, c'est un geste qui sert à faire savoir quelque chose. *Charlotte fait des signes à Cléa pour lui dire qu'elle l'attendra à la sortie de la classe.*
2. Un signe, c'est un trait, un dessin qui veut dire quelque chose. *Le point est un signe qui montre qu'une phrase est finie.*
■ Ne confonds pas signe et **cygne**.

signer verbe
Signer, c'est écrire son nom à la main sur un chèque, à la fin d'une lettre... *Nous avons tous signé la carte postale pour Mamie.* ■ Nous avons tous mis notre **signature** sur la carte postale.

signification nom féminin
La signification, c'est ce que signifie quelque chose. *Quelle est la signification de ce mot ?* que veut dire ce mot ?
■ Tu peux dire aussi **sens**.

signifier verbe
Signifier, c'est vouloir dire. *Le mot anglais « cat » signifie « chat ».*

silence nom masculin
1. Le silence, c'est le fait de ne pas parler. *Maël et Olivia travaillent en silence.*
2. Le silence, c'est le calme. *Jean aime le silence de la montagne sous la neige.*
■ Le contraire de silence, c'est **bruit**.

La maîtresse demande le **silence**.

silencieusement adverbe
Silencieusement, c'est sans faire de bruit, en silence. *« Mangez silencieusement les enfants ! » a dit Maman.*

silencieux, silencieuse adjectif
1. Un endroit silencieux, c'est un endroit où il n'y a pas de bruit. *Nous habitons dans une rue silencieuse.* ■ Tu peux dire aussi **calme, tranquille.** ■ Le contraire de silencieux, c'est **bruyant.**
2. *Flora est restée silencieuse pendant toute la soirée,* Flora n'a pas parlé pendant toute la soirée.

silex nom masculin
Un silex, c'est une pierre très dure. *Les hommes préhistoriques faisaient des outils en silex.*
Au pluriel : des **silex.**

silhouette nom féminin
Une silhouette, c'est une personne ou un objet dont on voit juste la forme, dont on ne voit que les contours. *On aperçoit des silhouettes qui marchent dans le brouillard.*

sillage nom masculin
Le sillage, c'est la trace qu'un bateau laisse derrière lui, sur l'eau, quand il avance.

sillon nom masculin
Un sillon, c'est une longue fente que fait une charrue dans la terre. *L'agriculteur creuse des sillons dans le champ avec sa charrue.*
■ Ensuite l'agriculteur sèmera les grains dans les sillons.

simple adjectif
1. *Ce jeu est très simple,* il est facile à comprendre. ■ Le contraire de simple, c'est **compliqué, difficile.**
2. *La directrice portait une robe bleu marine, très simple,* elle portait une robe bleu marine qui n'avait rien de spécial.

simplement adverbe
Simplement, c'est d'une manière simple. *La directrice s'habille simplement.*

simplicité nom féminin
La simplicité, c'est la qualité d'une chose qui est facile à faire ou à utiliser. *Cette soustraction est d'une grande simplicité,* elle n'est pas difficile.
■ Tu peux dire aussi **facilité.**

sincère adjectif
Christophe est un garçon sincère, il dit ce qu'il pense vraiment sans rien cacher quand on le lui demande, ce n'est pas un menteur.
■ Tu peux dire aussi **franc.**
■ Le contraire de sincère, c'est **hypocrite.**

sincérité nom féminin
La sincérité, c'est la qualité d'une personne sincère. *Christophe a répondu à ma question avec une grande sincérité.*
■ Tu peux dire aussi **franchise.**

L'agriculteur creuse des **sillons.**

Le chimpanzé, le ouistiti, le gorille sont des **singes**.

singe nom masculin
Un singe, c'est un animal d'Amérique, d'Afrique ou d'Asie qui souvent n'a pas de poils sur la face et qui a les pattes de devant plus courtes que les pattes de derrière. Il a des mains et des pieds qui peuvent prendre les objets.

singulier nom masculin
Un mot est au singulier lorsqu'il désigne une seule personne, un seul animal ou une seule chose. *Dans la phrase : « le chien ronge un os », tous les mots sont au singulier.*
■ Le contraire de singulier, c'est **pluriel.**

sinistre adjectif
La maison de la sorcière est sinistre, elle est sombre, triste et elle fait peur.

sinon conjonction
Sinon, c'est un mot qui veut dire « ou alors ». *Dépêche-toi, sinon nous serons en retard,* si tu ne te dépêches pas, nous serons en retard.

sirène nom féminin
1. Une sirène, c'est une femme avec une queue de poisson à la place des jambes. Les sirènes n'existent que dans les contes de fées. *Est-ce que tu connais l'histoire de « La Petite Sirène » ?*
2. Une sirène, c'est un appareil qui fait un bruit très fort pour donner un signal. *Les pompiers font marcher la sirène de leur voiture pour qu'on les laisse passer.*

sirop nom masculin
1. Le sirop, c'est un liquide épais et très sucré que l'on boit mélangé avec de l'eau. *Clarisse boit du sirop de framboise.*
2. Le sirop, c'est un médicament liquide très sucré. *Quentin a pris du sirop contre la toux.*
On ne prononce pas le **p** qui est à la fin.

situation nom féminin
1. La situation, c'est l'endroit où quelque chose est situé. *La situation de cette maison est exceptionnelle,* l'emplacement de cette maison est exceptionnel.
2. *Que pensez-vous de la situation internationale actuelle ?* que pensez-vous de ce qui se passe en ce moment, de l'état dans lequel se trouve le monde actuellement ?

La **sirène** vit dans la mer.

A B C D E F G H I J K L M N O P Q R S T U V W X Y Z

situer verbe
La maison de Gaspard est située à l'entrée du village, la maison de Gaspard est à l'entrée du village, elle se trouve à l'entrée du village.

ski nom masculin
Un ski, c'est une longue planche étroite que l'on attache sous une chaussure spéciale pour glisser sur la neige. *Julien a loué une paire de skis. Laurine aime bien faire du ski,* elle aime bien glisser sur la neige avec ses skis.

skier verbe
Skier, c'est glisser sur la neige avec des skis. *Laurine et Julien skient très bien.*

skieur nom masculin,
skieuse nom féminin
Un skieur, une skieuse, c'est une personne qui fait du ski. *Un skieur a descendu la piste à toute allure.*

slalom nom masculin
Un slalom, c'est une descente à skis, où l'on doit faire des virages entre des piquets qui sont plantés dans la neige.
On prononce le **m** qui est à la fin.

slip nom masculin
Un slip, c'est une culotte. *Alan a emporté son slip de bain pour aller à la piscine.*

slogan nom masculin
Un slogan, c'est une phrase courte que l'on répète souvent. On utilise des slogans dans la publicité pour donner envie d'acheter quelque chose et dans les manifestations pour faire savoir ce que l'on veut.
■ Ce mot vient de l'anglais.

société nom féminin
1. Une société, c'est l'ensemble de toutes les personnes qui vivent dans un pays, qui obéissent aux mêmes lois et qui ont les mêmes coutumes.
2. Un jeu de société, c'est un jeu auquel on joue à plusieurs. *Le jeu de dames, le jeu de l'oie sont des jeux de société.*

sœur nom féminin
Léa est la sœur de Paul, Léa est une fille qui a les mêmes parents que Paul. ■ Paul est le **frère** de Léa.

soi pronom masculin et féminin
Soi, c'est un mot qui représente la troisième personne du singulier.
Il est tard, c'est l'heure de rentrer chacun chez soi.
■ Ne confonds pas soi, **soie** et **soit.**

soie nom féminin
La soie, c'est un tissu très fin et très doux qui est fait avec un fil fabriqué par la chenille d'un papillon. *Lucie a une chemise en soie bleue.*
■ La chenille qui fabrique le fil de soie s'appelle un **ver à soie.**
■ Ne confonds pas soie, **soi** et **soit.**

soif nom féminin
La soif, c'est le besoin, l'envie de boire. *Il fait très chaud, j'ai soif.*

Ils crient des **slogans.**

soigner verbe
1. Soigner, c'est faire ce qu'il faut pour guérir un malade. *Le médecin me fait prendre des médicaments pour me soigner.*
2. *Marguerite soigne son travail,* elle s'applique, elle fait attention.
■ Marguerite est **soigneuse.** ■ Le contraire de soigner, c'est **bâcler.**

soigneux, soigneuse adjectif
Une personne soigneuse, c'est une personne qui fait attention à ses affaires et qui s'applique quand elle fait quelque chose. *Marguerite est très soigneuse.*

soin nom masculin
1. *Bilal range ses affaires avec soin,* il range ses affaires en faisant attention.
2. Les soins, ce sont toutes les choses que l'on fait pour essayer de guérir un malade et pour qu'il aille mieux. *Le blessé va recevoir des soins à l'hôpital.*

soir nom masculin
Le soir, c'est la fin de la journée quand le soleil est couché, entre l'après-midi et la nuit. *Hier soir, Lucas s'est couché tard.*
■ Le début de la journée, c'est le **matin.**

soirée nom féminin
La soirée, c'est la période de la journée qui va du moment où la nuit tombe jusqu'à ce que l'on se couche. *Margot a lu toute la soirée.*

soit conjonction
Soit tu viens avec nous, soit tu restes ici, ou bien tu viens avec nous, ou bien tu restes ici.
■ Ne confonds pas soit, **soi** et **soie.**

sol nom masculin
1. Le sol, c'est la partie de la Terre qui est à la surface, c'est la terre. *Rien ne pousse dans cette région, le sol est trop sec.*
2. Le sol, c'est la surface sur laquelle on marche. *Le sol de la salle de bains est recouvert de carrelage.*
■ Ne confonds pas sol et **sole.**

solaire adjectif
1. *Sur la plage, Maman me met de la crème solaire,* elle me met de la crème qui protège du soleil, qui empêche d'attraper des coups de soleil.
2. *Notre maison est chauffée à l'énergie solaire,* elle est chauffée grâce à l'énergie produite par le Soleil.

soldat nom masculin
Un soldat, c'est une personne qui est dans l'armée.
■ Tu peux dire aussi **militaire.**

sole nom féminin
Une sole, c'est un poisson de mer plat. *Aïcha mange une sole à la crème.*
■ Ne confonds pas sole et **sol.**

Une **sole.**

soleil nom masculin

1. Le Soleil, c'est l'astre qui donne la lumière et la chaleur à la Terre. *La Terre fait partie des planètes qui tournent autour du Soleil.*

2. Le soleil, c'est la lumière et la chaleur que le Soleil envoie. *Il n'y a pas de soleil aujourd'hui,* il ne fait pas beau. *Benjamin a mis des lunettes de soleil,* il a mis des lunettes qui protègent ses yeux du soleil.

Il porte un chapeau et des lunettes de **soleil**.

solfège nom masculin

Louis apprend le solfège, il apprend à lire et à écrire la musique.

① **solide** adjectif

Un objet solide, c'est un objet qui ne se casse pas facilement et qui ne s'abîme pas rapidement. *Tu peux monter sur cette chaise, elle est solide.*

■ Tu peux dire aussi **résistant.**

■ Le contraire de solide, c'est **fragile.**

② **solide** nom masculin

Un solide, c'est une matière dure, qui n'est ni un liquide ni un gaz. *La pierre, le bois sont des solides.*

solidité nom féminin

La solidité, c'est la qualité d'une chose qui est solide. *Papa vérifie la solidité de la poignée de sa valise.*

solitaire adjectif

Rémi est un enfant solitaire, c'est un enfant qui reste seul, qui n'aime pas être avec les autres.

solitude nom féminin

Madame Dulac vit dans une grande solitude, elle vit seule et elle ne voit presque jamais personne.

solution nom féminin

1. *Yafa a trouvé la solution du problème de mathématiques,* elle a trouvé le résultat du problème en réfléchissant et en faisant des calculs.

2. Une solution, c'est un moyen pour faire quelque chose de difficile. *Maman a trouvé une solution pour que mon petit frère n'ait plus peur la nuit, elle laisse une petite lampe allumée dans sa chambre.*

■ Cherche aussi **résoudre.**

sombre adjectif

1. *La cave est très sombre,* elle est mal éclairée, elle est obscure.

■ Le contraire de sombre, c'est **clair, ensoleillé.**

2. *Le bleu marine est une couleur sombre,* c'est une couleur foncée, une couleur plus proche du noir que du blanc. ■ Le contraire de sombre, c'est **clair.**

A B C D E F G H I J K L M N O P Q R S T U V W X Y Z

somme nom féminin

1. Une somme, c'est le résultat d'une addition. *8 est la somme de 6 plus 2,* 8 est le total de 6 plus 2.

2. Une somme, c'est une quantité d'argent. *Monsieur Masson a déposé une grosse somme d'argent à la banque.*

Basile tombe de **sommeil.**

sommeil nom masculin

Il est tard, Basile a sommeil, Basile a envie de dormir.

sommet nom masculin

Le sommet, c'est l'endroit le plus élevé. *Le sommet de la montagne est recouvert de neige.*

■ Tu peux dire aussi **cime.**

sommier nom masculin

Un sommier, c'est la partie d'un lit sur laquelle est posé le matelas.

La cloche **sonne.**

somnambule adjectif

Agathe est somnambule, elle se lève la nuit sans se réveiller et elle marche en dormant.

① **son, sa** adjectif

Logan a mis son bonnet, sa grosse veste et ses gants, il a mis le bonnet, la veste et les gants qui sont à lui.

Au masculin et au féminin pluriel : **ses.**

② **son** nom masculin

Un son, c'est ce que l'on entend. *J'ai reconnu Lilian au son de sa voix.*

■ Cherche aussi **bruit.**

sondage nom masculin

Un sondage, c'est une enquête que l'on fait auprès des gens pour savoir ce qu'ils pensent de quelque chose. *Maman a répondu à un sondage avant les élections.*

sonner verbe

1. *Les cloches de l'église ont sonné à midi,* elles ont fait leur bruit à midi. *Le téléphone sonne,* il fait le bruit qui signale que quelqu'un est en train d'appeler.

2. Sonner, c'est appuyer sur une sonnette.

Le téléphone **sonne.** Quelqu'un **sonne** à la porte.

a b c d e f g h i j k l m n o p q r s t u v w x y z

A B C D E F G H I J K L M N O P Q R S T U V W X Y Z

sonnerie nom féminin
Une sonnerie, c'est le bruit que fait un objet qui sonne. *Thomas a répondu au téléphone dès la première sonnerie.*

sonnette nom féminin
Une sonnette, c'est un mécanisme qui fait marcher une sonnerie quand on appuie dessus. *J'ai entendu un coup de sonnette à la porte.*

La **sorcière** s'envole sur son balai.

① **sorcier** nom masculin,
sorcière nom féminin
Un sorcier, une sorcière, c'est une personne qui a des pouvoirs magiques. *Les sorcières sont toujours laides et méchantes.*
■ Les sorcières n'existent pas vraiment. On les rencontre dans les contes de fées.

② **sorcier** adjectif
Ce n'est pas sorcier d'apprendre un petit poème par cœur, ce n'est pas difficile d'apprendre un petit poème par cœur.
■ Ce mot est familier.

sort nom masculin
1. Le sort, c'est ce qui arrive à quelqu'un dans sa vie, sans que l'on ne puisse rien y changer. *Julien est assez content de son sort.*
2. *Le nom du gagnant a été tiré au sort,* il a été pris au hasard, sans avoir été choisi.

sorte nom féminin
1. Une sorte, c'est un ensemble de personnes, d'animaux ou de choses qui se ressemblent. *Il existe plusieurs sortes de verres.* ■ Tu peux dire aussi **genre, type.**
2. *La robe que portait Capucine était une sorte de chemise de nuit,* sa robe ressemblait à une chemise de nuit mais ce n'en était pas une.
■ Tu peux dire aussi **espèce.**

sortie nom féminin
1. La sortie, c'est l'endroit par où l'on sort de quelque part. *La sortie est au fond du couloir. Où est la sortie de secours du cinéma ?* ■ Tu peux dire aussi **issue.**
■ Le contraire de sortie, c'est **entrée.**
2. La sortie, c'est le moment où l'on sort. *La sortie de l'école est à 4 heures et demie.*

sortir verbe
1. Sortir, c'est aller dehors. *Tristan est sorti jouer dans le jardin. Les enfants sortent de l'école à 4 heures et demie.*
2. Sortir, c'est enlever d'un endroit. *Maman sort son manteau du placard.*
■ Le contraire de sortir, c'est **entrer, rentrer.**

sosie nom masculin
Un sosie, c'est une personne qui ressemble exactement à une autre personne. *La mère de Sarah est le sosie d'une actrice de cinéma très connue.*

sot, sotte adjectif

Notre voisine est un peu sotte, elle est un peu bête, elle ne comprend rien.

- Tu peux dire aussi **idiot, stupide.**
- Le contraire de sot, c'est **intelligent.**
- Ne confonds pas sot, **saut** et **seau.**

sottise nom féminin

1. La sottise, c'est le défaut d'une personne qui ne comprend rien.
2. Une sottise, c'est quelque chose que l'on dit ou que l'on fait et qu'il ne fallait pas dire ou faire. *Arrête de dire des sottises !*

- Tu peux dire aussi **bêtise.**

sou nom masculin

Mon oncle a beaucoup de sous, il a beaucoup d'argent, il est riche.

➜ Au pluriel : des **sous**

- Ne confonds pas sou, **soûl** et **sous.**

souci nom masculin

Un souci, c'est quelque chose qui inquiète, qui empêche d'être bien. *Lucie se fait du souci pour son chien,* elle s'inquiète pour son chien, elle a peur qu'il soit arrivé quelque chose à son chien. *Monsieur Besson a des soucis.*

- Cherche aussi **ennui, problème.**

soucoupe nom féminin

1. Une soucoupe, c'est une petite assiette que l'on met sous une tasse.
2. Une soucoupe volante, c'est un objet mystérieux qui viendrait d'une autre planète et que des personnes croient voir dans le ciel. *Gabin dit qu'il a vu une soucoupe volante se poser dans la clairière.*

soudain adverbe

Soudain, c'est tout à coup, à un moment où l'on ne s'y attendait pas. *Tout était calme lorsque, soudain, on a entendu un cri.*

- Tu peux dire aussi **brusquement.**

souder verbe

Souder, c'est faire tenir ensemble deux morceaux de métal en les chauffant très fort pour les faire fondre. *Le plombier soude les deux tuyaux.*

Aurélien n'a pas un **sou** sur lui.

souffle nom masculin

1. Le souffle, c'est l'air qui sort de la bouche quand on respire.
2. Le souffle, c'est le mouvement de l'air. *Il n'y a pas un souffle de vent.*

➜ Ce mot s'écrit avec deux **f.**

A B C D E F G H I J K L M N O P Q R S T U V W X Y Z

souffler verbe

1. Souffler, c'est faire sortir de l'air par la bouche ou par le nez.

2. *Le vent souffle fort aujourd'hui,* il y a beaucoup de vent aujourd'hui.

Ce mot s'écrit avec deux **f.**

Le vent **souffle** fort.

Émilie **souffle** sur ses doigts pour les réchauffer.

souffrance nom féminin

La souffrance, c'est une sensation très désagréable que l'on ressent dans son corps quand on a mal. *Le médecin a fait une piqûre au blessé pour soulager sa souffrance.*

■ Tu peux dire aussi **douleur.**

Ce mot s'écrit avec deux **f.**

souffrant, souffrante adjectif

Juliette n'est pas allée à l'école aujourd'hui parce qu'elle est souffrante, elle n'est pas allée à l'école parce qu'elle est un peu malade.

Ce mot s'écrit avec deux **f.**

souffrir verbe

Souffrir, c'est avoir mal. *Aurélien s'est tordu le pied, il souffre beaucoup quand il marche.*

Ce mot s'écrit avec deux **f.**

souhait nom masculin

Un souhait, c'est l'envie très forte de faire ou d'avoir quelque chose. *Mon plus grand souhait est d'avoir un chat.*

■ Tu peux dire aussi **désir, vœu.**

souhaiter verbe

1. Souhaiter, c'est avoir envie de quelque chose. *Guillaume souhaite revoir Mélanie bientôt.* ■ Tu peux dire aussi **désirer.**

2. Souhaiter, c'est dire à quelqu'un que l'on espère qu'il aura ce qu'il désire. *Mamie nous a souhaité de bonnes vacances.*

soûl, soûle adjectif

Une personne soûle, c'est une personne qui a bu tellement d'alcool qu'elle ne tient plus très bien debout et qu'elle ne sait plus ce qu'elle dit.

■ Tu peux dire aussi **ivre.**

■ Ne confonds pas soûl, **sou** et **sous.**

soulager verbe

1. Soulager, c'est rendre une douleur moins forte. *Si tu as mal aux dents, ce médicament te soulagera.*

2. Soulager quelqu'un, c'est le débarrasser d'un souci. *Max n'a pas appris sa leçon, il est soulagé car ce n'est pas lui que le maître interroge,* il n'est plus inquiet.

Max est **soulagé**.

soulever verbe

Soulever, c'est lever pas très haut. *Papi soulève la chaise pour passer le balai dessous.*

soulier nom masculin

Un soulier, c'est une chaussure. *Marius a des souliers neufs.*

souligner verbe

Souligner, c'est tirer un trait sous un mot ou sous des mots. *Claire souligne tous les noms féminins du texte.*

soupçon nom masculin

Un soupçon, c'est l'impression que l'on a de savoir qui a fait quelque chose de mal. *On ne connaît pas encore le nom du voleur, mais la police a des soupçons.*

Ce mot s'écrit avec un **ç**.

soupçonner verbe

Soupçonner une personne, c'est penser qu'elle a fait quelque chose de mal, sans avoir de preuve. *La maîtresse soupçonne Arthur d'avoir copié sur Jeanne.*

Ce mot s'écrit avec un **ç**.

soupe nom féminin

La soupe, c'est un aliment liquide, plus ou moins épais, qui est fait avec des légumes écrasés dans de l'eau.

Cherche aussi **potage**.

soupir nom masculin

Un soupir, c'est un bruit que l'on fait quand on respire puis qu'on souffle fort parce qu'on s'ennuie ou parce qu'on est soulagé. *Audrey pousse de gros soupirs en faisant son addition. Papi a poussé un soupir quand il a su que tout le monde était bien arrivé.*

soupirer verbe

Soupirer, c'est pousser un soupir. *Audrey soupire en faisant son addition.*

souple adjectif

1. *Le caoutchouc est une matière souple,* le caoutchouc est une matière que l'on peut plier sans la casser. Le contraire de souple, c'est **rigide**.

2. *Gaétan est bon en gymnastique car il est souple,* il est bon en gymnastique car il peut plier son corps et le bouger très facilement, il n'est pas raide.

souplesse nom féminin

Les chats sont des animaux d'une grande souplesse, les chats sont des animaux dont le corps est très souple.

source nom féminin

1. Une source, c'est de l'eau qui sort du sol. *La source jaillit entre deux rochers.*
2. La source d'un fleuve, c'est l'endroit où le fleuve commence.

sourcil nom masculin

Le sourcil, c'est la ligne de poils qui est au-dessus de chaque œil. *Papi a des sourcils très épais.*

On ne prononce pas le **l** qui est à la fin.

sourd, sourde adjectif

Une personne sourde, c'est une personne qui n'entend pas ou qui entend très mal. *Notre voisine est devenue un peu sourde en vieillissant.*

La grand-mère de Rémi est **sourde**, il faut lui parler fort.

souriant, souriante adjectif

Coline est très souriante, elle sourit souvent et elle est aimable et gaie.

① **sourire** verbe

Sourire, c'est faire remonter un peu les coins de sa bouche vers les oreilles en fermant un peu les yeux pour montrer que l'on est content ou que l'on veut être aimable. *La vendeuse sourit à la cliente qui vient d'entrer dans le magasin.*

■ Quand on sourit on ne fait pas de bruit, alors que quand on rit cela s'entend.

② **sourire** nom masculin

Le sourire, c'est le mouvement de la bouche et des yeux que l'on fait quand on sourit. *Arthur a un joli sourire.*

■ Cherche aussi **rire.**

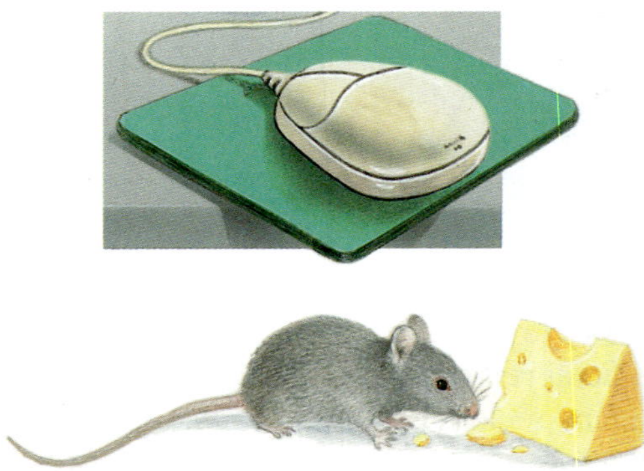

Combien vois-tu de **souris** ?

souris nom féminin

1. Une souris, c'est un petit animal qui a des poils gris ou des poils blancs et une longue queue. *Les souris sont plus petites que les rats. La souris est un rongeur.*
2. Une souris, c'est une pièce d'ordinateur qui ressemble à une petite boîte et que l'on fait bouger pour se déplacer sur l'écran.

sous préposition

Sous, c'est en bas par rapport à quelque chose qui est en haut, c'est en dessous. *Le chien s'est réfugié sous le lit.*

■ Le contraire de sous, c'est **sur.**

■ Ne confonds pas sous, **sou** et **soûl.**

sous-marin nom masculin
Un sous-marin, c'est un navire qui peut naviguer sous l'eau.
➾ Au pluriel : des **sous-marins.**

sous-sol nom masculin
Le sous-sol, c'est la partie d'une maison qui est sous le rez-de-chaussée. *Papa descend au sous-sol pour prendre sa voiture dans le parking.*
➾ Au pluriel : des **sous-sols.**

soustraction nom féminin
Une soustraction, c'est une opération par laquelle on retranche un nombre d'un autre. *Élise sait faire les soustractions.*
■ Le contraire de soustraction, c'est **addition.**

soustraire verbe
Soustraire, c'est retrancher un nombre d'un autre. *Élise soustrait 5 de 15,* elle fait la soustraction : 15 – 5.
■ Le contraire de soustraire, c'est **additionner.**

sous-vêtement nom masculin
Un sous-vêtement, c'est un vêtement que l'on porte sous les vêtements. *Les culottes et les slips sont des sous-vêtements.*
➾ Au pluriel : des **sous-vêtements.**

Le chien est caché **sous** le lit. Le chat est couché sur le lit.

soutenir verbe
1. *De grosses poutres soutiennent le toit,* elles portent le toit par-dessous et l'aident à tenir. ■ Tu peux dire aussi **supporter.**
2. *L'infirmière soutient le malade qui n'arrive pas à marcher tout seul,* elle tient le malade pour l'aider à rester debout et à marcher.

① **souterrain** nom masculin
Un souterrain, c'est un passage sous le sol. *Nora et Yassine ont découvert l'entrée des souterrains du château.*

② **souterrain, souterraine** adjectif
Un passage souterrain, c'est un passage qui passe sous le sol. *Il faut prendre le passage souterrain pour traverser l'avenue.*

souvenir nom masculin
1. Un souvenir, c'est un moment dont on se souvient. *Mamie aime bien nous raconter ses souvenirs de jeunesse.*
2. Un souvenir, c'est un objet que l'on rapporte d'un voyage pour se souvenir d'un endroit ou un objet qui a appartenu à une personne et que l'on garde pour se souvenir d'elle. *Papa aime beaucoup ce vieux fauteuil car c'est un souvenir de son oncle Henri.*

se **souvenir** verbe
Se souvenir, c'est faire venir dans sa mémoire. *Maman se souvient du jour où Martin a commencé à marcher.*
■ Tu peux dire aussi se **rappeler.**
■ Le contraire de se souvenir, c'est **oublier.**

A B C D E F G H I J K L M N O P Q R S T U V W X Y Z

souvent adverbe
Souvent, c'est plusieurs fois de suite. *Il pleut souvent depuis un mois.*
■ Tu peux dire aussi **fréquemment.**
■ Le contraire de souvent, c'est **jamais, rarement.**

spaghetti nom masculin
Les spaghettis, ce sont des pâtes longues et fines. *Arnaud aime les spaghettis à la sauce tomate.*
■ Ce mot vient de l'italien.

Arnaud mange des **spaghettis.**

sparadrap nom masculin
Le sparadrap, c'est un tissu collant que l'on utilise pour faire des pansements.
➾ On ne prononce pas le **p** qui est à la fin.

spatial, spatiale adjectif
Un engin spatial, c'est un engin qui voyage dans l'espace. *Les cosmonautes viennent de rentrer de leur voyage spatial,* ils viennent de rentrer de leur voyage dans l'espace.
➾ Au masculin pluriel : **spatiaux.**
➾ Au féminin pluriel : **spatiales.**

spécial, spéciale adjectif
Mamie a un produit spécial pour enlever les taches, elle a un produit fait exprès pour cela, un produit particulier.
➾ Au masculin pluriel : **spéciaux.**
➾ Au féminin pluriel : **spéciales.**

spécialement adverbe
Spécialement, c'est plus que tout le reste. *Flora aime tous les fruits, spécialement les bananes.*
■ Tu peux dire aussi **particulièrement, surtout.**

spectacle nom masculin
Un spectacle, c'est ce que l'on montre au public pour le distraire, c'est un film, une pièce de théâtre, un opéra, un ballet. *Félix et Célia sont allés voir un spectacle de marionnettes.*

spectateur nom masculin,
spectatrice nom féminin
Un spectateur, une spectatrice, c'est une personne qui regarde un spectacle ou une compétition sportive. *Les spectateurs ont beaucoup applaudi les comédiens.*

sphère nom féminin
Une sphère, c'est une boule. *La Terre a la forme d'une sphère.*

spirale nom féminin
Une spirale, c'est une ligne qui s'enroule en montant ou en descendant. *Augustin dessine dans un grand cahier à spirale.*

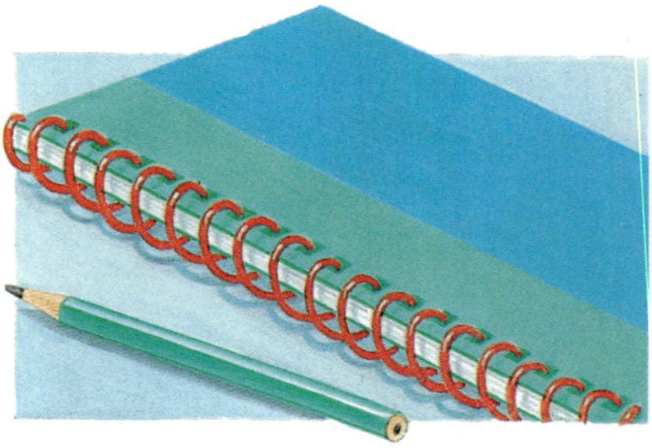

Un carnet à **spirale.**

splendide adjectif
Il fait un temps splendide, aujourd'hui, il fait un temps magnifique, il fait très beau aujourd'hui.
- Tu peux dire aussi **superbe.**
- Le contraire de splendide, c'est **affreux, horrible.**

sport nom masculin
Le sport, c'est un exercice que l'on fait faire à son corps, régulièrement, en suivant certaines règles, pour faire un effort ou pour jouer ou se battre contre quelqu'un. *Papi fait du sport le dimanche matin. Il y a un terrain de sport derrière l'école. La gymnastique, la natation, l'équitation, le golf, le football, la boxe sont des sports.*

Ali porte une tenue de **sport.**

① **sportif, sportive** adjectif
Un match de tennis est une compétition sportive, c'est une compétition de sport. *Papa écoute les commentaires du journaliste sportif,* il écoute ce que dit le journaliste qui s'occupe de sport.

② **sportif** nom masculin, **sportive** nom féminin
Un sportif, une sportive, c'est une personne qui aime faire du sport et qui en fait régulièrement.

square nom masculin
Un square, c'est un petit jardin public, dans une ville. *Adèle et Guillaume font du toboggan dans le square.*

squelette nom masculin
Le squelette, c'est l'ensemble des os du corps.

stable adjectif
Tu peux monter sur l'échelle, elle est bien stable, elle tient bien en équilibre sur ses pieds, elle ne bouge pas.
- Le contraire de stable, c'est **bancal.**

stade nom masculin
Un stade, c'est un terrain de sport. *Mon cousin va au stade pour s'entraîner à la course une fois par semaine.*

stand nom masculin
Un stand, c'est un emplacement réservé dans une kermesse ou une exposition. *À la fête de l'école, Maman tient un stand où l'on vend des gâteaux et des confitures.*
- Ce mot vient de l'anglais.
- ➜ On prononce le **d** qui est à la fin.

Kevin s'amuse au **stand** du « chamboule-tout ».

a b c d e f g h i j k l m n o p q r s t u v w x y z

A B C D E F G H I J K L M N O P Q R S T U V W X Y Z

station nom féminin

1. Une station, c'est l'endroit où un bus, un car, un métro ou un taxi s'arrête régulièrement. *Nous descendons à la prochaine station.*
■ Tu peux dire aussi **arrêt.** *Il y a une file de taxis qui attendent à la station.*

2. Une station de sports d'hiver, c'est un village dans la montagne où tout est organisé pour faire du ski.

stationnement nom masculin

Le stationnement est interdit sur le pont, on ne peut pas garer sa voiture, on ne peut pas stationner sur le pont.

stationner verbe

Stationner, c'est garer sa voiture dans la rue. *Il est interdit de stationner sur le pont.*

station-service nom féminin

Une station-service, c'est un endroit où l'on vend de l'essence pour les voitures. *Nous nous sommes arrêtés dans une station-service sur l'autoroute.*
➾ Au pluriel : des **stations-services.**

statue nom féminin

Une statue, c'est une sculpture qui représente une personne ou un animal tout entier. *Il y a une statue de Jeanne d'Arc à Orléans.*

steak nom masculin

Un steak, c'est un morceau de viande de bœuf. *Charles mange un steak au poivre avec des frites.*
■ Tu peux dire aussi **bifteck.**
■ Ce mot vient de l'anglais.

stock nom masculin

Le stock, c'est l'ensemble des marchandises qu'un commerçant a en réserve. *Le marchand de chaussures va voir dans son stock s'il lui reste des sandales à ma pointure.*
■ Ce mot vient de l'anglais.

① **stop !** interjection

Stop, c'est un mot que l'on dit pour ordonner de s'arrêter. *Stop ! n'allez pas plus loin.*
■ Ce mot vient de l'anglais.

② **stop** nom masculin

Un stop, c'est un panneau qui oblige les automobilistes à s'arrêter. *Il faut bien s'arrêter au stop au carrefour !*

Il y a du soleil, Constance baisse le **store.**

store nom masculin

Un store, c'est un rideau fait de tissu ou de petits morceaux de plastique ou de bois minces et étroits que l'on déroule devant une fenêtre.

strapontin nom masculin
Un strapontin, c'est un petit siège attaché quelque part, qui se replie. *Au théâtre, Barthélemy était assis sur un strapontin au bout du rang.*

strophe nom féminin
Une strophe, c'est un ensemble de vers qui se suivent et sont séparés des autres, dans un poème. *Ce poème a quatre strophes.*
■ Cherche aussi **couplet.**

studio nom masculin
1. Un studio, c'est un petit appartement d'une seule pièce. *Pierre habite dans un studio.*
2. Un studio, c'est un endroit où il y a tout ce qu'il faut pour tourner un film ou une émission de télévision, pour faire une émission de radio ou un disque. *Cette scène du film a été tournée en studio.*

stupide adjectif
La voisine est stupide, elle ne comprend rien à ce qu'on lui dit, elle est bête.
■ Tu peux dire aussi **idiot, sot.**
■ Le contraire de stupide, c'est **intelligent.**

stupidité nom féminin
La stupidité, c'est le défaut d'une personne stupide, qui ne comprend rien.
■ Tu peux dire aussi **bêtise, sottise.**
■ Le contraire de stupidité, c'est **intelligence.**

stylo nom masculin
Un stylo, c'est un objet qui sert à écrire avec de l'encre. *Papi a un stylo avec une plume en or.*
■ Stylo, c'est le mot **stylographe** en plus court.
■ Cherche aussi **feutre.**

subir verbe
Subir, c'est supporter quelque chose de désagréable parce que l'on y est obligé. *Le voleur a subi un long interrogatoire. Mamie a subi une opération,* elle a été opérée.

subitement adverbe
Subitement, c'est tout d'un coup, alors que personne ne pensait que cela pouvait arriver à ce moment-là. *Notre voisine est morte subitement.*

succéder verbe
1. Succéder, c'est venir après. *L'été succède au printemps,* l'été suit le printemps.
2. Se succéder, c'est venir l'un après l'autre. *Jean et Marie se sont succédé dans le bureau de la directrice.*
■ Le contraire de succéder, c'est **précéder.**

succès nom masculin
1. Un succès, c'est un bon résultat. *Ma sœur a passé son permis de conduire avec succès,* elle a eu son permis de conduire. ■ Cherche aussi **réussite.** ■ Le contraire de succès, c'est **échec.**
2. *Ce film a beaucoup de succès,* il plaît à de nombreuses personnes.

successeur nom masculin
Un successeur, c'est une personne qui succède à une autre. *La directrice de l'école a présenté son successeur aux professeurs.*

succession nom féminin
Une succession, c'est une suite de choses qui arrivent les unes après les autres. *Maman a reçu une succession de coups de téléphone.*
■ Cherche aussi **série.**

a b c d e f g h i j k l m n o p q r s t u v w x y z

sucer verbe

1. Sucer, c'est faire fondre dans la bouche sans croquer.

2. *Le bébé suce son pouce,* il met son pouce dans sa bouche et le tète comme si c'était une tétine.

Elsa **suce** une **sucette**. Théo **suce** son pouce.

sucette nom féminin

Une sucette, c'est un bonbon fixé au bout d'un petit bâton et que l'on suce.

sucre nom masculin

Le sucre, c'est une matière blanche au goût très doux, qui fond dans l'eau. *Maman met deux morceaux de sucre dans son thé. Louis met du sucre en poudre sur ses fraises.*

■ On trouve le sucre dans deux plantes : la **betterave à sucre** et la **canne à sucre.**

sucré, sucrée adjectif

Mon café n'est pas assez sucré, il n'y a pas assez de sucre dedans.

sucrier nom masculin

Un sucrier, c'est un récipient dans lequel on met le sucre. *Papi a sorti les tasses, la théière et le sucrier.*

sud nom masculin

Le sud, c'est l'un des quatre points grâce auxquels on peut savoir où se trouvent des lieux. *L'Espagne est au sud de la France.*

■ Le nord, l'est, l'ouest, le sud.

■ Sur une carte de géographie, le sud est toujours en bas.

suer verbe

Suer, c'est avoir des gouttes de sueur sur la peau.

■ Tu peux dire aussi **transpirer.**

Hugo **sue** à grosses gouttes.

sueur nom féminin

La sueur, c'est un liquide qui sort de la peau quand on a chaud ou quand on a peur. *La chemise d'Arnaud est trempée de sueur.*

■ Tu peux dire aussi **transpiration.**

suffire verbe

1. Suffire, c'est être assez nombreux. *Six œufs suffiront pour nous faire une omelette.*

2. *Pour que l'eau soit bien fraîche, il suffit de mettre un glaçon dans le verre,* il faut seulement mettre un glaçon dans le verre, il n'y a qu'à mettre un glaçon dans le verre.
Ce mot s'écrit avec deux **f.**

suffisamment adverbe
Suffisamment, c'est assez. *Cassandra pense qu'elle a suffisamment travaillé aujourd'hui.*
Ce mot s'écrit avec deux **f** et deux **m.**

suffisant, suffisante adjectif
Le nombre de chaises est suffisant pour que tout le monde puisse s'asseoir, il y a assez de chaises pour que tout le monde puisse s'asseoir.
■ Le contraire de suffisant, c'est **insuffisant.**
Ce mot s'écrit avec deux **f.**

se **suicider** verbe
Se suicider, c'est se tuer volontairement.

suite nom féminin
1. Une suite, c'est un ensemble de choses qui se suivent. *Un numéro de téléphone, c'est une suite de chiffres.*
■ Tu peux dire aussi **série, succession.**
2. La suite, c'est ce qui suit, ce qui vient après. *Papi me racontera la suite de l'histoire demain.*
3. *Édouard s'est couché tout de suite après le dîner,* il s'est couché immédiatement après le dîner, il s'est couché sans attendre.

suivant, suivante adjectif
La solution du rébus est à la page suivante, elle est à la page qui est après, à la page qui suit.
■ Le contraire de suivant, c'est **précédent.**

suivre verbe
1. Suivre, c'est aller derrière. *Papa marche devant, Maman et moi nous le suivons.*
2. Suivre, c'est venir après. *Le mois de février suit le mois de janvier.* ■ Cherche aussi **succéder.**
■ Le contraire de suivre, c'est **précéder.**
3. *Suivez cette route jusqu'au carrefour,* prenez cette route et continuez jusqu'au carrefour.
4. *Jonas a suivi les conseils de Bérengère,* il a fait ce qu'elle lui a conseillé de faire.
5. *Amélie suit bien en classe,* elle travaille bien et elle comprend tout.

sujet nom masculin
Le sujet, c'est ce dont il est question. *Quel est le sujet de cette histoire ?* de quoi parle cette histoire ? *Mes parents ont eu une conversation au sujet des vacances,* ils ont parlé des vacances.

superbe adjectif
Il fait un temps superbe, il fait très beau.
■ Tu peux dire aussi **magnifique, splendide.**
■ Le contraire de superbe, c'est **affreux, horrible.**

superficie nom féminin
Une superficie, c'est la grandeur d'une étendue. *L'appartement de Maxime et de Delphine a une superficie de 60 mètres carrés.*
■ Tu peux dire aussi **surface.**

A B C D E F G H I J K L M N O P Q R S T U V W X Y Z

supérieur, supérieure adjectif
1. *Les chambres sont à l'étage supérieur,* elles sont à l'étage du dessus. *Les bras sont les membres supérieurs,* ce sont les membres du haut du corps.
2. *Dix est supérieur à huit,* dix est un nombre plus grand que huit.
■ Le contraire de supérieur, c'est **inférieur.**

supermarché nom masculin
Un supermarché, c'est un grand magasin où l'on vend de tout et où l'on se sert soi-même. *Papa et Maman font les courses au supermarché.*

Martin et Lucas dorment dans des lits **superposés.**

superposé, superposée adjectif
Des lits superposés, ce sont des lits qui sont l'un au-dessus de l'autre.

superstitieux, superstitieuse adjectif
Une personne superstitieuse, c'est une personne qui croit que certaines choses portent bonheur et que d'autres portent malheur. *Laura est superstitieuse, elle ne passe jamais sous une échelle.*

supplément nom masculin
Un supplément, c'est quelque chose que l'on ajoute. *Il a fallu payer un supplément pour prendre ce train.*

supplémentaire adjectif
Une chose supplémentaire, c'est une chose qui est en plus de ce qu'il y a d'habitude. *Il fait froid, je vais te donner une couverture supplémentaire pour cette nuit.*

supplier verbe
Supplier, c'est demander en insistant beaucoup. *Je t'en supplie, prête-moi ta corde à sauter.*
■ Cherche aussi **prier.**

supporter verbe
1. Supporter, c'est porter un poids assez lourd. *Les poutres supportent le plafond.* ■ Tu peux dire aussi **soutenir.**
2. Supporter, c'est accepter quelque chose de désagréable et pouvoir y résister. *Cette plante ne supporte pas la chaleur. Papi a du mal à supporter que nous fassions du bruit.*

supposer verbe
Supposer, c'est penser que quelque chose est possible sans en être sûr et sans avoir de preuve. *Il n'y a plus de bonbons dans la boîte, je suppose que Clément les a tous mangés.*

suppositoire nom masculin
Un suppositoire, c'est un médicament que l'on met dans le derrière. *Maman a mis un suppositoire à ma petite sœur parce qu'elle tousse.*

supprimer verbe
Supprimer, c'est faire disparaître. *On a supprimé la baignoire dans la salle de bains et on a mis une cabine de douche à la place.*
■ Tu peux dire aussi **enlever.**

Le chat est **sur** le toit.

sur préposition
Sur, c'est un mot qui indique qu'une personne, un animal ou une chose est au-dessus d'une personne, d'un animal ou d'une chose. *Papa me porte sur ses épaules. Samuel est monté sur le cheval. Les cahiers sont sur le bureau.*
■ Le contraire de sur, c'est **sous.**
■ Ne confonds pas sur et **sûr.**

sûr, sûre adjectif
1. *Coralie était sûre qu'il allait pleuvoir,* elle savait qu'elle ne se trompait pas en pensant qu'il allait pleuvoir. ■ Tu peux dire aussi **certain.**
2. *Aurélien doit venir goûter à la maison, mais ce n'est pas sûr,* peut-être qu'Aurélien ne viendra pas.
3. *Est-ce que tu m'accompagneras à l'école, Papa ? — Mais oui, bien sûr,* mais oui, évidemment, c'est certain, je vais t'accompagner.
■ Ne confonds pas sûr et **sur.**

sûrement adverbe
Hippolyte va sûrement venir ce soir, c'est sûr qu'Hippolyte va venir ce soir.
■ Tu peux dire aussi **certainement.**
■ Le contraire de sûrement, c'est **peut-être.**

sûreté nom féminin
Les bijoux de Maman sont en sûreté dans un coffre, les bijoux de Maman sont dans un coffre où ils sont à l'abri, dans lequel ils ne risquent pas d'être volés.
■ Tu peux dire aussi **sécurité.**

surf nom masculin
Le surf, c'est un sport où l'on doit se tenir debout sur une planche qui glisse sur de grosses vagues. *Charles a fait du surf à Biarritz.*
■ On fait aussi du surf sur la neige.
■ Ce mot vient de l'anglais.

Clément fait du **surf** des neiges.

A B C D E F G H I J K L M N O P Q R S T U V W X Y Z

surface nom féminin

1. La surface, c'est le dessus d'une étendue d'eau. *Amine a plongé et il est remonté à la surface.* ■ Le contraire de surface, c'est **fond.**

2. Une surface, c'est la grandeur d'une étendue. *Ma chambre a une surface de 8 mètres carrés.* ■ Tu peux dire aussi **superficie.**

surgelé, surgelée adjectif

Un aliment surgelé, c'est un aliment que l'on conserve à une température bien plus basse que zéro degré. *Maman sort la pizza surgelée du congélateur et la met dans le four.*

surgir verbe

Surgir, c'est apparaître tout à coup, sans qu'on s'y attende. *Un avion a surgi des nuages.*

surnom nom masculin

Un surnom, c'est un nom que l'on donne à quelqu'un à la place de son vrai nom. *Lapin est le surnom de Dominique parce qu'elle mange beaucoup de carottes.*

surprendre verbe

1. Surprendre quelqu'un, c'est le trouver en train de faire quelque chose alors qu'il ne s'y attendait pas. *Paul a surpris Léa qui fouillait dans ses affaires.*

2. *Cela m'a surpris de voir la neige ce matin en me réveillant,* cela m'a étonné, je ne m'y attendais pas.

surprise nom féminin

Une surprise, c'est quelque chose que l'on n'attendait pas. *Alexia a eu la surprise de trouver ses amis chez elle pour son anniversaire.*

sursauter verbe

Sursauter, c'est se mettre droit tout d'un coup, sans le faire exprès, quand on est surpris ou réveillé brusquement.

Jérôme **sursaute.**

surtout adverbe

1. *Laetitia aime beaucoup les gâteaux, surtout les éclairs,* elle aime les éclairs encore plus que les autres gâteaux. ■ Tu peux dire aussi **particulièrement, spécialement.**

2. Surtout, c'est avant tout. *Surtout, n'oublie pas tes skis !* il faut vraiment que tu n'oublies pas tes skis.

surveillant nom masculin, **surveillante** nom féminin

Un surveillant, une surveillante, c'est une personne qui surveille les élèves dans un collège ou dans un lycée.

surveiller verbe

Surveiller quelqu'un, c'est rester avec lui, en faisant attention, pour qu'il ne lui arrive rien ou pour l'empêcher de faire quelque chose de mal ou de dangereux. *Bérénice surveille son petit frère qui prend son bain.*

survêtement nom masculin
Un survêtement, c'est un vêtement composé d'un pantalon et d'une veste que l'on met pour faire du sport ou après avoir fait du sport pour ne pas avoir froid.

survivant nom masculin,
survivante nom féminin
Un survivant, une survivante, c'est une personne qui est encore en vie après un accident dans lequel elle aurait pu mourir et où d'autres personnes sont mortes. *Les pompiers ont sorti deux survivants de l'incendie.*
■ Cherche aussi **rescapé.**

survoler verbe
Survoler, c'est voler au-dessus. *L'avion survole le désert.*

susceptible adjectif
Une personne susceptible, c'est une personne qui ne supporte pas qu'on lui fasse des réflexions, qui se vexe facilement. *Gabriel est très susceptible, on ne peut pas plaisanter avec lui.*

suspect, suspecte adjectif
Une personne ou une chose suspecte, c'est une personne ou une chose bizarre dont on sent qu'il faut se méfier. *Un colis suspect a été déposé devant la poste.*
■ Tu peux dire aussi **louche.**

suspendre verbe
1. Suspendre, c'est faire tenir en laissant pendre, c'est accrocher. *Coline suspend sa veste au portemanteau.*
2. Se suspendre, c'est se tenir pendu. *L'acrobate se suspend au trapèze par les pieds.*

suspense nom masculin
Le suspense, c'est le moment d'une histoire où l'on a peur en attendant la suite et où l'on se demande comment elle va se terminer. *Nicolas aime bien les films à suspense.*
■ Ce mot vient de l'anglais.

syllabe nom féminin
Une syllabe, c'est une lettre ou un groupe de lettres que l'on prononce d'un seul coup. *Il y a 2 syllabes dans le mot « couteau » : « cou » et « teau ».*

sympathie nom féminin
La sympathie, c'est le sentiment que l'on éprouve pour une personne que l'on trouve agréable et gentille et avec laquelle on pense que l'on pourrait devenir ami. *Mes parents ont beaucoup de sympathie pour la directrice de l'école.*
➾ Il y a un **h** après le **t.**

Ce colis est vraiment **suspect** !

sympathique adjectif
Une personne sympathique, c'est une personne aimable avec qui on aimerait être ami. *La sœur de William est très sympathique.*
■ Le contraire de sympathique, c'est **antipathique.**
➾ Il y a un **h** après le **t.**

synagogue nom féminin
Une synagogue, c'est un bâtiment dans lequel les juifs vont prier. *Esther et Samuel se sont mariés à la synagogue.*
■ Les catholiques vont prier à l'**église,** les protestants au **temple,** les bouddhistes à la **pagode** et les musulmans à la **mosquée.**

synonyme nom masculin
Un synonyme, c'est un mot qui veut dire la même chose qu'un autre mot. *« Beau » est le synonyme de « joli ».*

■ Le contraire de synonyme, c'est **contraire :** « laid » est le **contraire** de « joli ».

➾ Ce mot s'écrit avec deux **y.**

système nom masculin

1. Un système, c'est un ensemble de choses qui marchent ensemble et forment un tout. *Le cerveau et les nerfs font partie du système nerveux.*

2. Un système, c'est un moyen pour arriver à faire quelque chose. *Basile a trouvé un système pour faire tenir ses lunettes quand il joue au football.* ■ Tu peux dire aussi **méthode.**

ta → va voir **ton.**

tabac nom masculin

1. Le tabac, c'est une plante qui a de grandes feuilles que l'on fait sécher pour les fumer.
2. Un tabac, c'est un magasin où l'on vend des cigarettes, des cigares, des allumettes, des briquets, des timbres, etc.

On ne prononce pas le **c** qui est à la fin.

Avec le **tabac** on fait des cigarettes et des cigares, on peut aussi fumer le tabac dans une pipe.

table nom féminin

1. Une table, c'est un meuble fait d'un plateau posé sur un ou plusieurs pieds. *Estelle pose les assiettes sur la table de la salle à manger.*
2. *Théo met la table,* il met tout ce qu'il faut sur la table pour le repas, il met le couvert.
3. Une table, c'est une sorte de liste. *Anatole apprend ses tables de multiplication,* il apprend la liste des multiplications des nombres de 1 à 10 avec leur résultat. *Lou regarde la table des matières de son livre,* elle regarde la liste des chapitres de son livre.

tableau nom masculin

1. Un tableau, c'est un dessin fait avec de la peinture et mis dans un cadre pour l'accrocher au mur. *On voit beaucoup de tableaux dans les musées.* ■ Tu peux dire aussi **toile.**
2. Un tableau, c'est une plaque sur laquelle on peut écrire. *Le maître a écrit la récitation au tableau.*
3. Un tableau, c'est une sorte de liste de renseignements. *Il y a un tableau des conjugaisons au début de ton dictionnaire.*

Au pluriel : des **tableaux.**

A B C D E F G H I J K L M N O P Q R S **T** U V W X Y Z

tablette nom féminin
1. Une tablette, c'est une petite étagère. *Le verre à dents est sur la tablette au-dessus du lavabo.*
2. Une tablette, c'est une petite plaque. *Tristan a partagé une tablette de chocolat avec son frère.*

tablier nom masculin
Un tablier, c'est un vêtement que l'on met par dessus les autres pour ne pas les salir. *Camille met un tablier quand elle fait de la peinture.*

tabouret nom masculin
Un tabouret, c'est un siège sans bras ni dossier, pour une seule personne. *Tatiana monte sur le tabouret pour attraper le pot de confiture.*

tache nom féminin
1. Une tache, c'est une trace de saleté. *Damien a fait des taches sur son pull en mangeant des pâtes à la sauce tomate.*
2. Une tache, c'est une petite étendue de couleur différente. *La panthère a un pelage jaune avec des taches noires.*

tâche nom féminin
Une tâche, c'est un travail à faire. *Aujourd'hui, c'est Mohammed qui a la tâche d'effacer le tableau.*
➾ Ce mot s'écrit avec un **â.**

tacher verbe
Tacher, c'est faire une ou plusieurs taches. *Rose a taché son tee-shirt en faisant de la peinture.*
■ Ne confonds pas tacher et **tâcher.**

tâcher verbe
Tâcher, c'est faire tout ce que l'on peut pour arriver à faire quelque chose. *Sally va tâcher d'apprendre ses leçons toute seule.*
■ Tu peux dire aussi **s'efforcer, essayer.**
■ Ne confonds pas tâcher et **tacher.**
➾ Ce mot s'écrit avec un **â.**

taie nom féminin
Une taie, c'est une enveloppe en tissu dans laquelle on met un oreiller.

Le **tailleur** prend les mesures de Monsieur Dupré.

taille nom féminin
1. Une taille, c'est une grandeur. *La taille de Zoé est 1 mètre 30,* la hauteur du corps de Zoé est de 1 mètre 30, Zoé mesure 1 mètre 30. *Quentin a un pull de taille 8 ans,* il a un pull fait pour un enfant de 8 ans.
2. La taille, c'est la partie du corps qui est sous les côtes et au-dessus des hanches. *Marie s'est mis une ceinture autour de la taille.*

taille-crayon nom masculin
Un taille-crayon, c'est un instrument qui sert à tailler les crayons. *Vincent range son taille-crayon dans sa trousse.*
➾ Au pluriel : des **taille-crayons.**

tailler verbe
Tailler, c'est couper pour donner une forme particulière. *Vincent taille son crayon parce que la mine s'est cassée. Le jardinier taille la haie.*

tailleur nom masculin
1. Un tailleur, c'est un homme dont le métier est de faire des vêtements pour les hommes. *Monsieur Dupré est allé chez son tailleur pour se faire faire un costume.* ■ Cherche aussi **couturier.**
2. Un tailleur, c'est un costume de femme, fait d'une jupe et d'une veste assorties. *Maman se met en tailleur pour aller travailler.*
3. *Angélique est assise en tailleur,* elle est assise par terre les jambes pliées, les genoux écartés et les pieds croisés.

se **taire** verbe
Se taire, c'est ne pas parler, garder le silence. *Tais-toi, laisse-moi lire tranquille ! Emma s'est tue quand le directeur est entré dans la classe.*
■ Le contraire de se taire, c'est **parler.**

talent nom masculin
Le talent, c'est une qualité qui permet de réussir, c'est un don. *Ce chanteur a beaucoup de talent,* il chante très bien, c'est un grand artiste.

talon nom masculin
1. Le talon, c'est l'arrière du pied.
2. Le talon, c'est la partie arrière d'une chaussette ou d'une chaussure.

tambour nom masculin
Un tambour, c'est un instrument de musique qui a la forme d'un cylindre sur lequel on tape avec des baguettes. *Blaise joue du tambour.*

tambourin nom masculin
Un tambourin, c'est un petit tambour avec des grelots tout autour.

tampon nom masculin
Un tampon, c'est une plaque de caoutchouc portant une inscription que l'on imprime sur du papier. *Le pharmacien donne un coup de tampon sur l'ordonnance.*

tandis que conjonction
Inès met le couvert, tandis que Guillaume ferme les volets, Inès met le couvert et pendant ce temps Guillaume ferme les volets.

tanière nom féminin
Une tanière, c'est un trou dans lequel un animal sauvage se met à l'abri. *Le renard est rentré dans sa tanière.*
■ Cherche aussi **terrier.**

tank nom masculin
Un tank, c'est un véhicule avec un canon, qui peut rouler partout. Il est utilisé par les militaires. *Des tanks ont encerclé la ville.*

Antonin marche sur la pointe des pieds, sans poser le **talon** par terre. Amélie a des chaussures à **talons.**

A B C D E F G H I J K L M N O P Q R S T U V W X Y Z

tant adverbe
1. *Jean a tant mangé de bonbons que maintenant il a mal au cœur,* Jean a mangé beaucoup trop de bonbons, il a mangé tellement de bonbons que cela lui a donné mal au cœur.
2. *La récréation aura lieu sous le préau tant qu'il neigera,* la récréation aura lieu sous le préau pendant tout le temps où il neigera.
3. *Timéo va bientôt arriver, tant mieux !* c'est une bonne chose, je suis content. *Titouan est déjà parti, tant pis !* c'est dommage mais ce n'est pas grave.
■ Ne confonds pas tant, **taon** et **temps.**

tante nom féminin
La tante, c'est la sœur du père ou de la mère. *L'oncle et la tante de Charles et de Louise viennent déjeuner dimanche.* ■ Charles et Louise sont leur **neveu** et leur **nièce.**
■ Ne confonds pas tante et **tente.**

taon nom masculin
Un taon, c'est une grosse mouche qui pique. *Julie s'est fait piquer par un taon.*
■ Ne confonds pas taon, **tant** et **temps.**

tape nom féminin
Une tape, c'est un petit coup donné avec la main. *Christophe m'a donné une petite tape sur l'épaule.*

taper verbe
1. Taper, c'est donner des coups. *Mathilde a tapé son petit frère. On a tapé à la porte,* on a frappé à la porte.

Ali **tape** dans le ballon.

2. *La secrétaire tape une lettre,* elle écrit une lettre avec une machine à écrire ou un ordinateur.

tapis nom masculin
Un tapis, c'est un tissu épais que l'on met par terre dans une pièce. *Solène s'est assise sur le tapis du salon.*
■ Cherche aussi **moquette.**

tapisserie nom féminin
Une tapisserie, c'est un morceau de tissu avec des motifs que l'on accroche au mur pour décorer.

Une **tapisserie.**

taquiner verbe
Taquiner, c'est s'amuser à agacer quelqu'un sans être méchant. *Aurélien aime bien taquiner sa sœur.*

tard adverbe
Le dimanche, Ninon se lève tard, elle se lève après l'heure à laquelle elle se lève d'habitude. *Matthias arrivera plus tard que nous,* il arrivera après nous.
■ Le contraire de tard, c'est **tôt.**

tarder verbe
Il ne va pas tarder à pleuvoir, il va pleuvoir dans peu de temps.

tarif nom masculin
Le tarif, c'est le prix à payer. *Le tarif des tickets de métro a augmenté.*

tarte nom féminin
Une tarte, c'est un gâteau plat, fait de pâte recouverte de fruits ou de crème. *Mamie a fait une tarte aux pommes.*

tartine nom féminin
Une tartine, c'est une tranche de pain. *Le matin, Bérengère mange des tartines de confiture de fraise.*

tas nom masculin
Un tas, c'est un ensemble de choses mises les unes sur les autres. *Jérémie a fait un tas avec tous ses cubes.*
■ Tu peux dire aussi **pile.**

tasse nom féminin
Une tasse, c'est un petit récipient avec une anse, dans lequel on boit. *Papi pose sa tasse de café sur la soucoupe.*
■ Un **bol** n'a pas d'anse.

tasser verbe
Tasser, c'est appuyer fort sur une chose pour qu'elle prenne moins de place. *Romane tasse ses chaussettes dans le tiroir pour le fermer.*

tâter verbe
Tâter, c'est toucher avec les doigts pour bien se rendre compte. *Maman tâte les pêches pour voir si elles sont mûres.*
➜ Ce mot s'écrit avec un **â.**

à **tâtons** adverbe
À tâtons, c'est en hésitant, en touchant les objets autour de soi pour savoir si on peut avancer. *Océane cherche l'interrupteur en avançant à tâtons dans le noir.*
➜ Ce mot s'écrit avec un **â.**

tatou nom masculin
Un tatou, c'est un animal qui a le corps recouvert d'une carapace. Il vit en Amérique du Sud. *Les tatous peuvent se mettre en boule.*
➜ Au pluriel : des **tatous.**

tatouage nom masculin
Un tatouage, c'est un dessin gravé dans la peau avec une encre qu'on ne peut pas effacer.

Salomé a un **tatouage** sur le bras.

taupe nom féminin
Une taupe, c'est un petit animal qui vit sous terre. *Des taupes ont creusé des galeries dans le jardin.*
■ Les taupes sont presque aveugles.

La **taupe** a fait un trou au beau milieu de la pelouse.

A B C D E F G H I J K L M N O P Q R S T U V W X Y Z

taureau nom masculin
Le taureau, c'est le mâle de la vache.
➾ Au pluriel : des **taureaux.**
■ Cherche aussi **bœuf.**

taxi nom masculin
Un taxi, c'est une voiture conduite par un chauffeur que l'on paye pour être emmené dans un endroit. *Papa a pris un taxi pour aller à l'aéroport.*

technique nom féminin
Une technique, c'est une méthode qui permet de faire, de fabriquer ou de faire fonctionner quelque chose. *On cultive mieux la terre grâce aux progrès de la technique.*

tee-shirt nom masculin
Un tee-shirt, c'est un maillot en coton en forme de T. *Joseph a mis un jean bleu et un tee-shirt blanc.*
➾ Au pluriel : des **tee-shirts.**
➾ Tu peux aussi écrire **teeshirt**, au pluriel des **teeshirts**.
■ Ce mot vient de l'anglais.

teindre verbe
Teindre, c'est donner une nouvelle couleur. *Maman a teint sa jupe blanche en rouge. Mamie se teint les cheveux.*

teint nom masculin
Le teint, c'est la couleur de la peau du visage. *Jérémie a le teint clair.*
■ Ne confonds pas teint et **thym.**

teinte nom féminin
Une teinte, c'est une couleur. *J'aime bien la teinte de ton pull.*

teinturier nom masculin, **teinturière** nom féminin
Un teinturier, une teinturière, c'est une personne dont le métier est de teindre et de nettoyer les vêtements. *Papa a donné son costume bleu à nettoyer chez le teinturier.*

télécommande nom féminin
Une télécommande, c'est un petit appareil qui permet de faire fonctionner un appareil, de l'éteindre et de le régler de loin. *Alexandre appuie sur un bouton de la télécommande de la télévision pour changer de chaîne.*

Un **taxi** à Paris, un **taxi** à Londres et un **taxi** à New York.

télécommandé, télécommandée adjectif
Un appareil télécommandé, c'est un appareil que l'on peut faire fonctionner de loin, sans se déplacer, grâce à une télécommande. *Marie joue avec sa voiture télécommandée.*
■ Tu peux dire aussi **téléguidé.**

téléférique nom masculin
Un téléférique, c'est une cabine suspendue à un câble qui transporte des passagers en haut d'une montagne. *Noémie a pris le téléférique pour aller en haut des pistes.*
On écrit aussi **téléphérique.**
■ Cherche aussi **remonte-pente, télésiège, téléski.**

télégramme nom masculin
Un télégramme, c'est un message écrit, le plus souvent assez court, qui arrive très vite.

téléguidé, téléguidée adjectif
Marie a une petite voiture téléguidée, elle a une petite voiture qu'elle fait marcher de loin, sans la toucher, grâce à une télécommande.
■ Tu peux dire aussi **télécommandé.**

téléphérique → va voir **téléférique.**

téléphone nom masculin
Un téléphone, c'est un appareil avec lequel on peut parler avec quelqu'un qui est loin, sans le voir. *Capucine a reçu un coup de téléphone de Julien. Alix a un téléphone portable.*

téléphoner verbe
Téléphoner, c'est parler à quelqu'un au téléphone. *Julien a téléphoné à Capucine.*

télescope nom masculin
Un télescope, c'est un instrument avec lequel on observe les astres.
■ Cherche aussi **lunette.**

télésiège nom masculin
Un télésiège, c'est une série de sièges suspendus à un câble qui monte les skieurs en haut des pistes. *Astrid et Gabriel sont sur le télésiège.*
■ Cherche aussi **remonte-pente, téléski.**

téléski nom masculin
Un téléski, c'est un système composé d'un câble et de perches qui sert à monter les skieurs en haut des pistes. *Le moniteur de ski nous apprend à prendre le téléski.*
■ Tu peux dire aussi **remonte-pente.**
■ Cherche aussi **téléférique, télésiège.**

Noé joue avec son bateau **téléguidé.**

téléspectateur nom masculin, **téléspectatrice** nom féminin
Un téléspectateur, une téléspectatrice, c'est une personne qui regarde la télévision. *Des millions de téléspectateurs ont regardé le match de football hier soir.*

A B C D E F G H I J K L M N O P Q R S **T** U V W X Y Z

télévisé, télévisée adjectif
Papa regarde le journal télévisé, il regarde les informations qui sont données par un journaliste à la télévision.

téléviseur nom masculin
Un téléviseur, c'est un appareil qui permet de regarder des émissions de télévision. *Mes parents viennent d'acheter un nouveau téléviseur.*
■ Tu peux dire aussi un **poste de télévision.**

télévision nom féminin
Djamel regarde la télévision, il regarde une émission ou un film qui passe sur l'écran du téléviseur grâce à un système spécial.

tellement adverbe
Tellement, c'est un mot qui indique une très grande quantité. *Marine a tellement de livres qu'elle ne sait plus où les ranger.*
■ Cherche aussi **tant.**

témoigner verbe
Témoigner, c'est dire devant des policiers ou devant un juge ce que l'on a vu ou entendu. *La jeune fille qui avait vu la vieille dame se faire attaquer a témoigné au procès.* ■ La jeune fille avait été **témoin** de l'attaque.

témoin nom masculin
Un témoin, c'est une personne qui a assisté à quelque chose de grave sans le vouloir. *Les témoins de l'accident sont allés faire une déclaration au commissariat.*
■ Cherche aussi **témoigner.**

température nom féminin
1. La température, c'est la mesure de la chaleur ou du froid qu'il fait dans un lieu. *Ce matin la température est de 4 degrés.*
2. La température, c'est la mesure de la chaleur du corps. *Louise prend sa température,* elle vérifie avec un thermomètre si elle a de la fièvre.
■ La température se mesure en **degrés.**

Louise est malade, elle prend sa **température.**

tempête nom féminin
La tempête, c'est un vent très fort avec de la pluie et parfois des orages. *Il y a de très grosses vagues sur la mer, c'est la tempête.*
■ Un **cyclone,** un **ouragan,** une **tornade** sont des tempêtes très fortes.
➜ Il y a un accent circonflexe sur le deuxième **e.**

temple nom masculin
1. Un temple, c'est un grand bâtiment construit autrefois par les Grecs, les Romains ou les Égyptiens en l'honneur de leurs dieux.
2. Un temple, c'est un grand bâtiment dans lequel les protestants vont prier.
■ Les catholiques vont prier à l'**église,** les musulmans à la **mosquée,** les bouddhistes dans une **pagode** et les juifs à la **synagogue.**

temps nom masculin

1. Le temps, c'est la durée. *Combien de temps mets-tu pour aller à l'école le matin ? Dépêche-toi, nous partons dans peu de temps,* nous partons bientôt. *Victoire n'a pas eu le temps d'apprendre sa poésie.*

2. De temps en temps, c'est parfois, quelquefois. *Maxence passe nous voir de temps en temps.*

3. Le temps, c'est l'aspect du ciel, la température de l'air dehors, le vent ou la pluie qu'il y a à un moment donné. *Quel temps fera-t-il demain ? La météo prévoit du beau temps. Nous n'avons pas eu beau temps pendant les vacances.*

4. Le temps du verbe, c'est la forme du verbe qui montre si l'action a eu lieu dans le passé, se passe dans le présent ou se produira dans l'avenir. *Le présent, l'imparfait, le futur sont des temps.* ■ Cherche aussi **conjugaison.**

■ Ne confonds pas temps, **tant** et **taon.**

Les touristes visitent un **temple** en Grèce.

① **tendre** verbe

1. *Mamie tend une corde entre deux arbres pour faire sécher du linge,* elle tire sur une corde pour la rendre droite.

2. *Papa tend la main à la directrice pour lui dire bonjour,* il allonge son bras et avance sa main vers la directrice.

② **tendre** adjectif

1. *Cette viande est très tendre,* elle est facile à couper et à mâcher. ■ Le contraire de tendre, c'est **dur.**

2. *Mamie est très tendre avec ses petits-enfants,* elle est gentille et affectueuse avec ses petits-enfants.

tendrement adverbe

Papa embrasse tendrement Martin, il l'embrasse en souriant et en le serrant doucement avec amour. ■ Il l'embrasse avec **tendresse.**

tendresse nom féminin

La tendresse, c'est le sentiment d'une personne qui aime avec douceur. *Papa regarde Martin avec tendresse.*

tenir verbe

1. Tenir, c'est garder dans sa main ou dans ses bras sans faire tomber. *Théophile tient sa fourchette dans la main gauche.*

2. Tenir, c'est être attaché, être fixé, ne pas bouger. *L'échelle tient bien contre le mur, tu peux monter.*

3. Tenir, c'est s'occuper de quelque chose. *L'oncle d'Édouard tient un restaurant à Lyon.*

4. *Pierre et Léa se tiennent par la main,* ils tiennent chacun la main de l'autre.

5. *Axel se tient bien à table,* il reste bien assis et mange proprement.

Perrine et Jérémie jouent au **tennis**.

tennis nom masculin

Le tennis, c'est un sport dans lequel deux ou quatre joueurs s'envoient une balle avec des raquettes par-dessus un filet.

On prononce le **s** qui est à la fin.

Le terrain sur lequel on joue au tennis s'appelle un **court**.

tentative nom féminin

Une tentative, c'est un essai pour obtenir un résultat. *Jeanne a essayé deux fois de lancer un anneau autour du goulot d'une bouteille, elle a réussi à la troisième tentative.*

tente nom féminin

Une tente, c'est une petite maison, faite d'une toile tendue sur des piquets, que l'on installe soi-même dehors. *En vacances, Alice et Yanis dorment sous une tente,* ils font du camping.

Ne confonds pas tente et **tante**.

tenter verbe

1. Tenter, c'est faire des efforts pour arriver à faire quelque chose sans être sûr de réussir. *Un prisonnier a tenté de s'évader.* Il a fait une **tentative** d'évasion. Tu peux dire aussi **essayer**.

2. Tenter, c'est faire envie. *Ces gâteaux me tentent,* j'ai envie de manger ces gâteaux.

tenue nom féminin

1. La tenue, c'est la façon dont une personne se tient, c'est sa conduite, son comportement. *Louis a une mauvaise tenue en classe : il bavarde et n'écoute pas la maîtresse.*

2. Une tenue, c'est un vêtement que l'on met pour une occasion particulière. *Maelys a mis sa tenue de gymnastique. Papa et Maman sont allés à l'opéra en tenue de soirée.*

terminaison nom féminin

La terminaison d'un mot, c'est la fin de ce mot. *Les terminaisons de l'imparfait sont : -ais, -ais, -ait, -ions, -iez, -aient.*

Alice et Yanis ont planté leur **tente** dans un **terrain** de camping.

Et si nous déjeunions sur la **terrasse** ?

Il y a du monde à la **terrasse** du café.

terminer verbe

1. Terminer, c'est faire jusqu'à la fin, finir. *Papa a terminé son travail.* ■ Le contraire de terminer, c'est **commencer.**

2. *Le spectacle se termine à dix heures,* la fin du spectacle est à dix heures, le spectacle finit à dix heures. ■ Le contraire de se terminer, c'est **commencer, débuter.**

terminus nom masculin

Le terminus, c'est la dernière station où s'arrête un train, un autobus ou un autocar. *Terminus ! Tout le monde descend !*

➜ On prononce le **s** qui est à la fin.

terne adjectif

Ce plat en argent est terne, ce plat en argent ne brille pas.

■ Le contraire de terne, c'est **brillant, éclatant.**

terrain nom masculin

Un terrain, c'est une grande étendue de terre. *Nous jouons au football sur le terrain de sport.*

terrasse nom féminin

1. Une terrasse, c'est un grand espace dehors qui se trouve devant une porte ou qui est tout en haut d'un immeuble ou d'une maison.

■ Cherche aussi **balcon.**

2. La terrasse d'un café ou d'un restaurant, c'est la partie qui est devant, sur le trottoir.

terre nom féminin

1. La Terre, c'est la planète où vivent les hommes. *La Terre tourne autour du Soleil.* ■ Cherche aussi **monde.**

2. La terre, c'est le sol sur lequel vivent les hommes, les animaux et les plantes. *Justine est tombée par terre. Il y a eu un tremblement de terre en Californie. Le métro roule sous terre.* ■ Le métro est **souterrain.**

3. La terre, c'est la matière qui est à la surface de la Terre. *Papa creuse la terre avec une pelle.*

terrestre adjectif

1. Le globe terrestre, c'est la Terre.

2. *Le cheval est un animal terrestre,* c'est un animal qui vit sur le sol.

■ La baleine est un animal **marin.**

A B C D E F G H I J K L M N O P Q R S T U V W X Y Z

terreur nom féminin
La terreur, c'est une très grande peur. *Les loups provoquaient la terreur.*

terrible adjectif
1. *Ce tremblement de terre est une catastrophe terrible pour la population,* c'est une catastrophe qui fait très peur. ■ Tu peux dire aussi **épouvantable, horrible.**
2. *Ces jumeaux sont terribles, ils font tout le temps des farces,* ces jumeaux sont insupportables, ils font tout le temps des bêtises. ■ Tu peux dire aussi **infernal, turbulent.**
3. *Il fait une chaleur terrible aujourd'hui,* il fait une chaleur très forte, très difficile à supporter aujourd'hui.

terrier nom masculin
Un terrier, c'est un abri creusé dans la terre par les lièvres, les lapins, les renards. *Le lièvre et ses petits vivent dans leur terrier.*
■ Cherche aussi **tanière.**

territoire nom masculin
Un territoire, c'est une étendue de terre sur laquelle vivent des hommes ou des animaux. *Les troupes ennemies ont envahi notre territoire. Les lions n'aiment pas que les hyènes viennent sur leur territoire.*

terroriste nom masculin et féminin
Un terroriste, une terroriste, c'est une personne qui fait des actes violents pour obtenir quelque chose, pour montrer qu'elle n'est pas d'accord ou pour aider ceux qui, dans son pays, veulent prendre le pouvoir. *Les terroristes ont pris les passagers de l'avion en otages.*

têtard nom masculin
Le têtard, c'est le petit de la grenouille. Il a une grosse tête, un corps très fin et il vit dans l'eau.
Ce mot s'écrit avec un **ê.**

Peu à peu, les **têtards** deviennent des grenouilles.

tête nom féminin
1. La tête, c'est la partie du corps qui contient le cerveau. *Papi a mis sa casquette de travers sur sa tête. Victor a mal à la tête.*
2. La tête, c'est le visage, la figure. *Cet homme a une tête sympathique.*
3. La tête, c'est la partie avant d'une chose. *Papa est monté en tête du train.*
4. La tête, c'est la première place. *Pour le moment, Raphaël est en tête de la course.*
Il y a un accent circonflexe sur le premier **e.**

téter verbe
Téter, c'est boire en suçant un sein, une tétine de biberon ou une mamelle. *Le bébé tète sa mère.*

tétine nom féminin
La tétine, c'est le bouchon en caoutchouc d'un biberon.

têtu, têtue adjectif

Une personne têtue, c'est une personne qui ne veut pas changer d'idée, qui s'entête. *Yann est têtu comme une mule,* il est très têtu.

Ce mot s'écrit avec un **ê.**

texte nom masculin

Un texte, c'est une suite de phrases écrites. *Le maître écrit le texte de l'exercice au tableau.*

thé nom masculin

Le thé, c'est une boisson que l'on obtient en versant de l'eau bouillante sur les feuilles séchées d'un petit arbre d'Asie. *Le matin, Maman boit du thé.*

■ On fait du thé dans une **théière.**

Veux-tu une tasse de **thé** ?

théâtre nom masculin

1. Une pièce de théâtre, c'est une histoire écrite pour être dite à haute voix par des comédiens. *Les comédies sont des pièces de théâtre.*

2. Un théâtre, c'est un endroit où des comédiens jouent une pièce de théâtre devant des spectateurs. *Ce soir, Papi et Mamie vont au théâtre.*

Ce mot s'écrit avec un **â.**

théière nom féminin

Une théière, c'est un récipient dans lequel on prépare et on sert le thé. *Maman apporte la théière et les tasses sur un plateau.*

thermomètre nom masculin

Un thermomètre, c'est un instrument qui mesure la température.

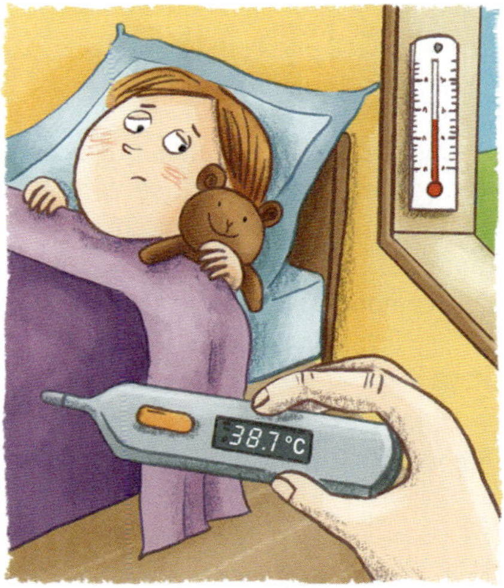

Il fait froid, le **thermomètre** est en train de descendre. Louise a de la fièvre, le **thermomètre** indique 38°7.

thon nom masculin

Un thon, c'est un grand poisson qui vit dans la mer. *Ambre mange une tranche de thon grillé.*

■ Ne confonds pas thon et **ton.**

thorax nom masculin

Le thorax, c'est la partie du corps de l'homme située entre les épaules et le ventre, qui contient le cœur et les poumons. *Quand on respire, on gonfle le thorax.*

■ Tu peux dire aussi **poitrine, torse.**

a b c d e f g h i j k l m n o p q r s t u v w x y z

Un massif de **thym**.

thym nom masculin
Le thym, c'est une plante qui sent très bon et que l'on utilise dans la cuisine pour donner du goût aux aliments.
■ Ne confonds pas thym et **teint.**

tibia nom masculin
Le tibia, c'est l'os du devant de la jambe, entre le genou et le pied.

tic nom masculin
Un tic, c'est un petit mouvement ou un petit bruit que l'on fait tout le temps sans le faire exprès. *Maéva a un tic : elle se touche tout le temps le nez.*

ticket nom masculin
Un ticket, c'est un petit morceau de carton ou de papier qui montre que l'on a payé et qui permet d'entrer dans un endroit. *Mamie a acheté des tickets de métro.*
■ Cherche aussi **billet.**

tiède adjectif
L'eau du bain est tiède, elle est un peu chaude, mais ni très chaude ni très froide.
■ Le contraire de tiède, c'est **brûlant, glacé.**

tiers nom masculin
Un tiers, c'est une partie d'une chose divisée en trois parts égales. *Coline a mangé les deux tiers de la tarte.*
■ Comment s'appelle la partie d'une chose divisée en quatre parts égales ? Un **quart.**

tige nom féminin
La tige, c'est la partie longue et fine d'une plante qui commence au-dessus de la racine et qui porte les feuilles. *La tige des roses a des épines.*

tigre nom masculin,
tigresse nom féminin
Un tigre, une tigresse, c'est un grand animal d'Asie au pelage jaune-roux rayé de noir.
■ Le tigre est un **félin.**

Un **tigre**.

tilleul nom masculin
Un tilleul, c'est un grand arbre dont les fleurs blanches ou jaune pâle sentent très fort. *Mamie boit du tilleul,* elle boit une tisane faite avec les fleurs du tilleul.

timbre nom masculin
Un timbre, c'est un petit morceau de papier que l'on colle sur l'enveloppe quand on envoie une

lettre. Il sert à payer le transport du courrier par la poste. *Antoine fait une collection de timbres.*

timide adjectif

Aurélie est timide, elle n'ose pas parler, elle n'ose pas faire les choses. ■ Les grandes personnes **intimident** souvent Aurélie.

■ Le contraire de timide, c'est **audacieux.**

timidité nom féminin

La timidité, c'est le caractère d'une personne timide. *Aurélie est d'une grande timidité, elle rougit dès qu'on lui demande quelque chose.*

tir nom masculin

1. *Augustin fait du tir à la carabine,* il envoie des balles avec une carabine.

2. Un tir, c'est un coup de pied dans un ballon. *Hossam a réussi un tir au but,* il a envoyé le ballon dans le but.

tire-bouchon nom masculin

Un tire-bouchon, c'est un instrument qui sert à ouvrir les bouteilles fermées par un bouchon de liège.

➾ Au pluriel : des **tire-bouchons.**

➾ Tu peux aussi écrire **tirebouchon**, au pluriel des **tirebouchons**.

tirelire nom féminin

Une tirelire, c'est une boîte avec une fente où l'on met l'argent que l'on veut économiser. *Adrien met une pièce de 2 euros dans sa tirelire.*

tirer verbe

1. Tirer, c'est faire avancer en déplaçant derrière soi, en traînant derrière soi. *La voiture tire une caravane.* ■ Le contraire de tirer, c'est **pousser.**

2. Tirer, c'est envoyer des balles avec un pistolet, un fusil ou une carabine ou envoyer une flèche avec un arc. *Le chasseur a tiré sur le lièvre.*

3. Tirer, c'est prendre au hasard. *Victor a tiré le numéro 13.*

4. *Blanche a tiré un trait à la fin de son devoir,* elle a tracé un trait à la fin de son devoir.

tiroir nom masculin

Un tiroir, c'est une partie d'un meuble en forme de boîte que l'on tire pour l'ouvrir. *Maman range les chaussettes de Kevin dans le tiroir de la commode.*

Les **tiroirs** de la commode débordent d'affaires.

tisane nom féminin

Une tisane, c'est une boisson chaude faite avec des plantes. *Mamie boit de la tisane après le dîner.*

■ Tu peux dire aussi **infusion.**

tissu nom masculin

Un tissu, c'est un ensemble de fils croisés. *Mamie a acheté du tissu pour faire des rideaux.*

■ Tu peux dire aussi **étoffe.**

titre nom masculin
Un titre, c'est le nom d'un livre, d'un poème, d'une chanson, d'un film, d'une pièce de théâtre, d'un opéra ou d'un tableau. *Quel est le titre du conte qui raconte l'histoire d'une jeune fille qui est recueillie par 7 nains ?*

toboggan nom masculin
Un toboggan, c'est une sorte de planche en pente sur laquelle on s'amuse à se laisser glisser. *Loïc monte à l'échelle et glisse sur le toboggan.*

toi pronom masculin et féminin
Toi, c'est un mot qui représente la deuxième personne du singulier. *Toi, ne bouge pas ! C'est à toi de jouer, et après ce sera à moi.*
■ Cherche aussi **tu.**
■ Ne confonds pas toi et **toit.**

toile nom féminin
1. Une toile, c'est un tissu solide.
2. Une toile d'araignée, c'est un ensemble de fils très fins que fabrique une araignée pour attraper les insectes qui se prennent dedans.
3. Une toile, c'est un tableau peint par un peintre.

Le pantalon et le torchon sont en **toile.**

toilette nom féminin
1. *Tanguy fait sa toilette,* il se lave.
2. Une toilette, c'est un vêtement de femme. *Madame Rostand a beaucoup de toilettes.*

toilettes nom féminin pluriel
Les toilettes, ce sont les cabinets. *Amandine a demandé à la maîtresse la permission d'aller aux toilettes.*
■ Tu peux dire aussi **waters, W.-C.**

Où sont les **toilettes** ?

toise nom féminin
Une toise, c'est une grande règle que l'on met debout pour mesurer la taille de quelqu'un. *Bastien est passé sous la toise : il mesure 1 mètre 20.*

toit nom masculin
Le toit, c'est la partie qui est sur le dessus d'un bâtiment. *L'antenne de la télévision est sur le toit de la maison.*
■ Les toits peuvent être recouverts de **tuiles** ou d'**ardoises.**
■ Ne confonds pas toit et **toi.**

tomate nom féminin
Une tomate, c'est un fruit rouge de forme ronde, que l'on mange cru ou cuit. *Mamie prépare une salade de tomates.*

A B C D E F G H I J K L M N O P Q R S T U V W X Y Z

tombe nom féminin
Une tombe, c'est un trou creusé dans la terre pour enterrer un mort. *Papi est allé au cimetière mettre des fleurs sur la tombe de sa mère.*

tombeau nom masculin
Un tombeau, c'est un monument construit au-dessus d'une tombe. *Le tombeau de Napoléon est à Paris, aux Invalides.*
Au pluriel : des **tombeaux.**

tombée nom féminin
La tombée de la nuit, c'est le moment où la nuit arrive.
■ Cherche aussi **crépuscule.**

tomber verbe
1. Tomber, c'est être entraîné par terre, c'est faire une chute. *Aziz est tombé dans l'escalier. L'assiette s'est cassée en tombant par terre.*
2. Tomber, c'est descendre vers le sol. *La neige tombe depuis hier.*
3. *La nuit va bientôt tomber,* la nuit va bientôt arriver, il va bientôt faire nuit.
4. Tomber, c'est baisser. *Aurélie va mieux, la fièvre est tombée.*
5. Tomber, c'est devenir tout à coup. *Bérengère est tombée malade le jour des vacances.*

tombola nom féminin
Une tombola, c'est une loterie où l'on gagne des objets. *Simon a gagné une couette à la tombola.*

① **ton, ta** adjectif
Ton ours et ta poupée sont rangés avec tous tes jouets, l'ours et la poupée qui t'appartiennent sont rangés avec tous les jouets qui sont à toi.
Au masculin et au féminin pluriel : **tes.**
■ Ne confonds pas ton et **thon.**

② **ton** nom masculin
Le ton, c'est la façon de parler qui montre si l'on est content ou fâché, en colère ou de bonne humeur. *Corentin m'a répondu d'un ton très désagréable.*
■ Ne confonds pas ton et **thon.**

tondeuse nom féminin
Une tondeuse à gazon, c'est une machine qui coupe l'herbe. *Le jardinier passe la tondeuse sur la pelouse.*

tondre verbe
Tondre, c'est couper très court.

Le berger **tond** les moutons.

tonne nom féminin
Une tonne, c'est 1 000 kilos. *Cette voiture pèse deux tonnes.*

tonneau nom masculin
Un tonneau, c'est un grand récipient en bois et en fer qui a la forme d'un cylindre plus large au milieu, dans lequel on garde le vin. *On laisse vieillir le vin dans des tonneaux et après on le met dans des bouteilles.*
Au pluriel : des **tonneaux.**

tonnerre nom masculin
Le tonnerre, c'est le bruit de l'orage. *Dès qu'il a entendu le tonnerre, le chat s'est caché sous le lit. C'est un coup de tonnerre qui m'a réveillé.*
■ Cherche aussi **éclair** et **foudre.**

torche nom féminin
1. Une torche, c'est un bâton spécial que l'on fait brûler à un bout pour éclairer. *L'entrée du château était éclairée par des torches.*
2. Une torche électrique, c'est une lampe électrique en forme de long cylindre, qui fonctionne avec des piles. *Papa a pris la torche électrique pour descendre à la cave.*

torchon nom masculin
Un torchon, c'est un morceau de tissu qui sert à essuyer la vaisselle. *Raphaël essuie les verres avec un torchon.*
■ Cherche aussi **serviette.**

tordre verbe
1. Tordre, c'est tourner les deux bouts d'un objet en sens inverse ou un objet en le pliant. *Tu n'arriveras pas à tordre ce crayon !*
2. *Flora s'est tordu le pied,* sa cheville s'est pliée et son pied s'est mis de travers.

tornade nom féminin
Une tornade, c'est un vent très fort qui entraîne tout sur son passage.
■ Cherche aussi **cyclone, ouragan, tempête.**

torrent nom masculin
Un torrent, c'est une petite rivière en pente qui coule très vite. *Monsieur Loisy pêche des truites dans les torrents.*

Le **torrent** descend de la montagne.

torse nom masculin
Le torse, c'est la partie du corps qui va du cou à la taille. *Papa s'est mis torse nu au soleil.*
■ Tu peux dire aussi **thorax.**

tort nom masculin
Avoir tort, c'est faire ou dire ce qu'il ne faut pas, c'est faire une erreur ou se tromper. *Tu as tort de ne pas mettre tes lunettes, tu ne vas pas pouvoir lire ce qui est écrit au tableau.*
■ Le contraire de tort, c'est **raison.**

torticolis nom masculin
Un torticolis, c'est une douleur dans le cou qui empêche de tourner la tête. *Ilona a un torticolis.*

tortiller verbe
Tortiller quelque chose, c'est le tordre en faisant plusieurs tours. *Papi tortille sa moustache.*

tortue nom féminin
Une tortue, c'est un animal qui a le corps entouré d'une carapace d'où sortent la tête et les quatre pattes qui sont très courtes. *Les tortues avancent très lentement.*
■ La tortue est un **reptile.**

Une **tortue.**

tôt adverbe
Agathe est partie tôt ce matin, elle est partie avant l'heure à laquelle elle part d'habitude.
■ Le contraire de tôt, c'est **tard.**
➜ Ce mot s'écrit avec un **ô.**

① **total, totale** adjectif
Maman me fait une confiance totale, elle a vraiment confiance en moi.
➜ Au masculin pluriel : **totaux.**
➜ Au féminin pluriel : **totales.**

② **total** nom masculin
Le total, c'est le résultat d'une addition. *Enzo a fait le total de ses billes,* il a compté toutes ses billes.
➜ Au pluriel : des **totaux.**
■ Tu peux dire aussi **somme.**

totalement adverbe
Zoé est totalement guérie, elle est tout à fait guérie, elle n'est plus du tout malade.
■ Tu peux dire aussi **complètement, entièrement.**

totalité nom féminin
La totalité, c'est l'ensemble. *Gaspard a dépensé la totalité de son argent,* il a dépensé tout son argent.
■ Le contraire de totalité, c'est **partie.**

touche nom féminin
Une touche, c'est une pièce d'un clavier sur laquelle on appuie avec le doigt. *Un piano a des touches blanches et des touches noires. Amélie cherche la touche du E sur le clavier de l'ordinateur.*

① **toucher** verbe
1. Toucher, c'est mettre la main ou les doigts sur quelqu'un ou sur quelque chose. *Maman touche mon front pour voir si j'ai de la fièvre. Ne touche à rien !*
2. Toucher, c'est émouvoir en faisant plaisir. *La poésie que j'ai écrite pour l'anniversaire de Papi l'a beaucoup touché.*
3. Toucher de l'argent, c'est recevoir de l'argent. *Mon père touche 3 000 euros par mois.* ■ Cherche aussi **gagner.**
4. *Les deux maisons se touchent,* elles sont l'une à côté de l'autre, leurs murs sont en contact.

② **toucher** nom masculin
Le toucher, c'est ce qui permet de sentir avec la peau. *Les aveugles reconnaissent les objets au toucher.*
■ Le toucher est l'un des cinq **sens.**

touffe nom féminin
Une touffe, c'est un groupe de poils ou de brins d'herbe. *Marguerite arrache les touffes d'herbe qui ont poussé dans l'allée.*

toujours adverbe
Toujours, c'est tout le temps. *Justin est toujours de bonne humeur.*
■ Le contraire de toujours, c'est **jamais.**

Aziz joue avec une **toupie**.

toupie nom féminin
Une toupie, c'est un jouet que l'on fait tourner très vite sur lui-même.

① **tour** nom féminin
Une tour, c'est un bâtiment très haut et pas très large. *La tour Eiffel est un monument de Paris. Gabriel habite au 40e étage d'une tour.*

② **tour** nom masculin
1. Un tour, c'est une petite promenade. *Xavier est allé faire un tour après l'averse.*
2. *Chloé fait le tour de la maison,* elle tourne autour de la maison.
3. *Papa donne un tour de clé pour fermer la porte,* il fait tourner la clé une fois dans la serrure.
4. *C'est au tour de Valentin de lancer les dés,* c'est à Valentin de lancer les dés.
5. Un tour, c'est un exercice difficile à faire. *Le prestidigitateur fait des tours de magie.*

tourbillon nom masculin
Un tourbillon, c'est le mouvement très rapide que fait quelque chose qui tourne. *Le vent soulève des tourbillons de poussière.*

tourbillonner verbe
Tourbillonner, c'est tourner très vite, en faisant des tourbillons. *La neige tombe en tourbillonnant.*

touriste nom masculin et féminin
Un touriste, une touriste, c'est une personne qui est en voyage et qui visite un endroit pour son plaisir.

Les **touristes** descendent du car pour aller visiter la **tour** Eiffel.

se **tourmenter** verbe
Se tourmenter, c'est se faire du souci. *Ne vous tourmentez pas, tout va s'arranger!* ne vous inquiétez pas.
■ Tu peux dire aussi se **tracasser.**

tournant nom masculin
Un tournant, c'est un endroit où une route tourne. *Il faut prendre la deuxième route à droite après le tournant.*
■ Tu peux dire aussi **virage.**

tournée nom féminin
1. *Le facteur fait sa tournée,* il distribue le courrier dans les maisons, les unes après les autres.

2. *Mon chanteur préféré est en tournée en Belgique*, il chante dans des salles de spectacle dans toute la Belgique.

tourner verbe
1. Tourner, c'est se déplacer autour de quelque chose. *La Lune tourne autour de la Terre.*
2. Tourner, c'est aller ou faire aller dans un autre sens. *Tournez à gauche au carrefour. Jérôme a tourné la tête pour voir qui arrivait.*
3. Tourner un film, c'est faire un film. *Ce film a été tourné en Provence.*
4. Se tourner, c'est changer de position en regardant vers l'arrière. *Tourne-toi pour que je voie si ta robe te va bien. Amélie s'est tournée vers moi.* ■ Cherche aussi se **retourner**.

tournesol nom masculin
Un tournesol, c'est une plante qui a une grosse fleur jaune qui se tourne vers le soleil. *On fabrique de l'huile avec les graines du tournesol.*

Un champ de **tournesols**.

tournevis nom masculin
Un tournevis, c'est un outil qui sert à visser et à dévisser une vis. *Le plombier range ses tournevis dans sa boîte à outils.*
➻ On prononce le **s** qui est à la fin.

tournoi nom masculin
1. Un tournoi, c'est un combat qui se passait entre deux chevaliers portant une lance, au Moyen Âge.
2. Un tournoi, c'est une compétition sportive. *Le professeur d'éducation physique a organisé un tournoi de ping-pong au collège.*

tourterelle nom féminin
Une tourterelle, c'est un oiseau qui ressemble à un petit pigeon. *On entend des tourterelles roucouler.*

tousser verbe
Tousser, c'est faire sortir de l'air de sa bouche avec un bruit qui part de la gorge. *Diégo est enrhumé, il tousse beaucoup.*
■ Cherche aussi **toux**.

① **tout, toute** adjectif
1. *Il a plu toute la journée*, il a plu la journée entière.
2. *Claire a invité tous ses amis*, elle a invité l'ensemble de ses amis.
3. *Camille va à la piscine tous les mercredis*, elle va à la piscine chaque mercredi.
➻ Au masculin pluriel : **tous**.
➻ Au féminin pluriel : **toutes**.
■ Ne confonds pas tout et **toux**.

② **tout** adverbe
Tout, c'est entièrement. *Le pantalon d'Arthur est tout sale.*
■ Ne confonds pas tout et **toux**.

toux nom féminin
Diego prend du sirop contre la toux, il prend du sirop qui l'empêche de tousser.
■ Ne confonds pas toux et **tout.**

toxique adjectif
Un produit toxique, c'est un produit qui est dangereux pour la santé. *Les gaz qui sortent des voitures sont toxiques.*

trac nom masculin
Le trac, c'est la peur que l'on éprouve avant de parler ou de chanter devant des spectateurs. *Les comédiens ont le trac avant d'entrer en scène.*

tracasser verbe
1. Tracasser, c'est donner du souci, rendre inquiet. *Ma petite sœur est souvent malade, cela tracasse beaucoup mes parents.*
2. Se tracasser, c'est s'inquiéter. *Tout va s'arranger, ne te tracasse pas,* ne t'inquiète pas. ■ Tu peux dire aussi se **tourmenter.**

trace nom féminin
Une trace, c'est une marque laissée par quelque chose, par quelqu'un ou par un animal. *Il y a des traces de pneus sur le chemin.*
■ Tu peux dire aussi **empreinte.**

tracer verbe
Tracer, c'est dessiner en faisant des traits. *Le maître trace un rectangle au tableau.*

tracteur nom masculin
Un tracteur, c'est un véhicule à moteur puissant qui sert à tirer des machines pour faire des travaux dans les champs.

tradition nom féminin
Une tradition, c'est quelque chose que l'on fait depuis très longtemps dans un pays, dans une région ou dans une famille. *C'est une tradition d'offrir du muguet le 1er mai.*
■ Tu peux dire aussi **coutume.**

traduire verbe
Traduire, c'est écrire ou dire dans une langue ce qui était dans une autre langue. *Papa m'a traduit en français le titre de la chanson qui était en anglais.*

tragique adjectif
Un tragique incendie a détruit tout le quartier, un incendie très grave a détruit tout le quartier.

trahir verbe
Trahir quelqu'un, c'est l'abandonner alors qu'il nous faisait confiance et préférer ceux qui avant étaient des ennemis. *Clément a trahi ses amis en racontant à d'autres leurs secrets.*
■ Va voir aussi **traître.**

train nom masculin
Un train, c'est un ensemble formé par une locomotive et les wagons qu'elle tire. *Le train entre en gare.*

L'agriculteur rentre à la ferme au volant de son **tracteur.**

A B C D E F G H I J K L M N O P Q R S **T** U V W X Y Z

en train de préposition
Anne est en train de regarder un film à la télévision, elle regarde un film à la télévision en ce moment.

traîne nom féminin
La traîne, c'est le bas d'un manteau ou d'une robe qui est très long et qui traîne par terre derrière une personne qui marche.
Ce mot s'écrit avec un **î**.

La robe de la mariée a une longue **traîne**.

traîneau nom masculin
Un traîneau, c'est une grande luge qui avance sur la neige tirée par des chevaux, par des rennes ou par des chiens. *Le traîneau du père Noël glisse sans bruit à travers la forêt.*
Au pluriel : des **traîneaux**.
Ce mot s'écrit avec un **î**.

traîner verbe
1. Traîner, c'est tirer derrière soi. *Mon petit frère traîne un camion en bois.*
2. Traîner, c'est être par terre étalé. *Attention ! tes lacets se sont défaits, ils traînent par terre.*
3. Traîner, c'est mettre trop de temps à faire quelque chose et se mettre en retard. *Léonore et Coline traînent en rentrant de l'école.* Le contraire de traîner, c'est se **dépêcher**.
Ce mot s'écrit avec un **î**.

traire verbe
Traire, c'est tirer sur les mamelles d'une vache, d'une brebis ou d'une chèvre pour en faire sortir le lait. *On trait les vaches tous les jours.*

trait nom masculin
1. Un trait, c'est une petite ligne. *Maxime écrit son nom et le souligne d'un trait bleu.*
2. Les traits, ce sont les lignes qui forment le visage. *Anaïs a les traits fins.*
Ne confonds pas trait et **très**.

trait d'union nom masculin
Un trait d'union, c'est un petit trait que l'on met entre deux mots qui composent un autre mot. *Il y a un trait d'union entre « tire » et « bouchon » dans le mot « tire-bouchon ».*
Au pluriel : des **traits d'union**.

traiter verbe
1. *Le patron du restaurant traite bien ses clients,* il est gentil avec eux et s'occupe bien d'eux.
2. *Marion m'a traitée d'idiote,* elle m'a appelée « idiote ».

traître nom masculin
Un traître, c'est une personne qui trahit ses amis ou son pays. *Le traître est découvert à la fin du film.*
Ce mot s'écrit avec un **î**.

A B C D E F G H I J K L M N O P Q R S T U V W X Y Z

trajet nom masculin
Un trajet, c'est le chemin à faire pour aller d'un endroit à un autre. *Maman a une demi-heure de trajet pour aller de la maison à son bureau.*

trampoline nom masculin
Un trampoline, c'est une grande toile sur laquelle on fait des sauts. *David saute et rebondit sur le trampoline.*

tramway nom masculin
Un tramway, c'est un grand véhicule qui transporte beaucoup de personnes dans les villes, qui roule sur des rails et avance grâce au courant électrique.
■ Ce mot vient de l'anglais.

Papa prend le **tramway** pour aller au bureau.

tranche nom féminin
Une tranche, c'est un morceau assez mince que l'on a coupé dans toute la largeur d'un aliment. *Félix a mangé deux tranches de jambon.*
■ Cherche aussi **rondelle.**

tranquille adjectif
1. *Yanis et Mélissa habitent dans un quartier tranquille,* ils habitent dans un quartier calme, où il n'y a pas de bruit. ■ Le contraire de tranquille, c'est **bruyant.**
2. *Les enfants, restez tranquilles !* soyez gentils, sages.
3. *Laisse ce chien tranquille !* ne l'embête pas.

tranquillement adverbe
Sébastien joue tranquillement dans le jardin, il joue sans faire de bruit, sans crier.
■ Tu peux dire aussi **calmement.**

tranquillité nom féminin
Quelle tranquillité dans la montagne ! il n'y a pas de bruit ni d'agitation.
■ Tu peux dire aussi **calme.**

transformer verbe
1. Transformer, c'est donner une autre forme. *La fée a transformé les souris en de très beaux chevaux gris.*
2. Se transformer, c'est changer de forme. *La chenille va se transformer en papillon,* elle va prendre la forme d'un papillon, elle va devenir un papillon.

transparent, transparente adjectif
Le verre de cette vitre est transparent, il laisse passer la lumière et l'on voit bien les objets et les personnes qui se trouvent derrière.

transpiration nom féminin
La transpiration, c'est le liquide qui sort à la surface de la peau quand on a chaud ou quand on a peur. *Benjamin a beaucoup couru, son visage est couvert de transpiration.*
■ Tu peux dire aussi **sueur.**

transpirer verbe
Transpirer, c'est avoir la peau couverte de transpiration. *Benjamin transpire à grosses gouttes.*
■ Tu peux dire aussi **suer.**

transport nom masculin
1. *Le transport du piano a été fait par quatre déménageurs,* quatre déménageurs ont porté le piano pour le changer de place. *L'avion, le train, la voiture, le bateau sont des moyens de transport,* ils servent à transporter les voyageurs.
2. Les transports en commun, ce sont les véhicules qui transportent un grand nombre de personnes à la fois : le métro, l'autobus, le tramway, le train.

transporter verbe
Transporter quelque chose ou quelqu'un, c'est le changer de place en le portant. *Les déménageurs ont transporté le piano. Les pompiers transportent le blessé à l'hôpital.*

trapèze nom masculin
Un trapèze, c'est une barre de bois suspendue par deux cordes placées à chaque bout.

Les acrobates font du **trapèze.**

trapéziste nom masculin et féminin
Un trapéziste, une trapéziste, c'est un acrobate, une acrobate qui fait du trapèze dans un cirque.

trappe nom féminin
Une trappe, c'est une petite porte qui ouvre sur un trou au sol ou au plafond.
➾ Ce mot s'écrit avec deux **p.**

Papi soulève la **trappe** pour entrer dans le grenier.

travail nom masculin
1. Un travail, c'est une occupation grâce à laquelle on gagne de l'argent. *Maman a changé de travail l'année dernière.* ■ Tu peux dire aussi **emploi.**
2. *Mon grand frère est au lycée, il a beaucoup de travail,* il a beaucoup de devoirs à faire et de leçons à apprendre.
3. Les travaux, ce sont les choses à faire pour construire ou réparer. *Le magasin sera fermé pendant les travaux.*
➾ Au pluriel : des **travaux.**

A B C D E F G H I J K L M N O P Q R S T U V W X Y Z

travailler verbe

1. Travailler, c'est avoir une occupation grâce à laquelle on gagne de l'argent, c'est avoir un métier. *Mon oncle travaille dans un restaurant.*

2. *Flora travaille bien en classe,* elle fait des efforts pour bien faire ses devoirs et elle a de bonnes notes.

travailleur nom masculin, **travailleuse** nom féminin

Un travailleur, une travailleuse, c'est une personne qui travaille, qui a un métier. *Un menuisier est un travailleur manuel,* c'est une personne qui travaille avec ses mains.

travers nom masculin

1. *Martin s'est couché en travers du lit,* il s'est couché sur son lit dans le sens de la largeur.
2. *Un rayon de soleil passe à travers les volets,* un rayon de soleil passe par les volets.
3. *Alice a mis sa casquette de travers,* elle a mis sa casquette sur le côté.

traversée nom féminin

Les parents de Romain ont fait la traversée de l'Atlantique en voilier, ils ont traversé l'Atlantique en voilier.

traverser verbe

1. Traverser, c'est passer à travers. *La pluie a traversé la toile de la tente.*
2. Traverser, c'est aller d'un bord à l'autre. *Yann donne la main à sa sœur pour traverser la rue.*

traversin nom masculin

Un traversin, c'est un long coussin en forme de cylindre que l'on met dans un lit. *Jean dort avec un traversin sous son oreiller.*

trébucher verbe

Trébucher, c'est perdre l'équilibre en marchant et risquer de tomber. *Joséphine a trébuché contre une pierre et elle est tombée.*
■ Cherche aussi **buter.**

trèfle nom masculin

Un trèfle, c'est une petite plante qui a une feuille formée de trois petites feuilles.

On dit que cela porte bonheur de trouver un **trèfle** à quatre feuilles.

tréma nom masculin

Un tréma, c'est un signe formé de deux points que l'on met sur un *e* ou sur un *i* dans certains mots pour indiquer que l'on doit prononcer la voyelle qui est juste avant. *Il y a un tréma sur le « e » de « Noël » et sur le « i » de « Anaïs ».* ■ On dit aussi que Noël s'écrit avec un **e tréma** et Anaïs avec un **i tréma.**

tremblement nom masculin

1. *Djamel a des tremblements de fièvre,* il a des petits mouvements du corps qu'il ne peut pas empêcher parce qu'il a de la fièvre.
2. Un tremblement de terre, c'est une suite de mouvements brusques qui secouent la terre.

trembler verbe
Trembler, c'est avoir de petits mouvements du corps que l'on ne peut pas empêcher. *Agathe tremble de froid.*

tremper verbe
1. Tremper, c'est mettre dans un liquide. *Anna trempe son croissant dans son café au lait.*
2. *J'ai marché une heure sous la pluie, je suis trempé,* je suis très mouillé.

très adverbe
La maîtresse est très gentille, elle est vraiment gentille, on ne peut pas être plus gentil qu'elle. *Olivier court très vite.*
■ Va voir aussi **drôlement.**
■ Ne confonds pas très et **trait.**

Les explorateurs ont découvert un **trésor.**

trésor nom masculin
Un trésor, c'est un ensemble d'objets précieux qui ont été cachés.

tresse nom féminin
Une tresse, c'est une coiffure que l'on fait en passant trois mèches de cheveux l'une sur l'autre, chacune à son tour. *Coralie a une tresse dans le dos.*
■ Tu peux dire aussi **natte.**

tri nom masculin
Maman a fait un tri parmi ses vêtements, elle a trié ses vêtements.

triangle nom masculin
Un triangle, c'est une figure qui a trois côtés.

tribord nom masculin
Tribord, c'est le côté droit du bateau quand on regarde vers l'avant. *Une île à tribord !*
■ Le côté gauche du bateau, c'est **bâbord.**

tribu nom féminin
Une tribu, c'est un groupe de familles qui ont le même chef. *Le grand chef indien a parlé aux membres de sa tribu.*

tribunal nom masculin
Un tribunal, c'est un endroit où l'on juge les personnes. *Monsieur Juvin a été convoqué au tribunal pour son procès.*
➾ Au pluriel : des **tribunaux.**

tricher verbe
Tricher, c'est ne pas suivre les règles d'un jeu, pour gagner. *Je ne veux plus jouer aux cartes avec Mathilde, elle triche.* ■ Mathilde est une **tricheuse.**

a b c d e f g h i j k l m n o p q r s t u v w x y z

Oscar est un **tricheur** ! Il a caché une carte dans sa poche !

tricheur nom masculin,
tricheuse nom féminin
Un tricheur, une tricheuse, c'est une personne qui triche.

tricolore adjectif
Un objet tricolore, c'est un objet qui est de trois couleurs. *Il faut attendre que le feu tricolore passe au rouge pour traverser la rue. Le drapeau français est tricolore : il est bleu, blanc et rouge.*

tricot nom masculin
1. Un tricot, c'est un vêtement tricoté que l'on porte sur le haut du corps, c'est un pull, un chandail. *Chloé a mis un tricot bien chaud.*
2. *Mamie fait du tricot en regardant la télévision,* Mamie tricote en regardant la télévision.

tricoter verbe
Tricoter, c'est fabriquer un vêtement avec de la laine ou du coton, en se servant de longues aiguilles. *Mamie tricote une écharpe en regardant la télévision.*

tricycle nom masculin
Un tricycle, c'est un petit vélo à trois roues dont deux à l'arrière et une à l'avant. *Lola fait du tricycle sur le chemin.*

trier verbe
Trier, c'est mettre d'un côté certaines choses et d'un autre côté d'autres choses. *Pauline trie les fraises,* elle garde celles qui sont bonnes et elle jette celles qui sont abîmées. *Maman a trié ses vêtements et elle a donné ceux qu'elle ne mettait plus.*

trimestre nom masculin
Un trimestre, c'est une période de trois mois. *Le premier trimestre scolaire va de la rentrée aux vacances de Noël.*
■ Il y a 4 trimestres dans une année.

triomphe nom masculin
Un triomphe, c'est un très grand succès ou une très grande victoire. *Le chanteur a remporté un triomphe pendant son concert.*

triple nom masculin
Quinze est le triple de cinq, quinze c'est trois fois cinq.
■ Cherche aussi **double.**

triste adjectif
1. *Marine est triste car son chat a disparu,* Marine a du chagrin, elle a envie de pleurer, elle est malheureuse. ■ Le contraire de triste, c'est **content, gai, heureux, joyeux.**
2. *Papi nous a raconté une histoire triste,* il nous a raconté une histoire qui donne envie de pleurer.

tristement adverbe

Sébastien regarde tristement par la fenêtre du train, il regarde d'un air triste par la fenêtre du train.

■ Le contraire de tristement, c'est **gaiement.**

tristesse nom féminin

La tristesse, c'est ce que l'on ressent quand on est triste, quand on a envie de pleurer. *Sébastien a dit au revoir à son père avec tristesse.*

■ Cherche aussi **chagrin, peine.**

■ Le contraire de tristesse, c'est **gaieté, joie.**

trognon nom masculin

Le trognon, c'est la partie qui est au milieu d'un fruit ou d'un légume et qui ne se mange pas. *Wadi a jeté son trognon de pomme dans la poubelle.*

trombone nom masculin

Un trombone, c'est un morceau de fil de fer ou de plastique qui sert à attacher des feuilles de papier ensemble. *Camille attache ses deux dessins avec un trombone.*

trompe nom féminin

La trompe, c'est la partie très longue du nez de l'éléphant. *L'éléphant a arraché l'arbre avec sa trompe.*

■ L'éléphant peut aussi aspirer de l'eau et s'arroser avec sa trompe.

tromper verbe

1. Tromper quelqu'un, c'est lui faire croire des choses qui ne sont pas vraies en lui mentant. *Le marchand nous a trompés en nous disant que ses pêches étaient mûres, elles sont dures.*

2. Se tromper, c'est faire une erreur. *Papa s'est trompé de route, il faut faire demi-tour.*

trompette nom féminin

Une trompette, c'est un instrument de musique dans lequel on souffle. *Les trompettes sont en cuivre.*

Pierre et Manon jouent de la **trompette.**

tronc nom masculin

1. Le tronc, c'est la partie de l'arbre qui est entre le sol et les branches. *Le tronc est recouvert d'écorce.*

2. Le tronc, c'est la partie du corps humain où sont attachés la tête, les bras et les jambes.

On ne prononce pas le **c** qui est à la fin.

trône nom masculin

Le trône, c'est le fauteuil du roi ou de la reine. *Le roi reçoit ses ministres, assis sur son trône.*

Ce mot s'écrit avec un **ô.**

a
b
c
d
e
f
g
h
i
j
k
l
m
n
o
p
q
r
s
t
u
v
w
x
y
z

trop adverbe
Trop, c'est plus qu'il ne faut. *Le panier est trop lourd, Mathilde ne peut pas le porter. Il fait trop chaud au soleil, je reste à l'ombre. Ne faites pas trop de bruit, le bébé dort.*
■ Ne confonds pas trop et **trot.**

trot nom masculin
Le trot, c'est la façon de courir du cheval, moins rapide que le galop.
■ Ne confonds pas trot et **trop.**

Le cheval avance au **trot.**

trotter verbe
1. *Le cheval trotte,* il avance au trot.
2. Trotter, c'est marcher très vite à petits pas. *Mon petit frère trotte derrière moi.*

trottinette nom féminin
Une trottinette, c'est un jouet formé d'une planche montée sur deux roues et d'un guidon. *Ahmed fait de la trottinette.*
■ Tu peux dire aussi **patinette.**

trottoir nom masculin
Le trottoir, c'est la partie haute de chaque côté de la rue, où marchent les piétons. *Reste sur le trottoir et attends-moi pour traverser la rue !*
■ La partie de la rue où roulent les voitures, c'est la **chaussée.**

trou nom masculin
1. Un trou, c'est un endroit creux et vide dans le sol. *Le chien creuse un trou pour cacher son os.*
2. Un trou, c'est une ouverture dans une chose. *Louise a fait un trou dans sa chaussette.* ■ Sa chaussette est **trouée.**
➜ Au pluriel : des **trous.**

trouble adjectif
Après l'orage, l'eau de la rivière était trouble, elle n'était pas claire ni transparente.
■ Le contraire de trouble, c'est **limpide.**

troubler verbe
1. Troubler, c'est rendre trouble. *Quentin a troublé l'eau de la mare en lançant un caillou dans la vase.*
2. Troubler, c'est gêner, déranger, empêcher que quelque chose se passe normalement. *Les cris du bébé ont troublé le sommeil de Mamie.*

troué, trouée adjectif
Les chaussettes de Louise sont trouées, elles ont des trous.

troupe nom féminin
1. Une troupe, c'est un groupe de soldats. *En France, les troupes défilent le 14 Juillet.*
2. Une troupe, c'est un groupe de comédiens qui jouent ensemble. *Le père d'Olivia fait partie d'une troupe.*

troupeau nom masculin

Un troupeau, c'est un groupe d'animaux qui sont élevés ensemble. *Le berger a conduit le troupeau de moutons dans la montagne.*
Au pluriel : des **troupeaux.**

trousse nom féminin

Une trousse, c'est un petit sac où l'on range certaines choses. *Rémi range ses crayons et sa gomme dans sa trousse. Leïla met sa brosse à dents et son peigne dans sa trousse de toilette.*

trouver verbe

1. Trouver, c'est apercevoir ce que l'on cherchait ou découvrir par hasard quelque chose que l'on ne cherchait pas. *Laura ne trouve plus ses lunettes. Paul a trouvé un petit oiseau tombé du nid.* ■ Le contraire de trouver, c'est **perdre.**

2. *Cléa a trouvé la solution du problème,* elle a découvert la solution du problème en réfléchissant. ■ Cherche aussi **deviner.**

3. Trouver, c'est penser. *Le maître trouve que nous ne sommes pas très sages.*

4. Se trouver, c'est être situé à un endroit. *La boulangerie se trouve à côté de l'école.*

truc nom masculin

1. Un truc, c'est une façon de faire facilement quelque chose de difficile ou qui semble impossible. *Le prestidigitateur a un truc pour faire apparaître des colombes tout d'un coup.*

2. Un truc, c'est une chose dont on ne dit pas le nom. *Qu'est-ce que c'est que ce truc ?* ■ Tu peux dire aussi **machin.** ■ Ce sens du mot truc est familier.

truie nom féminin

La truie, c'est la femelle du porc.

truite nom féminin

Une truite, c'est un poisson qui vit dans les rivières et les torrents. *Ce soir, nous allons manger les truites que Papa a pêchées.*

Une **truite.**

tu pronom masculin et féminin

Tu, c'est un mot qui représente la deuxième personne du singulier. *Tu as de beaux yeux. Comment t'appelles-tu ?*
■ Cherche aussi **toi.**

tube nom masculin

1. Un tube, c'est un cylindre aplati à un bout et fermé par un bouchon. *Maman a acheté un tube de dentifrice.*

2. Un tube, c'est un cylindre creux, long et mince. *La vendeuse a roulé le poster et l'a mis dans un tube en carton.*

tuer verbe

Tuer, c'est faire mourir. *Le lion a tué une gazelle et l'a mangée.*

A B C D E F G H I J K L M N O P Q R S T U V W X Y Z

tuile nom féminin
Une tuile, c'est une plaque de terre cuite qui sert à couvrir les toits des maisons.
■ Cherche aussi **ardoise.**

Les toits de ces maisons sont en **tuiles.**

tulipe nom féminin
Une tulipe, c'est une belle fleur qui a une longue tige. *Papi a acheté un bouquet de tulipes jaunes.*
■ Les tulipes fleurissent au printemps.

tunnel nom masculin
Un tunnel, c'est un passage creusé sous terre ou dans une montagne. *Nous avons pris le tunnel sous la Manche pour aller en Angleterre.*

turbulent, turbulente adjectif
Joachim est un enfant turbulent, c'est un enfant qui remue tout le temps et qui fait beaucoup de bruit.
■ Tu peux dire aussi **terrible.**
■ Le contraire de turbulent, c'est **calme, sage.**

tutoyer verbe
Tutoyer, c'est dire « tu » à quelqu'un quand on lui parle. *Le maître nous tutoie, mais nous le vouvoyons.*

tuyau nom masculin
Un tuyau, c'est un long tube ouvert aux deux bouts dans lequel on fait passer un liquide ou un gaz. *Le jardinier arrose la pelouse avec le tuyau d'arrosage.*
➜ Au pluriel : des **tuyaux.**

tympan nom masculin
Le tympan, c'est la peau très fine qui forme le fond de l'oreille.

type nom masculin
Un type, c'est une sorte, un genre. *La voiture de Papi est d'un type très courant.*

tyran nom masculin
Un tyran, c'est une personne très autoritaire et cruelle qui gouverne un pays en faisant peur à tout le monde pour se faire obéir.

tyrannosaure nom masculin
Un tyrannosaure, c'est un animal préhistorique qui pouvait mesurer 15 mètres de long.
■ Cherche aussi **dinosaure.**

L'épuisette est-elle **utile** pour faire du ski ?

un article masculin, **une** article féminin
Un et une, ce sont des déterminants. *Paul est un garçon et Léa est une fille, ce sont tous les deux des enfants.*
➜ Le pluriel de **un** et de **une,** c'est **des.**

uni, unie adjectif
Un tissu uni, c'est un tissu d'une seule couleur, sans dessins ni rayures.
■ Le contraire de uni, c'est **rayé, multicolore.**

Olivier a une cravate à rayures, Christophe a une cravate **unie.**

uniforme nom masculin
Un uniforme, c'est un vêtement qui est le même pour toutes les personnes qui font partie d'un groupe. *Les policiers portent un uniforme.*

union nom féminin
Les décorations de Noël dans la rue sont payées par l'union des commerçants, elles sont payées par les commerçants qui se sont réunis et qui se sont mis d'accord pour décorer la rue.

unique adjectif
1. *La rue du Château est à sens unique,* on ne peut rouler dans cette rue que dans un seul sens.
■ Le contraire de unique, c'est **double.**
2. *Tom est un enfant unique,* il est le seul enfant de ses parents, il n'a ni frère ni sœur.
3. *Cette bague est unique,* elle est différente des autres bagues, il n'existe pas une seule autre bague comme elle.

unir verbe
1. *Une grande amitié unit Louise et Lola,* Louise et Lola sont très amies.
2. S'unir, c'est se mettre ensemble. *Léo et Antoine se sont unis pour gagner la partie contre Paul,* ils se sont mis ensemble pour battre Paul.

A B C D E F G H I J K L M N O P Q R S T U V W X Y Z

unité nom féminin
1. L'unité, c'est le chiffre le plus à droite dans un nombre. *Dans 148, 8 est le chiffre des unités.* ■ 1 est le chiffre des **centaines** et 4 celui des **dizaines.**
2. *Peut-on acheter ces yaourts à l'unité ?* peut-on acheter un seul de ces yaourts à la fois ?
3. Une unité de mesure, c'est une certaine grandeur qui sert à mesurer d'autres grandeurs. *Le mètre est une unité de longueur, le gramme est une unité de poids.*

univers nom masculin
L'univers, c'est l'ensemble de tout ce qui existe. *La Terre et les autres planètes, le Soleil et tous les astres appartiennent à l'univers.*
■ Tu peux dire aussi **monde.**

urgence nom féminin
Le blessé a été transporté à l'hôpital en urgence, le blessé a été transporté à l'hôpital immédiatement pour être soigné le plus vite possible.

urgent, urgente adjectif
Une chose urgente, c'est une chose dont il faut s'occuper tout de suite, une chose qu'il faut faire sans attendre. *Maman a un travail urgent à finir.*

urine nom féminin
L'urine, c'est le liquide jaune qui vient des reins. *Quand tu fais pipi, tu rejettes de l'urine.*

usage nom masculin
1. *Un couteau est un objet d'usage courant,* un couteau est un objet dont on se sert souvent. ■ Tu peux dire aussi **emploi, utilisation.**
2. *Sais-tu quel est l'usage de cet outil ?* sais-tu à quoi sert cet outil ?

usé, usée adjectif
Une chose usée, c'est une chose qui est abîmée parce qu'elle a beaucoup servi. *Les chaussettes de Lisa sont usées, elles sont trouées sous le talon.*

usine nom féminin
Une usine, c'est un bâtiment où des ouvriers fabriquent des objets avec des machines.

Dans cette **usine**, on fabrique du papier.

ustensile nom masculin
Un ustensile de cuisine, c'est un objet qui sert dans la cuisine. *Une cocotte, une louche, une passoire, une poêle sont des ustensiles de cuisine.*

utile adjectif
Ne jette pas cette boîte, elle peut être utile, cette boîte peut servir à quelque chose, on peut en avoir besoin.
■ Le contraire de utile, c'est **inutile.**

utilisation nom féminin
L'utilisation d'un objet, c'est la manière de s'en servir. *Cette machine à laver est d'une utilisation très simple,* elle est facile à utiliser.
■ Cherche aussi **emploi, usage.**

utiliser verbe
Utiliser quelque chose, c'est se servir de quelque chose. *Maman utilise sa voiture tous les jours. Mamie utilise de l'huile d'olive pour faire cuire les courgettes.*
■ Tu peux dire aussi **employer.**

utilité nom féminin
L'utilité, c'est la qualité d'une chose utile. *Mon parapluie m'a été d'une grande utilité pendant mon voyage : il a plu tous les jours.*

V v

vacances nom féminin pluriel
Les vacances, ce sont les jours pendant lesquels on ne travaille pas, on ne va pas à l'école. *Éva et Axel passent leurs vacances au bord de la mer.*
■ Cherche aussi **congé.**

Le soir, Joseph ramène les **vaches** à l'étable.

vacarme nom masculin
Le vacarme, c'est du bruit fait par beaucoup de gens, beaucoup de voitures ou beaucoup de machines en même temps. *Quel vacarme dans cette rue !*

vaccin nom masculin
Un vaccin, c'est une sorte de médicament, fabriqué à partir d'un microbe, qui protège de la maladie que donne ce microbe. *Le médecin a fait un vaccin à Olivia contre la rougeole.*

vacciner verbe
Vacciner, c'est faire un vaccin. *Le médecin a vacciné Olivia contre la rougeole.*

vache nom féminin
Une vache, c'est un gros animal domestique qui donne du lait. *La fermière trait les vaches tous les soirs.*
■ La vache est un **ruminant.** Le mâle de la vache c'est le **taureau,** le petit c'est le **veau.**

① **vague** nom féminin
Une vague, c'est une masse d'eau qui monte et qui redescend, dans la mer ou sur un lac. *Aujourd'hui on ne peut pas se baigner car il y a de très grosses vagues.*
■ Sais-tu comment s'appelle la mousse blanche qui se forme sur les vagues ? L'**écume.**

Florence fait du surf sur une grosse **vague.**

② **vague** adjectif

1. *Tarik n'a qu'un souvenir très vague de la maison où il est né,* il a un souvenir qui n'est pas précis, qui n'est pas clair.
2. Un terrain vague, c'est une grande étendue de terre où il n'y a pas de maisons, pas d'arbres et qui est un peu sale, dans une ville.

vaincre verbe

Vaincre, c'est remporter une victoire sur son adversaire. *Les Romains ont vaincu les Gaulois à Alésia.*

■ Tu peux dire aussi **battre.**

vainqueur nom masculin

Le vainqueur, c'est la personne qui a gagné. *Le vainqueur de la compétition a reçu une médaille.*

■ Tu peux dire aussi **gagnant.**

■ Le contraire de vainqueur, c'est **perdant.**

Les **vainqueurs** ont reçu une médaille.

vaisseau nom masculin

1. Un vaisseau, c'est un grand bateau d'autrefois. *Les vaisseaux du roi naviguent vers l'Espagne.*
2. Un vaisseau spatial, c'est un engin qui voyage dans l'espace.

➜ Au pluriel : des **vaisseaux.**

vaisselle nom féminin

1. La vaisselle, c'est l'ensemble des assiettes et des plats dans lesquels on sert et on mange la nourriture. *La vaisselle est rangée dans le buffet.*
2. Faire la vaisselle, c'est laver les assiettes, les verres, les couverts, les plats et les casseroles dont on s'est servi pour le repas.

valable adjectif

Ce billet de train est valable un mois, il peut être utilisé pendant un mois.

valeur nom féminin

La valeur, c'est le prix que coûte quelque chose si on veut le revendre ou l'échanger. *Papi a une collection de timbres de grande valeur.* ■ Sa collection de timbres doit **valoir** beaucoup d'argent.

valise nom féminin

Une valise, c'est un bagage qui ressemble à une boîte et que l'on porte grâce à une poignée. *Mamie fait sa valise car elle part en voyage,* Mamie met dans une valise toutes les affaires qu'elle veut emporter.

Mamie fait sa **valise.**

vallée nom féminin

Une vallée, c'est un long passage où coule une rivière, entre deux montagnes. *L'autoroute passe au fond de la vallée.*

valoir verbe

1. Valoir, c'est avoir un certain prix. *Cette bague vaut 1 500 euros,* elle a une valeur de 1 500 euros. ■ Tu peux dire aussi **coûter.**

2. *Il vaudrait mieux partir tout de suite,* ce serait mieux de partir tout de suite.

3. *Ne pleure pas, cela ne vaut pas la peine,* ce qui t'arrive n'est pas assez grave pour que tu pleures.

valse nom féminin

Une valse, c'est une danse que l'on danse à deux et où les couples de danseurs tournent sur eux-mêmes. *Le prince et la princesse ont ouvert le bal en dansant une valse.*

vampire nom masculin

Un vampire, c'est un fantôme qui sort la nuit de sa tombe pour aller sucer le sang des personnes vivantes. *On fait peur aux vampires avec de l'ail.*

■ Les vampires n'existent que dans les histoires.

vanille nom féminin

La vanille, c'est un produit qui est fait avec le fruit d'une plante et qui sent très bon. *Anaïs mange une glace à la vanille.*

se **vanter** verbe

Se vanter, c'est raconter une chose que l'on a faite en exagérant pour faire croire que l'on est très intelligent ou très fort. *David dit qu'il a construit tout seul cette cabane, mais il se vante.*

vapeur nom féminin

La vapeur, c'est l'ensemble des très petites gouttes d'eau qui sont dans l'air. *Quand l'eau bout elle se transforme en vapeur.* ■ L'eau **s'évapore** quand elle bout.

varicelle nom féminin

La varicelle, c'est une maladie qui donne des boutons sur tout le corps. *Tom ne va pas à l'école aujourd'hui parce qu'il a la varicelle.*

■ La varicelle est une maladie contagieuse.

varier verbe

Varier, c'est être différent. *La température varie au cours de la journée.*

■ Tu peux dire aussi **changer.**

① **vase** nom masculin

Un vase, c'est un récipient dans lequel on met des fleurs. *Papi a rempli le vase d'eau et il a mis les roses dedans.*

La **vanille** pousse sur le **vanillier.** On en met dans des glaces et dans des crèmes.

a b c d e f g h i j k l m n o p q r s t u v w x y z

A B C D E F G H I J K L M N O P Q R S T U V W X Y Z

② **vase** nom féminin
La vase, c'est de la boue qui est au fond de l'eau des mares et des étangs. *La grenouille s'est cachée dans la vase.*

vaste adjectif
Le parc du château est vaste, il est très grand.
■ Tu peux dire aussi **immense.**
■ Le contraire de vaste, c'est **petit.**

vautour nom masculin
Un vautour, c'est un grand oiseau au bec recourbé qui mange des cadavres.
■ Le vautour est un **rapace.**

veau nom masculin
Le veau, c'est le petit de la vache et du taureau. *Le veau tète sa mère.*
➾ Au pluriel : des **veaux.**
■ Cherche aussi **génisse.**

vedette nom féminin
Une vedette, c'est un acteur, une actrice, un chanteur ou une chanteuse très célèbre.

végétal nom masculin
Un végétal, c'est un être vivant qui pousse dans la terre. *Les arbres et les fleurs sont des végétaux.*
➾ Au pluriel : des **végétaux.**
■ Tu peux dire aussi **plante.**

végétarien, végétarienne adjectif
Une personne végétarienne, c'est une personne qui ne mange pas de viande. *Coralie est végétarienne car elle ne veut pas manger des animaux.*

végétation nom féminin
La végétation, c'est l'ensemble des plantes qui poussent dans un endroit. *Au printemps, la végétation est d'un joli vert.*
■ Cherche aussi **flore.**

véhicule nom masculin
Un véhicule, c'est un engin avec des roues qui sert à transporter des personnes ou des marchandises. *Les voitures, les camions, les avions, les motos sont des véhicules.*

veille nom féminin
La veille, c'est le jour qui est juste avant le jour dont on parle. *La veille de la rentrée des classes, Alix a préparé son cartable.*
■ Cherche aussi **hier.**
■ Le contraire de **veille,** c'est **lendemain.**

veine nom féminin
1. Une veine, c'est une sorte de tuyau dans lequel circule le sang. *Pour faire une prise de sang, on doit piquer une veine.*
2. Avoir de la veine, c'est avoir de la chance. *Aurélie a de la veine que la maîtresse ne l'ait pas vue en train de bavarder.* ■ Ce sens du mot veine est familier.

vélo nom masculin
Un vélo, c'est un engin à deux roues sur lequel on s'assied et que l'on fait avancer en appuyant sur les pédales, les mains posées sur le guidon. *Ariane aime bien faire du vélo.*
■ Tu peux dire aussi **bicyclette.** Cherche aussi **VTT.**

Paul se promène à **vélo.**

velours nom masculin
Le velours, c'est un tissu très doux dont un côté est formé de petits poils courts. *Guillaume a un pantalon en velours bleu.*

vendange nom féminin
La vendange, c'est la récolte du raisin pour faire du vin.

On fait les **vendanges** en automne.

vendeur nom masculin,
vendeuse nom féminin
Un vendeur, une vendeuse, c'est une personne qui vend quelque chose dans un magasin. *La vendeuse fait essayer plusieurs paires de chaussures à Damien.*
■ Cherche aussi **commerçant, marchand.**

vendre verbe
Vendre, c'est donner quelque chose à quelqu'un contre de l'argent. *Le boucher vend de la viande.* ■ Le client **achète** de la viande.
■ Cherche aussi **vente.**

vendredi nom masculin
Le vendredi, c'est le cinquième jour de la semaine, entre le jeudi et le samedi. *Mes parents vont au cinéma tous les vendredis.*

vénéneux, vénéneuse adjectif
Un champignon vénéneux, c'est un champignon qui contient du poison, un champignon qu'il ne faut pas manger.
■ Le contraire de vénéneux, c'est **comestible.**

vengeance nom féminin
La vengeance, c'est l'action de faire du mal à une personne pour se venger. *Je vais déchirer ton livre préféré, ce sera ma vengeance.*
N'oublie pas le **e** entre le **g** et le **a.**

se **venger** verbe
Je me vengerai de toi, je te ferai autant de mal que tu m'en as fait.

venimeux, venimeuse adjectif
La vipère est un serpent venimeux, c'est un serpent qui a du venin.

venin nom masculin
Le venin, c'est un poison que certains animaux ont dans leur corps et qu'ils envoient dans le corps d'un homme ou d'un autre animal en le piquant ou en le mordant. *Le venin des scorpions peut tuer.*

venir verbe
1. Venir, c'est aller dans un endroit. *Alice et Thibault sont venus à la maison hier.*
2. Venir, c'est arriver d'un endroit. *Ce bateau vient de Corse. Les pommes que tu es en train de manger viennent d'Argentine.*
3. *Mattéo vient de partir,* il est parti il y a très peu de temps.

vent nom masculin

Le vent, c'est de l'air qui se déplace. *Le vent souffle fort aujourd'hui.*

Le **vent** souffle fort !

vente nom féminin

La vente, c'est l'échange de quelque chose contre de l'argent. *Le nouveau CD de mon chanteur préféré n'est pas encore en vente,* on ne peut pas encore l'acheter.

La maison est en **vente**.

ventilateur nom masculin

Un ventilateur, c'est un appareil qui a une hélice qui tourne très vite pour faire de l'air frais.

ventre nom masculin

Le ventre, c'est la partie du corps de l'homme et des animaux qui se trouve devant, entre le thorax et le début des jambes. Il contient l'intestin. *Alexis a mal au ventre. Le chat de Lucie a des poils plus clairs sur le ventre.*

ver nom masculin

Un ver, c'est un petit animal au corps mou et long qui n'a pas de pattes. *Le pêcheur a accroché un ver à son hameçon. En faisant un trou dans le jardin, Papi a fait sortir des vers de terre.*

■ Cherche aussi **asticot.**

■ Ne confonds pas ver, **verre, vers** et **vert.**

verbe nom masculin

Un verbe, c'est un mot qui indique, dans la phrase, ce que l'on fait ou ce que l'on est. Il change de forme selon la personne (je, tu, il, nous, vous, ils) et selon le temps qu'il indique (présent, imparfait, futur). *Est-ce que tu sais conjuguer le verbe « aller » au présent ?*

verger nom masculin

Un verger, c'est un terrain où sont plantés des arbres qui donnent des fruits. *Il y a des poiriers et des pommiers dans le verger.*

verglas nom masculin

Le verglas, c'est une plaque de glace sur la route quand il gèle.

vérification nom féminin

Le policier arrête les passants pour vérification d'identité, il arrête les passants pour voir leurs papiers d'identité. ■ Il **vérifie** leur identité.

■ Tu peux dire aussi **contrôle.**

vérifier verbe

Vérifier, c'est regarder pour voir si tout est bien comme il faut. *Le contrôleur vérifie les billets des passagers.*

■ Tu peux dire aussi **contrôler.**

vérité nom féminin

La vérité, c'est ce qui est vrai, ce qui s'est passé en réalité. *Louise a dit la vérité à son père,* elle ne lui a pas menti.

vernis nom masculin

Un vernis, c'est un liquide que l'on passe sur quelque chose pour le rendre brillant et le protéger.

➽ On ne prononce pas le **s** qui est à la fin.

Maman se met du **vernis** à ongles.

verre nom masculin

1. Le verre, c'est une matière transparente et dure qui se casse facilement. *Le dessus de la table basse est en verre.*

2. Un verre, c'est un morceau de verre que l'on met devant l'œil pour mieux voir. *Titouan a des lunettes avec des verres incassables.*

3. Un verre, c'est un récipient en verre dans lequel on boit. *Maylis remplit son verre de jus d'orange.*

■ Ne confonds pas verre, **ver, vers** et **vert.**

verrou nom masculin

Un verrou, c'est un objet formé d'une petite barre de métal que l'on fait glisser pour que l'on ne puisse pas ouvrir la porte. *Lucas met le verrou pour s'enfermer dans la salle de bains.*

➽ Au pluriel : des **verrous.**

■ Cherche aussi **serrure.**

verrue nom féminin

Une verrue, c'est une petite boule dure qui pousse sous la peau. *Monsieur Meunier a une verrue sur la joue.*

① **vers** nom masculin

Un vers, c'est une ligne d'un poème. *Aziz a appris par cœur les quatre premiers vers de sa récitation.*

■ Ne confonds pas vers, **ver, verre** et **vert.**

② **vers** préposition

1. *Le camion se dirige vers l'autoroute,* il va en direction de l'autoroute.

2. *Rachel sera là vers midi,* elle sera là à peu près à midi, un peu avant ou un peu après midi.

■ Ne confonds pas vers, **ver, verre** et **vert.**

versant nom masculin

Le versant d'une montagne, c'est le côté d'une montagne.

L'un des deux **versants** de la colline est au soleil.

à verse adverbe
Il pleut à verse, il pleut très fort.

verser verbe
Verser, c'est faire couler un liquide d'un récipient dans un autre. *Juliette verse du jus d'orange dans son verre.*

vert, verte adjectif
1. La couleur verte, c'est la couleur de l'herbe. *Matthieu a les yeux verts.*
2. Un fruit vert, c'est un fruit qui n'est pas encore mûr. *Les tomates sont encore vertes.*
■ Ne confonds pas vert, **ver, verre** et **vers.**

vertébral, vertébrale adjectif
La colonne vertébrale, c'est la longue tige de petits os que nous avons dans le dos et qui soutient notre corps.
➻ Au masculin pluriel : **vertébraux.**
➻ Au féminin pluriel : **vertébrales.**

vertèbre nom féminin
Une vertèbre, c'est chacun des petits os de la colonne vertébrale. *L'homme a 33 vertèbres.*

vertical, verticale adjectif
Une ligne verticale, c'est une ligne droite qui va de bas en haut. *Quand on est debout, on est en position verticale.* ■ Quand on est couché, on est en position **horizontale.**
➻ Au masculin pluriel : **verticaux.**
➻ Au féminin pluriel : **verticales.**

vertige nom masculin
Le vertige, c'est l'impression que l'on a, quand on est à un endroit élevé, que tout tourne autour de soi et que l'on va tomber. *Amandine a le vertige quand elle est sur le balcon.*

veste nom féminin
Une veste, c'est un vêtement ouvert devant qui couvre le haut du corps, avec des manches longues ou des manches courtes.

vestiaire nom masculin
Un vestiaire, c'est une pièce où on laisse les vêtements que l'on met seulement à l'extérieur ou une pièce où on peut se changer. *Maman dépose son manteau au vestiaire du théâtre. Tom se met en maillot de bain dans le vestiaire de la piscine.*

vêtement nom masculin
Un vêtement, c'est ce que l'on met sur son corps pour le couvrir et le protéger, c'est ce que l'on met pour s'habiller. *En hiver, on met des vêtements chauds.*
■ Tu peux dire aussi **habit.**
➻ Il y a un accent circonflexe sur le premier **e.**
■ Quels noms de vêtements connais-tu ?

Antoine a sali ses **vêtements.**

vétérinaire nom masculin et féminin

Un vétérinaire, une vétérinaire, c'est une personne dont le métier est de soigner les animaux, c'est un médecin pour animaux. *Florian a emmené son chat chez le vétérinaire.*

La **vétérinaire** examine le chat.

veuf, veuve adjectif

Une personne veuve, c'est une personne dont le mari ou la femme est mort. *Monsieur Dubois est veuf, sa femme est morte l'année dernière.*

vexer verbe

1. Vexer quelqu'un, c'est lui faire de la peine en lui disant des choses désagréables ou en se moquant de lui pour qu'il ait honte, c'est l'humilier. *Alexandre a vexé Aurélie en lui disant qu'elle était ridicule avec son bonnet.*

2. *Antoine se vexe facilement,* il ne supporte pas qu'on lui fasse des réflexions, il est susceptible.

viaduc nom masculin

Un viaduc, c'est un pont très long sur lequel passe une route ou une voie ferrée.

Un **viaduc.**

viande nom féminin

La viande, c'est la chair des animaux que l'on mange. *On achète de la viande chez le boucher.*

victime nom féminin

1. Une victime, c'est une personne tuée ou blessée. *Le tremblement de terre a fait de nombreuses victimes.*

2. Une victime, c'est une personne à qui l'on a fait quelque chose de désagréable. *La victime du vol a appelé la police.*

victoire nom féminin

Une victoire, c'est une guerre ou une compétition que l'on a gagnée. *L'équipe qui remportera la victoire recevra une coupe.*

■ Le contraire de victoire, c'est **défaite.**

Notre équipe a remporté la **victoire.**

vide adjectif
La boîte est vide, il n'y a rien dedans. *La salle de cinéma était vide,* il n'y avait personne dedans.
■ Le contraire de vide, c'est **plein.**

La boîte est **vide.**

vidéo adjectif
1. Une cassette vidéo, c'est une cassette sur laquelle sont enregistrés des sons et des images que l'on se passe à la télévision. *Thelma met une cassette vidéo dans le magnétoscope.* ■ Cherche aussi **DVD.**
2. Un jeu vidéo, c'est un jeu qui fait passer sur un écran des images que l'on fait bouger en appuyant sur des boutons. *Timéo joue avec le jeu vidéo qu'il a eu pour son anniversaire.*
➾ Au masculin et au féminin pluriel : des jeux **vidéos** ou **vidéo** (invariable).

Alice joue avec son jeu **vidéo.**

vider verbe
Vider, c'est rendre vide. *Maxime sort de son bain et vide la baignoire.*
■ Le contraire de vider, c'est **remplir.**

vie nom féminin
1. Être en vie, c'est être vivant. *Le chien est blessé mais il est toujours en vie,* il continue à respirer, il n'est pas mort.
2. La vie, c'est le temps qui passe entre la naissance et la mort. *Mamie a eu une vie très heureuse.*
3. La vie, c'est la manière de vivre. *Jade a regardé une émission sur la vie des chimpanzés.*

vieillard nom masculin
Un vieillard, c'est une personne très vieille.

vieillesse nom féminin
La vieillesse, c'est le moment de la vie où l'on est vieux, c'est la dernière partie de la vie.
■ La première partie de la vie, c'est l'**enfance** et la **jeunesse.**

vieillir verbe
Vieillir, c'est devenir vieux. *Papi a beaucoup vieilli depuis sa maladie.*

vieux, vieille adjectif
1. Une personne vieille, un animal vieux, c'est une personne ou un animal qui est né depuis longtemps. *Le chien de Virginie est très vieux.* ■ Tu peux dire aussi **âgé.**
■ Le contraire de vieux, c'est **jeune.**
2. *Léo est plus vieux que son frère,* il est plus âgé que lui, il a plus d'années que lui.
3. *Maman a mis une vieille robe,* elle a mis une robe qu'elle a depuis longtemps. ■ Tu peux dire aussi

ancien. ■ Le contraire de vieux, c'est **neuf, nouveau, récent.**
■ On dit un homme **vieux** et un **vieil** homme.

vif, vive adjectif
1. *Lisa est très vive,* elle est rapide, elle réagit et comprend vite. ■ Le contraire de vif, c'est **lent.**
2. *Paul a mis un pull rouge vif,* il a mis un pull d'un rouge brillant, éclatant.

vigne nom féminin
Une vigne, c'est un petit arbre sur lequel pousse le raisin. *Il y a plusieurs régions de France où l'on cultive la vigne.*
■ Le terrain où l'on cultive la vigne s'appelle un **vignoble.**

On fabrique le **vin** avec du jus de raisin que l'on fait vieillir dans un tonneau puis que l'on met en bouteilles.

vilain, vilaine adjectif
1. *C'est vilain de mentir,* ce n'est pas bien de mentir.
2. *Mathilde a été vilaine avec son petit frère,* elle a été méchante avec son petit frère. ■ Le contraire de vilain, c'est **gentil.**
3. Une chose ou une personne vilaine, c'est une chose ou une personne désagréable à voir. *Le père de Jules a de vilaines dents.*
■ Tu peux dire aussi **affreux, laid.** ■ Le contraire de vilain, c'est **beau, joli.**

villa nom féminin
Une villa, c'est une maison avec un jardin. *Nous avons passé nos vacances dans une villa au bord de la mer.*

village nom masculin
Un village, c'est un groupe de maisons à la campagne, plus petit qu'une ville. *La mairie du village est en face de l'église.*

ville nom féminin
Une ville, c'est un grand groupe de maisons, avec beaucoup de rues, d'avenues, de boulevards et de places, et de nombreux habitants. *Bordeaux est une grande ville française.*

vin nom masculin
Le vin, c'est une boisson qui est faite avec du jus de raisin et qui contient de l'alcool. *Il y a du vin rouge, du vin blanc et du vin rosé.*

vinaigre nom masculin
Le vinaigre, c'est un liquide piquant fabriqué avec du vin, du cidre ou de l'alcool. *Papi mélange de l'huile et du vinaigre.*

vinaigrette nom féminin
Une vinaigrette, c'est une sauce faite avec de l'huile et du vinaigre. *Papi met la vinaigrette dans le saladier.*

violemment adverbe
Violemment, c'est avec violence, avec force. *Le vent souffle violemment.*

a b c d e f g h i j k l m n o p q r s t u v w x y z

violence nom féminin
1. La violence, c'est une très grande force. *Le toit de la cabane s'est envolé à cause de la violence du vent.*
2. La violence, c'est la force dont on se sert pour faire mal à quelqu'un. *Augustin a giflé son frère avec violence.*

violent, violente adjectif
1. Une personne violente, c'est une personne qui devient brutale quand elle est en colère. *Fais attention à Alexis, il peut être violent s'il perd la partie.*
2. *Le vent est très violent aujourd'hui,* il est très fort.

violet, violette adjectif
La couleur violette, c'est la couleur que l'on obtient en mélangeant du bleu et du rouge.
■ Cherche aussi **mauve.**

violette nom féminin
Une violette, c'est une petite fleur de couleur violette qui pousse au printemps.

Les **violettes** sentent très bon.

violon nom masculin
Un violon, c'est un instrument de musique qui a quatre cordes que l'on frotte avec une baguette spéciale. *On tient le violon entre l'épaule et le menton.*
■ La baguette que l'on passe sur les cordes s'appelle un **archet.**

violoncelle nom masculin
Un violoncelle, c'est un instrument de musique qui ressemble à un gros violon. *On joue du violoncelle assis, en le tenant entre les jambes.*

vipère nom féminin
Une vipère, c'est un serpent venimeux qui a la tête en forme de triangle.

Une **vipère.**

virage nom masculin
Un virage, c'est un endroit où une route tourne. *Attention, ce virage est dangereux.*
■ Tu peux dire aussi **tournant.**

virgule nom féminin
Une virgule, c'est un petit signe qui sert à séparer des mots ou des groupes de mots dans une phrase.
■ C'est un signe de **ponctuation.**

virus nom masculin
Un virus, c'est un être vivant très petit qui donne des maladies. *La grippe est due à un virus.*
■ Un virus est encore plus petit qu'un **microbe.**
➾ On prononce le **s** qui est à la fin.

A B C D E F G H I J K L M N O P Q R S T U V W X Y Z

vis nom féminin
Une vis, c'est une tige de métal pointue que l'on enfonce en tournant avec un tournevis. *Papa a fixé l'étagère dans le mur avec des vis.*
On prononce le **s** qui est à la fin.

visage nom masculin
Le visage, c'est le devant de la tête, où il y a le front, les joues, les yeux, le nez, la bouche et le menton. *Damien se passe un gant de toilette sur le visage.*
Tu peux dire aussi **face, figure.**

viser verbe
Viser, c'est mettre son arme dans la bonne direction pour atteindre ce que l'on veut toucher. *Le chasseur vise le sanglier et tire.*

visible adjectif
Une chose visible, c'est une chose que l'on peut voir. *Avec le brouillard, le sommet de la montagne n'est pas visible.*
Le contraire de visible, c'est **invisible.**

visiblement adverbe
Visiblement, Julia est contente de son cadeau, on voit bien que Julia est contente.
Tu peux dire aussi **manifestement.**

visière nom féminin
Une visière, c'est la partie d'une casquette qui avance sur le front, au-dessus des yeux. *La visière protège du soleil.*

vision nom féminin
1. La vision, c'est la façon dont on voit. *Aurélien a une meilleure vision quand il met ses lunettes.* Tu peux dire aussi **vue.**
2. *Notre voisine a des visions,* elle croit voir des choses qui n'existent pas ou qui n'arrivent pas vraiment.

visite nom féminin
1. *Les parents de Nicolas nous ont rendu visite,* ils sont venus nous voir et ont passé un moment avec nous.
2. *La visite du château est payante,* il faut payer pour visiter le château.

visiter verbe
Visiter un endroit, c'est aller voir tout ce qu'il y a dans cet endroit, tout regarder en s'y promenant. *Ma grande sœur a visité le château de Versailles.*

visiteur nom masculin,
visiteuse nom féminin
Un visiteur, une visiteuse, c'est une personne qui fait une visite à quelqu'un ou qui visite un endroit. *Les visiteurs attendent l'heure de l'ouverture du musée.*

visser verbe
1. Visser, c'est faire tenir en enfonçant une vis. *Papa visse l'étagère dans le mur,* il fait tenir l'étagère au mur en enfonçant une vis et en la faisant tourner avec un tournevis.
2. Visser, c'est faire tourner un couvercle pour fermer un récipient. *Marine visse le couvercle du pot de confiture.*
Le contraire de visser, c'est **dévisser.**

vitamine nom féminin
Une vitamine, c'est un produit très bon pour la santé que l'on trouve dans certains aliments. *Il y a beaucoup de vitamines dans les fruits.*

a b c d e f g h i j k l m n o p q r s t u v w x y z

A B C D E F G H I J K L M N O P Q R S T U V W X Y Z

vite adverbe

Vite, c'est en peu de temps. *Joséphine marche vite.*

■ Tu peux dire aussi **rapidement.**

■ Le contraire de vite, c'est **lentement.**

vitesse nom féminin

La vitesse, c'est le temps plus ou moins long que l'on met pour faire quelque chose ou pour aller d'un endroit à un autre. *Le train roulait à toute vitesse,* il roulait très vite.

■ Cherche aussi **rapidité.**

vitrail nom masculin

Un vitrail, c'est une plaque faite de morceaux de verre de couleurs différentes qui font un dessin. *On voit des vitraux dans les églises.*

➺ Au pluriel : des **vitraux.**

Un **vitrail.**

vitre nom féminin

Une vitre, c'est la plaque de verre d'une fenêtre ou d'une porte. *Les vitres sont sales, il faut les nettoyer.*

■ Tu peux dire aussi **carreau.**

vitrine nom féminin

Une vitrine, c'est la partie d'un magasin qui est derrière une vitre et que l'on voit quand on est dans la rue.

Guillaume regarde la **vitrine** du magasin de jouets.

vivant, vivante adjectif

1. *Les êtres humains, les animaux et les plantes sont des êtres vivants,* ce sont des êtres qui naissent, vivent et meurent.

2. Une personne vivante, un animal vivant, c'est une personne, un animal qui est en vie. *Le cerf a été blessé mais il est toujours vivant.*

■ Le contraire de vivant, c'est **mort.**

3. *Karim est un enfant très vivant,* c'est un enfant vif, qui remue et ne reste pas sans rien faire.

vive interjection

Vive, c'est un mot qui sert à montrer que l'on aime beaucoup quelqu'un ou quelque chose et que l'on est très content. *Vive le roi ! Vive les vacances !*

vivement adverbe
Vivement, c'est un mot qui sert à montrer que l'on est pressé que quelque chose arrive. *Vivement Noël !*

vivre verbe
1. Vivre, c'est être en vie, ne pas être mort. *Certains papillons ne vivent qu'un jour.*
2. Vivre, c'est habiter un certain temps dans un endroit. *Mes grands-parents ont vécu 20 ans à Paris, maintenant ils vivent à la campagne.*

vocabulaire nom masculin
Le vocabulaire, c'est l'ensemble des mots d'une langue. *Mon petit frère n'a pas encore beaucoup de vocabulaire,* il ne connaît pas encore beaucoup de mots.

vœu nom masculin
Un vœu, c'est le souhait que quelque chose arrive. *Noémie a fait un vœu : elle voudrait être dans la même classe que Candice l'année prochaine. Au mois de janvier, mes parents ont envoyé leurs vœux à tous leurs amis,* mes parents ont souhaité une bonne année à tous leurs amis.
Au pluriel : des **vœux.**

voici préposition
Voici, c'est un mot qui sert à montrer une personne, un animal ou une chose qui est tout près. *Voici ma chambre et voilà la tienne.*
Cherche aussi **voilà.**

voie nom féminin
1. Une voie, c'est une partie de route sur laquelle roulent des voitures les unes derrière les autres. *Cette autoroute a trois voies.*
2. Une voie ferrée, c'est l'ensemble des deux rails sur lesquels roulent les trains.
Ne confonds pas voie et **voix.**

voilà préposition
Voilà, c'est un mot qui sert à montrer une personne, un animal ou une chose qui est assez près, mais pas tout près. *Voilà mon frère qui arrive. Voilà un taxi,* un taxi arrive près de nous.
Cherche aussi **voici.**

① **voile** nom masculin
Un voile, c'est un tissu très fin. *La mariée avait un voile en dentelle.*

② **voile** nom féminin
Une voile, c'est un grand morceau de tissu que l'on accroche au mât et qui permet au bateau d'avancer quand le vent souffle dedans. *Lilas fait de la voile,* elle navigue sur un voilier.

voilier nom masculin
Un voilier, c'est un bateau à voiles.

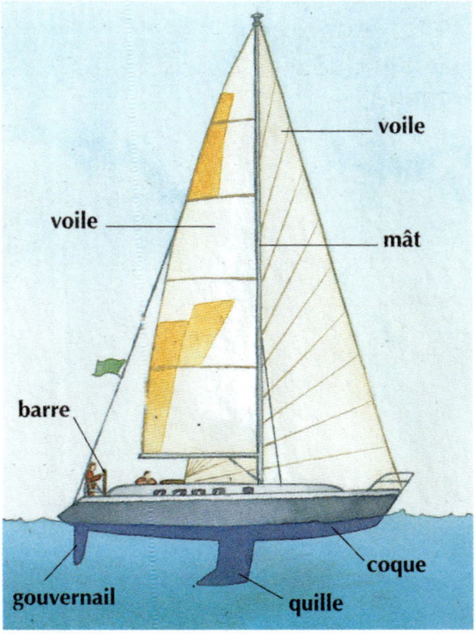

Un **voilier.**

A B C D E F G H I J K L M N O P Q R S T U V W X Y Z

voir verbe

1. Voir, c'est se rendre compte de ce qui est autour de nous grâce à nos yeux. *Charlotte a vu un renard près du poulailler. Les aveugles ne voient pas.*

2. *Paul m'a fait voir ses nouvelles chaussures,* il m'a montré ses nouvelles chaussures et je les ai regardées.

3. *Papi et Mamie vont venir nous voir,* ils vont nous rendre visite.

voisin nom masculin,
voisine nom féminin

Un voisin, une voisine, c'est une personne qui habite tout près. *Les voisins de l'étage du dessus font beaucoup de bruit.*

voiture nom féminin

1. Une voiture, c'est un véhicule à quatre roues avec un moteur, dans lequel plusieurs personnes peuvent s'asseoir. *Papa est venu me chercher à l'école en voiture.* ■ Tu peux dire aussi **auto, automobile.**

2. Une voiture, c'est une partie d'un train dans laquelle sont les voyageurs. ■ Tu peux dire aussi **wagon.**

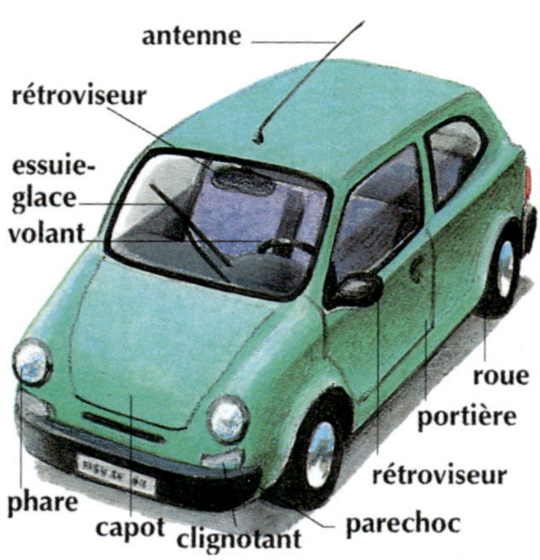

Une **voiture.**

voix nom féminin

La voix, c'est l'ensemble des sons qu'une personne fait sortir de sa bouche quand elle parle, quand elle chante ou quand elle crie. *Stanislas a une jolie voix. Iris m'a parlé à voix basse,* elle m'a parlé tout doucement.

Au pluriel : des **voix.**

■ Ne confonds pas voix et **voie.**

vol nom masculin

1. Le vol, c'est le mouvement qu'un oiseau ou un insecte fait avec ses ailes pour se déplacer dans l'air.

2. Un vol, c'est un trajet parcouru par un avion. *Il y a une heure de vol entre Paris et Londres.*

3. Un vol, c'est ce que fait une personne qui prend pour elle ce qui appartient à quelqu'un d'autre. *Papa a déclaré le vol de sa moto au commissariat.*

volaille nom féminin

Une volaille, c'est un oiseau de basse-cour. *Les poules, les pintades, les canards sont des volailles.*

volant nom masculin

Un volant, c'est un objet en forme de cercle derrière lequel s'assied le conducteur d'une voiture et qu'il tourne pour faire aller les roues vers la gauche ou vers la droite. *Papa tourne le volant pour garer sa voiture.*

volcan nom masculin

Un volcan, c'est une montagne qui a un grand trou au sommet d'où peuvent sortir des matières brûlantes. *Émilie a vu un documentaire sur un volcan en éruption.*

■ Le trou au sommet du volcan s'appelle un **cratère.**

■ Cherche aussi **lave.**

voler verbe

1. Voler, c'est se déplacer dans l'air sans toucher le sol. *Le petit oiseau vole d'un arbre à l'autre. L'avion vole haut dans le ciel.*

2. Voler, c'est prendre quelque chose qui appartient à quelqu'un et ne pas lui rendre. *Quelqu'un a volé le portefeuille de Madame Faure.*

volet nom masculin

Un volet, c'est un rectangle de bois ou de métal que l'on met devant une fenêtre. *Le soir, Alice ferme les volets de sa chambre.*

voleur nom masculin,
voleuse nom féminin

Un voleur, une voleuse, c'est une personne qui vole les choses qui appartiennent aux autres. *La police a arrêté le voleur.*

■ Cherche aussi **cambrioleur.**

Un **voleur** a pris le portefeuille de Mamie dans son panier.

volleyball nom masculin

Le volleyball, c'est un jeu entre deux équipes de six joueurs qui doivent se renvoyer le ballon au-dessus d'un filet avec les mains. *Benjamin et Fanny aiment bien jouer au volleyball.*

■ Ce mot vient de l'anglais.

■ On dit souvent le **volley.**

➾ On écrit aussi **volley-ball**.

volontaire adjectif

1. *Marine a abîmé le dessin de Thomas, mais c'est volontaire,* elle a voulu le faire, elle l'a fait exprès.

2. *Qui est volontaire pour effacer le tableau ?* qui veut bien effacer le tableau ?

volontairement adverbe

Marine a volontairement abîmé le dessin de Thomas, elle voulait vraiment abîmer son dessin, elle l'a abîmé exprès.

volonté nom féminin

La volonté, c'est la qualité d'une personne qui décide elle-même de ce qu'elle veut faire et qui le fait jusqu'au bout. *Claire est une femme énergique qui a beaucoup de volonté.*

volume nom masculin

1. Le volume, c'est la place qu'occupe un objet. *Ahmed s'est tordu le pied et sa cheville a doublé de volume.*

2. Un volume, c'est un livre. *Dans le bureau de la directrice, il y a un dictionnaire en six volumes.*

vomir verbe

Vomir, c'est rejeter par la bouche ce que l'on a mangé. *Alexandre a eu mal au cœur et il a vomi.*

vorace adjectif

Le chien d'Anna est vorace, il mange beaucoup.

vote nom masculin
Le vote a eu lieu dimanche, on a voté dimanche.

voter verbe
Voter, c'est choisir un candidat. *Dimanche prochain, on vote pour élire le nouveau président de la République.*
■ Cherche aussi **élection.**

Papa **vote** pour le candidat qu'il préfère.

votre adjectif
Vous pouvez enlever votre manteau et vos gants, vous pouvez enlever le manteau et les gants qui sont à vous.
Au masculin et au féminin pluriel : **vos.**

vouloir verbe
1. Vouloir, c'est désirer, souhaiter très fort. *Marion veut une poupée pour Noël,* elle aimerait avoir une poupée pour Noël. *Je voudrais rentrer à la maison. Maman veut que nous soyons couchés quand elle rentrera.*
2. *Je veux bien te prêter mon vélo,* je suis d'accord pour te prêter mon vélo, j'accepte de te prêter mon vélo.
3. *Que veut dire ce mot ?* quel est le sens de ce mot, que signifie ce mot ?
4. *Amine en veut à sa sœur de lui avoir perdu sa trousse,* Amine a de la rancune contre sa sœur, il n'arrive pas à lui pardonner d'avoir perdu sa trousse.

vous pronom masculin et féminin pluriel
1. Vous, c'est un mot qui représente la deuxième personne du pluriel. Vous s'emploie quand on parle à plusieurs personnes. *Luna et Jean, je vous félicite. Papi vous a acheté une glace à chacun.*
2. Vous s'emploie quand on parle à une seule personne et que l'on veut être très poli. *Je vous remercie, madame.* ■ On dit « vous » à une personne que l'on **vouvoie.**

vouvoyer verbe
Vouvoyer, c'est dire « vous » à quelqu'un quand on lui parle. *La maîtresse vouvoie la directrice mais tutoie ses élèves.*

voyage nom masculin
Faire un voyage, c'est partir dans un endroit assez lointain pendant un certain temps. *Mes parents ont fait un voyage en Italie l'été dernier.*

voyager verbe
Voyager, c'est faire un voyage. *Maman aime voyager en voiture. Mon oncle a beaucoup voyagé quand il était jeune,* il a fait de nombreux voyages dans des pays différents.

voyageur nom masculin,
voyageuse nom féminin
Un voyageur, une voyageuse, c'est une personne qui fait un voyage. *Les voyageurs qui vont à Chamonix doivent changer de train.*

voyelle nom féminin
Une voyelle, c'est une lettre qui représente un son qui résonne dans la bouche. *A, e, i, o, u, y sont les six voyelles de l'alphabet.*
■ Cherche aussi **consonne.**

voyou nom masculin
Un voyou, c'est un garçon mal élevé qui traîne dans la rue. *Arnaud s'est fait attaquer par des voyous qui lui ont pris son baladeur.*
➜ Au pluriel : des **voyous.**

vrai, vraie adjectif
1. *Ce que dit Alice est vrai,* ce que dit Alice, c'est ce qui s'est passé en réalité, c'est la vérité. ■ Le contraire de vrai, c'est **faux.**
2. *Mamie a un collier en vraies perles,* elle a un collier qui n'est pas fait avec des boules qui ressemblent à des perles. ■ Le contraire de vrai, c'est **artificiel, faux.**

vraiment adverbe
Vraiment, c'est en vérité, en réalité. *Tu as vraiment vu un ours dans la forêt ?*

VTT nom masculin invariable
Un VTT, c'est un vélo que l'on peut utiliser partout, en dehors des routes, même dans des endroits où il y a des creux et des bosses. *Amélie fait du VTT sur la colline.*
■ VTT est l'abréviation de **vélo tout-terrain.**
➜ Au pluriel : des **VTT.**

vue nom féminin
1. La vue, c'est ce qui permet, grâce aux yeux, de voir. *La vue est l'un des cinq sens. Sofiane met des lunettes car il n'a pas une bonne vue,* il n'a pas une bonne vision.
2. La vue, c'est ce que l'on voit de là où l'on est. *Quand on est sur la terrasse de l'immeuble, on a une belle vue.*

W w

Il y a des cow-boys dans les **westerns**.

wagon nom masculin
Un wagon, c'est une voiture de train.
■ Ce mot vient de l'anglais.

La locomotive tire les **wagons**.

waters nom masculin pluriel
Les waters, c'est la pièce où l'on fait pipi et caca. *Où sont les waters ?*
■ Tu peux dire aussi **cabinets, toilettes, W.-C.**
■ Ce mot vient de l'anglais.

W.-C. nom masculin pluriel
Les W.-C., ce sont les waters.
■ Tu peux dire aussi **cabinets, toilettes.**

week-end nom masculin
Le week-end, c'est la fin de la semaine, le samedi et le dimanche. *Robin est parti en week-end à la campagne.*
➾ Au pluriel : des **week-ends.**
■ Ce mot vient de l'anglais.

western nom masculin
Un western, c'est un film qui se passe en Amérique, avec des Indiens et des cow-boys. *Léane a vu un western à la télévision.*
■ Ce mot vient de l'anglais.

xylophone nom masculin
Un xylophone, c'est un instrument de musique formé de petites barres de bois sur lesquelles on tape avec deux petits marteaux spéciaux.
Flore joue du xylophone.

a b c d e f g h i j k l m n o p q r s t u v w x y z

Y y

yaourt nom masculin
Un yaourt, c'est un aliment fait avec du lait. *Camille a mangé deux yaourts.*
■ Tu peux dire aussi **yogourt.**

yeux → va voir **œil.**

yoyo nom masculin
Un yoyo, c'est un jouet rond que l'on fait monter et descendre le long d'une ficelle. *Alexis joue au yoyo.*
Au pluriel : des **yoyos.**
On écrit aussi **yo-yo,** au pluriel des **yo-yo** (invariable).

a b c d e f g h i j k l m n o p q r s t u v w x y z

Z z

Une **zone** industrielle.

zapper verbe
Zapper, c'est changer de chaîne quand on regarde la télévision en appuyant sur les boutons de la télécommande. *David zappe dès qu'il y a de la publicité.*

zèbre nom masculin
Un zèbre, c'est un animal d'Afrique qui ressemble à un âne et qui a des rayures noires et blanches.
■ Le zèbre est un **mammifère.**

zigzag nom masculin
Un zigzag, c'est une ligne qui monte et qui descend. *La route fait des zigzags,* elle a de nombreux virages, elle est en lacets.

zone nom féminin
Une zone, c'est une partie d'un endroit. *L'usine où travaille Papa est dans la zone industrielle.*

Un **zèbre.**

zoo nom masculin
Un zoo, c'est un grand jardin entouré d'une clôture où l'on peut voir des animaux de tous les pays.

Tanguy est au **zoo**, il regarde les ours.

a b c d e f g h i j k l m n o p q r s t u v w x y z

Planches illustrées

En ville

MAIRIE
drapeau
rue
CINÉMA
6 salles
panneau de signalisation
trottoir
place
marché
pigeons
autob
camionnette
fruits et légumes
étalage
TAXI
station de taxis
parking
souterra
boîte à lettres
camion de pompiers
chaussée
rails du tramway
avenue

immeuble
mpadaire
square
enseigne
Boulangerie - Pâtisserie
vitrine
Pharmacie
magasin
arrêt
d'autobus
FLEURISTE
piétons
kiosque
à journaux
horodateur
passage pour
piétons
SAMU
ambulance
carrefour
tramway
feu
tricolore
moto
scooter
vélo
voiture
piste cyclable

À la campagne

hirondelle
haie
pie
moissonneuse-batteuse
grange
écurie
papillon
porcherie
cheval
bottes
de paille
cochon
brouette
merle
chardon
sauterelle
mulot
pâquerettes
coquelicot

À la montagne

sommet
arête
crête
aigle
neiges
éternelles
chamois
glacier
lac
chalet
hélicoptère
mélèzes
edelweiss
sapins
marmottes
myrtilles
arnica des
montagnes

En forêt

branche
pivert
mésange
châtaignier
tronc
châtaignes
pin
écureuil
sanglier
fougère
marcassin
lièvre
rouge-gorge
terrier
mousse
couleuvre
vers de terre

geai
feuillage
chêne
glands
chouette
écorce
renard
faisan
biche
chenille
champignon
pomme de pin
souche
escargot
scarabée
hérisson

Sur la côte

autoroute
rivière
route
falaise
pont
suspendu
fleuve
pont
baie
mouette
embouchure
bateau de pêche
camping
roseaux
étang
héron
surf
anguille
vagues
goujon
plage
brochet
baigneurs
parasol
carpe
poissons
d'eau douce
crique
planche à voile

voie ferrée
entrepôts
conteneurs
quai
porte-
conteneurs
grue
port de
commerce
rque
cap
goéland
île
voilier
récifs
balise
jetée
port de
pêche
trimaran
rt de plaisance
phare
presqu'île
rochers

La mer

rochers
fou de Bassan
mouette
moules
cormoran
méduse
dorades
congre
coraux
ancre
lieu
mulet
algues
anémone de mer
baudroie
coquillages
oursin
raie

goéland
chalutier
pêcheur
bouée
maquereau
hareng
filet
sardines
morue
thon
plongeur
turbot
rouget
casier
homard
crevette
étoile de mer
étrille

Le Grand Nord

(*) Petits pingouins *(Alca torda)*

pétrel
brise-glace
ours blanc
banquise
scooter
des neiges
Inuit
igloo
harpon
saumons
phoque
bébé phoque

La forêt vierge

hévéa
toucan
singe
araignée
paresseux
yuccas
liane
échelle
de tortue
boa
constricteur
kinkajou
orchidée
tigrillo
tapir
épi de safran
jacaré
loup de rivière
palétuvier
scalaire
dauphin rose
piranhas

La savane

arbre à
saucisses
buffle
héron
girafe
éléphant
zèbre
chacal
termitière
crocodile
lion
serpentaire
vipère

nids de tisserins
baobab
gnou
gazelle
guépard
rhinocéros
vautour
autruche
hyènes
hacochère
hippopotame
léopard
serval
scorpion

Le désert

antilopes
palmier
oasis
Touareg
dattier
tente
dattes
dromadaire
sable
scorpion

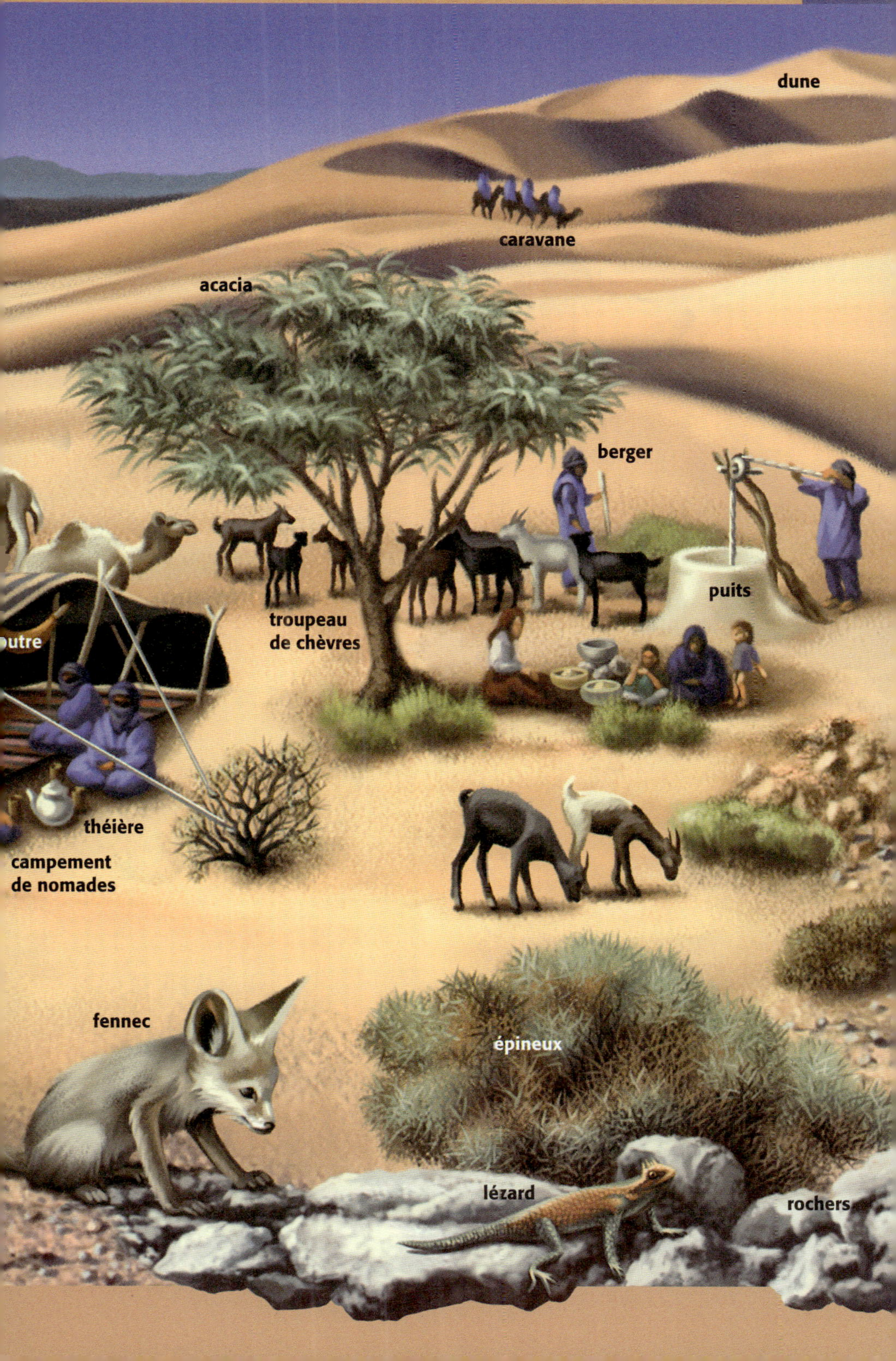
dune
caravane
acacia
berger
puits
troupeau
de chèvres
outre
théière
campement
de nomades
fennec
épineux
lézard
rochers

Le calendrier

hiver

JANVIER	FÉVRIER	MARS
1 jeudi	1 dimanche	1 dimanche
2 vendredi	2 lundi	2 lundi
3 samedi	3 mardi	3 mardi
4 dimanche	4 mercredi	4 mercredi
5 lundi	5 jeudi	5 jeudi
6 mardi	6 vendredi	6 vendredi
7 mercredi	7 samedi	7 samedi
8 jeudi	8 dimanche	8 dimanche
9 vendredi	9 lundi	9 lundi
10 samedi	10 mardi	10 mardi
11 dimanche	11 mercredi	11 mercredi
12 lundi	12 jeudi	12 jeudi
13 mardi	13 vendredi	13 vendredi
14 mercredi	14 samedi	14 samedi
15 jeudi	15 dimanche	15 dimanche
16 vendredi	16 lundi	16 lundi
17 samedi	17 mardi	17 mardi
18 dimanche	18 mercredi	18 mercredi
19 lundi	19 jeudi	19 jeudi
20 mardi	20 vendredi	20 vendredi
21 mercredi	21 samedi	21 samedi
22 jeudi	22 dimanche	22 dimanche
23 vendredi	23 lundi	23 lundi
24 samedi	24 mardi	24 mardi
25 dimanche	25 mercredi	25 mercredi
26 lundi	26 jeudi	26 jeudi
27 mardi	27 vendredi	27 vendredi
28 mercredi	28 samedi	28 samedi
29 jeudi		29 dimanche
30 vendredi		30 lundi
31 samedi		31 mardi

JUILLET	AOÛT	SEPTEMBRE
1 mercredi	1 samedi	1 mardi
2 jeudi	2 dimanche	2 mercredi
3 vendredi	3 lundi	3 jeudi
4 samedi	4 mardi	4 vendredi
5 dimanche	5 mercredi	5 samedi
6 lundi	6 jeudi	6 dimanche
7 mardi	7 vendredi	7 lundi
8 mercredi	8 samedi	8 mardi
9 jeudi	9 dimanche	9 mercredi
10 vendredi	10 lundi	10 jeudi
11 samedi	11 mardi	11 vendredi
12 dimanche	12 mercredi	12 samedi
13 lundi	13 jeudi	13 dimanche
14 mardi	14 vendredi	14 lundi
15 mercredi	15 samedi	15 mardi
16 jeudi	16 dimanche	16 mercredi
17 vendredi	17 lundi	17 jeudi
18 samedi	18 mardi	18 vendredi
19 dimanche	19 mercredi	19 samedi
20 lundi	20 jeudi	20 dimanche
21 mardi	21 vendredi	21 lundi
22 mercredi	22 samedi	22 mardi
23 jeudi	23 dimanche	23 mercredi
24 vendredi	24 lundi	24 jeudi
25 samedi	25 mardi	25 vendredi
26 dimanche	26 mercredi	26 samedi
27 lundi	27 jeudi	27 dimanche
28 mardi	28 vendredi	28 lundi
29 mercredi	29 samedi	29 mardi
30 jeudi	30 dimanche	30 mercredi
31 vendredi	31 lundi	

été

saison

mois — jour — semaine

printemps

AVRIL	MAI	JUIN
1 mercredi	1 vendredi	1 lundi
2 jeudi	2 samedi	2 mardi
3 vendedi	3 dimanche	3 mercredi
4 samedi	4 lundi	4 jeudi
5 dimanche	5 mardi	5 vendredi
6 lundi	6 mercredi	6 samedi
7 mardi	7 jeudi	7 dimanche
8 mercredi	8 vendredi	8 lundi
9 jeudi	9 samedi	9 mardi
10 vendredi	10 dimanche	10 mercredi
11 samedi	11 lundi	11 jeudi
12 dimanche	12 mardi	12 vendredi
13 lundi	13 mercredi	13 samedi
14 mardi	14 jeudi	14 dimanche
15 mercredi	15 vendredi	15 lundi
16 jeudi	16 samedi	16 mardi
17 vendredi	17 dimanche	17 mercredi
18 samedi	18 lundi	18 jeudi
19 dimanche	19 mardi	19 vendredi
20 lundi	20 mercredi	20 samedi
21 mardi	21 jeudi	21 dimanche
22 mercredi	22 vendredi	22 lundi
23 jeudi	23 samedi	23 mardi
24 vendredi	24 dimanche	24 mercredi
25 samedi	25 lundi	25 jeudi
26 dimanche	26 mardi	26 vendredi
27 lundi	27 mercredi	27 samedi
28 mardi	28 jeudi	28 dimanche
29 mercredi	29 vendredi	29 lundi
30 jeudi	30 samedi	30 mardi
	31 dimanche	

OCTOBRE	NOVEMBRE	DÉCEMBRE
1 jeudi	1 dimanche	1 mardi
2 vendredi	2 lundi	2 mercredi
3 samedi	3 mardi	3 jeudi
4 dimanche	4 mercredi	4 vendredi
5 lundi	5 jeudi	5 samedi
6 mardi	6 vendredi	6 dimanche
7 mercredi	7 samedi	7 lundi
8 jeudi	8 dimanche	8 mardi
9 vendredi	9 lundi	9 mercredi
10 samedi	10 mardi	10 jeudi
11 dimanche	11 mercredi	11 vendredi
12 lundi	12 jeudi	12 samedi
13 mardi	13 vendredi	13 dimanche
14 mercredi	14 samedi	14 lundi
15 jeudi	15 dimanche	15 mardi
16 vendredi	16 lundi	16 mercredi
17 samedi	17 mardi	17 jeudi
18 dimanche	18 mercredi	18 vendredi
19 lundi	19 jeudi	19 samedi
20 mardi	20 vendredi	20 dimanche
21 mercredi	21 samedi	21 lundi
22 jeudi	22 dimanche	22 mardi
23 vendredi	23 lundi	23 mercredi
24 samedi	24 mardi	24 jeudi
25 dimanche	25 mercredi	25 vendredi
26 lundi	26 jeudi	26 samedi
27 mardi	27 vendredi	27 dimanche
28 mercredi	28 samedi	28 lundi
29 jeudi	29 dimanche	29 mardi
30 vendredi	30 lundi	30 mercredi
31 samedi		31 jeudi

automne

Les couleurs

roux
lilas
vert d'eau
vermillon
vert sapin
aille
ir
leu outremer
vert anglais
rouille
marron
violet
bleu de Prusse
brun
ne
bleu lagon
vert amande
brique
rose bonbon
abricot
vert émeraude
on
jaune citron
vert pré
ocre jaune
gris souris

Les animaux et leur cri

Le mâle et la femelle ont souvent un nom différent, de même que leur petit. C'est le cas par exemple du *canard*, de la *cane* et du *caneton*.

Nom du **mâle**	Nom de la **femelle**	Nom du **petit**	• Cri
un aigle	une aigle	un aiglon	• l'aigle **trompette**
un âne	une ânesse	un ânon	• l'âne **brait**
un bélier	une brebis	un agneau	• le mouton **bêle**
Un troupeau de **moutons** est composé de **béliers**, de **brebis** et d'**agneaux**.			
un bouc	une chèvre	un chevreau	• la chèvre **bêle** ou **chevrote**
un canard	une cane	un caneton	• le canard **cancane** ou **caquette**
un cerf	une biche	un faon	• le cerf **brame**
un chameau	une chamelle	un chamelon	• le chameau **blatère**
un chat	une chatte	un chaton	• le chat **miaule**
un cheval	une jument	un poulain	• le cheval **hennit**
On appelle aussi le cheval mâle un **étalon**.			

Il trompette.

Ils cancanent (ou caquettent).

Il miaule.

Parfois, le mâle et la femelle portent le même nom. Pour les distinguer, on est obligé de parler de la *femelle du hibou* ou du *mâle de la girafe*.

Nom du **mâle**	Nom de la **femelle**	Nom du **petit**	• **Cri**
un chien	une chienne	un chiot	• le chien **aboie**
une chouette	une chouette		• la chouette **hulule**
un coq	une poule	un poussin	• le coq **chante** la poule **glousse** le poussin **piaille**
un corbeau	un corbeau	un corbillat	• le corbeau **croasse**
un crapaud	une crapaude	un têtard	• le crapaud **coasse**
un dindon	une dinde	un dindonneau	• le dindon **glougloute**
un éléphant	une éléphante	un éléphanteau	• l'éléphant **barète** ou **barrit**
une girafe	une girafe	un girafeau ou un girafon	• la girafe **mugit**

Elle hulule.

Il aboie.

Il barète (ou barrit).

Nom du **mâle**	Nom de la **femelle**	Nom du **petit**	Cri
une grenouille	une grenouille	un têtard	la grenouille **coasse**
un hibou	un hibou		le hibou **hulule**
un jars	une oie	un oison	le jars **jargonne** l'oie **cacarde**
un lapin	une lapine	un lapereau	le lapin **clapit**
un lièvre	une hase	un levraut	le lièvre **vagit**
un lion	une lionne	un lionceau	le lion **rugit**
un loup	une louve	un louveteau	le loup **hurle**
un merle	une merlette	un merleau	le merle **siffle**
un moineau	une moinelle	un moinet	le moineau **pépie**
un oiseau	une oiselle	un oisillon	l'oiseau **chante** ou **gazouille**
un ours	une ourse	un ourson	l'ours **grogne**
une perdrix	une perdrix	un perdreau	la perdrix **cacabe** ou **glousse**

Elle coasse.

Il chante (ou gazouille).

Il glapit (ou jappe).

Il grogne.

Nom du mâle	Nom de la femelle	Nom du petit	• Cri
un pigeon	une pigeonne	un pigeonneau	• le pigeon **roucoule**
une pintade	une pintade	un pintadeau	• la pintade **cacabe** ou **criaille**
un porc ou un cochon On appelle aussi le porc mâle un **verrat**.	une truie	un porcelet	• le porc **grogne**
un rat	une rate	un raton	• le rat **chicote** ou **couine**
un renard	une renarde	un renardeau	• le renard **glapit** ou **jappe**
un sanglier	une laie	un marcassin	• le sanglier **grommelle**
un singe	une guenon		• le singe **crie**, **hurle** ou **piaille**
une souris	une souris	un souriceau	• la souris **chicote**
un taureau	une vache	un veau	• la vache **beugle**, **meugle** ou **mugit**
un tigre	une tigresse		• le tigre **feule**, **miaule** ou **râle**

Il grommelle.

Il feule (ou miaule ou râle).

Le corps humain

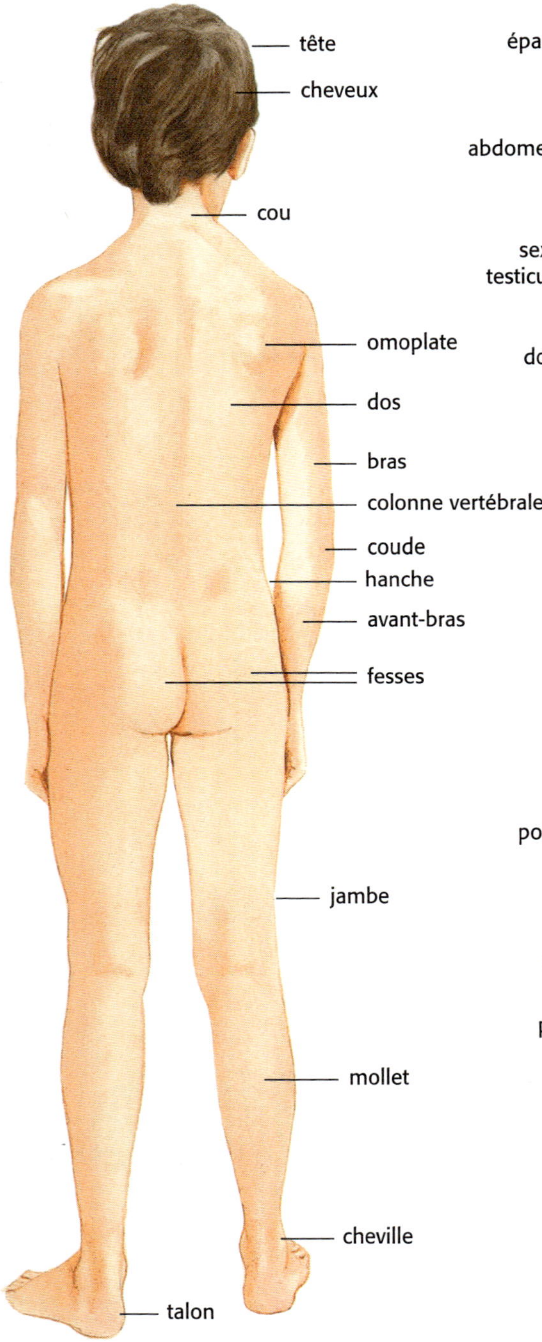

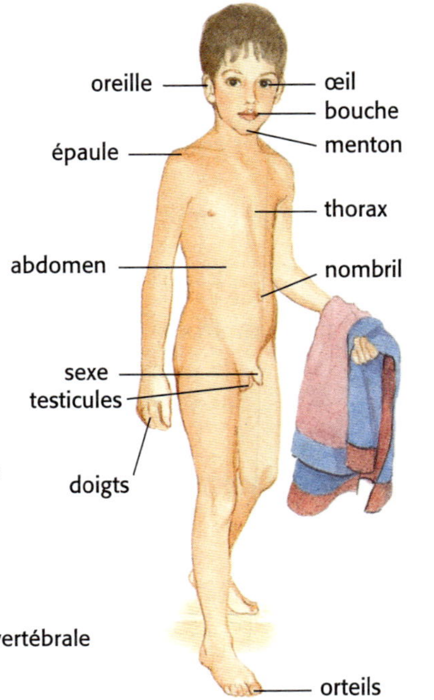

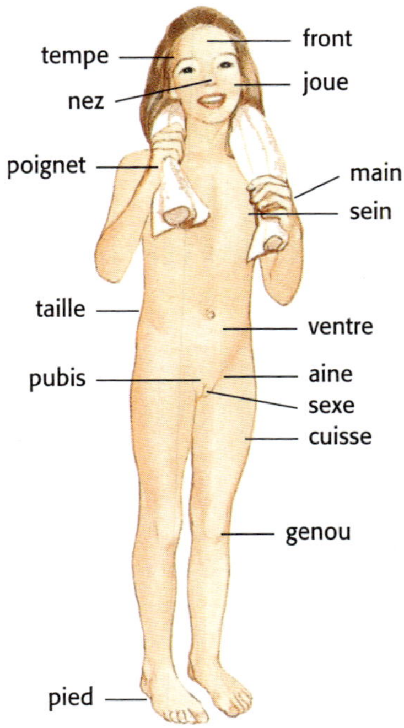

Voir, entendre, sentir…

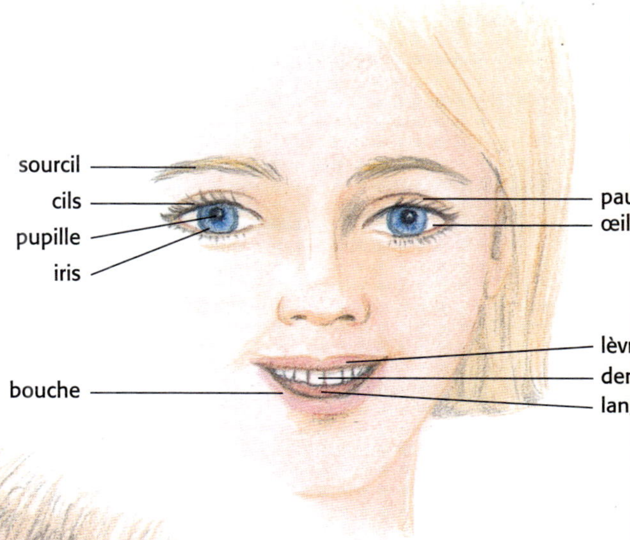

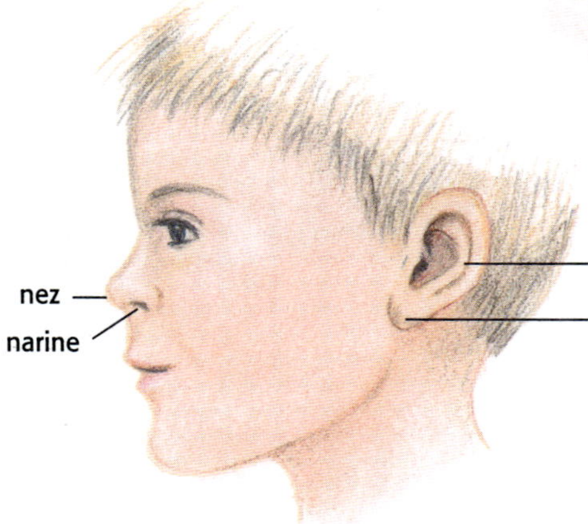

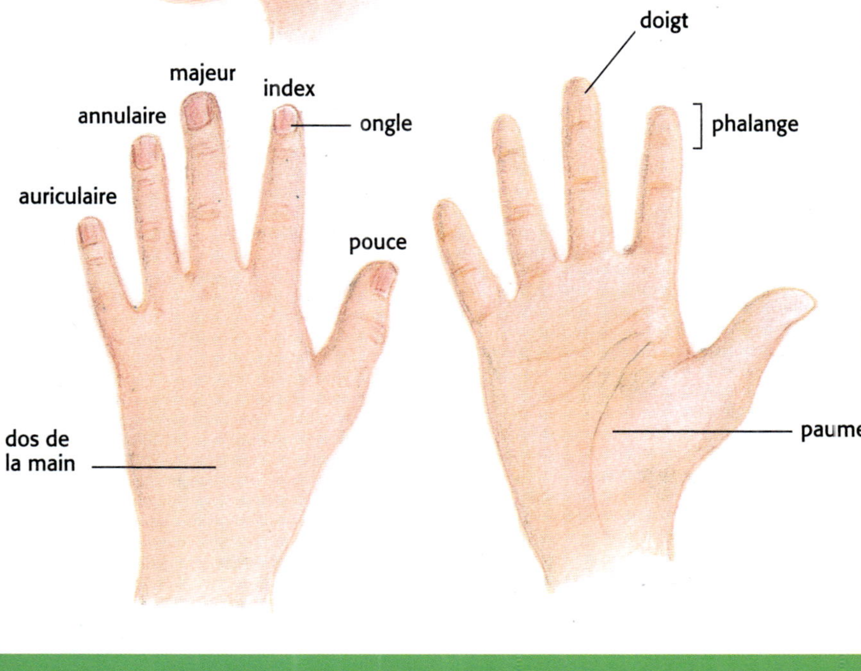

La musique

flûte traversière
clarinette
hautbois
trompette
trombone
cor
saxophone
tuba
triangle
tambourin
xylophone
maracas
métronome
diapason
gong
batterie
cymbales
caisse claire
grosse caisse
timbale

contrebasse
violon
harpe
guitare électrique
archet
guitare
violoncelle
mandoline
banjo
baguette
synthétiseur
accordéon
partition
piano
pianiste
cantatrice
chef d'orchestre

L'heure

Quelle heure est-il ?

une heure

une heure dix

une heure et quart

une heure et demie

deux heures moins vingt

deux heures moins le quart

À quelle heure ?

à sept heures du matin

à onze heures et quart

à midi

à six heures

à neuf heures moins le quart

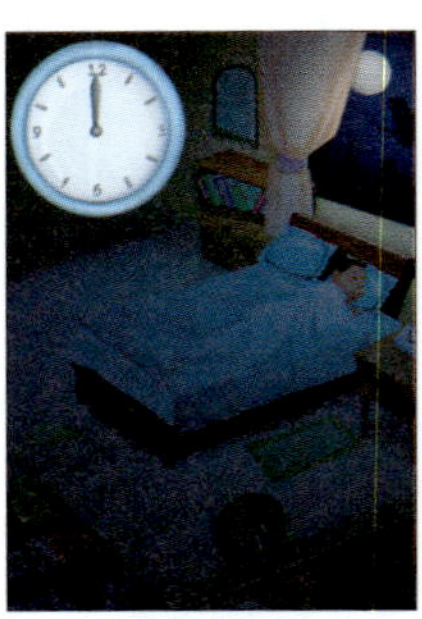

à minuit

Les pays du monde

Ce cahier illustré présente les pays du monde. Il aidera les plus jeunes à acquérir des repères dans l'espace et des connaissances sur le monde qui nous entoure. Des cartes, de lecture facile, permettent de repérer où se trouvent les lieux évoqués en classe ou dans l'actualité. Un planisphère met en place les continents. La carte de l'Europe met en évidence les pays membres de l'Union européenne et deux cartes (physique et administrative) sont consacrées à la France.

Les notices consacrées aux pays sont classées par ordre alphabétique. Les informations, succinctes, sont adaptées au jeune âge des lecteurs. Chaque pays est situé dans son continent et sa superficie rapportée à un référent proche (la moitié de la France pour le Gabon, le Liechtenstein un peu plus grand que Paris).

L'illustration donne à voir, avec une courte légende, des grandes villes, des paysages lointains, des habitats et des modes de vie différents.

Cet ensemble est complété par tous les drapeaux, présentés sur les pages de garde en début et fin d'ouvrage.

Les pays du monde

GLACIAL ARCTIQUE
RUSSIE
Alaska
(États-Unis)
ASIE
KAZAKHSTAN
MONGOLIE
GÉORGIE
OUZBÉKISTAN
KIRGHIZSTAN
16 17
TURKMÉNISTAN
TADJIKISTAN
CORÉE DU NORD
CORÉE DU SUD
JAPON
OCÉAN PACIFIQUE
SYRIE
IRAK
JORDANIE
IRAN
AFGHANISTAN
CHINE
KOWEÏT
PAKISTAN
NÉPAL
BHOÛTÂN
20
22
ARABIE SAOUDITE
BANGLADESH
TAÏWAN
Mariannes du Nord
(États-Unis)
OMAN
INDE
BIRMANIE
LAOS
VIETNAM
PHILIPPINES
ÉRYTHRÉE
YÉMEN
THAÏLANDE
ÎLES MARSHALL
DJIBOUTI
CAMBODGE
ÉTHIOPIE
BRUNEI
ÉTATS FÉDÉRÉS DE MICRONÉSIE
SOMALIE
SRI LANKA
MALAISIE
PALAU
MALDIVES
KENYA
RWANDA
BURUNDI
PAPOUASIE-NOUVELLE-GUINÉE
SEYCHELLES
OCÉAN INDIEN
COMORES
TIMOR ORIENTAL
ÎLES SALOMON
INDONÉSIE
VANUATU
OCÉANIE
MADAGASCAR
MAURICE
Réunion
(France)
Nouvelle-Calédonie
(France)
AUSTRALIE
NOUVELLE-ZÉLANDE
Kerguelen
(France)
1 PAYS-BAS
2 LUXEMBOURG
3 RÉPUBLIQUE TCHÈQUE
4 SLOVAQUIE
5 AUTRICHE
6 HONGRIE
7 SLOVÉNIE
8 CROATIE
9 BOSNIE-HERZÉGOVINE
10 SERBIE
11 MONTÉNÉGRO
12 KOSOVO
13 ALBANIE
14 MACÉDOINE
15 MOLDAVIE
16 ARMÉNIE
17 AZERBAÏDJAN
18 CHYPRE
19 LIBAN
20 ISRAËL
21 QATAR
22 ÉMIRATS ARABES UNIS

L'Union européenne

Pays membres
de l'Union européenne
FINLANDE
SUÈDE
ESTONIE
LETTONIE
RUSSIE
LITUANIE
RUSSIE
BIÉLORUSSIE
POLOGNE
RÉP.
TCHÈQUE
UKRAINE
SLOVAQUIE
RICHE
HONGRIE
MOLDAVIE
VÉNIE
CROATIE
ROUMANIE
BOSNIE-
HERZÉGOVINE
MER NOIRE
SERBIE
BULGARIE
MONTÉNÉGRO
KOSOVO
MACÉDOINE
ALBANIE
TURQUIE
GRÈCE
MALTE
CHYPRE

La France relief

Altitudes en mètres

plus de 2 000	1 000 à 2 000	500 à 1 000	250 à 500	0 à 250
hautes montagnes	*montagnes*	*collines et plateaux*		*plaines et vallées*

La France administrative

DÉPARTEMENTS (France métropolitaine)

AIN
AISNE
ALLIER
ALPES-DE-HTE-PROVENCE
HAUTES-ALPES
ALPES-MARITIMES
ARDÈCHE
ARDENNES
ARIÈGE
AUBE
AUDE
AVEYRON
BOUCHES-DU-RHÔNE
CALVADOS
CANTAL
CHARENTE

17 CHARENTE-MARITIME
18 CHER
19 CORRÈZE
2A CORSE-DU-SUD
2B HAUTE-CORSE
21 CÔTE-D'OR
22 CÔTES-D'ARMOR
23 CREUSE
24 DORDOGNE
25 DOUBS
26 DRÔME
27 EURE
28 EURE-ET-LOIR
29 FINISTÈRE
30 GARD
31 HTE-GARONNE

32 GERS
33 GIRONDE
34 HÉRAULT
35 ILLE-ET-VILAINE
36 INDRE
37 INDRE-ET-LOIRE
38 ISÈRE
39 JURA
40 LANDES
41 LOIR-ET-CHER
42 LOIRE
43 HAUTE-LOIRE
44 LOIRE-ATLANTIQUE
45 LOIRET
46 LOT
47 LOT-ET-GARONNE

48 LOZÈRE
49 MAINE-ET-LOIRE
50 MANCHE
51 MARNE
52 HTE-MARNE
53 MAYENNE
54 MEURTHE-ET-MOSELLE
55 MEUSE
56 MORBIHAN
57 MOSELLE
58 NIÈVRE
59 NORD
60 OISE
61 ORNE
62 PAS-DE-CALAIS
63 PUY-DE-DÔME

64 PYRÉNÉES-ATLANTIQUES
65 HAUTES-PYRÉNÉES
66 PYRÉNÉES-ORIENTALES
67 BAS-RHIN
68 HAUT-RHIN
69 RHÔNE
70 HAUTE-SAÔNE
71 SAÔNE-ET-LOIRE
72 SARTHE
73 SAVOIE
74 HAUTE-SAVOIE
75 PARIS
76 SEINE-MARITIME
77 SEINE-ET-MARNE
78 YVELINES
79 DEUX-SÈVRES

80 SOMME
81 TARN
82 TARN-ET-GARONNE
83 VAR
84 VAUCLUSE
85 VENDÉE
86 VIENNE
87 HAUTE-VIENNE
88 VOSGES
89 YONNE
90 TERRITOIRE DE BELFORT
91 ESSONNE
92 HAUTS-DE-SEINE
93 SEINE-SAINT-DENIS
94 VAL-DE-MARNE
95 VAL-D'OISE

Afghanistan nom masculin
Pays du centre de l'Asie. Sa superficie est de 652 000 km² (un peu plus que la France). L'Afghanistan compte environ 24 millions d'habitants (les *Afghans*). La capitale est Kaboul.

Afrique du Sud nom féminin
Pays du sud de l'Afrique. Sa superficie est de 1,2 million de km² (plus du double de la France). L'Afrique du Sud compte 50,5 millions d'habitants (les *Sudafricains*). Ce pays a deux capitales : Pretoria et Le Cap.

Albanie nom féminin
Pays du sud de l'Europe, bordé à l'ouest par la mer Adriatique. Sa superficie est de 28 748 km² (un peu moins que la Belgique). L'Albanie compte 3,1 millions d'habitants (les *Albanais*). La capitale est Tirana.

Algérie nom féminin
Pays du nord de l'Afrique, bordé au nord par la mer Méditerranée. Sa superficie est de 2,4 millions de km² (plus de 4 fois la France). L'Algérie compte 34 millions d'habitants (les *Algériens*). La capitale est Alger.

Allemagne nom féminin
Pays du centre de l'Europe, membre de l'Union européenne, bordé au nord par la mer du Nord et la mer Baltique. Sa superficie est de 356 959 km² (environ les deux tiers de la France). L'Allemagne compte 81,8 millions d'habitants (les *Allemands*). La capitale est Berlin.

Andorre nom féminin
Pays de l'ouest de l'Europe, situé dans les Pyrénées entre la France et l'Espagne. Sa superficie est de 465 km² (4 fois et demie Paris). L'Andorre compte 72 300 habitants (les *Andorrans*). La capitale est Andorre-la-Vieille.

Angola nom masculin
Pays du sud de l'Afrique, bordé à l'ouest par l'océan Atlantique. Sa superficie est de 1,2 million de km² (2 fois et demie la France). L'Angola compte 19 millions d'habitants (les *Angolais*). La capitale est Luanda.

Antigua-et-Barbuda nom féminin
Pays d'Amérique centrale, qui est formé de trois îles, situées dans les Petites Antilles, au nord de la Guadeloupe. Sa superficie est de 440 km² (4 fois Paris). Antigua-et-Barbuda compte 73 000 habitants (les *Antiguayens*). La capitale est Saint John's.

Arabie saoudite nom féminin
Pays d'Asie, bordé à l'ouest par la mer Rouge. Sa superficie est de 2,2 millions de km² (environ 4 fois la France). L'Arabie saoudite compte 24,6 millions d'habitants (les *Saoudiens*). La capitale est Riyad.

Munich est une grande ville d'**Allemagne.**

Argentine nom féminin
Pays du sud de l'Amérique du Sud, bordé à l'est par l'océan Atlantique. Sa superficie est de 2,8 millions de km^2 (environ 5 fois la France). L'Argentine compte 39,4 millions d'habitants (les *Argentins*). La capitale est Buenos Aires.

Arménie nom féminin
Pays de l'ouest de l'Asie. Sa superficie est de 29 800 km^2 (à peu près comme la Belgique). L'Arménie compte 3,2 millions d'habitants (les *Arméniens*). La capitale est Erevan.

Australie nom féminin
Pays d'Océanie composé de deux îles, l'Australie (la plus grande île du monde) et la Tasmanie, bordé à l'est par l'océan Pacifique et à l'ouest par l'océan Indien. Sa superficie est de 7,7 millions de km^2 (environ 14 fois la France). L'Australie compte 21,2 millions d'habitants (les *Australiens*). La capitale est Canberra.

Autriche nom féminin
Pays du centre de l'Europe, membre de l'Union européenne. Sa superficie est de 83 872 km^2 (six fois moins que la France). L'Autriche compte 8,2 millions d'habitants (les *Autrichiens*). La capitale est Vienne.

Azerbaïdjan nom masculin
Pays de l'ouest de l'Asie, bordé à l'est par la mer Caspienne. Sa superficie est de 86 600 km^2 (six fois moins que la France). L'Azerbaïdjan compte 8,4 millions d'habitants (les *Azerbaïdjanais*). La capitale est Bakou.

Bahamas nom féminin pluriel
Pays du sud de l'Amérique du Nord. Composé de plus de 700 îles, il est situé dans l'océan Atlantique, au large de la Floride (États-Unis). Sa superficie est de 13 939 km^2 (un peu moins de la moitié de la Belgique). Les Bahamas comptent 303 600 habitants (les *Bahaméens*). La capitale est Nassau, dans l'île de New Providence.

Bahreïn nom masculin
Pays de l'ouest de l'Asie. Composé de 33 îles, il est situé à peu près au milieu du golfe Persique. Sa superficie est de 694 km^2 (environ 6 fois Paris). Bahreïn compte 726 000 habitants (les *Bahreïniens*). La capitale est Manama.

Bangladesh nom masculin
Pays du sud de l'Asie, bordé au sud par l'océan Indien. Sa superficie est de 144 000 km^2 (plus du quart de la France). Le Bangladesh compte 141,8 millions d'habitants (les *Bangladais*). La capitale est Dacca.

Des puits de pétrole en **Azerbaïdjan.**

Barbade (la) nom féminin
Pays d'Amérique centrale. C'est une île de l'océan Atlantique au nord du Venezuela. Sa superficie est de 431 km^2 (environ 4 fois

Paris). La Barbade compte 280 000 habitants (les *Barbadiens*). La capitale est Bridgetown.

Belau nom masculin ➜ **Palaos** (les)

Belgique nom féminin
Pays de l'ouest de l'Europe, membre de l'Union européenne, au nord de la France, bordé au nord-ouest par la mer du Nord. Sa superficie est de 30 527 km² (environ le vingtième de la France). La Belgique compte 10,6 millions d'habitants (les *Belges*). La capitale est Bruxelles.

Bélize nom masculin
Pays d'Amérique centrale, situé entre le Mexique et le Guatemala, bordé à l'est par l'océan Atlantique. Sa superficie est de 22 966 km² (à peu près les deux tiers de la Belgique). Le Bélize compte 311 500 habitants (les *Béliziens*). La capitale est Belmopan.

Bénin nom masculin
Pays de l'ouest de l'Afrique, bordé au sud par l'océan Atlantique. Sa superficie est de 112 622 km² (environ un cinquième de la France). Le Bénin compte 9,2 millions d'habitants (les *Béninois*). La capitale est Porto-Novo.

Bermudes nom féminin pluriel
Pays situé au nord de l'océan Atlantique, au large des États-Unis et au nord-est des Bahamas. Il est composé de 140 îles. Sa superficie est de 53 km² (la moitié de Paris). Les Bermudes comptent 62 140 habitants (les *Bermudiens*). La capitale est Hamilton.

Bhoutan nom masculin
Pays du sud de l'Asie. Il est situé dans l'Himalaya entre la Chine et l'Inde. Sa superficie est de 46 500 km² (un peu plus que la Suisse). Le Bhoutan compte 2,2 millions d'habitants (les *Bhoutanais*). La capitale est Thimphou.

Un paysage du **Bouthan.**

Biélorussie nom féminin
Pays de l'est de l'Europe. Sa superficie est de 207 600 km² (environ 7 fois la Belgique). La Biélorussie (appelée aussi *Belarus* n. m.) compte 9,8 millions d'habitants (les *Biélorusses*). La capitale est Minsk.

Birmanie nom féminin
Pays du sud-est de l'Asie, bordé au sud par l'océan Indien. Sa superficie est de 676 579 km² (une fois un quart la France). La Birmanie (appelée aussi *Myanmar* n. m.) compte 49 millions d'habitants (les *Birmans*). La capitale administrative est Nay Pyi Taw et la capitale commerciale Rangoon.

Bolivie nom féminin
Pays de l'ouest de l'Amérique du Sud. Sa superficie est de 1,1 million de km² (plus de 2 fois la France). La Bolivie compte 9,4 millions d'habitants (les *Boliviens*). La capitale est Sucre ; le

siège du gouvernement et des ambassades se trouve à La Paz.

Bosnie-Herzégovine nom féminin
Pays du sud de l'Europe, possédant un accès à la mer Adriatique à travers la Croatie. Sa superficie est de 51 129 km² (dix fois moins que la France). La Bosnie-Herzégovine compte 3,9 millions d'habitants (les *Bosniens*). La capitale est Sarajevo.

Botswana nom masculin
Pays du sud de l'Afrique. Sa superficie est de 600 372 km² (un peu plus que la France). Le Botswana compte 1,9 million d'habitants (les *Botswanais*). La capitale est Gaborone.

Brésil nom masculin
Pays du nord-est de l'Amérique du Sud, bordé à l'est par l'océan Atlantique. Sa superficie est de 8,5 millions de km² (presque 16 fois la France). Le Brésil compte 190,7 millions d'habitants (les *Brésiliens*). La capitale est Brasilia.

São Paulo est la plus grande ville du **Brésil.**

Brunei nom masculin
Pays du sud-est de l'Asie, bordé au nord par la mer de Chine. Sa superficie est de 5 770 km² (cinq fois moins que la Belgique). Brunei compte 373 000 habitants (les *Brunéiens*). La capitale est Bandar Seri Begawan.

Bulgarie nom féminin
Pays du sud-est de l'Europe, membre de l'Union européenne, bordé à l'est par la mer Noire. Sa superficie est de 110 912 km² (environ cinq fois moins que la France). La Bulgarie compte 7,3 millions d'habitants (les *Bulgares*). La capitale est Sofia.

Burkina Faso nom masculin
Pays de l'ouest de l'Afrique. Sa superficie est de 274 000 km² (environ la moitié de la France). Le Burkina Faso compte 15,2 millions d'habitants (les *Burkinabés*). La capitale est Ouagadougou.

Burundi nom masculin
Pays du centre de l'Afrique. Sa superficie est de 27 834 km² (un peu moins que la Belgique). Le Burundi compte 8,5 millions d'habitants (les *Burundais*). La capitale est Bujumbura.

Cambodge nom masculin
Pays du sud-est de l'Asie, bordé au sud-ouest par la mer de Chine. Sa superficie est de 181 040 km² (environ le tiers de la France). Le Cambodge compte 13,4 millions d'habitants (les *Cambodgiens*). La capitale est Phnom Penh.

Cameroun nom masculin
Pays d'Afrique situé près de l'équateur, bordé à l'ouest par l'océan Atlantique. Sa superficie est de 475 442 km² (plus des trois quarts de la France). Le Cameroun compte 19,4 millions d'habitants (les *Camerounais*). La capitale est Yaoundé.

On cultive du riz en **Chine.**

Canada nom masculin
Pays du nord de l'Amérique du Nord, bordé à l'ouest par l'océan Pacifique, au nord par l'océan Glacial Arctique et à l'est par l'océan Atlantique. Sa superficie est de 9 984 670 km² (environ 18 fois la France). Le Canada compte 32,9 millions d'habitants (les *Canadiens*). La capitale est Ottawa.

Cap-Vert nom masculin
Pays de l'ouest de l'Afrique, situé dans l'océan Atlantique, au large du Sénégal. Sa superficie est de 4 033 km² (à peu près la moitié de la Corse). Le Cap-Vert compte 513 000 habitants (les *Cap-Verdiens*). La capitale est Praia.

Centrafrique nom féminin
Pays du centre de l'Afrique, appelé aussi *République centrafricaine*. Sa superficie est de 622 436 km² (un peu plus que la France). La Centrafrique compte 4,5 millions d'habitants (les *Centrafricains*). La capitale est Bangui.

Chili nom masculin
Pays du sud-ouest de l'Amérique du Sud, bordé à l'ouest par l'océan Pacifique. Sa superficie est de 756 945 km² (presque une fois et demie la France). Le Chili compte 16,6 millions d'habitants (les *Chiliens*). La capitale est Santiago.

Chine nom féminin
Pays de l'est de l'Asie, bordé à l'est par la mer de Chine. Sa superficie est de 9,6 millions de km² (plus de 17 fois la France). La Chine compte 1,3 milliard d'habitants (les *Chinois*). La capitale est Pékin.

Chypre nom féminin
Pays du sud de l'Europe. C'est une île située en mer Méditerranée, au sud de la Turquie et à l'ouest de la Syrie. Sa superficie est de 9 251 km² (à peu près comme la Corse). Chypre compte un million d'habitants (les *Chypriotes*). Chypre est divisée en deux États : une partie grecque, la République de Chypre qui fait partie de l'Union européenne, et une partie turque, la République turque du Nord, qui n'en fait pas partie. Même la capitale, Nicosie, est divisée en deux.

Colombie nom féminin
Pays du nord-ouest de l'Amérique du Sud, bordé au nord par l'océan Atlantique et à l'ouest par l'océan Pacifique. Sa superficie est de 1,1 million de km² (plus de 2 fois la France). La Colombie compte 46,2 millions d'habitants (les *Colombiens*). La capitale est Bogota.

Comores nom féminin pluriel
Pays de l'est de l'Afrique. Il est formé d'îles situées dans l'océan Indien, au nord de Madagascar. Sa superficie est de 1 862 km² (à peu près 5 fois moins que la Corse). Les Comores comptent 691 000 habitants (les *Comoriens*). La capitale est Moroni.

Congo nom masculin
(république du Congo)
Pays d'Afrique situé près de l'équateur, bordé au sud-ouest par l'océan Atlantique. Sa superficie est de 341 821 km² (environ les deux tiers de la France). La république du Congo compte 3,7 millions d'habitants (les *Congolais*). La capitale est Brazzaville.

Congo nom masculin
(république démocratique du Congo)
Pays du centre de l'Afrique. Sa superficie est de 345 000 km² (plus de 4 fois la France). La république démocratique du Congo compte 67,8 millions d'habitants (les *Congolais*). La capitale est Kinshasa.

Cook (îles)
Pays composé d'îles éparpillées sur plus de 2 millions de km², au centre de l'océan Pacifique, à l'est de l'Australie. Sa superficie est de 293 km² (environ 3 fois Paris). Les îles Cook comptent 18 000 habitants (les *Maori des îles Cook*). C'est un pays autonome associé à la Nouvelle-Zélande, et la capitale est Avarua.

Corée du Nord nom féminin
Pays de l'est de l'Asie, bordé à l'ouest par la mer Jaune et à l'est par la mer du Japon. Sa superficie est de 120 538 km² (environ le quart de la France). La Corée du Nord compte 24 millions d'habitants (les *Nord-Coréens*). La capitale est Pyongyang.

Corée du Sud nom féminin
Pays de l'est de l'Asie, bordé à l'ouest par la mer Jaune et à l'est par la mer du Japon. Sa superficie est de 99 974 km² (environ cinq fois moins que la France). La Corée du Sud compte 48,5 millions d'habitants (les *Sud-Coréens*). La capitale est Séoul.

Une maison à Séoul, en **Corée du Sud.**

Costa Rica nom masculin
Pays d'Amérique centrale, bordé à l'ouest par l'océan Pacifique et à l'est par l'océan Atlantique. Sa superficie est de 51 000 km² (dix fois moins que la France). Le Costa Rica compte 4,5 millions d'habitants (les *Costariciens*). La capitale est San José.

Côte d'Ivoire nom féminin
Pays de l'ouest de l'Afrique, bordé au sud par l'océan Atlantique. Sa superficie est de 322 463 km² (environ les deux tiers de la France). La Côte d'Ivoire compte 19,6 millions d'habitants (les *Ivoiriens*). La capitale est Yamoussoukro.

Croatie nom féminin
Pays du sud de l'Europe, membre de l'Union européenne, bordé à l'ouest par la mer Adriatique. Sa superficie est de 56 542 km² (environ dix fois moins que la France). La Croatie compte 4,4 millions d'habitants (les *Croates*). La capitale est Zagreb.

Cuba nom féminin
Pays d'Amérique centrale. Composés d'îles, il est situé dans l'océan Atlantique, entre les États-Unis et l'Amérique centrale. Sa superficie est de 110 860 km^2 (environ cinq fois moins que la France). Cuba compte 11,2 millions d'habitants (les *Cubains*). La capitale est La Havane.

Danemark nom masculin
Pays du nord de l'Europe, membre de l'Union européenne, bordé au nord et à l'ouest par la mer du Nord et au sud-est par la mer Baltique. Sa superficie est de 43 098 km^2 (un peu plus que la Suisse). Le Danemark compte 5,4 millions d'habitants (les *Danois*). La capitale est Copenhague.

Djibouti nom masculin
Pays de l'est de l'Afrique, situé à l'entrée de la mer Rouge. Sa superficie est de 23 200 km^2 (environ les deux tiers de la Belgique). Djibouti compte 879 000 habitants (les *Djiboutiens*). La capitale est Djibouti.

Une bergère garde ses chèvres, à **Djibouti.**

dominicaine (République)
Pays d'Amérique centrale, occupant la partie est de l'île d'Haïti dans l'océan Atlantique. Sa superficie est de 48 730 km^2 (un peu plus que la Belgique). La République dominicaine compte 9,4 millions d'habitants (les *Dominicains*). La capitale est Saint-Domingue.

Dominique nom féminin
Pays d'Amérique centrale. C'est une île située dans l'océan Atlantique, entre la Guadeloupe et la Martinique. Sa superficie est de 751 km^2 (plus de 7 fois Paris). La Dominique compte 72 000 habitants (les *Dominiquais*). La capitale est Roseau.

Égypte nom féminin
Pays du nord-est de l'Afrique, bordé au nord par la mer Méditerranée et à l'est par la mer Rouge. Sa superficie est de 1 million de km^2 (presque 2 fois la France). L'Égypte compte 75,5 millions d'habitants (les *Égyptiens*). La capitale est Le Caire.

Émirats arabes unis nom masculin pluriel
Pays d'Asie, dans la péninsule Arabique, bordé au nord par le golfe Persique. Sa superficie est de 83 657 km^2 (le double de la Suisse). Les Émirats arabes unis comptent 4,4 millions d'habitants (les *Émiriens*). C'est une union de sept émirats (les plus importants étant Abou Dhabi et Dubaï) dont la capitale est Abou Dhabi.

Équateur nom masculin
Pays du nord-ouest de l'Amérique du Sud, bordé à l'ouest par l'océan Pacifique. Sa superficie est de 283 561 km^2 (environ la moitié de la France).

L'Équateur compte 14,5 millions d'habitants (les *Équatoriens*). La capitale est Quito.

Érythrée nom féminin
Pays du nord-est de l'Afrique, bordé à l'est par la mer Rouge. Sa superficie est de 117 600 km² (cinq fois moins que la France). L'Érythrée compte 5,2 millions d'habitants (les *Érythréens*). La capitale est Asmara.

Espagne nom féminin
Pays du sud de l'Europe, membre de l'Union européenne, bordé au nord-ouest par l'océan Atlantique, au sud et à l'est par la mer Méditerranée. Sa superficie est de 504 782 km² (un peu moins que la France). L'Espagne compte 46,2 millions d'habitants (les *Espagnols*). La capitale est Madrid.

Estonie nom féminin
Pays du nord-est de l'Europe, membre de l'Union européenne, bordé au nord et à l'ouest par la mer Baltique. Sa superficie est de 45 100 km² (à peu près la Suisse). L'Estonie compte 1,3 million d'habitants (les *Estoniens*). La capitale est Tallinn.

Tallinn est la capitale de l'**Estonie**.

États-Unis nom masculin pluriel
Pays d'Amérique du Nord, bordé à l'est par l'océan Atlantique et à l'ouest par l'océan Pacifique. Sa superficie est de 9,4 millions de km² (environ 17 fois la France). Les États-Unis comptent 309 millions d'habitants (les *Américains*). La capitale est Washington.

Éthiopie nom féminin
Pays de l'est de l'Afrique. Sa superficie est 1,1 million de km² (environ 2 fois la France). L'Éthiopie compte 85 millions d'habitants (les *Éthiopiens*). La capitale est Addis Abeba.

Fidji nom féminin pluriel
Pays d'Océanie, composé d'îles de l'océan Pacifique, situé à l'est de l'Australie et au nord de la Nouvelle-Zélande. Sa superficie est de 18 333 km² (plus du double de la Corse). Les Fidji comptent 860 000 habitants (les *Fidjiens*). La capitale est Suva.

Finlande nom féminin
Pays du nord de l'Europe, membre de l'Union européenne, bordé au sud et au sud-ouest par la mer Baltique. Sa superficie est de 337 032 km² (un peu moins des deux tiers de la France). La Finlande compte 5,3 millions d'habitants (les *Finlandais*). La capitale est Helsinki.

France nom féminin
Pays de l'ouest de l'Europe, membre de l'Union européenne, bordé au nord-ouest par la Manche, à l'ouest par l'océan Atlantique et au sud-est par la mer Méditerranée. Sa superficie est de 551 602 km² (avec

les îles qui la bordent). La France compte 65 millions d'habitants (les *Français*). La capitale est Paris.

Gabon nom masculin
Pays d'Afrique situé près de l'équateur, bordé à l'ouest par l'océan Atlantique. Sa superficie est de 267 667 km² (environ la moitié de la France). Le Gabon compte 1,5 million d'habitants (les *Gabonais*). La capitale est Libreville.

Gambie nom féminin
Pays de l'ouest de l'Afrique, bordé par l'océan Atlantique. Sa superficie est de 11 300 km² (à peu près un tiers de la Belgique). La Gambie compte 1,7 million d'habitants (les *Gambiens*). La capitale est Banjul.

Géorgie nom féminin
Pays de l'ouest de l'Asie, bordé à l'ouest par la mer Noire. Sa superficie est de 69 700 km² (le double de la Belgique). La Géorgie compte 4,5 millions d'habitants (les *Géorgiens*). La capitale est Tbilissi.

Les montagnes du Caucase, en **Géorgie.**

Ghana nom masculin
Pays de l'ouest de l'Afrique, bordé au sud par l'océan Atlantique. Sa superficie est de 239 460 km² (moins de la moitié de la France). Le Ghana compte 24,3 millions d'habitants (les *Ghanéens*). La capitale est Accra.

Grande-Bretagne nom féminin
➜ Royaume-Uni de Grande-Bretagne et d'Irlande du Nord

Grèce nom féminin
Pays du sud de l'Europe, membre de l'Union européenne, bordé par la mer Méditerranée. Sa superficie est de 131 960 km² (moins du quart de la France). La Grèce compte 11,1 millions d'habitants (les *Grecs*). La capitale est Athènes.

Grenade nom féminin
Pays d'Amérique centrale. C'est une île de l'océan Atlantique, au nord du Venezuela. Sa superficie est de 345 km² (environ 3 fois Paris). La Grenade compte 106 000 habitants (les *Grenadiens*). La capitale est Saint-Georges.

Guatémala nom masculin
Pays d'Amérique centrale, bordé au sud par l'océan Pacifique, possédant à l'est un accès à l'océan Atlantique. Sa superficie est de 108 889 km² (cinq fois moins que la France). Le Guatémala compte 13,4 millions d'habitants (les *Guatémaltèques*). La capitale est Ciudad de Guatemala.

Guinée nom féminin
Pays de l'ouest de l'Afrique, bordé par l'océan Atlantique. Sa superficie est de 245 857 km² (un peu moins que la moitié de la France). La Guinée compte 10,3 millions d'habitants (les *Guinéens*). La capitale est Conakry.

Guinée-Bissau nom féminin
Pays de l'ouest de l'Afrique, au nord-ouest de la Guinée, bordé par l'océan Atlantique. Sa superficie est de 36 125 km² (un peu plus que la Belgique). La Guinée-Bissau compte 1,5 million d'habitants (les *Bissaoguinéens*). La capitale est Bissao.

Guinée équatoriale nom féminin
Pays du centre de l'Afrique, bordé à l'ouest par l'océan Atlantique. Sa superficie est de 28 051 km² (un peu moins que la Belgique). La Guinée équatoriale compte 693 000 habitants (les *Équatoguinéens*). La capitale est Malabo.

Guyana nom masculin
Pays du nord-est de l'Amérique du Sud, bordé au nord par l'océan Atlantique. Sa superficie est de 214 970 km² (plus du quart de la France). La Guyana compte 760 000 habitants (les *Guyaniens*). La capitale est Georgetown.

Haïti nom féminin
Pays d'Amérique centrale, occupant la partie ouest de l'île d'Haïti, dans l'océan Atlantique. Sa superficie est de 27 750 km² (un peu moins que la Belgique). Haïti compte 9,6 millions d'habitants (les *Haïtiens*). La capitale est Port-au-Prince.

Honduras nom masculin
Pays d'Amérique centrale, bordé au nord par l'océan Atlantique et au sud par l'océan Pacifique. Sa superficie est de 112 088 km² (cinq fois moins que la France). Le Honduras compte 7,1 millions d'habitants (les *Honduriens*). La capitale est Tegucigalpa.

Hongrie nom féminin
Pays du centre de l'Europe, membre de l'Union européenne. Sa superficie est de 93 030 km² (six fois moins que la France). La Hongrie compte 10 millions d'habitants (les *Hongrois*). La capitale est Budapest.

Budapest est la capitale de la **Hongrie.**

Inde nom féminin
Pays du sud de l'Asie, bordé à l'ouest, au sud et à l'est par l'océan Indien. Sa superficie est de 3 287 590 km² (plus de 6 fois la France). L'Inde compte 1,2 milliard d'habitants (les *Indiens*). La capitale est New Delhi.

Indonésie nom féminin
Pays du sud-est de l'Asie. Composé d'îles, il est situé au nord de l'Australie, dans l'océan Indien et l'océan Pacifique. Sa superficie est de 1 919 444 km² (plus de 3 fois la France). L'Indonésie compte 231,3 millions d'habitants (les *Indonésiens*). La capitale est Jakarta.

Irak nom masculin
Pays de l'ouest de l'Asie, bordé au sud-est par le golfe Persique. Sa superficie est de 440 000 km² (un peu moins que la France). L'Irak compte 29 millions

d'habitants (les *Irakiens*). La capitale est Bagdad.

Iran nom masculin
Pays de l'ouest de l'Asie, bordé au nord par la mer Caspienne et au sud par le golfe Persique. Sa superficie est de 1,6 million de km² (un peu plus de 3 fois la France). L'Iran compte 71,2 millions d'habitants (les *Iraniens*). La capitale est Téhéran.

Irlande nom féminin
Pays de l'ouest de l'Europe, membre de l'Union européenne. Limité au nord-est par l'Irlande du Nord (qui fait partie du Royaume-Uni), il occupe la plus grande partie de l'île d'Irlande dans l'océan Atlantique. Sa superficie est de 70 280 km² (deux fois la Belgique). L'Irlande (appelée aussi *Éire*) compte 4,3 millions d'habitants (les *Irlandais*). La capitale est Dublin.

Islande nom féminin
Pays du nord-ouest de l'Europe. C'est une île située au nord de l'océan Atlantique, près du Groenland. Sa superficie est de 102 828 km² (cinq fois moins que la France). L'Islande compte 307 600 habitants (les *Islandais*). La capitale est Reykjavik.

Israël nom masculin
Pays de l'ouest de l'Asie, bordé à l'ouest par la mer Méditerranée, au nord-est de l'Égypte. Sa superficie est de 20 770 km² (environ la moitié de la Suisse). Israël compte 6,9 millions d'habitants (les *Israéliens*). La capitale est Jérusalem selon l'État d'Israël.

Italie nom féminin
Pays du sud de l'Europe, membre de l'Union européenne, bordé à l'ouest et au sud par la mer Méditerranée, à l'est par la mer Adriatique. Sa superficie est de 301 230 km² (plus de la moitié de la France). L'Italie compte 59 millions d'habitants (les *Italiens*). La capitale est Rome.

Jamaïque nom féminin
Pays d'Amérique centrale. C'est une île située au sud de Cuba et à l'ouest d'Haïti, dans l'océan Atlantique. Sa superficie est de 10 991 km² (un peu plus que la Corse). La Jamaïque compte 2,7 millions d'habitants (les *Jamaïcains*). La capitale est Kingston.

Un village de pêcheurs, en **Jamaïque.**

Japon nom masculin
Pays de l'est de l'Asie, formé de plusieurs îles, bordé à l'est par l'océan Pacifique et à l'ouest par la mer du Japon. Sa superficie est de 377 765 km² (environ les deux tiers de la France). Le Japon compte 128 millions d'habitants (les *Japonais*). La capitale est Tokyo.

Jordanie nom féminin
Pays de l'ouest de l'Asie, à l'est d'Israël. Sa superficie est de 92 000 km² (six fois

moins que la France). La Jordanie compte 6 millions d'habitants (les *Jordaniens*). La capitale est Amman.

Kazakhstan nom masculin
Pays du centre de l'Asie. Sa superficie est de 2,7 millions de km^2 (environ 5 fois la France). Le Kazakhstan compte 15,4 millions d'habitants (les *Kazakhstanais*). La capitale est Astana.

Kenya nom masculin
Pays de l'est de l'Afrique, bordé au sud-est par l'océan Indien. Sa superficie est de 582 646 km^2 (un peu plus que la France). Le Kenya compte 40,8 millions d'habitants (les *Kényans*). La capitale est Nairobi.

Kirghizstan nom masculin
Pays du centre de l'Asie, à l'ouest de la Chine. Sa superficie est de 198 500 km^2 (moins du tiers de la France). Le Kirghizstan compte 5,3 millions d'habitants (les *Kirghizes*). La capitale est Bichkek.

Kiribati nom féminin pluriel
Pays d'Océanie. Composé de 33 îles, il est situé au centre de l'océan Pacifique. Sa superficie est de 717 km^2 (environ 7 fois Paris). Les Kiribati comptent 96 000 habitants (les *Kiribatiens*). La capitale est Bairiki.

Kosovo nom masculin
Pays du sud de l'Europe, au sud de la Serbie. Sa superficie est de 11 000 km^2 (moins du tiers de la Belgique). Le Kosovo compte 2,1 millions d'habitants (les *Kosovars* ou *Kossoviens*). La capitale est Pristina.

Koweït nom masculin
Pays de l'ouest de l'Asie, au nord de l'Arabie saoudite, bordé par le golfe Persique. Sa superficie est de 17 818 km^2 (plus de la moitié de la Belgique). Le Koweït compte 2,8 millions d'habitants (les *Koweïtiens*). La capitale est Koweït.

Laos nom masculin
Pays du sud-est de l'Asie. Sa superficie est de 236 800 km^2 (moins de la moitié de la France). Le Laos compte 5,9 millions d'habitants (les *Laotiens*). La capitale est Vientiane.

Lesotho nom masculin
Pays du sud de l'Afrique qui forme une enclave dans l'Afrique du Sud. Sa superficie est de 30 355 km^2 (à peu près la Belgique). Le Lesotho compte 2 millions d'habitants (les *Lesothiens*). La capitale est Maseru.

Les **Kiribati** sont formées d'îles.

Lettonie nom féminin
Pays du nord-est de l'Europe, membre de l'Union européenne, bordé par la mer Baltique. Sa superficie est de 64 589 km^2 (plus de 2 fois la Belgique). La Lettonie compte 2,3 millions d'habitants (les *Lettons*). La capitale est Riga.

Liban nom masculin
Pays de l'ouest de l'Asie, entre la Syrie et Israël, bordé à l'ouest par la mer Méditerranée. Sa superficie est de 10 452 km² (à peu près un tiers de la Belgique). Le Liban compte 3,8 millions d'habitants (les *Libanais*). La capitale est Beyrouth.

Libéria nom masculin
Pays de l'ouest de l'Afrique, bordé par l'océan Atlantique. Sa superficie est de 111 370 km² (cinq fois moins que la France). Le Libéria compte 4,1 millions d'habitants (les *Libériens*). La capitale est Monrovia.

Libye nom féminin
Pays du nord de l'Afrique, sur la mer Méditerranée. Sa superficie est de 1,7 million de km² (plus de 3 fois la France). La Libye compte 6,1 millions d'habitants (les *Libyens*). La capitale est Tripoli.

Le désert de **Libye.**

Liechtenstein nom masculin
Principauté du centre de l'Europe, entre la Suisse et l'Autriche. Sa superficie est de 160 km² (un peu plus grand que Paris). Le Liechtenstein compte 34 600 habitants (les *Liechtensteinois*). La capitale est Vaduz.

Lituanie nom féminin
Pays du nord-est de l'Europe, sur la mer Baltique, membre de l'Union européenne. Sa superficie est de 65 200 km² (environ 2 fois la Belgique). La Lituanie compte 3,4 millions d'habitants (les *Lituaniens*). La capitale est Vilnius.

Luxembourg nom masculin
Pays de l'ouest de l'Europe, membre de l'Union européenne, situé entre la Belgique, l'Allemagne et la France. Sa superficie est de 2 586 km² (moins du tiers de la Corse). Le Luxembourg compte 476 200 habitants (les *Luxembourgeois*). La capitale est Luxembourg.

Macédoine nom féminin
Pays du sud de l'Europe, au nord de la Grèce. Sa superficie est de 25 713 km² (à peu près 3 fois la Corse). La Macédoine compte 2 millions d'habitants (les *Macédoniens*). La capitale est Skopje.

Madagascar nom féminin
Pays de l'est de l'Afrique. C'est une île située dans l'océan Indien, au large du Mozambique. Sa superficie est de 587 041 km² (un peu plus que la France). Madagascar compte 20,2 millions d'habitants (les *Malgaches*). La capitale est Tananarive.

Malaisie nom féminin
Pays du sud-est de l'Asie, bordé par la mer de Chine. Sa superficie est de 329 758 km² (environ les deux tiers de la France). La Malaisie compte 26,6 millions d'habitants (les *Malaisiens* ou *Malais*). La capitale est Kuala Lumpur.

Malawi nom masculin
Pays du sud-est de l'Afrique, bordé à l'est par le lac Malawi. Sa superficie est de 119 310 km² (plus du quart de la France). Le Malawi compte 15,7 millions d'habitants (les *Malawites*). La capitale est Lilongwe.

Maldives nom féminin pluriel
Pays d'Asie. Composé d'îles de l'océan Indien, il est situé au sud de l'Inde. Sa superficie est de 298 km² (environ 3 fois Paris). Les Maldives comptent 300 000 habitants (les *Maldiviens*). La capitale est Malé.

Mali nom masculin
Pays de l'ouest de l'Afrique. Sa superficie est de 1,2 million de km² (environ 2 fois et demie la France). Le Mali compte 13,3 millions d'habitants (les *Maliens*). La capitale est Bamako.

Une pirogue traverse le fleuve Niger, au **Mali.**

Malte nom féminin
Pays du sud de l'Europe, membre de l'Union européenne. Composé d'îles de la mer Méditerranée, il est situé entre la Sicile et la Tunisie. Sa superficie est de 316 km² (environ 3 fois Paris). Malte compte 407 000 habitants (les *Maltais*). La capitale est La Valette.

Mariannes du Nord nom féminin pluriel
Pays d'Océanie. Composé d'îles de l'océan Pacifique, il est situé à l'est des Philippines. Sa superficie est de 477 km² (plus de 4 fois Paris). Les Mariannes du Nord comptent 69 220 habitants (les *Mariannais*). La capitale est Garapan.

Maroc nom masculin
Pays du nord-ouest de l'Afrique, bordé à l'ouest par l'océan Atlantique et au nord par la mer Méditerranée. Sa superficie est de 706 550 km² (moins d'une fois et demie la France). Le Maroc compte 31,2 millions d'habitants (les *Marocains*). La capitale est Rabat.

Marshall nom féminin pluriel
Pays d'Océanie. Composé d'îles de l'océan Pacifique, il est situé au nord-est de l'Australie. Sa superficie est de 181 km² (environ 2 fois Paris). Les îles Marshall comptent 51 000 habitants (les *Marshallais*). La capitale est Delap-Uliga-Darrit.

Maurice nom féminin
Pays de l'océan Indien. C'est une île située à l'est de Madagascar. Sa superficie est de 2 040 km² (le quart de la Corse) avec les îles Rodrigues, Agalega et Saint-Brandon. Maurice compte 1,3 million d'habitants (les *Mauriciens*). La capitale est Port-Louis.

Mauritanie nom féminin
Pays de l'ouest de l'Afrique, bordé à l'ouest par l'océan Atlantique. Sa superficie est d'un million de km² (presque deux fois la France). La Mauritanie compte 3,4 millions d'habitants (les *Mauritaniens*). La capitale est Nouakchott.

Mexique nom masculin
Pays du sud de l'Amérique du Nord, bordé à l'ouest par l'océan Pacifique et à l'est par l'océan Atlantique. Sa superficie est de 1,97 million de km² (plus de trois fois et demie la France). Le Mexique compte 112,3 millions d'habitants (les *Mexicains*). La capitale est Mexico

Micronésie nom féminin
Pays d'Océanie, situé dans l'océan Pacifique, comprenant les îles Carolines sauf les Palaos. Sa superficie est de 701 km² (environ 7 fois Paris). La Micronésie compte 108 000 habitants (les *Micronésiens*). La capitale est Palikir.

Moldavie nom féminin
Pays de l'est de l'Europe, à l'est de la Roumanie. Sa superficie est de 33 700 km² (un peu plus que la Belgique). La Moldavie compte 4,1 millions d'habitants (les *Moldaves*). La capitale est Chisinau.

Monaco nom masculin
Pays de l'ouest de l'Europe, situé dans le département français des Alpes-Maritimes, bordé par la mer Méditerranée. Sa superficie est de 1,5 kilomètre carré (l'équivalent d'un des plus petits arrondissements de Paris). Il compte 31 109 habitants (les *Monégasques*). La capitale est Monaco.

Mongolie nom féminin
Pays de l'est de l'Asie, entre la Russie et la Chine. Sa superficie est de 1,5 million de km² (presque 3 fois la France). La Mongolie compte 2,6 millions d'habitants (les *Mongols*). La capitale est Oulan-Bator.

Monténégro nom masculin
Pays du sud-est de l'Europe, bordé au sud par la mer Adriatique. Sa superficie est de 13 812 km² (environ la moitié de la Belgique). Le Monténégro compte 685 000 habitants (les *Monténégrins*). La capitale est Podgorica.

Mozambique nom masculin
Pays du sud-est de l'Afrique, bordé par l'océan Indien. Sa superficie est de 799 380 km² (un peu moins d'une fois et demie la France). Le Mozambique compte 23,4 millions d'habitants (les *Mozambicains*). La capitale est Maputo.

Myanmar nom masculin ➜ **Birmanie**

Namibie nom féminin
Pays du sud-ouest de l'Afrique, bordé à l'ouest par l'océan Atlantique. Sa superficie est de 824 268 km² (environ une fois et demie la France). La Namibie compte 2,2 millions d'habitants (les *Namibiens*). La capitale est Windhoek.

Un paysage de **Mongolie.**

Nauru nom féminin
Pays d'Océanie. C'est une île située dans l'océan Pacifique, au sud de l'équateur et au nord

des îles Salomon. Sa superficie est de 22 km² (environ un quart de Paris). Nauru compte 9 300 habitants (les *Nauruans*). La capitale est Yaren.

Népal nom masculin
Pays du sud de l'Asie. Sa superficie est de 147 181 km² (moins du quart de la France). Le Népal compte 28,6 millions d'habitants (les *Népalais*). La capitale est Katmandou.

Nicaragua nom masculin
Pays d'Amérique centrale, bordé à l'est par l'océan Atlantique et à l'ouest par l'océan Pacifique. Sa superficie est de 139 682 km² (un peu moins du tiers de la France). Le Nicaragua compte 5,7 millions d'habitants (les *Nicaraguayens*). La capitale est Managua.

Niger nom masculin
Pays de l'ouest de l'Afrique. Sa superficie est de 1,3 million de km² (plus de 2 fois la France). Le Niger compte 15,9 millions d'habitants (les *Nigériens*). La capitale est Niamey.

Nigéria nom masculin
Pays de l'ouest de l'Afrique, bordé au sud par l'océan Atlantique. Sa superficie est de 923 773 km² (presque 2 fois la France). Le Nigéria compte 158,3 millions d'habitants (les *Nigérians*). La capitale est Abuja.

Niue nom féminin
Pays d'Océanie. C'est une île du centre de l'océan Pacifique, à l'est des Tonga. Sa superficie est de 258 km² (2 fois Paris). Niue compte 1 600 habitants. La capitale est Alofi.

Norvège nom féminin
Pays du nord de l'Europe, bordé au nord par l'océan Arctique, à l'ouest et au sud par l'océan Atlantique. Sa superficie est de 323 879 km². La Norvège compte 4,9 millions d'habitants (les *Norvégiens*). La capitale est Oslo.

La **Norvège** possède du pétrole.

Nouvelle-Zélande nom féminin
Pays d'Océanie. Composé d'îles de l'océan Pacifique, il est situé au sud-est de l'Australie, dont il est séparé par la mer de Tasman. Sa superficie est de 270 534 km² (envrion la moitié de la France). La Nouvelle-Zélande compte 4,2 millions d'habitants (les *Néozélandais*). La capitale est Wellington.

Oman nom masculin
Pays d'Arabie, bordé à l'est et au sud par l'océan Indien. Sa superficie est de 212 460 km² (un peu moins de la moitié de la France). Oman compte 2,6 millions d'habitants (les *Omanais*). La capitale est Mascate.

Ouganda nom masculin
Pays du centre de l'Afrique. Sa superficie est de 241 038 km² (un peu moins de la moitié de la

France). L'Ouganda compte 33,8 millions d'habitants (les *Ougandais*). La capitale est Kampala.

Ouzbékistan nom masculin
Pays du centre de l'Asie. Sa superficie est de 447 400 km² (plus des trois quarts de la France). L'Ouzbékistan compte 26,6 millions d'habitants (les *Ouzbeks*). La capitale est Tachkent.

Pakistan nom masculin
Pays du sud de l'Asie, bordé au sud par l'océan Indien. Sa superficie est de 796 095 km² (moins d'une fois et demie la France). Le Pakistan compte 167 millions d'habitants (les *Pakistanais*). La capitale est Islamabad.

Palaos nom féminin pluriel
Pays de l'océan Pacifique, à l'est des Philippines. Il est composé de plus de 300 îles. Sa superficie est de 488 km² (environ 4 fois Paris). Les Palaos comptent 14 200 habitants (les *Palaois*). La capitale est Melekeok.

Une maison des **Palaos.**

Panama nom masculin
Pays d'Amérique centrale, bordé au sud par l'océan Pacifique et au nord par l'océan Atlantique. Sa superficie est de 75 517 km² (sept fois moins que la France). Panama compte 3,4 millions d'habitants (les *Panaméens*). La capitale est Panama.

Papouasie-Nouvelle-Guinée nom féminin
Pays d'Océanie dans le sud-ouest de l'océan Pacifique, au nord de l'Australie, composé de plusieurs îles et de la moitié est de la Nouvelle-Guinée. Sa superficie est de 462 840 km² (plus des deux tiers de la France). La Papouasie-Nouvelle-Guinée compte 6,5 millions d'habitants (les *Papouasiens* ou *Néoguinéens*). La capitale est Port Moresby.

Paraguay nom masculin
Pays du sud-est de l'Amérique du Sud. Sa superficie est de 406 752 km² (environ les trois quarts de la France). Le Paraguay compte 6,2 millions d'habitants (les *Paraguayens*). La capitale est Asuncion.

Pays-Bas nom masculin pluriel
Pays du nord-ouest de l'Europe, membre de l'Union européenne, bordé à l'ouest par la mer du Nord. Sa superficie est de 41 526 km² (à peu près la Suisse). Les Pays-Bas comptent 16,5 millions d'habitants (les *Néerlandais*). La capitale est Amsterdam.

Pérou nom masculin
Pays du nord-ouest de l'Amérique du Sud, bordé à l'ouest par l'océan Pacifique. Sa superficie est de 1,3 million de km² (un peu plus de 2 fois la France). Le Pérou compte 28,2 millions d'habitants (les *Péruviens*). La capitale est Lima.

Philippines nom féminin pluriel
Pays du sud-est de l'Asie. Composé d'îles de l'océan Pacifique, il est situé au nord de l'Indonésie. Sa superficie est de 300 000 km² (un peu plus des deux tiers de la France). Les Philippines comptent 89,7 millions d'habitants (les *Philippins*). La capitale est Manille.

Pologne nom féminin
Pays du centre de l'Europe, membre de l'Union européenne, bordé au nord par la mer Baltique. Sa superficie est de 312 685 km² (environ les deux tiers de la France). La Pologne compte 38,1 millions d'habitants (les *Polonais*). La capitale est Varsovie.

Porto Rico nom masculin
Pays d'Amérique centrale, composé de trois îles dont l'île de Porto Rico, à l'est de la République dominicaine dans l'océan Atlantique. Sa superficie est de 8 897 km² (à peu près la Corse). Porto Rico compte 3,9 millions d'habitants (les *Portoricains* ou les *Puertoricains*). La capitale est San Juan de Porto Rico.

Portugal nom masculin
Pays du sud de l'Europe, membre de l'Union européenne, bordé à l'ouest et au sud par l'océan Atlantique. Sa superficie est de 92 152 km² (environ six fois moins que la France). Le Portugal compte 10,6 millions d'habitants (les *Portugais*). La capitale est Lisbonne.

Qatar nom masculin
Pays d'Asie, à l'est de l'Arabie saoudite, sur le golfe Persique. Sa superficie est de 11 437 km² (un peu moins de la moitié de la Belgique). Le Qatar compte 1,7 million d'habitants (les *Qatariens*). La capitale est Doha.

Doha est la capitale du **Qatar.**

Roumanie nom féminin
Pays d'Europe centrale, membre de l'Union européenne, bordé au sud-est par la mer Noire. Sa superficie est de 237 500 km² (environ la moitié de la France). La Roumanie compte 21,5 millions d'habitants (les *Roumains*). La capitale est Bucarest.

Royaume-Uni de Grande-Bretagne et d'Irlande du Nord nom masculin
Pays de l'ouest de l'Europe, membre de l'Union européenne. Il est composé de l'Angleterre, de l'Écosse, du pays de Galles et de l'Irlande du Nord. Il est bordé à l'ouest et au nord par l'océan Atlantique, à l'est par la mer du Nord et au sud par la Manche. Sa superficie est de 244 046 km² (près de la moitié de la France). Le Royaume-Uni de Grande-Bretagne et d'Irlande du Nord compte 60,2 millions d'habitants (les *Britanniques*). La capitale est Londres.

Russie nom féminin
Pays de l'est de l'Europe et du nord de l'Asie, bordé au sud-ouest par la mer Noire et la mer Caspienne, au nord par l'océan Glacial Arctique, et à l'est par l'océan Pacifique. Sa superficie est de 17 millions de km² (environ 31 fois la France). La Russie compte 142,5 millions d'habitants (les *Russes*). La capitale est Moscou.

Rwanda nom masculin
Pays du centre de l'Afrique. Sa superficie est de 26 338 km² (un peu plus petit que la Belgique). Le Rwanda compte 10,3 millions d'habitants (les *Rwandais*). La capitale est Kigali.

Sainte-Lucie
Pays d'Amérique centrale. C'est une île située dans l'océan Atlantique, entre la Martinique et Saint-Vincent-et-les Grenadines. Sa superficie est de 616 km² (environ 6 fois Paris). Sainte-Lucie compte 167 000 habitants (les *Luciens*). La capitale est Castries.

Saint-Kitts-et-Nevis
Pays d'Amérique centrale, formé de l'île Saint-Kitts et de l'île Nevis, au nord-ouest de la Guadeloupe, dans l'océan Atlantique. Sa superficie est de 269 km² (plus de 2 fois Paris). Saint-Kitts-et-Nevis (appelé aussi *Saint-Christophe-et-Niévès*) compte 42 500 habitants (les *Christophiens*). La capitale est Basseterre.

Saint-Marin
Pays du sud de l'Europe, situé à l'intérieur de l'Italie, sur la côte est, au sud de Rimini. Sa superficie est de 61 km² (environ la moitié de Paris). Saint-Marin compte 29 000 habitants (les *Saint-Marinais*). La capitale est Saint-Marin.

Saint-Vincent-et-les-Grenadines
Pays d'Amérique centrale. Composé d'îles, il est situé dans l'océan Atlantique, entre Sainte-Lucie et la Grenade. Sa superficie est de 388 km² (plus de 3 fois Paris). Saint-Vincent-et-les-Grenadines compte 112 000 habitants (les *Vincentais*). La capitale est Kingstown.

Saint-Vincent-et-les-Grenadines.

Salomon nom féminin pluriel
Pays d'Océanie. Composé d'îles du sud-ouest de l'océan Pacifique, il est situé au nord-est de l'Australie. Sa superficie est de 27 556 km² (un peu moins que la Belgique). Les îles Salomon comptent 286 000 habitants (les *Salomonais* ou *Salomoniens*). La capitale est Honiara.

Salvador nom masculin
Pays d'Amérique centrale, bordé au sud par l'océan Pacifique. Sa superficie est de 21 041 km² (un peu moins que la Belgique). Le Salvador compte 7 millions

d'habitants (les *Salvadoriens*). La capitale est San Salvador.

Samoa nom féminin pluriel
Pays formé de plusieurs îles, au centre de l'océan Pacifique. Sa superficie est de 2830 km² (environ le tiers de la Corse). Les Samoa comptent 180000 habitants (les *Samoens*). La capitale est Apia.

Sao Tomé-et-Principe nom masculin
Pays d'Afrique. Composé d'îles, il est situé dans l'océan Atlantique, au large du Gabon. Sa superficie est de 1001 km² (un peu plus grand que la Corse). Sao Tomé-et-Principe compte 165000 habitants (les *Santoméens*). La capitale est Sao Tomé.

Sénégal nom masculin
Pays de l'ouest de l'Afrique, bordé à l'ouest par l'océan Atlantique. Sa superficie est de 196200 km² (un peu plus du tiers de la France).

Une case, au **Sénégal.**

Le Sénégal compte 12,7 millions d'habitants (les *Sénégalais*). La capitale est Dakar.

Serbie nom féminin
Pays du sud de l'Europe, à l'ouest de la Roumanie. Sa superficie est de 77474 km² (six fois moins que la France). La Serbie compte 9,9 millions d'habitants (les *Serbes*). La capitale est Belgrade.

Seychelles nom féminin pluriel
Pays d'Afrique. Composé d'îles, il est situé dans l'océan Indien, au nord-est de Madagascar. Sa superficie est de 453 km² (un peu plus de 4 fois Paris). Les Seychelles comptent 87500 habitants (les *Seychellois*). La capitale est Victoria, dans l'île de Mahé.

Sierra Leone nom féminin
Pays de l'ouest de l'Afrique, bordé au sud-ouest par l'océan Atlantique. Sa superficie est de 73326 km² (sept fois moins que la France). La Sierra Leone compte 6 millions d'habitants (les *Sierraléonais*). La capitale est Freetown.

Singapour nom féminin
Pays du sud-est de l'Asie, composé d'îles, bordé à l'ouest par l'océan Indien et à l'est par la mer de Chine. Sa superficie est de 699 km² (environ 6 fois Paris). Singapour compte 4,5 millions d'habitants (les *Singapouriens*). La capitale est Singapour.

Slovaquie nom féminin
Pays du centre de l'Europe, membre de l'Union européenne. Sa superficie est de 49036 km² (plus grand que la Suisse). La Slovaquie compte 5,4

millions d'habitants (les *Slovaques*). La capitale est Bratislava.

Slovénie nom féminin
Pays du centre de l'Europe, membre de l'Union européenne, bordé au sud-ouest par la mer Adriatique. Sa superficie est de 20 273 km² (les deux tiers de la Belgique). La Slovénie compte 2 millions d'habitants (les *Slovènes*). La capitale est Ljubljana.

Somalie nom féminin
Pays de l'est de l'Afrique, bordé au nord et à l'est par l'océan Indien. Sa superficie est de 637 657 km² (un peu plus que la France). La Somalie compte 9,4 millions d'habitants (les *Somaliens*). La capitale est Mogadiscio.

Soudan nom masculin
Pays de l'est de l'Afrique, bordé au nord-est par la mer Rouge. Sa superficie est de 1,9 million de km² (plus de 3 fois la France). Le Soudan compte 31,9 millions d'habitants (les *Soudanais*). La capitale est Khartoum.

Soudan du Sud nom masculin
Pays de l'est de l'Afrique. Sa superficie est de 620 000 km² (un peu plus que la France). Le Soudan du Sud compte 8,3 millions d'habitants (les *Sud-Soudanais*). La capitale est Juba.

Sri Lanka nom masculin
Pays du sud de l'Asie. C'est une île située dans l'océan Indien. Sa superficie est de 65 610 km² (plus de deux fois la Belgique). Le Sri Lanka compte 19,4 millions d'habitants (les *Srilankais*). La capitale commerciale est Colombo et la capitale administrative est Sri Jayewardenepura Kotte.

Suède nom féminin
Pays du nord de l'Europe, membre de l'Union européenne, bordé à l'est et au sud par la mer Baltique. Sa superficie est de 449 964 km² (un peu moins que la France). La Suède compte 9,2 millions d'habitants (les *Suédois*). La capitale est Stockholm.

Suisse nom féminin
Pays du centre de l'Europe. Sa superficie est de 41 285 km² (un quart plus grand que la Belgique). La Suisse compte 7,5 millions d'habitants (les *Suisses*). La capitale est Berne.

Suriname nom masculin
Pays du nord-est de l'Amérique du Sud, bordé au nord par l'océan Atlantique. Sa superficie est de 163 000 km² (plus du quart de la France). Le Suriname compte 518 000 habitants (les *Surinamiens*). La capitale est Paramaribo.

La récolte des feuilles de thé, au **Sri Lanka.**

Swaziland nom masculin
Pays du sud de l'Afrique, situé entre l'Afrique du Sud et le Mozambique. Sa superficie est de 17 363 km² (environ la moitié de la Belgique). Le Swaziland compte 1,2 million d'habitants (les *Swazis*). La capitale est Mbabane.

Syrie nom féminin
Pays de l'ouest de l'Asie, au nord d'Israël, bordé au nord-ouest par la mer Méditerranée. Sa superficie est de 185 000 km² (environ le tiers de la France). La Syrie compte 19,9 millions d'habitants (les *Syriens*). La capitale est Damas.

Tadjikistan nom masculin
Pays du centre de l'Asie, à l'ouest de la Chine. Sa superficie est de 143 100 km² (moins du tiers de la France). Le Tadjikistan compte 6,7 millions d'habitants (les *Tadjiks*). La capitale est Douchanbé.

Taiwan
Pays d'Asie. C'est une île de l'océan Pacifique, située à 150 km au sud-est de la Chine. Sa superficie est de 35 966 km² (un peu plus que la Belgique). Taiwan compte 22,8 millions d'habitants (les *Taiwanais*). La capitale est Taipei.

Tanzanie nom féminin
Pays du sud-est de l'Afrique, bordé par l'océan Indien. Sa superficie est de 945 037 km² (plus d'une fois et demie la France). La Tanzanie compte 45 millions d'habitants (les *Tanzaniens*). La capitale est Dodoma.

Tchad nom masculin
Pays du centre de l'Afrique, au sud du Sahara. Sa superficie est de 1,3 million de km² (plus de 2 fois la France). Le Tchad compte 11,5 millions d'habitants (les *Tchadiens*). La capitale est Ndjamena.

tchèque (République)
Pays du centre de l'Europe, membre de l'Union européenne, à l'est de l'Allemagne. Sa superficie est de 78 864 km² (presque deux fois la Suisse). La République tchèque compte 10,2 millions d'habitants (les *Tchèques*). La capitale est Prague.

Prague est la capitale de la République **tchèque.**

Thaïlande nom féminin
Pays au sud-est de l'Asie, bordé au sud par la mer de Chine. Sa superficie est de 513 115 km² (un peu moins que la France). La Thaïlande compte 63,9 millions d'habitants (les *Thaïlandais*). La capitale est Bangkok.

Timor oriental nom masculin
Pays d'Asie formé par la partie est de l'île de Timor, dans l'océan Indien, au nord de l'Australie. Sa superficie est de 14 874 km² (environ la moitié de la Belgique). Le Timor oriental compte 1,2 million d'habitants (les *Timorais*). La capitale est Dili.

Togo nom masculin
Pays de l'ouest de l'Afrique, bordé au sud par l'océan Atlantique. Sa

superficie est de 56 785 km² (dix fois moins que la France). Le Togo compte 6,8 millions d'habitants (les *Togolais*). La capitale est Lomé.

Tonga nom féminin pluriel
Pays d'Océanie. Composé d'îles de l'océan Pacifique, il est situé à l'est des îles Fidji. Sa superficie est de 675 km² (plus de 6 fois Paris). Les Tonga comptent 103 000 habitants (les *Tongiens*). La capitale est Nuku'alofa.

Trinité-et-Tobago nom féminin
Pays d'Amérique centrale, formé de deux îles, Trinité et Tobago, situées dans l'océan Atlantique au large des côtes du Venezuela. Sa superficie est de 5 128 km² (environ les deux tiers de la Corse). Trinité-et-Tobago compte 1,3 million d'habitants (les *Trinidadiens*). La capitale est Port of Spain.

Tunisie nom féminin
Pays du nord de l'Afrique, bordé au nord et à l'est par la mer Méditerranée. Sa superficie est de 164 000 km² (plus du tiers de la France). La Tunisie compte 10 millions d'habitants (les *Tunisiens*). La capitale est Tunis.

Turkménistan nom masculin
Pays du centre de l'Asie, bordé à l'ouest par la mer Caspienne. Sa superficie est de 488 100 km² (un peu moins que la France). Le Turkménistan compte 5 millions d'habitants (les *Turkmènes*). La capitale est Achgabat.

Turquie nom féminin
Pays situé à cheval sur l'Europe et l'Asie, à l'ouest de l'Iran, bordé au nord par la mer Noire, à l'ouest et au sud par la mer Méditerranée. Sa superficie est de 779 452 km² (environ une fois et demie la France). La Turquie compte 73,7 millions d'habitants (les *Turcs*). La capitale est Ankara.

Tuvalu nom féminin pluriel
Pays d'Océanie. Composé d'îles de l'océan Pacifique, il est situé au sud de l'équateur et à l'ouest de Kiribati. Sa superficie est de 26 km² (le quart de Paris). Les Tuvalu comptent 8 200 habitants (les *Tuvalais*). La capitale est Vaiaku.

Ukraine nom féminin
Pays de l'est de l'Europe, bordé au sud par la mer Noire et la mer d'Azov. Sa superficie est de 603 700 km² (un peu plus que la France). L'Ukraine compte 47,6 millions d'habitants (les *Ukrainiens*). La capitale est Kiev.

Uruguay nom masculin
Pays du sud-est de l'Amérique du Sud, bordé par l'océan Atlantique. Sa superficie est de 176 220 km² (environ le tiers de la France). L'Uruguay compte 3,3 millions d'habitants (les *Uruguayens*). La capitale est Montevideo.

Le **Turkménistan** est un pays montagneux.

Vanuatu nom masculin
Pays d'Océanie. Composé d'îles de l'océan Pacifique, il est situé au nord-est de la Nouvelle-Calédonie. Sa superficie est de 14 763 km² (environ la moitié de la Belgique). Le Vanuatu compte 142 600 habitants (les *Vanouatais*). La capitale est Port-Vila.

Vatican nom masculin
Pays d'Europe, situé sur une colline de Rome, en Italie. Sa superficie est de 44 hectares (0,44 km²). C'est le plus petit État du monde. Le Vatican compte environ 1 000 habitants. C'est un État dirigé par le pape.

Venezuela nom masculin
Pays du nord de l'Amérique du Sud, bordé au nord par l'océan Atlantique. Sa superficie est de 912 050 km² (plus d'une fois et demie la France). Le Venezuela compte 27,5 millions d'habitants (les *Vénézuéliens*). La capitale est Caracas.

Vietnam nom masculin
Pays du sud-est de l'Asie, bordé à l'est et au sud par la mer de Chine. Sa superficie est de 329 566 km² (plus de la moitié de la France). Le Vietnam compte 85,8 millions d'habitants (les *Vietnamiens*). La capitale est Hanoï.

Yémen nom masculin
Pays situé au sud de l'Arabie saoudite, bordé au sud-est par l'océan Indien et à l'ouest par la mer Rouge. Sa superficie est de 536 869 km² (à peu près comme la France). Le Yémen compte 22,3 millions d'habitants (les *Yéménites*). La capitale est Sanaa.

Au **Yémen,** les maisons sont peintes.

Zambie nom féminin
Pays du sud de l'Afrique. Sa superficie est de 752 614 km² (une fois et demie la France). La Zambie compte 13 millions d'habitants (les *Zambiens*). La capitale est Lusaka.

Zimbabwe nom masculin
Pays du sud de l'Afrique. Sa superficie est de 390 308 km² (plus des deux tiers de la France). Le Zimbabwe compte 12,6 millions d'habitants (les *Zimbabwéens*). La capitale est Harare.

LES CRÉDITS PHOTOGRAPHIQUES

Allemagne : Fotolia/leehoung

Azerbaïdjan : iStockphoto/Elnur Amikishiyev

Bhoutan : iStockphoto/Dawn Nichols

Brésil : iStockphoto/josemoraes

Chine : iStockphoto/Keith Szafranski

Corée du Sud : iStockphoto/nopparatk

Djibouti : Fotolia/csonia

Estonie : Fotolia/formiktopus

Géorgie : Fotolia/salajean

Hongrie : Fotolia/Artur Bogacki

Jamaïque : iStockphoto/Rick Rhay

Kiribati : iStockphoto/Cliff Wassmann

Libye : Fotolia/Gérard DEFAY

Mali : Fotolia/jean claude braun

Mongolie : Fotolia/lefebvre_jonathan

Norvège : iStockphoto/gigishots

Palaos : iStockphoto/Kadri Ates Evirgen

Qatar : Fotolia/philipus

Saint-Vincent-et-les-Grenadines : Fotolia/pkazmierczak

Sénégal : Fotolia/JuliaM

Sri Lanka : Fotolia/EW

tchèque (République) : Fotolia/Yvann K

Turkménistan : iStockphoto/Lola Aykutoglu

Yémen : Fotolia/Frida&Diego

Mes 100 premiers mots d'anglais

Daisy et Ben, avec le singe Keekee, accompagnent les plus jeunes dans la découverte de l'anglais. Cette initiation se fait par l'image et par le jeu, approche simple et ludique pour apprendre en s'amusant. Les planches illustrées proposent un vocabulaire thématique constitué de mots utiles et faciles à retenir : les nombres, les couleurs, les fruits, les animaux... Chaque mot est donné dans les deux langues, en noir pour l'anglais, en rose pour le français. Ce code couleur est repris dans le titre de chaque planche, ainsi que dans les jeux et devinettes. L'enfant est invité à trouver l'élément inattendu qui est caché dans chaque décor. Des questions prolongent le thème abordé, posées en anglais et en français, laissant toute latitude aux enseignants et aux parents.

I can count!

1 one
un

2 two
deux

3 three
trois

4 four
quatre

5 five
cinq

Can you count to 10?
Sais-tu compter jusqu'à 10 en anglais ?

Je sais compter !

6 six
six

7 seven
sept

8 eight
huit

9 nine
neuf

10 ten
dix

Let's play together Jouons ensemble

- How many fingers on a hand?
  Combien de doigts à chaque main ?
- Count the colours of the rainbow
  Compte les couleurs de l'arc-en-ciel

Colour fun

Hide-and-seek
Cache-cache

Find the hidden snake.
Où se cache le serpent ?

Vive les couleurs !

Let's play together Jouons ensemble

- Which colour is Keekee's hair? and the bear's hair?
  De quelle couleur est le poil de Keekee ? et celui de l'ours ?
- Mix red and blue, and you get ......
  Mélange du rouge et du bleu, tu obtiens du ......

My body and face

Hide-and-seek
Cache-cache

Find the hidden elephant.
Où se cache l'éléphant ?

Mon corps et mon visage

Let's play together Jouons ensemble

- How many animals can you see?
  Combien vois-tu d'animaux ?
- Which body parts come in pairs?
  Quelles parties du corps vont par deux ?

The fruit stall

Hide-and-seek
Cache-cache

Find the hidden seahorse.
Où se cache l'hippocampe ?

L'étal de fruits

Let's play together Jouons ensemble

- What is your favourite fruit? and Keekee's?
  Quel est ton fruit préféré ? et celui de Keekee ?
- In the basket, Daisy has put ......
  Dans le panier, Daisy a mis ......

Supermarket visit

Hide-and-seek
Cache-cache

Find the hidden train.

Où se cache le train ?

Visite au supermarché

Let's play together Jouons ensemble

- Do you know three green vegetables?
  Cite trois légumes verts.
- Which vegetables grow underground?
  Quels légumes poussent sous la terre ?

A special dinner

Hide-and-seek
Cache-cache

Find the hidden flower.
Où se cache la fleur ?

Un dîner particulier

Let's play together Jouons ensemble

- Who is eating the peas?
  Qui mange des petits-pois ?
- Who started to eat?
  Qui a commencé à manger ?

My pets

Hide-and-seek
Cache-cache

Find the hidden umbrella.
Où se cache le parapluie ?

Mes animaux familiers

Let's play together Jouons ensemble

- Who sleeps in the kennel?
  Qui dort dans la niche ?
- Who has the longest tail?
  Qui a la plus longue queue ?

On the farm

Hide-and-seek
Cache-cache

Find the hidden octopus.

Où se cache la pieuvre ?

À la ferme

Let's play together Jouons ensemble

- Which animal eats hay?
  Quel animal mange de la paille ?
- Which animal can you get on?
  Sur quel animal peut-on monter ?

FSC
www.fsc.org
MIXTE
Papier issu de sources responsables
FSC® C022030

N° d'éditeur : 10200915 - Dépôt légal : mai 2014
Imprimé en France par Pollina - L24228

Libéria — Libye — Liechtenstein — Lituanie — Luxembourg

Macédoine — Madagascar — Malaisie — Malawi — Maldives

Mali — Malte — Maroc — Marshall — Maurice

Mauritanie — Mexique — Micronésie — Moldavie — Monaco

Mongolie — Monténégro — Mozambique — Namibie — Nauru

Népal — Nicaragua — Niger — Nigéria — Norvège

Nouvelle-Zélande — Oman — Ouganda — Ouzbékistan — Pakistan

Palaos — Panama — Papouasie-N[lle]-Guinée — Paraguay — Pays-Bas

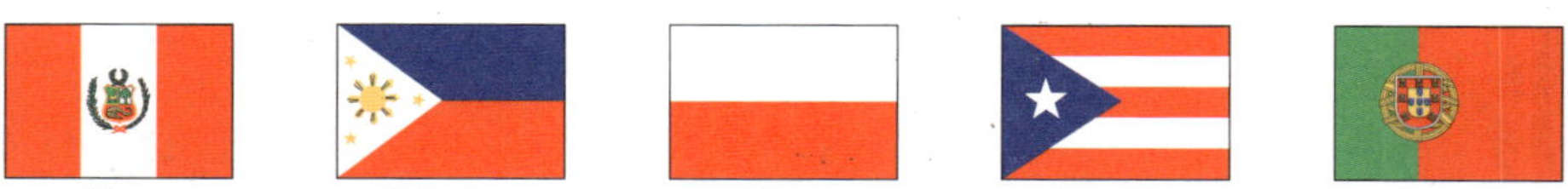

Pérou — Philippines — Pologne — Porto Rico — Portugal

Qatar — Roumanie — Royaume-Uni (Grande-Bretagne) — Russie — Rwanda